SACHSEN-ANHALT

Mit Magdeburg, Halle (Saale), Dessau, Lutherstadt Wittenberg, Naumburg und Ostharz

Heinzgeorg Oette, Ludwig Schumann

TRESCHER VERLAG

1. Auflage 2016

Trescher Verlag
Reinhardtstr. 9
10117 Berlin
www.trescher-verlag.de

ISBN 978-3-89794-325-4

Herausgegeben von Bernd Schwenkros und
Detlev von Oppeln

Reihenentwurf und Gesamtgestaltung:
Bernd Chill
Gestaltung, Satz und Bildbearbeitung:
Martina Gerber, Ulla Nickl
Lektorat: Sabine Fach
Stadtpläne und Karten: Johann Maria Just,
Martin Kapp
Druck: Druckhaus Köthen

Gedruckt auf chlorfrei gebleichtem Papier

Printed in Germany

Alle Angaben in diesem Reiseführer wurden sorgfältig recherchiert und überprüft. Dennoch können Entwicklungen vor Ort dazu führen, dass einzelne Informationen nicht mehr aktuell sind. Gerne nehmen wir dazu Ihre Hinweise und Anregungen entgegen. Bitte schreiben Sie an **post@trescher-verlag.de.**

LAND UND LEUTE

DIE MITTE – MAGDEBURG, ELBE, BÖRDE, HEIDE

DER WESTEN – OSTHARZ UND HARZVORLAND

DER SÜDEN – HALLE UND DIE SAALE-UNSTRUT-REGION

DER OSTEN – ANHALT UND WITTENBERG

DER NORDEN – DIE ALTMARK

DAS KULTURLAND

AKTIV IN SACHSEN-ANHALT

REISETIPPS VON A BIS Z

ANHANG

Vorwort 13
Das Wichtigste in Kürze 14
Herausragende Sehenswürdigkeiten 16

LAND UND LEUTE 18

Zahlen und Fakten 20

Geografie 21
Gewässer 23
Schutzgebiete 23

Bevölkerung 26

Wirtschaft und Gesellschaft 27
Bergbau 28
Chemie 30
Maschinenbau 30
Land- und Ernährungsgüterwirtschaft 31
Sport 32

Geschichte 34
Von der Frühzeit bis zum Mittelalter 34
Von der Reformation bis zum Wiener Kongress 37
Anhalt und Preußische Provinz Sachsen 39
20. und 21. Jahrhundert 41
Berühmte Persönlichkeiten 44

Kunst und Kultur 53
Musik, Theater, Film 53
Architektur 55
Bildende Kunst 57

Feste, Traditionen und Festivals 58
Die Mitte – Feste in Magdeburg, an der Elbe, in Börde und Heide 58
Der Westen – Feste in Harz und Harzvorland 58
Der Süden – Feste in Halle und der Saale-Unstrut-Region 59

Der Osten – Feste in Anhalt und Wittenberg 60
Der Norden – Feste in der Altmark 62

Essen und Trinken 63
Die Altmark: Nichts geht ohne Hochzeitssuppe 63
Anhalt: Küche zwischen ›Himmel und Erde‹ 64
Der Süden: Thüringer Küche und lebendiger Käse 65
Harzer Roller – und dazu Kakao 66
Die Börde: Bötel, Bollen, Prilleken 67

DIE MITTE – MAGDEBURG, ELBE, BÖRDE, HEIDE 70

Magdeburg 72
Altstadt mit Dom und Domviertel 72
Zwischen Altem Markt und Elbe 78
Die südliche Altstadt 82
Die westliche Altstadt 85
Vom Breiten Weg zu Campus und Elbe 87
An der Elbe von Nord nach Süd 88
Entdeckungen außerhalb des Zentrums 92

Börde und Heide 97
Wolmirstedt 97
Colbitz-Letzlinger Heide 99
Haldensleben 99
Um den Flechtinger Höhenzug 102
Oschersleben und die südliche Börde 104

Jerichower Land 108
Burg 108
Jerichow 111
Genthin und Umgebung 113
Möckern und Umgebung 115
Gommern und Umgebung 116

Das Salzland 119
Schönebeck (Elbe) 119

Der Elbe-Saale-Winkel 120
Staßfurt und Umgebung 125

DER WESTEN – OSTHARZ UND HARZVORLAND 128

Entdeckerland um den Brocken 130

Halberstadt 130
Domplatz 132
Altstadt 135
Spiegelsberge 137
Langenstein 137
Rund um Huy und Fallstein 138
Osterwieck 139

Blankenburg (Harz) 141
Rund um Blankenburg 142

Thale 144
Bodetal und Umgebung 144

Wernigerode 150
Altstadt 151
Schloss Wernigerode 152
Rund um Wernigerode 153

Ilsenburg 156
Drübeck 157

Quedlinburg 158
Ein Stadtrundgang 159
Gernrode 163
Bad Suderode 164

Links und rechts der Harz-Hochstraße 167
Zwischen Mansfeld und Güntersberge 167
Stadt Oberharz am Brocken 169

Das Harzvorland um Aschersleben 173
Aschersleben 173
Ballenstedt und Umgebung 177

Mansfelder Land und Südharz 180
Lutherstadt Eisleben 180
Mansfeld-Lutherstadt 183
Hettstedt 184
Sangerhausen 185
Rund um Sangerhausen 188
Stolberg (Harz) 190

DER SÜDEN – HALLE UND DIE SAALE-UNSTRUT-REGION 194

Lebendiges Geschichtsbuch 196

Halle (Saale) 197
Die Innenstadt 198
Am und um den Ring 202
An der Saale und um den Giebichenstein 206

Rund um Halle 214
Naturpark Unteres Saaletal 214

Merseburg und Umgebung 218
Dom St. Johannes und Laurentius 218
Schloss und Schlossgarten 219
Ständehaus 222
Vom Domberg in die Stadt 222
Gartenstadt Leuna 223
Bad Dürrenberg 223
Der Geiseltalsee und Mücheln 224
Goethestadt Bad Lauchstädt 226
Querfurt 228

Das Burgenland und die Weinregion Saale-Unstrut 230
Naumburg 231
Kloster Pforta, Bad Kösen, Bad Bibra 238
Freyburg/Unstrut 241
Goseck 243
Die Unstrut aufwärts von Freyburg bis Memleben 245
Weißenfels 248
Lützen, Röcken, Hohenmölsen 251

Zeitz 254
Rund um Zeitz 256

DER OSTEN – ANHALT UND WITTENBERG 260

Die anhaltischen Residenzen 262
Dessau 262
Wörlitz und Oranienbaum 268
Köthen und Umgebung 271
Bernburg und Umgebung 277
Zerbst und Umgebung 281
Coswig (Anhalt) 287

Lutherstadt Wittenberg 292
An der Wiege der Reformation 292
Hundertwasserschule und Werkssiedlung Piesteritz 295

Rund um Wittenberg: Sachsen-Anhalts Ostzipfel 298
Gräfenhainichen 298
Bad Schmiedeberg 299
Pretzsch 299
Jessen 300
Annaburg 301
Zahna 301
Kemberg 301

Bitterfeld-Wolfen 303
Rund um Bitterfeld-Wolfen 304

DER NORDEN – DIE ALTMARK 308

Wiege Preußens und Bismarcks Land 310

Die westliche Altmark 310
Der Drömling 310
Hansestadt Gardelegen 312
Hansestadt Salzwedel 317
Arendsee 322

Die östliche Altmark 325
Hansestadt Stendal 325

Altmärkische Wische 328
Hansestadt Tangermünde 334
Tangerhütte 337

Elbe-Havel-Winkel 339
Hansestadt Havelberg 339
Das Land Schollene 341

DAS KULTURLAND 346

Die Straße der Romanik 348
Kernland deutscher Geschichte 348
Quellgrund deutscher Kultur 350
Vom Aufbruch des Glaubens 351
Die Domschätze 352
Feldsteinkirchen, Burgen, Klöster 353

Musikland Sachsen-Anhalt 354
Minnesänger, Knabenchor und Orgelkunst 354
Reformation und Kirchenlied 354
Die großen ›S‹ deutscher Musikgeschichte 354
Barocker Glanz: Bach, Händel, Telemann 355
Von der Klassik zur Moderne 356
Orchester und Musiktheater 357
Musikfestivals und Veranstaltungen 357

Gartenträume – Historische Parks in Sachsen-Anhalt 360
Das Gartenreich Dessau-Wörlitz 361
Gärten des Barock in Sachsen-Anhalt 369
Landschaftsparks in Sachsen-Anhalt 371
Parks der Moderne 371
Besondere Parks in Sachsen-Anhalt 374

AKTIV IN SACHSEN-ANHALT 378

Mit dem Rad durch Sachsen-Anhalt 380

Überregionale Radwege 380
Thematische Radwege 381
Regionale Radwanderwege 382

Wandern 382
Harz 382
Altmark 383
Saale-Unstrut-Weingebiet 385
Fläming und Heide 385
Pilgerwege 385
Reiten, Wanderreiten 387

Aktiv auf dem Wasser 387
Flüsse und Kanäle 387
Seen 388
Baden, Angeln, Ausflugsschifffahrt 389

Unterwegs mit Kindern 389
Übernachten 389
Abenteuer Vergangenheit 390
Spielend auf Entdeckertour 391
Natur erkunden 392
Erholung im und am Wasser 393

REISETIPPS VON A BIS Z 394

ANHANG 401

Sachsen-Anhalt im Internet 401
Literatur 402
Über die Autoren 403
Sach- und Personenregister 404
Ortsregister 407
Kartenregister 413
Bildnachweis 412
Karten- und Zeichenlegende 420

EXTRA

An wilden Ufern – das Biosphärenreservat Mittelelbe 25
An der Wiege des Heiligen Römischen Reiches Deutscher Nation 36
1989 – Der Bürgersturm auf die Neuenburg 52
Saale-Unstrut-Wein: Von Otto, Hölder und einem Millionending 69
Ottos und der Magdeburger große Liebe 75
Die Straße spätgotischer Flügelaltäre 118
Das Land der Rolande 122
Das längste Orgelstück der Welt 136
Die Bahn der Superlative 148
Von Milben, Kuckucksuhren und alten Kackstühlen 166
Was schenkt man einer Stadt? Neo Rauch in Aschersleben 176
Helfta – die Krone der deutschen Frauenklöster 182
Botschaft aus der Bronzezeit 212
Der Maler Willi Sitte – streitbar und widerständig 220
Warum die Uta von Naumburg nicht die Uta von Naumburg ist 235
›Vater Franz‹, der Schöpfer des Gartenreichs Dessau-Wörlitz 269
Die Matuschka Zariza ist eine Zerbsterin 286
Die Reformation vom Rand der zivilisierten Welt 296
Goitzsche und Ferropolis – Metamorphose einer Landschaft 306
An Deutschlands preußischer Wiege 324
Hans Hermann von Katte – ein preußisches Schicksal 345

Lutherdenkmal in Eisleben, dem Geburts- und Sterbeort des Reformators

Vorwort

Sachsen-Anhalt – Eine ›Gebrauchsanweisung‹ für das Land

Sachsen-Anhalt ist ein äußerst vielgesichtiges, mancher sagt auch: durchaus gespaltenes Land. Die Wurzeln dieser Spaltung reichen weit in die Geschichte, ihre Wirkung artikuliert sich bis heute in ganz handfesten Tatsachen, aber auch überraschenden bis skurrilen Erscheinungen.

Da sind zunächst die drei Landesteile. Im Süden und Osten um Halle und Wittenberg gibt es eine starke Affinität zum sächsischen Kernland. Doch der Begriff Sachsen im Landesnamen geht auf die preußische Provinz Sachsen zurück, als die der Nordteil des Königreiches Sachsen 1815 Preußen zugeschlagen worden war. Der Norden, die Altmark ist eine der Keimzellen des späteren Preußens, was der Askanier Albrecht der Bär manifestierte, als er sich ab 1157 ›Markgraf von Brandenburg‹ nannte. Die Altmärker sehen sich noch heute eher als Preußen. Dazwischen schließlich Anhalt, aus dem Fürsten- und späteren Herzogtum Anhalt hervorgegangen – einem der ältesten Staaten des deutschen Reichs.

Als 1990 die Frage nach der neuen Landeshauptstadt im Raum stand, tobte der Kampf zwischen dem sächsischen Halle und dem preußischen Magdeburg, für das sich der auf ›neutralem Gebiet‹ im anhaltischen Dessau tagende Landtag schließlich ganz knapp entschied – noch heute wispern die Hallenser von unsauberen Machenschaften der Magdeburger hinter den Kulissen…

Quer durch das Land zieht sich eine unsichtbare Sprachgrenze, die die Sprachwissenschaftler die ›Ick-/Ich-Grenze‹ nennen. Nördlich einer Linie Harz-Wittenberg isst man einen Appel statt eines Apfels und der Löwenzahn ist ein Löwentahn.

Das Ringen darum, ob nun Halle oder Magdeburg die ›Kulturhauptstadt‹ des Landes ist, flammt immer mal wieder auf, an Autobahnbrücken und anderen öffentlichen Einrichtungen kann man tausendfach erkennen, ob der 1. FC Magdeburg oder der Hallesche FC hier seine Fans hat: ›Hier regiert der FCM‹ heißt es Blau-Weiß im Norden und ›HFC for ever‹ in Rot-Weiß im ganzen Süden.

Die Landespolitik versuchte und versucht, in unterschiedlichsten Koalitionen und mit mehr oder minder Erfolg, die Bindungskräfte zu stärken. Nach wie vor wird sie eifersüchtig bei allen Entscheidungen aber auch danach beurteilt, ob diese der einen oder anderen Region tatsächlich oder scheinbar mehr nützen.

Die in der ganzen Bundesrepublik aus unterschiedlichen Gründen latente Diskussion um eine mögliche oder gar notwendige föderale Neugliederung hat in Sachsen-Anhalt insofern auch eine ganz besondere Färbung: Nicht wenige Einwohner halten, wenn schon nicht den Anschluss des einen oder anderen Landesteils an andere Bundesländer (Sachsen, Thüringen aber auch Brandenburg und Niedersachsen), so doch eine Diskussion über die Bildung eines gemeinsamen Bundeslandes Mitteldeutschland aus Sachsen, Sachsen-Anhalt und Thüringen für durchaus denkbar oder sogar wünschenswert.

Für den Touristen ist es allemal spannend, dieser jahrhundertealten Vielgesichtigkeit des Landes nachzuspüren, hat sie doch in Architektur, Kunst, Kultur – ja selbst in Landschaft und Natur – sehenswerte Spuren hinterlassen.

Das Wichtigste in Kürze

Anreise

Sachsen-Anhalt ist über die Autobahnen A2 und A38 sowie die autobahnähnliche Nordharzstrecke B6n (West-Ost) und A9 und A14 (Nord-Süd) sehr gut erreichbar, ein dichtes Straßennetz durchzieht das Land. Wichtige ICE-Strecken berühren das Land zwischen Berlin und allen Teilen der Bundesrepublik. Der internationale Flughafen befindet sich in Halle-Leipzig. Die Flughäfen Berlin und Hannover sind nur eine Stunde Fahrzeit entfernt. Über den Mittelland- und den Elbe-Havel-Kanal sowie über Elbe und Saale kann man das Land aus allen Himmelsrichtungen auch per Boot ansteuern.

Auskunft

Landesweite Informationen gibt es über die Investitions- und Marketinggesellschaft Sachsen-Anhalt mbH, Am Alten Theater 6, 39104 Magdeburg, Info-Tel. 0391/56 28 38 20 (für Individualreisende) und 0391/56 28 38 14 (für Gruppenreisende), Fax 0391/562 88 38 11, tourismus@img-sachsen-anhalt.de, www.sachsen-anhalt-tourismus.de.

Internet

Unter www.sachsen-anhalt-tourismus.de sind alle touristischen Informationen zu erfahren, das Bundesland präsentiert sich auf www.sachsen-anhalt.de, Informationen über das aktuelle Reisewetter gibt es unter www.wetteronline.de/wetter/sachsen-anhalt.de.

Unterkünfte

Von Privatzimmern und einfachen Pensionen über Campingplätze, Bauernhöfe und Hausboote bis hin zu luxuriösen Hotels reicht das Angebot. Die Tourist-Informationen und Webseiten der einzelnen Orte bieten umfassende Gastgeberverzeichnisse, dort kann häufig auch gebucht werden. Buchungen für das ganze Land sind über www.sachsen-anhalt-tourismus.de möglich.

Reisezeit

Sachsen-Anhalt ist ein ausgesprochenes Ganzjahresziel, je nach Zielort und Jahreszeit muss man sich jedoch auch auf erhebliche Temperaturunterschiede einstellen. Auf dem Brocken, dem mit 1141 Metern

Schloss Bernburg, ›Krone Anhalts‹ genannt, einst eine der anhaltischen Residenzen

Weihnachstmarkt in Wittenberg

höchsten Berg in Norddeutschland, beträgt die durchschnittliche Jahrestemperatur 2,9 Grad Celsius, an durchschnittlich 120 Tagen liegt Schnee. Damit ist der Harz ein attraktives Wintersportziel, nicht minder jedoch ein Wander- und Mountainbike-Paradies zu jeder Zeit. In Halle (Saale) ist es im Jahresmittel um sieben Grad wärmer. Im nördlichen Regenschatten des Harzes gehört die Gegend um die Landeshauptstadt Magdeburg zu den regenärmsten Gebieten Deutschlands – für Städtereisende sicher nicht ganz unerheblich. Vergleichsweise mild ist das Klima in Sachsen-Anhalts Süden, der Weinbauregion an Saale und Unstrut, die mit den Städten Naumburg, Freyburg (Unstrut), Bad Kösen, Weißenfels und Zeitz im Spätsommer und Herbst ein besonders beliebtes Reiseziel ist.

Die Naturparks Dübener und Colbitz-Letzlinger Heide laden vor allem zur Heideblüte zum Wandern ein.

Besonders schöne Weihnachtsmärkte finden sich in der Adventszeit im Harz, aber auch in Naumburg und der Lutherstadt Wittenberg.

Touristische Netzwerke

Sachsen-Anhalt kommt dem interessierten Besucher bei seiner Reiseplanung auf besondere Weise entgegen: Wichtige Reiseziele sind in touristischen Netzwerken zusammen gefasst, die über das ganze Land geknüpft sind. So kann sich der speziell Interessierte nicht nur vorab gründlich informieren, im ganzen Land und an den jeweiligen Objekten existieren Leit- und Informationssysteme, die nicht nur von Ort zu Ort führen, sondern dem Reisenden gleichzeitig eine Vielzahl praktischer Informationen vermitteln. Die wichtigsten dieser Netzwerke sind die ›Straße der Romanik‹ mit 80 Objekten in 65 Orten (→ S. 348), die ›Gartenträume‹, die 43 der schönsten und bedeutendsten historischen Parks und Gärten im Land vereinen (→ S. 360) und das ›Blaue Band‹ (→ S. 387). Auf die im ›Blauen Band‹ vereinten Objekte – Marinas, Anlegestellen, Seen, Bäder, Bootsausleihstationen, Fähren und vieles mehr – machen Hunderte von Informationstafeln mit international gültigen Piktogrammen wasser- und landseitig aufmerksam.

Herausragende Sehenswürdigkeiten

Das Gartenreich Dessau-Wörlitz ▼ Leopold III. Friedrich Franz von Anhalt-Dessau (1740–1817) war es, der der Menschheit als aufgeklärter Fürst ein unschätzbares Geschenk machte: Auf 142 Quadratkilometern schuf er, angeregt durch die Erfahrungen seiner Bildungsreisen quer durch Europa und gemeinsam mit seinem Freund und Berater Friedrich Wilhelm von Erdmansdorff, einen Garten Eden rund um die Residenzstadt der Herzöge von Anhalt-Dessau. Die weltweit einzigartige Symbiose von Kunst und Natur, Architektur und Bildung gehört zum Unesco-Weltkulturerbe. (→ S. 361)

Das Bauhaus Dessau 1925/26 wurde das heute legendäre Bauhausgebäude nach Entwürfen von Walter Gropius errichtet. Das Ensemble aus Beton, Stahl und Glas mit Ateliertrakt, Werkstätten, Berufsschule und Bühne vereint sinnfällig all das, was das Bauhaus zur weltweit ausstrahlenden ›Werkstatt der Moderne‹ machte. Seit 2014 ist auch das unweit gelegene Ensemble der Meisterhäuser, die Gropius für sich und die anderen Protagonisten wie Lyonel Feininger, Wassili Kandinsky, Paul Klee, Georg Muche und Oskar Schlemmer bauen ließ, wieder komplett. (→ S. 262)

Quedlinburg ▼ Mehr als 2000 Fachwerkhäuser aus sechs Jahrhunderten, die Kirche St. Wiperti und der Schlossberg mit der Stiftskirche St. Servatius, in der sich neben der Grablege König Heinrichs I. der berühmte Domschatz befindet – das alles macht die Stadt zu einem der größten und schönsten Flächendenkmale Deutschlands. Als ›Herausragendes Beispiel einer mittelalterlichen Stadt‹ mit dem Unesco-Welterbetitel geadelt. (→ S. 158)

Die Himmelscheibe von Nebra Im Landesmuseum für Vorgeschichte in Halle (Saale) ist sie zu sehen: Die 3600 Jahre alte Scheibe mit der ältesten bekannten Darstellung des Kosmos weltweit. Unweit ihres Fundortes südlich von Halle erzählt die ›Arche Nebra‹, das Besucherzentrum am Fuße des Mittelberges bei Wangen, die Geschichte der von Raubgräbern 1999 gefundenen Scheibe, die von der Unesco 2013 in die Liste des Weltdokumentenerbes aufgenommen wurde. (→ S. 212)

Der Domschatz von Halberstadt ► Skulpturen, Handschriften, Altarbilder, Bronzen, Goldschmiedearbeiten, Textilien – darunter der romanische Abraham-Engel-Teppich aus der Zeit um 1150: Mehr als 650 einzigartige Objekte umfasst der Schatz im Dom St. Stephanus und St. Sixtus. Perfekt präsentiert in kongenial zum Dom gestalteter neuer Architektur gilt der Schatz als der größte am ursprünglichen Platz erhaltene Kirchenschatz außerhalb des Vatikans. (→ S. 133)

Wittenberg, Eisleben und Mansfeld – die Lutherstädte ▲ Sachsen-Anhalt ist Luthers Land und nirgendwo hat der große Reformator mehr Spuren hinterlassen. Aus Mansfeld kommen seine Vorfahren, hier verbrachte er Kindheit und Jugend. Eisleben ist Geburts- und Sterbeort und Wittenberg die Lutherstadt schlechthin – das ›protestantische Rom‹, wie es manche nennen. In allen Facetten kann man an authentischen Orten und in neuen und neugestalteten Museen dem Wirken Luthers und seiner Zeitgenossen wie Melanchthon, Cranach und Bugenhagen begegnen. (→ S. 180, 183, 292)

Magdeburg Sachsen-Anhalts Landeshauptstadt ist von über 1200 Jahren wechselvoller Geschichte geprägt. Sie war die Lieblingsresidenz Ottos des Großen, des ersten Kaisers des Heiligen Römischen Reiches Deutscher Nation. Im Dom, der ersten gotischen Kathedrale und einem der größten Kirchenbauten auf deutschem Boden, ist die Grablege des Kaisers und seiner Frau Editha. Die Stadt ist Ausgangs- und Endpunkt der ›Straße der Romanik‹, gleich vier historische Parks und Gärten gehören zu den berühmten ›Gartenträumen‹, entlang der Elbe und in vielen Szenekneipen pulsiert das Leben, nicht zuletzt geprägt von den über 17 000 Studenten der Stadt. (→ S. 72)

Halle (Saale) ▲ Halle ist die größte Stadt Sachsen-Anhalts. Vom historischen Marktplatz mit dem Denkmal für Georg Friedrich Händel sind es nur wenige Schritte bis zum Geburtshaus des genialen Barockmusikers – einem Wallfahrtsort der Händelfans nicht nur zu den jährlichen Händel-Festspielen im Juni. Touristische Anziehungspunkte von Rang, aber auch die lebendige Kunst- und Kulturszene legitimieren Halles Ruf als Kulturhauptstadt des Landes. (→ S. 197)

Sachsen-Anhalt ist ein Kernland deutscher Geschichte und Kultur. Ob frühe Menschheitsgeschichte, Mittelalter, Reformation, Aufklärung und klassische Moderne – dies ist eine Schatzkammer für den, der Erholung und Bildung auf einmalig schöne Weise verknüpfen möchte. Zugleich ist das Land geprägt von den ursprünglichen Flusslandschaften an Elbe und Havel, Saale und Unstrut.

LAND UND LEUTE

Kaiserfrühling in Quedlinburg

Zahlen und Fakten

Lage und Größe: Sachsen-Anhalt ist 20451 Quadratkilometer groß und damit das achtgrößte Flächenland Deutschlands. Mit 2,24 Millionen Einwohnern – 110 je Quadratkilometer – ist es nach Mecklenburg-Vorpommern und Brandenburg das am dünnsten besiedelte Bundesland. In Ost-West-Richtung misst das Land ca. 180 und in Nord-Süd-Richtung ca. 235 Kilometer. An Sachsen-Anhalt grenzen die Bundesländer Sachsen, Brandenburg, Niedersachsen und Thüringen.

Natur: Die Altmark im Norden des Landes ist Teil der Norddeutschen Tiefebene und steigt von unter 20 auf maximal 160 Meter über NN an. Der Osten ist geprägt von den Höhen des Fläming und der ursprünglichen Flusslandschaft der Elbe, die das Land 303 Kilometer in Süd-Nord-Richtung durchzieht. Höchster Berg ist der Brocken im Harz mit 1141 Metern. In der Landesmitte dominieren die fruchtbaren Böden der Magdeburger Börde. Im Süden laufen die im Trias geformten Landschaften an Saale, Unstrut und Weißer Elster westlich in die Leipziger Tieflandsbucht aus. Rund ein Viertel des Landes ist von Wald bedeckt, 50 Prozent aller Bäume sind Kiefern.

Klima: Der Übergang vom Atlantik- zum europäischen Kontinentalklima prägt das Wetter in Sachsen-Anhalt. Die Landesmitte liegt weithin im Regenschatten des Harzes. Klimatisch besonders begünstigt sind die Weinbaugebiete im Süden.

Die größten Städte: Halle (Saale) und Magdeburg mit jeweils 232000 und und Dessau-Roßlau mit 84000 Einwohnern.

Verwaltung: Seit 2007 gliedert sich das Land in die kreisfreien Städte Magdeburg, Halle(Saale) und Dessau sowie in die Landkreise Altmarkkreis Salzwedel, Stendal, Bördekreis, Jerichower Land, Harz, Salzlandkreis, Anhalt-Bitterfeld, Wittenberg, Mansfeld-Südharz, Saalekreis und Burgenlandkreis. Seit 2011 regiert eine Koalition aus CDU und SPD.

Wappen: 1991 eingeführt, zeigt es im oberen Feld den sächsischen Rautenkranz,

rechts den preußischen Adler, der die ehemalige preußische Provinz Sachsen symbolisiert. Unten schreitet der Askanische Bär als Symbol des früheren Freistaats Anhalt auf einer Mauer.

Wirtschaft: Sachsen-Anhalt ist traditionell von Chemieindustrie, Maschinenbau sowie Kali- und Salzbergbau geprägt. Hinzu kommen heute die Automobil-Zulieferindustrie und eine starke Ernährungsgüterwirtschaft. Moderne Solar-, Bio- und IT-Industrieunternehmen siedeln sich zunehmend um die Wissenschaftszentren an. Das leistungsfähige Straßen-, Schienen- und Wasserstraßennetz mit dem bedeutenden Magdeburger Hafen sorgen für eine große Logistikbranche.

Tourismus: 7,4 Million Übernachtungen in den 60000 Betten der rund 1000 Beherbergungsbetriebe aller Kategorien zählte das Land 2014. Die meisten ausländischen Gäste kamen aus den Niederlanden und Skandinavien.

Religion: Etwa 80 Prozent der Sachsen-Anhalter gehören keiner Kirche an.13,9 Prozent sind protestantisch, organisiert in der Evangelischen Kirche Mitteldeutschlands und der Landeskirche Anhalt, 3,5 Prozent sind Katholiken, vereint im Bistum Magdeburg. 80000 Einwohner gehören anderen Konfessionen an.

Geografie

Sachsen-Anhalts Landschaft steigt von Norden nach Süden und von Osten nach Westen an. In der Altmark, Teil des eiszeitlich geprägten Norddeutschen Tieflandes, finden sich um Salzwedel im Westen und im Elbüberflutungsgebiet der Wische die tiefsten Punkte des Landes mit ca. 20 Meter über NN. In Richtung Süden geht die Altmark in die Colbitz-Letzlinger-Heide und die Moorlandschaft des Drömling über, der sich um die Landeshauptstadt das Gebiet der Magdeburger Börde anschließt. In der Saaleeiszeit geformt, hat diese flach-gewellte Landschaft (geteilt in Hohe und Niedere Börde) äußerst fruchtbare, zum Teil Schwarzerdeböden, deren Bodenwertzahl 100 bis heute den Maßstab für die Bodenbewertung in ganz Deutschland setzt.

Der höchste Punkt des Landes ist der Brocken im Harz, dessen Gipfel jüngst mit exakt 1141,2 Meter vermessen wurde. Der Harz als nördlichstes gilt geologisch zugleich als vielfältigstes deutsches Mittelgebirge. Er wird geprägt von steilen Bergketten, Hochebenen, flachen Hochmooren und schmalen Kerbtälern wie dem Bode- oder dem Selketal. Während das relativ kleine Schollengebirge,

Naturlandschaften in Sachsen Anhalt

Schäfer im Biosphärenreservat Mittelelbe

dessen größter Teil zu Sachsen-Anhalt gehört, mit dem Mansfelder Land und der an Thüringen grenzenden Karstlandschaft Südharz von Süden allmählich ansteigt, fällt der Harz im Westen und Norden steil ab. Das bringt auch die ›Regenschattenwirkung‹ hervor, die bis nach Magdeburg zu registrieren ist. Fällt auf dem Brocken im Jahresdurchschnitt 1800–1900 mm Niederschlag, ist es in Magdeburg nicht mal ein Drittel dessen.

Der Osten Sachsen-Anhalts wird von sehr unterschiedlichen Landschaften geprägt. Da ist einerseits die sich von Süd nach Nord ziehende Elbe-Niederung, die in weiten Teilen noch heute mit dem Urstromtal des Flusses identisch ist, das mit dem Abschmelzen der Gletscher in der Weichsel-Eiszeit entstand. Eine wunderbare, in weiten Teilen ursprüngliche Fluss- und Auenlandschaft, als UNESCO-Biosphärenreservat Mittelelbe mit weltweiter Bedeutung versehen. Da sind die Heide- und Waldlandschaften von Dübener Heide und Fläming an der Grenze zu Sachsen und Brandenburg. Und da sind andererseits die Nachfolgelandschaften des seit einem Jahrhundert im großen Stil betriebenen Braunkohleabbaus. Diese sind auf allerbesten Wege, sich in regelrechte Naturparadiese zu verwandeln. Beim Besuch der Natur- und Kulturlandschaft Goitzsche bei Bitterfeld-Wolfen oder des Geiseltalsees bei Mücheln kommt einem das Bild vom Phönix, der aus der Asche stieg, in den Sinn.

Der Landessüden wird in hohem Maße von den malerischen Flussläufen von Saale, Unstrut und Elster bestimmt. Buntsandstein, Muschelkalk und Keuper – die drei Gesteine, im Erdmittelalter entstanden, prägen in ihrer ›Dreiheit‹ (Trias) die heutige Landschaft um Naumburg und Freyburg (Unstrut) bis hinein in das Untere Saaletal nördlich von Halle. Sie bilden im Übrigen, zusammen mit dem fast mediterranen Mikroklima, den Terroir, auf dem die feinen Weine des nördlichsten deutschen Weinbaugebietes reifen.

Gewässer

Die Elbe ist der wichtigste Fluss in Sachsen-Anhalt, nicht nur ob ihrer Länge (303 km im Land), sondern auch deshalb, weil von ganz wenigen Ausnahmen abgesehen (die Aller fließt in Richtung Weser) alles, was durch das Land fließt, in sie mündet. Die Saale (179 km) tut dies bei Barby, die Bode (166 km) bei Nienburg, Biese-Aland (105 km) nahe Wittenberge, die Ohre (102 km) nördlich von Magdeburg und die Mulde (63 km) bei Dessau-Roßlau. Dieses riesige Einzugsgebiet, was natürlich noch viel weiter und über Ländergrenzen hinweggeht, ist auch eine der Ursachen für die wiederkehrenden Hochwasserereignisse speziell an der Elbe. Sogenannte Jahrhunderthochwasser stellten 2002, 2006 und erneut 2013 die Menschen und die Hochwasserschutzanlagen an der Elbe auf harte Proben. Die sich daran anschließenden Debatten münden, vom Nachdenken über Klimawandel und ähnliche globale Probleme ganz abgesehen, vor allem in der ›Gretchenfrage‹: Geht es um höhere Dämme oder wieder um mehr natürlichen Raum für die Flüsse? Oder um beides?

Weitere – auch touristisch nutzbare – Flüsse sind die Unstrut (45 km) und die Havel, die sich nur 25, allerdings sehr schöne Kilometer durch das Land schlängelt, bevor sie nahe Havelberg auch in der Elbe aufgeht.

Von den zehn größten Seen des Landes sind nur drei natürlichen Ursprungs. Alle anderen sind im Zuge der Rekultivierung von Tagebauen oder als Stauseen entstanden. Die beiden größten sind der Geiseltalsee – mit rund 1900 Hektar Wasserfläche auch der größte künstliche See Deutschlands – und der Goitzschesee mit etwa 1300 Hektar Fläche. Vor allem im Harz an Rappbode, Bode, Helme und Wipper gibt es große Stauseen und Rückhaltebecken, vor allem für den Hochwasserschutz und die Trinkwasserversorgung.

Schutzgebiete

Entgegen mancher leichtfertigen und dann gedankenlos immer wieder kolportierten Behauptung, gibt es Naturschutz auf dem Gebiet des heutigen Sachsen-Anhalt nicht erst seit 1990. 1688 bestallte Herzog Rudolf August zu Braunschweig-Lüneburg den ersten offiziellen Naturschützer im Harz. Mit dem Gartenreich Dessau-Wörlitz wurde vor 250 Jahren eine Modellregion für das Zusammenleben von Mensch und Natur geschaffen und 1979 führte eine DDR-Initiative zur Anerkennung des Naturschutzgebiets Steckby-Lödderitzer Forst als erstes deutsches UNESCO-Biosphärenreservat. Heute haben Natur und Umwelt dennoch einen

Auf der Unstrut bei Naumburg

Die Harzer Schmalspurbahn auf dem Gipfel des Brocken

ganz anderen Stellenwert; der Zusammenbruch veralteter Industrien aus DDR-Zeiten tat sein Übriges, um Flora und Fauna aufatmen zu lassen. Ein Drittel der Landesfläche wird durch 80 Landschaftsschutzgebiete geschützt, 198 Naturschutzgebiete und 32 europäische Vogelschutzgebiete sind registriert.

Schutzgebiete von besonderem Rang sind der Nationalpark Harz und die beiden Biosphärenreservate ›Mittelelbe‹ und ›Karstlandschaft Südharz‹. Der Nationalpark Harz schützt rund um den Brocken 24 700 Hektar mit einer einzigartigen Flora und Fauna.

Fünfmal so groß ist das UNESCO-Biosphärenreservat ›Mittelelbe‹, eine der letzten naturnahen Flusslandschaften Europas. Praktisch am ganzen Elblauf durch Sachsen-Anhalt prägt eine einzigartige Auenlandschaft das Bild.

Im Südharz, zwischen Sangerhausen und Stolberg (Harz), wurde die Landschaft durch Gipsverwitterung geformt. Bizarre Felsen entstanden und eine unterirdische Welt mit Höhlen und Flüssen ist in der Tiefe zu entdecken.

Die sechs Naturparks des Landes zeigen auf ganz unterschiedliche Weise ursprüngliche Natur, zugleich aber auch den wohltuend-gestaltenden Einfluss des Menschen auf die Umwelt. Der Naturpark Harz/Sachsen-Anhalt (noch steht hier die Vereinigung mit Niedersachsen und Thüringen aus) ist mit Blick auf die Flora eine der artenreichsten Regionen Deutschlands. Im Naturpark Drömling nordöstlich von Magdeburg, dem größten Niedermoorgebiet des Landes, entstand durch Menschenhand ein ›Land der tausend Gräben‹. Im Naturpark Fläming an der Grenze zu Brandenburg folgt man den Spuren der Flamen (daher der Name), die dieses sumpfige Gebiet seit dem 12. Jahrhundert urbar machten. In der Dübener Heide an der Grenze zu Sachsen umfasst der Naturpark das größte zusammenhängende Waldgebiet des mitteleuropäischen Tieflandes. Im Naturpark Saale-Unstrut-Triasland, kann man mit dem Geologenhammer auf die Suche nach versteinerten Zeugnissen der Vergangenheit gehen. Im Naturpark Unteres Saaletal schließlich finden sich – neben zahllosen archäologischen Sehenswürdigkeiten infolge der frühen vorzeitlichen Besiedlung – durch die Niederschlagsarmut bedingt Pflanzengemeinschaften typischer Steppengebiete.

An wilden Ufern – das Biosphärenreservat Mittelelbe

Wo der Castor Fiber albicus (vulgo: Elbebiber) mit seiner langen Kelle fast lautlos durch tote Flussarme gleitet, der Heldbock sich auf Eichen sonnt, Barbe und Döbel am Strom ihre Kinderstube haben oder die Wassernuss idealen Lebensraum findet: Dort ist das UNESCO-Biosphärenreservat Mittelelbe. Auf 303 Kilometern, rund einem Drittel ihrer Gesamtlänge, durchfließt die Elbe zwischen Pretzsch und dem Storchendorf Wahrenberg Sachsen-Anhalt. Das an ihren wilden Ufern gelegene Biosphärenreservat ist eine der letzten naturnahen Flusslandschaften Europas. 126 000 Hektar spezifische Auenlandschaft mit den größten zusammen hängenden Hartholzauenwäldern Mittteleuropas, mit Stillgewässern, Flutrinnen, Binnendünen, Feuchtwiesen und einer beeindruckenden Flora und Fauna bilden hier eine Modellregion für das Miteinander von Mensch und Natur.

In den zwanziger Jahren des vorigen Jahrhunderts wies man die ersten Naturschutz- und Biberschongebiete am Mittellauf der Elbe aus. 1979 wurde das Naturschutzgebiet ›Steckby-Lödderitzer Forst‹ als erstes deutsches Biosphärenreservat von der UNESCO anerkannt und, wie die Naturschützer an der Elbe nicht ohne Stolz sagen, als ein Teil des Tafelsilbers der DDR 1990 in die deutsche Einheit eingebracht. Neben einer Kernzone – etwa drei Prozent der Fläche, in der die Natur sich komplett selbst überlassen bleibt – gibt es im Reservat eine Pflege- und eine Entwicklungszone.

Besucherzentren

Was im Reservat geschieht, kann man auf unterhaltsame und interaktive Weise in den drei Besucherzentren erleben. Das **Auenhaus**, an der B 185 zwischen Dessau-Roßlau und Oranienbaum gelegen, bietet einen umfassenden Einblick in die Welt der Flussaue. Es entstand übrigens als ein Ergebnis der Weltausstellung EXPO 2000, zu der die Gegend um Dessau-Roßlau, Lutherstadt Wittenberg und Bitterfeld-Wolfen Korrespondenzregion war. Ein Besuchermagnet ist die 1,2 Hektar große **Biberfreianlage** unweit der Kapenmühle, in der man den umtriebigen, aber scheuen ›Meister Bockert‹ durch ein Sichtfenster beobachten kann. Sehr viel weiter flussabwärts in Havelberg bietet das mit der BUGA 2015 neu entstandene hoch attraktive **Haus der Flüsse** als Infozentrum auf modernste Weise Einblicke in alles Wissenswerte um die Tier- und Pflanzenwelt an Elbe und Havel. Übrigens: Der eingangs erwähnte Castor Fiber albicus, eine eigene Unterart des europäischen Bibers, war jahrelang ein Exportschlager aus der Region: Bis sich eigene Bestände in anderen deutschen Bundesländern, aber auch in Dänemark und den Niederlanden wieder aufbauen konnten, gingen regelmäßig Biber auf die Reise, über 500 an der Zahl.

Ein Elbebiber

Bevölkerung

Eine weithin homogene Bevölkerung, die sich – wie etwa die Sachsen oder Thüringer – auch als solche versteht, findet sich in Sachsen-Anhalt nicht. Man ist Altmärker, ›Machdeburjer‹ (bloß nicht: Maaagdeburg), Harzer oder Hallenser. Vielleicht noch – durch das 2012 breit gefeierte Jubiläum 800 Jahre Anhalt wieder etwas darin bestärkt – Anhalter. Manche sagen auch Anhaltiner, was aber nicht korrekt ist, denn so sollten sich eigentlich nur die Angehörigen der anhaltischen Fürstenhäuser (die ja durchaus noch vorhanden und aktiv sind) bezeichnen dürfen.

Das Gebiet des heutigen Sachsen-Anhalts ist aus vielen Gründen immer intensiv besiedelt gewesen, schaut man ganz weit zurück von germanischen Stämmen, später von Thüringern und Sachsen. Östlich der Elbe siedelten sich sehr früh Slawen an, der große Strom spielte als Grenzfluss und die an ihm liegenden Siedlungen und Klöster als Ausgangspunkt der Christianisierung des Ostens schon immer eine große Rolle. Flamen und Hugenotten fanden in den Jahrhunderten danach Schutz, Lohn und Brot auf dem Gebiet des heutigen Bundeslandes.

Sehr viel später zog die rasante Industrialisierung Arbeitskräfte von überall her in das wirtschaftlich prosperierende Mitteldeutschland. Viele der kleinen Städte und Dörfer um Halle, Bitterfeld, Wolfen und Dessau waren reine Industriearbeitersiedlungen – was man manchen durchaus noch heute ansieht – in denen sich Herkunft und Dialekte bunt mischten.

Als nach dem Zweiten Weltkrieg für kurze Zeit das Land Sachsen-Anhalt zum ersten Mal entstand, zählte man 4,34 Millionen Einwohner (1947). Im wieder gegründeten Land Sachsen-Anhalt – im Wesentlichen aus den DDR-Bezirken Halle und Magdeburg hervorgegangen, – lebten 1990 etwa 2,89 Millionen Menschen. Die teils dramatische De-Industrialisierung nach der politischen Wende

Mit diesen Halbkugeln bewies Otto von Guericke die Existenz des Luftdrucks

und die nach wie vor unterschiedlichen Lebensbedingungen vor allem zu den westdeutschen Bundesländern führten seitdem zu einem deutlichen und weiter anhaltenden Bevölkerungsrückgang auf aktuell ca. 2,24 Millionen Einwohner. Problematisch ist vor allem der Wegzug vieler junger Frauen. In der Altersgruppe zwischen 18 und 40 Jahren gibt es über sieben Prozent weniger Frauen als Männer. Der Anteil der ausländischen Bevölkerung liegt mit rund 45 000 (ca. 2 Prozent) deutlich unter dem anderer Bundesländer.

80 Prozent der Sachsen-Anhalter sind konfessionslos, von den verbleibenden rund 400 000 Menschen gehört der übergroße Teil zur Evangelischen Landeskirche Mitteldeutschlands und zur Anhaltischen Landeskirche, ca. 80 000 Katholiken gehören dem Bistum Magdeburg und etwa ebenso viele anderen Kirchen und Religionen an.

Wirtschaft und Gesellschaft

Sachsen-Anhalt verfügte schon immer über viele natürliche Reichtümer, vor allem aber über kreative Köpfe, die Wirtschaft und Wissenschaft hier zur Blüte führten. 1654 bewies Otto von Guericke mit seinem berühmten Halbkugelversuch die Existenz des Luftdrucks, was u.a. zur Entwicklung der Luftpumpe führte. 200 Jahre später wurde im anhaltischen Alexisbad der für Wirtschafts- und Technikentwicklung höchst bedeutende ›Verein Deutscher Ingenieure‹ (VDI) gegründet, im Magdeburger Ortsteil Buckau produzierte damals die größte deutsche Maschinenfabrik. Der erste Farbfilm der Welt kam aus Wolfen, das erste Ganzmetallflugzeug aus den Fabriken von Hugo Junkers in Dessau. In Quedlinburg gezüchtetes Saatgut völlig neuer Sorten ging in alle Welt, die Entwicklung des synthetischen Kautschuks in Schkopau machte die rasante Verbreitung des Automobils erst möglich…

Auf diese großen Traditionen von mitteldeutscher Forschung und Industrie besinnt sich Sachsen-Anhalt in seinem anhaltenden industriellen Transformationsprozess zunehmend erfolgreich.

Aus den großen DDR-Kombinaten wurden leistungsfähige Bereiche ausgegründet, an die sich andererseits kleine und mittelständische Unternehmen moderner und innovativer Branchen andocken. Das ›Chemiedreieck‹ zwischen Merseburg, Halle und Bitterfeld-Wolfen wird heute wieder von chemischen und chemisch-pharmazeutischen und – im etwas euphemistisch so genannten ›Solar Valley‹ – von Unternehmen der Solarindustrie geprägt. In Magdeburg ist der Maschinenbau – speziell von Transport- und Windkraftanlagen – auf dem Weg zu neuer, alter Blüte. Praktisch kein Auto rollt in Deutschland ohne Zulieferungen des sachsen-anhaltischen Automotive-Netzwerks vom Band.

Die Innovationskraft dieser Unternehmen resultiert vor allem aus der Zusammenarbeit mit den Forschungs- und Bildungseinrichtungen des Landes. Sachsen-Anhalt verfügt mit der Martin-Luther-Universität Halle-Wittenberg (eine der ältesten deutschen Universitäten) und der Otto-von-Guericke-Universität Magdeburg, der Kunsthochschule Burg Giebichenstein und den Fachhochschulen Magdeburg-Stendal, Merseburg, Harz (Wernigerode/Halberstadt) und Anhalt

In der Akademie der Naturforscher Leopoldina

(Dessau/Bernburg/Köthen), über ein breites und zum Teil hochspezialisiertes Netz von höheren Bildungseinrichtungen. An ihnen sowie der Polizeifachschule Aschersleben, der Theologischen Hochschule Friedensau und der Hochschule für Kirchenmusik in Halle (Saale) studieren rund 55 000 Studenten.

Hinzu kommen Institute der Fraunhofer-, Leibnitz-, Max-Planck- und Helmholtz-Gesellschaften von internationalem Rang, deren Forschungsergebnisse über Exzellenz-Cluster und Kompetenz-Netzwerke zum Teil unmittelbar praxiswirksam werden.

Eine besondere Rolle spielt die Deutsche Akademie der Naturforscher Leopoldina. 1652 in Schweinfurt gegründet, hat sie ihren Sitz seit 1878 in Halle (Saale), seit 2008 offiziell als Nationale Akademie der Wissenschaften. Der Leopoldina, die ihren Namen erhielt, als sie Kaiser Leopold I. Ende des 17. Jahrhunderts offiziell anerkannte, gehören heute rund 1500 Wissenschaftler aus zahlreichen Ländern an. Neben ihren Forschungsprojekten vertritt sie die deutsche Wissenschaft auch international, Bibliothek und Archiv von höchstem wissenschaftlichem Rang sind auch öffentlich nutzbar.

Der Landtag besteht in der aktuellen Legislaturperiode (2011–2016) aus 105 Abgeordneten in vier Fraktionen (CDU, SPD, LINKE, Bündnis 90/Die Grünen). Seit 2011 bilden CDU und SPD mit zusammen 68 Abgeordneten eine Regierungskoalition.

Bergbau

Mehr als 1000 Jahre ist es her, dass salzhaltiges Wasser (Sole) inmitten des heutigen Stadtzentrums von Halle an die Oberfläche drang. 1721 wurde dann vor der Stadt die königlich-preußische Saline gegründet, in der die Salzsieder, die Halloren, Siedesalz gewannen. Damit und mit dem Abbau von Kupferschiefer am südlichen Harzrand begann der Bergbau in Sachsen-Anhalt.

Angeblich sollen zwei aus Goslar zugewanderte Bergknappen, Nappian und Neucke, das Kupfererz am Kupferberg bei Hettstedt entdeckt haben. In schwerster bergmännischer Arbeit wurde es in niedrigen Streben – die Flöze hatten eine Mächtigkeit von maximal 40 cm – jahrhundertelang bis in die Gegenwart abgebaut und in Hütten und Walzwerken um Mansfeld und Sangerhausen weiterverarbeitet. Die letzten Schächte schlossen Anfang der 1990er Jahre, weil sich der Abbau nicht mehr lohnte. Fährt man heute durch das Mansfelder Land, so künden die bis zu 100 Meter hohen Spitzkegel-Abraumhalden, die ›Mansfelder Pyramiden‹, von dieser Zeit, besonders schön zu sehen bei einer Fahrt auf der Südharzautobahn A 38.

Von größerer Bedeutung war und ist der bergmännische Abbau von Stein- und Kalisalz in Sachsen-Anhalt. 1861 wurde Staßfurt zur ›Wiege des Kalibergbaus‹, als im heutigen Stadtzentrum der erste Kalischacht der Welt niedergebracht wurde. In Bernburg wird heute noch Steinsalz gefördert und das Kaliwerk Zielitz, nördlich von Magdeburg, gehört mit einer Rohsalzförderung von ca. 12 Millionen Tonnen aus bis zu 1300 Metern Tiefe zu den größten der Welt.

Das Gesicht des Landes in ganz besonderer Weise geprägt hat der Braunkohlenbergbau. In seinen Anfängen schon im 14. Jahrhundert nachgewiesen, wurden die umfangreichen Braunkohlenvorräte im 19. Jahrhundert zum entscheidenden Auslöser für die Ansiedlung weiterer wichtiger Wirtschaftszweige. Im Geiseltal, im Bitterfelder Braunkohlerevier, aber auch westlich von Halle wurden Abermillionen Tonnen Rohbraunkohle im Tagebau abgebaut. In Zschornewitz entstand das damals größte Kraftwerk der Welt, das auch die expandierende Reichshauptstadt Berlin mit Strom versorgte und erst 1992 vom Netz ging. Auch heute noch spielen Braunkohle- und Energiegewinnung auf ihrer Basis eine wichtige Rolle in der industriellen Bilanz Sachsen-Anhalts, für die Produktion der Tagebaue (z.B. in Profen oder in Amsdorf) und der Kraftwerke (z.B. in Schkopau) gelten jedoch ganz andere Umweltschutz-Kriterien als noch zu DDR-Zeiten.

Im Eisenpark Ilsenburg

Chemie

Die schier unerschöpflichen Vorräte an Braunkohle und Kalisalz waren die Voraussetzung für die Entstehung der chemischen Großindustrie im südlichen Sachsen-Anhalt Ende des 19./Anfang des 20. Jahrhunderts. Jeder vierte Beschäftigte der chemischen Industrie Deutschlands hatte 1939 seinen Arbeitsplatz in der Region. Die Kunstfaser Perlon wurde ebenso in Mitteldeutschland entwickelt wie das erste vollsynthetische Feinwaschmittel (Fewa). In Leuna wurde in den zwanziger Jahren erstmals Benzin aus Braunkohle gewonnen, die enorme Nachfrage nach dem Treibstoff führte zum Bau zahlreicher Hydrierwerke auch in Sachsen-Anhalt. Auch im benachbarten Schkopau feierte man wenig später eine Weltpremiere: Der erste synthetische Kautschuk, unerlässlich für die Massenfertigung von Fahrzeugreifen, wurde produziert. Was mancher heute für einen Ortsnamen hält, Buna nämlich, ist nichts anderes als die Abkürzung der Ausgangsstoffe Butadien und Natrium. Die DDR verwandelte dies später in den legendären Werbespruch ›Plaste und Elaste aus Schkopau‹, den Millionen Autofahrer über Jahrzehnte am Turm der Elbebrücke über die Autobahn A 9 leuchten sahen.

Leuchtende Augen gab es gewiss auch bei den Kinobesuchern 1941, als Marika Rökk und Willy Fritsch oder wenig später Hans Albers als ›Münchhausen‹ erstmals in Farbe über die Leinwände flimmerten – in Agfacolor. 1936 nämlich war in Wolfen der erste universell einsetzbare Mehrschichtenfarbfilm der Welt erfunden worden. Bis zum Siegeszug der Digitalfotografie wurden die Farbfilme, in der DDR unter dem Markenzeichen ORWO (Original Wolfen) produziert, ein Renner in aller Welt.

Heute gehören die Unternehmen der chemischen und der pharmazeutischen Industrie zu den umsatzstärksten des Landes.

Maschinenbau

Der Maschinen- und Anlagenbau im heutigen Sachsen-Anhalt war in den vergangenen Jahrhunderten stets mit den Namen großer Wissenschaftler und Unternehmerpersönlichkeiten verbunden. In Magdeburg begründete Otto von Guericke die Vakuumtechnik, Gruson, Schäffer, Budenberg und Wolf bauten Dampfmaschinen, Lokomotiven, Transportsysteme, Bergbau- und Hüttenausrüstungen aber auch Kanonen. In den Junkers-Werken in Dessau wurden Flugzeuge und Motoren aber auch Gasherde gefertigt. In Köthen gründete Carl Gensel 1934 ein Unternehmen, das Kräne in die Werkhallen und Häfen in aller Welt lieferte und nach wie vor liefert. Neben der Produktion wurde immer auch geforscht und für die Großindustrie ausgebildet. In Magdeburg entstand 1871 die Maschinenbauschule, aus der später die Maschinenbau-Hochschule und dann die Technische Universität, der Kern der heutigen Otto-von-Guericke-Universität, hervorging.

Magdeburg galt seit dem 19. Jahrhundert, erst recht aber in der DDR, als die Stadt des Schwermaschinenbaus schlechthin. In den riesigen Kombinaten ›Ernst Thälmann (SKET) und ›Karl Liebknecht‹ (SKL) und den zahlreichen anderen großen Maschinenbaubetrieben arbeiteten fast 100 000 Menschen.

Die legendäre Ju-52 im Technikmuseum Dessau-Roßlau

Deren Zahl hat sich bis heute drastisch reduziert, was aber geblieben ist, ja sogar neu erblühte, ist der gute Ruf des sachsen-anhaltischen Maschinenbaus. In Magdeburg produzieren SKET, Enercon und der Förderanlagenbauer FAM Walzwerksausrüstungen, Windkraftanlagen, Tagebauausrüstungen und teils kilometerlange Transportsysteme und liefern diese in alle Welt. Auch die Automobilzulieferer des Landes haben sich einen exzellenten Ruf erworben: Das Automotive-Cluster MAHREG vereint 170 Betriebe und Forschungseinrichtungen mit über 10 000 Beschäftigten. Insgesamt gibt es über 200 Autozulieferer, die an praktisch alle Autohersteller in Deutschland liefern.

Land- und Ernährungsgüterwirtschaft

Wenn auf der jährlichen Internationalen Grünen Woche in Berlin die große Sachsen-Anhalt-Halle stets zu den am dichtesten bevölkerten gehört, dann hat das einen guten Grund: Sachsen-Anhalts Landwirtschaft gehört in allen Bereichen zu den leistungsfähigsten, was sich auch im Angebot der Ernährungsgüterwirtschaft niederschlägt. Mit den besten Böden Deutschlands in der Magdeburger Börde gab es schon immer gute Voraussetzungen für hohe Erträge bei Zuckerrüben, Getreide aber auch Kartoffeln. Hinzu kommen attraktive spezielle Kulturen wie Spargel aus der Altmark (hier bezog übrigens das dänische Königshaus bei der Hochzeit seines Kronprinzen das Edelgemüse), dem Jerichower Land und den Feldern in Anhalt, aber auch Zwiebeln und Gewürze wie Majoran aus der Gegend um Calbe (Saale) und Aschersleben. Eine über 200 Jahre währende Tradition, die heute

Halberstädter Würstchen

fortgeführt wird, haben Forschung und Produktion von exzellentem Saatgut für Pflanzen- und Blumenkulturen vor allem um Quedlinburg und Bernburg – die Versandwege der Massenprodukte aber auch für Spezialitäten führen von hier aus in alle Welt.

Spezialitäten unterschiedlichster Art machen auch die besondere Stärke der Ernährungsgüterwirtschaft aus. Dass in Halberstadt die ersten Würstchen in die Dose kamen, wissen die wenigsten, den Geschmack der nach einem besonderen Verfahren über Buchenholz geräucherten ›Halberstädter‹ jedoch kennt fast jeder. Die älteste Schokoladenfabrik Deutschlands in Halle liefert ihre Halloren-Kugeln und andere Leckereien mittlerweile in die ganze Welt. Gleich nebenan produziert KATHI seit über 60 Jahren Kuchen- und Tortenmischungen für jeden Geschmack und schließt zu den Marktführern in Deutschland auf. Diesen Status hat die Rotkäppchen-Mumm-Sektkellerei in Deutschland mit 51,2 Prozent Marktanteil längst erreicht – mit der Produktion aus der eigenen Kellerei in Freyburg (Unstrut) aber auch durch den Erwerb solcher Sekt-Marken wie Mumm und Geldermann und, im höherprozentigen Bereich, der Nordhäuser Traditionsbrennerei. In Magdeburg wird seit 1908 Kaffee hergestellt, anfangs ›Kathreiners Malzkaffee‹ nach dem Rezept von Sebastian Kneipp, sehr bald dann auch ›Bohnenkaffee‹, der in den Sorten Rondo, Mona, Kosta in allen DDR-Familien getrunken wurde. Heute ist die Röstfein GmbH ein beachteter Kaffeeproduzent in Deutschland – die Traditionsmarken erfreuen sich besonders im Osten nach wie vor (und wieder) größter Beliebtheit.

Längst nicht mehr zu den Exoten gehören die Weine von Saale und Unstrut, wo in Deutschlands nördlichstem Weinbaugebiet edle Weiß- und charakterstarke Rotweine reifen. Durchaus exotisch aber nehmen sich im sachsen-anhaltischen Ernährungsgüter-›Portfolio‹ die Aprikosenplantagen am ›Süßen See‹ westlich von Halle aus, nicht minder der Milbenkäse aus Würchwitz, einem kleinen Ort nahe Zeitz und – für die Freunde saftiger Steaks und reifer Salami interessant – das im Harz gezüchtete und auf den Bergwiesen gehaltene ›Rote Höhenvieh, Harzer Schlag‹.

Sport

Wer, nach der erfolgreichsten sachsen-anhaltischen Mannschaft der vergangenen zehn Jahre gefragt, über Fußball, Handball oder Ähnliches nachdenkt, liegt völlig verkehrt: Es ist das Kegelteam des SKV Rot-Weiß Zerbst. Seit 2006 achtmal Deutscher Meister, fünfmal Weltpokalsieger, ebenso oft ›Mannschaft des Jahres‹ in Sachsen-Anhalt. Die Männer aus der kleinen anhaltischen Residenzstadt

sind bei den Keglern in aller Welt bekannt, bekannter im eigenen Land sind andere. Da wäre Gustav-Adolf ›Täve‹ Schur, zweifacher Radstraßen-Weltmeister, Olympiamedaillengewinner 1956 in Melbourne und zigfacher DDR-Sportler des Jahres. Nach dem überaus populären Sportler wurde 2005 sogar ein Asteroid benannt, der sich im Asteroidengürtel zwischen Mars und Jupiter bewegt und nunmehr die offizielle Bezeichnung ›(38 976) Taeve‹ trägt.
Nicht minder hell strahlte einige Jahre der Stern von Jürgen Sparwasser, der mit seinem 1. FC Magdeburg als bislang einzigem Club einen Fußball-Europapokal (1974) holte, der vor allem aber mit dem berühmten Tor im 74er WM-Spiel in Hamburg gegen die damalige BRD die Sonne in manchen bundesdeutschen Wohnzimmern verdunkelte.

Sportlich ganz sicher höher einzuschätzen sind die beiden Olympiasiege 1976 und 1980 des Hallensers Waldemar Cierpinski im Marathon. Überhaupt gehören die führenden sachsen-anhaltischen Clubs SC Magdeburg (SCM) und SV Halle, vereint im Olympiastützpunkt Sachsen-Anhalt, zu den erfolgreichsten in Deutschland. Allein die Sportler des SC Magdeburg holten zwischen 1956 und 2014 über 60 olympische Medaillen und zahllose Titel bei Welt- und Europameisterschaften, nicht minder erfolgreich waren und sind die Hallenser. Sportler wie Stefan Kretzschmar (Handball), Dagmar Hase und Paul Biedermann (Schwimmen), André Willms (Rudern) oder Marc Zabel und Andreas Ihle (Kanu) tragen Gold, Silber oder Bronze und sind Vorbilder für die vielen Nachwuchssportler an den Sportgymnasien des Landes.

Aktuell sind es vor allem die Handballer des SCM, die in der 1. Bundesliga eine sehr gute Rolle spielen. Die Fußballer des Halleschen FC und des 1. FC Magdeburg schnüren die Schuhe erfolgreich in der 3. Bundesliga. Zuschauermagneten sind auch die ›langen Kerls‹ des Mitteldeutschen Basketballvereins Weißenfels, die ebenso in der Bundesliga zugange sind wie die Gewichtheber des SSV Samswegen, eines kleinen Örtchens nördlich von Magdeburg, das sich nach dem Gewinn der Deutschen Meisterschaft der Heber vor Jahren den Beinamen ›Stärkstes Dorf der Welt‹ gab.

Sportliche Anziehungspunkte – hier vor allem aus Zuschauersicht – sind die PS-starken Großereignisse in Teutschenthal bei Halle (WM-Läufe im Moto-Cross), in der etropolis-Motorsport-Arena in Oschersleben (DTM) aber auch auf dem Goitzsche-See bei den WM-Läufen der Speedboote. Gemächlicher geht es bei den traditionell in Naumburg stattfindenden Deutschen Meisterschaften der Geher aber auch beim Mitteldeutschen Marathon zwischen Leipzig und Halle zu.

Täve Schur

Geschichte

Sachsen-Anhalt in seiner heutigen Gestalt umfasst einige der traditionsreichsten und ältesten deutschen Regionen und Landschaften. Eine überragende Fülle historischer Stätten und Zeugnisse aus allen Perioden der Geschichte erzählt davon. Das Land selbst existierte unter diesem Namen nur von 1947 bis 1952 und wurde mit der Bildung der DDR-Bezirke Magdeburg und Halle aufgelöst. Mit der Wiedervereinigung 1990 erschien Sachsen-Anhalt wieder auf der politischen Landkarte Deutschlands – als eines der fünf neuen Bundesländer.

Von der Frühzeit bis zum Mittelalter

Eine Vielzahl bemerkenswerter Funde (u.a. bei Wangen und bei Rössen) weist auf eine starke Siedlungsdichte in den Regionen Sachsen-Anhalt schon in der Altsteinzeit hin. Die Ursache dafür waren die günstigen natürlichen Bedingungen an Mittelelbe und unterer Saale, die die Menschen hier zunehmend sesshaft werden ließen. Auf 4800 v.u.Z. wird die jungsteinzeitliche Kreisgrabenanlage datiert, die, freigelegt und rekonstruiert heute als ›Sonnenobservatorium von Goseck‹ touristischer Anziehungspunkt ist. Germanische Bevölkerungsgruppen siedelten im Harzvorland und an der Elbe. Ihnen folgten im 6. Jahrhundert slawische Völkerschaften, für lange Zeit bildeten Elbe und Saale seitdem die Grenze zwischen Germanen und Slawen.

Große Bedeutung in Sachsen-Anhalts Historie gewannen im 8. Jahrhundert die Sachsen mit ihrer Ausdehnung in Richtung Norddeutschland. In den sogenannten Sachsenkriegen unterwarf und missionierte Karl der Große (768–814)

Das Sonnenobservatorium Goseck stammt aus dem 5. Jahrtausend vor unserer Zeit

die Sachsen, stieß im Jahr 780 bis zur Elbe vor und errichtete bei Magdeburg und Halle Befestigungen. 805 und 806 wurden die beiden heutigen Großstädte erstmals erwähnt, mit der Gründung des Bistums Halberstadt (804) wurden wichtige Teile des heutigen Bundeslandes erstmals in einem Kirchenbezirk vereint.

Die Ottonen

Mit Beginn des 10. Jahrhunderts trat das Geschlecht der Liudolfinger (auch Ottonen genannt) – damals Herzöge für ganz Sachsen – auf die Bühne der großen deutschen Geschichte. 919 wurde Heinrich (876–936) erster deutscher König, was auch insofern besonders bedeutsam ist, als mit ihm erstmals ein Fürst aus ›deutschem‹ Haus das ostfränkische Reich regierte. Manche Legende rankt sich um Heinrichs Krönung, in Quedlinburg wird vor allem jene gepflegt, die erzählt, dass ihm die Krone bei der Vogeljagd am Finkenherd zu Füßen des dortigen Burgberges angetragen worden sein soll. Fakt ist, dass ihn fränkische und sächsische Adlige im heute hessischen Fritzlar zum König erhoben. Zugleich wurde Heinrichs Machtbasis im Harz, an Elbe und unterer Saale zum Kernland des entstehenden Reiches, dessen Zentrum sich so vom Rhein nach Osten verlagerte.

Heinrichs Sohn Otto I. baute diese Macht konsequent aus. Er besiegte in der Schlacht auf dem Lechfeld 955 die Ungarn – wofür ihm Zeitgenossen den Beinamen ›der Große‹ verliehen – und ließ sich, als Teil seiner imperialen Pläne, 962 in Rom zum Kaiser krönen. Dem 968 gegründeten Erzbistum Magdeburg ordnete er zahlreiche weitere Bistümer zu und stattete es mit ähnlichen Privilegien wie Rom aus. Die zahlreiche vorhandenen Stätten ottonischer Herrschaft – neben den genannten gehören dazu auch Merseburg und Memleben (Heinrichs und Ottos Sterbeort) aber auch Zeitz und Gernrode – und die mit ihnen verbundenen Ereignisse aus der ottonischen Zeit stiften bis heute einen wesentlichen Teil der sachsen-anhaltischen Identität.

Das Magdeburger Recht und der Sachsenspiegel

Die folgenden Jahrhunderte waren vom Aufblühen der Städte geprägt, neben den Bischofssitzen gewannen Salzsiederorte wie Staßfurt an Bedeutung. Zudem brachte die weitere Christianisierung und Besiedelung des Ostens die Region in eine Mittellage, Handel und Wandel mehrten den Reichtum ebenso wie die zunehmend gewinnbringende Landwirtschaft in Börde und Harzvorland. Eng mit dieser Entwicklung verbunden waren die Beiträge, die vom Gebiet des heutigen Sachsen-Anhalt für die deutsche und europäische Rechtsprechung ausgingen. 1188 fasste Erzbischof Wichmann von Seeburg (1115–1192) das Magdeburger Recht neu und damit wichtige Rechtsbestimmungen in einem Gesetzbuch zusammen. Das Magdeburger Stadtrecht – in Magdeburg und Halle entstanden – erfuhr mit seinem Vorbildcharakter vor allem in Mittel- und Osteuropa weite Verbreitung. Nicht minder bedeutsam war der von dem in Reppichau (zwischen Dessau und Köthen) geborenen Adligen Eike von Repgow verfasste ›Sachsenspiegel‹, der bis weit ins 19. Jahrhundert fortwirkte. Magdeburger Stadtrecht und Sachsenspiegel sind bis heute konstituierende Bestandteile nicht nur der deutschen, sondern der europäischen Kulturgeschichte.

An der Wiege des Heiligen Römischen Reiches Deutscher Nation

»Seit dem Hinscheiden Karls sah die Welt keinen größeren Herrscher. Kaum wird ein Hirte wie er je wieder des Königtums walten.« Thietmar von Merseburg schreibt das in seiner Chronik über Otto, der am 7. August 936 die Edlen des Reiches in die Aachener Lieblingspfalz Karls des Großen lud, um sich dort, an diesem Tage fränkisch statt sächsisch gekleidet, in einer perfekten Inszenierung als Nachfolger des großen Kaisers als König krönen zu lassen. Die Inszenierung ist Teil des Regierungsprogramms: Auf dem Marmorthron Karls gewählt und gesalbt als Zeichen der Gotteserwählung, meldet der zukünftige Kaiser des neuen Römischen Reiches seine Ansprüche an. Der König von Franken und Sachsen war seit seinem 17. Lebensjahr mit Edgith, der Halbschwester des angelsächsischen Königs Aethelstan, verheiratet. Sie erhielt Magdeburg als Morgengabe. Die tatkräftige junge Königin hatte eine Vision für ihre Stadt. Sie sollte nicht nur ein strategisch wichtiger kleiner Handelsort an der Furt über die Elbe bleiben. Eine blühende Stadt, ein drittes Rom sollte entstehen.

Aus dem Mauritiuskloster ging der Dom hervor, zur Grablege für Otto und Editha, also Edgith bestimmt. 968 kann Otto endlich durchsetzen, dass Magdeburg zum Erzbistum erhoben wird und damit künftig eine Schlüsselrolle bei der Missionierung der Slawen spielen kann. Der goldene Magdeburger Reiter auf dem Alten Markt (das Original steht im Kulturhistorischen Museum) als erstes freistehendes Reiterdenkmal im deutschen Raum, die Grablege des Paares im Magdeburger Dom und die Darstellung in der sechzehneckigen Kapelle des Domes erinnern an die Verehrung des Kaisers und seiner früh gestorbenen ersten Frau seitens der Einwohner ›ihrer‹ Stadt.

Das heutige Sachsen-Anhalt beinhaltete die Stammlande der Ottonen. In Quedlinburg heirateten Otto und Editha im Jahr 929. In der Quedlinburger Stiftskirche befindet sich die Grablege der Eltern Ottos, König Heinrichs I., des Voglers, und der Königin Mathilde, zu deren Witwengut Quedlinburg gehörte. Hier befindet sich auch der Quedlinburger Stiftsschatz, der in wesentlichen Teilen auf die Ausstattung Theophanus, der byzantinischen Schwiegertochter Ottos des Großen, zurückgeht. Nicht zuletzt sah Quedlinburg als Pfalz prächtige Hoftage, beginnend mit denen Heinrichs I., dem großen Hoftag 973 mit Otto dem Großen, vor allem aber auch zu Zeiten Theophanus, die mit Ottos zweiter Frau Adelheid den Thron für Kaiser Otto III. bewahrte. Und auch der Sterbeort Heinrichs I. und Ottos des Großen liegt in Sachsen-Anhalt. Beide starben sie in der Pfalz Memleben, im westlichen Burgenlandkreis gelegen, unweit Nebra. Hier war auch das Herz Ottos begraben. Zu den ›Ottoorten‹ gehören die Pfalz Wallhausen unweit Sangerhausen als Geburtsort Ottos, Merseburg, dessen Bistum er in der Folge eines Gelöbnisses anlässlich der Schlacht auf dem Lechfeld begründete – und die am besten erhaltene ottonische Kirche St. Cyriakus zu Gernrode im Harz. Die einzige in Deutschland vollständig ausgegrabene und rekonstruierte Anlage einer ottonischen Königspfalz in Tilleda zu Füßen des Kyffhäusergebirges zeigt ein Musterbeispiel eines frühmittelalterlichen Herrschersitzes. Letztlich zählt auch der Halberstädter Dom mit seinem weltberühmten Domschatz zu den ›Otto-Orten‹ Sachsen-Anhalts.

Askanier, Luxemburger, Wettiner

Drei Geschlechter von ganz unterschiedlichem Gewicht sollten in der Folgezeit für Sachsen-Anhalt von Bedeutung werden. Die Askanier traten mit Albrecht dem Bären (geboren um 1100 in Ballenstedt) so recht ins Licht der Öffentlichkeit, als dieser – damals kurzzeitig Herzog von Sachsen – durch Erbschaft in den Besitz des Havellandes mit Brandenburg kam und sich seit 1167 Markgraf von Brandenburg nannte. Für manchen liegt hier (und damit auch im westelbischen Gebiet, der Altmark nämlich) nicht nur die Wiege Brandenburgs, sondern sogar Preußens. Albrechts Enkel Heinrich I. führte im Jahr 1212 nach der Burg im Selketal den Namen Anhalt für seine Linie ein, die bis in die Gegenwart namengebend für das heutige Bundesland ist.

Sehr kurz war die Rolle, die die Luxemburger in der Region spielten: Karl IV. errichtete 1373 in Tangermünde eine Nebenresidenz, um eine luxemburgische Einflusssphäre an der mittleren Elbe zu schaffen. Mit seinem Tod endeten diese Bemühungen.

Ganz anders die Wettiner, das nach den Welfen älteste urkundlich nachgewiesene deutsche Adelsgeschlecht. Die Dynastie führt ihren Namen auf den Stammsitz, die Burg Wettin unweit von Halle, zurück. Mit dem Aussterben der askanischen Wittenberger Kurfürsten von Sachsen kamen die Wettiner 1422 in den Besitz dieses Namens, der sich dann für ihre Besitzungen einbürgerte, während weite Teile des ursprünglichen Sachsens fortan Niedersachsen hießen. Nach harten Auseinandersetzungen mit verschiedenen Städten besetzten die Wettiner auch Halle, von wo aus dann auch Magdeburg und Halberstadt regiert wurden.

Von der Reformation bis zum Wiener Kongress

Zu einem weltweit bedeutenden Datum wurde der 31. Oktober 1517: Mit dem Anschlag seiner 95 Thesen gegen den Ablasshandel an die Tür der Schlosskirche zu Wittenberg löste Martin Luther (1483–1546) eine gewaltige reformatorische Bewegung aus, die bis in die Gegenwart wirkt. Luther, als Bergmannssohn

Burg Wettin – der Stammsitz der Wettiner

in Eisleben geboren, in Mansfeld aufgewachsen, Schüler und Student in Magdeburg, Erfurt und Eisenach, Mitglied des Augustinerordens, wirkte seit 1508 an der Universität in Wittenberg. Diese war 1502 vom wettinischen Kurfürsten Friedrich dem Weisen gegründet worden und entwickelte sich sehr schnell zu einem Zentrum des Humanismus im Reich. Dieser Nährboden und Luthers kritische Sicht auf wichtige Dogmen der römischen Kirche ließen ihn zur zentralen Figur der Erneuerung der christlichen Welt werden. Männer wie Lucas Cranach, Johannes Bugenhagen und Nikolaus von Amsdorf trugen Luthers Ideen in die Welt. Besonders Philipp Melanchthon, Professor für griechische Sprache in Wittenberg, brachte entscheidende reformatorische Standpunkte zum Ausdruck.

Radikale Prediger wie der aus dem Harzer Stolberg stammende Thomas Müntzer forderten die Verwirklichung des Reiches Gottes auf Erden. Müntzer beeinflusste damit wesentlich die Bauernaufstände im Süden Sachsen-Anhalts, die 1525 mit der Schlacht bei Frankenhausen und Müntzers folgender Hinrichtung blutig zu Ende gingen.

Luthers großer Gegenspieler Albrecht von Hohenzollern, Erzbischof von Magdeburg und später Kardinal, versuchte von Halle aus ebenso energisch wie vergeblich, die Reformation zurück zu drängen und zog sich später nach Mainz zurück.

In den folgenden turbulenten Jahrzehnten wurde Magdeburg ein Zentrum des Protestantismus, von hier aus agitierten dessen Wortführer, was der Stadt alsbald den Namen ›Unseres Herrgotts Kanzlei‹ einbrachte.

Im Zuge des Dreißigjährigen Krieges (1618–1648), wurde Magdeburg mehrfach belagert – zur Katastrophe wurde die Eroberung der Stadt durch die kaiserlichen Truppen unter Feldmarschall Tilly im Mai 1631. 20 000 Menschen sol-

Mitteldeutschland Mitte des 16. Jahrhunderts

Die Bibliothek der Franckeschen Stiftungen in Halle

len dabei ums Leben gekommen sein, Magdeburg erlebte seine erste fast völlige Zerstörung (die zweite sollte im Januar 1945 folgen). Nicht minder blutig ging es bei der bedeutendsten Schlacht im mitteldeutschen Raum zu, als 1632 der schwedische König Gustav Adolf in der Auseinandersetzung mit Wallensteins Truppen bei Lützen fiel, woran Gedenkstätten in Lützen und Weißenfels erinnern.

Die folgenden 150 Jahre waren durch Entwicklungen geprägt, die für Sachsen-Anhalt weitreichende Wirkungen hatten: Magdeburg und das Halberstädter Land kamen unter brandenburgisch-preußische Herrschaft, was sich positiv auswirkte. In den südlichen Landesteilen um Weißenfels, Zeitz, Merseburg und Naumburg erblühten im Kurfürstentum Sachsen Kunst und Kultur in vielfältiger Weise. Die anhaltischen Staaten entwickelten sich, in enger Anlehnung an den großen Nachbarn Preußen, in vieler Hinsicht vorbildlich. Für all diese Entwicklungen stehen große Namen: der Magdeburger Bürgermeister und Naturforscher Otto von Guericke, der Aufklärer August Hermann Francke, der mit seinen Stiftungen in Halle ein weltweit wirkendes Schulsystem schuf, Leopold III. Friedrich Franz von Anhalt-Dessau (Enkel des ›Alten Dessauers‹), aufgeklärter Schöpfer des Gartenreichs Dessau-Wörlitz, Gelehrte wie Moses Mendelssohn und die erste promovierte deutsche Ärztin Dorothea Christiane Erxleben oder Musiker wie Bach, Händel, Fasch und Telemann.

Anhalt und Preußische Provinz Sachsen

Mit dem Wiener Kongress 1815 erfolgte die Gründung der preußischen Provinz Sachsen, die dann für 130 Jahre bestehen sollte. In ihr wurden sowohl Landesteile, die schon immer zu Preußen gehörten, aber auch größere ehemalige sächsische Gebiete zusammengeführt. Gerade das führte einerseits zu einer sich langsam entwickelnden mitteldeutschen Identität, andererseits aber bis in die Gegenwart – wenn von Sachsen-Anhalt die Rede ist – zu Verwechslungen mit dem heutigen Sachsen, das primär und recht geradlinig aus dem Königreich Sachsen hervorgegangen ist.

Preußen, Sachsen und Anhalt nach dem Wiener Kongress

Zahlreich waren die ›Geburtsfehler‹ dieser Provinz, die sich bis heute in mehr oder weniger begründeten regionalen Vorbehalten reflektieren. So war Magdeburg zwar Provinzhauptstadt, doch Merseburg entwickelte sich mit dem Sitz der Provinzialständevertretung zu einem zweiten Zentrum. Die Provinzbehörden waren weit verstreut, bis hin nach Erfurt aber auch nach Stendal. Überdies wurde die Altmark – der Adel dort hatte mit Sachsen nichts am Hut – der Kurmark zugeordnet. Dies alles änderte sich erst mit der durch Reichskanzler Otto von Bismarck (1815–1898), selbst Altmärker von Geburt, 1875 kraftvoll durchgesetzten Provinzialreform.

Den drei anhaltischen Herzogtümern war es – diplomatisch clever agierend – gelungen, während des Wiener Kongresses ihre Selbständigkeit zu behaupten, die, bei aller Abhängigkeit von Preußen, mit Engagement von den regierenden Fürsten verteidigt wurde. Dazu trug auch bei, dass Anhalt nach dem Verlöschen der Bernburger Linie1863 zu einem einheitlichen Herzogtum unter Dessauer Führung vereinigt wurde.

Eine durchaus wichtige Rolle bei der beginnenden Integration der so heterogenen Landesteile spielte die protestantische preußische Staatskirche, entscheidend war jedoch der dynamische Prozess der Industrialisierung im 19. Jahrhundert. Neben am Fortschritt interessierten Unternehmern, innovativen Wissenschaftlern und dem neuen Berufsstand der Ingenieure entwickelte sich eine starke und gut organisierte Arbeiterschaft. Nach dem Ende des ›Sozialistengesetzes‹ 1890 gab sich die SPD ihren noch heute gültigen Namen Sozialdemokratische Partei Deutschlands nicht von ungefähr auf einem Parteitag in Halle (Saale).

20. und 21. Jahrhundert

Mit dem Ende des Ersten Weltkrieges ging in Anhalt eine rund tausendjährige askanische Fürstenherrschaft zu Ende. Sowohl in Anhalt als auch in Magdeburg dominierte die Sozialdemokratie den politischen Raum. In der Region um Halle kam es während der Novemberrevolution 1918 und bis in die beginnenden 20er Jahre hinein zu schweren und teils blutigen Auseinandersetzungen. Preußische Polizei schlug den Aufstand bewaffneter kommunistischer Kräfte, an deren Spitze Max Hoelz stand, im Mansfelder Land und um Halle und Merseburg unter vielen Opfern auf beiden Seiten im März 1921 nieder. Noch heute ist die Erinnerung daran in diesen Regionen durchaus lebendig.

Weimarer Republik und Naziherrschaft

Die mitteldeutsche Wirtschaft stellte sich rasch von der umfassenden kriegs- auf die Friedensproduktion um und erstarkte sehr schnell. Große Industrieeinheiten bildeten sich, zu den traditionellen Zweigen kam mit den Flugzeugwerken von Hugo Junkers in Dessau ein völlig neuer Industriezweig. Zugleich waren die mittleren Jahre der Weimarer Republik in Mitteldeutschland von einem gesellschaftlich-kulturellen Aufschwung geprägt. Magdeburg wurde neben Frankfurt am Main zu einem Zentrum des Siedlungs- und sozialen Wohnbaus im Sinne des Neuen Bauens in Deutschland. Bruno Taut und Johannes Göderitz wirkten in Magdeburg, Albin Müller baute zur Deutschen Theaterausstellung 1927 in Magdeburg das berühmte Pferdetor und den Aussichtsturm. 1925 bot Dessau dem Bauhaus (1919 in Weimar aus der von Henry van de Velde gegründeten Kunstgewerbeschule hervorgegangen) eine Heimstatt. Walter Gropius baute dort das Bauhausgebäude, das weltweit zu einer Ikone der Moderne wurde.

Permanent wurde während der gesamten 20er Jahre die sogenannte ›Mitteldeutschlandfrage‹ diskutiert. Zu dieser äußerte sich 1929 auch der Landeshauptmann der Provinz Sachsen, Erhard Hübener. Während Leipzig, als gedachte Hauptstadt, ein großes Land Mitteldeutschland vorschlug, empfahl Hübener eine Dreiteilung, zu der es interessanterweise sehr viel später dann auch kam. Seine Idee: drei Länder – Sachsen, Thüringen und Sachsen-Anhalt.

Die dunkle Zeit des Nationalsozialismus warf ihre Schatten schon längst voraus, dennoch wurde die NSDAP nach den Landtagswahlen 1932 in Anhalt recht überraschend stärkste Partei und stellte damit erstmals einen deutschen Ministerpräsidenten.

Dreizehn Jahre später lag am Ende des Zweiten Weltkrieges ein großer Teil des heutigen Sachsen-Anhalts in Trümmern. Vor allem die Industriegebiete im Süden aber auch Dessau, Zerbst und Halberstadt waren von den Luftangriffen erheblich betroffen. Magdeburgs Zentrum wurde am 16. Januar 1945 bei einem der verheerendsten Luftangriffe auf Deutschland zu 90 Prozent zerstört. Eine der

Das Pferdetor in Magdeburg, erbaut 1927

schönsten deutschen Barockstädte lag 1945 in Schutt und Asche. Ein Schicksal, das Halle erspart blieb. Felix Graf Luckner hatte einen entscheidenden Anteil an der kampflosen Übergabe der Stadt an die US-Truppen. Die jüdische Gemeinde der Stadt, die 1933 noch 1200 Mitglieder zählte, bestand aus noch 30 Überlebenden des Holocaust...

Sachsen-Anhalts Geburt und DDR-Zeit

Nach 1945 schuf die sowjetische Besatzungsmacht zunächst eine Provinz Sachsen mit Hauptstadt in Halle, für die der liberale Landeshauptmann Erhard Hübener – in der Nazizeit aus dem Amt getrieben – als Präsident eingesetzt wurde. 1946 erhielt diese, um ständigen Verwechslungen mit dem Land Sachsen aus dem Weg zu gehen, die Bezeichnung Sachsen-Anhalt – Hübeners Plan von 1929 schien eine späte Erfüllung zu finden. Nach den Landtagswahlen im Oktober 1946 wurde Hübener dann auch offiziell Ministerpräsident – der einzige aus einer bürgerlichen Partei in der damaligen sowjetischen Besatzungszone, das Land Sachsen-Anhalt war erstmals geboren.

Unter dem Druck der Besatzungsmacht und des zunehmenden Machtanspruchs der 1946 aus KPD und SPD vereinigten SED reichte Hübener 1948 seinen Rücktritt ein. Ohnehin wurden die Kompetenzen der Länder seit der Gründung der DDR im Oktober 1949 stetig weiter ausgehöhlt, 1952 folgte ihre Auflösung. Sachsen-Anhalt verschwand von der Bildfläche, die Bezirke Magdeburg und Halle wurden geschaffen.

Deren Entwicklung erfolgte gemäß der zentralen Pläne hin zu einem ›Chemiebezirk‹ (Halle) und zu einem Zentrum des Schwermaschinen- und Anlagenbaus (Magdeburg). In diesem Sinne wurden auch die Universitäten und Hochschulen profiliert und teils neue gegründet. In den großen Städten entstanden – insbesondere ab 1971 – riesige Neubaugebiete, parallel dazu verfiel historisch wertvolle Bausubstanz in vielen Städten. Die ›1. Bitterfelder Konferenz‹ im Jahr 1959 sollte den Anstoß zur Entwicklung einer sozialistischen Nationalkultur geben, die Initiative ›Sozialistisch arbeiten, lernen und leben‹ entstand ebenfalls im Bezirk Halle. Ungeachtet dessen wurden auch in den vier Jahrzehnten DDR beachtenswerte Leistungen in Kunst und Kultur erbracht: Händel-Festspiele und Telemann-Festtage hielten den Ruf der mitteldeutschen Barockmusik auch international im Gespräch, die Theater in Halle und Magdeburg machten DDR-weit von sich reden, das Bauhaus in Dessau und die Kunsthochschule Burg Giebichenstein setzten auch in der DDR mit ihrer Arbeit Maßstäbe, die vorsichtige Annäherung der DDR-Oberen an den Reformator Martin Luther zu dessen 500. Geburtstag 1983 rückte Museen in Wittenberg und Eisleben in den Blickpunkt. Große Teile des Bezirkes Magdeburg gehörten aufgrund seiner ›Grenzlage‹ zur BRD zu den bestgesicherten. Die größte Übergangsstelle zwischen DDR und BRD in Marienborn an der Autobahn 2 wird vielen ›Alt-Bundesbürgern‹ auf ihrem Weg nach West-Berlin noch in wenig guter Erinnerung sein…

Sachsen-Anhalts Wiedergeburt

Auch in Sachsen-Anhalt waren die Menschen im Herbst 1989 aus den Kirchen heraus auf die Straße gegangen, um öffentlich gegen die DDR-Herrschaft zu opponieren. In Wittenberg, wo sich mit Pfarrer Friedrich Schorlemmer schon Jahre zuvor die Bewegung ›Schwerter zu Pflugscharen‹ formiert hatte, in Magdeburg, Halle und Bitterfeld kam es zu größeren Aktionen, die allerdings nicht den Umfang der Leipziger Montagsdemonstrationen erreichten. Persönlichkeiten wie Bärbel Bohley und Jens Reich, aber auch Reinhard Höppner, Gründungsmitglied der DDR-SDP und SPD-Vizepräsident der ersten frei gewählten DDR-Volkskammer, und Hans-Jochen Tschiche standen an der Spitze dieser Bewegung, die ursprünglich eine erneuerte DDR wollte.

Mit der dynamischen Entwicklung in Richtung deutsche Einheit in einer föderalen Struktur kam die Forderung nach einer Länderbildung auch in Ostdeutschland auf die Tagesordnung. Diese war in Sachsen-Anhalt – als Folge der jahrhundertelangen heterogenen Entwicklung – nicht nur verhaltener

Das Bürgedenkmal 1989 in Magdeburg

Land und Leute

als in den anderen Teilen Ostdeutschlands sondern auch mit vielerlei Abspaltungsdebatten verbunden. Letzten Endes wurde, nach Volksbefragungen in verschiedenen Gebieten, am 3. Oktober 1990 das Land Sachsen-Anhalt in seiner heutigen Gestalt wiedergegründet. Die Wahl des Landtags am 14. Oktober 1990 führte zu einer CDU/FDP-Koalitionsregierung. Das in Dessau tagende Landesparlament bestimmte 14 Tage später Magdeburg zur Landeshauptstadt. Am 16. Juli 1992 wurde die neue Landesverfassung verkündet.

Das Magdeburger Landtagsgebäude

Aufsehen erregten in den Jahren danach weniger die mehrfach wechselnden CDU-Ministerpräsidenten, als vielmehr das sogenannte ›Magdeburger Modell‹, mit dem der SPD-Politiker Reinhard Höppner das Land zwischen 1994 und 2002 führte. Mit einer Minderheiten-Regierung von SPD und B90/Die Grünen (bis 1998) und danach allein der SPD – jeweils toleriert durch die PDS – wurde eine bis dato in der Bundesrepublik praktisch nicht gekannte Regierungsform mit mehr oder minder Erfolg praktiziert.

Seit 2002 stellt die CDU in wechselnden Regierungskoalitionen (bis 2006 mit FDP, danach mit SPD) die Ministerpräsidenten (2002–2011 Wolfgang Böhmer, seitdem Rainer Haseloff). Der Magdeburger Landtag umfasst in der aktuellen Legislaturperiode 105 Abgeordnete (CDU 42, LINKE 28, SPD 26, B90/Die Grünen 9).

Berühmte Persönlichkeiten

Große Köpfe und große Querköpfe hat das Land hervorgebracht. Sie alle haben in diesem kleinen Bundesland gewaltige Spuren hinterlassen. Viele der Namen, denen man hier begegnet, kennt man, hätte sie aber nie mit Sachsen-Anhalt verbunden. Einige werden hier vorgestellt, anderen begegnet man quer durch diesen Reiseführer.

Otto der Große (912–973) und Editha (910–946)

Der Sohn Heinrich I., des ostfränkischen Königs und dessen Gemahlin, der später heilig gesprochenen Mathilde, wurde 912 in der Pfalz von Wallhausen geboren. 973 starb er überraschend bei einem Aufenthalt in der Pfalz Memleben, in der bereits sein Vater gestorben war. Seine erste Frau, Editha, starb bereits 946 und wurde, wie Otto später auch, im Magdeburg Dom beigesetzt. Beider Gräber sind dort erhalten. Editha war die Halbschwester des angelsächsischen Königs

Aethelstan. Sie erhielt Magdeburg als Morgengabe und begann, ›ihre Stadt‹ zu gestalten. Die zweite Frau Ottos, Adelheid von Burgund, starb 999 im Kloster Selz im Elsaß. Der Kaiser aus dem Geschlecht der Liudolfinger war ab 936 Herzog von Sachsen und König des Ostfrankenreiches, ab 951 König von Italien und ab 962 römisch-deutscher Kaiser. Sein Chronist Widukind von Corvey nannte ihn ›totus orbis caput‹, das ›Haupt der ganzen Welt‹. Auf Ottos Kaiserkrönung in der Nachfolge Karls des Großen beruht der Beginn des Heiligen Römischen Reiches Deutscher Nation.

Albrecht der Bär (um 1100–1170)

Seine Grablege befindet sich in der Schlosskirche von Ballenstedt, dem damaligen askanischen Hauskloster. Albrecht I., seit dem 12. Jahrhundert ›der Bär‹ genannt, wurde um 1100 geboren. Der Graf von Ballenstedt, Graf von Weimar und Orlamünde und seit 1157 erster Markgraf von Brandenburg, tat sich als Gegenspieler Heinrichs des Löwen hervor. 1126 heiratete er Sophie von Winzenburg. Aus der Ehe gingen mindestens zehn Kinder hervor. Albrecht trieb durch Diplomatie und Kampf die bereits zweimal gescheiterte Osterweiterung voran. Er nahm am Wendenkreuzzug von 1147 teil. Bis 1157 dauerte die Expansion, dann wurde Albrecht zum Markgrafen von Brandenburg ernannt. Die Ostgebiete wurden christianisiert. Albrecht holte in die schwach besiedelten slawischen Gebiete Bauern aus Flamen und siedelte sie im heutigen Fläming an. Die flämischen Siedlungen lagen zwischen den slawischen und hatten natürlich auch den Sinn, das Land zu befrieden. Er verhalf Stendal mit der Verleihung des Marktrechts zum Aufschwung. Drei Monate vor seinem Tod 1170, nahm er an der Weihe des Havelberger Doms teil. Mit Albrecht dem Bären beginnt die Geschichte der Askanier.

Lucas Cranach d. Ä. (1472–1553)

Der Franke war einer der bedeutendsten deutschen Maler und Grafiker der Renaissance und zugleich der entscheidende ›Werbegrafiker der Reformation‹. 1505 bekam er eine Anstellung als Hofmaler am kursächsischen Hof Friedrichs des Weisen, die sich unter dessen Nachfolgern fortsetzte. 1512 kam zu seiner Malerwerkstatt, die bis zu seinem Lebensende etwa 5000 Bilder verließen, noch ein Weinausschank hinzu, 1520 erwarb er eine Apotheke. Ferner arbeitete er als Buchhändler, Papierhändler und Verleger. Dem Wittenberger Rat gehörte er gleichfalls an. Luther, Melanchthon und Cranach galten bald als das ›Dreamteam‹ der Reformation. Die Freunde stürzten sich miteinander in die geistigen Auseinandersetzungen der Zeit. Cranach starb 1553 im heutigen ›Cranachhaus‹ in Weimar. Seine weltlichen und allegorischen Aktdarstellungen waren das Cranachsche Neue, das er in die Malerei einbrachte.

Philipp Melanchthon (1497–1560)

Sein Wahlspruch stammte aus dem Römerbrief des Paulus: »Ist Gott für uns, wer mag wider uns sein.« Der ›Praeceptor Germaniae‹, der Lehrer Deutschlands, wie er seiner Verdienste um die Einführung allgemeiner Schulen in Deutschland wegen genannt wurde, war Philologe, Philosoph, Humanist, Theologe, Lehrbuchautor und, nicht zuletzt, neulateinischer Dichter: Er schrieb bereits in Deutsch-

Cranachaltar in der Kirche St. Marien in Lutherstadt Wittenberg

land Oden, da war an Klopstock noch nicht zu denken. Luther schätzte den 14 Jahre jüngeren Freund über alle Maßen: ›Dieser kleine Grieche übertrifft mich auch in der Theologie.‹ Zeitweilig bekleidete er das Amt des Rektors der Wittenberger Universität und war zugleich deren ›Star‹: Zu ihm drängten sich mehr Studenten als in Luthers Vorlesungen. Nach Luthers Tod galt er als Haupt der Reformation. Von ihm stammt auch der Satz: »Die Jugend in den Schulen vernachlässigen, heißet nichts anderes, als den Frühling aus dem Jahre hinwegnehmen.«

Paul Gerhardt (1607–1676)

Der evangelisch-lutherische Theologe gilt als einer der bedeutendsten deutschsprachigen Dichter, der freilich mit dem schmalsten Werk in die Literaturgeschichte eingegangen ist (139 deutsche, 15 lateinische Gedichte), das aufgrund seiner Volkstümlichkeit aber eine immense Wirkungsgeschichte bis nach England, Spanien, in Afrika wie in Asien gehabt hat. Mit einem ›Schlager‹ wie ›Geh aus mein Herz und suche Freud‹ sind Generationen von Menschen aufgewachsen. Günter Grass in seiner Erzählung ›Ein Treffen in Telgte‹ setzte ihm ein weiteres, vorsichtig ironisches, aber anerkennendes Denkmal. Und Robert Gernhardt nimmt in seinem letzten Gedichtband eben dieses Gedicht, ›Geh aus, mein Herz‹ aufs Korn, ironisiert es bitter und versagt gerade damit dem Dichter nicht seine Anerkennung. Gerhardt wurde in Gräfenhainichen in Anhalt als Sohn einer Gastwirtsfamilie geboren und studierte in Wittenberg Theologie. Das Wohnhaus, in dem er seinerzeit wohnte, ist noch erhalten. Viele seiner Lieder wurden vertont und zogen in das evangelische Gesangbuch ein. Im Berliner Kantor Johann Crüger fand er seinen kongenialen Komponisten. Die Paul-Gerhardt-Kapelle in Gräfenhainichen erinnert an den großen Liedschöpfer.

Georg Philipp Telemann (1681–1767)

»Ich bin in Magdeburg 1681, den 14. Märtz gebohren und den 17ten drauf Evangelisch-Lutherisch getaufft worden...« Leider wurde die Taufkirche, genauer gesagt, der nachfolgende Bau an gleicher Stelle, die evangelische Heilig-Geist-Kirche am Magdeburger Ulrichsplatz 1959 gesprengt. Als Telemann in Magdeburg aufwuchs, kamen ›die Fremden‹, die Hugenotten auch in Magdeburg an und mit ihnen der Aufschwung. Telemann wuchs in eine spannende Zeit hinein. Er erlernte die Musik im Selbststudium. Seine musikalische Karriere begann, da war er noch Jura-Student in Leipzig. Bereits 1712 wurde er städtischer Musikdirektor der Stadt Frankfurt/Main, ab 1721 Johannes-Kantor und Musikdirektor in Hamburg und bekleidete damit eines der angesehensten musikalischen Ämter in Deutschland. Mit seinem Aufenthalt in Paris 1737 gelang ihm der internationale Durchbruch. Telemann saugte in seiner Musik Europa auf: Italienische, französische, aber auch polnische Straßenmusik wird zitiert. Mit Händel, Bach und Telemann wurde Sachsen-Anhalt zur Heimat der deutschen Barockmusik.

Johann Joachim Winckelmann (1717–1768)

Der Stendaler Schuhmachersohn Winckelmann gilt als der Begründer der modernen Archäologie und, in seiner wissenschaftlichen Arbeit, auch als der geistige Begründer des Klassizismus im deutschsprachigen Raum. Sein

Moses Mendelssohn

Verständnis von Kunst brachte er auf die knappe Formel ›edle einfalt, stille Größe‹. Er war Bibliothekar, Archäologe, Antiquar und Kunstschriftsteller. Er führte den damals 25-jährigen Fürsten Franz, den Begründer des Wörlitzer Parks, in die Architektur und Geisteswelt der Antike ein, als dieser auf seiner Grand Tour 1765/66 Rom besuchte. Der Fürst in seinem Wissensdurst ›bezauberte‹ Winckelmann nach eigener Aussage. Erfahrungen, die Franz an der Seite Winckelmanns machte, flossen später in die Gestaltung der Wörlitzer Gartenlandschaft ein. Winckelmann, studierter Theologe, Hauslehrer, Medizinstudent, ging 1755 nach Rom. Ein Stipendium des Dresdner Kurprinzen ermöglichte ihm ein unabhängiges Gelehrtenleben. Winckelmann fiel 1768 in Triest einem Raubmord zum Opfer. Das Winckelmann-Museum in Stendal erinnert an den großen Sohn der Stadt.

Moses Mendelssohn (1729–1786)

»Ich handele mit Vernunft.« Dieser Satz wird Mendelssohn zugeschrieben, dem aus Dessau stammenden jüdischen Philosophen der deutschen Aufklärung. Mendelssohn erregte als hochbegabtes Kind schon früh die Aufmerksamkeit seiner Lehrer und folgte im Alter von 14 Jahren seinem damaligen Dessauer Lehrer Rabbi Fränkel nach dessen Berufung zum Oberrabbiner nach Berlin. Mit dem gleichaltrigen Pfarrerssohn Gotthold Ephraim Lessing verband ihn ab 1754 eine tiefe Freundschaft. Lessing verschaffte Mendelssohn eine Stelle als Literaturkritiker bei der Zeitschrift ›Briefe, die Neueste Literatur betreffend‹. Mit Lessing gehörte er dem Montagsclub der Berliner Aufklärung an. Enge Kontakte hielt Mendelssohn mit Johann Wilhelm Ludwig Gleim, dem Halberstädter Domsekretär. In Halberstadt kann man das Gleimhaus besichtigen, die Moses-Mendelssohn-Akademie hält die Erinnerung an das jüdische Leben in der Stadt wach. Am Geburtshaus in Dessau befindet sich eine Tafel zu Mendelssohn. Im Dessauer Stadtpark befindet sich eine Büste Mendelssohns.

Friedrich Wilhelm Nietzsche (1844–1900)

»Heute ist die Utopie vom Vormittag die Wirklichkeit vom Nachmittag.« Der Geburtsort des klassischen Philologen, des Philosophen Friedrich Nietzsche ist der kleine Ort Röcken bei Weißenfels, wo er im Pfarrhaus aufwuchs. Nach dem Tod des Vaters 1849 zog die Familie nach Naumburg, wo Nietzsche das Domgymnasium und ab 1858 die Landesschule im nahen Pforta besuchte, die heute noch besteht. Der junge Nietzsche entwickelte seine Philosophie in der Auseinandersetzung mit und der schließlichen Abkehr von Schopenhauers pessimistischer Weltsicht. Nietzsche schuf in der Folge ein Werk, das bis heute Anlass zu Deutungen und Auseinandersetzungen bietet, auch in seinem Rigorismus. Er erlebte den Erfolg nicht mehr bewusst. Seit 1890 verbrachte er den Rest seines Lebens als Pflegefall in der Obhut seiner Mutter in Naumburg, nach deren Tod übernahm seine Schwester den Patienten und das Werk. Nietzsche ist in seinem Geburtsort Röcken beigesetzt. Auf der Nordseite der Kirche befindet sich die Bronze-Skulpturengruppe ›Röckener Bacchanal‹ des Hallenser Bildhauers Klaus-Peter Messerschmidt. Auf dem Holzmarkt in Naumburg gibt es ein Denkmal Nietzsches, das der Magdeburger Heinrich Apel geschaffen hat. Grab und Geburtshaus in Röcken sind zu besichtigen, das Nietzsche-Haus in Naumburg ebenfalls. An der Landesschule Pforta befindet sich eine Gedenktafel.

Nietzsche-Figur in Röcken

Hugo Junkers (1859–1935)

»Unsere Ziele sind höher gesteckt, nämlich das Flugzeug zu benutzen, um die Menschen und die Nationen einander näher zu bringen.« Das war in einem Satz die Vision des Hugo Junkers, Erfinder, Ingenieur, Unternehmer, Familienvater einer vierzehnköpfigen Familie. Der geborene Rheinländer siedelte sich 1895 in Dessau an, gründete hier seine Firmen und war bis 1932 Eigentümer der Junkers Motorenbau GmbH und der Junkers Flugzeugwerk AG. Er musste für seine Flugzeuge selber einen Markt schaffen. Deshalb gründete er die Junkers Luftverkehr AG, die 1926 mit der Deutschen Aero Lloyd zur Luft Hansa fusionierte. Sein erfolgreichstes war sein letztes Flugzeug, die legendäre ›Tante JU‹, die JU 52. Junkers, der in den zwanziger Jahren die Modernität Dessaus schätzte und eng mit den Bauhäuslern zusammenarbeitete, konnte sich mit den Nationalsozialisten nicht arrangieren, wurde 1933 enteignet und erhielt Stadtverbot für Dessau. Die Tragik seines Lebens war, dass seine Visionen für die Luftfahrt ziviler Natur waren, seine Konstruktionen dann aber von den Nazis für Kriegszwecke missbraucht wurden. In Dessau-Roßlau präsentiert heute das Technikmuseum Hugo Junkers die Lebensleistung des Unternehmers, einschließlich des Muster-Metallhauses, das er mit dem Bauhaus entwickelt hat.

Walter Gropius (1883–1969)

»Wir wollen den klaren organischen Baulaib schaffen, nackt und strahlend aus innerem Gesetz heraus ohne Lügen und Verspieltheiten.« Walter Gropius, Architekt und Gründer des Bauhauses, gilt neben Mies van der Rohe und Le Corbusier als Schöpfer der Architektur der Moderne. Schon bald nach seiner Gründung in Weimar stieß das Bauhaus auf politischen Widerstand. Gropius fand 1925 in

Dessau die Stadt, die das Bauhaus wollte. Nach Plänen von Gropius entstand hier das neue Bauhaus-Gebäude, die Meisterhäuser und die Siedlung Dessau-Törten. 1927 gab er die Leitung des Bauhauses ab. Nach England als Zwischenstation folgte er einem Ruf an die Harvard-University. Mit Marcel Breuer baute er 1939 den Pennsylvania-Pavillon für die New Yorker Weltausstellung. 1964/65 fertigte er den Entwurf für das Bauhaus-Archiv in Darmstadt, der allerdings erst 1976–1979 in Berlin realisiert wurde.

Paul Raabe (1927–2013)

Ein Büchermensch war er, ein renommierter Bibliothekar und Literaturwissenschaftler. Aber als solcher war er einer, der große Bibliotheken und Literaturarchive aus ›verschlafenen, ungeliebten oder schlecht ausgestatteten Kulturstätten (zu) prosperierenden Orten geistigen Lebens‹ machte. Das gelang ihm als Leiter der Bibliothek des Deutschen Literaturarchivs in Marbach, danach als Direktor der Herzog-August-Bibliothek in Wolfenbüttel und, dann schon als Pensionär, als er die ›Aufgabe seines Lebens‹ (Raabe) fand: Als ehrenamtlicher Direktor der Franckeschen Stiftungen in Halle, die er buchstäblich rettete. Heute steht der zu DDR-Zeiten beinahe verfallene barocke Gebäudekomplex auf der deutschen Vorschlagsliste für das Weltkulturerbe. Raabe ist Ehrenbürger der Stadt Halle.

Hans-Dietrich Genscher (geb. 1927)

»... verantwortliche Politik muss der Freiheit und der Würde jedes einzelnen Menschen dienen.« Der 1927 in Halle (Saale) geborene Hans-Dietrich Genscher war einer der prägenden Politiker der Bundesrepublik Deutschland. Er gestaltete deren Politik als Innenminister, als Außenminister und als Vizekanzler Deutschlands vor und nach dem politischen Umbruch entscheidend mit. Er vertrat eine aktive Entspannungspolitik und eine Dialogpolitik mit der Sowjetunion. Dabei gelang es ihm, zu dessen Markenzeichen der gelbe Pullunder wurde, als einem der wenigen Politiker, mit oder trotz seines Amtes eine enorme Volkstümlichkeit

Hans Dietrich Genscher im Museum

und Beliebtheit zu erreichen. Neben den vielen Ehrendoktorwürden und Auszeichnungen, die ihm verliehen wurden, sprechen auch Preise wie der Millenniums-Bambi oder der Orden wider den tierischen Ernst gerade dafür. Nach dem politischen Umbruch 1989 setzte er sich wiederholt für Projekte aus seinem Heimat-Bundesland ein, sei es für den Aufbau der Neuenburg oder den Wiederaufbau der Franckeschen Stiftungen in Halle, denen er sehr verbunden ist. Genscher ist Ehrenbürger der Stadt Halle.

Christiane Nüsslein-Volhard (geb. 1942)

»Sie können mit Öko-Landbau keine Großstädte ernähren. Und schon gar nicht die Weltbevölkerung.« Die Biologin, seit 1985 Direktorin der Abteilung Genetik des Max-Planck-Instituts für Entwicklungsbiologie in Tübingen, Prof. Dr. Christiane Nüsslein-Volhard, sagt gern Unbequemes. Sie wurde 1942 in Heyrothsberge bei Magdeburg als Tochter eines Architekten und einer Kinderärztin geboren. Sie wusste bereits mit 12 Jahren, dass sie Biologin werden wollte. Für ihre Entdeckungen von Genen, die die Entwicklung von Tier und Mensch steuern, und etliche andere Forschungsergebnisse ist die Wissenschaftlerin 1995 mit dem Nobelpreis für Medizin geehrt worden. 2004 gründete sie die Christiane-Nüsslein-Volhard-Stiftung zur Unterstützung junger Wissenschaftlerinnen mit Kindern.

Friedrich Schorlemmer (geb. 1944)

»Wohl dem, der eine Heimat hat«, kann Schorlemmer, neben allem Politischen, das ihn umtreibt, formulieren. Denn von der geht er aus, von der Heimat. Für den in der Lutherstadt Wittenberg lebenden Schorlemmer ist das Sachsen-Anhalts kleinstes Städtchen, Werben an der Elbe. Der Bürgerrechtler aus Passion, widerständig in der DDR, die Demokratie einfordernder Streiter heute, kritischer Begleiter ›seiner‹ Kirche, wortmächtiger Verteidiger einer vom Protestantismus bestimmten Freiheit zur Verantwortung, Friedensvisionär. Schorlemmer brennt für seine Themen und reist alle Jahre wieder quer durch die Bundesrepublik, das jeweils neue Buch vorzustellen, das Gespräch zu suchen. Der Wittenberger Pfarrer prägte das Bild der ›Schwerter zu Pflugscharen‹ in den Köpfen, indem er im September 1983 in einer Aufsehen erregenden Aktion ein Schwert zur Pflugschar umschmieden ließ.

Jürgen Sparwasser (geb. 1948)

»Beckenbauer hat einmal gesagt, dass ich die 23. Goldmedaille der Fußball-Weltmeisterschaft von 1974 bekommen sollte.« Der in Halberstadt geborene Stürmer des 1. FC Magdeburg war 1974 seit dem Siegtreffer in der 77. Minute im Spiel der DDR-Auswahl über die Mannschaft der Bundesrepublik zur Legende geworden. Für Sparwasser selbst war das Tor eine Last. Die DDR-Führung wollte die Legende nutzen und ihn zum Cheftrainer der DDR-Nationalmannschaft machen, was er ablehnte und schließlich dazu führte, dass er 1988 die DDR verließ. Ihm war der wichtigere sportliche Erfolg, dass er mit seiner Mannschaft als erste und einzige der DDR einen Europapokal (den der Pokalsieger) 1974 nach Magdeburg holen konnte. Sein Trikot mit der Nr.14, das er im Spiel gegen die DFB-Auswahl 1974 getragen hatte, hängt heute im Haus der Geschichte in Bonn.

1989 – Der Bürgersturm auf die Neuenburg

Montag, 3. November 1989. Die Freyburger haben sich, wie inzwischen jeden Montag, in der Stadtkirche St. Marien versammelt. Plötzlich ruft eine Freyburgerin, Monika Marquardt, dass sie die Offenlegung der Unterlagen über die Neuenburg fordert. Seit fast zwanzig Jahren war die Burg nicht mehr öffentlich zugänglich. Das Weinmuseum der DDR sollte hier angeblich entstehen. Wozu braucht man dann aber einen mit Stacheldraht versperrten Eingang? Wieso sieht man dann statt Aufbau immer mehr Verfall? Nun geht es, wie in diesen Tagen überall, Schlag auf Schlag. Mit dem Verschwinden der Angst wachsen Versuchsfelder der Fantasie. Eine Bürgerinitiative wird gegründet. 862 Bürger unterschreiben eine Resolution, die ein Ende mit der Geheimniskrämerei um die Burg fordert. Am 25. November stehen um die Mittagszeit schließlich etwa fünfzig Freyburger vor dem Burgtor und fordern Einlass. Sie lassen sich nicht wegschicken. Es reicht. Sie wollen sehen, was Sache ist. Schließlich führt sie der ehemalige Museumsleiter in zwei Gruppen durch die Burganlage. »Den Bürgern standen die Tränen in den Augen«, weiß der Fotograf Thomas Tempel zu berichten, einer der Augenzeugen. Die Neuenburg ist eine Ruine. Der Zustand von Burg und Inventar ist chaotisch.

»Damals wurde, sozusagen aus dem Stand, der Verein zur Erhaltung und Rettung der Neuenburg e.V. gegründet«, erinnert sich Thomas Tempel. Ehrenvorsitzender wurde Außenminister a.D. Hans-Dietrich Genscher, der als Hallenser Kind gern auf die Neuenburg kam. Man war sich schnell einig, dass hier ein Fall für die damals freischaffende Kunsthistorikerin Kristine Glatzel vorlag, die bereits bei der Restaurierung der größten Burg auf dem Gebiet Sachsen-Anhalts, der Querfurter Burg, in den achtziger Jahren Erfahrungen und Meriten sammeln konnte. Als sie im Kleinod der Burg, in der Doppelkapelle, allein stand, an jenem Ort, an dem bereits die Heilige Elisabeth Kraft geschöpft hatte, wusste sie, dass sie die Aufgabe übernehmen wird. Die Neuenburg muss leben. Wo Kristine Glatzel nun auftaucht, spricht sie über die Denkmalpflege als Werkzeug der Wirtschaftsförderung. Die Burg, so wird sie nicht müde zu erzählen, stelle das Fundament für den Tourismus der Region dar. Am 1. November 1990 wird sie zur Leiterin des Museums berufen.

Als sie 2003 die Burg in die Hände des neuen Leiters, Jörg Peukert, übergibt, liegt zwar auch vor diesem noch ein gewaltiger Berg von Aufgaben, aber die Neuenburg ist – die größte ohnehin – aber auch wieder die schönste Burg der Thüringer Landgrafen, und, natürlich, der Stolz der Freyburger. Das Weinmuseum der DDR wurde nie gebaut, aber das Weinmuseum Sachsen-Anhalts, das ist heute auf der Neuenburg zu besichtigen, nebst der 1992 restaurierten Doppelkapelle und den schönsten Mittelalterspielen weit und breit in jedem Jahre zur Pfingstzeit. Die Neuenburg ist einer der schönsten Erlebnisorte auf der Straße der Romanik (→ S. 348).

Kunst und Kultur

Sachsen-Anhalt ist ein Quellgrund deutscher Kultur: Hier wurde das erste Versepos im deutschsprachigen Roman, die Eneas von Heinrich von Veldeke geschaffen. Hier schrieb mit Mechthild von Magdeburg die erste Frau ihr Werk in niederdeutscher Sprache. Hier entstand das erste deutsche Prosawerk, der ›Sachsenspiegel‹. Mit der Reformation ging eine große Geistesbewegung von hier aus in die Welt. Heinrich Schütz gilt als der ›Vater der deutschen Musik‹. Der erste gotische Sakralbau wurde in Magdeburg erbaut, das erste klassizistische Gebäude in Deutschland steht in Wörlitz, der erste englische Landschaftsgarten entstand just da auch. Das, was wir mit dem Begriff ›Bauhaus‹ heute verbinden, wurde in Dessau entwickelt. Man kann den Beitrag Sachsen-Anhalts zur deutschen Kultur kaum überschätzen.

Musik, Theater, Film

Der bekannte musikalische Bogen erstreckt sich von den Minnesängern auf der Neuenburg über die Mönche in den Klöstern Pforta, Memleben und anderswo über die Lieder der Reformation, die Musik der drei großen ›S‹ Samuel Scheidt, Johann Hermann Schein, Heinrich Schütz, über das ›Dreigestirn des Barock‹, Johann Sebastian Bach, Georg Friedrich Händel und Georg Philipp Telemann, dazu wäre mindestens auch Johann Friedrich Fasch zu nennen. Die, sicher überraschende Reihe lässt sich fortsetzen: Von Prinz Louis Ferdinand von Preußen, Johann Friedrich Reichardt, Carl Loewe, Otto Reutter, Ernst Fischer, Kurt Weill über Jazzmusiker wie Konrad und Johannes Bauer, Rockgruppen wie ›Magdeburg‹, ›Silly‹ mit dem Haldensleber Rüdiger Barton, die Karat-Sänger Herbert Dreilich und Sohn Claudius Dreilich sowie Schlagzeuger Michael Schwandt bis hin zu Puhdys Peter Meyer, Hans Wintoch, Tokio-Hotel oder Annett Louisan.

Feuerwerk zu ›Händels open‹ in Halle

Selbst auf der ›Bochum‹-LP von Herbert Grönemeyer trommelte ein Magdeburger, der ›republikflüchtige‹ ehemalige ›Magdeburg‹-Drummer Detlev Kessler. Martin Rühmann gehört zu den Poeten unter den deutschen Liedermachern.

Für die Rockmusik in der DDR war die Magdeburger Szene das, was die Hamburger für die Bundesrepublik bedeutet hat. Der Magdeburger Komponist Thomas König hat mit Ars Quitilinga ein beeindruckendes Konzert für den Quedlinburger Stiftsschatz geschrieben. Die Musik lebt also in Sachsen-Anhalt und die zahlreichen Festivals im Land ziehen die großen Musiker der klassischen Musik zu Konzerten ins Land. Zweimal, mit Kurt Weill und mit Tokio-Hotel, haben es einheimische Künstler geschafft, eine amerikanische Karriere zu starten. Übrigens, die Alben mit der Klaviermusik Bachs, Händels und anderer, die Ragna Schirmer als Pianistin vorstellt, sind im Freylinghausen-Saal der Franckeschen Stiftungen in Halle (Saale) eingespielt worden. Auch hier kann man den authentischen Ort besuchen. Ja, über eine reiche Orchesterlandschaft verfügt Sachsen-Anhalt auch heute, ob in Wernigerode, in Schönebeck oder in den großen Zentren wie Magdeburg, Halle und Dessau.

Vielfältig war und ist die Theaterlandschaft. Einmalig in Deutschland ist das auf Goethe zurückgehende, noch original erhaltene Goethe-Theater in Bad Lauchstädt. Das Puppentheater hat in Sachsen-Anhalt eine lange Tradition. Der Begründer der Augsburger Puppenkiste, Walter Oehmichen, war ein Magdeburger, der wiederum am liebsten Stücke eines Bad Kösener Autors spielte, nämlich die von Max Kruse, des Sohns der bekannten ›Puppenmutter‹ Käthe Kruse. Das Magdeburger Puppentheater gehört zu den mindestens europaweit anerkannten Figurentheatern. Das Magdeburger Domplatz-Open-Air hat sich in der Musicalszene durch seine außergewöhnlich gelungenen Sommerinszenierungen innerhalb kürzester Zeit einen exquisiten Ruf im gesamten deutschsprachigen Raum erspielt. Wie das Theater der Landeshauptstadt ohnehin für ehrgeizige Aufführungen in Oper, Schauspiel und Ballett steht. Die Hallenser Theaterszene hat mindestens ähnliche Bedeutung. Das von Peter Sodann (Ex-Tatort-Kommissar Ehrlicher) auf der Hallenser Kulturinsel gegründete neue theater ist für seine experimentierfreudige Theaterkunst beliebt, umstritten und nicht wegzudenken. Das wagneraffine Anhaltische Theater in Dessau ist für seinen ›Ring‹ bekannt, bespielt aber auch viele Außenstellen wie Wörlitz oder Wittenberg. Auch Dessau verfügt über ein Puppentheater. Natürlich gibt es auch etliche freie Theater wie das Magdeburger Theater an der Angel auf dem Magdeburger Werder. Nicht zu vergessen das Nordharzer Städtebundtheater, das Holzhaustheater Zielitz mit dem Kalimandscharo-Festival oder die Höhlenfestspiele in der Baumannshöhle im Harz.

Aus Magdeburg kam der Stummfilmstar Henny Porten. Den Dessauer Dieter Hallervorden kennt quasi jeder und auch aus Dessau kommt Thomas Kretschmann, ›unser Mann in Hollywood‹. ›In aller Freundschaft‹-Chefarzt Dr. Heilmann in der ARD-Sachsen-Klinik ist mit Thomas Rühmann ein Sachsen-Anhalt-Export. Der Quedlinburger Leander Haußmann drehte ›Die Sonnenallee‹ und reüssiert an den Berliner Theatern, der Hallenser Hilmar Thate hat prägende Spuren im deutschen Schauspiel und im Film gezogen.

Eine interessante Entwicklung zeigte sich in den letzten Jahren – Sachsen-Anhalt wird in mehrfacher Hinsicht zum Filmland, Set-Hopping lohnt sich also.

Große Produktionsfirmen entdecken das Land als attraktive Location. Der Tolstoi-Film ›Ein russischer Sommer‹ mit Oscar-Preisträgerin Helen Mirren entstand hier, für ›Monuments Men‹ quartierte sich George Clooney wochenlang in Ilsenburg ein, große Teile des ›Medicus‹ mit Ben Kingsley entstanden auf Burg Querfurt. Quedlinburg, Wernigerode, Tangermünde sind von Filmteams regelrecht belagert, aber auch die alten Industrielandschaften bilden häufig eindrucksvolle Filmkulissen, wie beispielhaft in ›Schulze Get's The Blues‹ mit dem großartigen Horst Krause. Vom Land wird das ebenso gefördert wie die Gründung junger Firmen der Medienbranche, etabliert u.a. im Mitteldeutschen Medienzentrum in Halle (Saale)

Architektur

Die Gotik gelangte nicht über den Rhein nach Deutschland, an der Elbe wurde der erste Sakralbau nach gotischem Maß gebaut: der Magdeburger Dom. Der junge Magdeburger Erzbischof Albrecht von Käfernburg hatte in Paris studiert, die himmelstürmenden gotischen Bauten dort gesehen: Er setzte durch, dass nach der modernen Bauweise und nicht traditionell gebaut wurde. Wer die Hoheit eines solchen, aber viel kleineren gotischen Raumes atmen will, muss die zur Zeit der Heiligen Elisabeth umgebaute Doppelkapelle auf der Neuenburg aufsuchen. Dieser Raum hat eine beinahe unerklärliche Magie. Hier wird der Mensch still, findet zu sich und weiß plötzlich, wie wohltuend und erhaben das Gefühl von Demut sein kann. Von nicht zu bestreitendem Reiz ist die Quedlinburger Altstadt, sozusagen als ein Bilderbuch der Geschichte des Fachwerkbaus.

Der sächsische Architekt Daniel Pöppelmann baute im Auftrag der Frau Augusts des Starken, Christiane Eberhardine, das Renaissance-Schloss Pretzsch, ihren Sitz, nachdem sie August seiner Untreue wegen den Rücken gekehrt hatte, barock aus. Das Schloss ist heute über das schöne Schloss-Café ›Eberhardine‹ zu betreten.

Nach seiner Grand Tour begann Fürst Franz von Dessau mit seinem Freund und Baumeister Friedrich Wilhelm von Erdmannsdorff sein Programm der Landesverschönerung durchzusetzen. In Wörlitz entstand das erste klassizistische Gebäude in Deutschland, ein Schloss, nach dem Vorbild eines englischen Land-

Das Wörlitzer Schloss

hauses gebaut, mit dem modernen Komfort der Zeit. In gewisser Weise war das ein Affront gegenüber den anderen Landesfürsten, weil hier auf jeglichen Prunk verzichtet wurde. Er schien nicht mehr zeitgemäß. Erdmannsdorff gelang auch bald, den schönsten klassizistischen Bau zu entwerfen, das Dessauer Luisium, den Sitz der Fürstin. Noch bescheidener, aber mit welchem Ebenmaß!

Die Magdeburger Rayonhäuser sind es wert, in Augenschein genommen zu werden. Sie dienten der Bebauung im Schussbereich des Festungsgeländes und mussten deshalb so gebaut sein, dass sie schnell wieder abgetragen werden konnten. In den zwanziger Jahren des vorigen Jahrhunderts galt Magdeburg als ›Stadt des Neuen Bauwillens‹. Als Bruno Taut zum Stadtbaurat von Magdeburg gewählt wurde, war ihm ein wichtiges Anliegen, die graue Stadt Magdeburg in eine einzigartige, bunt schillernde Stadtlandschaft zu verwandeln. Carl Krayl machte die Entwürfe, die nun in der Magdeburg-Sudenburger Otto-Richter-Straße wieder erlebbar geworden sind. Der Wagemut auch der heutigen Besitzer machte die Straße zu einem der interessantesten Punkte auf den Spuren des neuen Bauwillens in Magdeburg. Stadthalle und Albinmüllerturm gehören ebenfalls in diese spannende und bewegte Zeit.

1925 kam das Bauhaus auf Einladung des damaligen Dessauer Bürgermeisters Fritz Hesse nach Dessau. Im selben Jahr entstand das Bauhaus, entstanden auch die Meisterhäuser und etliche andere Häuser, beispielsweise das alte Arbeitsamt Dessaus und die Siedlung Törten. Hoch interessant: die ständige Ausstellung im Bauhaus, an dem 2015 mit der weltweiten Ausschreibung die Vorarbeiten für die Errichtung eines neuen, repräsentativen Museums begannen, das 2019 eröffnet werden soll. Und allemal sehenswert sind die im stalinistischen Zuckerbäckerstil gebauten, hochwertigen Neubauten in der Magdeburger Reuter-Allee, die nach dem Zweiten Weltkrieg so erbaut wurden, dass der normale Arbeiter wie früher der Bürger wohnen sollte. Die Wohnungen sind heute noch begehrt. Allerdings ließ sich der Aufwand, der hier betrieben wurde, wirtschaftlich auf Dauer nicht durchhalten. Die sozialistischen Plattenbauten in fast allen Städten belegen dies. Spannende heutige Architektur finden sich interessanterweise vor allem in Bauten für die Industrie und Forschungsinstitute, beispielhaft die Experimentelle Fabrik und das enercon-Firmengebäude in Magdeburg.

Bildende Kunst

Die Hochschule für Kunst und Design Burg Giebichenstein in Halle, wie sie seit 1989 heißt, ist die traditionelle Ausbildungsstätte für bildende Künstler in Sachsen-Anhalt. Die Hochschule ging aus der Gewerblichen Zeichen- und Handwerkerschule der Stadt Halle hervor, wie sie 1879 gegründet wurde. Rektor der Schule war ab 1928 der expressionistische Bildhauer Gerhard Marcks. Ludwig Ehrler, Ronald Paris, Uwe Pfeiffer und Willi Sitte gehörten zu den Lehrern nach 1945. Seit 1793 gab es in Magdeburg die Kunstgewerbe- und Handwerkerschule Magdeburg, zu deren Rektoren Wilhelm Deffke gehörte, einer der Pioniere der CD-Line. Zu den Professoren gehörten Albinmüller, Ferdinand Nigg, Erich Weinert und die Brüder Hans und Rudolf Wewerka. Letzterer war der Vater des Designers und Künstlers Stefan Wewerka, des Erfinders des Einschwingers. Das Stefan-Wewerka-Archiv befindet sich im Gebäude der ehemaligen Kunst-und Gewerbeschule, im heutigen ›forum gestaltung‹ in der Magdeburger Brandenburger Straße. Die dritte Ausbildungsstätte war natürlich das Bauhaus Dessau, das so berühmte Künstler wie Paul Klee, Wassily Kandinsky, Oskar Schlemmer, Gerhard Marcks in der Töpferei an sich binden konnte. Aber da sind wir schon in der Neuzeit.

Kehren wir flugs noch mal in die Renaissance zurück: Die Cranachsche Malerwerkstatt in Wittenberg erstaunt heute noch mit ihrer ungeheuren Produktivität. Wobei Lucas Cranach d.J. immer ein wenig im Schatten des übermächtigen Vaters stand, nun aber, auch in seiner eigenen Qualität, entdeckt worden ist. Obwohl Cranach als Maler der Reformation gilt, hinderte ihn das nicht, im Auftrag katholischer Auftraggeber noch spätgotische Flügelaltäre zu gestalten. Einer von ihnen ist auf der Straße spätgotischer Flügelaltäre im anhaltischen Klieken zu bewundern. Auch im Gotischen Haus im Wörlitzer Park gibt es eine kleine, sehr schöne Sammlung Cranachscher Arbeiten.

Ein Kleinod bildender Kunst sind die Arbeiten der barocken Bildhauerin Gertrud Gröninger aus Paderborn in der Klosterkirche zu Hadmersleben. Da ihre Paderborner Werke fast alle durch Kriegseinwirkungen zerstört sind, kann man ihre unvergleichlich schönen Arbeiten besonders hier entdecken. Im Museum Moritzburg Halle (Saale) beeindruckt die sehenswerte Sammlung mit zahlreichen Werken der Maler der ›Brücke‹, die der Würzburger Sammler Wilhelm Gerlinger der Moritzburg als Dauerausstellung überlassen hat. Auf der Moritzburg findet man auch die Halle-Bilder Lyonel Feiningers (s.a. die Feininger-Galerie in Quedlinburg), den Bildnachlass des aus Sangerhausen stammenden Regisseurs Einar Schleef und die miniaturhaften Arbeiten des Hallenser naiven Malers Albert Ebert.

Die wichtigste Galerie für zeitgenössische Bildende Kunst in Sachsen-Anhalt ist das Kunstmuseum Unser Lieben Frauen Magdeburg, zu dem die Sammlung von Kleinskulpturen gehört, vor allem auch solcher, die während der DDR-Zeit hier gesammelt worden sind. Dem Museum ist aber auch die ›Stadtkunst‹ mit Werken von Ludwig Ehrler, Schang Hutter, Auke de Vries und vielen anderen Künstlern zu verdanken.

Das Bauhaus Dessau

Feste, Traditionen und Festivals

Sachsen-Anhalts Musikfestivals sind durchweg von internationalem Rang, die nicht nur jeden Besuch, sondern auch eine besondere Betrachtung lohnen. Ob Händelfestspiele in Halle, Bach- und Telemannfesttage in Köthen und Magdeburg, das Kurt-Weill-Fest in Dessau oder ›Women in Jazz‹ in Halle – Künstler von hohen Graden geben sich ein Stelldichein, Karten sollte man sich frühzeitig sichern. Darüber hinaus gilt natürlich, dass es praktisch keinen Tag im Jahr gibt, an dem nicht irgendwo zwischen Altmark und Weinbaugebiet, zwischen Elbe und Harz gefeiert wird. Da geht manches auf jahrhundertealte Traditionen zurück, anderes wurde in den vergangenen zwei Jahrzehnten wiederbelebt oder ist gar erst neu entstanden. Zu Letzterem gehören die Sachsen-Anhalt-Tage, die jährlich im Sommer an einem anderen Ort stattfinden. 2016 wird die Südharz-Metropole Sangerhausen Gastgeber für einige Hunderttausend Teilnehmer und Besucher sein. Drei Tage nehmen sich die Sachsen-Anhalter Zeit für dieses Fest, sehr schön kann man in den ›Dörfern der Regionen‹, auf Bühnen und beim kilometerlangen sonntäglichen Festumzug Traditionen und regionale Vielfalt des Landes erfahren.

Die Mitte – Feste in Magdeburg, an der Elbe, in Börde und Heide

Eines der ersten Feste im Jahreskreis ist die Lichtmeß-Feier in Glinde. Jährlich am ersten Februar-Sonntag vertreiben die Einwohner des kleinen Elbe-Dörfchens – viele historisch gewandet – gemeinsam mit Tausenden Gästen den Winter. Dutzende von Wagen bilden den Festzug.

Das schönste der vielen Feste in der Landeshauptstadt ist ein noch recht junges Fest, mit dem die Magdeburger Ende August/Anfang September einen ihrer ›Ältesten‹ feiern: Kaiser Otto den Großen. Die Gegend um Domplatz und Fürstenwall verwandelt sich in ein wirklich historisches Areal, wenn Otto und seine Frau Editha hoch zu Ross in ihre Pfalz einreiten.

Von ganz anderer Art ist das herbstliche Bollenfest in Calbe. Alles dreht sich dann in der Saalestadt um die Zwiebel, die seit Jahrhunderten auf großen Feldern rund um die Stadt angebaut wird. So wie in Magdeburg die ›Magdeburger Jungfrau‹ gecastet und auch gekrönt wird, geschieht das in Calbe natürlich mit der ›Bollenkönigin‹ und mit der ›Heidekönigin‹ der Colbitz-Letzlinger Heide auf dem Colbitzer Heide- und Bockbierfest im September.

Der Westen – Feste in Harz und Harzvorland

Die Harzer sind ein besonders feierfreudiger Menschenschlag – viele der Feste liegen in der Sagen- und Mythenwelt des Harzes, aber auch in seiner Bergbautradition begründet. Unübertroffen in ihrer Strahlkraft ist natürlich die Walpurgisnacht vom 30. April auf den 1. Mai, die Goethe in seinem ›Faust‹ ja so faszinierend beschrieben hat, dass man dabei sein möchte, wenn ›Urian‹ auf dem Blocksberg mit den Hexen tanzt. Schon Wochen vorher werden im ganzen Ge-

Mittelalterfest in der ehemaligen Kaiserpfalz Tilleda

birge tausende von Häusern mit Hexenfiguren geschmückt. Die Walpurgisnacht selbst wird dann in praktisch allen Orten zu einem einzigen rauschhaften Fest. Jeder schwört auf ›seine‹ Walpurgisfeier: Die Puristen zieht es zum Hexentanzplatz bei Thale, von wo aus die Hexen ja um Mitternacht zum Brocken fliegen. Nach Schierke kommt man mit dem Traditionszug der Harzer Schmalspurbahnen, nach Stiege fährt der ›Dämonen-Express‹ durch das Selketal. Ganz wichtig: Das Quartier, ob Hotel, Pension oder Campingplatz lange vorbestellen.

Das trifft auch auf die zauberhaften Feste in Quedlinburg zu: Von Ostern bis Pfingsten begeht man dort den Kaiserfrühling und zum Weihnachtsland wird die Stadt im Dezember mit ›Advent in den Höfen‹. An die lange Bergbau- aber auch an die über 100-jährige Tradition der Rosenzucht knüpft das Berg- und Rosenfest in Sangerhausen im Juni/Juli an. Es ist ein wirklicher Duft- und Farbenrausch, wenn die mit 8500 Rosensorten und –arten größte Rosensammlung der Welt im Europa-Rosarium in voller Blüte steht. Und was dem Münchner sein Oktoberfest, ist dem Mitteldeutschen die Eislebener Wiese. Fast 500 Jahre Tradition hat dieses Volksfest, das in den zwei Septemberwochen (neuerdings mit Ableger im Frühjahr) rund eine halbe Million Besucher anzieht.

Der Süden – Feste in Halle und der Saale-Unstrut-Region

Im Süden dreht sich fast alles um den Wein: Im April sind es die Jungweinwochen, die Appetit auf den aktuellsten Jahrgang machen, zu Pfingsten lockt die Weinmeile auf den sechs Kilometern zwischen Bad Kösen und dem Weindorf Roßbach zum geruhsamen Durchprobieren von Winzer zu Winzer und eine wirklich bacchantische Veranstaltung ist das jährliche Winzerfest in der Weinhauptstadt Freyburg immer am zweiten Septemberwochenende. Natürlich blei-

Besonders schön: Weihnachtsmarkt in Naumburg

ben Auto und Motorrad dann zu Hause: Hotels, Pensionen, Camping- und Caravanstellplätze, Winzerhöfe und Ferienwohnungen sind zwar brechend voll, ein Plätzchen findet sich aber immer noch. Manche Anbieter offerieren Shuttles, und gute Bahnverbindungen führen auch schnell nach Weißenfels, Halle oder Zeitz.

Eine lange Tradition hat in Naumburg das Hussiten-Kirschfest. 1432, so geht die Geschichte, sollen Hussiten die Stadt belagert haben und um sie gnädig zu stimmen, schickte die Stadt Kinder in weißen Büßerhemdchen vor die Stadt. Die Sache funktionierte, mehr noch: Die Kleinen wurden sogar mit Kirschen beschenkt. Die Szene wird beim jährlichen Fest im Juni nachgestellt, dazu gibt es natürlich das Hussitenlager, Weindörfer und den großen Festumzug. Sehr viel kürzer ist die Tradition des jährlichen Uta-Treffens. Mit Blick auf die schöne Stifterfigur im Dom sind jedes zweite Jahr am dritten Märzwochenende alle Trägerinnen des Namens Uta in die Stadt eingeladen, das nächste Mal im Jahr 2016.

Eines der zauberhaftesten Feste in Halle ist das Laternenfest immer am letzten Augustwochenende, das untrennbar mit Geschichte und Brauchtum der Pfänner und Salzsieder – der Halloren – verbunden ist. Zwischen Saaleaue und Burg Giebichenstein illuminieren Hunderttausende Lichter die Stadt und das Saaletal, Fischerstechen, Bootskorso, Höhenfeuerwerk inklusive.

Der Osten – Feste in Anhalt und Wittenberg

Über 630 Feste aus Deutschland, Ungarn und Tschechien hatten sich 2013 um den Titel ›Schönstes Stadtfest‹ beworben – gekürt wurde, natürlich völlig zu Recht, ›Luthers Hochzeit‹ in Lutherstadt Wittenberg. Immer wieder aufs Neue wird hier im Juni drei Tage lang die Hochzeit des Reformators mit Katharina von Bora begangen – selbstredend mit Hochzeitszug und in wahrlich historischem Ambiente. In die Zehntausende geht die Zahl der Gäste, nicht anders als zum jährlichen Reformationsfest um den 31. Oktober – jenen Tag, an dem Martin Luther 1517 seine berühmten 95 Thesen an die Tür der Schlosskirche geschlagen haben soll. Seit 2008 bereiten sich Protestanten in aller Welt auf das 500. Jubiläum dieses Ereignisses vor – dessen Geist man wohl nirgends so unverfälscht aufnehmen kann wie an den authentischen Orten in Wittenberg. Natürlich wird dann auch das Mittelalter zelebriert, spannend vor allem aber sind die Disputationen und Predigten, anspruchsvoll die Festkonzerte und Gottesdienste, viel wichtiger noch für viele die innere Einkehr in Schloss- und Stadtkirche, in Luther- und Melanchthonhaus oder den Cranachhöfen.

Gäste aus aller Welt ebenso anziehend, aber von ganz anderer Art sind die Feste im nahe gelegenen Dessau und dem berühmten Dessau-Wörlitzer Gartenreich. Zum Frühlingserwachen zieht Fürst Leopold II. Friedrich Franz von Anhalt-Dessau mit Gepränge in das Wörlitzer Schloss ein und gibt damit den Auftakt für den jährlichen Gartenreichsommer – eine Kette von kulturellen Perlen an Konzerten und Theaterspektakeln auf den Seen und Kanälen oder der Naturbühne der Felseninsel ›Stein‹ zu Füßen des berühmten Vesuv-Nachbaus. In Dessau selbst ist der Fürst Namensgeber für das jährliche Leopold-Fest im Juli, von internationaler Strahlkraft aber ist – im wahrsten Sinne des Wortes – das jährliche Farb- und Lichtfest des Bauhauses Dessau, das seit 2013 den Namen Bauhausfest trägt. Einer Tradition der legendären Bauhausmeister aus den 1920er Jahren folgend und einzigartig in der deutschen Festlandschaft, stehen Bauhaus und Stadt Jahr für Jahr Anfang September im Zeichen einer Farbe oder aber des Lichts: Installationen, gestalterische und künstlerische Experimente im Stadtraum, experimentelle Inszenierungen an der legendären Bauhausbühne, Musik, Tanz, Gastronomie – aus dem kreativen Zusammenspiel der Bauhäusler mit renommierten Künstlern, der Stadt und ihren Gästen entsteht eine einzigartige Atmosphäre.

Luthers Hochzeit in Wittenberg

Ganz anders, mit viel Spaß, aber auch mit Waage und Stoppuhr geht es beim Spargelfest in Zerbst zu: Dort wird jährlich im Mai die Weltmeisterschaft im Spargelschälen ausgetragen. Champion wird, wer in fünf Minuten die größte Menge des Edelgemüses perfekt geschält hat. Der Rekord liegt seit 2014 bei 3480 Gramm.

Jährlich im Frühjahr findet an wechselnden Orten das Fläming-Frühlingsfest statt, das Sachsen-Anhalter und Brandenburger mit ihren Gästen vereint. Und Wochen vorher ist Köthen die Hochburg des Karnevals, der kilometerlange Festzug muss sich hinter anderen in Deutschland nicht verstecken.

Der Norden – Feste in der Altmark

Das mit Abstand größte und urigste der Feste im Norden ist der Havelberger Pferdemarkt. Jedes Jahr Anfang September zieht es – nachweislich seit 1750, manche meinen sogar schon seit der Domweihe 1170 – Hunderttausende Pferdenarren (früher auch Heiratswillige) in die Prignitzstadt. Bis zu 500 Pferde wechseln hier die Besitzer, ganz traditionell per Handschlag, daneben gibt es Western- und Indianershows, Fahrbetriebe zu Dutzenden für Groß und Klein.

Ein kleines, aber feines und ganz besonderes Fest feiert die wohl kleinste Hansestadt der Welt, Werben an der Elbe, mit dem Biedermeierfest. Am ersten Juli-Wochenende wird die Biedermeier-Zeit in vielfältige Weise wieder lebendig, ein Anliegen, dem sich die Werbener in ihrer ganz bewusst beschaulichen Stadt ohnehin durchgängig verschrieben haben. Die Krönung der zahllosen Altmärker Bauern-, Dorf- und Erntefeste ist das Altmärkische Erntefest immer am 3. Oktober, dessen Rahmen das ohnehin sehr sehenswerte Freilichtmuseum in Diesdorf bildet.

Biedermeierfest in Werben

Essen und Trinken

Die Frage nach einer spezifischen sachsen-anhaltischen Küche muss man mit einem klaren ›Jein!‹ beantworten. Es gibt mehrere regionale Küchen in Sachsen-Anhalt, im Osten die anhaltische, im Süden die thüringische, im Westen die ostfälische, im Norden die sich mit bestimmten Regionen Niedersachsens überschneidende altmärkische Küche. Und, natürlich, den Harz, noch mal mit einer eigenständigen Küche.

Natürlich hat eine regionale Küche etwas mit den Böden zu tun, auf denen die Zutaten heranwachsen. In der Magdeburger Börde sind die fruchtbarsten Böden Deutschlands und demzufolge kann die ostfälische Küche als wenig diätetisch gelten, wenn auch als eine mit einer großen Vielfalt an Gemüse. In Altmark und Fläming sind die regionalen Gerichte dafür fantasievoller. Und natürlich haben die Küchen alle etwas mit einer langen Tradition zu tun. Es blieb nicht ohne Einfluss, dass die Landschaften im Norden und Osten zum einen ehemals slawische waren, später von den Flamen besiedelt. Die Spaltung des Landes, das sich von der Bevölkerung her bis heute eher sächsisch, preußisch oder thüringisch versteht, hinterlässt eben auch in der Küche ihre regionalen Spuren. So, wie Gerichte, die mit der DDR in die Rezeptbücher kamen, nehmen wir nur die Soljanka, die zumindest aus der ostdeutschen Küche nicht mehr wegzudenken ist. In den Küchen Sachsen-Anhalts erfährt man die Geschichte des Landes mit dem Gaumen.

Die Altmark: Nichts geht ohne Hochzeitssuppe

Die Altmärker Küche bringt natürlich Spargel-, Wild- und Pilzgerichte auf die Karte, die berühmte Altmärker Hochzeitssuppe darf da nicht fehlen, die an jeder Straßenecke nach einem etwas anderen, aber immer dem ›richtigen‹ Rezept gekocht wird. In Tangermünde erzählt man sich, dass hier zur Zeit Kaiser Karls IV. zum ersten Mal Schweineohren für einen kräftigen Eintopf zubereitet wurden, wie man sie heute noch als ›Schweinsohren mit Erbsen‹ in der Gaststätte ›Zum Exempel‹ bestellen kann. Salzwedel ist natürlich für seinen Baumkuchen bekannt, der wie vor 200 Jahren heute noch per Handarbeit hergestellt wird, beispielsweise in der Ersten Salzwedeler Baumkuchenfabrik Hennig, wo man auch als Besucher mal in die Backstube schauen kann. Zu Salzwedel gehört die Zitronencreme, aber auch das Salzwedeler Zungenragout.

Die Biere der Altmark waren schon zur Hansezeit ein Exportschlager. Das älteste Bier der Welt ist das Garley-Bier aus Gardelegen. In Tangermünde bekommt man in Flaschen oder im Glas das bekannte Kuhschwanz-Bier, sehr süffig, beispielsweise im Gasthaus ›Zecherei St. Nikolai‹, wo man sich in der ehemaligen Kirche gut zu mittelalterlicher Völlerei bei ›Speyß von fleisch, zuckerwerk und erhitztem Gesöff‹ niederlassen und auch im Badezuber speisen kann. Eine einfache Zutat aus Grieß zur Suppe ist der ›Altmärker Klump‹, herzhaft oder süß, oder Altmärker Knöllchen mit Speckstippe, wofür man einst die ganz kleinen Kartoffeln, die ›Schweinekartoffeln‹, aufbrauchte. Zur Hochzeit gab es dann auch mal mehr: den Altmärker Tiegelbraten von der Hohen Rippe des Rindes. Schließlich ist

Baumkuchen-Werbung in Salzwedel

die Altmark auch Weideland. Und nicht vergessen: Zur süß-sauren Grünen Bohnensuppe reicht man in der Altmark mit Zucker bestreute Eierkuchen. Ein Genuss! Einem Sonderfall altmärkischer Küche kann man in Zethlingen begegnen, wo sonntags im Langobardendorf die ›Langobardensuppe‹ gekocht wird. Das Rezept stellten die Archäologen nach Funden aus der Zeit zusammen.

Nur am Arendsee beim Fischer Kagel kann man die Maräne essen, einen forellenartigen Fisch, der eine bestimmte Tiefe braucht, die hier nur dieser See bieten kann. In Havelberg ist das Restaurant ›Fischerstube Warnau‹ mit eigenem Fischereibetrieb zu empfehlen. Warnau liegt im Havelberger ›Quappenwinkel‹. Wer sicher sein will, eine gute Altmärker Küche vor sich zu haben, der achte auf das Qualitätssiegel ›Altmärker Kulinarium‹.

Anhalt: Küche zwischen ›Himmel und Erde‹

Anhalts Küche ist vom Spargel, bedingt durch die weiten Wälder aber auch vom Wild bestimmt, von Pilzgerichten und vom Fisch. Ein sehr schmackhaftes anhaltisches Gericht ist die Bratwurst auf Milchreis mit Zucker und Zimt. Dafür wird die Bratwurst in Scheiben geschnitten und in Butter gebraten: süß und scharf, eine Gourmet-Mischung. In Köthen oder Dessau in je unterschiedlicher Ausprägung ist als österliches Gericht der Filsen zuhause: Ein Gericht aus altbackenen Brötchen, reichlich Eiern, Schinkenspeck mit Fettrand und Champignons, das Ganze in mehreren Schichten übereinander im Ofen gebacken. Beim Dessauer Filsen verwendet man statt der Champignons Bockwurst.

Die Brägenwurst gehört zu den Spezialitäten, früher aus Hirn hergestellt, ziemlich fett und mit reichlich Zwiebeln versehen, aber ausgesprochen schmackhaft. Auch Ziegenfleisch kommt in der anhaltischen Küche zu Ehren, gegrillt oder gebraten. Dank Elbe und zahlreicher Teichfischereien gibt es eine schmackhafte Fischküche, beispielsweise die Fischsuppe aus dem Wörlitzer Winkel mit Fischfilet etlicher Weißfische (Blei, Plötze, Karausche) oder Elbhecht im Speckmantel. Die Fische kann man frisch beim Elbfischer in Horstdorf im Wörlitzer Winkel kaufen.

Eines der Lieblingsrezepte der Zarin Katharina II, waren Bratkartoffeln mit fettem Speck unter dem Spiegelei. Eine kräftige Mahlzeit ist die ›Köthener Schusterpfanne‹, ein mit Kartoffeln und Birnen überbackener Schweinebraten. Die Alt-Zerbster Biersuppe und die Ankuner Holundersuppe werden heute noch gern gegessen. Und ›Himmel und Erde‹, Kartoffeln und Birnen zur Blutwurst, das erinnert doch schon an rheinische Frohnaturen. Und wenn Sie Zerbst besuchen, vergessen Sie nicht, Zerbster Bitterbier zu kaufen. Noch immer stimmt der alte Spruch: Den Hunger stillt die Brägenwurst, das Bitterbier, es löscht den Durst. Das Bitterbier war wahrscheinlich der bekannteste Zerbster Exportschlager seit dem Mittelalter. Der Gault-Millau feiert die Wirtin des Parkrestaurants ›Vogelherd‹ in Zerbst-Strinum, der er 15 Punkte verlieh, mit den Worten: »Gabriele Erdmann ist die einzige Spitzenköchin Mitteldeutschlands.« Das Dessauer Kornhaus an der Elbe vereint Bauhaus-Architektur und gehobene Küche. Zu empfehlen sind zudem die Loburger Schnäpse, beispielsweise der einzige in Deutschland hergestellte Gin und der Kräuterschnaps ›Loburger Storchenbiss‹.

Der Süden: Thüringer Küche und lebendiger Käse

Der Süden Sachsen-Anhalts kocht thüringisch. Das ist kein Wunder, gehörten die Gebiete früher doch zu Thüringen. Da gibt es natürlich Thüringer Bratwurst nach dem Originalrezept und mit Sauerkraut und Salzkartoffeln, Thüringer Rostbrätl, Thüringer Sauerbraten mit Apfelrotkohl und Thüringer Klößen und zu vielen Gelegenheiten Kirmeskuchen. Eine Hallenser Spezialität sind – neben den Hallorenkugeln – die Backwarenmischungen von Kathi, die im Osten im Verkauf vor allen anderen liegen.

Was aber die Gegend vor allem auszeichnet, ist der mehr als tausendjährige Weinbau. Bereits zur ottonischen Zeit bauten Mönche hier Wein an. Der Bad Kösener VdP-Winzer Uwe Lützkendorf bearbeitet den ältesten Weinberg der Gegend, gegenüber Schulpforta, und einen ganz jungen im Tagebau Karsdorf, wo zwischen hochaufragender Kalksteinwand und See, also zwischen zwei Wärmespeichern, auf einem Stück renaturiertem Tagebau ein fast mediterraner

Fein speisen im Restaurant Vogelherd in Zerbst

Weinberg in Freyburg (Unstrut)

Wein heranreift. Hunderte von Klein- und Kleinstwinzern tun es ihm – vereint in der Winzervereinigung Freyburg – gleich, dazu natürlich das Landesweingut Kloster Pforta.

Mit ausgesprochen schöner Aussicht kann man ein Thüringer Essen im Sommer auf dem Hof, ansonsten im Restaurant der Rudelsburg genießen. Auf der Freyburger Neuenburg lässt sichs ritterlich schmausen. Einen Naumburger ›Hussitenspieß‹ bekommt man in der Naumburger ›Thüringer Pforte‹. Festlich speist man in spätbarocker Ausstattung in den Lauchstädter Gaststuben, also da, wo Goethe und Schiller schon zu Gast waren. Originell kann man in der Bootsschenke ›Marie-Hedwig‹ auf der Saale in Halle essen. Und noch ein Tipp für Gourmets: Den Würchwitzer Milbenkäse kann man auch direkt beim ›Herrn der Milben‹, Helmut Pöschel, in Würchwitz probieren. Den ›lebendigsten Käse der Welt‹ sollte man mit einem Schluck Bier genießen, ein Hochgenuss.

Harzer Roller – und dazu Kakao

Kommen wir zum Sonderfall, der eigenständigen Küche im Harz, dem Köhlerfrühstück: Ein Brot mit Harzer Sauermilch-Käse (wenn rund, dann Harzer Roller!), dazu eine Tasse heißen Kakao. Ein Traum. Die Köhler waren keine reichen Leute. Man musste sich behelfen mit dem, was der Harz bot, manchmal auch verbotener Weise: Wild und Fisch, die berühmten Harzer Forellen, wie man sie heute in Kloster Michaelstein oder in dem traditionsreichen Ilsenburger Restaurant ›Landhaus zu den Rothen Forellen‹ genießen kann, wo einst schon Heinrich Heine Rast machte. ›Hackus und Knieste‹ besteht aus frischem Schweinehack, Pellkartoffeln, reichlich Salz-Dill-Gurken und Zwiebeln. Wie den Salzwedeler gibt es auch den ›Harzer Baumkuchen‹, und der kommt aus Wernigerode. Dort wird auch das Hasseröder Bier gebraut, Hasserode ist ein Ortsteil von Wernigerode. Schierke gab dem ›Schierker Feuerstein‹ seinen Namen, einem echten Kräuterbitter.

Die Halberstädter Würstchen waren die ersten in Dosen verkauften Würstchen der Welt. Ihren feinen Geschmack haben sie, weil sie über Buchenholz geräuchert sind. Im Restaurant des Wasserschlosses Westerburg bei Dedeleben kann man das Harzer Wurzelfleisch, ein Gericht mit Tafelspitz, auf der Speisekarte entdecken. Oder Halberstädter Pellkartoffeln mit Kümmel und Wurst. Ein altes Aschersleber Gericht ist der Klunz, eine Schichtung aus Sauerkohl, Schweinekamm und Kartoffeln. Eine gute Adresse für alle, die Harzer Fischküche genießen möchten, ist die Bückemühle in der Nähe von Gernrode.

Die Börde: Bötel, Bollen, Prilleken

Der ostfälische Kartoffelsalat leitet uns zu den Gerichten der Börde, also in den Westen Sachsen-Anhalts. Hier, wo die Salzkartoffel die Mutter alles Essens ist, ist der Kartoffelsalat zuhause, der mit einem Sud aus Essig, Zwiebeln, Petersilie und Gewürzen serviert wird, warm mit Spiegelei oder kalt und geliert zum kalten Essen. Hier ist die ›Preußische Beamtenstippe‹ zu Hause, ein Gericht aus Zwiebeln und Hackfleisch. Die Bollentitsche (Zwiebeln, Speck und Pellkartoffeln), Huhn mit Klump, Lose Wurst (gebratene Blutwurst mit gehackter Zwiebel) und ›Bötel mit Stroh und Lehm‹ (Eisbein mit Erbspüree und Sauerkraut) gehören zu den Bördespezialitäten. In Magdeburg kann man das typische Bötel in der ›Bötelstube‹ am Altmarkt essen. Eines der besten Bötel, ob als gesottenes Bötel oder als gebackene Haxe, kriegt man in einer typischen Landgaststätte geboten, in ›Hansens Gaststätten‹ am Bahnhof Ochtmersleben. Die Eisbeine pökelt der Wirt noch selber. Auch (beinahe) Sterneküche kann man in der Börde genießen, zum Beispiel im Restaurant ›Pferdestall‹ auf der Burg Wanzleben.

Die ›Pottsuse‹ ist ein beliebter Brotaufstrich aus Schweinefleisch, Schmalz und Gewürzen. Und der Birnenklump wäre hier auch zu nennen, ein Kartoffelteig mit Birne. Zu den beliebten süßen Dingen gehören der Prophetenkuchen, ein sehr dünner Blechkuchen, der vor dem Backen mit Zucker bestreut und mit Butterflöckchen belegt wird und beim Backen Wellen schlägt. Das beliebteste Gebäck freilich sind die Prilleken, ein frittiertes Fettgebäck. In Magdeburg wird bei der Firma Abtshof der einzige koschere Wodka der Welt hergestellt.

Im Krug zum Grünen Kranz in Halle

Weinbergschlösschen bei Freyburg (Unstrut)

Saale-Unstrut-Wein: Von Otto, Hölder und einem Millionending

Im Jahr 998 bestätigte Kaiser Otto III. die Schenkung von Weinbergen an das Kloster Memleben. Das historische Schriftstück gilt als Geburtsurkunde des Weinbaus an Saale und Unstrut. Mönche und Winzer führten ihn zu Höhen, knapp tausend Jahre später aber, nach Klimaveränderungen, Kriegen und Reblausplagen, stand er wieder einmal vor dem scheinbaren Aus, als im Winter 1986/87 ein Großteil der Weinpflanzen erfror. Willi Sitte (1921–2013), großartiger Maler und umstrittener DDR-Künstler, aber mehr noch: Weinkenner und mit der Nummer 999 auch Mitglied der Freyburger Winzergenossenschaft, antichambrierte bei seinen SED-Genossen in Berlin und überzeugte diese, trotz chronischer Devisenknappheit, für eine Million (D)-Mark Rebpflanzen aus dem Westen zu importieren. Der Weinbau war gerettet und die Winzer dankten es dem Maler auf ihre Weise: Zum 75. Geburtstag Sittes kam ein Kerner in die Flasche. Zur Gründung der Willi-Sitte-Stiftung zehn Jahre später stieß man mit Weißburgunder und Portugieser an, im Sterbejahr des Künstlers wurde der Blaue Zweigelt gelesen, dessen limitierte Edition eine Sitte-Lithografie von 1997 ziert.

EXTRA

Mit rund 760 Hektar Anbaufläche, 639 davon In Sachsen-Anhalt und 108 in Thüringen, dazu Exklaven im Brandenburgischen, ist das Qualitätsweinbaugebiet die kleinste Weinbauregion in Deutschland. Feingliedrig sind die Weine, duftig, elegant mit fruchtigem Bukett und mineralischen Nuancen, worin sich, neben dem Können der Winzer, natürlich das Terroir widerspiegelt: Muschelkalkverwitterungsböden, Buntsandstein, Lösslehm und Kupferschiefer, dazu 1600 Sonnenstunden und 500 Millimeter Niederschlag im Jahr, Wärmeinseln in den Flusstälern.

Annähernd 50 Privatweingüter, die Winzervereinigung Freyburg, das Landesweingut Kloster Pforta und die Rotkäppchen Sektkellerei sorgen für Qualität. In den 1990er Jahren noch von manchem Rhein-, Main- und Mosel-Winzer belächelt, gehören viele heute zu den Prädikatsweingütern, Gold- und Silbermedaillen für die Spitzengewächse sind an der Tagesordnung. Neben den ›Brot-und-Butter-Gewächsen‹ wie Müller-Thurgau (120 ha), Weißburgunder (100 ha) und Riesling (65 ha) werden Silvaner, Grauburgunder, Kerner, Bacchus, Traminer und Gutedel bei den Weißen (rund 77 Prozent der Rebfläche) und Dornfelder, Portugieser, Spätburgunder und Blauer Zweigelt bei den Roten angebaut. Fast 60 Gewächse gehören zum Sortenspiegel, darunter ein paar echte Raritäten. André, ein blumig-fruchtiger Rotwein mit einem Bukett von Kirschen, Himbeeren und Pflaumen, wird in Deutschland überhaupt nur an Saale und Unstrut angebaut. Und Hölder, eine nach dem Dichter Friedrich Hölderlin benannte, außerordentlich seltene Rebsorte mit ausgeprägtem Rieslingcharakter, sorgt in großen Jahrgängen (wie 2005) nicht nur für einen Spitzenwein, sondern – wenn es denn kalt genug ist – auch für hervorragende Eisweine. Das einzige Manko: Die Anbaufläche liegt bei gerade mal einem Hektar...

Die traumhafte Gegend befriedigt auch Bedürfnisse informatorischer und physischer Art: Beim Radeln auf der Weinstraße Saale-Unstrut, der Weinroute Weiße Elster, der Weinstraße Mansfelder Seen oder beim Wandern gegen den Wissensdurst, vorbei an den 26 Schautafeln des Weinlehrpfads Saale-Unstrut hin zum Weinmuseum auf der Neuenburg.

Sachsen-Anhalts Mitte um die Landeshauptstadt ist eine herbe Landschaft. Die fruchtbare Magdeburger Börde mit ihren Rekordernten sorgt noch heute für Wohlstand. Der frühere Reichtum des Salzlands im Süden, Wiege des Kalibergbaus in Deutschland, dokumentiert sich eher in Zeugnissen der Historie. Den Osten und Norden prägen Elbauen und Heidelandschaft – ein lohnenswertes Ziel für aktive Naturentdecker.

Blick über die Elbe zum Magdeburger Dom

DIE MITTE – MAGDEBURG, ELBE, BÖRDE, HEIDE

Magdeburg

Die Landeshauptstadt Sachsen-Anhalts zählt mit 232 000 Einwohnern zu den vierzig größten deutschen Städten. Erstmals urkundlich erwähnt wurde sie im Jahr 805 im Diedenhofer Kapitel Karls des Großen. Der Name geht wahrscheinlich auf eine große (germanisch magab) Burg zurück, die hier gestanden habe – angesichts der Lage an der Furt, die nach Osten ins slawische Land führte, nicht unwahrscheinlich.

Unter Otto I. wurde der Ort Kaiserpfalz und Erzbistum. Heute ist Magdeburg evangelischer wie katholischer Bischofssitz. Wahrzeichen der Stadt sind der Magdeburger Dom und der Jahrtausendturm auf dem ehemaligen Bundesgartenschau-Gelände, dem Elbauenpark. Mit Parks und Gärten entlang der Elbe, darunter alleine drei Gartenträume (→ S. 360), gehört die Stadt zu den grünsten Deutschlands.

Magdeburg, im späten Mittelalter Hansestadt, und ihres lutherischen Trotzes wegen bekannt als ›Unsers Herrgotts Kanzlei‹, musste zwei Katastrophen überleben: Im Dreißigjährigen Krieg erstürmte die kaiserliche Armee unter Feldmarschall von Tilly Magdeburg, brannte die Stadt nieder und massakrierte die Bevölkerung in einer Weise, die in ganz Europa für Aufsehen sorgte. Nach der völligen Verwüstung wurde Magdeburg unter dem legendären preußischen General Leopold I. von Anhalt-Dessau, dem ›Alten Dessauer‹, zur stärksten Festung Preußens ausgebaut, die freilich 1806 kampflos an die Truppen Napoleons übergeben wurde. Leopold ist der rechteckige Domplatz zu verdanken, auf dem die preußischen Grenadiere die epochemachende Erfindung des Alten Dessauers lernten, den preußischen Gleichschritt.

▲ Karte S. 73

Im Zweiten Weltkrieg verlor die Stadt Mitte Januar 1945 durch alliierte Luftangriffe 90 Prozent der barocken Altstadt, 15 Kirchen und weite Teile der Gründerzeitstadt.

Die Universitäts- und Hochschulstadt ist die Heimatstadt des Vaters der Experimentalphysik und Begründers der Vakuumtechnik Otto von Guericke sowie des Barockkomponisten Georg Philipp Telemann. Mit Karl Immermann, Georg Kaiser und Erich Weinert schrieb sie sich in die Literaturgeschichte ein. Mit dem Magdeburger Stadtrecht und als Sitz des Magdeburger Schöffenstuhls leistete die Stadt einen entscheidenden Beitrag zur europäischen Rechtsgeschichte. Das Theater Magdeburg sowie das Puppentheater Magdeburg, aber auch das Kulturhistorische Museum Magdeburg und das Kunstmuseum Kloster Unser Lieben Frauen Magdeburg sind prägende kulturelle Einrichtungen der Stadt. Auf dem Gebiet der Stadt sind bisher 160 geschützte Biotope erfasst, darunter mit dem ›Naturschutzgebiet Kreuzhorst‹ ein naturnaher Auenwaldkomplex.

Altstadt mit Dom und Domviertel

Magdeburgs Altstadt hat einen eher spröden Charme. Der über die Jahrhunderte immer wieder nötige Neuaufbau hat kein einheitliches Bild hinterlassen, macht insbesondere die Innenstadt aber zu einem Museum aller Architekturstile des vergangenen Jahrtausends.

■ Dom St. Mauritius und St. Katharina

Der Dom ist das Wahrzeichen der Stadt, Grablege Kaiser Ottos des Großen (912–973) und seiner ersten Frau, der Königin Editha (Edgith). Im 955 begonnenen Bau

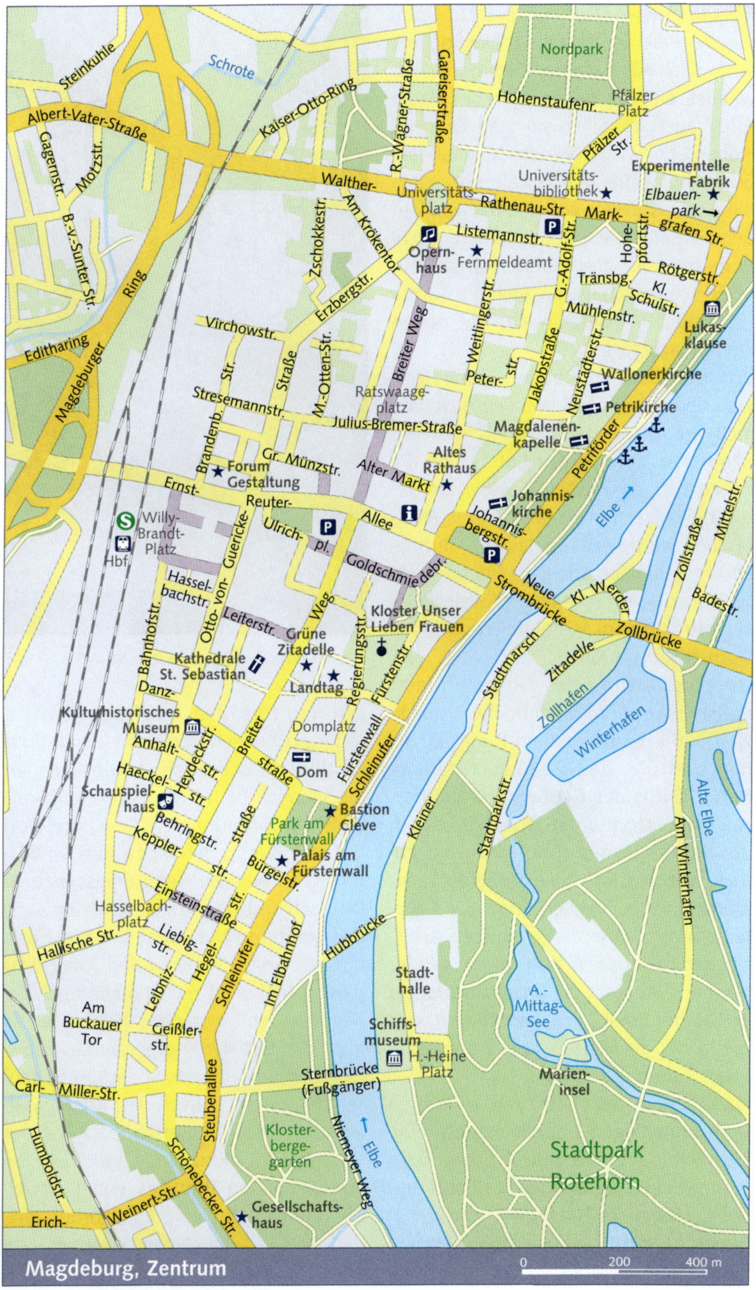

Magdeburg, Zentrum

des ottonischen Doms wurden aus Gründen der Prachtentfaltung antike Spolien, vermutlich aus Ravenna stammend, verwendet, die nach dem großen Brand von 1207 auch im gegenwärtigen Dom im Hohen Chor wieder Verwendung fanden. Erzbischof Albrecht von Käfernburg ließ daraufhin das erste gotische Bauwerk auf deutschem Boden hier errichten, 1209 begannen die Bauarbeiten am Chor. 1520 schließlich waren auch die Türme (99 und 104 Meter hoch) des neuen Doms fertiggestellt.

Wer den Dom zum ersten Mal betritt, wird überwältigt sein von dem sich himmelwärts öffnenden lichtdurchfluteten Raum. Die Deckenhöhe beträgt 32, die Länge 120, die Breite 37 Meter. Der ursprüngliche Haupteingang an der **Westfassade** wurde Anfang des 16. Jahrhunderts geschlossen und ist heute nur noch zu Bischofseinführungen geöffnet. Die **Skulptur auf dem Mittelpfeiler** stellt den Domstifter dar, Otto I.

Die Ausstattung des Doms umfasst Kunstwerke aller Kunstepochen, durchweg von internationalem Rang. Zu sehen sind u.a. die originale **Grablege Kaiser Ottos des Großen und Edithas**. Auf den ottonischen Dom geht auch der **Taufstein** aus rotem Porphyr zurück, der aus Ravenna herbeigebracht wurde, wahrscheinlich aber aus Ägypten stammt. Eine der schönsten Arbeiten des Nürnberger Kunstgießers Peter Vischer d.Ä. stellt die **Bronzetumba für Erzbischof Ernst** (1531 verstorben) dar, die in der als Marienkapelle umgestalteten Turmhalle steht.

Das Paar in der 1250 entstandenen **sechzehneckigen Kapelle** könnte eine Darstellung Ottos und Edithas sein, wahrscheinlicher aber des Christus und der Ecclesia, der Kirche.

Beeindruckend sind die frühgotischen Sandsteinskulpturen, zu denen die klugen und törichten Jungfrauen am Paradiesportal gehören. Von der hohen Qualität gotischer Schnitzkunst zeugen die Schnitzarbeiten am Chorgestühl aus dem 14. Jahrhundert. Die Kanzel von Christof Kapup gehört zu den schönsten Kunstwerken der Renaissance in Deutschland. Beeindruckend ist auch das berühmte Mahnmal von Ernst Barlach als Anklage gegen den Krieg. Vor diesem Mahnmal versammelten sich die Montagsdemonstranten 1989. Hier ist auch der Ort der Friedensandachten.

Grab Ottos des Großen im Dom

Durch das Portal des südlichen Seitenschiffs gelangt man in den **Kreuzgang**, der den Domhof umschließt. Auf der Ostseite des Kreuzgangs findet der Betrachter einen **Bildfries** von Putzritzzeichnungen aus dem 13. Jahrhundert, die u.a. Otto mit seinen beiden Frauen Editha und Adelheid darstellen.

▲ Karte S. 73

Ottos und der Magdeburger große Liebe

In ottonischer Zeit waren die Ehefrauen ›consors regni‹, also ›Gefährtinnen der Macht‹. Sie standen gleichberechtigt neben dem König, später den Kaisern, und sind demzufolge auf bildlichen Darstellungen immer in gleicher Größe zum König oder Kaiser abgebildet. Mit Ottos Heirat wurde erstmals ein sächsischer Thronfolger nicht mit einer Frau aus sächsischem Adel verheiratet, sondern mit einer ›Ausländerin‹, mit der Halbschwester des angelsächsischen Königs Aethelstan, mit Edgith (910–946). Athelstan wollte Inselsachsen und Kontinentalsachsen wieder enger zusammenführen, Ottos Vater Heinrich wiederum wollte der beginnenden Dynastie Glanz und Anerkennung verleihen. Editha erhielt von ihrem Bräutigam zur Hochzeit im Jahre 930 dessen Lieblingsort Magdeburg als Morgengabe. Hier, an der Grenze zu den slawischen Staaten, sollte das dritte Rom entstehen. Editha wiederum, die Magdeburg an ihre Heimat Wessex erinnerte, dort war die Themse, was hier die Elbe war, Editha wollte aus dem befestigten Grenzort eine blühende Stadt entwickeln.

Otto und Editha scheinen das Traumpaar ihrer Epoche zu sein. Ganz offenbar war sie seine große Liebe, deren frühen Tod 946 er nur schwer verwandt. Trotz einer zweiten Heirat hieß seine Testamentsverfügung, er wolle ›in loco, wo Editha liegt‹, begraben werden. Mit ›der Herrlichsten unter sämtlichen Frauen‹, wie Roswitha von Gandersheim Ottos Frau besang, hatte der ostfränkische König und spätere Kaiser zwei Kinder: Liutgard, die Konrad den Roten, Herzog von Lothringen heiratete. Aus ihnen ging das Kaisergeschlecht der Salier hervor. Und Liudolf, Herzog von Schwaben, der früh in Italien verstarb, wo er im Auftrag des Vaters unterwegs war.

Editha genoss beim Magdeburger Volk große Verehrung, ja, erreichte Heiligenstatus, ohne je heiliggesprochen worden zu sein. Zahlreiche Editha-Sagen künden von der Liebe der Menschen zu ihrer Königin. Sie werden bis heute erzählt. Und groß war die Empörung der Magdeburger, als man im angeblichen Kenotaph, dem Scheingrab im Magdeburger Dom, tatsächlich Knochen fand und diese nach Halle zur Bestimmung brachte. Der Ärger legte sich erst anlässlich der Wiederbeisetzung der Überreste der geliebten Königin in einem Titansarg am alten Ort. Auch wenn der Magdeburger Dom nicht mehr der ottonische ist, erinnern doch etliche Spolien an diesen. In der sechzehneckigen Kapelle ist ein Paar zu sehen, welches Otto und Editha, aber auch die Ecclesia, die Kirche und Christus zeigen könnte. Beider Gräber finden sich ebenfalls im Magdeburger Dom.

Die Westfassade des Doms

EXTRA

Domplatz

Auf dem Domplatz finden Sommer für Sommer hochkarätige Musicalaufführungen des Magdeburger Theaters statt. Hier, um den ehemals so genannten ›Neuen Markt‹, findet man noch Reste des barocken Magdeburg, die eine Ahnung geben, wie prachtvoll die Stadt vor der Bombardierung gewesen ist.

Am Domplatz 1b steht das alte **Amtshaus der Möllenvögte**. Die erzbischöflichen Verwalter residierten hier seit dem 14. Jahrhundert. Jetzt befindet sich das ›Haus der Romanik‹ hier, das Informationszentrum zur Straße der Romanik.

Die älteste, noch existente Gartenanlage der Stadt ist der 1370 erstmals urkundlich erwähnte **Garten des Erzbischofs** hinter der Möllenvogtei. In der sanierten Anlage sind sommers Open-Air-Theateraufführungen zu erleben. Im Westen der Gartenanlage steht das älteste **noch erhaltene Stadttor** Magdeburgs von 1495.

Das Fachwerkhaus am Remtergang 1 ist das **älteste Wohnhaus** der Stadt, im 16. Jahrhundert erbaut.

Die neue **Möllenvogtei**, Domplatz 1a, befindet sich gleich daneben. Sie steht auf den südlichen Grundmauern des erzbischöflichen Palastes. Der barocke Bau stammt von 1744/45. An die neue Möllenvogtei schließt sich das ehemalige **Königspalais Domplatz** 2–3 an. Der barocke Bau entstand nach 1700 als Schloss für den nachmaligen ersten preußischen König Friedrich I. Der Bau wird dem Schweizer Baumeister Giovanni Simonetti zugeschrieben, der zu den führenden Stukkateuren im mitteldeutschen Raum gezählt wird. Die Hauptschauseite richtet sich allerdings in Richtung Elbe. Zur Zeit der Kriege Friedrichs II. diente das königliche Palais in Preußens stärkster Festung als Wohnsitz der königlichen Familie.

Die ehemalige **Domherrenkurie** Domplatz 4 wurde 1732 durch den Geheimen Rat Dr. Christian Knaut auf Anweisung des ›Alten Dessauers‹ als ein barockes Wohngebäude errichtet. Auffällig ist die reich geschmückte Fassade. Zur Domherrenkurie wurde es, nachdem 1753 der Domherr Ernst August von dem Bussche das Haus erwarb. Nach Restaurierungs- und Modernisierungsarbeiten wird das Haus seit 1993, wie überhaupt fast alle Gebäude der Domplatz-Ostseite, von der Landesregierung genutzt.

▶ Karte S. 73

Blick vom Dom auf den Breiten Weg und das Hundertwasserhaus

Im Hof des Hundertwasserhauses

An die ehemalige **Domherrenkurie** schließt sich Domplatz Nr. 5, die ehemalige **Domdechanei** an (1728–1731). Sie diente als königliches Gästehaus und beherbergte Fürsten und hohe Staatsbeamte. 1799 bis 1806 wohnte hier die preußische Königin Luise, 1808 König Lustick, Jerome von Westfalen. Auch Napoleon Bonaparte stieg bei seinem Magdeburg-Besuch hier ab.

Direkt gegenüber dem Dom steht der 1724 bis 1728 errichtete, ursprünglich barocke Gebäudekomplex des **Landtags von Sachsen-Anhalt**. Der Baumeister soll Gerhard Cornelius von Walrave (1692–1773) gewesen sein, der zugleich für den Ausbau der Festung Magdeburg zuständig war, in welcher er dann wegen Unterschlagung die letzten fünfundzwanzig Jahre seines Lebens zubringen musste.

Auf der südwestlichen Seite des Domplatzes steht, zum Dom hin sich erstreckend, das Gebäude der **ehemaligen Reichs-, später Staatsbank**. Das denkmalgeschützte Gebäude aus den 1920er Jahren soll nun bis 2018 Dommuseum werden, in welchem die Ergebnisse der langjährigen erfolgreichen Grabungen innerhalb des Doms ausgestellt werden können.

Auf der Westseite des Platzes, zum Breiten Weg hin, ersetzt das nicht unumstrittene, **postmoderne Banken-Gebäude** der Architekten Julia Bolle-Wilson und Peter Wilson die an dieser Stelle zum Ende des Zweiten Weltkrieges total zerstörten Barockbauten. Sichtachsen durch den gegliederten Block geben, von der Stadt her kommend, den Blick frei auf Platz und Dom. Der schwarze Quarzit als Blende vor dem Stahlbeton und die moderne Strenge des Entwurfs ergeben einen spannenden Kontrast zur daneben stehenden ›Grünen Zitadelle‹.

Das Hundertwasserhaus ›Grüne Zitadelle‹

Ein bisschen macht das farbenfrohe große Gebäude entlang des Breiten Wegs die Stadt zum Märchenland. Das 2005 fertiggestellte Gebäude war das letzte von Friedensreich Hundertwasser vor seinem Tod 2000 entworfene Haus. Er sprach von seinem ›schönsten und besten Bau‹. Die ›Grüne Zitadelle‹ umschließt zwei Innenhöfe. Ihren Namen hat sie von der Tatsache, dass das Dach grasbewachsen ist und 171 Bäume und zahlreiches Gesträuch auf dem Dach und an den Hauswänden gepflanzt sind, die jeweils in der Obhut von Mietern stehen. Im Haus befinden sich Geschäfte, Theater, Hotel, Gaststätten, eine Kindertagesstätte und 55 Wohnungen.

Kloster Unser Lieben Frauen und Skulpturenpark

Das älteste erhaltene Bauwerk Magdeburgs, Anfang und Ende der ›Straße der Romanik‹, zugleich auch der wichtigste Ausstellungsort des Landes für Gegenwartskunst und Skulptur, ist das ›Kloster Unser Lieben Frauen‹. Das frühere Prämonstratenserkloster, ein bestens

erhaltener romanischer Gebäudekomplex, dient heute der Sammlung und Präsentation moderner Kunst.
1063/64 wurde mit dem Bau der steinernen kreuzförmigen dreischiffigen Säulenbasilika begonnen. Die zunächst von Augustiner-Chorherren besetzte Kirche ging 1129, veranlasst durch den damaligen Erzbischof Norbert von Xanten, dem nachmaligen Heiligen Norbert, auf die Prämonstratenser über, den von Norbert begründeten Reformorden. Im 12. und 13. Jahrhundert diente das Kloster der Missionierung des slawischen Ostens.
Trotz mancherlei Um- und Anbauten vermittelt die **Klosterkirche** heute noch das Bild einer hochromanischen Basilika. Der **Kreuzgang** mit einem der ältesten vollkommen erhaltenen Brunnenhäuser ist den Besuch schon allein wert. Die bildkünstlerischen Ausschmückungen gingen über Stadtbrände und Stadtzerstörungen verloren. Heute dient die Kirche der Stadt als Georg-Philipp-Telemann-Konzerthalle.
Im **Kunstmuseum** (→ S. 95) kann man sich mittelalterliche Skulpturen anschauen, größtenteils aus Magdeburgs im Krieg zerstörten oder während der sozialistischen Zeit abgerissenen Kirchen stammend, zudem Ausschnitte aus der umfangreichen Skulpturensammlung und natürlich die laufenden Ausstellungen der zeitgenössischen bildenden Kunst.
Im Umfeld des Klosters wandert der Betrachter durch den **Skulpturenpark**, der sich vom Hundertwasserhaus bis zur Elbpromenade hinzieht. Hier stehen etwa vierzig Werke so verschiedener Künstler wie Gustav Seitz, Fritz Cremer, Wieland Förster, Schang Hutter, Sabine Grzimek, Werner Stötzer oder Susan Turcot.
Dem Kloster gegenüber befindet sich ein **Denkmal für Georg Philipp Telemann**, eine Arbeit des Magdeburger Bildhauers Eberhard Roßdeutscher (1921–1980).

Im Kreuzgang des Liebfrauen-Klosters

▲ Karte S. 73

Zwischen Altem Markt und Elbe

Östlich des Breiten Wegs bis hin zur Elbe pulsiert das urbane Leben besonders intensiv. Der Alte Markt ist das Zentrum der Bürgerstadt mit dem historischen Rathaus auf der Ostseite, dem Standbild des Magdeburger Reiters, mit dem Roland am Rathaus und, elbwärts, der alten Kaufmännerkirche der Stadt, St. Johannis. Erstmals erwähnt wurde der Platz in einer Urkunde des Erzbischofs Wichmann von 1176 als forum civitas Magdeburgensis.

■ Das Rathaus

Das Rathaus wurde nach der Zerstörung Magdeburgs 1631 zwischen 1691 und 1698 im italienisch-niederländischen Renaissancestil errichtet. Der heutige Ratskeller reicht sogar bis ins 12. Jahrhundert zurück. Im Bischofssaal neben dem Ratskeller erschlugen Magdeburger Bürger 1325 den damaligen Erzbischof Burchard III., der die Bürger mit immer neuen Abgaben belegte und Steuerfreiheiten strich. 1945 fiel das Rathaus, wie der Alte Markt insgesamt, den Bombenangriffen zum Opfer. Erst 1965 begann der teils historisierende, teils moderne

Das Magdeburger Rathaus

Aufbau des Rathauses an seiner traditionellen Stelle. Der auffällige Dachreiter beherbergt seit 1974 ein Glockenspiel mit 47 Glocken, das erste, das in der DDR gebaut wurde. Ein Stück Stadtgeschichte erzählt die wunderbare, von Heinrich Apel erschaffene Bronzetür. Apel schuf auch auf der anderen Seite des Marktes den **Eulenspiegel-Brunnen**. Der Sage nach soll Till Eulenspiegel angekündigt haben, dass er vom Balkon des Rathauses zu fliegen gedenke. Als die Magdeburger zuhauf auf den Markt strömten, verspottete er sie ihrer Leichtgläubigkeit wegen. Apel schuf den Brunnen so, dass sein Eulenspiegel das Rathaus fest im Blick hatte. Das war 1970 nicht nur ein Flirt mit einer alten Geschichte.

Das Denkmalensemble auf dem Alten Markt

Vor der Zerstörung der Stadt 1631 befand sich auf dem Marktplatz ein Denkmalensemble. Es bestand aus dem Roland als Symbol der städtischen Freiheit, dem Magdeburger Reiter, einem Sinnbild der freien, reichsunmittelbaren Stadt, und dem Hirsch als der Verheißung des Paradieses. Bis auf den Reiter fielen die anderen Denkmale der Zerstörung anheim. Den **Magdeburger Reiter** datieren Experten auf 1240. Es ist das früheste lebensgroße vollplastische Reiterstandbild nördlich der Alpen und gehört zu den erstrangigen Werken der europäischen Kunstgeschichte. Die Skulptur stellt vermutlich Otto den Großen dar. Auf dem Marktplatz steht jetzt eine golden angestrichene Bronze-Kopie. Das Original, eine Sandstein-Skulptur, befindet sich im Kulturhistorischen Museum (→ S. 95). Erst jüngst haben Restauratoren am Reiter verborgene Farbreste gesichert, deren Analyse ergab, dass der Reiter vor seiner Vergoldung im 17. Jahrhundert blau, grün, rot und weiß gestaltet gewesen sein muss. Eine Farbkombination, so die Experten, die im 13. Jahrhundert typisch gewesen sei.

Seit 2005 steht auch die **Rolandfigur** in einer Nachbildung durch Martina Steffens wieder am Rathaus. 2012 schuf dieselbe Künstlerin auch die Nachbildung der **Hirschsäule**.

Etliche Jahre umstritten und darum im Magazin versteckt, weil man den Star-

Die Kopie des Magdeburger Reiters

gelehrten der Stadt nicht so respektlos hingefläzt darstellen könne, wurde er schließlich 1907 doch aufgestellt: Magdeburgs Experimentalphysiker und Bürgermeister **Otto von Guericke**, geschaffen von Carl Friedrich Echtermeier, und zwar neben dem Alten Markt, auf dem Platz an der Hauptwache. Übrigens wiederholte sich die Prozedur 2002, als Otto von Guericke zu Ehren auf dem Ratswaageplatz die von Thomas Virnich geschaffene **Großplastik zum Magdeburger Halbkugelversuch** aufgestellt wurde. Virnich, der auf der einen Seite der Skulptur plastisch arbeitete, auf der anderen aber in die Plastik hineinsehen ließ, löste – ob des ›halben Halbkugelversuchs‹ – laute Proteste unter den Magdeburgern aus.

Die historische Halle in der Buttergasse

Eine versteckte Sehenswürdigkeit gibt es an der nordwestlichen Ecke des Marktplatzes zu entdecken, hinter dem Eulenspiegelbrunnen: Das größte erhaltene profane romanische Gewölbe in Deutschland im Untergeschoss eines ehemaligen mittelalterlichen Innungshauses der Gerber, die Halle in der Buttergasse. Das Tonnengewölbe stammt von 1716. Ursprünglich verfügte die vierschiffige Halle über ein Kreuzgratgewölbe. Die Halle, die erst durch spätere Aufschüttungen zu einem Keller wurde, ist Mitte des 12. Jahrhunderts errichtet worden. 1947 wurde sie wieder entdeckt und beräumt. Sie wird heute gastronomisch genutzt.

Eisenbarth-Brunnen

Unweit des Eisenbarth-Brunnens hatte der weitberühmte Wanderarzt und Chirurgus Johann Andreas Eisenbarth (1663–1727) 1703 das Haus ‹Zum Goldenen Apfel‹ gekauft, das leider nicht mehr steht. Der Stuttgarter Bildhauer Fritz von Grevenitz, ein Schwager Ernst von Weizsäckers, schuf 1939 den Eisenbarth-Brunnen, wobei er den auf einer hohen Säule stehenden Arzt marktschreierisch die Leute heranwinken lässt. Auf den Seitenrändern des Brunnenbeckens befindet sich das Spottlied auf Eisenbarth: Ich bin der Doktor Eisenbarth/willewillewitt, bumbum!/kurier die Leut' nach meiner Art/willewillewitt, bumbum! /kann machen daß die Blinden gehn/willewillewitt, bumbum!/und daß die Lahmen wieder sehn/willewillewitt, juchhei!

▲ Karte S. 73

St. Johannis-Kirche

Hinter dem Alten Markt, elbwärts, steht Magdeburgs Bürgerkirche, die Johanniskirche. Hier predigte am 26. Juni 1524 **Martin Luther**, dessen Denkmal 1886 eingeweiht und 1995 wieder auf einen prächtigen Sockel gestellt wurde. In der Folge dieser Predigt wurde Magdeburg protestantisch. Hier also ist ›Unseres Herrgotts Kanzlei‹, wie nachfolgend die Stadt genannt wurde, begründet.

Das Denkmal für Otto von Guericke

Erstmals erwähnt wird die Johanniskirche als ›plebeiam ecclesiam‹ (Volkskirche) 941 auf einer Urkunde, in der Otto I. sie den Mönchen des Moritzklosters schenkt. Fünfmal brennt die Kirche in ihrer Geschichte nieder. Einziges Kunstwerk, das auch die Bombennächte 1945 überstand, ist die **trauernde Magdeburg**, die 1924 in der Westvorhalle der Johanniskirche aufgestellt wurde. Bei dieser Skulptur handelt es sich um einen Zweitguss der trauernden Magdeburg vom Wormser Luther-Denkmal. Nach dem Wiederaufbau ab 1991 wurde die ehemalige Kirche als Konzert- und Festhalle der Stadt Magdeburg 1999 eröffnet. 2004 erhielt auch der Südturm eine neue Spitze. Der Magdeburger Bildhauer Heinrich Apel schuf das plastische Ensemble ›Zerstörung und Wiederaufbau der Stadt Magdeburg‹, das zur Verzierung des Vorhallenportals dort angebracht ist. Ein Genuss ganz eigener Art ist die Aussicht von der **Aussichtsplattform** auf dem Südturm über Stadt und Elblauf.

Magdalenenkapelle, St. Petri und Wallonerkirche

Ein eindrucksvolles Ensemble hoch über der Elbe, dessen Schönheit man vor allem vom Ufer des Flusses aus erkennt, bilden die drei ganz unterschiedlichen Gotteshäuser. Die **gotische Fronleichnamskapelle** aus Bruchstein, die der heiligen Magdalena geweiht ist, verdankt ihre Grundsteinlegung 1315 einer Legende: Bei einem Einbruch in das benachbarte Paulinenkloster stahl ein Dieb eine Hostienbüchse mit geweihten Hostien, seinerzeit ein todeswürdiges Verbrechen. Der Mann schüttete die Hostienbüchse in eine Ecke in der Nähe des Knochenhauerufers. Als er die leere Büchse einem jüdischen Händler verkaufen wollte, wurde er verhaftet. Währenddessen scheuten die Pferde eines Brauknechtes,

Die gotische Magdalenenkapelle

der zum Bierbrauen Wasser aus der Elbe holen wollte. Die Hostien wurden gefunden, der Dieb hingerichtet, die Kapelle wurde zur Sühne für den Frevel errichtet. Seit 1385 ist für die Kapelle der Name ›Magdalenenkapelle‹ verbürgt. Zwischen Magdalenenkapelle und der katholischen Universitätskirche Sankt Petri, beide einbindend, soll ein neues Prämonstratenserkloster entstehen.

Der Vorgängerbau von **St. Petri** war seit dem 12. Jahrhundert die kleine gleichnamige Dorfkirche des Fischerdorfs Frose, welches 1390 in die Stadt Magdeburg eingegliedert wurde. Der Bau aus Bruchstein gibt noch den Eindruck einer alten Wehrkirche wieder. Die Hallenkirche, wie wir sie heute sehen, wurde im ausgehenden 14. und im 15. Jahrhundert errichtet. Nach den Zerstörungen im 2. Weltkrieg erfolgte 1962–1972 ein vereinfachter Innenausbau.

Die **Kirche St. Augustini** samt Kloster wurde nach 1285 erbaut. Die hochgotische, dreischiffige Hallenkirche ist schlicht gehalten. 1524 übergab der letzte Prior des Klosters die Anlage der Stadt Magdeburg. Danach diente die Klosteranlage als Gymnasium, Zucht- und Spinnhaus, Stadtbibliothek. Die schließlich zur Ruine gewordene Kirche schenkte Kurfürst Friedrich Wilhelm 1690 wallonischen Glaubensflüchtlingen, welche die Kirche restaurierten und seit 1694 als Kirche der wallonisch-reformierten Gemeinde nutzten. Am 16. Januar 1945 stark beschädigt, begann der Wiederaufbau 1961. Der **spätgotische Schnitzaltar** stammt aus der St.-Ulrich-Kirche Halle. Aus derselben Kirche wurde auch der 1430 in Magdeburg gegossene **Taufkessel** in der Wallonerkirche aufgestellt. Im südlichen Seitenschiff steht die **Telemann-Glocke**, die ursprünglich zur Taufkirche Georg Philipp Telemanns, der Heilig-Geist-Kirche Magdeburg gehörte.

Die südliche Altstadt

In der südlichen Altstadt ist vieles von dem erhalten, was Magdeburg als preußische Festung aber auch als wohlhabende Stadt der Gründerzeit ausmachte: wuchtige Bastionen ebenso wie prächtige Gründerzeithäuser und anziehende Parks.

■ Fürstenwall und Bastion Cleve

Der Fürstenwall ist die von Linden gesäumte Promenade zwischen Dom, Kloster Unser Lieben Frauen und der Elbe. Elbseitig sind noch zwei der sechs **Wehrtürme**, die 1430/31 errichtet wurden, zu sehen: der Turm hinter der Ausfahrt der Möllenvogtei und Kiek in de Köken. Der dritte, der Tatarenturm, ist noch älter.

Die Bastion Cleve, am südlichen Ende der Promenade, wurde nach 2004 wieder ausgegraben. Sie ist Teil der stolzen Magdeburger Festung, die man nach 1872 schliff, weil die Stadt aus den Nähten platzte. Im Innern der seit 2010 wieder zugänglichen Bastion kann man sich anhand eines **Modells zur Festung Magdeburg** kundig machen. Von der Bastion führt eine Fußgängerbrücke über das Schleinufer zur Elbpromenade.

Der Magdeburger Gartenbaudirektor Johann Gottlieb Schoch (1853–1905) – übrigens Spross einer ganzen Gärtner-Dynastie, nämlich der Wörlitzer Schochs, die prägende Spuren im Gartenreich hinterließen – legte den **Fürstenwallpark** an, weil hier ein Krieger-Ehrenmal aufgestellt werden sollte. Am Rande des

Der Fürstenwall zwischen Dom und Elbe

▲ Karte S. 73

In der Hegelstraße

Parks sind heute zwei weitere Denkmale zu finden. Auf einem wird des aus Magdeburg stammenden Lützower Jägers **Karl Friedrich Friesen** gedacht, das andere schuf der Magdeburger Bildhauer Wolfgang Roßdeutscher als ein **Mahnmal für die Verfolgung der Sinti und Roma**.

Hegelstraße

Südlich vom Dom beginnt die Hegelstraße, Magdeburgs Prachtstraße, seit 1980 ein städtebauliches Denkmal. Monatelange hitzige Debatten wurden nach 1990 geführt, als der damalige Oberbürgermeister Willi Polte - bei den Magdeburgern ansonsten sehr beliebt - darauf bestand, nicht nur das historische Kopfsteinpflaster zu erhalten, sondern für die Gehwege sogar edles Kleinpflaster aus Italien zu verwenden. Bitumen sollte nun (endlich, meinten manche) unter die Reifen der neuen Autos kommen. Polte setzte sich durch und heute sind ihm wohl alle dankbar.

Die Straße wird geprägt durch repräsentative **Gründerzeitbauten**, die zwischen 1880 und 1920 entstanden und indessen vielfach perfekt saniert sind. Der Prachtbau schlechthin ist das zwischen 1889 und 1895 nach Plänen des Magdeburger Architekten Paul Ochs erbaute **Palais am Fürstenwall**. Ursprünglich Dienstgebäude für die preußische Generalkommandantur des IV. Armeekorps und Gästehaus der kaiserlichen Familie, ist der repräsentative Sandstein-Backsteinbau im Stil der italienischen Hochrenaissance heute Dienstsitz des Ministerpräsidenten des Landes Sachsen-Anhalt. Das Innere des Hauses ist mit Wandmalereien ausgestattet. Das große Treppenhaus aus weißem Marmor ist von beeindruckender Schönheit. In der oberen Etage tragen rote Marmorsäulen die Arkaden, die zu den früheren kaiserlichen Gemächern und zum Festsaal führen. Besichtigungen des Gebäudes sind nach Voranmeldung möglich.

Am südlichen Ende des knapp einen Kilometer langen Boulevards steht das **Denkmal von Friedrich Wilhelm von Steuben** (1734–1794), des wohl bekanntesten Deutschen in den USA. Alljährlich feiern die Amerikaner ihren Freiheitshelden mit der Steubenparade in New York. Der in drei Kriegen erfahrene Militär reorganisierte seinerzeit aus dem Haufen amerikanischer Unabhängigkeitskämpfer durch preußischen Drill ein schlagkräftiges Heer. Das 1996 aufgestellte Denkmal ist eine Kopie des im Washingtoner Lafayette-Park nahe dem Weißen Haus stehenden Steuben-Denkmals von Albert Jäger.

Sternbrücke und Kavalier Scharnhorst

Ein kurzer Abstecher Richtung Elbe führt zur nach der Sternschanze benannten Brücke, die - nur für Fußgänger und Radfahrer - seit 2005 die südliche Verbindung zum Stadtpark Rotehorn wieder herstellt. Sechzig Jahre hat es gedauert, bis die 1922 eröffnete und 1945 gesprengte Brücke wieder errichtet werden konnte. Unter der Sternbrücke gilt es ein Relikt der alten Festungsanlage zu entdecken, das **Kavalier Scharnhorst**. Das Kavalier wurde zwischen 1870 und 1873 erbaut. Es sollte der Sicherung der Stromelbe, der Eisenbahnstrecke, des Elbbahnhofs und des Kriegswasserwerks dienen. Von 1880 bis 1912 war es Kaserne, im 1. Weltkrieg auch Gefangenenlager. Heute finden hier zuweilen Open-Air-Veranstaltungen statt.

Kloster-Bergegarten und Grusonsche Gewächshäuser

Wenige Gehminuten vom Steuben-Denkmal entfernt steht man im ältesten Volksgarten Deutschlands, der heute zu den sachsen-anhaltischen Gartenträumen gehört. **Peter Joseph Lenné** (1789–1866) machte 1825 die Pläne für diesen Park, der auf dem Gelände des ehemaligen Klosters Berge entstand, das durch die napoleonischen Kriege völlig zerstört worden war. Ursprünglich hatte der Park 33 Hektar. Im Laufe der Industrialisierung Magdeburgs schrumpfte die Fläche auf elf Hektar, weil verschiedene Eisenbahnstrecken den Park kurzerhand ›zerschnitten‹. Im Park erinnert eine Büste, die 1989, zum 200. Geburtstag seines Schöpfers aufgestellt wurde, an Lenné. 1895/96 erbaute der Unternehmer Hermann Gruson (1821–1895) die nach ihm benannten **Gewächshäuser** am westlichen Rand des Parks. Gruson widmete sich neben seiner unternehmerischen Tätigkeit auch der Botanik. Er besaß die größte Kakteensammlung in Europa. Heute zeigen zehn Schauhäuser auf 4000 qm rund 3000 Pflanzenarten aus 350 Gattungen. Gruson stiftete die Gewächshäuser mit vielen seltenen, inzwischen vom Aussterben bedrohten exotischen Pflanzen der Stadt einschließlich eines größeren Geldbetrages.

▶ Karte S. 73

Das Gesellschaftshaus

Zum Konzept des Volksgartens gehörte ein Gesellschaftshaus. Karl Friedrich Schinkel (1781–1841) wurde mit dem Entwurf beauftragt, auf dessen Grundlage 1828 ein Teil des heutigen Hauses gebaut wurde. 1896 wurde das Haus in seiner heutigen Dimension fertig gestellt. Seit 2002 ist es Sitz des Telemann-Zentrums. Nach umfangreichen Rekonstruktionsmaßnahmen – das Haus diente in der DDR als sowjetisches Offizierskasino und als Pionierhaus – konnte es 2005 auch der Öffentlichkeit wieder zugänglich gemacht werden. Seither stehen der Schinkelsaal, der Gartensaal und mehrere Salons für Veranstaltungen zur Verfügung.

Hasselbachplatz

Hier schlägt Magdeburgs Abendherz. Der Verkehrsknotenpunkt südwestlich vom Dom führt die beiden Magdeburger Hauptstraßen, den Breiten Weg und die Otto-von-Guericke-Straße zusammen. Am Hasselbachplatz und in den Straßen um ihn herum stehen einige der schönsten **Gründerzeitbauten** Magdeburgs. Im Sommer vor, ansonsten in den Kneipen, Restaurants, Cafés spielt sich das **Magdeburger Nachtleben** ab.

Der Platz ist nach dem Magdeburger Oberbürgermeister Carl Gustav Friedrich Hasselbach (1809–1882) benannt und entstand mit den umliegenden Quartieren zum Teil auf ehemaligem Festungsgelände während der südlichen Stadterweiterung. 1890 fand die Gestaltung des Platzes mit der Einweihung des Hasselbach-Brunnens ihren Abschluss. Dieser musste jedoch bereits 1927 dem aufkommenden Verkehr weichen. Er wurde am Haydnplatz, nördlich des Stadtzentrums, wieder aufgestellt.

Das dominierende Haus auf dem Platz ist das spitz zulaufende Wohnhaus Ecke

Breiter Weg und Otto-von-Guericke-Straße. Der nach seiner Form von den Magdeburgern bald so genannte **Plättbolzen** wird New-York-Kenner an das ›Flatiron-Building‹ in Manhattan erinnern.

Die westliche Altstadt

Zwischen Hasselbachplatz und Ernst-Reuter-Allee, Hauptbahnhof und Domplatz liegt in einem langgestreckten Rechteck die westliche Altstadt mit den beiden Hauptverkehrsadern Otto-von-Guericke-Straße und Breiter Weg. Die wirklich alten Gebäude sind hier eigentlich nur Inseln in der Menge des nach den Zerstörungen von 1945 neu Gebauten.

■ Schauspielhaus

Vom Hasselbachplatz aus Richtung Innenstadt steht rechterhand das heutige Schauspielhaus. Der opulente Gründerzeitbau entstand als Stadtvilla des Magdeburger Industriellen Ferdinand Friedrich August Klusemann, dem Erfinder der Schnitzelpresse für die Zuckerrübenverarbeitung. 1906 wurde die Villa als Vereinssitz an die Harmonie-Gesellschaft verkauft, eine exklusive Gesellschaft Wohlhabender mit dem Vereinszweck der ›Beförderung des geselligen Vergnügens, besonders durch Unterhaltung, Lectüre, Spiele, Concerte und Bälle‹. Der Schriftzug ›Harmonie‹ am Gebäude erinnert noch heute daran. Im April 1945 richteten US-amerikanische Truppen in diesem Gebäude ein Theater ein. Das blieb es bis heute.

■ Kulturhistorisches Museum

Das Museum mit seinen drei Innenhöfen wurde 1901/1906 nach den Plänen des österreichischen Architekten Friedrich Obmann errichtet und als Kaiser-Friedrich-Museum für Kunst und Gewerbe eingeweiht. Mit großen Ausstellungen vor allem zum ottonischen Kaisertum hat sich das Haus in den vergangenen Jahren einen weltweiten Ruf erarbeitet. Beindruckend ist der repräsentative **Kaiser-Otto-Saal** mit dem Original des Magdeburger Reiters und dem monumentalen Wandgemälde von Arthur Kempf mit Bildern aus dem Leben Ottos des Großen. 2011 wurde durch einen modernen Anbau die Ausstellungsfläche noch einmal kräftig erweitert. Im Haus ist auch das **Naturkundemuseum Magdeburg** untergebracht. (→ S. 95)

In der Ernst-Reuter-Allee

Der Kaiser-Otto-Saal im Kulturhistorischen Museum

Immermann-Brunnen

Zwischen Kulturhistorischem Museum und Breitem Weg trifft man auf den Immermann-Brunnen. Der Magdeburger Karl Leberecht Immermann (1796–1840), Schriftsteller, Lyriker, Dramatiker, leitete das Düsseldorfer Stadttheater. Der Brunnen wurde von dem Braunschweiger Bildhauer Carl Echtermeier (1845–1910) geschaffen, der auch für das Otto-von-Guericke-Denkmal neben dem Rathaus verantwortlich war. Ursprünglich am Stadttheater, fand der Brunnen 1996 an dieser Stelle seinen Platz.

Kathedrale St. Sebastian

Die katholische Bischofskirche zwischen Guericke-Straße und Breitem Weg wurde 1994 zur Kathedrale erhoben. Die 1169 geweihte Kirche, die noch Teile einer alten romanischen Basilika enthält, wurde ab 1756 als Magazin und erst ab 1878 wieder für Gottesdienste genutzt. Die St. Sebastianskirche besitzt wertvolle mittelalterliche und moderne Ausstellungsstücke. An die romanische Zeit erinnern noch die romanische Turmpartie im Westen sowie das romanische Querschiff.

▶ Karte S. 73

Faunbrunnen

Zur Leiterstraße, prototypisch für den sozialistischen Städtebau in der DDR, gehört auch der Faunbrunnen, den die Magdeburger ›Teufelsbrunnen‹ nennen. Heinrich Apel vollendete den Brunnen 1985. Der Bronzekessel hat einen Durchmesser von 4,3 Metern. Der mit vielen humorigen Andeutungen versehene Brunnen lässt alle möglichen Interpretationsmöglichkeiten zu. Als Idee gebrauchte Apel den mittelalterlichen Stadtbrunnen und das Leben an und mit ihm, unberechenbar, lebendig, immer in Wallung, also ein Gegenentwurf zum sozialistischen Biedermeier.

Hauptbahnhof und Erdachse

Das ehemals östliche Empfangsgebäude der Magdeburg-Köthen-Halle-Leipziger Eisenbahngesellschaft, heute die Empfangshalle des Magdeburger Hauptbahnhofs, wurde zwischen 1872 und 1882 im Stil eines toskanischen Palazzo der Hochrenaissance errichtet. Während des Zweiten Weltkrieges wurde das mittlere Empfangsgebäude schwer getroffen und nicht wieder aufgebaut, das östliche zwar schwer beschädigt, jedoch ab 1946 wie-

Der Faunbrunnen

der aufgebaut, leider ohne die Dachkonstruktionen der historischen Bahnhofshalle. Auf dem Bahnhofsvorplatz begegnet man einem bei seiner Aufstellung höchst umstrittenen Kunstwerk, der ›Erdachse‹. Die 12,74 m lange Säule aus poliertem schwarzem Granit ist parallel zur Erdachse ausgerichtet, wobei die Länge der Achse dem Polardurchmesser der Erde im Maßstab 1:1 000 000 entspricht. Die Säule rotiert innerhalb eines Tages als Uhr einmal um sich selbst. Schöpfer der ›Erdachse‹ ist der Hannoveraner ›Totalkünstler‹ Timm Ullrichs, der bekundete: »Künstler wird man durch Entschluss, nicht durch Talent«.

■ Forum Gestaltung

1793 erfolgte die Gründung der Kunstgewerbe- und Handwerkerschule Magdeburg. Der älteste erhaltene Gebäudeteil, jenseits der Ernst-Reuter-Allee, stammt von 1874, also aus der Gründerzeit. Der Erweiterungsbau im neoklassizistischen Stil wurde bis 1910 errichtet. Das architektonische Detail, das beim älteren Gebäude ins Auge sticht, ist das Portal mit Treppe. Die vier Büsten an den Fassaden beider Bauten stellen Schinkel, Vischer, Dürer und den mittelalterlichen Steinmetz Erwin von Steinbach dar. Die Schule wurde 1963 auf Weisung der DDR-Regierung geschlossen. Heute befindet sich hier im Forum Gestaltung beispielsweise das Archiv des Magdeburger Architekten und Designers Stefan Wewerka (1928–2013).

Vom Breiten Weg zu Campus und Elbe

Die nördliche Innenstadt ist und wird zunehmend von Einrichtungen geprägt, die für das geistige und kulturelle Leben Magdeburgs wichtig sind. Daneben finden sich Bauten, die für die Hochzeit des Neuen Bauens in der Stadt, aber auch für die Moderne stehen.

■ Der nördliche Breite Weg

1988, zum 50. Jahrestag der ›Reichskristallnacht‹, in der Deutschlands Synagogen brannten, wurde in der Julius-Bremer-Straße, wenige Schritte vom Breiten Weg und an jenem Platz, an dem die Magdeburger Synagoge einst stand, ein **Denkmal für die 1521 Opfer jüdischen Glaubens**, darunter 287 Kinder, errichtet. Der Schöpfer war der Magdeburger Metallgestalter Josef Bzdok. Schräg gegenüber steht das heute **Katharinenturm** genannte Hochhaus dort, wo vor den Kriegszerstörungen die Katharinenkirche stand.
Neben dem Neubau des **Konservatoriums** ›Georg Philip Telemann‹ aus dem Jahr 2000 findet sich die **Stadtbibliothek**, auch ein Neubau, den der Schweizer Architekt Sepp Kaiser ursprünglich für das Modehaus C&A entwarf. 1999 bezog ihn Deutschlands älteste Stadtbibliothek. Die Magdeburger Stadtbibliothek ist eine Errungenschaft der Reformation. Sie wurde 1525 gegründet, als die Bibliothek des Augustinerklosters in städtisches Eigentum überging.

■ Opernhaus

Wo der Breite Weg in den Universitätsplatz mündet, steht das heutige Opernhaus. 1907 als Centraltheater eröffnet, fungierte es als Varietétheater, später als Operettenbühne. Im Zweiten Weltkrieg fiel auch das Theater den Bomben zum Opfer. 1951 wurde es als Maxim-Gorki-Theater wiedereröffnet. Nach dem großen Brand von 1990 nahm das Theater 1997 nach erheblichen Umbaumaßnahmen als Theater der Landeshauptstadt den Spielbetrieb wieder auf.

■ Neues Bauen: Fernmeldeamt und AOK-Gebäude

Das Fernmeldeamt in der Listemannstraße und das AOK-Gebäude etwas weiter nördlich sind herausragende Beispiele für die Architektur des Neuen Bauens, die Magdeburg bis heute prägt. Die Gebäude entstanden in der Zeit, in der Bruno Taut Stadtplanungsamtsleiter war und Johannes Göderitz (1888–1978) als Magistratsbaurat einer der herausragenden Vertreter des neuen Stils wurde. Göderitz publizierte 1927 die Schrift ›Magdeburg – Stadt des Neuen Bauwillens‹, 1928 legte er den Generalbebauungsplan vor. Der monotone Wechsel zwischen Fenstern und Pfeilern am roten Klinkerton sollte ein Hinweis auf den technischen Arbeitsgang im Gebäude darstellen. Die vier überlebensgroßen Figuren am Portal symbolisieren das Telefon, die Telegrafie, die Briefpost und die Flugpost. Ebenfalls 1925/1927 entstand nach Plänen des Architekten Carl Krayl (1780–1947) das Gebäude der Ortskrankenkasse, heute AOK, in der Lüneburger Straße. Hier dienen die verkleideten Stahlbetonpfeiler der Absicht, das Gebäude himmelwärts streben zu lassen, ein Effekt, der von den Bauten der Gotik bekannt ist. Krayl verstärkte diesen Eindruck, indem er die beiden oberen Etagen ein wenig zurücksetzen ließ.

■ Nordpark

Die zehn Hektar große Anlage wurde 1827 von Peter Josef Lenné als Friedhof für die Alte Neustadt angelegt. 1889 wurde der Friedhof in eine öffentliche Parkanlage umgewidmet. Einige **Grabstätten** blieben erhalten. Im Park befindet sich ein Denkmal eines der wichtigsten Oberbürgermeister der Stadt, **August Wilhelm Franke** (1785–1851), auf dessen Anregung etliche Parks in der Stadt angelegt wurden, für deren Gestaltung er Lenné gewinnen konnte. Des Weiteren befindet sich im Park ein Denkmal des französischen Kriegsministers und Mathematikers **Graf Lazare Nicolas Marguerite Carnot** (1753–1823). Im Nordpark befindet sich auch der **sowjetische Ehrenfriedhof** mit 1652 Gräbern. Beliebt ist der Park vor allem im Frühling, wenn die Blüte der Blausterne den ganzen Park blau erscheinen lässt.

▶ Karte S. 73

■ Universitätsbibliothek und Experimentelle Fabrik

In hohem Maße geprägt ist der Stadtteil zwischen Universitätsplatz und Elbe vom Uni-Campus und den Gebäuden modernen wissenschaftlicher Institute. Mit 1,22 Millionen Medieneinheiten ist die Universitätsbibliothek auf dem zentralen Platz des Campus die zweitgrößte Bibliothek Sachsen-Anhalts. Beindruckend ist der Neubau nach einem Entwurf des Stuttgarter Architekturbüros Auer+Weber+Assoziierte, an dem Beton, Glas und Holz dominieren. Am östlichen Rand des Universitätscampus befindet sich die Experimentelle Fabrik, ein Zentrum für anwendungsorientierte Forschung. Das auffällige bunte Gebäude wurde von der sauerbruch hutton architekten partnerschaft Berlin und London projektiert und zwischen 1999 und 2001 errichtet. 2002 vergab das Royal Institute of British Architects für die Experimentelle Fabrik einen RIBA-Award.

An der Elbe von Nord nach Süd

Magdeburg erreicht seine größte Ausdehnung von Nord nach Süd. 21 Kilometer lang erstreckt sich die Stadt an der Elbe entlang – westelbisch vor allem von Industrie- und Hafenanlagen und städtischen Wohnvierteln, östlich der Elbe von viel Grün geprägt.

■ Wasserstraßenkreuz

Mit dem Verkehrsprojekt ›Deutsche Einheit Nr. 17‹ wurde im Jahr 2003 eine seit Jahrzehnten angestrebte ›Wasserautobahn‹ zwischen dem Ruhrgebiet

Die Trogbrücke am Wasserstraßenkreuz

und Berlin und - weiter gedacht - bis an die Oder und die polnische Ostseeküste zu einem wesentlichen Teil vorangebracht. Schon seit 1938 beförderte das **Rothenseer Schiffshebewerk** Schiffe, die vom Mittellandkanal in die Elbe oder umgekehrt wollten, wie in einem Fahrstuhl nach oben oder unten. Für die Ost-West-Verbindung aber mussten alle Schiffe einen 12 Kilometer langen Umweg über den Niegripper Verbindungskanal wählen. Mit der Inbetriebnahme der spektakulären 918 Meter langen **Trogbrücke** über die Elbe ist dieser Umweg nun Geschichte.

Auch per pedes oder Rad kann man die längste Kanalbrücke Europas vom Magdeburger Stadtteil **Rothensee** zum hübschen Elbdörfchen **Hohenwarthe** überqueren. Zum Wasserstraßenkreuz, das einen eigenen Ausflug unbedingt wert ist, gehören außerdem die Sparschleuse Rothensee, die Doppelsparschleuse Hohenwarthe und die Schleuse in Niegripp. Über der neuen Rothenseer Schleuse erhebt sich ein **Aussichtsturm**, der eine prächtige Aussicht auf das Wasserstraßenkreuz aber auch auf den ›Kalimandscharo‹, die riesige weiße Abraumhalde des Kaliwerkes Zielitz im Norden bietet.

Herrenkrug-Park

Am nördlichen Stadtende, östlich der Elbe, liegen mit dem Herrenkrug- und dem Elbauenpark zwei ›Gartenträume‹-Anlagen (→ S. 360). Benannt ist der Herrenkrug-Park nach einem Wirtshaus, das sich im Besitz der Ratsherren befand, also dem ›Herrenkrug‹. Auf Anregung des Magdeburger Oberbürgermeisters August Wilhelm Franke wurde zwischen 1818 und 1824 ein Park mit Schankwirtschaft angelegt. 1829 erhielt Peter Joseph Lenné den Auftrag, den Landschaftsgarten zu gestalten. Seit 1838 fanden auf der Wiese östlich des Parks Pferderennen statt. 1907 wurde die **Pferderennbahn** des Magdeburger Rennvereins in Betrieb genommen. Zum Park-Inventar gehören die **Kugelsonnenuhr** am Schnittpunkt der Domallee und des Deichs. 1845 wurde die gusseiserne Löwenplastik aufgestellt, eine Erinnerung an Franke. Die Sandsteinbank FÜR FAULE zeigt ein spaßhaftes Akrostichon mit der Bedeutung ›Für Unglückliche Ruhe, Für Alte Und Leidende Erholung‹. Der Sockel der Sonnenuhr stammt von 1819, das Zifferblatt wurde 1991 von der Magdeburger Bildhauerin Martina Seffers neu gefertigt.

Elbauenpark

Der Park, entstanden zur Bundesgartenschau 1999, ist etwa 100 Hektar groß. Auf dem Gelände befanden sich seit den frühen dreißiger Jahren Wehrmachtskasernen und Schießwälle, die nach 1945 von den sowjetischen Streitkräften genutzt wurden. Aus den Trümmermassen der Altstadt, die hier am Elbufer zusammengekarrt wurden, entstand eine riesige Müllkippe, die das Gelände um fünf Meter anhob. In wenigen Jahren wurde aus diesem Kriegstrümmerfeld eine der schönsten Parklandschaften Sachsen-Anhalts mit **Jahrtausendturm**, Seebüh-

Der Jahrtausendturm im Elbauenpark

ne, Themengärten, Sommerrodelbahn, Schmetterlingshaus und dem großen Angerfelsen als Kletterturm sowie dem Scaterparcours geformt.

Der Jahrtausendturm ist mit sechzig Metern Höhe das höchste Holzgebäude Deutschlands. Errichtet auf einer ovalen Grundfläche von 70 x 50 Meter, präsentiert er auf sechs Etagen die Geschichte der Wissenschaften, teils mit interaktiven Experimenten. In der Turmspitze ist ein Foucaultsches Pendel aufgehängt, mit dem die Rotation der Erde demonstriert wird.

Tessenow-Garagen

Beim Tessenow-Garagenkomplex am südlichen Ausgang des Elbauenparks handelt es sich um ein Ensemble ehemaliger Panzergaragen auf dem Gelände eines vom Architekten des Neuen Bauens, Heinrich Tessenow (1876–1950), erbauten Kasernengeländes. Tessenow, der nach 1933 kaum noch größere Bauaufträge erhielt, blieb lediglich durch die Fürsprache seines einstigen Schülers Albert Speer vor Repressalien während der Nazizeit geschützt. In Magdeburg baute er auf Bitten seines Freundes, General Otto, 1939 das Ehrenmal und die Kasernenanlage. Mit der Buga 1999 erfolgte die Restaurierung und Umnutzung der Gebäude als Büros, als Altes Theater. In einer der Panzergaragen befindet sich das **Künstlerhaus Magdeburgs** mit Ateliers.

▲ Karte S. 73

Lukasklause

Die Lukasklause ist ein spätgotischer, im ersten Drittel des 13. Jahrhunderts erbauter, ehemaliger Wehrturm, der sich am heutigen Schleinufer westlich der Elbe befindet, der sogenannte Welsche Turm. Heute hat der achteckige Turm noch eine Höhe von 21,70 m. Südlich des Turms gibt es einen historisierenden Anbau von 1902/1903 mit einem aus runden Ziegeln gebauten Treppenturm. Der Turm als Teil der Stadtbefestigung wurde häufig, dem jeweiligen Stand der Militärtechnik entsprechend, umgerüstet. Allerdings drangen die Pappenheimischen Reiter bei der Erstürmung Magdeburgs 1631 an dieser Stelle in die Stadt ein. 1900 wurde der Turm an die Künstlervereinigung St. Lukas e. V. verkauft. Seit 1995 dient die Lukasklause als **Otto-von-Guericke-Museum**, 2009 um einen modernen Anbau erweitert. (→ S. 95)

Elbpromenade

Wo sich heute die Elbuferpromenade erstreckt, stand bis 1945 eines der am dichtesten bebauten Viertel Europas, das im Volksmund so genannte ›Knattergebirge‹. Hier wohnten einst etwa 25 000 Menschen. Nach dem Zweiten Weltkrieg wurden die zerbombten Häuser abgeräumt und es entstanden das Schleinufer als vierspurige Straße und entlang der Elbe die Elbpromenade. Die Promenade führt heute von der Lukasklause südwärts bis zur wiederaufgebauten Sternbrücke. Entlang der Promenade haben eine Reihe Skulpturen verschiedener Künstler Platz gefunden, darunter ›Der Fährmann‹ des Magdeburger Bildhauers Eberhard Roß-

An der Elbpromenade

deutscher. Hier findet man etliche Zeugnisse aus der Geschichte der Stadt, beispielsweise das Eisenbahntor der alten Magdeburger Festung nahe der Lukasklause oder die Hubbrücke, ein technisches Denkmal.

Vergnüglich ist es immer wieder, am **Petriförder** die großen Flusskreuzfahrtschiffe zu beobachten, die hier auf ihrer Reise nach Dresden oder Prag anlegen. Am Wochenende beleben tausende Besucher die hier stattfindenden **Flohmärkte**, im Sommer locken neuerdings **Strandbars** zu Beach-Volleyball und Cocktail.

Stadtpark Rotehorn

Ein Weg in den Stadtpark führt über die **Zollbrücke**, die die Altstadt mit der Insel Werder verbindet. Die vier allegorischen Figuren auf der Brücke – heute Kopien von 2007 – verkörpern Schifffahrt, Handel, Industrie und Landwirtschaft und wurden vom Berliner Bildhauer Emil Hundrieser geschaffen. Der Stadtpark auf der Rotehorn-Insel, die von Strom- und Alter Elbe gebildet wird, ist mit einer Fläche von 200 Hektar der größte Park der Landeshauptstadt. Seine heutige Größe erreichte der von Johann Gottlieb Schoch angelegte Park ab 1898. Schoch betonte beim Anlegen des Parks den Auencharakter der Landschaft. 1908 schließlich wurde aus der Tauben Elbe, einem alten Flusslauf, der **Adolf-Mittag-See** gewonnen. Auf der im See gelegenen **Marieninsel** bildet ein kleiner Tempel einen schönen Blickfang. Das ehemals zur Stadtbefestigung gehörende Fort XII wurde zu einem **Naturtheater** umgebaut. Heute gehört der Stadtpark mit dem 2013 eröffneten **Skatepark** zum ›Gartenträume‹ –Netzwerk (→ S. 360), er ist zugleich das Eldorado der landeshauptstädtischen Jogger.

Im Rotehorn-Park steht auch das **Landesfunkhaus** des Mitteldeutschen Rundfunks. Erbaut zwischen 1996 und 1998, war vor allem die schwarzbraune Verklinkerung heiß diskutiert. Mit dem großen, verglasten Elbfoyer öffnet sich das Gebäude auf einer Breite von 70 Meter und über fünf Geschosse zu Elbe und Stadt. Einblick, Transparenz und Einbeziehung der Stadtkulisse sollten so dargestellt werden.

Stadthalle, Pferdetor und Albinmüller-Turm

Die Stadthalle im Zentrum des Rotehorn-Parks wurde als ein Hauptwerk des

Die Stadthalle und der Albinmüller-Turm im Rotehorn-Park

Neuen Bauwillens der zwanziger Jahre des vorigen Jahrhunderts innerhalb von viereinhalb Monaten nach den Plänen des Architekten Johannes Göderitz anlässlich der Deutschen Theaterausstellung Magdeburg 1927 erbaut. Die Verklinkerung lässt kaum ahnen, dass, um das ehrgeizige Bauziel zu schaffen, hier erstmals mit einer neuen Technologie gearbeitet wurde, nämlich vorgefertigten Platten. Neben der Stadthalle komplettierten vier Messehallen das Ausstellungsgelände.

Vom einstigen, das Messegelände umschließenden **Ehrenhof** sind heute noch das **Pferdetor** und der **Messeturm** vorhanden, der heute nach dem Erbauer beider, Prof. Albinmüller, benannt ist. Albinmüller, eigentlich Albin Müller, aus dem Jugendstil kommend, bot 1927 in Magdeburg mit dem 60 Meter hohen Messeturm ein romantisches Konzept im Gewand des Neuen Bauens ›Mystisch wie eine Gralsburg glüht der Helmaufbau am nächtlichen Himmel‹, schrieb er. Nach denkmalgerechter Sanierung ermöglicht der Turm seit 2012 wieder den Weitblick über Magdeburg.

Am Elbufer neben der Stadthalle hat seit 1974 der ehemalige **Raddampfschlepper Württemberg**, 1908/1909 in der Roßlauer Schiffswerft Gebrüder Sachsenberg gebaut, endgültig festgemacht. Als Zeugnis der Elbschifffahrt informiert eine Ausstellung über deren Entwicklung. (→ S. 96)

▲ Karte S. 73

Entdeckungen außerhalb des Zentrums

Eine der Magdeburger Besonderheiten besteht darin, dass die Stadt aus vielen einst kleinen Dörfern zusammengewachsen ist. Ottersleben, Salbke, Prester, Cracau, Olvenstedt, Rothensee – noch heute erinnern die Namen vieler Stadtteile daran, die so auch ganz unterschiedliche Gesichter zeigen und lohnende Entdeckungen bieten.

■ Die Rayonhäuser

In Buckau, Cracau und Sudenburg, aber auch in den Stadtteilen Stadtfeld, Neustadt und auf dem Werder sind die sogenannten Rayonhäuser zu finden, einfache Fachwerkbauten, die schnell aufgestellt und ebenso schnell wieder abgerissen werden konnten, um sie später wieder aufzubauen. Bleibt die Frage, was dies sollte? Unter einem Rayon oder Glacis ist ein unbebautes Schussfeld vor der Festung zu verstehen, das dem angreifenden Feind keinen Schutz bieten soll. Als Napoleon anlässlich seines Russland-Feldzuges seine rückwärtige Deckung sichern wollte, wurde eine 520 Meter tiefe Zone vor den Hauptwallanlagen von allen Gebäuden befreit. Wer später hier bauen wollte, musste diese sogenannten Rayonhäuser bauen, von denen sich noch eine Reihe erhalten hat. Ein wunderbares Beispiel dafür ist die Villa p. in der Porsestraße, die heute das zum Puppentheater gehörende **Figurentheaterzentrum** beherbergt. (→ S. 96)

Wissenschaftshafen

Zwischen 1888 und 1893 wurde der Magdeburger Handelshafen erbaut, zu Beginn des zwanzigsten Jahrhunderts einer der modernsten Binnenhäfen Deutschlands. Die Kaianlage wurde in Form einer auf Felsstein gegründeten massiven Schwerlastmauer ausgeführt. Heute ist ein Teil der Anlagen auf den neuesten Stand gebracht, ein Logistikzentrum par excellence, das Fluss, Straße und Schiene verknüpft. Wichtig ist das auch bei Niedrigwasser im Oberlauf der Elbe, wenn die großen Schubkähne hier geleichtert werden und ihre Fracht per Bahn oder LKW in Richtung Sachsen oder Tschechien weiter transportiert werden muss. Die nicht mehr genutzten großen südlichen Flächen wurden zum ›Zentrum für Innovation und Wissenstransfer‹. Durch den Umbau zweier alter Getreidespeicher entstanden 4600 Quadratmeter Bürofläche für innovative Unternehmen. In der so genannten Denkfabrik arbeiten und forschen neue Firmen, darunter viele Start-ups, für die auch die räumliche Nähe zu den Forschern des Fraunhofer- und des Max-Planck-Instituts wichtig ist. Die Denkfabrik wurde 2007 als ›Ort im Land der Ideen‹ ausgezeichnet. Langfristig soll das hafentypische Erscheinungsbild als städtebauliches Charakteristikum des Stadtquartiers an der Elbe erhalten bleiben.

In der Otto-Richter-Straße in Sudenburg

Parks und Seen im Norden

Der 21 Hektar große **Vogelgesangpark** ist der älteste öffentliche Park der Landeshauptstadt. Der Name geht auf einen hier ursprünglich vorhandenen Wald zurück, in dem im Mittelalter mit Vogelnetzen Singvögeln nachgestellt wurde. 1868 entstand hier der Rosengarten mit Pergola und Brunnen, das Rhododendrontal, der Senk- und Heidegarten. 1925 entstand der Dahliengarten mit der größten deutschen Dahlienschau.

Im nördlichen Teil des Parks befindet sich der **Magdeburger Zoo**, in dem auf über 16 Hektar Natur- und Gartenlandschaft 835 Tiere in 176 Arten zu erleben sind. Eine Attraktion des Zoos sind die naturnahen Ausstellungslandschaften, u.a eine 20 000 Quadratmeter große Savannenlandschaft. International anerkannt ist der Zoo für die erfolgreiche Zucht der stark gefährdeten Spitzmaulnashörner, der asiatischen Löwen und der südamerikanischen Krallenaffen. (→ S. 96)

Der **Neustädter See** ist mit mehr als 83 Hektar Wasseroberfläche der zweitgrößte Stadtsee in Magdeburg. Zum Badestrand, ein Kilometer lang, gehört der einzige bewachte und genehmigte FKK-Strandabschnitt der Stadt. Die größte ›Badewanne‹ der Stadt ist der gut ein Quadratkilometer große Barleber See, zwischen Autobahn 2 und Mittellandkanal gelegen, auch als Segelrevier genutzt und von Campern bevölkert.

Zeugnisse des Neuen Bauwillens

Magdeburg galt in den zwanziger Jahren des vorigen Jahrhunderts als ›Stadt des Neuen Bauwillens‹ und konkurrierte um diesen Titel auch mit Frankfurt/Main. Der großartige Stadtplaner und Architekt Bruno Taut und sein Nachfolger Johannes Göderitz, Carl Krayl und andere wichtige Namen standen für das moderne Magdeburg. Über die schon erwähnten Beispiele hinaus stehen dafür vor allem die **Gartenstadtkolonie Magdeburg-Reform**, die **Hermann-Beims-Siedlung** und die Siedlung **Große Diesdorfer Straße**, die Siedlung in der **Wilhelmstadt** oder in **Magdeburg-Cracau**, die farbenfrohen Fassaden der **Otto-Richter-Straße** in Sudenburg und die Halle ›Stadt und Land‹, die spätere **Hermann-Gieseler-Halle** in Stadtfeld. Sie alle künden vom Neuen Bauwillen, sind auch heute im restaurierten Zustand ein Kleinod, das deutlich macht, welche bewegte Zeit die kurze Zeit der Weimarer Republik für Magdeburg gewesen ist. ›Ein Frühlicht‹ ging von Magdeburg aus, um mit Bruno Taut zu sprechen.

i Magdeburg

Vorwahl: 0391
Postleitzahl (Zentrum): 39104
Tourist-Information, Ernst-Reuter-Allee 12, Magdeburg,Tel. 8380403. info@magdeburg-tourist.de.www.magdeburg-tourist.de; Jan.–März Mo–Fr 10–18 Uhr, Sa 10–15 Uhr, Apr.-Dez. 10–18.30 Uhr, Sa 10–16 Uhr. Die **Magdeburg-Tourist-Card** kostet für 48 Stunden 14,90 Euro (1 Kind bis 6 Jahre inklusive) und bietet zahlreiche Leistungen kostenfrei oder zu reduzierten Preisen, freie Fahrt in allen Bussen und Bahnen der Stadt.
Aktuell nehmen zwölf Hotels der Stadt an der Initiative der Magdeburger Touristiker **Mein Besuch schläft besser** teil. Diese beinhaltet besonders günstige Konditionen für Gäste von Magdeburgern bei der Übernachtung, zudem erhalten die Gastgeber ein Frühstück zum halben Preis.

Maritim Hotel, Otto-von-Guericke-Str. 87, Magdeburg. Tel. 59490, www.maritim.de; 514 Zimmer, DZ ab 95 Euro. Das größte Haus am Platz, direkt im Zentrum, 1 Minute vom Bahnhof. Mehrfach ausgezeichnete Küche, abends unbedingt in die Piano-Bar.
Historisches Herrenkrug Parkhotel, Herrenkrug 3, 39114 Magdeburg. Tel. 85080, www.herrenkrug.de; 147 Zimmer, DZ ab 70 Euro. Erstklassige Adresse, zauberhaft im Park gelegen, perfekter Service, schöner Wellness-Bereich.
Hotel ElbRivera, Alt-Prester 102, 39114 Magdeburg. Tel. 81930, www.hotel-elbrivera.de; 30 Zi., DZ ab 65 Euro. Sehr schöne Lage am südlichen Stadtrand, direkt am Elbe-Radweg gelegen. Aus der Küche am besten das Hausgemachte kosten.
Residenz Joop, Jean-Burger-Str. 16, Magdeburg. Tel. 62620, www.residenzjoop.de; 25 Zi., DZ ab 110 Euro. Eigentümergeführte Hotelvilla in noblem Stadtteil, gediegen, sehr schönes Frühstück.
Motel One, Domplatz 5, Magdeburg. Tel. 5555450, www.motel-one.com; DZ ab 59 Euro. Neu mitten im Herzen von Magdeburg, bekannte Kettenqualität.
artHotel, Breiter Weg 8–10, Tel. 620780, www.arthotel-magdeburg.de; 41 Zi., DZ ab 109 Euro. Wohnen im Hundertwasserhaus, jedes Zimmer mit individuellem Bad, ausgeprägter Service.
Pension Lüder, Alt Prester 71, 39114 Magdeburg. Tel./Fax 55756110, www.pension-lueder.de; DZ Ab 45 Euro. Moderne

▶ Karte S. 73

Zimmer, aufwachen mit Duft aus der hauseigenen Bäckerei. Von Kennern auch viel besuchtes Café mit Kännchensammlung.

Landhaus Hadrys, Halberstädter Chaussee 1, 39118 Magdeburg. Tel. 6626680, www.landhaus-hadrys.de. Gault Millau und Guide Michelin halten die Küche zu recht für die beste in der Stadt. Menüpreise bis 56 Euro (Gänge auch einzeln), wohl überlegte Weinkarte mit nennenswerten weißen Gewächsen von Saale und Unstrut.
Bötel-Stube, Alter Markt 9, Tel. 5620397, www.boetelstube.de. Die rustikale Gaststätte, die Magdeburgern zuerst einfällt, wenn sie nach Spezialitäten gefragt werden. Die wichtigste steht im Namen - das Eisbein (Bötel). Auch alles andere aus Börde und Heide und je nach Jahreszeit: Grün- und Sauerkohl, Spargel, Wild.
Restaurant Die Kirche, Alt Prester 86, 39114 Magdeburg. Tel. 5353352, www.kirche-prester.de. In der ehemaligen St. Immanuelkirche (unter Mitwirkung von Schinkel entstanden), direkt am Elbdeich, sehr schöner Garten. Die Karte geht quer durch Europa, ganz speziell: ›Kirchen-Salat‹ mit irischem Weiderind (21,90 Euro).
Porten, Otto-von-Guericke-Str. 64. Tel. 5068893, www.restaurant-porten-magdeburg.de. Internationale Küche am Schauspielhaus, Ambiente von Theater und Film inspiriert (Stummfilmstar Henny Porten war Magdeburgerin!), gut für vor oder nach dem Theaterbesuch.
Qilin, Otto-von-Guericke-Str. 86c. Tel. 2439944, www.qilin-md.de. Feines aus Vietnam, Thailand und Japan. Besuch lohnt und Reservierung empfiehlt sich.

Strudelhof Kaffeehaus, Otto-von-Guericke-Str. 66. Tel. 58245365, www.strudelhof-kaffeehaus.de. Österreichische Kaffeehaus-Atmosphäre und Strudel süß oder pikant - ein Gewinn für die Stadt. Für Fans: Käsekrainer mit Kren.
Kaffeehaus Köhler, Leiterstr. 3. Tel. 5355987, www.kaffeehaus-koehler.de. Hausgemachte Torten und Pralinen, auch Sofas wie bei Oma.
Café Seestraße, Seestr. 24, 39114 Magdeburg. Tel. 5045234, www.cafe-seestrasse.de. Schönes Café unweit der Alten Elbe und des Cracauer Wasserfalls - nach dem Spaziergang Rübli- oder Otto-Torte!

Vor allem um den **Hasselbachplatz** finden sich im 200-Meter-Radius Dutzende von **Bars und Szenekneipen**, darunter **CoCo**, **Escape**, **HYDE**, **Jakelwood**, **KuCa**, **M2**, **Likido Lounge**, **Riff**, **Stern** oder **Liebig**.
Jazz in rustikaler Umgebung gibt es im **Bluenote** in der Lessingstraße 20, im **One** in der Leiterstraße sind die Karaoke-Abende beliebt und im **Moonlight** in Uninähe (Ernst-Lehmann-Str. 16) sitzen vorwiegend Studenten an den Tresen aus Fässern.

Kulturhistorisches Museum, Otto-von-Guericke-Str. 68–73. Tel. 5403501, www.khm-magdeburg.de; Di–So 10–17 Uhr.
Museum für Naturkunde, gleiche Adresse, Tel. 5403535, www.nwv-1869.de; Di–So 10–17 Uhr.
Kunstmuseum im Kloster Unser Lieben Frauen, Regierungsstr. 4–6, Tel. 565020, www.kunstmuseum-magdeburg.de; Di–Fr 10–17 Uhr, Sa/So 10–18 Uhr.
Otto-von-Guericke-Museum, Schleinufer 1. Tel. 6716987, www.otto-von-guericke.de; Di–So 10–17 Uhr.
Dom St. Mauritius und St. Katharina, Am Dom 1, Tel. 5410436, www.magdeburgerdom.de; Mai–Sept. 10–18 Uhr, Okt. 10–17 Uhr, Nov.–März 10–16 Uhr, April 10–17 Uhr, Dom- und Turmführungen sind möglich.
Kathedrale St. Sebastian, Max-Josef-Metzger-Straße 1a, Tel. 5961300, www.kathedralpfarrei-sebastian.de; Mo–So 10–17 Uhr
Technikmuseum, Dodendorfer Str. 65. 39112 Magdeburg. Tel. 6223906, www.technikmuseum-magdeburg.de; Di–So 10–17 Uhr.

Wasserstraßenkreuz Magdeburg, ganzjährig zugänglich. Anfahrt per Auto oder ÖPNV: Straßenbahn Linie 10, Haltestelle Barleber See, von dort Ohrebus 604 bis Magdeburg-Hebewerk (nur Mo–Fr). Tel. 19433 oder 255060, www.magdeburg-tourist.de, www.wna-magdeburg.wsv.de; Führungen Sa/So 11 Uhr ab Schiffshebewerk Rothensee.
Grusonsche Gewächshäuser, Schönebecker Str. 129b, Tel. 4042910, www.gruson-gewaechshaeuser.de; Di–So 9–17 Uhr.
Figurentheaterzentrum in der Villa p., Porsestraße 1, www.puppentheater-magdeburg.de; Mi–So 11–17 Uhr
Hundertwasserhaus Grüne Zitadelle, Breiter Weg 9,Tel. 6208655, www.gruene-zitadelle.de; Führungen Apr.–Okt. täglich, Nov.–März Mo–Fr jeweils ab 11 Uhr.
Elbauenpark mit Jahrtausendturm, Tessenowstr. 5A, 39114 Magdeburg. Tel. 59340, www.mvgm-online.de; wechselnde Parköffnungszeiten, Turm Apr.–Okt. Di–So 10–18 Uhr.
Circusmuseum Abtshofs Bunte Circuswelt, Karl-Schmidt-Str. 13, Tel. 4051545, www.circusmuseum-magdeburg.de.

Theater der Landeshauptstadt, Oper, Ballett und Magdeburgische Philharmonie, Opernhaus Universitätsplatz 9, Schauspielhaus Otto-von-Guericke-Str. 64. Tel. 5406500, www.theater-magdeburg.de.
Konzerthalle Georg PhilippTelemann, Regierungsstr. 4–6, Tel. 5406767, www.gesellschaftshaus-magdeburg.de.
Telemann-Festtage und Telemann-Wettbewerb, Schönebecker Str. 129, Tel. 5406755, www.telemann.org.
Puppentheater Magdeburg, Warschauer Straße 25, 30105 Magdeburg, Tel. 5403310, www.puppentheater-magdeburg.de.
Kabarett Nach Hengstmanns, Breiter Weg 37, Tel. 4025540, www. hengstmanns.de.
DomplatzOpenAir – jährliche Musical-Aufführung jeweils Juni/Juli, www.theater-magdeburg.de.
Theater an der Angel, Zollstr. 19. Tel. 5556555, www.theater-an-der-angel.de.
Kabarett Magdeburger Zwickmühle, Leiterstr. 2a. Tel. 5414426, www.zwickmuehle.de.
Kabarett Die Kugelblitze, gleiche Anschrift und Telefon, www.kugelblitze.de.

Weiße Flotte Magdeburg, Anlegestelle Am Petriförder 1, Tel. 5328890, www.weisseflotte.de. Zwischen März und Oktober Rundfahrten von verschiedener Dauer stromauf- und -abwärts.

Pferderennbahn, Herrenkrug 4, 39114 Magdeburg, Tel. 8355105, www.galopp-rennbahn-magdeburg.de. Die Pferderennbahn im Herrenkrug gehört zu den traditionsreichsten deutschen Bahnen.

Neustädter See, Salvador-Allende-Str. 30-35, 39126 Magdeburg. Tel. 2537936, www.ab-ins-schwimmbad.de. Badestrand in der Saison witterungsbedingt von 10–19 Uhr. Liegewiesen, Spielplätze, Restaurant. Im FKK-Bereich Beach-Volleyball. Wasserski- und Wakeboardliftanlage.
Barleber See, Strandbad frei zugänglich.
Freizeitbad NAUTICA, Herrenkrugstr. 150, 39114 Magdeburg, www.nautica-wasserwelt.de.Das größte Freizeitbad in der Region Magdeburg. Wasserwelt im Innen- und Außenbereich, Sauna- und Fitnessbereich, Diskothek im Schwimmbadraum, Strandbereich in der Außenanlage und mehrere gastronomische Einrichtungen. Für Familien: Kindergeburtstag wird perfekt organisiert.

Magdeburg liegt am **Elbe-Radweg**, der innerstädtisch – auch zu Sehenswürdigkeiten – in mehreren Varianten befahren werden kann, www.elberadweg.de.
Auch **Stadtführungen per Rad**, u.a. auch auf der Guericke-Meile, werden angeboten. Tel. 8380401, www.magdeburg-tourist.de.

▶ Karte S. 73

Börde und Heide

Die Magdeburger Börde gehört seit jeher zu den fruchtbarsten Gegenden Deutschlands. Als man vor einem Jahrhundert begann, Bodenwertzahlen zu definieren, war es der zum Hof der Witwe Haberhauffe in Eickendorf gehörende Boden, der den für Deutschland Maßstab setzenden Wert 100 bekam. Getreide und Zuckerrüben) gediehen prächtig und viele der Bördedörfer sind noch heute geprägt von den sogenannten ›Zuckerpalästen‹ oder Drei- und Vierseithöfen mit prächtigen Torbögen. Orte wie Niederndodeleben, das Zuckerdorf Klein Wanzleben oder Ummendorf lohnen allein deshalb einen Besuch. Neuere Untersuchungen, die auch Klimaindikatoren in die Bewertung einbeziehen, definieren die höchste erreichte Bodenwertzahl mit 99 für Böden zwischen den Bördedörfern Eichenbarleben und Bornstedt – der Bundesdurchschnitt liegt übrigens bei 62.

Wolmirstedt

Unmittelbar nördlich der Landeshauptstadt liegt Wolmirstedt. Bis zum 13. Jahrhundert mündete hier die Ohre in die Elbe, die dann aber ihren Verlauf änderte und heute deutlich weiter östlich fließt. Sehenswert ist das Ensemble der **Schlossdomäne**, die ihre jetzige Form als höher gelegene Kernburg mit rundem Grundriss im 12. Jahrhundert erhielt. Das ehemalige Herrenhaus entstand 1730 im Barockstil, eine 1846 erbaute urige Bruchsteinscheune beherbergt heute das Museum. Das bedeutendste Bauwerk der Domäne ist die 1480 vom Magdeburger Erzbischof Ernst von Sachsen erbaute Schlosskapelle, die als südlichstes Beispiel der Norddeutschen Backsteingotik gilt. Innen sind lediglich noch Reste der Seccomalerei zu sehen, die Kapelle wird heute u.a. für standesamtliche Trauungen genutzt.

Der hinter Wolmirstedt aus der flachen Landschaft aufragende weiße **Spitzkegel** ist der ›Kalimandscharo‹, die riesige Abraumhalde des Kaliwerkes Zielitz. Mit 200 Metern Höhe ist der künstliche Berg die höchste Erhebung zwischen Magdeburg und der Ostsee und kann bei geführten Wanderungen bestiegen werden. Mit 16 Prozent Steigung ist

Die Kirche der Wolmirstedter Schlossdomäne

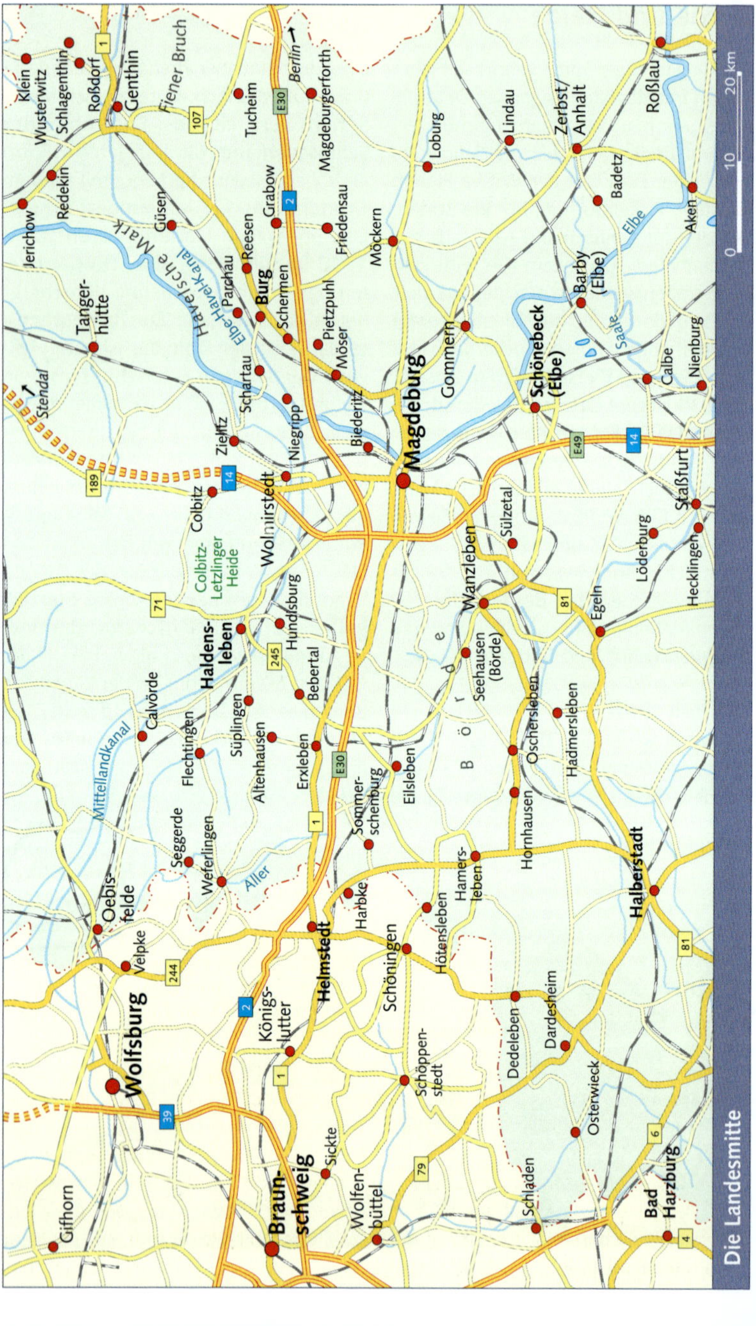
Die Landesmitte
0
10
20 km
Klein Wusterwitz
Schlagenthin
Roßdorf
Genthin
Fiener Bruch
Jerichow
Redekin
Güsen
Tucheim
Berlin
Magdeburgerforth
Grabow
Reesen
Burg
Parchau
Schermen
Friedensau
Pietzpuhl
Möser
Möckern
Loburg
Lindau
Zerbst/ Anhalt
Roßlau
Badetz
Aken
Elbe
Barby (Elbe)
Saale
Calbe
Nienburg
Tanger-hütte
Stendal
Havel
Elbe-Havel-Kanal
Schartau
Zielitz
Niegripp
Biederitz
Magdeburg
Gommern
Schönebeck (Elbe)
Colbitz
Colbitz-Letzlinger Heide
Wolmirstedt
Sülzetal
Staßfurt
Löderburg
Hecklingen
Haldens-leben
Hundisburg
Wanzleben
Egeln
Calvörde
Flechtingen
Süplingen
Altenhausen
Bebertal
Erxleben
Seehausen (Börde)
Oschersleben
Hadmersleben
B ö r d e
Mittellandkanal
Seggerde
Weferlingen
Aller
Sommer-schenburg
Eilsleben
Hornhausen
Oebis-felde
Velpke
Harbke
Helmstedt
Hötensleben
Hamers-leben
Halberstadt
Wolfsburg
Königs-lutter
Schöningen
Schöppen-stedt
Dedeleben
Dardesheim
Osterwieck
Gifhorn
Braun-schweig
Sickte
Wolfen-büttel
Schladen
Bad Harzburg
1
107
E30
2
14
189
E49
71
245
81
244
39
6
79
4

das eine durchaus sportliche Herausforderung mit wunderbarer Fernsicht als Lohn, im Sommer wird auf dem Gipfel Theater gespielt.

Colbitz-Letzlinger Heide

Die Heidelandschaft zwischen den beiden namengebenden Orten ist bekannt für ihren exzellenten **Spargel**. Von April bis Juni findet man an den beiden Bundesstraßen 189 und 71 gleichsam ›alle Nase lang‹ Stände, die das Edelgemüse feilbieten.

Das **Jagdschloss Letzlingen**, im 16. Jahrhundert auf Veranlassung des Kurfürsten Johann Georg von Brandenburg entstanden, wurde 1843 im neogotischen Stil umgebaut - wenig später durch eine Schlosskirche direkt gegenüber ergänzt - und ist das letzte erhaltene Hohenzollernschloss in Sachsen-Anhalt. Bis 1912 fanden hier Hofjagden statt, zu denen die deutschen Kaiser Monarchen aus ganz Europa empfingen. Heute kann man im Schlosshotel übernachten und im kaiserlichen Speisesaal dinieren.

Die **Heidebrauerei Colbitz** braut nach wie vor ein exzellentes Bier, wozu vor allem das Heidewasser beiträgt. Dieses gehört zu den deutschlandweit qualitativ besten und reinsten Trinkwassern, wovon weite Teile des sachsen-anhaltischen Nordens profitieren.

Traumhaft ist es vor allem im Frühjahr zur Zeit der Blüte im mit 220 Hektar größten geschlossenen **Lindenwald** Europas, den gut ausgeschilderte Wege durchziehen.

Der größere Teil der Heide ist seit über 100 Jahren nicht zugänglich, heute üben hier Truppen der Bundeswehr und ihrer NATO-Partner für Auslandseinsätze. Ein wichtiger Unterschied zu früher ist, dass dies alles weitgehend geräuschlos geschieht: Geschossen wird hier fast nur noch mit Laserkanonen.

Das Jagschloss Letzlingen – heute im neogotischen Stil

Haldensleben

Die am Mittellandkanal liegende Kreisstadt des Bördekreises, 966 erstmals erwähnt, durchstreift man am besten von außen nach innen: Beginnend am **Stendaler Tor** (1330) entlang der Stadtmauer, die die weitgehend erhaltene historische Altstadt auf 1,6 Kilometer umrundet, am Bülstringer Torturm (1250) vorbei, einst das zweite Stadttor, bis zum **Hagentor**.

An der von Cafés und kleinen Läden gesäumten Hagenstraße liegt das schönste Fachwerkhaus der Stadt, das **Kühnesche Haus**, reich verziert mit Ornamentik aus dem Jahr 1592. Unweit davon findet sich in den Farben Rot, Schwarz und Weiß das **Templerhaus**, das älteste bekannte Haus der Stadt. Es steht auf dem Grundstück, auf dem sich die Reste des Stadthofs des einst mächtigen Templerordens befinden. Hier kann man in Absprache mit dem privaten Besitzer sogar das Gewölbe besichtigen.

Vor dem Gang auf den Markt lohnt sich ein Besuch des **Museums,** in dem es märchenhaft wird: Albertine Plock, die Urenkelin von Wilhelm Grimm, stiftete dem Museum im Jahr 1963 einen Teilnachlass

Der reitende Roland – weltweit einzigartig

der Sprachforscher und Märchensammler **Jacob und Wilhelm Grimm**.

Der besondere Stolz der Haldenslebener steht vor dem Rathaus (1703) auf dem quadratischen Marktplatz: der einzige **reitende Roland weltweit**. 1419 wurde ein solches Sinnbild von Bürgerstolz und Stadtrecht erstmals erwähnt, 1528 ließen ihn die Stadtväter erneuern und - er war sogar drehbar! Besuchte ein hoher Gast die Stadt, so wurde er stets so gedreht, dass er jenem entgegen sah. In einer Neujahrsnacht, so geht die Sage, soll er sich sogar um sich selbst gedreht haben. 1927 wurde der Reitersmann erneuert, das Original fand im Museum seinen Platz.

Zwischen Haldensleben, Süplingen und Bebertal befindet sich das größte **Großsteingräbergebiet** Mitteleuropas, die ›Historische Quadratmeile‹. 83 volkstümlich auch Hünengräber genannte prähistorische Grabanlagen von Angehörigen der so genannten Trichterbecherkultur erzählen davon, dass dieses Gebiet schon in der Frühzeit ein bevorzugtes Siedlungsgebiet war. Starten sollte man eine Besichtigung an der Informationstafel am Ameos-Fachkrankenhaus in der Kiefholzstraße.

▲ Karte S. 98

■ Hundisburg

Zwei der großen touristischen Routen des Landes berühren sich in diesem Haldenslebener Ortsteil: die Straße der Romanik und die Gartenträume. Die seit dem Mittelalter bestehende **Burg** wurde durch die Familie von Alvensleben schon im 16. Jahrhundert zu einem Renaissanceschloss umgebaut, entscheidend war jedoch der über Jahrhunderte währende barocke Ausbau des Schlosses, das der Kunsthistoriker Udo von Alvensleben heute ›die geniale Verbindung einer norddeutschen Burganlage mit einem venezianischen Palast‹ nennt. Das **Schloss** beherbergt zwei Kunstsammlungen, die berühmte Alvenslebensche Bibliothek, ein Restaurant, das Hochzeitszimmer und das ›Haus des Waldes‹. Bereits 1699 wurde mit dem Schloss auch der Barockgarten angelegt. Statuenbesetzte Parterres, Heckenbosketts, Irrgarten, Gartentheater, Grotten und Wasserspiele machen den Park zu ei-

Schloss Hundisburg mit Barockgarten

nem klassisch-französischen Garten von kunsthistorischem Rang, der als einziger Park in Deutschland nach Versailler Art die ›verzögerte Perspektive‹ bieten kann. (→ S. 369).

Zwischen Schloss und dem säkularisierten **Kloster Althaldensleben** begann der Magdeburger Kaufmann Johann Gottlob Nathusius schon 1811 mit der Gestaltung eines heute über 100 Hektar großen englischen **Landschaftsgartens** im Tal des Flüsschens Beber.

Unweit des Ortes kündet die **Ruine Nordhusen** als beredtes Zeugnis romanischer Baukunst (1214) vom ehemaligen gleichnamigen Ort. Das technische Denkmal und **Museum Ziegelei Hundisburg** liegt außerhalb in Richtung Bebertal.

Haldensleben, Wolmirstedt und Umg.

WOBAU Bahnhofcenter, Bahnhofsplatz 2, 39340 Haldensleben, Tel. 03904/725995, info@bahnhofcenter-hdl.de, www.haldensleben.de.

Stadtverwaltung Wolmirstedt, August-Bebel-Str. 25, 39326 Wolmirstedt, info@stadtwolmirstedt.de, www.stadtwolmirstedt.de.

Schlossladen, Schloss Hundisburg, 39343 Hundisburg, Tel. 03904/462431

Hotel&Restaurant Behrens, Bahnhofstr. 28-30, 39340 Haldensleben, Tel. 03904/3421, www.hotel-behrens.de; 19 Zi., DZ ab 89 Euro. Familiär geführtes, mehrfach für Servicequalität ausgezeichnetes Hotel in schöner Jugendstilvilla. Im Restaurant regionale Gerichte, z.B. Spargel und Wild.

Wolmirstedter Hof, August-Bebel-Str. 1, 39326 Wolmirstedt, Tel. 039201/22727, www.wolmirstedter-hof.de; 21 Zi., DZ ab 77 Euro. Angenehmes Haus nahe der Schlossdomäne, bekannt für die böhmischen Spezialitäten im Restaurant ›Schwejk‹, z.B. Kulajda-Suppe oder Pilsener Rindsgulasch, dazu Starobrno hell oder schwarz.

Schlosshotel Letzlingen, Schlossstr. 10, 39638 Letzlingen, Tel. 039088/80200, www.schlosshotel-letzlingen.de; 28 Zi., DZ ab 110 Euro. Wohlfühlen im besonderen Ambiente. Im Restaurant Kaiserhof alles von Altmärkischer Hochzeitssuppe bis zum Candle-Light-Dinner (60 Euro).

Campingplatz Süplingen, Am Campingplatz 39343 Süplingen, Tel. 039053/94675, www.campingplatz-sueplingen.de; Apr.–Okt. 70 Stellplätze für Zelte, Wohnwagen und Caravans, 20 Dauercampingplätze

Landhaus Auerbachs Mühle, An der Mühle 2, 39326 Wolmirstedt, Tel. 039210/55555, www.auerbachs-muehle.de. Am Ortsrand direkt neben der 170 Jahre alten Bockwindmühle. Für Freunde des Deftigen von Klein bis Groß.

Waldgasthof Rabensol, Rabensol 1, 39326 Colbitz, Tel. tägl. 039201/7030, Fr–So 039207/959872; Apr.–Okt. Fr–So 11–18 Uhr, Nov.–März So 11.30–16.30 Uhr. Wunderschön am Eingang zum größten Lindenwald Europas gelegen. Spezialitäten z.B.: ›Männerhaxen‹ zum Herrentag, ›Arbeiterschnitzel‹ zum 1. Mai, Forellenessen aus den nahen Teichanlagen und am 3. Oktober immer ›Einheitsbraten mit Kohl‹.

Café Schloss Hundisburg, Oberhof, 39343 Hundisburg, Tel. 03904/2922, www.schloss-hundisburg.de; Di–So 11–18 Uhr. Selbstgebackene Kuchen und Torten, auf der Terrasse traumhafter Blick auf den Barockpark.

Museum Haldensleben, Breiter Gang 1, 39340 Haldensleben, Tel. 03904/2710, www.museumhaldensleben.de; Di–Fr 9–12 und 14–17 Uhr, So 14–17 Uhr.

Schloss Hundisburg, www.schloss-hundisburg.de; Apr.–Okt. So 14–17 Uhr und im Rahmen von Führungen auf Anfrage im Schlossladen: Tel. 03904/44265 (Mo–Fr), Tel. 03904/4624 31 (Sa, 11–18 Uhr). Kunstsammlungen in den historischen Schlossräumen, darunter die Privatsammlung des Malers und Bildhauers Heinrich Apel.
Technisches Denkmal Ziegelei Hundisburg, Jacob-Bührer-Str. 2, 39343 Hundisburg, Tel. 03904/42835, www.ziegelei-hundisburg.de; Di–Fr 10–16 Uhr, So (1.Mai–31. Okt.) 10–17 Uhr.
Kalimandscharo-Bergtour, 39326 Zielitz, Anmeldung zu geführten Touren Mai–Sept. jeweils 15 Uhr über Tourismusverband Colbitz-Letzlinger Heide e.V., August -Bebel-Str. 2, 39326 Colbitz, Tel. 039207/80691, www.kalimandscharo.com.
Jagdschloss Letzlingen, Schlossstr. 10, 39638 Letzlingen, Tel. 039088/8089670, www.jagdschloss-letzlingen.de; Di–Fr 13–17 Uhr, Sa, So, Feiertage 10–17 Uhr und n. Vereinb. Ständige Ausstellung über das Schloss und die Jagd in der Heide.

Sportboothafen Haldensleben mit Wohnmobilstellplatz, Kronesruhe 26, 39340 Haldensleben. Mittellandkanal, Kilometer 300, Tel. 03904/724763, www.sportboothafen-haldensleben.de. 24 Gastliegeplätze mit Stromanschluss, Ver- und Entsorgung, Slipanlage, ›Hafenklause‹ im Clubhaus.
Fahrgastschiff Haldenslebener Roland, Liegehafen Zollstraße, 39340 Haldensleben, Tel. 03904/66825-67, www.fahrgastschiff-haldensleben.de. Halb- und Ganztagesfahrten auf dem Mittellandkanal, bis zum Wasserstraßenkreuz bei Magdeburg und in die Elbe, Kaffee-, Brunch- und Sommernachtsfahrten.

Um den Flechtinger Höhenzug

Der Luftkurort Flechtingen ist ein schöner Ausgangspunkt für die Erkundung des gleichnamigen 400 Quadratkilometer großen bewaldeten Höhenzuges, aber auch der gesamten nordwestlichen Börde – die nur den wenigsten auch als Teil von Ostfalen bekannt ist.

Das **Flechtinger Schloss** (1307) liegt auf einer Felseninsel im 13 Hektar großen See inmitten des Ortes. Das Schloss ist nicht zu besichtigen, bei Spaziergängen im umgebenden Schloss- und Kurpark, vorbei an der großen Kanone auf dem Kanonenplatz, dem Sieben-Insel-Teich mit dem romantischen Pavillon, kann man

Schloss Flechtingen liegt auf einer Insel

▲ Karte S. 98

es von allen Seiten betrachten. Umso interessanter ist die Besichtigung von **Schlossmühle** und gegenüber liegender Patronatskirche. In der **Patronatskirche** gibt es für Kenner der Märchen- und Sagensammlung von Ludwig Bechstein ein Aha-Erlebnis: Der in der Sage ›Tetzel und der Ritter‹ erwähnte Tetzelkasten steht im Altarraum der Kirche. Sehenswert sind der filigrane Alabasterepitaph hinter dem Altar und der ebenfalls vom Ende des 16. Jahrhunderts stammende Wappenfries an der Patronatsloge.

Südlich von Flechtingen führen Abstecher nach **Bebertal** zur **Veltheimsburg** (spätromanische Bischofsburg aus dem 13. Jahrhundert), nach **Schloss Altenhausen**, 1303 als ›Castrum‹ Altenhausen erstmals erwähnt, und nach **Erxleben**, dessen Burg infolge der spannenden Familiengeschichte der von Alvenslebens über Schloss I und Schloss II verfügt.

Westlich liegen am Lauf der hier noch winzigen Aller mit **Walbeck** und **Seggerde** Orte, die einen Besuch wert sind. Zur Sühne der Verschwörung gegen den Sachsenkönig Otto I. 941 ließ Lothar von Walbeck auf einem Felsen über dem Ort eine **Stiftskirche** errichten. Ihre Ruine ist eine wichtige Station der ›Straße der Romanik‹. Der **Schlosspark in Seggerde** wiederum gehört als bedeutendes Ensemble der Gartenkunst zu den ›Gartenträumen‹, den 43 schönsten Parks im Land.

Weferlingen (Bergfried über der Aller) und **Oebisfelde** (älteste noch erhaltene Sumpfburg in Europa) sind geprägt von zahllosen Fachwerkhäusern, wobei die Weferlinger bei deren Erhaltung schon deutlich mehr Fortschritte gemacht haben.

Flechtingen und Umgebung

Tourist-Information Flechtingen, Vor dem Tore 2, 39345 Flechtingen. Tel. 039054/27436, www.luftkurortflechtingen.de; Di–Fr 13–17 Uhr.

Hotel & Restaurant Schloss Altenhausen, Schlossstr. 16, 39343 Altenhausen. Tel. 039052/51510, www.schloss-altenhausen.de; 16 Zi. (Hotel), DZ ab 76 Euro. Schlafen wie die Grafen und Ferien im Schloss: perfekt für Familienurlaub mit Erlebnissen aller Art.

Pension Haus Sonneck, Altenhäuser Str. 2, 39345 Flechtingen. Tel. 039054/2275; 7 Zi., DZ ab 60 Euro.

Hotel & Waldgaststätte Barriere Rehm, Barriere 167, 39356 Oebisfelde-Weferlingen, OT Walbeck. Tel. 039061/2502, www.hotel-barriere-walbeck.de; DZ ab 58 Euro. Gemütlich und komfortabel.

Gasthof Seeterrasse, Zur Spetze 1, 39345 Flechtingen. Tel. 039054/27553, www.gasthof-seeterrasse.de; Mi–So 11–23 Uhr (an Feiertagen auch Mo und Di). Essen mit schöner Aussicht aus Wintergarten oder von der Terrasse. Von Altmärkischer Hochzeitssuppe bis Große Flechtinger Grillpfanne komplette Karte.

Restaurant und Café Torhaus, Lindenplatz 9, 39345 Flechtingen. Tel. 039054/98366, www.torhaus-flechtingen.de; Sa, So und an Feiertagen 11.30–23 Uhr. Das besondere Angebot von Amuse geule über Hauptgerichte (Geschmorte Kalbsbäckchen mit Kartoffelstampf, Spitzkohl und Honig-Möhren) bis Dessert, auch für Vegetarier, und beim Winzer degustierter Wein, Vorbestellung empfohlen.

Hof-Café Eimersleben, Bauernstr. 47, 39343 Eimersleben, 039052/98280, Sa–So und Feiertage 14–18 Uhr. In jahrhundertealtem Bauernhof Kuchen wie bei Großmutter, dazu kleine Ausstellung mit Landtechnik.

Likör- und Schokoladenhaus, Neuer Weg 2, 393345 Flechtingen. Tel 039054/2395; Di–Fr 10–18 Uhr, Sa 10–13 Uhr und nach Absprache. Brennmeister Wolfgang Steege würzt die Verkostung von Spezialitäten und Fingerfood mit rustikalen Geschichten.

Schlossmühle Flechtingen, Im Grund 4, 39345 Flechtingen. Tel. 039054/2321, www.flechtinger-heimat-und-mühlen verein.de. In der Sommersaison Di–So 14–17 Uhr. Das sechs Meter hohe Mühlrad ist ebenso voll funktionsfähig wie die rekonstruierte Technik im Inneren, der **Schlossladen** verkauft regionale Produkte von Mehl über Wurst bis zu Handarbeiten.

Quer durch die gesamte nördliche Börde zieht sich von Seggerde der **Aller-Elbe-Radweg** über 60 Kilometer bis nach Hohenwarthe, wo er am Wasserstraßenkreuz auf den Elbe-Radweg trifft. Von Seggerde nach Süden kann man dem **Aller-Radweg** bis zu den Quellen des Flüsschens am Rande des ›Hohen Holzes‹ bei Eggenstedt oder dem Aller-Harz-Weg bis ins Gebirge folgen, www.allerradweg.de.

Schloss Altenhausen, wie oben. Im Gutshof des ›Ponyschlosses‹ warten 90 Pferde und Ponys auf Anfänger oder Fortgeschrittene. Reitplatz, Reithalle, Putz- und Sattelhalle, Gästeboxen. Reitferien für Kinder auch ohne Eltern.

Familie Wiegel, Altenhäuser Str. 22, 393435 Flechtingen, Tel. 0172/1414756. Vom Planwagen bis zur Hochzeitskutsche steht alles bereit.

Oschersleben und die südliche Börde

Oschersleben, 994 in einer Urkunde Kaiser Ottos des III. erstmals erwähnt, ist das Zentrum des südlichen Bördekreises. Schon Jahrhunderte zuvor wurde die fruchtbare Gegend um den nördlichen Harzrand durch den germanischen Volksstamm der Warnen besiedelt. Sehenswert ist der **Marktplatz** mit der **Nicolaikirche** (Türme aus dem 15. Jahrhundert), dem sehr schön sanierten **Fachwerk-Pfarrhaus** von 1661 und dem **Rathaus**, das nach mehreren Bränden seine jetzige Gestalt um 1690 erhielt. Das eigentliche Herz der Stadt schlägt aber vor deren Toren, wo 1997 die erste Formel-1-taugliche Rennstrecke der neuen Länder eingeweiht wurde. Die **etropolis Motorsport-Arena** lockt jährlich an die 600 000 Besucher an, Höhepunkte sind Läufe der Deutschen Tourenwagenmeis-

Eine der schönsten romanischen Kirchen Deutschlands: St. Pankratius in Hamersleben

▲ Karte S. 98

terschaft und der Biker-WM. Auch außerhalb der Rennen donnern ganzjährig die Motoren bei Testfahrten aber auch Fahrsicherheitstrainings und Lehrgängen für jedermann.

Wanzleben und Seehausen (Börde)

Erst seit kurzem gehört die **Burg Wanzleben** zur ›Straße der Romanik‹, dies aber mit vollem Recht. Sie ist eine der größten Niederungsburgen Europas, erstmals wurde sie als slawische Burg um 889 erwähnt. Der gut erhaltene Wehrturm, zu dessen Füßen sich heute in perfekt sanierten historischen Gebäuden ein Hotel befindet, weist kunsthistorisch wertvolle Kleeblattfenster auf. Landwirte und andere Kenner des Zuckerrübenanbaus, der die Börde ja dominiert, verbinden die Stadt mit der Erfindung des ›Wanzlebener Pfluges‹, das Bördemuseum in Ummendorf weiß darüber zu berichten. In Klein Wanzleben beginnt die ›Süße Tour‹, auf deren Stationen man alles über das ›Weiße Gold‹ erfährt.

Im Wanzleber Ortsteil Seehausen steht mit der **Paulskirche** die älteste Kirche der Börde, die auch Station an der Straße der Romanik ist (Ersterwähnung 1148 und bis heute unversehrt erhalten). Im Dörfchen Bergen kann man sich auf die Spuren einer **Komturei des Johanniterordens** begeben. Hier wirkte Hans von Lossow als Komtur, der in Wilhelm Raabes ›Unseres Herrgotts Kanzlei‹ vorkommt und auch Domherr in Magdeburg war.

Romanik, Befreiungskriege, Deutsche Einheit

Rund 140 Jahre ist es her, dass der Besitzer eines Ackerstückes bei Hornhausen beim Tiefpflügen eine Platte zutage förderte, die man heute den **Hornhäuser Reiterstein** nennt. Die Platte, im Original im Landesmuseum für Vorgeschichte in Halle (Saale) zu sehen, wird auf das

Burg Wanzleben liegt an der ›Straße der Romanik‹

8. Jahrhundert datiert. Noch streiten sich die Historiker, ob es sich dabei um eine steinerne Altarschranke oder den Grabstein eines Sachsenfürsten handelt. Eine Kopie jedenfalls ließen die Hornhäuser in die Südwand der Kirche St. Stephani ein, wo man sie bewundern kann. Im Alltag begegnet einem der ›Hornhäuser‹ allerdings häufiger – auf dem Wappen des Landkreises Börde.

Eindrucksvolle Zeugnisse des frühen Mittelalters, insbesondere der romanischen Baukunst, finden sich im Zirkel von 20 Kilometern zuhauf. Das **Benediktinerinnenkloster St. Peter und Paul Hadmersleben** mit Kreuzgang, Guts-, Wirtschafts- und Kirchhof ist bis heute fast vollständig erhalten geblieben. Das **Museum** zeigt Exponate vom frühen 10. Jahrhundert bis zu großformatigen, in den 1980er Jahren entstandenen Gemälden zu 1000 Jahren Klostergeschichte im ehemaligen Dormitorium.

In der romanisch-gotischen Kirche des Klosters faszinieren die sehenswerten **Skulpturen** der barocken Bildhauerin Gertrud Gröninger aus Paderborn. Ihr

Werk in Paderborn ist durch Kriegseinwirkungen weitgehend zerstört, in Hadmersleben kann man ihre Kunst noch besichtigen.

Die dreischiffige Basilika der **Klosterkirche St. Vitus in Gröningen** wurde zu Beginn des 12. Jahrhunderts errichtet.

Eine der edelsten romanischen Anlagen ist die Stiftskirche der Augustiner-Chorherren **St. Pankratius in Hamersleben**, 1111 mit dem Staffelchor begonnen und 20 Jahre später mit dem dreischiffigen Langschiff beendet. Wer es so einrichten kann, sollte die Kirche um die Mittagszeit betreten und dann einen ganzen Nachmittag einplanen. Dann nämlich strahlt die Sonne durch die Südfenster die Kapitelle der 12 monolithischen Säulen besonders an, die zum Besten gehören, was die romanische Bauskulptur in ihrer Blüte hervorgebracht hat. Glücklich fügt sich, dass die Umbauten der Gotik und des Barock in den seit Mitte des 19. Jahrhunderts währenden Restaurierungsarbeiten zugunsten des romanischen Raumeindrucks zurück genommen wurden.

Näher in die Gegenwart führt uns das Mausoleum des genialen Militärs und Heeresreformers **August Neidhardt Graf von Gneisenau** (1760–1831). Unweit des **Schlosses Sommerschenburg**, das Gneisenau für seine Verdienste vor allem in den Befreiungskriegen als königliche Schenkung 1825 erhielt, befindet sich das 1841 im Beisein des preußischen Königs Friedrich Wilhelm IV. eingeweihte Mausoleum mit den sterblichen Überresten Gneisenaus in einem bronzefarbenen Sarkophag. Das Marmorstandbild des Generals schuf Daniel Christian Rauch.

Unweit von Sommerschenburg liegt in **Harbke** ein weiterer ›**Gartentraum**‹, der mit seinem englischen Park und vor allem der Orangerie jedoch erst seit dem Mauerfall so recht ins Bewusstsein der Öffentlichkeit rücken konnte.

Zu diesem, noch ganz aktuellen Teil der deutschen Geschichte, gibt es in der westlichen Börde, ebenso eindrückliche wie auch beklemmende Zeugnisse. Das **Grenzdenkmal Hötensleben** ist ein authentisches Zeugnis der deutschen Teilung. Auf einer Fläche von 6,5 Hektar wurden die Grenzsperranlagen der DDR in allen ihren bedrückenden Elementen erhalten, Informationstafeln erläutern Hintergründe und Wirkungen.

Besonders eindrucksvoll erzählt die **Gedenkstätte Deutsche Teilung Marienborn** Geschichten aus den vier Jahrzehnten Teilung. Unmittelbar an der Autobahn 2 gelegen, entstand auf dem einstmals größten innerdeutschen Grenzübergang ein Ort des Erinnerns und Gedenkens, der einen ausführlichen Besuch lohnt.

An der ehemaligen deutsch-deutschen Grenze in Hötensleben

▲ Karte S. 98

Oschersleben und Umgebung

Tourist-Information Oschersleben, Hornhäuser Str. 5, 39387 Oschersleben(Bode), Tel. 03949/912205, www.oschersleben bode.de; Mo, Mi, Do 9–15.30 Uhr, Di 9–17.30 Uhr, Fr. 9–12.30 Uhr.

Hotel Motorsport Arena, Motopark-Allee 20-22, 39387 Oschersleben (Bode), Tel. 03949/920920, www.motorsporthotel.com; 95 Zi. u. Suiten, DZ ab 140 Euro. Von ›Mantateller‹ bis Steakpfanne ›Racing‹ alles für den PS-Fan. Racing-Bar und Sky-Lounge mit Blick auf die Rennstrecke.
Hotel Burg Wanzleben, Am Amt 1, 39164 Wanzleben, Tel. 039209/60140, www.burgwanzleben.com; 27 Zi. u. Suiten, DZ ab 110 Euro. Geschmackvoll bis exklusiv eingerichtet, Burgsuiten in historischen Mauern. Menü ›Um die Ecke‹ mit allem, was Börde und Heide zu bieten haben, 5-, 6- oder 7-Gänge (von 52–85 Euro) nicht billig aber seinen Preis wert, wie auch der Gault Millau meint.
Landgasthof-Pension Zur Alten Post, Eilslebener Str. 3, 39365 Ummendorf, Tel. 039409/20050, www.gasthof-ummen dorf-boerde.de; 7 Zi., DZ ab 50 Euro. Restaurant Di–Sa 11.30–14.30 und 17.30–23 Uhr, So 11.30–21 Uhr. Küche nach Hausmacher Art, Festscheune mit Lehmbackofen und gerne nach dem Weinkeller fragen.

Restaurant im Hotel Jacobsberg, Am Bülowschacht 6, 39387 Oschersleben (Bode), OT Jacobsberg, Tel. 03949/94900, www.jacobsberg.de. Wirklich gut und mit hohem Suchtpotenzial: Forelle aus dem Harz, Geschmorte Ochsenbacke in Rotwein – gemütlich in der Weinstube oder stilvoll im Roten Salon.
Eiscafé und Pizzeria Nymphenhof, Hauptstr. 9a, 39365 Druxberge, Tel. 039293/57337, www.eiscafe-nymphenhof.de. Mo–Fr 17.30–22 Uhr, Sa 15–22 Uhr, So und Feiertage 11.30–22 Uhr. Backstein- und Fachwerkschmuckstück, der Hefekuchen aus dem Steinofen schmeckt besonders im Hof neben der Nymphe.

Gedenkstätte Deutsche Teilung Marienborn, An der Bundesautobahn 2, 39365 Marienborn, Tel. 039406/92090 oder 920926, www.stgs.sachsen-anhalt.de; Di–So 10–17 Uhr, an Feiertagen spezielle Öffnungszeiten, jeden Sonntag 14.30 Uhr kostenlose öffentliche Führungen. Dauerausstellung mit allen ›Funktionseinheiten‹ der Grenze.
Börde-Museum Burg Ummendorf, Meyendoffstr. 4, 39365 Ummendorf, Tel. 039409/522, www.boerde-museum-burg-ummen dorf.de; Di–So 12–17 Uhr (Dez. und Jan. geschlossen). Museum in altem Adelssitz, vom Burgturm in 25 Meter Höhe wunderbare Sicht über die Börde. Alles über die Landwirtschaft, einzigartiger Kräutergarten mit vielen Raritäten und für Technikfans ein noch erhaltener kompletter Dampfpflugsatz.

62 Stationen umfasste die Königlich-preußische optische Telegrafenlinie Koblenz-Berlin, mit der Nachrichten durch die Stellung der Signalflügel, ihre Beobachtung und Weiterleitung transportiert wurden. Entlang der Route führt der **Telegraphenradweg**, in Sachsen-Anhalt über ca. 175 Kilometer von der Station 18 in Neuwegersleben (zu besichtigen am jeweils letzten So im Monat, 14–17 Uhr oder nach Vereinbarung, Tel. 039403/9910, www.optische-telegrafie.de) bis zur Station 10 an der östlichen Landesgrenze.

etropolis Motorsport Arena Oschersleben, Motopar-Allee 20-22, 39387 Oschersleben, Tel. 03949/920790, www.motorsport arena.com/event. Alles vom Basis-Fahrsicherheitstraining im eigenen Fahrzeug (7 Stunden 189 Euro) bis zum Formel-Rennsportkurs für Fortgeschrittene mit Rennstreckenerfahrung (4 Stunden 695 Euro).

Jerichower Land

Das Jerichower Land gilt als die ›Wiege des Backsteinbaus‹, der in der Zeit der Romanik seine erste Blüte erlebte und bis in die Zeit der Gotik hinein den ganzen ostelbischen Raum ›eroberte‹. In der Elbniederung gab es reiche Lehm- aber kaum Natursteinvorkommen. Beste Voraussetzungen für die flämischen Siedler, die die neue Bauweise mitbrachten. Andererseits wird vermutet, dass für Großprojekte wie das Jerichower Kloster auch Spezialisten aus der Lombardei herangezogen wurden. Neben dem Kloster in Jerichow – das dem Landkreis schon zu Zeiten des Kaiserreichs und dann nach 1990 wieder seinen Namen gab – entstanden zeitgleich im Umfeld etwa 30 Backsteinkirchen. Burg und Genthin sind die wichtigsten Städte.

Burg

Burg (22 800 Einwohner) ist Kreisstadt des Jerichower Landes und wird 948 erstmals erwähnt. Hier wurde Carl von Clausewitz geboren. Mit dem Unternehmen ›Tack u. Cie.‹ gab es in der Stadt bis 1945 die größte Schuhfabrik Europas, auch während der DDR-Zeit war die Schuhfabrik ›Roter Stern‹ einer der größten Industriebetriebe.

Sehenswürdigkeiten

Stationen an der ›Straße der Romanik‹ sind die **Ober-** und die **Unterkirche**. Die Marienkirche, wurde erstmals 1186 erwähnt. Der 80 Meter hohe, spitze südliche Turm beherbergte seit 1586 eine Türmerwohnung. Der zwischen 1162 und 1186 errichtete romanische Granitquaderbau der Unterkirche St. Nicolai gehört zu den bedeutendsten sakralen Denkmälern der Romanik. Auf der steinernen Altarplatte bezeugen drei Weihekreuze, dass die Platte bei der Weihe der Kirche vor 800 Jahren den bischöflichen Segen empfing. Die Sandsteinkanzel mit Alabasterrelief ist ein Werk des Michael Spies. Den Taufstein brachten flämische Einwanderer im 12. Jahrhundert aus der Gegend um Namur mit, er wurde 2001 neu zusammengesetzt und wieder geweiht.

Die **Peterskapelle**, heute Kirche St. Petri, ist ein schlichter Feldsteinbau aus dem

▲ Karte S. 98

Renovierte Häuser in Burg

frühen 13. Jahrhundert. Ursprünglich eine Fischer-Kapelle auf einer Insel im Flüsschen Ihle, wurde die Kirche nach 1685 den Hugenotten überlassen. Erst zwischen 1990 und 2010 konnte sie wieder saniert werden.

Erhalten blieb die Burger **Synagoge**, sie steht unter Denkmalschutz. Die Gestaltung des Gebäudes lehnt sich an Friedrich Karl Schinkels ›Normalkirche‹ an, bereits seit 1893 wurde sie nicht mehr als Synagoge genutzt.

Burgs Namen als ›Stadt der Türme‹ legitimieren weitere Türme. So der **Kuhturm** oder Freiheitsturm, der, 1530 erstmals erwähnt, als Eingangstor zur Stadt und später als Gefängnis diente. Der 45 Meter hohe **Wasserturm** auf dem Weinberg ist Ausstellungsturm und technisches Denkmal. Der **Berliner Torturm** stammt aus dem 14. Jahrhundert und war einer von 30 Wehrtürmen der Stadt. Vom 1906 erbauten Bismarckturm hat man einen schönen Blick über die Stadt.

Sehenswert sind einzelne Zeugnisse aus der Stadtgeschichte. So geht der Roland vor dem Rathaus auf eine Steinfigur aus dem Jahr 1581 zurück. Das **Fachwerkhaus der Stadtbibliothek** ›Brigitte Reimann‹ ist eines der ältesten Gebäude Burgs, 1589 erstmals urkundlich erwähnt. Es trägt den Namen der in der DDR viel gelesenen Schriftstellerin, die 1933 in Burg geboren worden war. Das **Hugenottenkabinett** ist in einem Gebäude untergebracht, das 1775 als Pfarr- und Pfarrwitwenhaus fungierte. Im Kabinett erhält man einen Einblick in die Geschichte der französischen Glaubensflüchtlinge und den mit ihrem Wirken verbundenen wirtschaftlichen Aufstieg der Stadt.

Weiter zum Positiven wird sich das gesamte Stadtbild in den nächsten Jahren durch die Vorbereitung der Landesgartenschau 2018 verändern.

■ Rund um Burg

Parchau liegt mitten im Naherholungsgebiet an einem ehemaligen Elbseitenarm, der heute als Badesee genutzt wird. **Schartau** ist das Tor zum Jerichower Land, wenn man mit der Elbfähre aus Rogätz übersetzt. Die spätromanische Dorfkirche St. Sebastian des Ortes, der zum Besitz der Familie von Treskow gehörte, ist aus Feldstein errichtet.

Niegripp ist sozusagen ›Wasserdorf‹: Der Niegripper Verbindungskanal im Süden und der Niegripper Altkanal im Norden verbinden die Elbe und den Elbe-Havel-Kanal und schließen den Ort ein. Hinzu kommt der 120 Hektar große Niegripper See, der als Naherholungsgebiet genutzt wird. Die **Niegripper Dorfkirche**, ein verputzter Barockneubau in der Form eines griechischen Kreuzes, wurde 1732 auf Veranlassung des ›Soldatenkönigs‹ Friedrich Wilhelm I. errichtet. Die **Niegripper Schleuse** wurde 1938 in Betrieb genommen. Sie führt Schiffe auf direktem Weg von der Elbe in den Elbe-Havel-Kanal in Richtung Berlin.

Durch das Wald- und Wiesengebiet um **Detershagen** führen gut ausgebaute Radwege und Wanderwege, zum Beispiel zur ›Quickbornquelle‹ und dem Landschaftsschutzgebiet ›Zuwachs Külzauer Forst‹.

Westlich von Burg bei Schermen liegt der **Kapaunberg**, mit 105 Metern die höchste Erhebung des Landkreises Jerichower Land. Neben der **historischen Wassermühle** an der Beeke steht ein 250 Jahre alter Weißer Maulbeerbaum mit einem Stammumfang von 4,90 Metern, der auf eine Initiative des preußischen Königs Friedrich II. zurückgeht, Maulbeerplantagen zur Seidenzucht anzulegen. 1775 standen in Schermen 111 nutzbare Maulbeerbäume.

Die **Dorfkirche von Hohenwarthe** ist als Radfahrerkirche am Elberadweg ausgewiesen. Zugleich ist sie eine Station an der ›Straße spätgotischer Flügelaltäre‹ und am Jakobsweg, was man sich per Pilgerstempel bestätigen kann. Die **Kirche in Möser** ist ein Neubau von 2002 in Form einer Arche. Auch die Innengestaltung setzt das Thema Schiff fort.

In **Pietzpuhl** befand sich eine von 62 Stationen der preußischen optischen Telegrafenlinie zwischen dem Rheinland und Berlin. Das barocke Schloss des Ortes wurde 1730 erbaut. . Aus einem der beiden Kavaliershäuser wurde eine Ausflugsgaststätte. Die Anlage samt Park steht unter Denkmalschutz.

Biederitz ist eigentlich ein Magdeburger Vorort, den man am Herrenkrugpark mit der Pferderennbahn vorbei in wenigen Minuten erreicht. Die idyllische Lage lockte bereits zu Beginn des 20. Jahrhunderts wohlhabende Magdeburger an, die sich hier ihre Villen bauten. Die **Dorfkirche** mit der historisch wertvollen **Ladegast-Orgel** ist einer der Veranstaltungsorte des jährlichen Biederitzer Musiksommers.

Schloss Zerben

▲ Karte S. 98

Unweit des östlich von Burg gelegenen **Reesen** steht unübersehbar ein riesiger Funkmast, während der DDR-Zeit der stärkste Kurz- und Mittelwellensender des Landes. Von hier kamen die beiden von der DDR finanzierten und organisierten Propagandasender ›Deutscher Freiheitssender 904‹ und ›Deutscher Soldatensender‹, die die ›fortschrittlichen Kräfte in der BRD unterstützen sollten.‹ Einer der Sprecher des ›Deutschen Freiheitssenders 904‹ war der Schauspieler und langjährige Intendant des Berliner Deutschen Theaters, Wolfgang Heinz.

Der am meisten mit dem Ort **Hohenseeden** verbundene Begriff ist Spargel, der hier auf 150 Hektar angebaut wird.

Die Havelsche Mark

Entlang der Elbe zwischen Burg und Jerichow zieht sich die Havelsche Mark, die vor allem für Naturfreunde, Wanderer und Radler attraktiv ist.

Hinter Güsen zweigt die Straße in das Örtchen **Zerben** ab. Hier steht das **Schloss Zerben**, Vorbild für Theodor Fontanes Gut Hohen-Cremmen in ›Effi Briest‹. Das Schloss war Elternhaus der Elisabeth von Plotho, der Fontane in seinem Roman den Namen Effi Briest gab. Ursprünglich ein schlichtes Fachwerkhaus, erfolgte bis 1879 der Umbau zur dreiflügligen neobarocken Anlage (nach 1996 restauriert). In der Dorfkirche Zerben wurde Elisabeth von Plotho konfirmiert. Links und rechts des Altars stehen die Renaissance-Grabsteine mit farbigen Bildnissen von Otto und Catarina von Plotho.

In der **Pareyer Dreifaltigkeitskirche** lohnt der Blick auf die reich verzierte Altarwand mit der Kopie des Rubensgemäldes ›Kreuzabnahme‹. Um die die vollständig funktionstüchtige **Paltrockwindmühle** herum ist am Pareyer See ein touristisches Erlebniszentrum (s.u.) entstanden.

Sehenswert sind für Technikinteressierte zudem die hölzerne **Kabelkrananlage** sowie die vielen kleinen **Feldbahnbrücken** aus Backstein. In **Ferchland** führt eine **Fähre** ins westelbische Grieben, das auf kleinen Straßen über das Naturzentrum Buch mit Tangermünde verbunden ist. **Bergzow** verfügt über eine romanische Dorfkirche, sie stammt aus der Zeit zwischen 1120 und 1160.

Burg und Umgebung

Burginfo, Berliner Str. 38, 39288 Burg. Tel. 03921/2331,www.stadt-burg.de.

Hotel Waldschänke, An der Waldschänke 1a, 39291 Möser, OT Hohenwarthe. Tel. 039222/95990, www.waldschaenke-hohenwarthe.de; 14 Zi., DZ ab 75 Euro. Schönes Haus an Elbe und Wasserstraßenkreuz, eigener Bootsanleger, perfekt für Radler. Gute Küche.

Strandhaus-Hotel und Schwimmendes Seehotel im Erlebnisdorf Parey, Bittkauer Weg 8d, 39317 Elbe-Parey. Tel. 039349/95880, www.erlebnisdorf-parey.de; 25 Zi., DZ ab 78 Euro. Im Erlebnisdorf Parey kann man auf dem Mühlenfloß die Elbauenlandschaft vom Wasser aus genießen, mit dem American Schoolbus fahren oder die Kinder auf dem Erlebnisspielplatz mit dem gekenterten Piratenschiff und dem Fischerhaus am See beschäftigen.

Clausewitz-Erinnerungsstätte, Schulstr., 12, 39288 Burg. Besichtigung mit Führung. Kontakt über Burginfo oder den Clausewitz Freundeskreis 03921/983081.

Historische Gerberei, Hainstr. 11–13, 39288 Burg. Kontakt über Burginfo, Besichtigung mit Führung täglich möglich.

Schloss Zerben, Am Park 2, 39317 Elbe-Parey, OT Zerben. Tel. 939349/93500, www. elbe-parey.de.und www.effis-zerben.de.

Bauernscheune Hohenseeden, Berliner Chaussee 1, 39307 Hohenseeden. Tel. 039344/40652. Lohnenswerter Bauernmarkt mit regionalen Erzeugnissen, in der Spargelzeit ein Muss. Einmal im Monat findet ein Pferde- und Kleintiermarkt statt.

Pferde- und Erlebniswelt Gerwisch, August-Bebel-Str. 35, 39175 Gerwisch, Tel. 0178/6971109, www. pferde-erlebniswelt.de. Pferdepension, Reiten und Lehrgänge.

Jerichow

Mit fast 270 Quadratkilometern gehört die Stadt Jerichow (7100 Einwohner) samt ihren Ortsteilen zu den flächenmäßig größten Kommunen in Deutschland. Der Ort selbst wurde 1144 im Zusammenhang mit der Gründung des Klosters durch die Prämonstratenser-Chorherren erstmals erwähnt. Das Stadtrecht erhielt Jerichow 1336. Neben dem Kloster gehört auch die Stadtkirche (12. Jahrhundert), die in der Nähe des noch gut erkennbaren slawischen Burgwalls steht, zur **Straße der Romanik** (→ S. 348). Die einzige erhaltene Holländer-Windmühle im Jerichower Land mit vollständig erhaltener Technik steht in Richtung Havelberg auf dem Mühlenberg. Auf dem Gelände des AWO-Fachkrankenhauses Jerichow, der ehemaligen Landesheilanstalt, befindet sich ein Gedenksteinensemble, das an die 930 Euthanasieopfer erinnert, die hier während der NS-Zeit ermordet wurden.

Kloster Jerichow

Das Kloster gilt in seiner Stilreinheit als eine der bedeutendsten romanischen Anlagen in Deutschland. Kloster und Kirche gelten als wichtige und strahlende Werke der Backsteinromanik. Insbesondere die Klarheit und Zweckmäßigkeit der Architektur der Anlage wird immer wieder bewundert. Die **Stiftskirche** wurde 1149 bis 1172 als dreischiffige kreuzförmige Basilika erbaut. Zwischen 1200 und 1240 wurden **Kreuzgang** und **Sommerrefektorium** errichtet. Die reich verzierten Kapitelle in Kirche und Klausur zeugen von der hohen mittelalterlichen Steinmetzkunst. Nach der Reformation erfolgte 1552 die Säkularisierung des Klosters. Die Kirche des Klosters erfuhr 1853 bis 1857 eine umfangreiche stilgerechte Restaurierung unter der Leitung von Ferdinand von Quast.

In jüngerer Zeit wurde das Ensemble gründlich erneuert, das, mit **Klostermuseum** im Dormitorium, **Backsteinmuseum** und **Klostergarten**, seit ihrer Gründung ein absolutes Highlight der ›Straße der Romanik‹ ist. Im Backsteinmuseum kann man selbst einen Miniaturbackstein herstellen und so den Produktionsprozess kennenlernen. Im Klostergarten werden Pflanzen gezeigt, die bereits vor 1500 in Quellen nachweisbar sind. Wobei der Garten eine Assoziation, keine Kopie mittelalterlicher Gärten darstellt.

Rund um Jerichow

Die **Dorfkirche von Redekin**, Station an der ›Straße der Romanik‹, hat typisch romanische Friesverzierungen an Schiff und Apsis. An der Südwand des Chors sind zwei Sonnenuhren eingeritzt. Von überregionaler Bedeutung ist das aus Mitte des 12. Jahrhunderts stammende Bronzekruzifix mit der Frontaldarstellung des Gekreuzigten. In der Gemarkung Altenklitsche sind bisher acht archäologische Fundplätze bekannt, darunter eine altgermanische Wohnstätte mit über 100 Grabhügeln, die aus der Zeit um 1500 v. Chr. datieren. Die hübsche barocke Dorfkirche wurde im Auftrag Friedrich von Kattes zwischen 1712 und 1715 erbaut und mit einer sehenswerten barocken Innenausstattung in Weiß und Gold versehen. Vor dem Altar liegt die Sandsteinplatte Peter von Lossows, die noch aus der Vorgängerkirche stammt.

Kleinwusterwitz birgt eine architektonische Besonderheit: Die neugotische Backsteinkirche wurde 1838 nach von Karl Friedrich Schinkel redigierten Plänen erbaut. Sie geht auf einen spätromanischen Backsteinbau zurück, wobei mittelalterliche Ausstattungsstücke einbezogen wurden. So findet man hinter dem Altar das einzige vollständig erhaltene Beispiel einer aus geformten Backsteinen hergestellten mittelalterlichen Grabstelle im Elbe-Havel-Gebiet. Der Schnitzaltar ist der Grund, weshalb die Kirche auf der ›Straße spätgotischer Flügelaltäre‹ zu finden ist.

An der **Dorfkirche in Roßdorf** ist der romanische Ursprung gut zu erkennen, unter anderem am romanischen Tatzenkreuz aus eingelegten Ziegeln über der Priesterpforte.

In **Schlagenthins** zweiteiliger romanischer Kirche mit dem älteren romanischen Chor und dem angebautem Kirchenschiff aus Fachwerk aus dem 17. Jahrhundert ist die barocke Innenausstattung uner-

Kloster Jerichow

▶ Karte S. 98

wartet kostbar. Die Kassettendecke aus der Zeit um 1670 ist bemalt. Am Orgelprospekt befinden sich Rokoko-Schnitzereien. Die hölzerne Kanzel ist der Spätrenaissance zuzurechnen.

Ihre romanische Backsteinkirche halten die **Großwulkauer** für die älteste. Erstmals erwähnt wurde sie jedenfalls 1172 in einer Urkunde des Erzbischofs Wichmann von Magdeburg und ist natürlich Station der ›Straße der Romanik‹. Im Bogen des Chorraums befindet sich ein romanisches Triumphkreuz von 1160.

Zabakuck heißt ›Froschesser‹. Das slawische Rundlingsdorf hat sich mit Tierpark (in einem Lenné-Park) und Campingplatz mit Bade- und Angelsee zu einem Touristikzentrum entwickelt.

Jerichow

Klosterinformation, Am Kloster 1, 39319 Jerichow. Tel. 039343/285, www.stiftung-kloster-jerichow.de; Apr.–Okt. tgl. 9–18 Uhr, Nov.–März täglich 10–16 Uhr.

Hotel Grüner Baum, Stremmestr. 24, 39307 Brettin. Tel. 03933/9770, www.gruener-baum-brettin.de; 18 Zi., DZ ab 79 Euro. Wunderschön an einem Altarm des Elbe-Havel-Kanals gelegen. Nach den Maisonette-Zimmern fragen.

Klostermuseum und **Backsteinmuseum Kloster Jerichow**, Kontakt und Öffnungszeiten siehe oben.

Touristenzentrum Zabakuck GmbH, Am See 1, 39307 Jerichow/OT Zabakuck. Tel:03934/89390, www.touristenzentrum-zabakuck.de. Schöner Badesee, auch Camping und Caravaning, neu: Übernachten in Schwedenfässern.

Genthin und Umgebung

Genthin (14 000 Einwohner) wird 1171 erstmals urkundlich erwähnt, bereits einige Jahre zuvor erwähnen Chroniken eine Burg als Sitz der Familie von Plotho. Bis 1808 unterstand die Stadt dem königlichen Amt Altenplathow. Genthin, das am Elbe-Havel-Kanal liegt, mag für viele mit dem Namen Henkel verbunden sein, denn der Waschmittelriese (Persil, Spee, Fit) wurde 1921/1922 hier gegründet. 1939 rückte der Ort auf die Titelseiten der deutschen Zeitungen, im Bereich des Bahnhofs kam es zum bis dahin schwersten Eisenbahnunglück in Deutschland mit 278 Toten.

Die barocke **Stadtkirche St. Trinitatis** wurde von 1707 bis 1722 als dreischiffige Hallenkirche anstelle einer romanischen Vorgängerkirche errichtet. Ebenso stadtbildprägend ist der 48 Meter hohe achteckige **Wasserturm** von 1934/35. Im Turm ist ein Trauzimmer untergebracht, der Genthiner Kunstverein veranstaltet dort Ausstellungen und Lesungen, die Aussichtsplattform kann genutzt werden, auch ein Café lädt ein.

In der im historisierenden gotischen Stil errichteten **Backsteinkirche im Ortsteil Altenplathow** befindet sich eine von 1170 stammende Grabplatte des Hermann von Plote aus der abgebrochenen Vorgängerkirche. Er war ein Vorfahre des Genthiner Adelsgeschlechtes, zu dem auch Elisabeth von Plotho zählte, das Vorbild der Romanfigur Effi Briest von Theodor Fontane. Die kostbare hochromanische Grabplatte ist der Grund, weshalb die Kirche eine Station an der ›Straße der Romanik‹ ist. Sehenswert ist auch die Pieschelsche Ölmühle, die 1808 errichtet worden ist.

Das Fiener Bruch

Südlich von Genthin erstreckt sich das Fiener Bruch, eine Niederungslandschaft, die ein international bedeutsamer Rastplatz für Zugvögel ist. Außerdem ist das Bruch, in dem man im Herbst bis zu 40 000 Kiebitze beobachten kann, ein Naturschutzgebiet, das als Rückzugsgebiet der vom Aussterben bedrohten Großtrappe fungiert. Im Süden geht die Landschaft über in das waldreiche **Landschaftsschutzgebiet Möckern-Magdeburgerforth**.

Am Rande des Fiener Bruchs lassen sich in zahlreichen Dörfern durchaus interessante Entdeckungen machen. Die **Kirche in Tucheim** ist ein spätbarocker Putzbau von 1756 mit einem marmornen Taufstein von 1615. Die Treutmann-Orgel wurde 1795 eingebaut. Nahe **Paplitz** wurden Steinbeile aus dem Neolithikum, die im Kreismuseum Jerichower Land (s.u.) zu sehen sind, gefunden.

Der Ort **Ringelsdorf** gab auch einem Naturschutzgebiet auf dem Gebiet der Städte Genthin und Möckern seinen Namen. Es ist 157 Hektar groß, in seiner Mitte liegt der historische **Burgwall Klopfsdorf**. Das klassizistische **Schloss Dretzel**, das auf den Resten eines alten Burgwalls nach Motiven Karl Friedrich Schinkels zwischen 1807 und 1810 erbaut wurde, bildet mit Kirche, Kirchhof und Park eine gestalterische Einheit.

Zur Ausstattung der **Gladauer romanischen Dorfkirche** gehört ein Kreuzigungsgemälde der Berliner Malerin Mathilde Block-Niendorff von 1904.

Der Umbau des **Schlosses Parchen** wie der Neubau der Dorfkirche gehen auf den Berliner Architekten Friedrich August Stüler zurück. Geplant ist, hier ein historisches Museum der Rittergüter im Jerichower Land zu gestalten. Der Gutspark wurde nach 1832 nach Plänen von Peter Joseph Lenné in einen Landschaftspark umgewandelt. Auf dem Mühlenberg steht die **Parchener Bockwindmühle**, die 1840 aus der Altmark nach hier kam.

▶ Karte S. 98

Genthin und Umgebung

Tourist-Information Genthin, Bahnhofstr. 8, 39307 Genthin. Tel. 03933/802225, www.touristinfo-genthin.de; Mo, Di, Do, Fr 10–17 Uhr, Sa 9–12 Uhr (Apr.–Okt).

Hotel Garni Müller, Ziegeleistr. 1, 39307 Genthin. Tel. 03933/96900, www.hg-mueller.de; 33 Zi., DZ ab 60 Euro. Unweit des Elbe-Havels-Kanals, guter Startpunkt für Jerichower-Land- und Altmark-Besuche.

Pension Hünickes Hof, Steinstr. 8, 39307 Parchen. Tel. 0173/6432486, www.hünickes-hof.de; 10 Zi., 2 Fewo, DZ ab 44 Euro. Gemütliche Zimmer, mitten im Spargeldorf, Tiere inklusive.

Jerichower Land-Hof, Schopsdorfer Dorfstr. 8, 39291 Genthin, OT Schopsdorf. Tel. 039225/35261, www.land-hof.de; 8 Zi., DZ ab 65 Euro. Nur wenige Kilometer von der A2, dennoch absolut idyllische Lage.

Henkel-Museum mit Waschmuseum, Ziegeleistr. 56, 39307 Genthin, Tel. 03933/8240266, www.qsg-genthin.de. Besichtigung nach Vereinbarung.

Kreismuseum Jerichower Land, Mützelstr. 22, 39307 Genthin. Tel./Fax: 03933/803521, www.lkjl.de; Di, Mi, Do 8–16 Uhr, Fr 8–12, So 14–16 Uhr.

Reiterhof Hüttermühle, Dorfstr. 6, 39307 Genthin. Tel. 0172/5341661, www.reiterhof-huettermuehle.de. Reitunterricht, Pferdepension, Gelände- und Wanderritte.

Möckern und Umgebung

Möckern hat zwar nur 13 200 Einwohner, die Stadtfläche beträgt aber nach der Kommunalreform ein Fünftel der Fläche des Saarlands. In der Nähe der Stadt lieferten sich preußische Truppen 1813 ein siegreiches Gefecht gegen napoleonische

Verbände, woran in der Umgebung, so in Vehlitz, Ladeburg und Dannigkow Denkmäler erinnern. Zu den Sehenswürdigkeiten Ortes zählt die auf Kaiser Otto I. zurückgehende **Kirche St. Laurentius**. Östlich des Marktplatzes liegt **Schloss Möckern**, dessen Bergfried noch von der ursprünglichen Burg stammt. Das heutige Schloss ist von 1840, zu ihm gehört ein **Englischer Landschaftspark**, der unter Mitwirkung Friedrich Wilhelm von Erdmannsdorff angelegt wurde. Auf dem **Marktplatz**, vor dem Rathaus von 1895, steht eine Stele der Stadtgöttin des Magdeburger Bildhauers Heinrich Apel. Wie der Möckeraner Landschaftspark gehören auch **Park und Schloss Wendgräben** zu den ›Gartenträume‹-Parks und zählen zu den bedeutendsten Zeugnissen der Gartenkunstgeschichte zu Beginn der Moderne in Sachsen-Anhalt. Hermann Muthesius entwarf 1910 das Gebäude im Stil englischer Landhäuser. Garten und Park entstanden nach Entwürfen des Düsseldorfer Stadtgartendirektors Walther von Engelhardt.

Einen kleinen Umweg wert ist die romanische **Feldsteinkirche von Stresow** mit einem Altar aus der Cranachwerkstatt, der zwischen 1584 und 1588 hergestellt wurde, und, aus ganz anderem Grund, das Örtchen **Ziegelsdorf** unweit von Grabow: Hier steht seit 2011 ein originalgetreuer und funktionsfähiger neun Meter hoher Nachbau eines Telegraphen, wie er auf der Preußischen Telegrafenlinie Rheinland-Berlin von 1833 bis 1849 in Betrieb war. Im Wald liegt die Hochschule **Friedensau**. Hier befindet sich – in Trägerschaft der Siebenten-Tags-Adventisten – eine Theologische Hochschule mit einem ausgedehnten Campus und moderner Bibliothek, die auch der Öffentlichkeit zur Verfügung steht.

In **Stegelitz** gibt es in der an der ›Straße der Romanik‹ liegenden Kirche St. Petri jährlich den **Orgelsommer**, zu dem bekannte Musiker anreisen. Gespielt wird auf einer Hartmann-Orgel von 1748. Die Kirchen von Tryppehna, Zeddenick und Dalchau gehören zur ›Straße der spätgotischen Flügelaltäre‹. In **Dalchau** enthält der Altar vom Ende des 15. Jahrhunderts mit der Skulptur der seligen Jutta von Sangerhausen eine Besonderheit, gibt es doch nur drei Kirchen in Sachsen-Anhalt, die diese deutsch-polnische Selige zeigen.

Loburg

Gründer der Stadt Loburg waren die Liutizen, die etwa im 6. Jahrhundert im ostelbischen Raum siedelten. Sie sind die Gründer der Loburg, einer ursprünglich slawischen Schutzburg. Ab 929, nach den Eroberungszügen Heinrichs I., wurde die Loburg mit einer ostfränkischen Besatzung versehen. Wertvollstes Ausstattungsteil der **Stadtkirche St. Laurentius**, einer auf romanischem Unterbau errichteten beeindruckenden Renaissancekirche, ist die restaurierte, und damit die einzige noch erklingende Orgel des barocken Orgelbaumeisters Andreas Kahrling. Zur ›Straße der Romanik‹ gehört die **Ruine der Kirche Unser Lieben Frauen** mit dem Mausoleum der Familie von Wulffen im Turm. Von der **Loburger Burganlage** sind der besteigbare Bergfried und ein Tonnenkeller erhalten.

Meist besuchtes Ziel in der Stadt ist die **Vogelschutzwarte Storchenhof** Loburg e.V. Die Einrichtung besteht seit 1979 und geht auf eine Initiative von Dr. Christoph Kaatz zurück. Die Forschungsarbeiten von Vater und indessen auch Sohn Dr. Michael Kaatz und ihrer Mitarbeiter wurden u.a. durch den mehrfach preisgekrönten ZDF-Zweiteiler ›Die Reise der Störche‹, der den Zug der Vögel (mit der berühmten Storchendame ›Prinzesschen‹) bis in ihre Winterquartiere in Afrika nachvollzog, international bekannt.

Gommern und Umgebung

Gommern (10000 Einwohner) ist mit der gleichnamigen Heide ein beliebtes Ausflugsziel, denn der bis in die Mitte des 20. Jahrhunderts betriebene Quarzitabbau hinterließ viele Restlöcher, die heute eine wunderbare **Seenlandschaft** bilden. Der Ort war einst der Stammsitz der Erdöl- und Erdgasindustrie der DDR (und nach 1990 übrigens auch einige Jahre des Nachfolgers ›Gaz de France‹) und die vielen pensionierten Geologen brachten 1995 mit der Einrichtung eines Gesteinsgartens eine attraktive Sehenswürdigkeit auf den Weg, den **Gommeraner Gesteinsgarten**. Heute stellt dieser mit fast 250 seltenen, zum Teil riesigen Steinen aus aller Welt eine der größten und umfassendsten Gesteinssammlungen unter freiem Himmel in Deutschland dar. Geologisch nicht minder interessant sind der daneben liegende **Fuchsberg**, eine Wanderdüne, die vor 150 000 bis 10 000 Jahren entstanden ist und der **Kulk**, ein 3,9 Hektar großer See.

Vom Aussichtsturm über dem See bietet sich die Silhouette der Stadt dar, die vor allem von der barocken Stadtkirche **St. Trinitatis** und der **Wasserburg** geprägt

Die Ruine der Liebfrauenkirche in Loburg

▲ Karte S. 98

Das geschlossene Pretziener Wehr

wird. Deren Geschichte reicht bis in das 10. Jahrhundert zurück, damals wurden auch die Fundamente für den 40 Meter hohen Bergfried gelegt. Der Rest der Burg geht zurück auf ein nach 1578 gebautes Jagdschloss, das heute Hotel, Restaurant und Brauerei beherbergt.

Eine ganz besondere Sehenswürdigkeit findet sich nicht mehr in der Stadt, sondern als eines der Prachtstücke im Landesmuseum für Vorgeschichte in Halle: das **Fürstengrab von Gommern**. Mit seinen reichen Gold-, Silber- und Bronzeschätzen wurde es 1990 auf dem Gerstenberg entdeckt und belegt, dass das Gebiet bereits im 3. Jahrhundert besiedelt war.

Vom Prämonstratenserkloster in Leitzkau ist nur die ehemalige Stiftskirche geblieben, die **Klosterkirche St. Maria in Monte**, 1155 geweiht. Nach 1564 wurde das säkularisierte Stift an den Freiherrn Hilmar von Münchhauen verkauft und zum Schloss umgebaut. Die heutige **Schlossanlage** ist Sitz der Stiftung Döme und Schlösser des Landes Sachsen-Anhalt. Sie gilt ›als der bedeutendste Schlossbau dieser Zeit im Gebiet der mittleren Elbe‹, als ein Kleinod der Weserrenaissance.

Wie die Klosterkirche ist auch die **Pfarrkirche St. Peter** eine Station auf der ›Straße der Romanik‹. Der romanische Bau ist eine dreischiffige Pfeiler-Basilika auf kreuzförmigem Grundriss. In der Kirche wurde teilweise der mittelalterliche originale Fußboden freigelegt.

Das kleine **Dornburg** war Sitz der Linie derer von Anhalt-Dornburg, aus der die russische Zarin Katharina die Große als Prinzessin Sophie Auguste Friederike hervorging. 1758 wurde das Schloss Dornburg nach etlichen Jahren Bauzeit vollendet. Es gilt als einer der bedeutendsten Barockbauten Sachsen-Anhalts. Auch die Dornburger Kirche ist ein barocker Bau mit einem Turm auf der Ostseite statt, wie üblich, auf der Westseite der Halle.

Unbedingt einen Besuch wert ist das kleine Örtchen **Pretzien**. Die St-Thomas-Kirche, ein romanischer Bruchsteinbau aus dem 12. Jahrhundert, ist eine der interessantesten Stationen an der Straße der Romanik. Erst vor wenigen Jahren wurden in der Kirche **Fresco-Secco-Malereien** aus den Jahren um 1220 wieder entdeckt, die zu den bedeutendsten Zeugnissen spätromanischer Wandmalereien gehören. Zum ›Pretziener Musiksommer‹ reisen international renommierte Künstler an. Industriehistorisch aber auch praktisch außerordentlich bedeutsam ist das ›**Pretziener Wehr**‹. Zwischen 1871 und 1875 erbaut, wurde es als ingenieurtechnische Meisterleistung auf der Weltausstellung 1889 in Paris mit einer Goldmedaille ausgezeichnet. Bei Hochwasser gezogen, leitet es auf einer Breite von 113 Metern ein Drittel des Elbewassers in einen Umflutkanal und schützt so die Städte Schönebeck und Magdeburg vor extremen Schäden.

Möckern, Loburg, Gommern

Stadtinformation Gommern, Platz des Friedens 9, 39245 Gommern. Tel. 039200/78300, www.gommern.de; Mo–Fr 10–16 Uhr.

Hotel Robinienhof, Salzstraße 49, 39245 Gommern. Tel.039200/640, www.hotel-robinien-hof.de; 47 Zi., DZ ab 76 Euro. Am See mit Pool, Sauna, Festscheune.

Hotel Wasserburg Gommern, Walter-Rathenau-Str. 9–10, 39245 Gommern. Tel. 039200/78850, www.wasserburg-zu-gommern.de. Rustikal speisen, Bier aus der burgeigenen Brauerei, danach in historischen Gemäuern schlafen.

Gästehaus der Theologischen Hochschule Friedensau, An der Ihle 7 B, 39291 Möckern, OT Friedensau. Tel. 03921/916160, www.thh-friedensau; 27 Zi., DZ ab 58 Euro. Weit weg vom hektischen Getriebe in Ruhe schlafen.

Rund um Gommern liegen mehrere sehr schöne Campingplätze, durchweg an Badeseen, so in Plötzky, Dannigkow, Pretzien und Dornburg. Infos dazu über die Stadtinformation Gommern (Tel. 039200/78300) und über www.camping-verband.de.

Gaststätte Volkshaus, Fuchsbergstraße 5, 39245 Gommern, Tel.039200/51722, www.volkshausgommern.de. Einfach, preiswert und richtig gut essen, z.B. Frühlingssüppchen mit Koriander oder Nackensteak mit Bratkartoffeln.

Barby-Café Loburg, Münchentor 1, 39279 Möckern, OT Loburg, Tel. 039245/917048, www.barbycafe.de. Das schönste Café weit und breit im ehemaligen Gutshof, der Höhepunkt Nusskuchen.

Strasse der spätgotischen Flügelaltäre, Informationszentrum Isterbies, Kontakt: Pfarramt Loburg, Markt 2, 39279 Loburg, Tel. 039245/2345, www.moeckern-flaeming.de.

Die Straße spätgotischer Flügelaltäre

Eigentlich denkt man an Süddeutschland, an Österreich, an Prag oder Krakau, an die Werke von Tilman Riemenschneider, Peter Parler oder Veit Stoß, wenn über die hohe Zeit spätgotischer Flügelaltäre gesprochen wird. In 16 winzigen Dorfkirchen zwischen Elbe und Fläming haben sich kleine, aber bedeutende Werke unbekannter Meister, die sich an den Schulen der Zeit orientierten, erhalten. Der Schatz, den sie vorweisen, resultiert aus der Armut der Kirchgemeinden jener Gegend nach dem Dreißigjährigen Krieg. Man konnte eben nicht im Geschmack der Zeit, also barock renovieren. Die heute von uns bestaunten Kunstwerke blieben aus Gründen der Armut erhalten.

Das Informationszentrum der ›Straße spätgotischer Flügelaltäre‹ befindet sich in der kleinen Dorfkirche von Isterbies, einem Ort östlich von Loburg. Hier wurde in einem Renaissance-Anbau ein moderner Informationsraum mit Informationstafeln sämtlicher Kirchen eingerichtet. Aufgrund der durchgängig flachen, landwirtschaftlich geprägten Landschaft bietet die touristische Route natürlich gerade für Radfahrer durch den Wechsel von Wald, Feldflur und Parklandschaft ideale Möglichkeiten. Die Route beginnt in Hohenwarthe, unweit der größten Trogbrücke Europas, setzt sich fort über Lostau, Zeddenick, Tryppehna und Dalchau und führt dann weiter in Richtung Fläming. Einen besonderen Höhepunkt bietet natürlich Klieken, die restaurierte Kirche, die erst unlängst die vor Jahrzehnten geraubten Flügel ihres Cranach-Altars wieder zurückbekam.

Auf dem Weg sind auch das Wendgräbener Schloss mit seinem Gartenträume-Park, der Loburger Storchenhof, die restaurierte Loburger Stadtkirche mit der barocken Kahrling-Orgel, dem einzigen wieder bespielbaren Instrument des barocken Orgelbaumeisters, sowie die Loburger Burg zu besichtigen. Für eine Rast, kann man das gemütliche Barby-Café auf dem ehemaligen Gutshof der von Barbys aufsuchen.

Die Straße spätgotischer Flügelaltäre zwischen Elbe und Fläming

Das Salzland

Das Salzland, südlich von Magdeburg zwischen Elbe und Harz, ist in vielfältiger Weise durch die jahrhundertelange Salzgewinnung und den Kali- und Steinsalzbergbau geprägt. Das brachte Reichtum und zahllose historische Zeugnisse mit sich. Der Salzlandkreis hat mehrere Zentren, was die Entdeckungsreise durchaus spannend macht. Die heutige Kreisstadt Bernburg ist eine der Perlen in der Kette der anhaltischen Residenzen (→ S. 277). Aschersleben, mit über 1250 Jahren die älteste Stadt Sachsen-Anhalts, richtete seine Blicke schon immer mehr auf den Harz (→ S. 173). Und Schönebeck vor den Toren der Landeshauptstadt zehrt nach dem tiefgreifenden wirtschaftlichen Wandel nach 1990 vor allem vom guten Ruf seines Stadtteils Bad Salzelmen, des ältesten deutschen Soleheilbads.

Schönebeck (Elbe)

Neben der **Kirche St. Johannis** (1430) mit den weithin leuchtenden weißen Türmen und der prachtvollen Renaissance- und Barockausstattung (›Pfännerkirche‹) dominieren zwei imposante Bauwerke die Silhouette von Bad Salzelmen, das aus der ehemaligen Pfännerstadt Groß Salze hervorging: der 32 Meter hohe Soleturm und das **Gradierwerk**. Sie verweisen auf die Geschichte der Salzgewinnung, die hier bereits im Mittelalter an den Elmener Solequellen begann. Der schon äußerlich an eine Holländer-Windmühle erinnernde Turm war ursprünglich mit einer holländischen Windkunst ausgestattet, die die Sole aus 85 Meter Tiefe förderte. Im 1777 fertig gestellten Gradierwerk wurde deren Konzentration dann mit Hilfe von Sonne und Wind erhöht und so der nachfolgende Siedevorgang erleichtert. Das Gradierwerk war ursprünglich über 1830 Meter lang und damit das größte je gebaute geradlinige Gradierwerk. Heute kann man die noch vorhandenen 350 Meter bei gemächlichen Spaziergängen umrunden und dabei die salzhaltige Luft inhalieren. Über all das wird im ›Kunst-

Der Marktplatz des Schönebecker Ortsteils Bad Salzelmen

hof Bad Salzelmen‹ informiert, der sich zu Füßen des Soleturms in einer historischen Betriebsstätte der Saline befindet. Während die Siedesalzgewinnung ihre Bedeutung durch die Inbetriebnahme des Schönebecker Salzbergwerkes verlor, war es die heilende Wirkung von Sole und Luft, die 1803 zur Gründung des ersten deutschen **Soleheilbades** durch den Arzt Dr. Wilhelm Tolberg führte. Wunderschöne klassizistische Gebäude der Bäderarchitektur (Kurhaus/1872, Lindenbad/1878, Trinkbrunnen/1926) und der großzügige Kurpark - Assoziationen an den Stil von Peter Joseph Lenné sind leicht erkennbar - komplettieren das Ensemble, das seit 1999 durch das **Gesundheits- und Erholungsbad Solequell** aufs Angenehmste ergänzt wurde. Von Bad Salzelmen in Richtung Schönebecker Kernstadt kommt man am **Salzturm im Salztor** (1613) am Rathaus vorbei und zur Elbe. Den vor dem **Rathaus** (Neorenaissance/1893) stehenden Brunnen zieren Allegorien, die die einstigen Haupterwerbszweige der Schönebecker

Pegelturm in Barby

Karte S. 98

symbolisieren: Industrie, Bergbau und Schifffahrt. Unmittelbar an der Elbe steht dann auch seit 1997 die vom dänischen Künstler Anders Nyborg geschaffene **Salzblume**, die die Verbindung von Soleförderung, Salzgewinnung und Salztransport auf dem Wasserweg symbolisiert. An der Fußgängerpromenade ziehen die wunderschön rekonstruierten **Salinehäuser** die Blicke an, früher als Lagerhäuser genutzt, deren Bewohner einen unverbaubaren Blick über die Elbe zum rechtselbischen Ortsteil Grünewalde genießen.

Der Elbe-Saale-Winkel

Östlich von Schönebeck führt der Weg - auch wunderschön per Fahrrad - in den beschaulichen Elbe-Saale-Winkel. Das historische Elbe-Schifferdorf **Glinde** ist durch seine Lichtmess-Feier (jährlich am ersten Februarsonntag) weithin bekannt, wenn per Festzug mit über 20 Wagen gemeinsam mit Tausenden Gästen der Sieg der Sonne über den Winter gefeiert wird. Im winzigen Örtchen Wespen steht die einzige schindelgedeckte Schrot- und Stabholzkirche Deutschlands (1680), die auf die Neubesiedelung des Ortes durch böhmische Exulanten zurückgeht.

Barby

Neben dem Besuch der wuchtigen **Marienkirche** im Zentrum von Barby (1505) lohnt sich vor allem ein Spaziergang entlang des **Elbwerders**. Dieser beginnt am ›Prinzesschen‹, einem ehemaligen **Befestigungsturm** der Stadtmauer, der im 13. Jahrhundert errichtet wurde. Mit seinem Fachwerkaufsatz (1750) ist das Kleinod heute Aussichts- und Galerieturm mit wechselnden Ausstellungen. Zu seinen Füßen findet sich das historische, 2000 sanierte **Pegelhäuschen**, das seit 1848 die Höhe des Elbstroms maß. Der Barbyer Pegel war für die Elbschifffahrt immer besonders bedeutsam, da einige

Calbe – Klein-Venedig an der Saale

Hundert Meter flussaufwärts die Saale in die Elbe mündet.

Vom ›Prinzesschen‹ geht es bis zu dessen Pendant am östlichen Ende der sehr schön sanierten Stadtmauer, dem ›Prinzen‹. Dieser ist ein achteckiges **Teehäuschen** mit barocker Kuppel (1744), das 2006 umfangreich restauriert und mit farbenprächtigen Wand- und Deckenmalereien im Rokokostil ausgestattet wurde. Die Schäfer- und anderen Szenen nehmen die Gedanken der Paare, die sich im Prinzen trauen lassen, ganz sicher mit auf manche Reise...

Vom ›Prinzen‹ führt eine 20-minütige **Wanderung durch die Elbauen** vorbei an der Anlegestelle der **Gierseilfähre** – einem beliebten Rastplatz am Elbe-Radweg – zum **Saalhorn**, an dem die Saale nach 413 Kilometern von Bayern durch Thüringen und Sachsen-Anhalt in die Elbe mündet.

Über ein touristisches Highlight wird ab 2016 der Barbyer Ortsteil **Pömmelte** verfügen. Archäologen haben in aufwändiger Arbeit eine knapp **4300 Jahre alte Kultstätte** wiedererrichtet. 1200 Robinienbaumstämme umfassen sieben kreisförmige Gräben, innerhalb derer sich 17 Opfergruben befinden. Vermutlich, so die Experten, wurden hier Frauen und Kinder im Zusammenhang mit Fruchtbarkeits- und Übergangsritualen geopfert. In ihrer Bedeutung sei die Anlage, in deren Rekonstruktion 3,3 Millionen Euro investiert wurde, mit dem englischen Stonehenge vergleichbar.

Calbe (Saale)

Einige Kilometer saaleaufwärts liegt Calbe, dem marketingorientierte Zeitgenossen den Beinamen ›Rolandstadt am Saalebogen‹ gaben. Einwohner und andere Kenner nennen die Stadt aber eher und nach wie vor ›Bollen-Calbe‹ – eine Anspielung auf die Zwiebeln (Bollen), die auf den Feldern rund um die Stadt seit Jahrhunderten wachsen und in alle Himmelsrichtungen ›exportiert‹ werden. Natürlich hat die Stadt (936 in einer Urkunde Kaiser Ottos I. erstmals erwähnt) ihren **Roland**, der – vier Meter hoch – das Rathaus seit Jahrhunderten mannhaft bewacht. Und natürlich wird sie von der Saale in einem schönen Bogen in den Arm genommen. An der alten Saalemühle am großen Wehr stehend, ist auch leicht zu erkennen, warum die Calbenser die Flussseite ihrer Stadt – mit kleinen Häuschen und über die Saale ragenden Balkonen bebaut – **Klein-Venedig nennen**.

Das Land der Rolande

Anno 1181 war es, so erzählt die Chronik, dass der Magdeburger Erzbischof Wichmann die Stadt Haldensleben nach langer erfolgloser Belagerung unter Wasser setzte, so zur Aufgabe und unter die Herrschaft Magdeburgs zwang. Womit Wichmann, nichts ahnend, den Keim legte zu einer Bürgeridee, die die Stadt am Flüsschen Ohre heute weltweit einmalig macht. Denn die Haldensleber bauten nicht nur ihre Stadt wieder auf und mit ihr eine Rolandfigur - ohnehin Sinnbild städtischer Gerichtsbarkeit und Bürgerstolzes - sondern setzten diese vielmehr sogar auf ein Pferd. Seht her, das sind wir! So kam Haldensleben zum weltweit einzigen reitenden Roland - noch heute kann man ihn, 1419 erstmals urkundlich erwähnt und Nachfahre einer ursprünglich hölzernen Figur, vor dem Rathaus bestaunen. Und der Ritter ist in bester Gesellschaft: 14 der heute noch bekannten 20 ›Original-Rolande‹, dieser Begriff sei hier in Abgrenzung zu den disneyhaften Nachbildungen in den USA benutzt, stehen in Sachsen-Anhalt. Das mag Beleg sein für die große Bedeutung vieler Orte an der Ostgrenze des Frankenreichs gegen Ende des ersten Jahrtausends. Es kann aber auch mit dem Status des Volkshelden und der Bewunderung zusammen hängen, die der Figur des Rolands, die durch das Rolandslied bekannt wurde, im Mittelalter zuteil wurde. Später diente der Roland auch als Gegensymbol zur kirchlichen Herrschaft. Im weithin säkularen Sachsen-Anhalt jedenfalls findet man die steinernen Burschen neben Haldensleben noch in Buch, Burg, Calbe (Saale), Gardelegen, Halberstadt, Halle (Saale), Magdeburg, Oebisfelde, Plötzky, Quedlinburg, Stendal, Zerbst und im Südharzer Dörfchen Questenberg, das nie Stadtrecht besaß, aber einen Roland sein eigen nennt. Ein ganz besonderes Mitglied der Roland-Familie kann man in Lutherstadt Eisleben treffen, den ›Bergmannsroland‹ oder auch ›Kamerad Martin‹ genannt. Seit 1590 kniet er vor dem Neustädter Rathaus. Die Figur aus Kalkstein, 1926 erneuert, ist sowohl das Rechtssymbol der Neustadt als auch das Sinnbild des Bergbaus, der das Mansfelder Land bis ins 20. Jahrhundert prägte. Auf dem Wappenträger ist das Familienwappen Albrecht IV. Graf von Mansfeld-Hinterort abgebildet. Der Original-Martin ist in Luthers Geburtshaus zu sehen, das zu den UNESCO-Weltkulturerbestätten zählt.

Der Riesenroland von Calbe

Die Klosterkirche Nienburg

Nienburg (Saale) und Umgebung

Ein arabischer Reisender namens Ibrahim Ibn Jacub soll es gewesen sein, der die Stadt in seinen Aufzeichnungen 961 erstmals erwähnte. Fest steht jedenfalls, dass die Geschichte des Ortes danach über Jahrhunderte vom mächtigen Benediktiner-Kloster bestimmt wurde, das zahlreiche Bischöfe hervorbrachte.

Die heute noch erhaltene prächtige **Klosterkirche St. Marien und St. Cyprian** (1004) ist eines der bedeutendsten Bauwerke an der ›Straße der Romanik‹. Auf Fragmenten des romanischen Schmuckfußbodens stehend, kann man eine im deutschen Kulturkreis einzigartige ›Monatssäule‹ und ein Gemälde von Lucas Cranach d.J. bewundern.

Unweit der Klosterkirche, auf einem Steilhang hoch über der Bode, die hier, aus dem Harz kommend, in die Saale mündet, erhebt sich die **Doppelkapelle St. Nikolaus** – eine von fünf Kapellen dieser Art in Deutschland. Der turmartige, ursprünglich zweigeschossige Bruchsteinbau wurde im 13. Jahrhundert errichtet, die Kapelle befand sich im Erdgeschoss, darüber ein Krankensaal.

Von dort führt ein Spaziergang durch die Schlossstraße zum **Marktplatz**, den Bürgerhäuser und das sanierte Gebäude des ehemaligen Frauenklosters Mosigkau schmücken. Der denkmalgeschützte **Jüdische Friedhof** in der Adolf-Meyer-Straße wurde Anfang des 19. Jahrhunderts angelegt. Hier befinden sich noch etliche der ursprünglich vorhandenen Grabsteine für jüdische Verstorbene aus Nienburg und Umgebung, die bis ins 20. Jahrhundert hier beigesetzt wurden.

In **Neugattersleben**, vielen Golf-Fans ein Begriff, ist die 1589 erbaute **Wassermühle** ein technisches Denkmal im historischen Ensemble des Schlosses. Einige Autokilometer südlich von Nienburg lohnt sich ein Besuch des trutzigen **Schlosses Plötzkau**, das in der Geschichte der anhaltischen Fürstengeschlechter eine wichtige Rolle spielt. Bekannt ist der Ort über dem Saale-Tal vor allem durch seinen **Pflaumenkuchenmarkt** – seit über 200 Jahren an jedem zweiten September-Wochenende.

Schönebeck und der Elbe-Saale-Winkel

Vorwahl: 03928

Postleitzahl: 39218

Tourist-Information Schönebeck, Markt 21, Tel. 842742, www.schoenebeck.de; Mo–Fr 9–12.30 und 13.30–18 Uhr, Sa 9–11.30 Uhr.

Bürgerbüro Stadt Nienburg, Marktplatz 1, 06429 Nienburg (Saale), Tel. 034721/309111, www.stadt-nienburg.eu; Mo 9–12 Uhr, Di, Do u. Fr 9–12 Uhr und 13–18 Uhr, jeden 1. u. 3. Sa im Monat 9–13 Uhr.

Hotel Am Kurpark, Magdeburger Str. 1, Tel. 70800, www.hotelamkurpark.de; 45 Zi., DZ ab 99 Euro. Schöne Gründerzeitvilla.

Kunsthof Augustusgabe Barby, 39249 Barby, Tel. 039298/68510, www.augustusgabe-barby.com; 6 Zi. (Hotel), Studio plus 6 Ferienhäuser, Heuboden, DZ ab 65 Euro, Ferienhaus ab 75 Euro, Heuboden 20 Euro p.P. Entspannen zwischen Herrenhaus, Barockhaus, Wiesengarten und Heuscheune. Perfekt für Radwanderer und Gruppen aller Art.

Schiffshotel Sonnenschein, Buschweg 1, Schönebeck. Tel. 70610; 11 Zi., DZ ab 55 Euro. Zimmer auf Schiffsrumpf direkt am Elbufer, naheliegend für Wasserwanderer.

Restaurant & Café Elbblick, Elbtor 10, Tel. 465860, www.elbblick-sbk.de; tgl. ab 11.30 Uhr. Gute Küche von mediterran bis Steaks à la minute. Innen gemütlich, auf der Terrasse schöner Elbblick.

Café-Restaurant am Salzblumenplatz, Baderstr. 40, Tel. 424459, www.cafe-am-salzblumenplatz.de; tgl. ab 10 Uhr. Wenige Meter vom Elbufer.

Café Eiszeit, Marktplatz 3, 06429 Nienburg(Saale), Tel. 034721/30547, tgl. 11–18 Uhr, Mi 9–18 Uhr. 40 Eissorten, aber unbedingt auch probieren: selbstgebackenen Kuchen im historischen Gewölbe oder draußen mit Blick über den Brunnen nebst Nienburg-Säule.

Kunsthof Bad Salzelmen, Badepark 1, Tel. 705555, www.solepark.de.
1.4.–30.9. Di–So u. feiertags 13.30–18 Uhr, 1.10.–31.3. Di–So u. feiertags 13.30–17 Uhr, 24.–26.12. u. 31.12. geschlossen. Führungen mit Schausieden, Erwerb des ›Siederdiploms‹, Siederimbiss und Aufstieg auf das Gradierwerk mit schöner Aussicht.

Mitteldeutsche Kammerphilharmonie, Tischlerstr. 13a,Tel. 400429, www.mitteldeutsche-kammerphilharmonie.de. Abonnement- und Sonderkonzerte im Dr.-Tolberg-Saal Schönebeck und in ganz Mitteldeutschland. Jährlich im Juni/Juli Schönebecker Operettensommer auf der Freilichtbühne ›Bierer Berg‹.

Solequell Bad Salzelmen, Dr-Tolberg-Str. 33, Tel. 705566, www.solepark.de; Mo-Do 9–21 Uhr, Fr u. Sa 9–22 Uhr, So 9–20 Uhr, gesetzl. Feiertage 10–18 Uhr. Bei 28–35 Grad im Solewasser unterschiedlichster Becken schweben, danach aus den Panoramafenstern der Saunalandschaft das Treiben im Kurpark betrachten.

Seepark Barby, Gnadauer Straße, 39249 Barby, Tel. 039298/257666, www.stadt-barby.de; während der Badesaison tgl. 10–18 Uhr. Alles vom Sandstrand über Beachvolleyball-Anlage bis Bootsgarage und Caravanstellplätze.

weltrad manufactur, Cokturhof 3, Tel. 429066, www.weltrad.de. Fahrradverleih in der 2004 wieder belebten Weltrad manufactur, die auf eine Schönebecker Tradition von 1885 zurückgeht. Geführte und individuelle Touren, Einblick in die Fahrrad-Produktion, Verkauf. Restaurant mit sehr guter Küche, Quartier am Elbe-Radweg.

Wassersportzentrum Henning, Burgwall 2a-2b, Tel. 0391/4082435, www.wsz-henning.de. Liegeplätze an der Elbe, Slipanlage, Camping/Caravaning, Vermietung von Schlauchbooten, Canadiern und Fahrrädern.

Reederei Süssenbach, Baderstr. 42, Schönebeck (Elbe), Büro Mo–Fr. 10–15 Uhr, Tel. 02805/230957, www.elbeschiff.com. Ausflugs- und Theaterfahrten auf der MS ›Marco Polo‹.

Acamed Resort Neugattersleben, Brumbyer Str. 5, 06429 Nienburg, OT Neugattersleben, Tel. 034721/50100, www.acamedresort.de. Schöner 9-Loch-Platz entlang des Schachtsees, großzügige Driving Range, Hotel, Wellness.

Staßfurt und Umgebung

Das gut 1200 Jahre alte Staßfurt ist in jeder Hinsicht von seiner Vergangenheit als Zentrum des Kalibergbaus geprägt. Im Mittelalter führte die Salzstraße von Halle (Saale) nach Lüneburg hier an einer Furt über die Bode, die natürlich zu Tage tretenden Solequellen bildeten die Grundlage für die aufblühende Salinenindustrie. Erfolgreiche Bohrversuche führten dazu, dass Staßfurt zur ›Wiege des Kalibergbaus‹ wurde. Die ersten Kalischächte der Welt wurden 1852 hier niedergebracht, die ehemaligen Einstiege kann man in der Stadtmitte noch heute besichtigen. Der schon 1893 wieder aufgegebene Bergbau führte aber auch zu einem etwa 200 Hektar großen Bergschadensgebiet, das die Stadt diagonal durchzieht: Bis zu sieben Meter senkte sich die Erde, so dass in den vergangenen Jahrzehnten mehrere Hundert Gebäude im Herzen der Altstadt abgerissen werden mussten, darunter die St-Johannis-Kirche. Deren Modell steht in Eisen am Rande des Stadtsees, der heute die **neue Mitte Staßfurts** bildet, entstanden als Projekt der Internationalen Bauausstellung ›Stadtumbau‹ 2010.

Sehenswerte historische Gebäude sind im heutigen Staßfurt rar gesät, das **Stadt- und Bergbaumuseum** gehört dazu wie der Fachwerkbau der ehemaligen **Adler-Apotheke** (1550) und das **Hackesche Haus**, ein Barockbau im Holländischen Stil (1737). Das **Bachsche Gesellschaftshaus** mit einer Holzgalerie im Stil des Bauernbarock wurde 1885 erbaut, es beherbergt heute das Salzland-Theater. Fans der Industriegeschichte stoßen dagegen in Staßfurt auf ein reiches Erbe: Mit dem **Traditionsbahnbetriebswerk** wurde ein beredtes Zeugnis der deutschen Eisenbahngeschichte bewahrt, das Gäste nicht nur zu den jährlichen Dampflokfesten empfängt.

Das **Fahrzeugmuseum** zeigt in seinem neuen Domizil weit über 300 Fahrzeuge aller Art aus der DDR-Produktion. Und vieles, was praktisch in jedem DDR-Wohnzimmer stand, versammelt die **Ausstellung der Rundfunk- und Fernsehtechnik** aus den ehemaligen VEB Stern-Radio und VEB Fernsehgerätewerk Staßfurt.

Wenige Kilometer östlich der Stadt liegt **Hohenerxleben**, in dessen Schloss man nicht nur fürstlich speisen und nächtigen kann. Vielmehr offeriert hier auch das Ensemble Theatrum ganzjährig ein weit gefächertes Programm.

Hecklingen

Westlich von Staßfurt in Hecklingen liegt ein Kleinod der ›Straße der Romanik‹: die **Klosterkirche St. Georg und Pancratius** (1150–1176), eine der schönsten Basiliken Mitteldeutschlands. Eine Delikatesse für jeden kunsthistorisch Interessierten ist der **Zyklus von 14 Stuckengeln** aus dem 14. Jahrhundert, deren Schönheit dem Betrachter – aus nächster Nähe von der Empore aus besonders gut zu sehen – die Sprache verschlägt. Fachleute sprechen dem Zyklus europäischen Rang zu und sehen in ihm den Höhepunkt des ›sächsischen Byzantinismus‹.

Modell der ehemaligen St.-Johanniskirche in Staßfurts ›neuer Mitte‹

Rosette an der Basilika in Hecklingen

Auf Geheiß des Wolf-Friedrich von Trotha wurde 1611 mit dem Bau des Hecklinger **Stadtschlosses** begonnen, das seine heutige Form um 1720/21 erhielt. Etwa um 1719 entstand der Festsaal im Obergeschoss, der über ein reiches figürliches Stuckornament und eine entsprechende Deckenmalerei verfügt.
Im Hecklinger Ortsteil **Gänsefurth**, bekannt durch die Gänsefurther Quelle, steht das gleichnamige Schloss, dessen Rokokosaal im zweiten Stock des Anbaus sehenswert ist.
Der **Gänsefurther Busch** ist eine singvogelreiche, heute verwilderte Parklandschaft mit einem schönen Wanderweg. Zur Steppenflora im **Weinbergsgrund** gehören die unter Naturschutz stehenden Hahnenfußgewächse.

■ Egeln

Von Hecklingen nach Egeln überquert man den Höhenzug des Hakel, auf dem der Verkehrsflughafen Magdeburg/Cochstedt International liegt. Vor allem im Sommer steuern hier Billigflieger nach Südeuropa, ansonsten Transportmaschinen und der eine oder andere Privatflieger den mit umfangreichen Investitionen umgebauten ehemaligen Militärflugplatz an (www.airport-cochstedt.de).

▲ Karte S. 98

Die kürzeste Verbindung von Magdeburg in den Harz führt an Egeln vorbei und viele nehmen das wörtlich, versäumen so einen Blick in die wohl schönste Barockkirche Sachsen-Anhalts, die **Kirche des ehemaligen Zisterzienserinnen-Klosters Marienstuhl**. Das Kloster wurde 1259 gegründet, die heutige Kirche ist die dritte an gleicher Stelle und wurde 1734 vollendet. Prunkstück ist der komplett hölzerne Hochaltar im Barockstil, der die gesamte Chorbreite ausfüllt. Faszinierend ist die Akustik des Gotteshauses, die auf in die Wände eingelassene Tonkrüge mit verschiedenen Füllungen zurück zu führen ist. Zahlreiche wertvolle Zeugnisse aus der 750-jährigen Klostergeschichte – darunter besonders wertvolle Messgewänder – finden sich im **Klostermuseum**.
Lebhaft geht es auf der **Wasserburg Egeln** zu. 1207 erstmals erwähnt, spielte sie vor allem im Dreißigjährigen Krieg eine große Rolle. Blücher und Graf Bernadotte waren ebenso hier wie die preußische Königin Luise. Heute ist die Burg kulturelles Zentrum der Region mit Museum, Malschule und Freilichtbühne. Im Torhaus kann man heiraten, im historischen Café speisen und in der Burgherberge übernachten. Vom 36 Meter hohen **Bergfried** schaut man über die Egelner Mulde bis zu den Harzgipfeln.

Kunst in der Wasserburg Egeln

Staßfurt und Umgebung

BürgerService Stadtinformation Staßfurt, Steinstr. 38, 39418 Staßfurt, Tel. 03925/981191, www.stassfurt.de; Mo, Mi, Fr. u. Sa 9–12 Uhr, Di 9–12 u. 13–18 Uhr, Do 9–12 u. 13–16 Uhr.

Hotel im Salzland Center, Hecklinger Str. 80, 39418 Staßfurt, Tel. 03925/87000, www.salzlandcenter-online.de; 22 Zi., DZ 89 Euro. Haus im Congresscenter mit Angeboten für alle Aktiven: Erlebnisbad, Sauna, Fitnessstudio, Tennis, Badminton, Bowling.

Hotel Schloss Hohenerxleben, Friedensallee 27, 39443 Staßfurt, OT Hohenerxleben, Tel.03925/989066, www.schloss-hohenerxleben.de; 10 Zi. u. Suiten, DZ ab 66 Euro. Schlafen nach Theater- und Kunstgenuss aller Art. Interessant für Gruppen bis 11 Personen: Schlafen unterm Schlossdach. Selbstgebackenes im Café und Gerichte von regional bis exotisch im Schlossambiente, preiswerter Familientisch oder Radfahrerteller, aber auch Persisches Huhn an Granatapfel-Walnuss-Sauce.

Historisches Café Wasserburg Egeln, Wasserburg 6, 39435 Egeln, Tel. 039268/30861, www.wasserburg-egeln.de; So 14.30–17 Uhr und nach individ. Vorbestellung

Stadt- und Bergbaumuseum Staßfurt, Pestalozzistr. 6, 39418 Staßfurt, Tel. 03925/323133; Di u. Do 10–12 u. 13–17 Uhr und nach Anmeldung. Interessant vor allem für Bergbauinteressierte.

Traditionsbahnbetriebswerk Staßfurt, Güstener Weg, 39418 Staßfurt, Tel. 03925/383800, www.efsft.de; Sa (außer an Feiertagen) 10–15.30 Uhr und nach Anmeldung. Ein Traum für Liebhaber alter Lokomotiven und allem Drumherum. Jährlich Eisenbahnfeste im März, Mai/Juni, Sept., Sonderfahrten mit Traditionszug ›Salzland-Express‹.

Fahrzeugmuseum Staßfurt, Berlepschstr. 14, 39418 Staßfurt, Tel. 0160/97442898, www.fahrzeugmuseum-gloethe.de; Fr–So 11–18 Uhr und nach Vereinbarung. Alles Fahrbare aus der DDR-Produktion vom Zeitzer Kinderwagen über Polizeikräder bis zum Trabi mit Zeltaufbau.

Ausstellung der Rundfunk- und Fernsehtechnik, Löderburger Straße 94, 39418 Staßfurt, Tel. 03925/289280, www.rft-verein-stassfurt.de; Mo–Do 8–14 Uhr, Fr 8–12 Uhr, jeden 1. Sa 9.30–12.30 Uhr. Über 400 historische Geräte von den Anfängen des Rundfunks und Fernsehens bis heute.

Salzland-Theater, Tränental 6, 39418 Staßfurt, Tel. 03925/320017, www.salzland theater.de. Theateraufführungen, Konzerte, Ausstellungen. Sehr schön der Tilly-Saal im Haus (für kleinere Events) mit bemerkenswerter Renaissancedecke.

Strandsolbad, Am Strandbad, 39418 Staßfurt, Tel. 03925/302604; in der Badesaison 10–20 Uhr, während der Schulferien 9–20 Uhr. Das einzige Binnensolfreibad in Mitteleuropa, Sandstrand, großer Spielplatz, Sprungturm.

Tourismuszentrum Löderburger See, Löderburger See 4, 39444 Hecklingen, Tel. 039265/52414, www.am-loederburger-see.de. Viel mehr als ein Badesee (mit FKK-Bereich): Surfen, Segeln, Wasserski (Slipanlage), Tauchbasis, Ruder- und Tretboote, Campingplatz und Restaurant. Dort Frühstück im Strandkorb ordern.

Kanutouristik BodeTramp, Steinstr. 32, 39418 Staßfurt. Tel. 03925/383765 o. 0176/24799952.www.bodetramp.de. Kanuverleih (Kajak, Canadier), Touren auf Bode und Saale, Kanucamp, Fahrradverleih. Paddeln, Grillen, Übernachten allein, zu zweit oder in der Gruppe: das Rundum-Sorglos-Paket.

Der östliche Harz, sein Vorland und das Mansfelder Land bilden den touristisch besonders attraktiven Westen Sachsen-Anhalts. Authentische Zeugen weit zurückreichender Historie und kultureller Glanzzeiten gehen hier mit einer urwüchsigen deutschen Naturlanschaft eine anregende Symbiose ein. Legion ist die Zahl der Harzwanderer seit Goethe, Heine und Hans-Christian Andersen – und jeder, der kommt, entdeckt ihn neu.

DER WESTEN – OSTHARZ UND HARZVORLAND

Der Schlossberg von Quedlinburg, im Hintergrund der Brocken

Entdeckerland um den Brocken

Wernigerode, Halberstadt, Quedlinburg, Aschersleben, Lutherstadt Eisleben, Sangerhausen, Stolberg – wie Brillanten um ein großes Juwel liegen historische Städte um den östlichen Harz. Bad Harzburg, Goslar, Bad Lauterberg und Nordhausen schließen den Ring auf niedersächsischem und Thüringer Gebiet. In ihrer Mitte auf einsamer Höhe der Brocken, 1141 Meter hoch, sturmumtost, 120 Tage im Jahr mit Schnee bedeckt, an 300 Tagen im Jahreslauf das kahle Haupt in den Wolken: »Alles Steine, müde Beine, Aussicht keine, Heinrich Heine« – soll der prominente Wanderer nach einem Aufstieg gedichtet haben. 421 Wanderer sollen 1779 den höchsten Gipfel Norddeutschlands erklommen haben. Heute rechnet man mit rund 200 000, sogar mit geschätzten vier Millionen Besuchern im ganzen Nationalpark Harz. Und dennoch kann, wer will, ganz allein mit sich und seinen Gedanken sein: beim Aufstieg auf die Schnarcher-Klippen zwischen Elend und Schierke, bei der Betrachtung eines kostbaren Reliquiars im Halberstädter Domschatz, einer filigranen Zeichnung in der Feininger-Galerie in Quedlinburg oder den letzten Gedanken des Reformators in dessen Sterbehaus in Lutherstadt Eisleben, bei der Grubenfahrt in die dunkle Tiefe im Röhrigschacht in Wettelrode, dem Einatmen des bislang nicht gekannten Dufts einer Rosen-Neuzüchtung im Europa-Rosarium Sangerhausen, bei einer Ballonfahrt über dem Harzer Seeland oder beim Putten am 18. Loch des Meisdorfer Golfplatzes... – Sachsen-Anhalts Westen ist perfektes Entdeckerland.

Halberstadt

▲ Karte S. 131

Die heutige Kreisstadt (40 500 Einwohner), nennt sich selbst das ›Tor zum Harz‹. 804 durch Karl den Großen zum Bischofssitz erhoben (bis 1648), verlieh König Otto III. 989 das Markt-, Münz- und Zollrecht. Prägend für ihre weitere Geschichte war die Errichtung des Doms St. Stephanus und St. Sixtus, der 1491 geweiht wurde. Mit der Liebfrauenkirche und der Martinikirche mit ihren ungleichen Türmen bestimmt er die charakteristische Silhouette der Stadt. Im April 1945 zerstörte ein alliierter Bombenangriff 82 Prozent der Altstadt. Die Sanierung und der Wiederaufbau des Stadtkerns insbesondere in den 1990er Jahren, der mit dem Bau des neuen Rathauses (1998), vor dem die Rolandstatue steht, seinen Abschluss fand, gelten als beispielhaft in Deutschland.

Für Gaumenfreuden und Genüsse aller anderen Art ist Halberstadt ein gutes Pflaster. 1883 gründete Friedrich Heine seine Wurstfabrik und wurde 1896 mit einem speziellen Patent ›Vater‹ der Wurstkonserve, als er die nach seinem ebenfalls patentierten Kaminrauchverfahren hergestellten Würstchen in die Dose brachte. Das Ganze kann man sich noch heute bei Führungen im Unternehmen anschauen, Verkostung der Produkte inklusive.

Noch älter ist die Halberstädter Theatertradition. 1812 erhielt die Stadt ihr erstes Stadttheater, in dem später Mimen wie Gustaf Gründgens und Theo Lingen debütierten. Heute offeriert das Ensemble des Nordharzer Städtebundtheaters ein experimentierfreudiges Programm in Großem Haus und Kammerbühne, aber

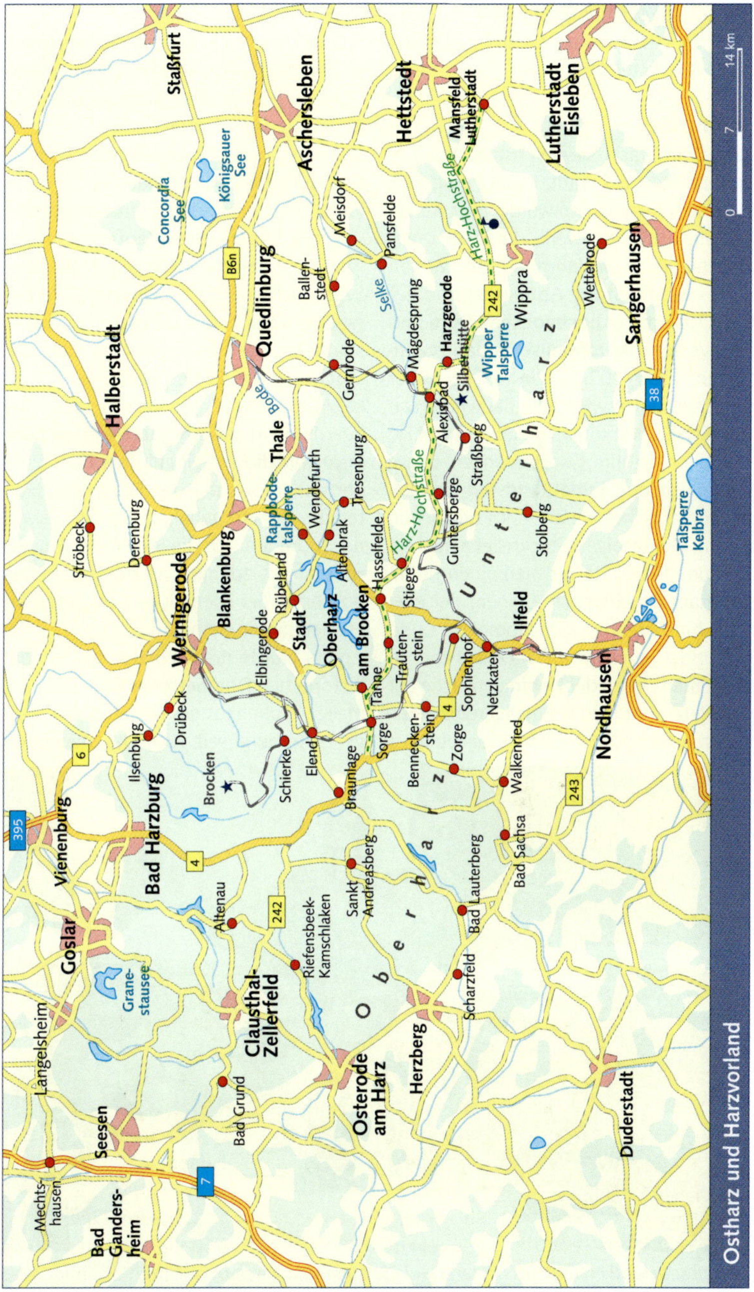
Ostharz und Harzvorland
Bad Gandersheim
Mechtshausen
Seesen
Langelsheim
Goslar
Granestausee
Vienenburg
Bad Harzburg
Clausthal-Zellerfeld
Bad Grund
Altenau
Riefensbeek-Kamschlaken
Osterode am Harz
Herzberg
Scharzfeld
Bad Lauterberg
Sankt Andreasberg
Bad Sachsa
Walkenried
Zorge
Braunlage
Oberharz
Unterharz
Brocken
Ilsenburg
Drübeck
Schierke
Elend
Sorge
Benneckenstein
Tanne
Trautenstein
Sophienhof
Netzkater
Ilfeld
Nordhausen
Duderstadt
Wernigerode
Elbingerode
Stadt Oberharz am Brocken
Rübeland
Blankenburg
Derenburg
Ströbeck
Halberstadt
Rappbode-talsperre
Wendefurth
Altenbrak
Hasselfelde
Stiege
Tresenburg
Thale
Bode
Quedlinburg
Gernrode
Ballenstedt
Mägdesprung
Alexisbad
Harzgerode
Silberhütte
Straßberg
Guntersberge
Stolberg
Harz-Hochstraße
Selke
Pansfelde
Meisdorf
Aschersleben
Concordia See
Königsauer See
Staßfurt
Hettstedt
Mansfeld Lutherstadt
Lutherstadt Eisleben
Wippra
Wipper Talsperre
Wettelrode
Sangerhausen
Talsperre Kelbra
B6n
242
243
4
6
395
7
38
0
7
14 km

auch in Quedlinburg und auf den Freilichtbühnen des Harzes und im Wasserschloss Westerburg.

Domplatz

Der Domplatz ist gleichsam das Geschichtsbuch der Stadt, in dem gründlich zu ›lesen‹ Tage dauern würde. Hier stehen die wichtigsten Bauwerke der Stadt, sechs Baustile aus neun Jahrhunderten zählen die Experten. Stolze Antipoden sind auf der Ostseite der **hochgotische Dom** und im Westen die **romanische Liebfrauenkirche** (1005/1020). Wie ihr Gegenüber zählt sie zu den wichtigen Bauwerken an der ›Straße der Romanik‹, berühmt ist sie vor allem für ihre Chorschranken. Diese zählen zu den bedeutendsten Beispielen romanischer Plastiken im deutschen Raum. Die farbigen Stuckreliefs entstanden um 1200. Startet man einen Rundgang am Drachenloch - einem der ehemals fünf Zugänge zum Domplatz - und umrundet den Platz im Uhrzeigersinn, so stößt man neben der Liebfrauenkirche auf den **Petershof**, den ehemaligen **Bischofspalast**, ein imposantes Renaissanceschloss (1560), in dem heute die Stadtverwaltung residiert. Im Nordflügel, der **Peterskapelle** (14.Jh.), fand nach behutsamer Restaurierung 2000 die Stadtbibliothek ihre Heimstatt. Für junge Leseratten besonders spannend: In der Kinderbibliothek wurden drei Gefängniszellen erhalten.

Früher mitten auf dem Domplatz, findet sich der **Lügen- oder Teufelsstein** seit 1870 auf seinem heutigen Platz. Der Sage nach soll die kreisförmige Vertiefung vom glühenden Daumen des Teufels stammen, der so seinem Ärger über die Errichtung des Doms (statt einer Schänke) Ausdruck gab. Richtiger ist wohl, dass der Stein ein Gesetzesstein war, an dem in vorchristlicher Zeit auf dem Thingplatz am hohen Südufer des Flüsschens Holtemme Gericht gehalten wurde. Unweit davon finden sich die **Steine der Erinnerung** zum Gedenken an die letzten Deportierten der ehemals großen jüdischen Halberstädter Gemeinde.

An der Nordseite des Platzes stehen die historischen **Domherrenkurien**: Das ehemalige Wohnhaus des Freiherrn von Spiegel beherbergt seit 1905 das **Städtische**

Volksfest in Halberstadt, im Hintergrund die Liebfrauenkirche

▲ Karte S. 133

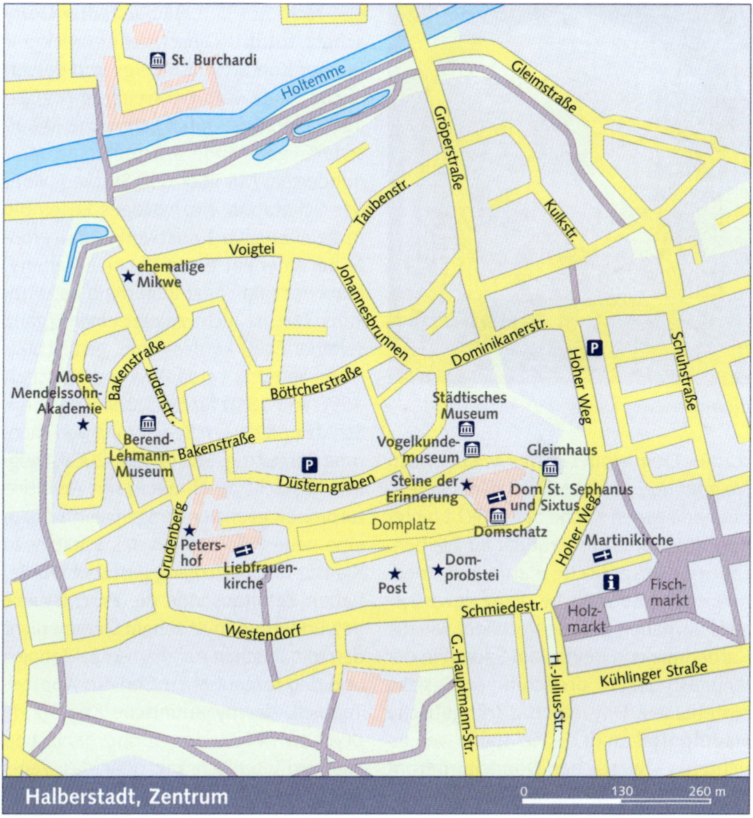

Museum, das nach seinem Begründer Ferdinand Heine benannte **Heineanum** ist eine der größten deutschen Vogelsammlungen.

Im Fachwerkhaus Domplatz 31 (16.Jh.) befindet sich eine bedeutende Forschungsstätte zur Literatur- und Kulturgeschichte der Aufklärung, das **Gleimhaus**. Durch den Dichter und Sammler Johann Wilhelm Ludwig Gleim (1719–1803) wurde Halberstadt zu einem weltweit beachteten literarischen Zentrum. In seinem ›Freundschaftstempel‹ trug Gleim die größte Dichter-Porträtgalerie seiner Zeit zusammen. Diese, die über 10 000 Handschriften und eine historische Bibliothek – schon 1805 von Goethe bewundert – sind die Kernstücke der Ausstellung.

Im Süden schließlich, den Gang durch die Geschichte und den Platz komplettierend, steht das ehemalige **Domgymnasium** und die **Dompropstei**, die beide heute zur Hochschule Harz gehören, sowie das neoromanische **Postgebäude**.

Dom und Domschatz

Der Dom St. Stephanus und St. Sixtus (1236–1491) gehört zu den bedeutendsten Bauwerken Sachsen-Anhalts. Dies zu hören würde seine Bauherren gewiss in höchstes Entzücken versetzen, denn schon beim Bau schaute das Halber-

Im Inneren des Doms

städter Domkapitel immer wieder nach Magdeburg, getrieben von dem Ehrgeiz, mit der eigenen Kirche nur ja nicht hinter den ›Konkurrenten‹ zurück zu bleiben. Die ›reinste gotische Kathedrale‹ nennen ihn heute manche, ganz gewiss jedenfalls haben geniale Vorbilder wie die Kathedrale von Reims ihre Spuren in der langgestreckten, dreischiffigen Basilika hinterlassen. Hat man das **frühgotische Hauptportal** an der – viel später neu errichteten – westlichen Doppelturmfront durchschritten, wird schnell sichtbar, was den Dom so besonders macht: Der Innenraum blieb von nachmittelalterlichen Veränderungen weitgehend verschont, hell strahlen die **290 mittelalterlichen Glasmalereien** in den Fenstern des Chores, beeindruckend ist die monumentale **Triumphkreuzgruppe** über dem Lettner. Diese stammt aus dem ottonischen Vorgängerbau aus der Zeit um 1210/20. Sie wurde aus verschiedenen Hölzern gefertigt und hat eine Höhe von 5,15 Metern. Allein die Einzelfiguren sind ca. 2,40 m groß. Die ganze Gruppe war ursprünglich farbig gefasst und gehört zu den wichtigsten plastischen Kunstwerken auf deutschem Boden aus dieser Zeit. Ein Superlativ, der, viel weiter greifend, erst recht auf den **Halberstädter Domschatz** zutrifft. Dieser geht zurück auf Bischof Konrad von Krosigk und dessen reiche Beute vom IV. Kreuzzug (1202–1204), ergänzt durch zahlreiche liturgische Gegenstände aus mehreren Jahrhunderten. Mit über 650 Stücken bildet der Schatz ein einzigartiges Ensemble mittelalterlicher Kunstwerke, das größte bei einer einzelnen Kirche erhaltene, mancher sagt sogar außerhalb des Vatikans. Das ist nicht zuletzt einem (ganz seltener Fall!) konfessionell gemischten Domkapitel zu verdanken, das zwischen 1590 und 1810 für die Kathedrale, ihren Schatz und dessen Bewahrung und Mehrung Sorge trug. Seit im Jahr 2008, möglich gemacht durch einen mit Architekturpreisen geehrten kongenialen Anbau, eine neue Präsentation des Schatzes in Klausur und Kreuzgang gestaltet wurde, haben Zehntausende die Prachtstücke bewundert: in mystischem Dämmerlicht den romanischen Abraham-Engel-Teppich und den romanischen Christus-Apostel-Teppich, das byzantinische Konsulardiptychon (417), den spätromanischen Halberstädter Schrank oder das Venezianische Kristallkreuz (13.Jh.). »Der Schatz‹, so Kenner, ›ist in ein neues, bezauberndes Licht getaucht«.

Der Halberstädter Domschatz

▲ Karte S. 133

Fachwerkhäuser in der Vogtei

Altstadt

Immerhin noch etwa 450 vorwiegend im **niedersächsischen Fachwerkstil** erbaute Häuser lohnen einen Gang durch Voigtei, Bakenstraße, Gröperstraße, Rosenwinkel, Grudenberg, Grauen Hof, Steinhof und Westendorf in der historischen Altstadt, bei dem man sich zugleich über die reiche und wechselvolle jüdische Geschichte Halberstadts informieren kann. Der **Torbogen in der Judenstraße** gehörte einst zum Wohnhaus des jüdischen Bankiers Berend Lehmann. Er war Bankier des sächsischen Königs August des Starken und ließ 1706 die Halberstädter Synagoge errichten. Das **Berend-Lehmann-Museum** besteht aus einem Mikwenhaus, einer Bibliothek und dem Café Hirsch. Das **ehemalige Rabbinerseminar** im Rosenwinkel 18 ist jetzt Sitz der Moses-Mendelssohn-Akademie und im Seidenbeutel 2 kann eine **ehemalige Mikwe** besichtigt werden. In der Bakenstraße erinnert **Bollmanns Gaststätte** an Minna Bollmann, die 1919/20 für die SPD Mitglied der Weimarer Nationalversammlung war und danach als eine der ersten Frauen in den Preußischen Landtag gewählt wurde.

Unabdingbar ist der Besuch der ehemaligen **Klosterkirche St. Burchardi**, die man nördlich der Altstadt findet. Die turmlose romanische Basilika ist Ort eines weltweit einmaligen Kunstprojekts. 639 Jahre war es im Jahr 2000 her, dass in Halberstadt die erste Großorgel der Welt gebaut wurde. Seit dem 5. September 2001, dem Geburtstag des 1992 verstorbenen amerikanischen Komponisten John Cage, läuft in der Kirche das Stück ›Organ2ASLSP‹ (As Slow As Possible). Und genau 639 Jahre soll es auch laufen. Zum letzten, dem 13. Klangwechsel 2013 kamen 1500 Fans in die Kirche, seitdem gibt es den ersten Dreiklang aus sechs Orgelpfeifen. Der nächste Klangwechsel findet am 5. September 2020 statt.

Das längste Orgelstück der Welt

Halberstadt hat eine lange Orgeltradition: 1361 baute Nikolaus Faber im Halberstädter Dom die große Blockwerkorgel, welche die erste liturgisch genutzte Orgel wurde. In Halberstadt befinden wir uns am Beginn der kirchenmusikalischen Nutzung der Orgel. Es muss also nicht verwundern, wenn die innovative Idee des längsten Orgelstückes der Welt in eben diesem Halberstadt im Vorharz geboren wurde. Geschrieben hat es in einer ersten Fassung bereits 1985 der amerikanische Komponist John Cage, Schüler u.a. von Arnold Schönberg. Die zweite Version des Stückes Organ2/ASLSP, die Cage dem Essener Organisten Fred Zacher widmete, stammt von 1987. Die Tempovorschrift ist zugleich der Untertitel des Stückes: ›As SLow aS Possible‹ (ASLSP). Ursprünglich will es der Komponist für einen Schüler konzipiert haben, zum Vorspiel. Mit eben dieser Tempoanweisung. In Halberstadt fragte man sich: ›Wie langsam ist so langsam als möglich?‹ Und legte kleine Sandsäckchen auf die Orgeltasten.

Der 1992 verstorbene Komponist konnte den Beginn des Werkes leider nicht mehr erleben. Zum 89. Geburtstag von John Cage am 5. September 2001 startete die Aufführung in der Halberstädter St. Burchardi-Kirche. Das Instrument für die Aufführung wird mit jeder Fortführung des Werks weiter und ausschließlich für dieses Werk gebaut. Das Stück endet am 4. September 2640 und hat dann eine Spieldauer von 639 Jahren gehabt.

Begonnen hatte das Stück mit einer anderhalbjährigen Pause. Am 5. Februar 2003 erfolgte der erste Klangwechsel, ein Akkord aus drei Pfeifentönen. Der 13. Klangwechsel erfolgte am 6. Oktober 2013. Der nun zu hörende Fünfklang wird bis zum nächsten Klangwechsel am 5. September 2020 stehen bleiben. Eine buddhistische Zeitschrift fasste das Stück zusammen: ›Zum Raum wird hier die Zeit.‹ Die ZEIT fragte sich, ob denn hier das ›Summen Gottes‹ zu hören sei. Jedenfalls kommen zu jedem Klangwechsel viele Menschen in die Ruine der ehemaligen Zisterzienser-Klosterkirche St. Burchardi. Sie ist eine der ältesten Kirchen der Stadt, säkularisiert seinerzeit unter Napoleon, nach dem Zweiten Weltkrieg als Schweinestall genutzt, und jetzt dient sie also als Ort ›des Summens Gottes‹. Wahrlich eine wunderliche Geschichte. 2006 wurde in Halberstadt die John-Cage-Akademie gegründet, die den John-Cage-Wettbewerb ausschreibt und Meisterkurse mit jungen Musikern veranstaltet. Übrigens: Wer 1000 Euro investieren möchte, kann sich ein Klangjahr bis 2640 reservieren und dafür seine Gedanken auf einer Metalltafel in der Kirche artikulieren...

Orgelinstallation in der St. Buchardi-Kirche in Halberstadt

Spiegelsberge

Ab 1763 ließ der Domherr Ernst Ludwig Christoph Freiherr Spiegel zum Diesenberg (1711–1785) einstmals kahle Höhenzüge im Süden der Stadt aufforsten und zu einem **Landschaftspark** mit Grotten, Belvedere und einem Jagdschloss gestalten, der heute Teil der sachsen-anhaltischen ›Gartenträume‹ ist. Beindruckend ist das **Renaissance-Portal** (1606) am Kellereingang des **Jagdschlosses**, das Spiegel vom baufällig gewordenen nahen Schloss Gröningen übernehmen ließ. Ebenso wie das älteste erhaltene **Riesenweinfass** Deutschlands und des ausgehenden 16. Jahrhunderts weltweit (laut Guiness-Buch-Eintrag von 2008), das im Keller steht. Das Fass hat ein Fassungsvermögen von 144 000 Litern und wurde vom berühmten Fassbaumeister Michael Werner aus Landau gebaut. 2010 wurde es nach über 400 Jahren für kurze Zeit erstmals wieder mit Wein gefüllt. 1783 übrigens trafen sich – gelegentlich eines Festes, das Spiegel für die durchreisende Herzogin Anna Amalia von Sachsen-Weimar gab – Goethe und Gleim im Jagdschloss, in dessen Restaurant man auch heute dinieren und in der Schloss-Suite nächtigen kann.

Langenstein

Das vor den Toren Halberstadts gelegene Langenstein ist aus mehreren Gründen einen Abstecher wert. Um das **Barockschloss** (heute ein Therapiezentrum für Autisten) der Freifrau Maria von Branconi herum – deren häufiger Gast Goethe war – entstand im 19. Jahrhundert ein sehr schöner 20 Hektar großer **Landschaftspark**.

Unweit davon kann man auf der Altenburg und am Schäferberg in ganz andere Welten eintauchen – in die einzigartigen **Höhlenwohnungen** von Langenstein. Auf der Altenburg vermutet man die ersten

Eingang zu einer Höhlenwohnung in Langenstein

Höhlen schon seit der germanischen Siedlungszeit. In jedem Fall wurden zwei Höhlen zu Wohnungen ausgebaut, nachdem die dem Bischof Ulrich von Halberstadt seit 1177 als Sommerresidenz dienende Burg um 1653 aufgegeben worden war. Gegenüber, auf dem Schäferberg, wurden diese Behausungen von Landarbeitern nach 1855 in die Sandsteinwände gegraben. Bis 1910 lebten in dieser in Deutschland einmaligen Höhlenstraße Familien in Wohnzimmer, Schlaf- und Kinderstube, Küche und Vorratsraum. 100 Jahre dienten die Wohnungen dann als Ställe und Keller, seit einigen Jahren können sie, originalgetreu wieder eingerichtet, besichtigt werden.

Im Ortsteil Zwieberge liegt die **Mahn- und Gedenkstätte für die Opfer des Konzentrationslagers Langenstein-Zwieberge**. Über 7000 Häftlinge aus 23 Ländern mussten in diesem Außenlager des KZ Buchenwald ab 1944 unter unmenschlichen Bedingungen ein 13 Kilometer langes Tunnelsystem für die Rüstungsproduktion in das Massiv der Thekenberge treiben. Viele von ihnen kamen ums Leben.

Rund um Huy und Fallstein

Die beiden bewaldeten Höhenzüge ragen malerisch aus dem nordöstlichen Harzvorland heraus und bieten, gönnt man sich an ihnen entlang eine gelassene Fahrt auf der B 79 in Richtung Osterwieck, faszinierende Blicke auf den steil aus der Ebene aufsteigenden Harznordrand mit dem von hier besonders majestätisch wirkenden Brocken.

■ Schachdorf Ströbeck

Seit 1000 Jahren ist Ströbeck Heimat des Schachspiels, zahlreich sind die Verzierungen, die an vielen Häusern davon erzählen. Der **Schachturm** verweist mit einer schönen Legende auf den Beginn dieser Tradition: Ein dort 1011 durch den Halberstädter Bischof festgesetzter vornehmer Kriegsgefangener lehrte die Bauern das Schachspiel, das seither von Generation zu Generation weitergegeben wird. Seit 1823 ist Schach Pflichtfach in der Schule, 1991 entstand das erste öffentliche Schachmuseum Deutschlands, das heute seinen Platz im Fachwerkbau des alten Rathauses seinen Platz gefunden hat. Unmittelbar davor, am Platz am Schachspiel, wird zu festlichen Anlässen, bei Schachkongressen oder größeren Turnieren auf den ins Pflaster

Schachplatz in Ströbeck

▲ Karte S. 131

eingelassenen schwarz-weißen Feldern Lebendschach gespielt, wie vermutlich schon seit 1688. Das aus Schülern bestehende Ensemble trägt heute Kostüme, die auf traditionelle Berufe in der Region um 1850 verweisen.

■ Kloster Huysburg

Inmitten der Wälder des Huy liegt, an der ›Straße der Romanik‹ und am Jakobus-Pilgerweg, das Benediktinerkloster Huysburg. In der Nachfolge einer karolingischen Burganlage, einer 1038 entstandenen Marienkirche und eines Frauenklosters für Einsiedlerinnen wurde 1084 ein Mönchskloster gegründet. 1121 wurde die **romanische Abteikirche** geweiht. Mit ihrer schlichten und hellen Gestaltung – barockgeprägt im Inneren – ist sie ein bedeutendes Bauwerk der sächsischen Romanik. Das Kloster, einst eines der reichsten im Harzvorland, ist seit 1972 wieder Sitz für einen Convent der Benediktinermönche. Die Teilnahme am Stundengebet der Mönche steht jedem offen. **Klostercafé** und -laden sind ebenso gastfreundlich wie das Ekkehardhaus, in dem man tagen und übernachten kann. Wenige Kilometer nördlich des Huy liegt als weitere Station der ›Straße der Romanik‹ das **Wasserschloss Westerburg**. Sie gilt als die älteste noch erhaltene Wasserburg Deutschlands und beherbergt heute ein nachgefragtes Wellness-Hotel. Der Kunsthof Röderhof mit stets interessanten wechselnden Ausstellungen findet sich im gleichnamigen Ortsteil der Gemeinde Huy.

Osterwieck

Über 1025 Jahre alt ist die Fachwerkstadt (11 700 Einwohner) zwischen Fallstein und Huy. Schon von weitem sichtbar ist die romanische Turmfront (11. Jh.) der **St. Stephani-Kirche** – einer der frühesten protestantischen Kirchenbau-

In der Altstadt von Osterwieck

ten (16. Jh.) in Deutschland mit besonders wertvollen Steinmetzarbeiten an Kreuzgewölbe und Buntsandsteinpfeilern – um die sich eine sehenswerte Altstadt schmiegt. **162 Fachwerkhäuser** aus fünf Bauepochen, viele davon perfekt erhalten oder saniert, säumen die verwinkelten Gassen mit ihrem zum Teil mittelalterlichen Kopfsteinpflaster.

Von der Stephani-Kirche aus führen zwei **Rundgänge** zu den schönsten Objekten: dem **Fachwerkensemble Schäfers Hof** (1702) mit Taubenturm und Bauerngarten in der Kapellenstr. 27, durch Neukirchenstraße, Tralle und Mittelstraße und zur Schulzenstraße mit dem **Heimatmuseum Altes Rathaus** (1256) und dem **Eulenspiegelhaus**. Dieses reich verzierte Gebäude wurde 1968 nur durch den lautstarken Protest der Denkmalschützer vor dem Abriss gerettet.

Im Ortsteil **Zilly** geht es immer am Wochenende nach Pfingsten besonders lebhaft zu, wenn zum **Oldtimer-Festival** in die Harzer Bike-Schmiede geladen wird. Attraktion ist dann das so genannte Monsterbike, ein Motorrad der Superlative: fast fünf Tonnen schwer, mit einem 800-PS-Motor aus einem russischen T55-Panzer hat es den Weg in das Guiness-Buch der Rekorde geschafft. Was der gegenüber der Bike-Schmiede liegenden **Wasserburg** (14. Jh.) wohl nicht gelingen wird, deren Besuch dennoch lohnt.

i Halberstadt und Umgebung

Vorwahl: 03941
Postleitzahl: 38820
Halberstadt-Information, Hinter dem Rathause 6, Tel. 551815, www.halberstadt.de; Mai–Okt. Mo–Fr 10–18 Uhr, Sa 10–14 Uhr, So 10–13 Uhr, Nov.–April Mo–Fr 10–18 Uhr, Sa 10–13 Uhr.
Tourist- und Stadtinformation Osterwieck, Am Markt 10, 38835 Osterwieck, Tel. 03942/793555, www.stadt-osterwieck.de; Di–Fr 10–15 Uhr.

Villa Heine, Kehrstr. 1, Tel. 31400, www.hotel-heine.de; 60 Zimmer, DZ ab 139 Euro. Ambiente stilvoll, perfekter Wellnessbereich, eigene Brauerei mit Biergarten.
Hotel garni Am Grudenberg, Grudenberg 10, Tel. 69120, www.hotel-grudenberg.de; 21 Zi., DZ ab 80 Euro. Mitten in der Altstadt, historisches Gebäude mit schönem Innenhof (Frühstück im Sommer!). Speziell: Wellnesszimmer mit Wasserbett und eigener Sauna (120 Euro).
Landhotel Schäferhof Langenstein, Quedlinburger Str. 28a, Halberstadt, OT Langenstein, Tel. 613841, 614686, www.schaeferhof-langenstein.de; 20 Zi., DZ ab 65 Euro. Wohnen im denkmalgeschützten Vierseitenhof, Hofladen und Kreativwerkstatt. Speisekarte hält, was der Name verspricht: Schäfersuppe, Lammkeule, Lammbrust (und anderes...).
Benediktinerpriorat Ekkehard-Haus, Huysburg 2, 38838 Huy-Dingelstedt, Tel. 039425/961300, www.huysburg.de; 30 Zi., DZ ab 70 Euro. Moderne, schlichte Zimmer, angemessen für Ruhesuchende.
Hotel & Spa Wasserschloss Westerburg, Westerburg 34, 38836 Dedeleben, OT Westerburg. Tel 039422/9550, www.

hotel-westerburg.de; 45 Zi., DZ ab 140 Euro. Themenzimmer und -suiten, barocke Schlosskapelle von 1681.

Restaurant Jagdschloss, In den Spiegelsbergen 6, Tel. 583995, www.jagdschloss-halberstadt.de. Vorspeisenplatte à la Jagdschloss wechselnd nach der Kreativität des Küchenchefs, die Preiselbeeren zum zarten Wildschwein stammen von Büschen, deren ›Vorfahren‹ Freiherr von Spiegel im 18. Jahrhundert anpflanzen ließ.

Restaurant Olive, Bakenstr. 1, Halberstadt, Tel. 625159, www.restaurant-olive.de. Beste Adresse für mediterrane Küche und Weine in Halberstadt.

Museumscafé Hirsch, Bakenstr. 57, Tel. 583238, www.moses-mendelssohn-akademie.de. Jüdische Gerichte aus aller Welt, viel Vegetarisches, hausgebackener Kuchen.

Kaffeerösterei Löper, Trillgasse 2, Halberstadt, Tel. 621933, www.kaffeeroesterei-loeper.de. Kaffespezialitäten aus aller Herren Länder, frisch geröstet, dazu feine Kuchen und Torten.

Kaffee Mitte, Mittelstr. 35, 38835 Osterwieck, Tel. 0160/94769970. Kaffee, Kuchen, Kunst und Kultur im Herzen der Fachwerkstadt. Den Weg weist das Schokoladenmädchen über der Mittelstraße.

Domschatz Halberstadt, Domplatz 16a, Tel. 24237, www.dom-und-domschatz.de; April -Okt. Di-Sa 10-17.30 Uhr, So/Fei. 11-17.30 Uhr, Nov.-März Di-Sa 10-16 Uhr, So/Fei 11-16 Uhr.

Burchardikirche (John-Cage-Projekt), Am Kloster 1, www.john-cage-halberstadt.de; April -Okt. Di-So 11-17 Uhr, Nov.-März Di-So 12-16 Uhr.

Berend-Lehmann-Museum für jüdische Geschichte und Kultur, Judenstr. 25/26, Tel. 567050, www.moses-mendelssohn-akademie.de; Mai-Okt. Di-So 10-17 Uhr, Nov-April Di-So 10-16 Uhr.

Gleimhaus, Domplatz 31, Halberstadt, Tel. 68710, www.gleimhaus.de; Mai-Okt. Di-So 10-17 Uhr, Nov.-April Di-So 10-16 Uhr.

Museum Heineanum, Domplatz 36, Tel. 551460, www.heineanum.de.

Schachmuseum Ströbeck, Platz am Schachspiel 97, 38822 Schachdorf Ströbeck, Tel. 039427/99850, www.schachmuseum-stroebeck.de; April -Okt. Di-So 13-17 Uhr, Nov.-März 13-16 Uhr.

Wohnhöhlen Langenstein, Schäferberg 35, 38895 Langenstein, Tel. 03941/602108 oder 613841.

Nordharzer Städtebundtheater, Theaterkasse Spiegelstr. 20a, Tel. 696565, www.harztheater.de.

Freizeit- und Sportzentrum Halberstadt, Gebrüder-Rehse-Str. 12, Tel. 68780, www.fsz-halberstadt.de; Tennis, Badminton, Squash, Fitness-Beauty-Land und sechs Saunen mit Premium-Siegel.

Halberstädter Würstchen- und Konservenvertriebs GmbH, Fabrikverkauf, Große Ringstraße, Tel. 31100, Mo-Fr 8-19 Uhr, Sa 8-16 Uhr.

Schachladen Renate Krosch, Platz am Schachspiel 55, 38822 Schachdorf Ströbeck, Tel. 039427/96173, www.schach-renate-krosch.de; Alles zum Schach, von Spielen über Literatur bis zu Pralinen und Souvenirs.

Fallstein-Apotheke, Bahnhofstr. 16, 38835 Osterwieck, Tel. 039421/69520, www.fallstein-apotheke.de; Brand Schmalian war im Mittelalter ein berühmt-berüchtigter Osterwiecker. Seinen Namen trägt der Kräuterlikör (Enzian, Chinarinde, Zimt und Weiteres nach einem 150 Jahre alten Rezept), den es nur in dieser Apotheke gibt.

Karte S. 133

Blankenburg (Harz)

Weithin sichtbar über dem Kurort am Harzrand (20 500 Ew.) thront das **Große Schloss**, dessen auf blankem Stein errichtete Vorgängerburg der 1212 erstmals erwähnten Stadt ihren Namen gab. Die Geschichte des Schlosses, wie des ganzen Ortes, ist eng mit dem Herzogtum Braunschweig-Wolfenbüttel und dem Geschlecht der Welfen verbunden. Das einst repräsentative Barockschloss (1705–1731 erbaut), heute sanierungsbedürftig und nur teilweise zu besichtigen, war bis 1945 Familienwohnsitz des letzten regierenden Herzogs von Braunschweig-Lüneburg und dessen Gattin Viktoria Luise, der einzigen Tochter des deutschen Kaisers Wilhelm II.

Im **Berggarten** unterhalb des Schlosses stehen das **Teehäuschen** und der **Prinzessinnenturm**. Seinen Namen erhielt der ehemalige Wehrturm in der Stadtmauer, als er nach dem Umbau Anfang des 18. Jahrhunderts den Töchtern des Herzogs Ludwig als Spinn- und Spielturm diente.

Nur durch die Stadtmauer getrennt, findet sich stadtwärts der prächtige **Terrassengarten**, als Musterbeispiel barocker Gartenbaukunst im französischen Stil heute Teil der sachsen-anhaltischen ›Gartenträume‹. Das am Fuße der Terrassen für die Herzogin Christine Luise 1725 erbaute **Gartenhaus** trägt, nach späteren repräsentativen Umbauten, den Namen ›Kleines Schloss‹.

Von hier aus führt ein Rundgang durch die verwinkelten Gassen der Altstadt zum historischen **Rathaus** (15. Jh.), dem kleinen aber feinen **Herbergsmuseum**, der gotischen **Bartholomäuskirche** und zum **ältesten Fachwerkhaus** der Stadt in der Bäuerschen Str. 16, einem typischen Harzer Ständerbau aus der Zeit um 1430.

Rund um Blankenburg

Noch am Stadtrand, wenige Schritte von den barocken Schlossgärten entfernt, steht mit dem ›Großvater‹ der erste Felsen des westlichen Teils des **Naturdenk-**

Blick über Blankenburg auf das Große Schloss und den Ziegenkopf

mals Teufelsmauer. Wagemutige werden nach dem kurzen Aufstieg auf den Felsen mit einem fantastischen Rundblick über Blankenburg und das Harzvorland belohnt. Über fünf Kilometer führt der **Löbbecke-Stieg** als Kammweg über die Felsen bis nach Timmenrode, wo das ›Hamburger Wappen‹, eine auffällig dreigeteilte Felsformation, an das Wappen der Hansestadt erinnert. In ihrer ganzen Länge zieht sich die Teufelsmauer fast 20 Kilometer weiter über Rieder bis nach Ballenstedt. Viele der bizarren Felsen– die zu den ältesten Naturschutzgebieten Deutschlands gehören – tragen Eigennamen, so die wahrscheinlich am meisten besuchten Adlersklippen mit Mittelstein und Königsstein bei Wedderstedt. Viele Sagen ranken sich um die Mauer, die geologisch betrachtet, Teil der Harznordrandverwerfung ist. Eine geht so: Im Streit um den Besitz der Erde einigten sich Gott und Teufel darauf, dass der Teufel das erzhaltige Harzgebirge bekommen solle, wenn er bis zum ersten Hahnenschrei eine Grenzmauer darum fertig hätte. Als noch ein einziger Stein fehlte, krähte der Hahn im Korb einer Marktfrau aus Cattenstedt (wahlweise auch aus Timmenrode), die noch im Dunklen auf dem Weg nach Blankenburg über einen Stein gestolpert war. Die Arbeit war vergeblich und der Teufel zerschlug wütend sein Werk. Wie auch immer: Location Scouts haben die Mauer längst entdeckt, in Filmen wie Die Päpstin, Black Death oder Der Medicus kann man sie wieder finden.

Nicht minder romantisch ist die Szenerie auf der **Burg Regenstein**, drei Kilometer nördlich von Blankenburg auf einem markanten Felssporn gelegen. Die Festung ist heute als Museum gestaltet, Falknerei und Ausflugslokal inklusive.

Burg Regenstein bei Blankenburg

▲ Karte S. 131

Ein Refugium ganz besonderer Art ist das einstige **Kloster Michaelstein** (1146), heute auch Sitz der Musikakademie Sachsen-Anhalt für Bildung und Aufführungspraxis. Kreuzgang, Refektorium und Kapitelsaal strahlen die erhabene Schlichtheit einer Zisterzienserabtei (›Straße der Romanik‹) aus. In zwei **Klostergärten** wachsen über 250 Pflanzenarten, von Heilkräutern über Gemüse bis zu historischen Apfelsorten. Die Musikausstellung spürt kongenial der Entwicklung von Klang, Zeit und Raum über die Jahrhunderte nach. Beim ›Klosterfischer‹ munden die fangfrischen Forellen nicht nur den Gästen der Kurkliniken von nebenan.

Nach **Derenburg** zieht es Besucher vor allem wegen der **Harzkristall-Glasmanufaktur**. Diese gehört zu den wenigen noch produzierenden Mundglashütten in Deutschland – beim Blasen einer Glückskugel kann man seine Geschicklichkeit unter Beweis stellen. Das ›Meisterstück‹ darf dann auch mitgenommen werden – wie tausende anderer Produkte im großen Glasmarkt. Um die Hütte ist eine grüne Oase mit Hüttengarten und Abenteuerspielplatz geschaffen worden.

Blankenburg

Vorwahl: 03944

Tourist- und Kurinformation Blankenburg (Harz), Schnappelberg 6, 38889 Blankenburg (Harz), Tel. 2898, www.blankenburg.de.

Hotel Gut Voigtländer, Am Thie 2, 38889 Blankenburg (Harz), Tel. 36610, www.gut-voigtländer.de; 21 Zi, 1 Fewo, DZ ab 90 Euro. Schöne Atmosphäre im fachgerecht sanierten ehemaligen Gutshof, direkt am Kurpark.

Hotel Viktoria Luise, Hasselfelder Str. 8, 38889 Blankenburg (Harz), Tel. 91170, www.viktoria-luise.de; 15 Zi., DZ ab 60 Euro. Restaurierte Jugendstilvilla, Lesen im Kaminzimmer, Kaffee auf der Terrasse mit Blick über die Stadt, nach der Sauna in den Weinkeller.

Berggasthof und Pension Ziegenkopf, Ziegenkopf 1, 3889 Blankenburg (Harz), Tel. 353260, www.ziegenkopf.de; 14 Zi., DZ ab 59 Euro. Hoch über der Stadt, Sonnenuntergang vom 30 Meter hohen Aussichtsturm bestaunen. Spezialität im Restaurant: Hefeklöße in 20 Varianten nach Rezept von 1872, darunter der ›größte Hefekloß der Welt‹.

Restaurant Zum Klosterfischer, Michaelstein 14, 38889 Blankenburg (Harz), Tel. 351114, www.klosterfischer.de. Forelle in allen Varianten im Restaurant und auf der Terrasse, in der Wandergaststätte Fischimbiss und Verkauf.

Kloster Michaelstein, Michaelstein 3, 38889 Blankenburg (Harz), Tel. 90300, www.kloster-michaelstein.de; April –Okt. tgl. 10–18 Uhr, Nov.–März Di–So 14–17 Uhr, So/Feiertags 10–17 Uhr.

Burg und Festung Regenstein, Regenstein, Tel. 61290, www.blankenburg.de; April –Okt. tgl. 10–18 Uhr, Nov.–März Mi–So 10–16 Uhr.

Historische Gesellenherberge Herbergsmuseum, Bergstr. 15, 38889 Blankenburg (Harz). Tel 365007, www.blankenburg.de; Mo–Fr. 10–17 Uhr u.n.Ver.

Neben den **Terrain-Kurwegen** gibt es zwei spezielle Angebote: den **Teufelsmauer-Rundwanderweg** (8 km) und den **Mühlen-Wanderweg** (5,5 km), www.blankenburg.de.

Glasmanufaktur Harzkristall, Im Freien Felde 5, 38895 Derenburg, Tel. 039453/6800, www.harzkristall.de; Jan.–März 10–17 Uhr, April –Dez. 10–18 Uhr. Auf 2500 qm alles, was das Herz begehrt im Harzkristall-Design, Spezielles im Weihnachts-Land.

Thale

Der Ort (18 000 Einwohner) am Eingang zum Bodetal ist Ausgangs- oder Endpunkt des **Harzer Hexenstiegs**, der sich von hier über 94 Kilometer bis nach Osterode quer über den Harz zieht. Vor allem aber sind Thale und seine Umgebung Heimat so vieler Sagen und Mythen wie nirgends sonst im an Geschichten wahrlich nicht armen Harz. Die Magie der schroffen Felsen, die tief in den Schluchten gurgelnden Wasser von Kalter, Warmer, Lupp-Bode und Dambach, die im Morgendunst oder Abendsonne bizarren Figuren ähnelnden Traubeneichen und Altbuchen auf den Felsplateaus und an den Hängen – all das hat schon unsere heidnischen Vorfahren fasziniert, Generationen von Dichtern und Literaten nach hier geführt und begeistert auch heute Heerscharen von Touristen. Auf der **Rosstrappe** bestaunen sie den Fußabdruck von Ritter Bodos Pferd, der auf der Jagd nach Königstochter Brunhilde den Sprung über das Bodetal wagte und in den fast 200 Meter tiefer liegenden Fluss stürzte, wo er noch heute, in einen schwarzen Hund verwandelt, die Krone der Prinzessin behütet. Auf dem **Hexentanzplatz** auf der anderen Talseite suchen sie – nicht nur in der Walpurgisnacht auf den 1. Mai – zu Tausenden das Fluidum des heidnischen Ortes, an dem Teufel und Hexen ihr Spiel getrieben haben sollen. Und in der Stadt selbst folgen sie geheimnisvollen, in die Erde eingelassenen **Hufeisen**. Diese kennzeichnen den 2004 eingeweihten **Mythenweg**, der über 13 Stationen mit sagenhaften Skulpturen quer durch den Ort von der ›Midgardschlange‹ an der Talstation der Kabinenbahn bis zu ›Hessi‹ vor dem Areal des Klosters Wendhusen führt.

Zum Thale-Programm gehört für viele auch ein Besuch des **Tierparks am Hexentanzplatz** oder – in der Sommersaison – des **Harzer Bergtheaters**, bei dem die Blicke vom Geschehen auf der Naturbühne immer wieder zur wunderbaren Aussicht ins Tal wandern.

Längst sind es nicht mehr nur die zu Hexentanzplatz und Rosstrappe führenden Seilbahnen, die Groß und Klein anziehen. **Seilbahnen Thale Erlebniswelt** heißt der Komplex am Taleingang heute und das ist nicht übertrieben: Neben der Kabinenbahn zum Hexentanzplatz (einige Gondeln mit Glasboden!) und dem Sessellift zur Rosstrappe, laden Funparks, Harzbob, Minigolf, Tollhaus, Sagenpavillon, Downhill-Strecke und Hexenkessel ein. Dazu kommt der Kletterwald mit drei Kinderstrecken und weiteren vier unterschiedlich schwierigen Parcours.

Direkt daneben liegt die moderne **Bodetal-Therme** und wenige Schritte davon das **Hüttenmuseum**. Thale war über Jahrhunderte Standort von Eisen- und Hüttenwerken, in dem u.a. auch der Prototyp des Stahlhelms entwickelt wurde, der 1916 die preußische Pickelhaube ablöste.

Bodetal und Umgebung

Den Fluss aufwärts ist man in wenigen Schritten vom Ort inmitten der Märchenlandschaft des **oberen Bodetals**. Zehn Kilometer lang ist der schluchtartige Abschnitt, in Thale 280 Meter, bei Treseburg immer noch 140 Meter tief. Das Tal ist eines der schönsten in Deutschland und gehört zu den 77 Nationalen Geotopen. Über Jungfern- und Teufelsbrücke geht es vorbei an Bodekessel, Langem Hals und Prinzensicht. Natürlich gibt es auch einen Goethefelsen (mit Inschrift) und über die Schurre kann man seit 1850 in 18 Kehren auf die Rosstrappe aufsteigen. Insgesamt 500 Kilometer Wege umfasst die **Wanderarena**

▶ Karte S. 131

Die Seilbahn zum Hexentanzplatz

Das Bodetal ist ein Wanderparadies

Bodetal, darunter bei Friedrichsbrunn und Allrode auch Winterwanderwege und eine Skiarena und im Steinbachtal ein Klettergebiet.

Bodeaufwärts folgt dem **Erholungsort Treseburg** der malerische **Luftkurort Altenbrak** mit seiner Waldbühne, bevor sich bei **Wendefurth** zunächst die 43 Meter hohe Staumauer der Wendefurther und dahinter die gewaltige Staumauer der **Rapp-Bode-Talsperre** erheben. Mit 106 Meter Höhe ist sie die größte in Deutschland. 415 Meter lang, vermag sie auf 360 Hektar 109 Millionen Kubikmeter Wasser für die Trinkwasserversorgung ganz Mitteldeutschlands und zum Hochwasserschutz zu speichern. Auf dem Infopunkt auf der Nordseite hat man nach 250 Metern Aufstieg eine fantastische Sicht, Führungen ins Innere der Sperre gibt es im Sommer immer mittwochs und sonntags.

Von Thale bodeabwärts lohnt in **Weddersleben** nicht nur der Aufstieg zu den Adlersklippen der Teufelsmauer, sondern auch ein Besuch der alten **Papiermühle** (mit Museum). In **Stecklenberg** gibt es die – nach eigenen Angaben – mit 100 Metern **längste Freiluftrutsche** Deutschlands und mit der Lauenburg und der Stecklenburg zwei malerische **Burgruinen**, zum Teil sehenswert restauriert.

i Thale und Umgebung

Vorwahl: 03947

Bodetal-Information Thale, Bahnhofstr. 3, 06502 Thale, Tel. 2597, www.bodetal.de; Mo–Fr 8–18 Uhr, Sa, So/Feiertags 9–15 Uhr.

Berghotel Rosstrappe, Rosstrappe 1, 06502 Thale, Tel. 3011, www.berghotel-rosstrappe.de; 28 Zi., DZ ab 69 Euro. Im Traditionshaus (seit 1819) wohnt, wer direkt neben dem legendären Ort wohnen und den weiten Blick ins Land genießen will.

Schlosshotel Stecklenberg, Stecklenberger Hauptstraße 86, 06502 Thale, OT Stecklenberg, Tel. 779696, www.schloss-stecklenberg.de; 13 Zi., DZ ab 76 Euro. Stilvoll und perfekt saniertes Haus in zauberhaftem Park.

▶ Karte S. 131

Harz-Resort Waldesruh, Sellstr. 232, 06502 Thale, OT Allrode, Tel. 039487/278, www.harz-resort-hotel.de; 26 ZI, DZ ab 79 Euro. Absolut ruhige Lage, Zimmer im Landhausstil, attraktive Wellness- und Beauty-Angebote.

Ferienhotel Forelle, Ortsstr. 28, 06502 Thale, OT Treseburg, Tel. 039456/5640, www.hotel-forelle.de; 32 Zi., DZ ab 80 Euro. Traditionelles Harzer Ferienhotel, sehr gutes Restaurant mit Fisch- und Wildspezialitäten.

Kloster Camping Thale, Wendhusenstr. 3, 06502 Thale, Tel. 63185, www.klostercamping-thale.de. Zeltflächen, Finnhütten, Ferienwohnungen, Caravanstellplätze am Kloster Wendhusen.

Zum Hecht, Am Stausee 2, 06502 Thale, OT Wendefurth. Frische Fischspezialitäten auf der schwimmenden Gaststätte (Floß) auf dem Stausee genießen.

Jagdschloss Windenhütte, Schlossweg 1, 06502 Thale, OT Altenbrak, Tel. 039456/233, www.jagdschloss-windenhuette.de. Nach einer Wanderung tief im Wald gut und rustikal essen: Rotwurstpfanne mit Sauerkraut und Bratkartoffeln.

Hüttenmuseum Thale, Walter-Rathenau-Str. 1, 06502 Thale, Tel. 778572, www.huettenmuseum-thale.de; Di–So 10–17 Uhr.

Kloster Wendhusen, Wendhusenstr. 7, 06502 Thale, Tel. 778563 o. 63669, www.nag-history.de; Mi–So 14–17 Uhr.

Bonhoeffer-Haus, Waldstr. 7, 06502 Thale, OT Friedrichsbrunn, Tel. 03946/989052, www.bonhoeffer-haus-friedrichsbrunn.de; tgl. 14–18 Uhr.

Uhrenmuseum Treseburg, Ortsstr. 11, 06502 Thale, OT Treseburg, Tel. 039456/56732, tgl. 9–17 Uhr.

Tierpark, Hexentanzplatz 4, 06502 Thale, Tel. 2880, www.bodetal.de; je nach Jahreszeit 9–19 Uhr.

Harzer Bergtheater Thale (Hexentanzplatz 3a, 06502 Thale, Tel. 2324) und **Waldbühne Altenbrak** (OT Altenbrak), www.harzer-bergtheater.de; Karten auch über Bodetal-Information Thale Tel. 2597, www.bodetal.de.

Alljährlich am ersten Sonntag im September: **Harzer Jodlerwettstreit** auf der Waldbühne Altenbrak

Seilbahnen Thale Erlebniswelt, Goetheweg 1, 06502 Thale, Tel. 2500, www.seilbahnen-thale.de.

Kletterwald Thale, Goetheweg, 06502 Thale, Tel. 0176/96609538, www.kletterwald-thale.de; Mai-Aug. tgl. 9–20 Uhr, April /Sept./Okt. in den Ferien tgl. 9–20 Uhr, außerhalb der Ferien Di–Fr 13–20 Uhr, Sa/So/feiertags 9–20 Uhr.

Harzdrenalin, Tel. 01805/375375, www.harzdrenalin.de; u.a. Mega-Zipline an der Rapp-Bode-Talsperre, Wall-Running Talsperre Wendefurth, Segway-Touren.

Langlaufarena Bodetal in Friedrichsbrunn, 20 km gespurte Loipen, für Winterwanderer: 60 km geräumte Wege. Loipen-Webcam und Infos unter www.bodetal.de.

Bodetal-Therme, Parkstr. 4, 06502 Thale, Tel. 778450, www.bodetal-therme.de; Do–Sa 10–23 Uhr, So–Mi 10–22 Uhr. Innen- und Außenbecken, Saunenwelt, Thermenpark mit Sonnendeck, Licht- und Klangbecken, Gesundheits- und Kurmittelzentrum.

Wanderarena Bodetal: 500 km Wanderwege in der näheren Umgebung, die 14 attraktivsten Routen unter: www.bodetal.de.

EXTRA

Die Bahn der Superlative

»Die Größte unter den Kleinen« – so werben die Harzer Schmalspurbahnen (HSB) für sich und das ist, fernab jeder Marketing-Überhöhung: die Wahrheit. Die HSB sind eine Bahn der Superlative: Mit 140,4 Kilometer das längste Schmalspurstreckennetz Deutschlands. Mit über 1004 Metern zwischen der tiefsten der 48 Stationen, Quedlinburg (121 m über NN), und der höchsten in ganz Deutschland auf einem dampfbetriebenen Schmalspurnetz, dem Brocken (1125 m ü. NN), der größte Höhenunterschied. Mit dem Bahnhof Wernigerode-Westerntor der größte Schmalspurbahnhof Deutschlands, mit über 1.1 Millionen je Jahr die meisten Fahrgäste (darunter immerhin auch ca. 200 000 im ›klassischen‹ Personennahverkehr), mit 25 ihrer Art die meisten Dampfloks an einem Ort, darunter die stärksten Schmalspurdampfloks in ganz Europa. Mit über 400 Brücken und Durchlässen die meisten, darunter zwischen den Bahnhöfen Steinerne Renne und Drei Annen Hohne den einzigen Tunnel aller Schmalspurbahnen in den neuen Bundesländern, und dann noch, nicht ganz unwichtig, die Schmalspurbahn mit den meisten Mitarbeitern und einer größten Arbeitgeber im Harz...

So viel für die Statistiker, doch genau betrachtet, ist das nur die halbe Wahrheit. Denn mit Dampfloks auf der 1000-Millimeter-Spur zu fahren, zumal durch eines der schönsten Mittelgebirge des Landes, das ist vor allem: Emotion.

1887 dampften die ersten ›Rösser‹ durch das Selketal. 1899 verband die Harzquerbahn zum ersten Mal Wernigerode und das thüringische Nordhausen, im gleichen Jahr erreichte der erste Zug den Brockenbahnhof. Mit dem Mauerbau am

Streckennetz der Harzer Schmalspurbahnen

Bahnviadukt im Harz

13. August 1961 endete der Personenverkehr zum Brocken. Im September 1991 wurde der Zugverkehr wieder aufgenommen, fahrplanmäßig geht es seit dem 1. Juli 1992 wieder auf den ›Blocksberg‹.

Man mag darüber streiten, welche der drei Strecken die schönste ist, Unvergessliches bieten sie allemal: Ob auf der Waggonplattform stehend durch das romantische Selketal mit seinen Felsen fahrend, ob beim Fotohalt die historische Mallet-Lok der Baureihe 99 von 1897 vor der Brockenkulisse fotografieren oder mit der Spitzengeschwindigkeit von 40 km/h von Eisfelder Talmühle nach Netzkater und Ilfeld ›brausen‹ – das Erlebnis von Natur und historischer Technik macht viele regelrecht süchtig.

Und dabei ist ›einfach nur Fahren‹ längst nicht mehr alles. Das ganze Jahr über haben die HSB Sonderfahrten im Programm und wer will, kann sich auch seinen eigenen Zug chartern. Am 1. Januar geht es mit dem Sonderzug zum Neujahrsbrunch auf den Brocken, Ostern fährt der Hasen-Sonderzug, mehrmals im Jahr geht es per ›Schlemmertour‹ durch das Selketal, zur Sommersonnenwende zum Sonnenuntergang auf den Harzgipfel oder mit höllischen ›Mephisto-Tropfen‹ und Hexenanimation zu ›Faust – der Rockoper‹ auf dem Brocken‹. 365 Tage im Jahr rollen die Züge, von den ganz seltenen Fällen im Jahr abgesehen, an denen Orkane oder extreme Schneefälle den Betrieb kurzzeitig stoppen.

Doch Hardcore-Dampflokfans wollen mehr als nur schauen oder fotografieren und sie kriegen es. Natürlich kann man das Bahnbetriebswerk und Werkstätten besichtigen: Dampf- und Dieselloks, Triebwagen, Personen- und Güterwagen und auch Sonderfahrzeuge. Bei Dampftagen und einem Dampflokschnupperkurs von drei Tagen kann man den Profis schon mal über die Schulter schauen. Die Krönung (und Erfüllung sicher manches Kindheitstraums) jedoch ist der › Ehrenlokführerkurs‹. 13 Tage muss man sich dafür Zeit und einen guten Tausender in die Hand nehmen, um nach bestandener Abschlussprüfung zum ›Ehrenlokführer der HSB‹ ernannt zu werden. Davor haben die ›Götter‹, wie üblich, den Schweiß gesetzt: Theorie muss gepaukt und Loks müssen auf- und abgerüstet werden, Anfahren und Bremsen will unter fachkundiger Anleitung gelernt sein. Am Ende gibt es die Urkunde, die mindestens so wichtig ist wie die berühmte schwarze Schirmmütze, die alle Freunde staunen lassen wird.

EXTRA

Wernigerode

Man kommt ja an Hermann Löns nicht vorbei, wenn von Wernigerode (33700 Einwohner) die Rede ist: »Alle Städte den Harz hinauf, den Harz hinab, haben ihre Schätze und Kostbarkeiten«, schrieb der Heimatdichter 1909, »keine aber ist so reich und so bunt wie Wernigerode«. Und die Stadt trägt (und kultiviert) ihren Beinamen ›Bunte Stadt am Harz‹ so berechtigt wie engagiert: Die farbenfrohen Fassaden der Fachwerkhäuser aus sechs Jahrhunderten wetteifern mit dem Grün der Parks und Gärten, auf enge Gassen und idyllische Winkel schaut das Schloss mit seinen schieferblau gedeckten Dächern und Türmen herab, steil steigen im Süden und Westen die grünen Berge bis zum kahlköpfigen Brocken auf. Und zur Buntheit gehört natürlich auch das: Wernigerode ist ein wichtiger Wirtschaftsstandort in

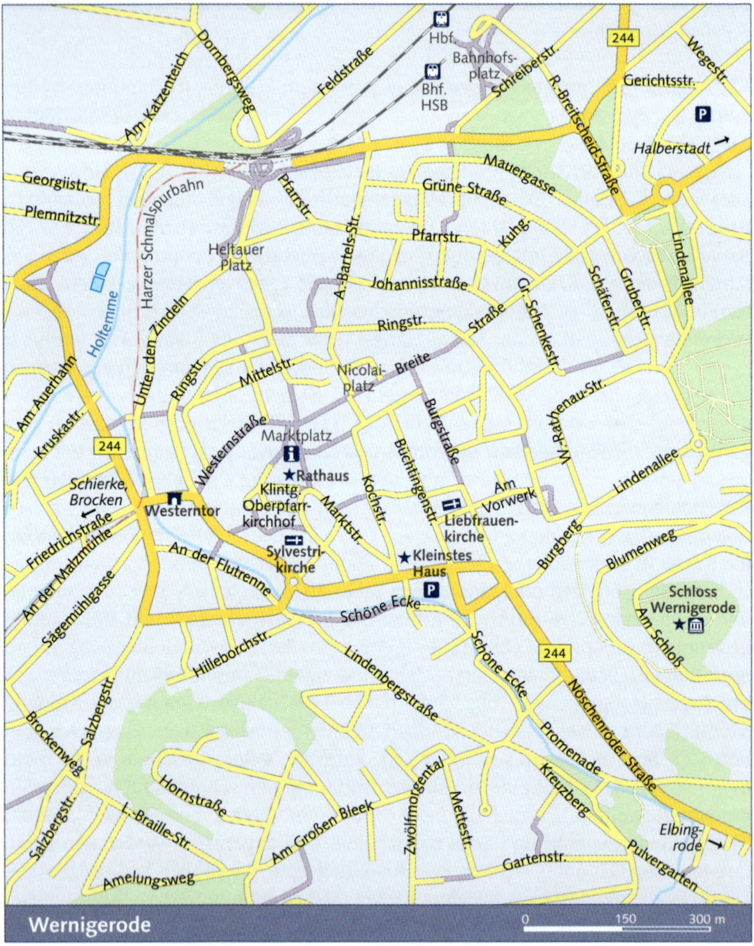

Das Rathaus von Wernigerode stammt aus dem 13. Jahrhundert

Sachsen-Anhalt, wegen seiner modernen Maschinenbaubetriebe aber auch wegen der Millionen Liter ›Hasseröder‹-Bier, die die Brauerei am Stadtrand jährlich verlassen. Und über 3000 Studenten der Hochschule Harz sorgen für zusätzliches Leben in der Stadt.

Altstadt

Gefühlte 99 Prozent der Stadtrundgänge beginnen am Markt vor dem berühmten Rathaus. Wer gegen den Strich bürsten und sich am liebsten zuerst - im wahrsten Sinne des Wortes - einen Überblick verschaffen will, dem sei der Start an der **Liebfrauenkirche** in der Burgstraße empfohlen. Nach 132 Stufen - die, nach Zählung des Türmers, schon Gäste aus über 100 Ländern bezwungen haben - steht man auf dem **Turm** des spätbarocken Gotteshauses, Wernigerode zu Füßen: der historische Stadtkern, die Türme der Gotteshäuser, das Mühlental in Richtung Elbingerode und den Ortsteil Hasserode in Richtung Schierke, die Wohn- und Gewerbegebiete am Stadtrand mit den Türmen der Brauerei. Wieder unten geht es durch die **Burgstraße** bis zur **Breiten Straße**, der wichtigsten Einkaufsstraße der Stadt und von Fachwerkhäusern geprägt- eines schöner als das andere. In der Nr. 95 liegt die **Krellsche Schmiede** von 1678, in der man heute noch zuschauen aber auch mitmachen kann. Im **Kupper Keller** in Nr. 92 geht es um Hopfen und Malz in Geschichte und Gegenwart (mit Bierprobe). Das **Krummelsche Haus** (Nr.72) ist durch die vorgesetzte Holzfassade mit Schnitzereien kaum noch als Fachwerkhaus zu erkennen. Aus dem Holzschnitzwerk ragen die zehn Reliefs unter den Fenstern - ›Erdteil-Allegorien‹ - besonders hervor, die nach Kupferstichen des flämischen Kupferstechers Adriaen Collaert (1560-1618) von einem unbekannten Künstlers geschnitzt worden sind.

Am **Nicolaiplatz** mit dem Brunnen von Bernd Göbel (2003 errichtet) und dem ins Pflaster eingelassenen ehemaligen **Grundriss der Nicolaikirche** entlang, geht es dann am **Marktplatz** vorbei in die **Westernstraße**. In Nr. 12 findet sich dort hinter der Fachwerkfassade die - wie es heißt - **kleinste Porzellanmanufaktur Europas** und wenige Schritte später ist man am wuchtigen **Westerntor**. Der Turm wurde um 1250 als Stadttor erbaut und ist mit 41 Metern der größte der noch erhaltenen Wehrtürme. An seiner Westseite versammelt sich regelmäßig die große Schar der Hobbyfotografen und Dampflokfans, wenn die Züge der **Harzer Schmalspurbahn** äußerst fotogen und mit Gebimmel über die große Straßenkreuzung dampfen - durchaus zum Ärger manches Autofahrers, der dann nicht selten im Stau steht.

Mit wenigen Schritten kommt man zu einem der schönsten Winkel der Stadt, dem **Oberpfarrkirchhof** mit dem **Haus Gadenstedt** und der **St. Sylvestrikirche**. Nebenan, in der Klintgasse 5, steht das

Schiefe Haus (1680), einst Walkmühle der Tuchmachergilde und heute Museum. Nach einem Abstecher zum **Kleinsten Haus der Stadt** in der Kochstr. 43 (2,95 m breit, ein Wohnraum mit 10qm Fläche), geht es dann abschließend zum **Rathaus**. Das dominante Gebäude am Marktplatz, das als eines der schönsten Rathäuser Europas gilt, wurde 1277 erstmals als Spiel- und Gerichtshaus erwähnt. Mit der Aufstockung 1492 erhielt es einen großen Festsaal, der über eine Freitreppe an der Westseite betreten werden konnte. Sein heutiges Aussehen erhielt das Rathaus nach einem Brand (1521) und einem weiteren Umbau in den Jahren 1539 bis 1544. Besonders bemerkenswert sind die geschnitzten Figuren, mit denen die Geschoss- und Dachüberstände verziert sind. Praktisch jeden Tag ist das Haus Kulisse für die vielen Paare aus allen Himmelsrichtungen, die sich hier trauen lassen. Spätestens das zweite Foto wird dann am gegenüberliegenden gusseisernen **Wohltäterbrunnen** gemacht – die rund um den Platz sitzenden Cafégäste haben ihr optisches Vergnügen. Den Stadtrundgang am Marktplatz zu beschließen, hat noch einen weiteren Vorteil: Hinter dem Rathaus startet die **Wernigeröder Bimmelbahn** ihre Fahrt hinauf zum Schloss.

Schloss Wernigerode

Bereits im 12. Jahrhundert wurde eine erste Burg auf dem rund 400 Meter hohen Agnesberg errichtet. Gegen Ende des 15. Jahrhunderts wurde sie im Stil der Spätgotik und im Laufe des 16. Jahrhunderts zu einer Renaissancefestung umgebaut. Der politische Aufstieg des Grafen Otto zu Stolberg-Wernigerode – ab 1867 Oberpräsident der preußischen Provinz Hannover, später Botschafter in Wien, Stellvertreter Bismarcks als Vizekanzler des Deutschen Reiches und stellvertre-

Schloss Wernigerode

tender preußischer Ministerpräsident – war der Grund für den großen Umbau zwischen 1862 bis 1885. Das Schloss (Architekt Carl Frühling) wurde so zu einem Leitbau des norddeutschen Historismus, nicht wenige nennen es das ›Neuschwanstein des Nordens‹. Seit 1998 entwickelt sich das Schloss zum ersten deutschen Zentrum für Kunst- und Kulturgeschichte des 19. Jahrhunderts. 1999 wurde es mit Lustgarten, Tiergarten und Terrassengärten (auch ein Objekt der sachsen-anhaltischen ›Gartenträume‹) in die Liste der national wertvollen Kulturgüter aufgenommen. Schon seit 1930 in Teilen der Öffentlichkeit zugänglich (ca. 200 000 Besucher/Jahr), sind im Inneren fast 50 Räume, einschließlich der Schlosskirche, in zwei Rundgängen zu besichtigen. Der Schlosshof ist Ort der jährlichen Schlossfestspiele im Sommer.

Rund um Wernigerode

Für viele Besucher ist Wernigerode der Ausgangspunkt ihrer Harzerkundung. Hier beginnt der längste Aufstieg zum Brocken (ca. 18 km), der übrigens seit der Eingemeindung von Schierke quasi

▶ Karte S. 150

zum ›Stadtgebiet‹ gehört. Hier starten die Züge der Harzer Schmalspurbahnen (HSB) zum Brocken oder quer über das Gebirge bis ins thüringische Nordhausen. Von hier aus ist man über mehrere Bundes- und Landstraßen und die autobahnähnliche B6n aber auch bestens mit dem ›Rest‹ von Sachsen-Anhalt oder mit Niedersachsen ›vernetzt‹.

Schierke und der Brocken

Sehr schnell schlängelt sich die Straße von Wernigerode aus an **Drei Annen Hohne** (Natur-Erlebniszentrum Hohne-Hof und Umsteigebahnhof der HSB) vorbei nach **Schierke** (700 Einwohner, im Ort rund 650 Meter über NHN). Einst ein blühender Wintersportort (von manchen als das ›St. Moritz des Nordens‹ apostrophiert), durch die Grenzlage während der DDR-Zeit weithin isoliert, ist der Ort dabei, sich Stück für Stück neu und schöner wieder zu erfinden. Wander- und Mountainbikewege in Hülle und Fülle, im Winter (Minusgrade und Schnee vorausgesetzt) Dutzende Kilometer gespurte Loipen und das Natureisstadion, und die endlosen Wälder, von bergsteigeraffinen Klippen durchzogen, bieten perfekte Erlebnisse in der Natur.

Natürlich zieht es jeden hier auf den **Brocken** und Wege dahin gibt es auch für jeden. Der einfachste ist der mit der **Brockenbahn** (viele fahren hoch und laufen zurück), der vergleichsweise bequeme geht über die alte Bobbahn und die Brockenstraße, der etwas schwierigere führt durch das Eckerloch – in zwei bis drei Stunden Gehzeit hat man die ca. 500 Höhenmeter bewältigt. Dennoch – und das liegt den Männern der Bergwacht sehr am Herzen, die jährlich mehrfach dort im Einsatz sind – darf man den Berg nicht unterschätzen. 300 Nebeltage im Jahr, schnell wechselnde Wetterlagen mit Orkanböen, alpines Klima bei ›nur‹ 1141 Meter Höhe aber auch Wassermangel beim Aufstieg, wenn die Sonne in den baumlosen oberen Lagen richtig brennt, haben schon manchen Sandalenträger in kurzen Hosen böse überrascht.

Für das **Brockenplateau** sollte man unbedingt einen halben Tag einplanen, denn es gibt, egal bei welchem Wetter, viel zu erleben. Beginnen kann man im **Brockenhaus**, die weiße Kugel auf dem Dach verbarg früher die Abhöranlagen der DDR-Staatssicherheit. Heute ist dort das **Besucherzentrum des Nationalparks Harz** mit umfangreichen Ausstellungen zu allem Wissenswerten rund um Harz und Brocken. Vor dem Brockenhaus steht das ›Wolkenhäuschen‹, der erste Bau, der auf dem Plateau errichtet worden war. Neben dem Turm der Wetterwarte und dem 123 Meter hohen Sendeturm(1973 errichtet) steht der **alte Fernsehturm**, jetzt Domizil des

Die Brockenbahn bei Drei Annen Hohne

Brockenhotels. Der **Brockengarten** wurde ab 1890 als ›Alpingarten‹ angelegt, da hier - bedingt durch die exponierte Lage des Berges - eine Vegetation zu finden ist, die man in den Alpen erst ab knapp 2000 Metern findet. Etwa 1800 Pflanzen aus allen Hochgebirgen der Welt sind im Garten zu bestaunen, der zwischen Mitte Mai und Mitte Oktober geöffnet ist. Wer für den **Gipfelrundweg** eine Stunde einplant, kann alle zehn Informationstafeln in Ruhe lesen und die (im besten Falle) wunderbare Fernsicht genießen. Was man dabei sieht, zeigt die so genannte ›Brockenuhr‹, so heißen die rund um den Granitfelsen mit der Aufschrift ›Brocken 1142 m‹ (ein Meter zu viel!) kreisförmig in den Boden eingelassenen Entfernungstafeln. Die aufgestellten Granitfelsen übernehmen quasi die Funktion eines Gipfelkreuzes. Ist das Gedränge für das ›Gipfelfoto‹ dort zu groß (vor allem, wenn wieder ein Zug auf dem Brockenbahnhof angekommen ist), geht man am besten erst eine Erbsensuppe im Touristensaal des Brockenrestaurants essen...

Wernigerode und Umgebung

Vorwahl: 03943

Postleitzahl: 38855

Tourist-Information Wernigerode, Marktplatz 10, Tel. 5537835 u. 19433. www.wernigerode-tourismus.de; Mai–Okt. Mo–Fr 9–19 Uhr, Sa 10–16 Uhr, So 10–15 Uhr, Nov.–April Mo–Fr 9–18 Uhr, Sa 10–16 Uhr, So 10–15 Uhr.

Tourist-Information Schierke, Brockenstr. 10, 38879 Wernigerode, OT Schierke, Tel. 039455/8680. www.schierke-am-brocken.de; Mai–Okt. Mo–Fr 9–18 Uhr, Sa 10–16 Uhr, So 10–15 Uhr, Nov.–April Mo–Fr 9–17 Uhr, Sa 10–16 Uhr, So 10–15 Uhr.

Travel Charme Gothisches Haus, Marktplatz 2, Tel. 6750, www.travelcharme.com/gothisches-haus.com; 106 Zi., DZ ab 122 Euro. Erste Adresse, großer und perfekter Wellnessbereich. Restaurant Bohlenstube für Feinschmecker, bestens sortierter Weinkeller.

Hotel Am Anger, Breite Str. 92–94, Tel. 92320, www.hotel-am-anger.de; 34 Zi., DZ ab 90 Euro. Historisches Fachwerk, sehr schöner Garten. Tipp: Gartenzimmer mit Schlossblick.

Brockenhotel, Brockenplateau, 38879 Wernigerode, OT Schierke, Tel. 039455/120, www.brockenherberge.de; 20 Zi., DZ ab 100 Euro. Das höchste Hotel im deutschen Norden, Zimmer im ältesten Fernsehturm der Welt. Ruhe genießen, wenn der letzte Brockenwanderer entschwunden ist...

Brauhaus Wernigerode, Breite Straße 24, Tel. 695727, www.brauhaus-wernigerode.de. Bierspezialitäten (Fürstenbräu Granat) und Karte mit deftiger Hausmannskost: Harzer Kartoffelsuppe, Grillhaxe mit hausgemachtem Senf.

Waldgasthof Steinerne Renne, Steinerne Renne 67, Tel. 607533, www.steinerne-renne.de. Rustikal essen (Eintöpfe!) mitten im Naturpark Harz, Terrasse direkt am Wasserfall.

Orchidea Huong, Klintgasse 1, Tel. 625262, www.orchidea-huong.de. Eines der besten Häuser für vietnamesische und japanische Küche in Deutschland - meint nicht nur der Gault Millau. Vom Mittagsmenü im Restaurant Hanazano bis zum Sechs-Gang-Menü im Restaurant Lan perfekt - alles auch à la carte.

Café am Markt, Marktplatz 6-8, Tel. 261690, www.cafe-wiecker.de. Für viele das beste Café in Sachsen-Anhalt.

Schloss Wernigerode, Am Schloss 1, Tel. 553030, www.schloss-wernigerode.de; Mai–Okt. tgl. 10–18 Uhr, Nov.–April Di–Fr 10–17 Uhr, Sa, So, Feiertags 10–18 Uhr.

▶ Karte S. 131, 150

Miniaturenpark Kleiner Harz, Dornbergsweg 27, Tel. 40891011, www.miniaturenpark-wernigerode.de; tgl. März 9–16 Uhr, April u. Okt. 9–18 Uhr, Mai–Sept. 9–19 Uhr.

Museum für Luftfahrt und Technik, Gieberweg 1, Tel. 633126, www.luftfahrtmuseum-wernigerode.de; tgl. 9.30–17 Uhr.

Kleinstes Haus, Kochstr. 43, Tel. 606016, www.wernigerode-tourismus.de; Di–So 10–16 Uhr.

Aufstieg auf den Turm der Liebfrauenkirche, Mo–Sa 10–12.30 und 14–16 Uhr. Info und Türmer Tel. 601690.

Hasseröder Brauerei, Auerhahnring 1, Tel. 936219, www.hasseroeder.de; Mo–Fr mehrmals tgl. Führungen, Anmeldung erforderlich, Mindestalter 18 Jahre.

Harzer Schmalspurbahnen, Bahnhof Westerntor, Tel. 558151, www.hsb-wr.de; Führungen durch das Bahnbetriebswerk Westerntor Fr. 13.45 Uhr, in Ferienzeiten der Länder Sachsen-Anhalt, Niedersachsen und Thüringen auch Mi 13.45 Uhr.

Nationalpark-Haus Schierke, Brockenstr. 37, 38879 Schierke, Tel. 039455/477, www.nationalpark-harz.de; tgl. 8.30–16.30 Uhr.

Naturerlebniszentrum HohneHof, Drei Annen Hohne 100, 38879 Schierke, Tel. 039455/8640, www.nationalpark-harz.de; tgl. 10–17 Uhr.

Brockenhaus, Brockenplateau, Tel. 039455/50005, www.nationalpark-brockenhaus.de; tgl. 9.30–17 Uhr.

Brockengarten: Mitte Mai bis Mitte Oktober Mo–Fr Führungen 11.30 und 14 Uhr. An Wochenenden und Feiertagen ist der Besuch nur im Rahmen der um 11 und 13 Uhr beginnenden Rundwanderwegführungen der Ranger möglich. Gruppen sollten sich vorher beim Nationalpark unter Tel. 03943/550220 oder mobil 0170/5709015 anmelden, www.nationalpark-harz.de.

Wernigeröder Schlossfestspiele, immer im Juli und August mit dem Philharmonischen Kammerorchester Wernigerode, www.pkow.de; www.schloss-wernigerode.de; Karten: Tel. 5537835

Internationales Johannes-Brahms-Chorfestival und Wettbewerb, alle zwei Jahre im Juli (wieder 2017), www.wernigerode-tourismus.de; Karten: Tel. 5537835.

Hasseröder Freizeitwelt, Nessetal 11, Tel. 0557041, www.hasseroeder-freizeitwelt.de. Brocken-Erlebnisbad, Indoor-Spielwelt, Hexenkessel-Sauna- und Wellnesslandschaft, Bowling, Kegeln, Billard, Event-Kino.

Mountainbikeschaukel Schierke (angeschlossen an die niedersächsische Volksbankarena und das Wernigeröder Mountainbike-Gebiet): Das besondere Profil und die Tallage des Ortes charakterisieren die Touren, z.B. Drei-Gipfel-Tour Schierke-Brocken-Dreieckiger Pfahl-Wurmberg, 45 km, schwer, www.schierke-am-brocken.de. Für **Langläufer** gibt es 40 km Loipen zwischen 600 und 1000 Meter NHN allein um Schierke, 24h-Hotline: 0175/5614905, www.schierke-am-brocken.de.

Baumkuchenhaus Nr. 1, Neustadter Ring 17, Tel. 632726, www.harzer-baumkuchenhaus-friedrich.de; Mo u. Sa 10–18 Uhr, So 12–18 Uhr, Schaubacken Fr u. Sa 14–16 Uhr. Harzer Baumkuchenspezialitäten frisch von der Flamme.

Schierker Feuerstein, Stammhaus ›Apotheke zum Roten Fingerhut‹, Brockenstr. 3, 38879 Wernigerode, OT Schierke, Tel. 039455/372, www.schierker-feuerstein.de. Führungen und Einkauf.

Schokoladenfestival Wernigerode, immer vier Tage Ende Okt./Anfang Nov, www.chocolart.de/wernigerode, Schokomarkt, Choco Fashion, Kakaomalerei, Pralinen-Workshop. Natürlich Brockensplitter und Harzer Tröpfchen der traditionsreichen Wernigeröder Schokoladenfabrik Wergona (früher Argenta), dazu Anbieter aus ganz Deutschland und Europa.

Ilsenburg

Der schönste Weg zum Brocken führt, so sagen zumindest die Einheimischen, über Ilsenburg. Die Route, nach dem begeisterten Harzwanderer und -beschreiber **Heinrich-Heine-Weg** benannt, durch das Ilsetal am Ilsestein und an den Ilsefällen vorbei über Stempels Buche und die Hermannsklippe auf den ›Blocksberg‹, 12 Kilometer lang, 800 Meter Höhenunterschied, ist tatsächlich schön. Doch das sagen die Schierker und Wernigeröder, die Bad Harzburger und die in Torfhaus auch über ›ihre‹ Wege zum Brocken. Um salomonisch zu sein: In jedem Fall ist Ilsenburg (9400 Einwohner) ein sehr schöner Ausgangspunkt. Luftkurort, Nationalparkort, malerisch im Ilse- und Suental gelegen, von 500 Meter hohen bewaldeten Bergen und bizarren Klippen umgeben. Über Jahrhunderte sorgte Eisenerz und seine Verhüttung für den Reichtum der Ilsenburger, Ofenplatten und Kunstguss aller Art trugen den Ruf der Stadt in die Ferne. Heute sind es die Touristen in den zahlreichen Hotels, die für Publicity sorgen. Und wenn dann noch George Clooney mit seiner Filmcrew ein ganzes Hotel für Wochen mietet, um in Halberstadt, Goslar und anderswo in der Umgebung den Streifen ›Monuments Men‹ zu drehen (wie 2013 geschehen), lernt man Ilsenburg auch in Hollywood zu buchstabieren.

Ein Kleinod an der ›Straße der Romanik‹ ist das **Ilsenburger Kloster**. Seine Gründung geht auf das Jahr 1003 zurück, die ursprünglichen Ausmaße der monumentalen Kirche lassen sich nur noch erahnen, anderes wurde bereits fachgerecht saniert. So gehören das Refektorium und der Kapitelsaal (1170) zu den ältesten erhaltenen romanischen Innenräumen in der Harzregion. Kunsthistorisch besonders wertvoll sind die Reste des Gipsfußbodens aus dem 12. Jahrhundert. Seit 2000 sind Ost- und Südflügel des Klosters und das **neoromanische Schloss** (nach 1860 durch die Fürsten zu Stolberg-Wernigerode erbaut) im Besitz einer Stiftung, die vieles für Ausstellungen sowie als Museum mit Café wieder hergerichtet und zugänglich gemacht hat.

▲ Karte S. 131

Drübeck

Auf dem **Harzer Klosterwanderweg** kommt man ins gut drei Kilometer von Ilsenburg entfernte Drübeck, dessen Zentrum unstrittig das **Kloster Drübeck** ist. Seit dem 10. Jahrhundert herrschte hier klösterliches Leben, die historischen Gärten der Benediktinerinnen sind die Grundlage der heutigen Gartenanlage, Teil der sachsen-anhaltischen ›Gartenträume‹. Die **romanische Kirche St. Vitus** (im Kern spätes 10. Jh.) war und ist der Mittelpunkt der Klosteranlage, neben der Stiftskirche in Gernrode steht sie beispielhaft für den Sakralbau ottonischer Zeit. Seit 1996 ist Kloster Drü-

Kloster Ilsenburg

beck ein Tagungszentrum der Evangelischen Kirche in Mitteldeutschland. Die komplette, von einer beeindruckende Klostermauer aus Feldsteinen umgebene Anlage mit Kirche, den ›Gärten der Stiftsdamen‹, dem Garten der Äbtissin, dem Haus der Stille oder dem Klostercafé und der Weinstube im Gärtnerhaus ist zugänglich. Wer mag, kann in Drübeck auch übernachten (s.u.).

Ilsenburg und Umgebung

Tourist-Info Ilsenburg, Karl-Marx-Str. 1, 38871 Ilsenburg, Tel. 039452/19433, www.ilsenburg.de; www-ilsenburg-urlaub.net; Mo–Fr 9–17 Uhr, Sa 9–13 Uhr.

Zu den Rothen Forellen, Marktplatz 2, 38871 Ilsenburg, Tel. 039452/9393, www.rotheforelle.de; 76 Zi., DZ ab 185 Euro. Exklusives Haus, ausgeprägte Individualität, Spitzenküche.

Kurpark-Flair-Hotel Im Ilsetal, Ilsetal 16, 38871 Ilsenburg, Tel. 039452/9560, www.kurparkhotel-ilsenburg.de; 32 Zi., DZ ab 94 Euro. Beste Lage, angenehme Atmosphäre, schöne Saunalandschaft. Tipp: All Inclusive-Angebote nutzen.

Evangelisches Zentrum Kloster Drübeck, Klostergarten 6, 38871 Drübeck, Tel. 039452/94330, www.kloster-druebeck.de; 76 Zi., DZ ab 74 Euro. Tipp: Historisch eingerichtete Zimmer im ehemaligen Schlafhaus des Äbtissinnenhauses, Ruhe und Besinnung in der Klosteranlage.

Alt-Ilsenburger Nagelschmiede, Ilsetal 21, 38871 Ilsenburg, Tel. 039452/48585, www.alt-ilsenburger-nagelschmiede.de. Historische Gaststätte am Ende des ›Ilsenburger Eisen-Pfads‹, rustikal und gut: Linseneintopf mit Würstchen, Harzer Käse mit Zwiebelringen, Gewürzgurke, Schmalz und Brot.

Waldgasthaus Plessenburg, Plessenburg 1, 38871 Ilsenburg, Tel. 03943/607535, www.plessenburg.de. Historische Waldgaststätte mitten im Nationalpark (Ilsenburg 4 km, Darlingerode 4,5 km, Drei Annen Hohne 10 km). Angebot: Alles, was der Wanderer mag. Herbst/Winter Mi Ruhetag.

Café im Gärtnerhaus, Kloster Drübeck, Klostergarten, 38871 Drübeck, Tel. 039452/94304, www.kloster-druebeck.de; März–Nov. Di–So 11–17.30 Uhr, Dez.–Feb. Di–So 14–17.30, abends Mo–Sa Weinstube 19.30–24 Uhr.

Hütten- und Technikmuseum, Marienhöfer Str. 9b, 38871 Ilsenburg, Tel. 039452/2222, www.ilsenburg.de; Mi–Sa 13–16 Uhr.

Nationalpark Harz, Nationalparkhaus im Ilsetal, Ilsetal 5, 38871 Ilsenburg, Tel. 039452/89494, www.nationalpark-harz.de; Di–So 8.30–16.30 Uhr, speziell: in der Nähe Einstieg zum Borkenkäferpfad.

Kloster Ilsenburg, Schlossstr. 26, 38871 Ilsenburg. Tel 039452/80155, www.klosterilsenburg.de; Di–Fr 10–16 Uhr, Sa/So 10–12 u. 14–16 Uhr.

Kloster Drübeck, Klostergarten 6, 38871 Drübeck, Tel. 039452/94330, www.kloster-druebeck.de; Klosteranlage frei zugänglich, Klosterkirche 6.30–19 Uhr.

Ilsenburger Eisen-Pfad, Erlebnisweg (3 km) durch Ilsenburg, www.ilsenburg.de; Führungen: 039452/19433.

Harzer Klosterwanderweg, 64 km zwischen Kloster Grauhof bei Goslar und Kloster Wendhusen bei Thale, schöner Abschnitt zwischen Kloster Ilsenburg und Kloster Drübeck, www.harzer-klosterwanderweg.de.

Wander- und Trekkingwege von 250 km Länge rund um Ilsenburg. Rundwanderwege starten am Blochhauer im Ilsetal, z.B. Heinrich-Heine-Weg zum Brocken, mit Rückweg über Gelber Brink 26 km, www.ilsenburg.de.

Quedlinburg

Quedlinburg (25 300 Einwohner) ist ein für die deutsche und die europäische Geschichte identitätsstiftender Ort. 1994 wurde die Stadt in die Liste des UNESCO-Welterbes aufgenommen und in der damals verliehenen Urkunde heißt es: »Die Altstadt von Quedlinburg gilt mit ihren ... Fachwerkhäusern ... und dem mittelalterlichen Stadtgrundriss als außergewöhnliches Beispiel für eine europäische mittelalterliche Stadt. Die Stiftskirche St. Servatius mit den Gräbern des ersten deutschen Königs Heinrich I. und seiner Frau Mathilde sowie dem Domschatz ist ein architektonisches Meisterwerk der Romanik.«

Die Zahl der Sehenswürdigkeiten ist lang: Stiftskirche St. Servatius und Schloss auf dem Burgberg, der Münzenberg gegenüber, mit der in Teilen wieder begehbaren Klosterkirche St. Marien, Wipertikirche und St. Blasii, Feininger-Galerie, Klopstock-Haus, Rathaus, Hagensches Freihaus und Palais Salfeldt, Geburts- und Wohnhaus von Dorothea Christiana Erxleben... Im Großen Haus im Marschlinger Hof spielt das Nordharzer Städtebundtheater und vom Bahnhof dampft man via Gernrode mit der Selketalbahn mitten hinein in den Harz.

Konzert in der Stiftskirche St. Servatius

▲ Karte S. 160

Die größte Sehenswürdigkeit jedoch ist die Stadt selbst. Rund 90 Hektar umfasst der Stadtkern, er gehört damit zu den größten Flächendenkmälern in Deutschland. Und ging man jahrzehntelang von ›nur‹ 1300 Fachwerkhäusern aus, sind es – indessen genau erfasst – sogar über 2050, die rund 800 Jahre Fachwerkbau dokumentieren.

Ein Stadtrundgang

Quedlinburg-Fans, und deren Zahl geht indessen in die Legionen, streiten immer wieder, wo man denn der Stadt am besten ›Guten Tag‹ sagen sollte. Die einen schwören auf den Schlossberg mit seiner einmalig schönen Sicht auf die Stadt und den Harz. Die anderen wollen zuerst auf den Markt, um dort einzutauchen in das unnachahmliche Flair der Altstadt.

■ Rund ums Rathaus

Wir gehören zu ›den anderen‹ und beginnen am Rathaus. 1310 erstmalig erwähnt, bildet es noch heute den Mittelpunkt der quirligen Stadt. 994 verlieh Otto III. seiner Tante Mathilde, Äbtissin des Frauenstifts, das Markt-, Münz- und Zollrecht, gleichsam die Geburtsurkunde der Stadt. Auf den Stufen unter dem repräsentativen Portal des Anfang des 17. Jahrhunderts im Renaissance-Stil umgebauten Hauses stehend, liegt einer der schönsten Marktplätze Deutschlands vor uns. Rechts der steinerne **Roland** (1477 zerstört, 1869 wieder errichtet), hinter

Abend am Quedlinburger Rathaus

Hoken und Rathaus die heutige **Marktkirche**, einst der Mittelpunkt der um 1000 entstandenen Kaufmannssiedlung, mit der wunderbaren Holzkanzel von 1595. Den Platz rahmen wunderschöne **Fachwerkhäuser** wie das Lohgerberhaus an der Westseite (Mitte 17. Jh.) oder das Haus Grünhagen an der Ostseite.

Von hier lässt man sich am besten treiben, mäandernd durch die **Gassen** der Stadt. Durch den Schuhhof in die Hölle mit dem hinter einer großen Mauer liegenden, fast 800 Jahre alten Gebäudekomplex, einem der ältesten Profanbauten der Stadt; durch die Pölle mit Abstecher in Stieg und Judengasse zur Bockstraße auf den Kornmarkt, um dann Breite und Schmale Straße zu erkunden. Das **Gildehaus zur Rose** (Breite Str. 39) entstand 1612, der **Kaufmannshof** in der Nummer 39 um 1660. Noch deutlich älter sind die Bauten in der **Breiten Straße 12/13** (um 1330) und in der **Schmalen Straße 47** (um 1485). Quedlinburg ist, was den Fachwerkbau anbetrifft, ein Solitär. Über alle Epochen hinweg, vom Mittelalter über Gotik, Renaissance und Barock bis in die Zeit des Klassizismus wurde der Fachwerkbau hier gepflegt und weiter entwickelt. Darunter auch der nach dem Dreißigjährigen Krieg entstandene sogenannte **Quedlinburger Sonderstil**. Dessen spezielles Merkmal ist der Diamantschnitt der Balkenköpfe und die in Mode kommenden Erker – was das **Fachwerkmuseum** in einem der ältesten Häuser, dem Ständerbau von 1350 im Word, natürlich sehenswert dokumentiert.

Der Schlossberg

Vom Word durch die Blasii- und die Hohe Straße kommend, steht man dann an jenem berühmten Ort, an dem alle Stadtführer ihrer Stimme einen besonders bedeutungsvollen Klang verleihen: dem **Finkenherd**. Hier, zu Füßen des Schlossberges, soll der Sachsenherzog

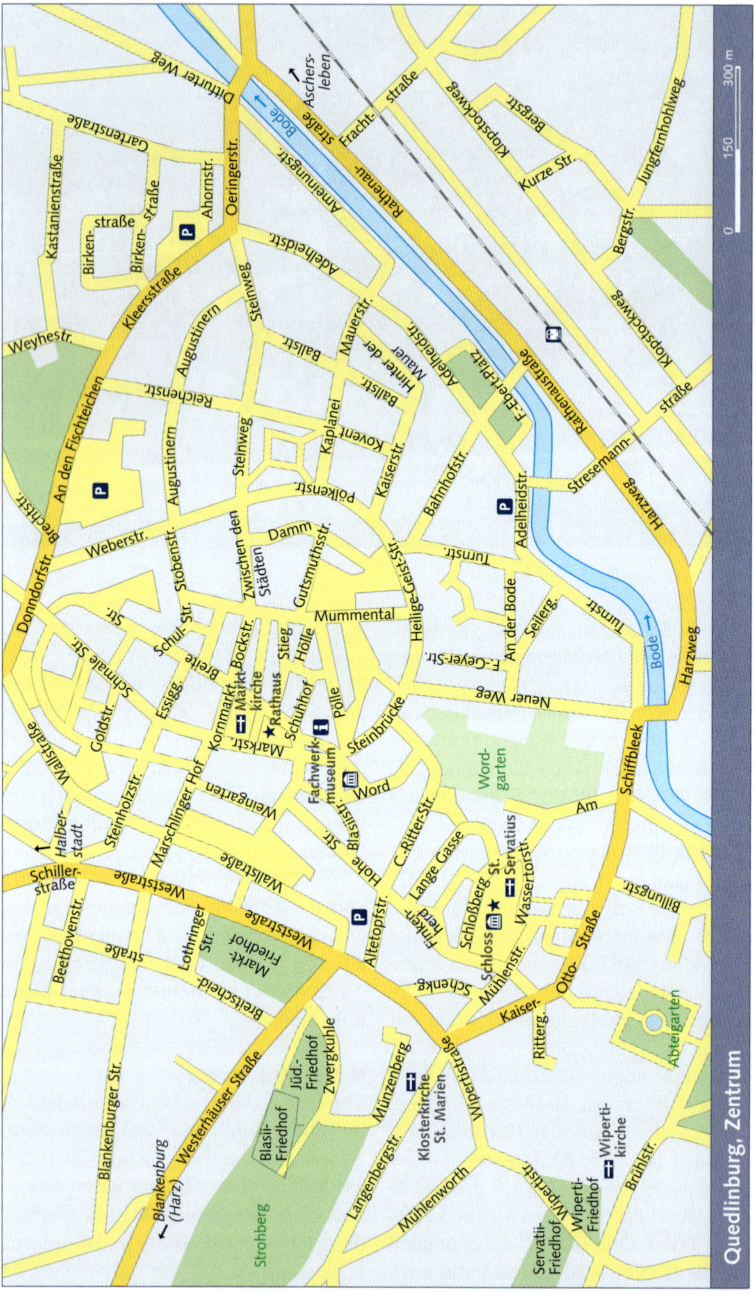

Quedlinburg, Zentrum

Heinrich (›Der Vogler‹) just bei seiner Lieblingsbeschäftigung, dem Vogelfang, 919 die Königskrone empfangen haben. Wie auch immer: Er und seine Nachfolger – vor allem sein Sohn Otto der Große – machten ihre Lieblingspfalz Quedlinburg zu einem wichtigen Zentrum der Reichspolitik. Den Berg, dessen Bebauung dies in besonderer Weise dokumentiert, erklimmt man auf wiederhergestelltem, komplett historischem Pflaster, an **Klopstockhaus** und **Lyonel-Feininger-Galerie** vorbei, steil in die Höhe. Diese Höhe, ein durchaus bröseliger Sandsteinfelsen, war über Jahrhunderte immer auch ein Problem für die Standfestigkeit des Berges, die durch millionenschwere Sicherungsmaßnahmen seit 2000 nunmehr für lange Zeit garantiert sein sollte – saniert wird dennoch immer weiter.

Die Stiftskirche St. Servatius

Die im Jahr 1129 geweihte flachgedeckte Basilika (wichtige Station an der ›Straße der Romanik‹) besaß bereits drei Vorgängerbauten. Heute zeigt der monumentale Bau sowohl an der Fassade als auch in der Ornamentik des Innenraumes starke lombardische Einflüsse. Die beiden **Türme** tragen seit Mitte des 19. Jahrhunderts (stilwidrig, wie die Experten sagen) Zeltdächer oder ›Rheinische Helme‹. Die gotischen Formen des um 1320 über der Krypta errichteten **Hohen Chores** sind nur von außen sichtbar. Im Inneren wurde 1938 durch eine Apsiswand ver-

Die Stiftskirche St. Servatius mit dem Schloss

sucht, den romanischen Gesamteindruck wieder herzustellen. Der Innenraum wird geprägt durch den Wechsel von Pfeiler und Säulen, der Haupt- und Seitenschiffe trennt. In der **Krypta** unter dem Hohen Chor befinden sich die Gräber Heinrichs I. und seiner Gemahlin Mathilde. Heinrich wurde 936 beigesetzt. An der Grabstätte ihres Gemahls gründete Königin Mathilde im gleichen Jahr ein Damenstift, das fast 900 Jahre lang bestand.

Im Westen begrenzt die **Kaiserloge** den sakralen Raum. Im Osten führt eine Treppe in den Hohen Chor und zu den **Schatzkammern**, die seit 1993 wieder den berühmten Quedlinburger Domschatz beherbergen.

■ Der Domschatz

Der Quedlinburger Domschatz ist einer der bedeutendsten Schätze Deutschlands, in ihm spiegelt sich noch heute der Glanz des ottonischen Kaiserhauses, denn die meisten der Schatzteile gelangten als Geschenke der Ottonen an das Damenstift. Zu bewundern ist er in der Domschatzkammer, die sich nördlich und südlich an den Altarraum anschließt. Die bedeutendsten Stücke sind das **Servatiusreliquiar** (um 870) - ein Elfenbeinkasten mit Goldfiligranarbeiten –, der Heinrichskamm (7. o. 8. Jh., Ägypten oder Syrien), das Samuhel-Evangeliar, das Heinrichsreliquiar und das Wiperti-Evangelistar.

Das **Samuhel-Evangeliar**, benannt nach seinem Hauptschreiber Samuhel, ist eine aus 191 Pergamentseiten bestehende Handschrift karolingischer Buchkunst mit Goldtinte. Der goldene Prachteinband (1225/1230) besitzt Einfassungen für Edelsteine und insgesamt neun Zellenemailarbeiten. Bewunderung erregt auch der **Katharinenschrein** (1230/1240), dessen vollständige Goldverzierung ein hohes Maß künstlerischen Könnens darstellt. Ältestes Stück des Schatzes ist der **Kana-Krug** aus dem 1. Jahrhundert. Der Alabaster-Krug ist als Reliquie durch Otto I. nach Quedlinburg gekommen, er soll an die biblische Geschichte der Hochzeit zu Kana erinnern.

Berühmt ist der Schatz aber nicht nur ob seiner Pracht, sondern auch seiner abenteuerlichen Geschichte wegen. Nach der Besetzung Quedlinburgs durch amerikanische Truppen im April 1945 ›requirierte‹ der US-Leutnant Joe Tom Meador zwölf ausgewählte Stücke und schickte sie per Feldpost nach Texas. Nach Meadors Ableben 1983 versuchten seine Erben, die Stücke auf dem internationalen Kunstmarkt zu verkaufen. Nach langem juristischen Ringen und einem Vergleich kehrten zehn der Stücke 1992 nach Deutschland zurück und sind seit 1993 wieder im Domschatz zu besichtigen. Ein Bergkristallflakon und ein Reliquienkreuz bleiben weiterhin verschollen.

Das Samuhel Evangeliar – eines der wertvollsten Stücke des Domschatzes

▶ Karte S. 160

Riesenkuckucksuhr in Gernrode

■ **Schloss und Münzenberg**

Auf dem Schlossberg gegenüber der Stiftskirche befinden sich die ehemaligen Wohn-, Repräsentations- sowie Wirtschaftsräume des Quedlinburger Damenstifts. Heute ist in dem Renaissanceschloss (16./17. Jh.) das **Städtische Museum** untergebracht.

Herausragende Exponate seiner Ausstellung sind der bronzezeitliche **Hortfund vom Lehof**, die **Goldscheibenfibel** aus Groß Orden, der sogenannte **Raubgrafenkasten** und eine mittelalterliche Balliste (Wurfmaschine). Seit 2002 wird im sogenannten **Ottonenkeller** eine Ausstellung zur Rezeption der ottonischen Zeit während des Nationalsozialismus gezeigt. Von der wunderschönen Südterrasse des Schlossbergs fällt der Blick auf den Münzenberg mit der romanischen **Klosterkirche St. Marien** und im Tal dazwischen die romanische **St. Wiperti-Kirche**. Beides sowie der der sich anschließende **Abteigarten** und der **Brühl-Park** (›Gartenträume‹) gehören ebenfalls zum Weltkulturerbe.

Bis zur Reformation bildete die romanische **Marienkirche** auf dem Münzenberg das Pendant zur Stiftskirche. Ende des 16. Jahrhunderts bauten Kesselflicker, Scherenschleifer, Hausierer und Bettelmusikanten ihre kleinen, schmalbrüstigen Häuschen in die bereits verfallenen Klostergebäude hinein, was man heute in Teilen sehr schön besichtigen kann. Der Blick auf Stadt und Schloss lohnt den Aufstieg über die 107 Stufen unbedingt.

Gernrode

Gernrode (3500 Einwohner) ist ein viel besuchter Ort, was vor allem mit zwei Zielen zu tun hat: der **Stiftskirche St. Cyriakus** und der **Harzer Uhrenfabrik**. Die Kirche ist ein ottonisches Bauwerk von höchstem baugeschichtlichem Rang, eines der ›reinsten‹ romanischen Bauwerke Deutschlands. 961 wurde sie von Markgraf Gero dem Heiligen Cyriakus geweiht, Otto der I. nahm das kurz zuvor gegründete Stift unter seinen königlichen Schutz. Im Gegensatz zu vielen anderen Fällen führten die umfangreichen Restaurierungen (Ferdinand von Quast 1858–1866) dazu, dass sich die Kirche heute weitgehend wie im 10. Jahrhundert präsentiert. Das Langhaus mit byzantinischer Herkunft ist einzigartig und die Hallenkrypta eine der ältesten in Deutschland. Im südlichen Seitenschiff befindet sich eine Nachbildung des Heiligen Grabes – wie man annimmt, schon seit dem Kirchenbau und damit die älteste in Deutschland. In der Vierung befindet sich das Hochgrab des Stifters Markgraf Gero, das – 1865 während der Restaurierung geöffnet – Knochen eines 1,84 Meter großen Mannes freigab, für die Lebenszeit des Markgrafen eine höchst stattliche Größe. Die **Stifts-**

gebäude (Kreuzgang von 1170) wurden im 17. Jahrhundert zum Schloss umgebaut, heute trifft man sich hier u.a. zu Konzerten.

Ein Konzert ganz eigener Art liefert der Kuckuck, der alle 15 Minuten aus der 14,5 Meter hohen **Kuckucksuhr** heraus schaut. Ebenso groß ist das **Wetterhaus** am Gebäude der Harzer Uhrenfabrik. Sehenswert ist in Gernrode auch die **Alte Elementarschule** – die nach Wittenberg älteste protestantische Elementarschule in Deutschland, 1533 erstmals erwähnt und seit 1551 von Andreas Popperodt, einem Schüler Philipp Melanchthons geleitet. Der zu besichtigende Neubau (18. Jh.) ist eines der ältesten erhaltenen Schulgebäude Sachsen-Anhalts.

Aus ganz Deutschland strömen Menschen am Ostersonntag um 6 Uhr zu dem aus dem 12. Jahrhundert stammenden **Osterspiel** in die Gernröder Kirche.

Bad Suderode

Seit 1911 trägt der Ort (1700 Einwohner) den Beinamen Bad, nachdem der schon seit 1829 nachgewiesene Badebetrieb um 1900 einen ersten Höhepunkt erreichte. Zu jener Zeit entstand auch das noch heute weithin geschlossene, teils auch liebevoll sanierte Ensemble von Gründerzeit-Häusern im sogenannten **Bad Suderöder Pensionshausstil**. Seinen guten Ruf verdankt der älteste Harz-Kurort jedoch vor allem seiner Heilquelle. Der Behringer Brunnen zählt mit ca. 2500 Milligramm Calcium pro Liter zu den stärksten Calciumquellen Europas. Doch während der Brunnen noch sprudelt und – ebenso wie der Kurpark – Urlauber und Touristen anlockt, ist das Kurzentrum zurzeit geschlossen. Investoren werden gesucht, die den Komplex auf die Nachfrage der kommenden Jahrzehnte einstellen.

Quedlinburg und Umgebung

Vorwahl: 03946

Postleitzahl: 06484

Quedlinburg-Information, Markt 4, Tel. 905624, www.quedlinburg.de; Mai–Okt. Mo–Fr 9.30–18.30 Uhr, Sa 9.30–15 Uhr, So 9.30–14 Uhr, Nov.–April Mo–Fr 9.30–17 Uhr, Sa 9.30–14 Uhr.

Romantik Hotel Am Brühl, Billungstr. 11, Tel. 96180, www.hotelambruehl.de; 45 Zi., DZ ab 90 Euro. Nicht nur nach Gault Millau-Empfehlung das erste Haus am Platz, Zimmer mit individuellem Charme in historischer Substanz, das beste Frühstück weit und breit.

Ringhotel Theophano, Markt 13/14, Tel. 96300, www.hoteltheophano.de; 29 Zi., DZ ab 95 Euro. Historischer geht's nicht: In einem der schönsten Fachwerkhäuser (Gildehaus der Lohgerber), direkt am Markt, jedes Zimmer ein Unikat. Dazu prima Restaurant und Café.

Fachwerkhotel Vorhof zur Hölle, Breite Str. 52, Tel. 919334, www.vorhofzurhoelle.de. Individuelles Hotel mit 5 Ferienwohnungen, gestaltet in 5 ehemaligen Witwenhäusern der Schuhmacherinnung, Wohnung ab 90 Euro.

Ferienwohnungen im Palais Salfeldt, Kornmarkt 6, Tel. 526601, www.quedlinburg-ferienwohnung.com. 12 komfortable Wohnungen in perfekt saniertem Ensemble, Wohnung ab 50 Euro.

Harz Camp Bremer Teich, Bremer Dammteich, 06485 Quedlinburg, OT Gernrode, Tel. 039485/60810, www.harz-camp-gernrode.de. Idyllische 30000 qm am See, auch 22 Ferienhäuser, 20 Wohnmobilstellplätze.

Brauhaus Lüdde, Blasiistr. 14, Tel. 3251, www.hotel-brauhaus-luedde.de. Traditionshaus, schöner Biergarten, selbstgebrautes Bier und rustikale Speisen.

▶ Karte S. 160

Himmel und Hölle, Hölle 5, Tel. 528655, www.himmelundhoelle-qlb.de; Di–So ab 17 Uhr. Spezialität Flammkuchen und viel Vegetarisches.

Schillers, Langegasse 32, Tel. 528052. Klein, fein, gutes Essen von Frühstück bis Tapas.

Csarda, Quedlinburger Str. 7, 06507 Gernrode, Tel. 039485/60882, www.ungarn tipps.de. Wer im Harz gut ungarisch essen will, ist hier richtig: Kesselgulasch, Palatschinken Gundel.

Historische Gaststätte und Pension Bückemühle, Am Bückeberg 3, 06485 Quedlinburg, OT Gernrode, Tel. 419, www.bueckemuehle.de. Gefragte Fischgaststätte mit hauseigener Räucherei, von Fischsuppe bis Fischteller alles aus Harzer Gewässern.

Zum Roland (Café in sieben Häusern), Breite Str. 1–3, Quedlinburg, Tel. 4532.

Café am Finkenherd, Schlossberg 15, Quedlinburg, Tel. 810373. Spezielle Kuchenauswahl, perfekter Service.

Samocca Kaffeerösterei-Café-Deli, Langegasse 30, Quedlinburg, Tel. 919824. Von außen klein, innen wirklich groß in Angebot, Service und Qualität.

Café Münzenberg, Münzenberg 1/17, Tel. 907134. Mit wunderbarer Sicht auf den Schlossberg.

Stiftskirche St. Servatii und Domschatz, Schlossberg 1, Tel. 709900, www.dom schatzquedlinburg.de; April –Okt. Di–So 10–18 Uhr, Feiertags 12–18 Uhr, Nov.–März Di–So 10–16 Uhr, Feiertags 12–16 Uhr.

Schlossmuseum, Schlossberg 1, Tel. 905681, www.quedlinburg.de; April –Okt. Di–So 10–18 Uhr, Nov.–März Di–So 10–16 Uhr.

Münzenberg-Museum Marienkloster, Münzenberg 16, www.quedlinburg.de; tgl. außer Do 9–12/14–17 Uhr.

Lyonel-Feininger-Galerie, Finkenherd 5a, Tel. 6895930, www.feininger-galerie.de; April –Okt. Di–So u. feiertags 10–18 Uhr, Nov.–März Di–So u. feiertags 10–17 Uhr

Fachwerkmuseum im Ständerbau, Wordgasse 3, Tel. 3828, www.quedlinburg.de; April–Okt. tgl. außer Do 10–17 Uhr, Nov.–März tgl. außer Do 13–16 Uhr.

Klopstockhaus, Schlossberg 12, Quedlinburg. Tel 2610, www.quedlinburg.de; April –Okt. Mi–So 10–17 Uhr.

Stiftskirche St. Cyriakus, Burgstr. 3, 06507 Gernrode, Tel. 039485/275, www.stifts kirche-gernrode.de; April –Okt. tgl. 9–17 Uhr, Nov.–März nur mit Anmeldung.

Alte Elementarschule Gernrode, St. Cyriakusstr. 2, 06507 Gernrode, Tel. 039485/265, www.elementarschule-gernrode.de; Mo–Fr 10–12/14–16.30 Uhr, Sa 14–17 Uhr.

Harzer Uhrenfabrik, Lindenstr. 7, 06507 Gernrode, Tel. 039485/5430, www.harzer-uhren.de; tgl. 10–17 Uhr.

Nordharzer Städtebundtheater, Großes Haus, Marschlinger Hof 17/18, Tel. 962222, www.harztheater.de.

Quedlinburger Musiksommer, jährlich Juni-September, Stiftskirche und andere Orte, Büro: Aegidiikirchhof 3, Tel. 3738, www.quedlinburger-musiksommer.de.

Kaiserfrühling in Quedlinburg, immer Ostern und Pfingsten, www.kaiserfruehling-quedlinburg.de.

Advent in den Höfen, immer an den ersten drei Wochenenden im Advent, www.adventsstadt.de.

Harzer Weingut Kirmann, Gartenstr. 532, Quedlinburg, OT Westerhausen, Tel. 701466, www.harzer-weingut.de; Mo–Fr 14–18 Uhr, Sa 10–14 Uhr. Natürlich eine Rarität im Harz, doch die Südlage macht es möglich: Reben auf 3,2 Hektar. Besichtigung, Verkostung, Hofverkauf, Versand, Spezialität: Cabernet Mitos.

Von Milben, Kuckucksuhren und alten Kackstühlen

Dass Sachsen-Anhalt Museen von Weltgeltung hat, kann eigentlich nur noch Leute überraschen, die nicht wissen, dass Wittenberg und Quedlinburg, Halle und Dessau, Naumburg und Halberstadt, Magdeburg, Wernigerode und Weißenfels in Sachsen-Anhalt liegen... Doch nicht minder spannend ist das Eintauchen in ganz eigene Welten, in die vielen besonderen Museen im Lande.

Würchwitz zum Beispiel, im südöstlichen Zipfel des Landes, verfügt über eine aus Carrara-Marmor gehauene Milbenskulptur und über ein **Käsemilbenmuseum** (→ S. 257). Da kann man viel sehen über das Leben der 0,3 mm großen Käsemilbe, darf aber nicht alles glauben. Dass es beispielsweise ein Hörgerät gäbe, mit Hilfe dessen man die Milben beim Knabbern belauschen könne. Der Leiter des Museums, Helmut Pöschel, gehört zu den Milbenkäseherstellern, dessen Produkt, ›den lebendigsten Käse der Welt‹, Feinschmecker in aller Welt schätzen.

Wenn im Harz der Kuckuck ruft, kann das auch im **Kuckucksuhrenmuseum** der Harzer Uhrenfabrik GmbH sein (→ S. 164). Seit 1948 werden hier in Gernrode Kuckucksuhren in Zusammenarbeit von Tischlern, Holzbildhauern, Uhrmachern und Mechanikern gefertigt. Viel Handwerk und viel Handarbeit stecken in den Liebhaberuhren. Eltern und Kinder können hier auch bei der Montage der Uhren zusehen.

Ebenfalls im Harz, inzwischen deutschlandweit bekannt, liegt Gabriele Kneppers **Mausefallenmuseum** in Güntersberge (→ S. 168). Neben den Mausefallen aller Art und durch alle Jahrhunderte findet man auch eine Galerie der stillen Örtchen, die vom 500 Jahre alten Kackstuhl über Klistierspritzen bis zu großformatigen Fotos reicht. Es gibt allerhand alte Küchengeräte zu sehen und sonst noch jede Menge Kurioses, wie beispielsweise eine Flohfalle. Ein urgemütliches Café gibt es ebenfalls.

In der Magdeburger Börde liegt in Eickendorf das **Museum für Bodenschätzung** (www.bodenschaetzung-eickendorf.de) und in Niederndodeleben im **Holunder-Kontor** (www.holli-holler.de) dreht sich alles um die vielseitige Pflanze. Beatles-Museum und die schokoladige **Halloren-Erlebniswelt** in Halle (→ S. 210) sind längst keine Geheimtipps mehr. Doch was ist mit dem **Schuhmuseum** in Weißenfels (→ S. 248), dem **Kriminalpanoptikum** in Aschersleben (→ S. 175) und dem **Blaulicht-Museum** (→ S. 330) im altmärkischen Beuster? Nicht mehr übernachten kann man – wie 1894/95 der erste DDR-Präsident Wilhelm Pieck als Tischlergeselle – in der **Historischen Gesellenherberge** in Blankenburg (→ S. 143). Doch alles erfahren über die zünftige Walz in Vergangenheit und Gegenwart kann man in der einzigen museal erschlossenen deutschen Gesellenherberge allemal. Seit 1992 treffen sich fremde und einheimische Gesellen einmal im Jahr zum Gesellentreffen im Museum – organisiert von den Gewandhausgesellen zu Leipzig und der Bruderschaft zur Rose aus Quedlinburg.

An originellen Museen ist kein Mangel

Links und rechts der Harz-Hochstraße

Eine schöne Form, vom Mansfelder Land kommend, den Unterharz zu ›erobern‹, ist eine Fahrt auf der Harz-Hochstraße B 242. Man sollte dabei reichlich Abstecher einplanen, Entdeckungen gibt es für mehrere Tage (Karte → S. 131).

Zwischen Mansfeld und Güntersberge

Schnell schwingt sich nach dem Start in Mansfeld die Straße nach oben und gibt den Blick frei auf die bewaldeten Höhen des Unterharzes.

■ Wippra

Kurz hinter Saurasen, nach einem Zwischenstopp am bekannten **Rammelburg-Blick**, zweigt die Nebenstraße über den Ort **Rammelburg** zum vier Kilometer entfernten traditionsreichen Erholungsort **Wippra** (1450 Einwohner) ab. Noch vor dem Ort locken **Sommerrodelbahn und Kletterpark Wolfstal**, viele Besucher jedoch zieht es zur Traditionsbrauerei in der Ortsmitte, neben der die einzige Weltzeit-Sonnenuhr Deutschlands ihren Platz gefunden hat. Die idyllische Wipper sieben Kilometer talaufwärts liegt die **Talsperre Wippra**. Sie wurde 1951 bis 1952 erbaut und fasst maximal zwei Millionen Kubikmeter Wasser. Die Staumauer ist etwa 20 m hoch und 126 m breit. Angler gab es hier schon immer und Wanderer ohnehin. Neu hinzugekommen ist jedoch ein ganz spezielles Angebot, der Harzer Naturistenstieg für Anhänger der FKK-Bewegung. Schilder ›warnen‹: Willst Du keine Nackten sehen, darfst Du hier nicht weiter gehen.

■ Harzgerode

Über Königerode (Baden am Mönchsteich am Ortsausgang) erreicht man Harzgerode, das Zentrum des Unterharzes (ca. 9900 Einwohner). Neben einem Rundgang durch die **Fachwerk-Altstadt** (sehr schönes Rathaus mit modernem Marktbrunnen) lohnt ein **Schloss-Besuch**. Der Ostflügel des dreigeschossigen Renaissance-Baus (1550) mit Treppenturm, überdachtem Wehrgang und Rundturm ist restauriert und beherbergt ein Museum. Die vier Orte Alexisbad, Silberhütte, Mägdesprung und Güntersberge – zur Stadt Harzgerode gehörend – sind gut besuchte Touristenziele.

Alexisbad, erst vor gut 200 Jahren vom Anhalt-Bernburgischen Herzog Alexius

Kletterpark und Sommerrodelbahn bei Wippra

als Kurbad gegründet, geht in Architektur und Ortsplanung auf Karl Friedrich Schinkel zurück. 1812/1815 wurde nach Schinkels Entwürfen am rechten Selke-Ufer ein hölzernes Teehäuschen für das Herzogspaar erbaut, das später zu einer kleinen Kirche, der heutigen Petrus-Kapelle, umgebaut wurde.

In **Mägdesprung**, am Eingang zum unteren Selketal, erinnert das **Technische Museum Carlswerk** an die jahrhundertalte Tradition von Bergbau und Hüttenwesen. In der **Grube Glasebach** im Ortsteil Straßberg kann die Bergbaugeschichte noch heute erlebt werden. 1,6 Tonnen Silber und 870 Tonnen Blei im Jahr gewann man früher in der längst stillgelegten Silberhütte im gleichnamigen Ort. Zwischen Harzgerode und Mägdesprung kann man zur Ruine der Stammburg der Askanier, der **Burg Anhalt** aufsteigen, die sich heute im Namen des Bundeslandes wieder findet.

Acht Hektar groß ist der Bergsee am westlichen Ortsrand des staatlich anerkannten Erholungsorts Güntersberge – ein Ziel vieler Harzurlauber an warmen Sommertagen. Seit einigen Jahren kennen viele den Ort auch durch das **Mausefallen- und Kuriositätenmuseum** direkt an der Harz-Hochstraße, in dem man auch gemütlich einkehren kann (→ S. 166).

Wippra und Harzgerode

Tourist-Information Wippra, Anger 3, 06526 Sangerhausen, OT Wippra, Tel. 034775/816208, www.wippra-harz.de.

Stadtinformation Harzgerode, Marktplatz 7, Tel. 039484/7476703, www.harzgerode.de; Mo-Fr 9–16 Uhr (Di bis 18 Uhr), Sa 10–14 Uhr.

Hotel-Gasthaus Rammelburg-Blick, Rammelburg-Blick 1, 06343 Mansfeld, OT Friesdorf, Tel. 034775/75318; 15 Zi., DZ ab 65 Euro. Perfekt für Stoppover an der B 242.

Hotel Habichtstein Alexisbad, Kreisstr. 4-6, 06493 Alexisbad, Tel. 039484/780, www. hotel-habichtstein-harz.de; 110 Zi., DZ ab 89 Euro. Historisches Haus, Vitalzentrum mit moderner und großer Pool- und Saunalandschaft.

Selketaler Waldgasthof mit Backstube, 4. Friedrichshammer, 06493 Mägdesprung, Tel. 039484/2715, www.harzferienwohnungen.com. Mi, Sa und So werden Brotspezialitäten mit Sauerteig gebacken, dazu eigene Aufstriche (z.B. Vaterstulle mit Ziegenkäse) vegetarisch und vegan.

Museums- und Traditionsbrauerei Wippra, Bottchenbachstr. 1, 06526 Sangerhausen, OT Wippra, Tel. 034775/21313, www.wippra-bier.de. Museumsführungen nach Anmeldung, Bierverkauf: Mo 15–18 Uhr, Di–Fr 8–12 und 15–18 Uhr, Sa 8–12 Uhr.

Mausefallen- und Kuriositätenmuseum, Klausstr. 138, 06507 Güntersberge, Tel. 039488/430, www.mausefallenmuseum.de; Sa u. So. 14–17 Uhr o.n.Vereinb.

Bergwerksmuseum Grube Glasebach, Glasebacher Weg, 06493 Harzgerode, OT Straßberg. Tel 039489/226, www.grubeglasebach.de; April –Okt. Di-Do 10–16 Uhr, Sa/So 10–17 Uhr.

Kletterpark, Kletterfelsen und Sommerrodelbahn Wippra, Wolfstal 1, 06526 Sangerhausen, OT Wippra. Tel: 034775/20160, 0160/93159598 www.wippra-harz.de; www.kletterpark-wolfstal.de; März-Okt. tgl. 10–18 Uhr.

Seit 2010 erster deutscher, offiziell ausgeschilderter **Nacktwanderweg**, 13 km, Start am Parkplatz Talsperre Wippra.

▶ Karte S. 131

Die Rammelburg zwischen Mansfeld und Wippra

Stadt Oberharz am Brocken

Auf dem Hochplateau inmitten des Gebirges liegen die zehn Ortsteile der Stadt Oberharz am Brocken (zusammen 11300 Einwohner) zwischen 460 und 560 Metern über dem Meeresspiegel. Wandern und Wintersport treiben kann man hier überall - wo man sein Hauptquartier einrichtet, hängt wohl von den Interessen des Einzelnen ab und die werden vielfältig befriedigt. Einige der Orte liegen direkt an der Harz-Hochstraße, in andere führen kleine Abstecher.

Stiege

Wenige Schritte von der B 242 entfernt liegt über dem Ort das ehemalige gräfliche **Jagdschloss**, 1203 erstmals als Jagdhaus erwähnt. Von der Caféterrasse fällt der Blick auf die beschaulichen Seen im Ortskern. Die kleine **Holzkirche Albrechtshaus** ist im Stil einer nordischen Stabkirche erbaut (1905), detailgetreu bis auf das Dach. Eine ganz besondere Sehenswürdigkeit bestaunen Eisenbahnfans: die am Knotenpunkt der Selketalbahn liegende **kleinste Wendeschleife Europas** (seit 1984).

Hasselfelde

Das Haselnussblatt im Wappen der Stadt (2900 Einwohner) ist auf die vielen Haselnusssträucher zurückzuführen, die einst die Hochfläche prägten. Im beliebten Urlaubsziel kommt heute auf jeden vierten Einwohner ein Gästebett. Zwei Ziele steuern praktisch alle Besucher an: die **Westernstadt Pullman City Harz** und die **Harzköhlerei Stemberghaus**. Pullman City präsentiert sich auf 100 000 Quadratmetern als Westernstadt aus der Mitte des 19. Jahrhunderts, die den Besucher in vielfältiger Weise in die Vergangenheit der amerikanischen Geschichte und Kultur zurückversetzt. Um die dampfenden Meiler am Stemberghaus herum wird ein uraltes Harzer Handwerk, die Holzköhlerei, anschaulich gezeigt.

Trautenstein

Auch Trautenstein verdankt seine Existenz der Erzgewinnung und -verhüttung vor Jahrhunderten. Die barocke **Fachwerkkirche** wurde 1701 am ›Druidenstein‹ errichtet, auf den auch der Ortsname zurückgeht. Interessant ist der Taufstein, ein klassizistischer Har-

Die Harzköhlerei Stemberghaus

zer Eisenguss von 1830 und in der Form eines antiken Altars gestaltet. Nach der Renovierung erstrahlt der Sternenhimmel in neuem Glanz, auch die restaurierte Engelhardt-Orgel von 1834 ist seit 2008 wieder spielbar. Gut drei Kilometer südlich befindet sich die Carlshaushöhe, auch Bärenhöhe genannt, auf deren 626,3 m hohem Gipfel der **Carlshausturm**, ein Funk- und Aussichtsturm der Harzer Schmalspurbahn, steht.

Benneckenstein

Mindestens zweimal im Jahr geht es im Ort, einige Kilometer abseits der Harz-Hochstraße, besonders lebhaft zu: Im Januar, wenn die **Internationalen Schlittenhunderennen** stattfinden (bei Schneemangel mit Rädern an den Schlitten) und am Pfingstmontag zum großen **Finkenmanöver**. Letzteres, bei Tierschützern nicht ganz unumstritten, hat eine sehr lange Tradition und sich indessen zu einem großen Volksfest entwickelt: Auf einer Waldschneise stehen morgens (Beginn um 6 Uhr) in langen Reihen rund 50 zugedeckte Finkenkäfige. Begonnen wird mit dem Schönheitssingen, dem dann das Kampfsingen folgt. Eine Jury bewertet das Ganze und ›Finkenkönig‹ wird, wessen Buchfink die meisten Gesangsanschläge hat. Danach geht es rund um zahllose brennende Holzpyramiden ans Feiern... Ein Stadtrundgang startet an der Erinnerungstafel für Boxchampion Max Schmeling, den Ehrenbürger von Benneckenstein.

Die kleinste Holzkirche Deutschlands steht in Elend

Grenzmuseum in Sorge

Tanne

Von Tannes Hausberg, dem **Kapitelsberg** (528 Meter NHN), hat man eine schöne Aussicht über die Berge und die Harzwiesen, auf denen heute noch (und wieder) besonders viele der seltenen Harzkühe (Rotes Höhenvieh, Harzer Schlag) weiden. Immer am Sonntag vor Himmelfahrt wird dann der Kuhball gefeiert – auf dem Schaubauernhof kann man die Tiere auch aus der Nähe bewundern.

Sorge

Kurz vor der Einmündung der Harz-Hochstraße in die B 4 (die Nord-Süd-achse über den Harz von Erfurt nach

▲ Karte S. 131

Bad Harzburg) liegt der kleinste Ort (85 Einwohner) der Stadt Oberharz am Brocken. Vieles hier erinnert an die Jahrzehnte der Abgeschiedenheit während der deutschen Teilung: Zur Grenzlandschaft Sorge gehören das Museum im ehemaligen Bahnhof und das **Freiland-Grenzmuseum** mit dem ›Ring der Erinnerung‹. Dieser ist Teil des europäischen ›Art in Nature‹-Projekts (1989 auf der Biennale in Venedig angestoßen), das seit 1993 als sich ständig veränderndes Kunstwerk auch für die deutsche Wiedervereinigung steht.

Elend

Unübersehbar ist in der Ortsmitte ein Kleinod: die mit 60 Quadratmetern **kleinste Holzkirche Deutschlands**. Unweit davon beginnt ein besonders schöner Wanderweg, der durch das Elendstal – das durch den ›Torwächter‹, eine der größten und ältesten Fichten des Harzes, bewacht wird – entlang der Kalten Bode nach Schierke führt. Für Kletterer unabdingbar ist ein Abstecher hinauf zum Barenberg und den Schnarcherklippen. Auch hier war Goethe! (1793, wie eine Tafel am Klippenfuß vermeldet.)

Königshütte

Von der Ruine der Königsburg hat man einen der schönsten Blicke auf den Hochharz, im Ort kann man einen Wasserfall bestaunen. Königshütte ist ein Ort, der trennt und eint: Nord- und Südroute des **Harzer-Hexenstiegs** teilen sich hier, Kalte und Warme Bode dagegen fließen ab hier zusammen.

Elbingerode

Mit 5300 Einwohnern ist das der größte Ortsteil von Oberharz am Brocken. Alles hier hatte über Jahrhunderte mit dem Bergbau zu tun, was man heute sehr anschaulich nachvollziehen kann. Vier Kilometer Richtung Wernigerode kommt man zum **Schaubergwerk Büchenberg**. Bei einer Befahrung erzählen Bergleute interessante Geschichten.

Höhlenort Rübeland

Das Besucherzentrum schlechthin in der Stadt Oberharz am Brocken, natürlich der beiden Tropfsteinhöhlen wegen. Die **Baumannshöhle** ist die älteste Schauhöhle Deutschlands mit der einzigen unterirdischen Naturbühne, dem ›Goethesaal‹, in dem die Harzer Höhlenfestspiele mit, beziehungsreich, Stücken wie ›Das Kalte Herz‹ oder ›Die Reise zum Mittelpunkt der Erde‹ stattfinden.

In der **Hermannshöhle** beeindruckt die Kristallkammer, im Olmensee sollen 13 Exemplare des seltenen Grottenolms leben.

Stadt Oberharz am Brocken

Die Stadt verfügt über vier zentrale **Tourist-Informationen**: in Benneckenstein, Tel. 039457/2612 (auch für Trautenstein), Elbingerode, Tel. 039454/89487 (auch für Königshütte und Rübeland), Elend Tel. 039455/375 (auch für Sorge und Tanne) und Hasselfelde, Tel. 039459/71369 (auch für Stiege), www.oberharzinfo.de.

Hotel Grüne Tanne, Mandelholz 1, 38875 Mandelholz/Elend, Tel. 039454/460, www.mandelholz.eu; 23 Zi., DZ ab 85 Euro. Traditionsreiches Haus in 4. Generation an der B 27 mit bester Küche (u.a. Kraut mit Klump – Weißkohl mit Schmand verfeinert, darauf ein mit Harzkäse gefülltes Schnitzel), Talsperre vor der Tür, Wellness-Angebote.

Naturerlebnisdorf Blauvogel, Rotacker 1, 38899 Hasselfelde, Tel. 039459/71246, www.hptouristik.de; 64 Feriendoppelhäuser für bis zu sechs Personen, perfekt eingerichtet, am Waldrand, 150 Meter zum Waldseebad, ab 51 Euro.

Hotel Am Felsen, Ackertklippe 1, 38875 Königshütte, Tel. 039454/43163, www.am-felsen.de; 9 Zi., DZ ab 55 Euro, Ferienwohnung. schöne Lage.

Hotel und Ferien-Appartementanlage Tannenpark, Schierker Weg 16, 38875 Tanne, Tel. 039457/40808, www.tannenpark.de; 45 Zi. und App., 8 Ferienhäuser, DZ ab 79, App. ab 58 Euro. Für Aktive: Tennis, Hallenbad, Außenkegelbahn.

Camping am Brocken, Schützenring 6, 38875 Elbingerode, Tel. 038454/42589, www.campingambrocken.de. Oberhalb der Stadt am Wald, 180 Stellplätze, auch Wohnmobile.

Tzscherperessen – das traditionelle Essen der Bergleute bieten die Besucherbergwerke auf Anmeldung an, auch unter Tage (siehe Museen).

Café Schloss Stiege, Kirchstr. 31, 38899 Stiege, Tel.039459/73464, www.schloss-stiege.de; Mi–So ab 13 Uhr.

Café Zum Brockenbäcker, Schierker Weg 6, 38875 Tanne, Tel. 039457/3148; Di–Fr 7–17 Uhr, Sa 7–11 Uhr. Alles frisch aus der Backstube. Spezialität: Brockentorte.

Schaubergwerk Büchenberg, Büchenberg 2, 38875 Elbingerode, Tel. 039454/42200, www.besucherbergwerk-elbingerode.de; Führungen tgl. ab 10 Uhr, Dauer ca. 75 Minuten.

Harzköhlerei Stemberghaus, 38899 Hasselfelde (direkt an der B 81), Tel. 039459/72254, www. harzkoehlerei.de; Holzkohleproduktion, Museum, Köhlerladen (April -Okt. 9–18 Uhr, Nov.–März 10–17 Uhr). Essen in und vor der Köhlerhütte.

Pullman City Harz, Am Rosentale 1, 38899 Stadt Oberharz am Brocken, OT Hasselfelde, Tel. 039459/7310, www.westernstadt-im-harz.de; April -Nov 10-01 Uhr. ›Wilder Westen‹ auf 100 000 qm, auch Übernachten.

Rübeländer Tropfsteinhöhlen, Blankenburger Str. 35, 38889 Stadt Oberharz am Brocken, OT Rübeland, Tel. 039454/49132, www.harzer-hoehlen.de; Führungen tgl. Nov.–Jan. 9–15.30 Uhr, Juli–Aug. 9–17.30 Uhr (bis Ende April nur eine Höhle).

Grenzlandschaft Sorge, Freiluftmuseum jederzeit zugänglich, Grenzmuseum Öffnungszeiten unter: 039457/40807 oder 3239.

Rübelandbahn, Sonderfahrten von Blankenburg nach Rübeland, Lokschuppen-Besichtigung, Foto-Shooting historische Lok, www.ruebelandbahn.de.

Theater in der Baumannshöhle Rübeland, Karten: Tel. 039454/49132, www.harzer-hoehlenfestspiele.de.

Zahlreiche überregional bedeutsame **Veranstaltungen und Feste** wie Finkenschlagen und Schlittenhunderennen (Benneckenstein, Hasselfelde), Skijöring (Elend), Walpurgis in allen Orten (30.April/1.Mai), Kuhball (Tanne), Grasedanz (Rübeland/Neuwerk), Köhlerfest (Hasselfelde/Stemberghaus).

Gut ausgeschilderte Wanderwege gibt es über Hunderte Kilometer, Terrainkurwege z.B. in Benneckenstein, Elend und Stiege, www.oberharzinfo.de; zwei spezielle Angebote:

Montangeschichtlicher Rundwanderweg durch das Bodfeld, 3 Etappen von 17, 16 und 15 km, Start am Schaubergwerk Büchenberg, www.harzer-hoehlen.de.unter Wandern/Freizeit/Rad- und Wanderwege.

Köhlerweg, 14 Stationen auf 7 km zwischen Hasselfelde und der Harzköhlerei Stemberghaus entlang des Harzer-Hexenstiegs, www.harzkoehlerei.de.

▶ Karte S. 131

Das Harzvorland um Aschersleben

Im wahrsten Sinne im Schatten des Harzes liegend, spielte Aschersleben und sein Umland in der Vergangenheit im touristischen ›Ranking‹ eher eine unbedeutende Rolle. Das ändert sich zunehmend - zum einen mit dem Wiederaufblühen Ascherslebens, zum anderen, weil historische ›Perlen‹ durch Tourismusprojekte des Landes - wie die ›Straße der Romanik‹ und die ›Gartenträume‹ - zum Glänzen gebracht wurden und werden. Hilfreich waren dabei auch die Feiern zum Jubiläum ›800 Jahre Anhalt‹ im Jahr 2006, denn Aschersleben spielte in der Geschichte des Hauses Askanien eine wichtige Rolle.

Nordwestlich der Stadt war seit Ende der 1990er Jahre im ehemaligen Gebiet des Braunkohleabbaus das ›Harzer Seeland‹ als attraktives Urlaubsgebiet im Entstehen. Im Juli 2009 setzte ein gewaltiger Erdrutsch mit tragischen Folgen am Concordia-See bei Nachterstedt dieser Entwicklung ein vorläufiges Ende. Intensiv wird daran gearbeitet, den See und seine auch heute anziehende Umgebung touristisch wieder vollständig nutzbar machen zu können.

Aschersleben

Im Jahr 753 urkundlich erstmals erwähnt, ist Aschersleben (28100 Einwohner) die älteste Stadt Sachsen-Anhalts. Mit diesem Pfund wuchern die touristischen Vermarkter besonders schwungvoll - und auch legitim - seit 2010: Damals war Aschersleben Ort der Internationalen Bauausstellung IBA Stadtumbau und zugleich Gastgeber der sachsen-anhaltischen Landesgartenschau. Clever konzipierte Rundgänge durch die Stadt - die Architektur-, die Stadtbefestigungs- und die Gärten-und-Park-Route - führen an alle Sehenswürdigkeiten, informative Tafeln erzählen Geschichte und Geschichten.

Die historische Stadt

In den Kernbau des **Rathauses** wurde 1517/18 ein mittelalterlicher Treppenturm einbezogen, an dessen Fassade man in Griffhöhe die ›Ratselle‹ erkennen kann. Diese sollte die Tuchmacher auf dem Markt an die Grundsätze ehrlichen Handelns erinnern. An der deutlich jüngeren **Kunstuhr am Turm** schlagen zu jeder vollen Stunde zwei Ziegenböcke

Am Marktplatz von Aschersleben

Der Graue Hof

mit ihrem Gehörn aneinander. In Spaziergangsnähe liegen einige der ältesten und schönsten Gebäude der Stadt: direkt am Markt 27 das **Birnstilsche Haus** (1545), ehemals zum Franziskanerkloster gehörend; das **Haus der Freimaurerloge** ›Zu den drei Kleeblättern‹ (seit 1890/91 mit Gründerzeitfassade) am Markt 21 und am Markt 2 das **Krukmannsche Haus** (1572) mit dem Treppenturm und dem schönen Eckerker. Das älteste Profanbauwerk der Stadt ist der **Graue Hof** (13. Jh.), heute ein Kunst- und Kulturzentrum. Auch der Jugendstil und die Klassische Moderne haben sehenswerte Spuren hinterlassen: so die **Villa des Fabrikanten Richard Bestehorn** (›Weiße Villa‹, 1903) in der Bestehornstraße 2 und die von der Werkbundarchitektur geprägten Gebäude in der Hecknerstraße: das **Haus von der Heyde** (1902) und das **Bestehornhaus** (1908) – heute eine moderne Veranstaltungsstätte.

Von den ursprünglichen 2,2 Kilometern der **Stadtbefestigungsanlage** sind noch 1,8 Kilometer erhalten, 15 der ehemals 51 Türme und Schalen (zur Stadtseite offene Wehranlagen) sind noch vorhanden. Begehbar auch ohne Führung sind die mächtigste Bastion, das Rondell, und die ›Große Schale‹. Mit dieser und der ›Spitzen Bastion‹ verbunden ist der burgartige Klinkerbau des ehemaligen Gefängnisses, dessen Besuch heute Spaß macht, weil es das **Kriminalpanoptikum** beherbergt. Entlang der Stadtmauer und des Flüsschens Eine führt der zwei Kilometer lange **Promenadenring** mit schönen Sichtachsen zu markanten Gebäuden im Stadtkern.

Die grüne Stadt

Dass Aschersleben eine überaus grüne Stadt ist, wurde mit der Landesgartenschau 2010 so richtig deutlich. Inspiriert von einem Sohn der Stadt, dem Gelehrten und Weltreisenden Adam Olearius (1599–1671), wurden vorhandene Anlagen auf ›Vordermann‹ gebracht (wie die sieben Hektar große Herrenbreite oder der Stadtpark) und neue angelegt, wie der Bestehornpark und die Eine-Terrassen (einst Industriegelände).

Unübersehbar steht im Zentrum des **Stadtparks** der drei Tonnen schwere, übermannsgroße ›Ascherslebener Globus‹. Als Reminiszenz an Olearius und seinen berühmten Gottdorfer Globus schuf der Berliner Künstler Oliver Störmer die Bronzeskulptur in Zusammenarbeit mit dem Deutschen Geoforschungszentrum Potsdam.

Im **Bestehornpark** wiederum sind moderne Architektur und Kunst eine beglückende Symbiose eingegangen: Im sogenannten Riegelbau befinden sich seit 2012 die Räume der **Grafikstiftung Neo Rauch**. Der berühmte Maler und Grafiker stellte und stellt der Stadt seiner Kindheit wesentliche Teile seines grafischen Werks dauerhaft zur Verfügung.

A propos Kunst: Schon seit 2003 machte Aschersleben mit einer Kunstausstellung besonderer Art von sich reden und damit aus der Not eine Tugend. Baulücken und weniger schöne Ecken an den

▶ Karte S. 131

Kunst auf der Straße: DRIVE THRU Gallery in Aschersleben

Durchfahrtsstraßen der Stadt wurden mit künstlerischen Installationen und/oder temporären Interventionen geschlossen. **DRIVE THRU Gallery** heißt das Ganze und soll vom Tunnelblick hin zur Auseinandersetzung mit dem urbanen Raum führen.

Rund um Aschersleben

Zwei sehenswerte Objekte der ›Straße der Romanik‹ liegen unweit von Aschersleben: nordwestlich die **Stiftskirche von Frose** (1170), eine flachgedeckte Pfeilerbasilika mit sehenswertem Innenraum und Nonnenloge, und auf dem Weg nach Ballenstedt die **Konradsburg** (11. Jh.) bei Ermsleben. Häufig herrscht dort reges Mittelalterleben mit Burgfesten und Konzerten. Wer Muße haben will für das Betrachten der exzellenten Kapitelle in der Krypta, die zum schönsten gehören, was romanische Baukunst hervorgebracht hat, der kommt an einem anderen Tag.

Ein wirklicher Geheimtipp für Wandern und Naturerlebnisse ohne ›Massenauftrieb‹ ist (noch) das **Einetal**. Vorbei an der trutzigen Burgruine **Arnstein**, **Harkerode** (mit dem ehemaligen Schloss und Mausoleum der Familie der Freiherren von Knigge – heute ein Kinderheim – und der kleinen, aber feinen Kirche, gebaut nach Plänen von Schinkels ›Normalkirche‹), geht es nach **Alterode** und **Stangerode** sanft hinauf in Richtung Unterharz. Literaturinteressierten empfiehlt sich der Weg in das einige Kilometer weiter liegende **Molmerswende**, in dem ein kleines Museum an den dort geborenen Lyriker des ›Sturm und Drang‹ Gottfried August Bürger erinnert, den Verfasser des ›Münchhausen‹.

Romanik in Vollendung in der Krypta der Konradsburg bei Ermsleben

Was schenkt man einer Stadt? Neo Rauch in Aschersleben

Aschersleben ist die älteste Stadt Sachsen-Anhalts. Von hier stammen die Askanier, die nachmaligen Fürsten von Anhalt. Aschersleben sah allerdings auch noch lange nach dem politischen Umbruch 1989 wie das Aschenputtel unter den Städten aus. Nicht, weil die Aschersleber nichts getan hätten. Sie legten in beinahe preußischer Tradition (mehr Sein als Schein) erst einmal Wert auf eine funktionierende Wirtschaft. Dann nahmen die Aschersleber die Landesgartenausstellung 2010 in den Blick. Die Parks und Gärten für die Ausstellung befanden sich mitten in der Stadt. Zug um Zug erblühte die Stadt im Vorharz. Die Landesgartenschau gab dem Aschenputtel das Hochzeitskleid. Es fehlte nur noch eine künstlerische Attraktion, um auch kunstaffine Menschen nach Aschersleben locken zu können. Eine städtische Angestellte schlug vor, ihren ehemaligen Mitschüler aus der Abiturklasse um eine Ausstellung zu bitten, Neo Rauch. Der aber hatte aus Anlass seines fünfzigsten Geburtstages zwei große Ausstellungen in Leipzig und München zu bestücken und fragte nun seinerseits an, ob er nicht für Aschersleben eine Schau seiner Meisterschüler kuratieren könne? Die Ausstellung wurde ein Erfolg.

Neo Rauch, der Aschersleben als graue Stadt in Erinnerung hatte, durchstreifte die Stadt und war begeistert von dem, was er sah, vor allem aber vom modernen Ausstellungsort, dem sogenannten ›Riegel‹ im Bestehorn-Park. Er meinte, den müsse man über die Landesgartenschau hinaus als Galerie erhalten. Bei einem Essen mit Mitgliedern des Stadtrates und den an der Ausstellung beteiligten Meisterschülern entstand eine Idee: Er hatte plötzlich das Gespür, ›dass von ihm etwas hier bleiben sollte.‹ Er überließ – als Bekenntnis des Künstlers zur Stadt seiner Kindheit und Jugend – Aschersleben das grafische Werk. Damit avancierte die Stadt zu einem Kunstort, der einen nur hier zu besichtigenden Teil des Lebenswerks eines der wichtigsten deutschen Maler der Gegenwart ausstellt.

Das Gebäude der Neo-Rauch-Stiftung

Wer fragt, ob es sich denn für einen Künstler lohne, sozusagen am Rand der ›hippen‹ Welt auszustellen, darf wissen, dass allein die Schau der Meisterschüler Rauchs mehr als fünfzigtausend Menschen innerhalb eines halben Jahres gesehen haben. »Das Wie triumphiert über das Was, sonst taugt die Malerei nichts, sonst ist sie reine Journaille«, so Rauchs Maxime, der, Meisterschüler von Bernhard Heisig, selbst von 2005 bis 2009 an der Leipziger Hochschule für Grafik und Buchkunst lehrte und als Wegbereiter der ›Leipziger Schule‹ gilt. Im Naumburger Dom hat er sich mit drei Fenstern zur Heiligen Elisabeth in der Elisabeth-Kapelle eingetragen in die lange Reihe außerordentlicher Künstler, die für den Dom arbeiten durften.

Ballenstedt und Umgebung

Zwischen Aschersleben und Ballenstedt (9480 Einwohner) liegt am unteren Ende des Selketals Meisdorf mit seinem attraktiven Golfplatz. Von dort lohnt sich ein Abstecher auf die Höhe zum **Landschaftspark Degenershausen**, einem der sachsen-anhaltischen ›Gartenträume‹. Zu denen gehört auch die **Roseburg in Rieder** und natürlich - besonders attraktiv - der **Schlosspark Ballenstedt**. 29 Hektar groß umrahmt er die spätbarocke, dreiflüglige Schlossanlage mit einer wunderbaren Wasserachse im Stil italienischer Villengärten, geplant von Peter Joseph Lenné.

Die Geschichte der Stadt geht natürlich sehr viel weiter zurück und erzählt in ihren ersten Kapiteln zugleich auch die Geschichte der Askanier und des späteren Hauses Anhalt, das hier seine Wiege hat. Man begegnet Esico, dem Stammvater der Askanier, der wohl der Bruder der berühmten Uta war, deren Figur man unter den Stifterinnen des Naumburger Doms in dessen Westchor wieder findet. Man begegnet drei Generationen später dem berühmtesten der Askanier, Albrecht dem Bären, dem späteren ersten Markgrafen von Brandenburg. Albrecht wurde 1170 in der Klosterkirche von Ballenstedt beigesetzt, sein Grab kann man noch heute besichtigen.

Jahrhunderte nach ihm begann die Blütezeit der Residenz Ballenstedt (offiziell seit 1765). Die Reste des Klosters wurden zu der repräsentativen **Schlossanlage** ausgebaut, wie wir sie noch heute vorfinden. Ausdruck des kulturellen Aufstiegs war unter anderem der Bau des beeindruckenden Schlosstheaters (ab 1788). 1852 übernahm Franz Liszt dort die Leitung des anhalt-bernburgischen Musikfestes und führte es mit der Aufführung von - wie er es nannte - ›Zukunftsmusik‹ zu nationaler Bedeutung.

Der Bärenbrunnen, im Hintergrund die Ballenstedter Allee

Genießen sollte man nach einem Schlossbesuch den einmaligen Blick die ein Kilometer lange, schnurgerade Allee hinunter auf die Stadt. An deren unterem Ende ziert heute der moderne Bärenbrunnen den Anhaltiner Platz, auf dem die anhaltinischen Wappentiere ihre Wasserspiele treiben. Caspar-David-Friedrich-Kenner wissen natürlich, dass der große Romantiker die **Ballenstedter Allee** in seinem Gemälde ›Gartenterrasse‹ (1811) verewigt hat. Wiedererkennen wird man sie nicht, denn C.D.F. brachte in künstlerischer Freiheit Allee, Harzvorland und Brocken in eine, in der Realität nicht vorhandene Sichtachse.

■ Burg Falkenstein

Hoch über dem Selketal erhebt sich auf einem Felsrücken die Burg Falkenstein, die zu den am besten erhaltenen und auch schönsten Harzburgen gehört. Man kann sie im bequemen **Kremser** (ab Parkplatz Gartenhaus an der Straße zwischen Meisdorf und Pansfelde) erreichen. Wer von der **Thalmühle** steil hoch steigt, begreift jedoch viel besser, warum diese Burg niemals erobert wurde. Zwi-

Burg Falkenstein

schen 1120 und 1180 erbaut (›Straße der Romanik‹) hat sie ihren Charakter bis heute bewahrt. Beim **Museumsbesuch** sind viele der restaurierten Räume zu besichtigen: der Rittersaal, die Herrenstube, der Gotische Salon, die Kapelle mit der Schrankorgel und den hochmittelalterlichen Glasfenstern und nicht zuletzt die funktionstüchtige ›Alte Küche‹. Mit dem ›Sachsenspiegel‹, dem bedeutendsten mittelalterlichen Rechtsbuch und seiner europäischen Wirkung, befasst sich eine Dauerausstellung in der Burg. Da sein Verfasser Eike von Repgow (1180/1190–nach 1233), geboren im anhaltischen Reppichau, das Werk seinem Auftraggeber Hoyer von Falkenstein zueignete, ist die Legende nicht aus der Welt zu kriegen, dass Repgow das Buch auf Burg Falkenstein verfasst habe. Ob die Gedanken auf den Burgzinnen fliegen, mag jeder selbst beim Blick ins tiefe Selketal prüfen, tatsächlich fliegen tun in jedem Fall zwischen März und Oktober die Falken der **Burgfalknerei**.

Aschersleben und Ballenstedt

Tourist-Information Aschersleben, Heckner Str. 6, 06449 Aschersleben, Tel. 03473/8409440, www.aschersleben-tourismus.de.

Tourist-Information Ballenstedt, Anhaltiner Platz 11, 06493 Ballenstedt, Tel. 039483/263, www.ballenstedt-information.de.

Hotel Ascania, Jüdendorf 1, 06449 Aschersleben, Tel. 03473/9520, www.ascaniahotel.de; 44 Zi., DZ ab 103 Euro.

Parkhotel Schloss Meisdorf, Allee 5, 06463 Falkenstein/Harz, OT Meisdorf, Tel. 034743/980, www.meisdorf.vandervalk.de; 83 Zi., DZ ab 89 Euro. Wunderschön im Park am Eingang zum Selketal, stilvolle Zimmer, Hallenbad, für Einsteiger 6-Loch-Kurzgolfplatz im Schlosspark.

Schlosshotel Großer Gasthof Ballenstedt, Schlossplatz 1, Tel. 039483/510, www.ballenstedt.vandervalk.de; 49 Zi., DZ ab 89 Euro. Alter Glanz in neuem Ballenstedter Barock, Hallenbad, Regionale bis internationale Küche im ›Fürst Victor‹ oder in der Terrasse mit Schlossblick.

Appartements Residenz Jacobs, Allee 36, 06493 Ballenstedt, Tel. 039483/97538, www.residenz-jacobs.de; vier feine Appartements in denkmalgeschütztem Haus am Schloss, App. ab 69 Euro. Frühstück ggf. im Schlosshotel nebenan.

Reit- und Sporthotel Nordmann, Deistr. 23, 06543 Arnstein, OT Stangerode, Tel. 034742/9530, www.nordmannharz.de; 48 Zi, Scheune für Gruppen, DZ ab 98 Euro. Perfektes Haus für Aktive: Wandern Reiten, Bowlen, Baden. Steaks von selbst gezüchteten Bisons (500 Meter vom Haus lebt die größte Bisonherde Deutschlands) und Galloways.

▶ Karte S. 131

Zum Tontopp, Hinter dem Turm 24, 06449 Aschersleben, Tel. 03473/222185. Gemütlich über zwei Etagen im Fachwerk, rustikale Speisen perfekt gekj141ocht.

Teestube & Café Holunderbaum, Burggrund 6a, 06463 Falkenstein, OT Ermsleben, Tel. 034743/53469; April -Okt. Do/Fr 14–18 Uhr, Sa/So 11–18 Uhr, Nov.–März Do/Fr 14–18 Uhr, Sa/So 13–18 Uhr. Zu Füßen der Konradsburg alles vom Holunder: Tee, Torte, Saft, Wein, Schorle, Sekt. Holundersuppe mit Grießklößchen.

Grafikstiftung Neo Rauch, Wilhelm-Str. 21-23, 06449 Aschersleben, Tel. 03473/9149344, www.grafikstiftungneorauch.de; März–Nov. Mi–So 11–17 Uhr, Dez.–Feb. Mi–So 10–16 Uhr o.n.Vereinb.

Kriminalpanoptikum, An der Darre 11, 06449 Aschersleben, Tel. 03473/2265942, www.aschersleben-tourismus.de; Di–Do 14–17 Uhr, Sa/So 12–17 Uhr.

Zoo und Planetarium, Auf der Alten Burg 40, 06449 Aschersleben, Tel. Zoo 03473/3324, Planetarium 03473/2592, www.zoo-aschersleben.de; tgl. ab 9 Uhr.

Museum/Freimaurerloge, Markt 21, 06449 Aschersleben, Tel. 03473/958430, www.aschersleben-tourismus.de; Di–Fr 10–16 Uhr, Sa 14–17 Uhr, So 10–16 Uhr.

Burg Falkenstein/Harz, 06543 Falkenstein, OT Pansfelde, Tel. 034743/535590, www.burg-falkenstein.de; www.dome-schloesser.de; April -Okt. Tgl. 10–18 Uhr, Nov.–März Di–So 10–16.30 Uhr.

Gottfried-August-Bürger-Museum, Hauptstraße 14, 067343 Mansfeld, OT Molmerswende, Tel. 034779/20580, www.gottfried-august-buerger-molmerswende.de.

Konradsburg Ermsleben/Klosterkirche St. Sixtus, 06463 Falkenstein, OT Ermsleben, Tel. 034743/92564, www.konradsburg.com; Sommerzeit tgl. 10–17 Uhr, Winterzeit 10–16 Uhr.

Roseburg, Auf der Roseburg, 06493 Ballenstedt, OT Rieder, Tel. 0152/59718974, www.roseburg-harz.de; März–Okt. 9–18 Uhr, Nov.–Feb. 10–17 Uhr.

Landschaftspark Degenershausen, 06543 Falkenstein, OT Degenershausen, ganzjährig frei zugänglich.

Bundeskabarettfestival, seit 2004 immer am ersten Novemberwochenende, verschiedene Spielstätten in Aschersleben, www.aschersleben-tourismus.de; www.bundesvereinigung-kabarett.de.

Schlosstheater Ballenstedt, regelmäßige Konzerte und Gastspiele, www.ballenstedt.de.

Ascania Pferdefestival, immer im August vier Tage Pferdesport im Park Herrenbreite in Aschersleben, www.ascania-pferdefestival.de; www.aschersleben-tourismus.de.

Golfclub Schloss Meisdorf, Petersberger Trift 33, 06463 Falkenstein, OT Meisdorf, Tel. 034743/98450, www.golfclub-schloss-meisdorf.de; 18-Loch-Platz unweit vom Schlosshotel Meisdorf, idyllische Hügellage, 70 Hektar, längste Bahn 523 Meter, 10000 Quadratmeter Wasserfläche, 18 Hindernisse. Im Schlosspark 6-Loch-Kurzbahnanlage für Einsteiger.

Selketalstieg. In Meisdorf Einstieg in den Wanderweg durch eines der schönsten Harztäler (von Quedlinburg kommend, insgesamt 67 Kilometer bis nach Stiege am oberen Ende des Tals), www.selketal-info.de.

AbenteuerLand, 06449 Seeland, OT Schadeleben. Der größte Kinderspielplatz Sachsen- Anhalts, mehr als 80 000 Quadratmeter, rund 35 Spielattraktionen, großer Sandsee mit gigantischem Holzschiff und anderen Wassertieren.

Mansfelder Land und Südharz

Über ein Jahrtausend wurde das Land im Süden Sachsen-Anhalts vom Bergbau geprägt. Die ›Mansfelder Pyramiden‹ – Abraumhalden vom Kupferschieferbergbau – erinnern daran ebenso wie die bodenständige, traditionsverbundene Art der Menschen zwischen Lutherstadt Eisleben und Stolberg im Harz, zwischen Goldener Aue und Mansfelder Mulde. Hier wird nicht selten noch mit ›Glück auf!‹ gegrüßt und von den Schlössern in Mansfeld und Stolberg oder den Felsen über Questenberg schaut man hinunter in die Fachwerkgassen und hört mit einiger Fantasie (und bei den zahlreichen historischen Festen tatsächlich) Maultrommel, Dudelsack und Fidel der mittelalterlichen Händler und Gaukler. ›Das ist des Mannes Feld!‹, soll Kaiser Heinrich IV. lachend zu seinen ärgerlichen Ratgebern gesagt haben, als ein Gefolgsmann, der mit Land belohnt werden sollte so groß, wie er mit einem Scheffel Getreide eingrenzen könne, dies Korn für Korn aus einem Sack fallen und um ein unerwartet großes Gebiet wachsen ließ. So jedenfalls geht die schöne Legende über die Entstehung des Mansfelder Landes.

Lutherstadt Eisleben

Es war, wie wir heute wissen, der 10. November 1483, als Eisleben in die Weltgeschichte eintrat. Als Sohn des Bergmanns und späteren Ratsherrn Hans Luder und dessen Frau Margarethe wurde Martin Luther in der Stadt geboren, in der er am 18. Februar 1546 auch starb. Mit Blick auf die gewaltige historische Bedeutung Luthers wird Eisleben (28 300 Einwohner) – das den Beinamen Lutherstadt offiziell seit 1946 trägt – heute gelegentlich auch das Bethlehem und Jerusalem des Reformators genannt. 144 in das Pflaster eingelassene Lutherrosen bilden den ›Lutherweg Eisleben‹. Auf ihnen wandelt man zu Stätten, die heute zum UNESCO-Weltkulturerbe gehören.

▲ Karte S. 131

■ Auf Luthers Spuren

Beginnen sollte man in **Luthers Geburtshaus** (Lutherstr. 16), das bereits seit Ende des 17. Jahrhunderts ein öffentliches Museum ist. Die Ausstellung – wie übrigens auch die im Sterbehaus und in den Gedenkstätten in Wittenberg unter dem Begriff ›Luthergedenkstätten 2.0‹ – ist perfekt gestaltet. Kongenial haben es die Macher verstanden, Gebäude, Räume und Exponate zusammenzubringen. Das wichtigste der 250 Objekte ist sicher der wunderbare Taufstein (1518), der ursprünglich in der **Petrikirche** stand. In diesem Gotteshaus wurde Luther am 11.November 1483, dem Martinstag, getauft. Nach der Neugestaltung 2012 als Zentrum Taufe mit einem großen Taufbecken in der Mitte wiedereröffnet, prägt ein ganz besonderes Ambiente diese Kirche mit der mächtigen Renaissancehaube.

Die spätgotische St. Andreas-Kirche

Kommt man von Luthers Geburtshaus auf den **Markt**, so bietet sich – das heute klassizistische Gebäude der Waage im Rücken – mit dem bekannten Lutherdenkmal (1883), dem **Rathaus** (Frührenaissance um 1530) und der **St. Andreas-Kirche** das bekannteste und meistfotografierte Motiv der Eisleber Altstadt. Über dem dreischiffigen Chor der spätgotischen Hallenkirche (nach 1498 wieder aufgebaut) erhebt sich der 64 Meter hohe seitliche Glockenturm. Von der fast unveränderten spätgotischen Kanzel hielt Luther 1546 seine letzten vier Predigten. Am Tag nach seinem Tod wurde Luthers Leichnam vor der Überführung nach Wittenberg hier aufgebahrt.

Neben der Andreaskirche liegt das **Museum Luthers Sterbehaus**, im Übrigen – in Folge einer Verwechslung schon im Jahr 1726 – nicht das ›echte‹ Sterbehaus. In anrührender und anregender Weise erzählt die Dauerausstellung über ›Luthers letzten Weg‹ und stellt viele bedenkenswerte Fragen zu Leben und Tod. Wichtigstes Ausstellungsobjekt ist das Original-Bahrtuch vom Sarg des Reformators.

Die Lutherkanzel in der St. Andreas-Kirche

Eisleber Neustadt und Kloster Helfta

Die abenteuerliche Geschichte des gräflichen Hauses Mansfeld – geprägt durch innerfamiliäre Fehden und ständige Besitzteilungen – hatte auch dazu geführt, dass Eisleben über fast 300 Jahre aus zwei unabhängig voneinander verwalteten Städten bestand. So gibt es auch heute noch das **Neustädter Rathaus** (Renaissance/1589) und ihm gegenüber die kniende Steinfigur des ›Kameraden Martin‹, auch ›Bergmannsroland‹ genannt, die die Unabhängigkeit der Neu- von der Altstadt dokumentieren sollte. Die **St.-Annen-Kirche** (1516) zählt zu den schönsten Renaissancekirchen Mitteldeutschlands. 23 der 29 Sandsteinreliefs einer Steinbilderbibel in der Brüstung des Chorgestühls sind nach Motiven aus dem Alten Testament gestaltet.

Am Ortsausgang in Richtung Halle, unweit des großen Geländes der traditionellen ›Eisleber Wiese‹ (des größten mitteldeutschen Volksfestes), liegt das **Kloster St. Marien zu Helfta**. Im 13. Jahrhundert als Zisterzienserinnenkloster gegründet, trugen die Mystikerinnen Gertrud von Helfta, Mechthild von Magdeburg und Mechthild von Hackeborn zum großen Ruf des Kosters bei. Gut 450 Jahre nach der Säkularisierung wurde die Wiedergründung des Klosters 1999 durch den Einzug von zehn Zisterzienserinnen und ein päpstliches Schreiben besiegelt. Das Kloster, dessen Kirche St. Marien und weitere Gebäude zur Besichtigung offen stehen, ist Station der ›Straße der Romanik‹.

Helfta – die Krone der deutschen Frauenklöster

EXTRA

»Wenn das Studium der Wissenschaft verloren gegangen ist, so wird zugleich auch die Ausübung der Religion aufhören, da die Schwestern dann die Heilige Schrift nicht mehr begreifen.« Die zweite Äbtissin nach Gründung des Klosters, Gertrud von Hackeborn, galt als eine tatkräftige, außerordentlich kluge Frau, die für die Einrichtung einer Bibliothek, eines Skriptoriums und der Klosterschule verantwortlich zeichnete und die Wegbereiterin für die drei großen Mystikerinnen wurde, die den Ruf des Klosters begründeten: Mechthild von Hackeborn (1240–1299), die Schwester der Äbtissin, Mechthild von Magdeburg (1210–1285) und Gertrud von Helfta (1256–1302), schon bald ›die Große‹ genannt. Wenn man die Anliegen der mystischen Gotteserkenntnis verstehen will, muss man auf biblische Texte wie in der Seligpreisung der Bergpredigt zurückgreifen: ›Selig, die reinen Herzens sind, denn sie werden Gott schauen.‹ Der Begriff leitet sich vom griechischen Wort ›myein‹ ab, welches das Schließen der Augen, der Ohren, des Mundes meint, um Gottes Willen inwendig zu erforschen. Aus dieser Haltung entstehen die oft sehr poetischen Texte einer innigen Liebesbeziehung der Mystikerinnen zu Jesus oder Gott. Mechthild von Magdeburg ist die erste nachweisbare Frau, die deutsche Literatur schuf. Die ursprünglich in Magdeburg beheimatete Begine musste sich, nachdem sie ihre Geisterlebnisse in den Büchern ›Vom fließenden Licht der Gottheit‹ aufschrieb, aus ihrer Heimatstadt in den Schutz des Helftaer Klosters begeben, weil die Gefahr bestand, dass sie den Magdeburger Domherren zum Opfer fiel, da sie deren Lebenswandel heftig kritisierte. Es ist auch ein Kennzeichen der Mystik, dass sie ein kritisches Verhältnis zur bestehenden Kirche pflegte und sich zudem sozialen Anliegen stellte.

Das Helftaer Kloster, dessen Bedeutung mit der Reformation verging, wurde in den 90er Jahren des vorigen Jahrhunderts auf den kargen Resten, die aus der sozialistischen Zeit noch rettbar waren, wieder errichtet. Mit seiner ersten Priorin, Mutter Maria Assumpta Schenkl O. Cist., die zugleich auch Dichterin in der mystischen Tradition des Klosters war, gewann das Kloster am Rande von Eisleben vehement an Bedeutung. Heute ist es ein beliebter Einkehrort, der eine rege Tagungsarbeit und auch Einkehrtage anbietet. Der Klosterladen bietet reichlich Literatur und allerhand christliche Souvenirs an. Helfta ist heute wieder ein ganz besonderer Begegnungsort geworden, der auch ein internationales Publikum anzieht. Gertrud die Große ist zwar im Osten Deutschlands kaum mehr bekannt, gilt aber als die Patronin Südamerikas und wird auch auf der iberischen Halbinsel sehr verehrt. Übrigens: An Mechthild von Magdeburg erinnert in der Landeshauptstadt die durchscheinende Skulptur der Mechthild auf dem Fürstenwall, ein Werk der kanadischen Künstlerin Susan Turcot.

Kloster Helfta

Mansfeld-Lutherstadt

Die **Klosterkirche St. Marien** in Klostermansfeld, vor über 800 Jahren als dreischiffige Basilika gebaut (›Straße der Romanik‹), lohnt einen Zwischenstopp auf dem Weg nach Mansfeld Lutherstadt. Der Askanier Albrecht der Bär hatte um 1158 Mönche von einer Pilgerreise nach Jerusalem mitgebracht, die ein Kloster errichteten, das zum Hauskloster der Grafen von Mansfeld wurde, die hier auch eine Begräbnisstätte hatten.

Trutzig liegt das **Schloss der Mansfelder** über der Lutherstadt (9400 Einwohner), in der der Reformator 13 Jahre seiner Kindheit (von 1483–1497) verbrachte. Urkundlich erwähnt wurde die Burg erstmals 1229, nach der Mansfelder Erbteilung (ab 1501) wurden drei Schlösser (Vorder-, Mittel- und Hinterort) gebaut. Zu besichtigen sind heute nur noch das Vorderort-Schlossgelände, die Festungsruinen und die Schlosskirche. Diese wurde 1519/22 nach einem Brand neu errichtet, Taufstein, Empore und Lettner stammen aus jener Zeit.

Auf der anderen Talseite inmitten der Altstadt liegt **Luthers Elternhaus**, das seit 2014 - zusammen mit einem gegenüber liegenden Museumsneubau mit der Ausstellung ›Ich bin ein Mansfeldisch Kind‹ -

Das Elternhaus von Martin Luther

Der Lutherbrunnen

ein sehenswertes Ensemble bildet. Spannend sind vor allem jene der rund 230 Exponate, die man bei Ausgrabungen im und am Haus gefunden hat und die von einem durchaus nicht ärmlichen Leben der Luther-Familie zeugen.

Wenige Schritte bergauf findet man alle wichtigen Mansfelder Stätten der Luther-Verehrung ›versammelt‹. In der **Kirche St. Georg** (14. Jh., erweitert im 16. Jh.) war Luther Ministrant, zu sehen ist hier auch das einzige Ganzkörperbild Luthers (Lucas Cranach). Neben den Prunkgräbern der Mansfelder Grafen gibt es den Hauptaltar und zwei Altarretabeln (15./16. Jh.). Daneben liegen die Schule, die Luther im Frühjahr 1488 erstmals besuchte (heute allerdings ein Nachbau), das **Junghuhn-** und das **Spangenberghaus** (Wohnhaus des mansfeldischen Reformators Cyriakus Spangenberg) und die sogenannten Scherren - gut erhaltene Verkaufsstände, aus denen heraus im Mittelalter Brot und Fleisch verkauft wurden.

Den **Lutherplatz** prägt der vom drachentötenden Heiligen Georg gekrönte **Lutherbrunnen** (1913/Paul Juckoff) mit

Medaillons von Luthers Eltern (nach Lucas Cranach) und vor allem den Reliefs aus Luthers Leben – ›Hinaus in die Welt‹, ›Hinein in den Kampf‹ und ›Hindurch zum Sieg‹ benannt. Sehenswert wird das Denkmal nicht zuletzt durch das umgebende Rosenbeet, natürlich mit der weißen Rose ›Dr. Martin Luther‹ und schönen Neuzüchtungen aus dem Europa-Rosarium Sangerhausen.

Ein Relikt der stolzen Mansfelder Bergbau- und Hüttentradition ist die **Mansfelder Bergwerksbahn**, eine dampfbetriebene Museumsbahn mit 75 cm Spurweite. Von Bahnliebhabern betrieben, kann man bei Sonderfahrten in historischen Wagen über 11,8 Kilometer bis nach Hettstedt Kupferkammerhütte fahren.

Hettstedt

Im Hettstedter Stadtteil Kupferberg steht mit der kleinen **St. Gangolf-Kirche** die älteste Kirche der Region (um 1230), zugleich das älteste erhaltene Gebäude der Stadt. Sie soll an jener Stelle errichtet worden sein, an der die Harzer Bergknappen Nappian und Neucke 1199 erstmals auf Kupfer stießen. Noch heute ist die Stadt (14800 Einwohner) eine der wenigen im Mansfelder Land, in der sich nennenswerte metallverarbeitende Unternehmen mit einigen tausend Mitarbeitern erhalten und wieder entwickelt haben. In der **Altstadt** am westlichen Ufer des Flüsschens Wipper liegen mit der Jacobi-Kirche, dem Brücktor, dem Zuckerhut (oder auch Hexenturm), dem Saigertor und dem Freimarkt sehenswerte Zeugnisse der fast tausendjährigen Stadtgeschichte.

Zwei Kilometer wipperabwärts liegt das **Schloss Oberwiederstedt**. Hier wurde 1722 Georg Friedrich Freiherr von Hardenberg, der als Novalis bekannt gewordene Dichter der Frühromantik, geboren. Bis zur Reformation Ausweichquartier für die Dominikaner-Nonnen vom Hettstedter Kupferberg, gelangte das Renaissanceschloss im 17. Jahrhundert in den Besitz der Hardenbergs. Heute ist es Museum, Sitz der Internationalen Novalis-Gesellschaft und Forschungsstätte zur Frühromantik. Nicht übersehen sollte man den gegenüber liegenden, seit 1992 rekonstruierten kleinen **Park** mit der 1770 angelegten prachtvollen Lindenallee.

i Eisleben, Mansfeld, Hettstedt

Tourist-Information Lutherstadt Eisleben, Hallesche Str. 4, 06295 Eisleben, Tel. 03475/602124; Mo, Mi-Fr 10–17 Uhr, Di 10–18 Uhr, Sa 10–14 Uhr, April -Okt. auch So u. feiertags 10–14 Uhr.

Tourist-Information Mansfeld-Lutherstadt, Junghuhnstr. 2, 06343 Mansfeld, Tel. 034782/90342; www.lutherstaedte-eisleben-mansfeld.de.

Stadtinformation Hettstedt, Markt 1-3, 06333 Hettstedt, Tel. 03476/8010, www.hettstedt.de.

Hotel am Katharinenstift, Sangerhäuser Str. 12/13, 06295 Lutherstadt Eisleben, Tel. 03475/632670, www.hotelkatharinenstift.de; 19 Zi., DZ ab 79 Euro. Klein und stilvoll in historischem Ambiente.

Hotel Graf von Mansfeld, Markt 56, 06295 Lutherstadt Eisleben, Tel. 03475/66300, www.hotel-eisleben.de; 50 Zi., DZ ab 95 Euro. Stadtschloss der Grafen von Mansfeld, adäquates Interieur, Tipp im Restaurant: Lutheressen.

Pension Schlossblick, Junghuhnstr. 4, 06343 Mansfeld Lutherstadt, Tel. 0162/4151634, www.mansfeld-pension.de; 4 Zi., DZ ab 59 Euro. Urgemütlich, unschlagbarer Blick von allen Zimmern (mit Balkon) zum Schloss.

deckerts Hotel und Restaurant, Friedensstr. 2, 06295 Lutherstadt Eisleben, Tel. 03475/

▸ Karte S. 131

6690, www.deckerts-hotel.de; Die beste Küche am Platz von klassisch bis international: Entenstopfleber mit Kräutersaitlingen, Rinderbacken, Kirsche vom Süßen See

Lutherschenke, Lutherstr. 19, 06295 Lutherstadt Eisleben, Tel. 03475/614775, www.lutherschenke.eisleben.de. Deutsche und authentische böhmische Küche, Pilsner Urquell und Krusovice vom Fass, schöner Biergarten.

Plan B, Café-Bar, Markt 33, 06295 Lutherstadt Eisleben, Tel. 03475/711788.

Luthers Geburtshaus, Lutherstr. 15, 06295 Eisleben, Tel. 03475/7147814, www.martinluther.de; April -Okt. tgl. 10–18 Uhr, Nov.-März Di-So 10–17 Uhr

Luthers Sterbehaus, Andreaskirchplatz 7, 06295 Lutherstadt Eisleben, Tel. 03475/602285, www.martinluther.de; tgl. 10–18 Uhr.

St. Petri-Pauli-Kirche Zentrum Taufe, Petrikirchplatz 22, 06295 Lutherstadt Eisleben, Tel. 03475/602229, www.kirche-in-eisleben.de; April -Nov Mo-Sa 10–16 Uhr, So 11.30–16 Uhr.

St. Andreas-Kirche, Andreaskirchplatz, 06295 Lutherstadt Eisleben, Tel. 03475/633586, www.kirche-in-eisleben.de. Mai-Okt. Mo-Sa 10–16 Uhr, So 10–14 Uhr, Nov.-April Mo-Fr 10–14 Uhr.

Kloster St. Marien zu Helfta, Lindenstr. 36, 06295 Lutherstadt Eisleben. Tel.03475/711500, www.kloster-helfta.de; Klostergelände frei zugänglich, Klosterkirche Mo-So 9–17 Uhr.

Museum Luthers Elternhaus, Lutherstr. 26, 06343 Mansfeld-Lutherstadt, Tel. 034782/9193810, www.martinluther.de; April -Okt. tgl. 10–18 Uhr, Nov.-März Di-So 10–17 Uhr.

Schloss Mansfeld, Schloss 1, 06343 Mansfeld-Lutherstadt,Tel. 034782/20201; Führungen ganzjährig möglich.

Stadtkirche St. Georg, Lutherstr. 7, 06343 Mansfeld-Lutherstadt, Tel. 034782/909929, www.kirchenkreis-eisleben-soemmerda.de; Di-So 10–16 Uhr.

Mansfelder Bergwerksbahn, Hauptstr. 15, 06308 Benndorf, Tel. 034772/27640 o. 30229, www.bergwerksbahn.de.

Mansfeld-Museum Humboldtschloss, Schlossstr. 7, 06333 Hettstedt, Tel. 03476/200753, www.mansfeld-museum.hettstedt.de; Ostern-Okt. Mi-So 13–17 Uhr, Nov.-Ostern Sa/So 13–17 Uhr.

Novalis-Museum Schloss Oberwiederstedt, Schäfergasse 6, 06333 Arnstein, OT Wiederstedt, Tel. 03476/852720, www.novalis-gesellschaft.de; Di-So 10–16 Uhr,

Landesbühne Sachsen-Anhalt, Besucherservice Hallesche Str. 15, 06295 Lutherstadt Eisleben, Tel. 03475/602070, www.theater-eisleben.de.

Eisleber Wiesenmarkt, Wiesenweg 1, 06395 Lutherstadt Eisleben, Tel. 03475/633970, www. wiesenmarkt.de; immer im September, größtes Volksfest Mitteldeutschlands.

Luthers Einschulung, Mansfeld Lutherstadt, Informationen unter: 034782/909929, Volksfest immer am 1. WE nach Ostern.

Lutherweg Sachsen-Anhalt, 410 Kilometer durch das Bundesland, wichtige der rund 50 Stationen in und um Lutherstadt Eisleben und Mansfeld Lutherstadt, www.lutherweg.de (→ S. 384).

Sangerhausen

Von wo auch immer man sich Sangerhausen nähert – unübersehbar thront die **Spitzkegelhalde Hohe Linde** über der Stadt. 150 Meter ist sie hoch bei einer Ausdehnung von fünf Hektar. Zwischen 1955 und 1990 wurden fast 20 Millionen Kubikmeter Abraum auf ihr abgelagert, die beim Abbau von Kupferschiefer im ehemaligen ›Thomas-Müntzer-Schacht‹ angefallen waren. Bergbau, das ist die eine Tradition, die Sangerhausen (28180 Einwohner) über Jahrhunderte geprägt hat. Vor den Toren der Stadt, in Wettelrode, kann man noch heute in das **Schaubergwerk Röhrigschacht** einfahren und in fast 300 Metern Tiefe einen Eindruck von der Arbeit der Kumpel gewinnen. Die andere Tradition entstand Anfang des 20. Jahrhunderts mit der Gründung des **Rosariums**, das den Namen der Stadt weltweit bekannt machte und heute für gefühlte 99 Prozent Gäste der Grund ist, die über 1000jährige Stadt zu besuchen.

Doch auch die Altstadt hat einiges zu bieten. Am denkmalgeschützten **Markt** mit seinen **Patrizierhäusern** und dem **Rathaus** (1437/1604 erweitert) steht die **Jacobikirche** (1542), eines der Sangerhäuser Wahrzeichen. Am 61 Meter hohen, nach Westen geneigten Turm zieht eine vergoldete Monduhr die Blicke an. Im Inneren beeindruckt die farbige Ausmalung des Mittelschiffs (Georg Bottschild/1665) und die 1726/28 von

Die Jacobikirche in Sangerhausen

▲ Karte S. 131

Mammut im Spengler-Museum

Zacharias Hildebrandt eingebaute prächtige Orgel mit 1908 Pfeifen.

Das älteste und bedeutendste Bauwerk der Stadt ist die **Ulrichkirche** (1116–1123). Die dreischiffige Pfeilerbasilika zeigt eine Besonderheit in ihrem Grundriss: Der östliche Abschluss wird von fünf in gleicher Richtung endenden Apsiden gebildet. Im Inneren ist weniger die Ausstattung als vielmehr die monumentale romanische Architektur (›Straße der Romanik‹) beeindruckend.

Ein anderes ›Monument‹ zeigt das **Spengler-Museum**: das **Skelett eines Altmammuts**. Der Sangerhäuser Tischlermeister Gustav Adolf Spengler (1869–1961), ein begeisterter Hobbyforscher, hat es 1930/32 im nahen Edersleben gemeinsam mit seiner Familie ausgegraben. Mit anderen seiner zahlreichen Sammelstücke bildet es den Kern des Museums, übrigens der erste Museumsneubau der DDR (1952).

Von Sangerhausens **Altem Schloss** (1260 errichtet) existiert nur noch der Hexenturm. Das **Neue Schloss**, ein dreigeschossiger Renaissancebau, begrenzt den Marktplatz im Südosten. Prachtvoll ist der Erker an der Ostecke des Westflügels (1586). Wer Spaß an alten Sagen hat, findet im Treppenaufgang dieses Flügels (heute Amtsgericht), die Steinfigur des Kobermännchens, um die sich allerlei Geschichten ranken und die einem beliebten Stadtfest seinen Namen gab.

Das Europa-Rosarium

Die Geschichte des heutigen Europa-Rosariums geht auf das Jahr 1897 zurück, als der Trierer Rosenzüchter Peter Lambert dem Verein Deutscher Rosenfreunde vorschlug, ein Vereinsrosarium anzulegen, um alte und vom Aussterben bedrohte Sorten zu sammeln. Die Sangerhäuser Rosenfreunde Albert Hoffmann und Ewald Gnau machten ihren Einfluss in der Stadt geltend, die 1,5 Hektar Brachland zur Verfügung stellte. Dort wurde 1903 das Rosarium eröffnet. Heute zeigt die größte Rosensammlung der Welt auf indessen 13 Hektar mehr als 8500 Rosensorten und -arten vom Altertum bis zur Moderne. Eine Besonderheit ist – neben den Kulturformen – die Wildrosensammlung. Mit rund 500 Arten, Artbastarden und Varietäten ist auch sie die größte der Welt. Daneben bieten in dem Gelände mit seinen verschlungenen Pfaden, Pavillons, Wasserspielen und Skulpturen rund 300 verschiedene Baum- und Straucharten eine perfekte Kulisse für die ›Königin der Blumen‹. Natürlich ist der Andrang im Juni und Juli am größten, wenn Raritäten wie die Grüne und die Schwarze Rose und ihre Artgenossen in voller Blüte stehen. Blüten und Duft findet man jedoch vom Frühling bis zum Spätherbst und Feste wie das **Berg- und Rosenfest** oder die **Nacht der Tausend Lichter** gehören zu den jährlichen Höhepunkten.

Mit der **Deutschen Genbank Rose** (seit 2009) und der **Neuen Deutschen Rosenbibliothek** ist das Rosarium zugleich eine zentrale wissenschaftliche Anlaufstelle für Forscher und Züchter aus aller Welt.

Das Rosarium mit der Halde ›Hohe Linde‹ im Hintergrund

Rund um Sangerhausen

Natürlich begegnet man um Sangerhausen der Historie auf Schritt und Tritt. Doch auch ganz Heutiges ist anziehend: **Erholungsinsel** nennen die Grillenberger ihren nördlich von Sangerhausen gelegenen Ort und halten dieses Versprechen in jeder Weise ein. Rund um **Beyernaumburg** blühen im Frühjahr Tausende von Obstbäumen und praktisch das ganze Jahr über kann man dort ab Hof Kirschen, Äpfel, Birnen oder Pflaumen kaufen. 16 perfekte Wander- und vier Radtouren, von leicht bis anspruchsvoll, finden sich im Zirkel von 20 Kilometern um die Kreisstadt des Mansfeld-Südharz-Kreises. Eine der schönsten dieser Touren durch die Südharzer Karstlandschaft berührt das idyllische **Questenberg** im Nassetal. Hoch über dem Ort auf dem gleichnamigen Berg steht die namengebende Queste, ein altes Sonnensymbol, das alljährlich am 3. Pfingsttag mit frischem Grün geschmückt neu aufgestellt wird. Im Ort findet sich unter der alten Dorflinde neben der schmucken Kirche St. Mariä Geburt ein hölzerner Roland (1730 erstmals erwähnt), obwohl Questenberg nie Stadtrechte besaß.

■ Allstedt

Allstedt (8190 Einwohner) wird von der imposanten **Schloss- und Burganlage** dominiert, deren heute spätgotisches und barockes Bild die romanische Herkunft dennoch nicht verleugnen kann (›Straße der Romanik‹). An der Wende vom 9. zum 10. Jahrhundert erstmals erwähnt, wurde Allstedt Königshof und Kaiserpfalz und gehörte in ottonischer Zeit zu den meist besuchten Pfalzen. Am 13. Juli 1524 hielt Thomas Müntzer (1489–1525), Anhänger und zunächst auch Bewunderer Luthers, hier seine berühmte Fürstenpredigt, mit der er sich zum Führer der Bauern in ihrer Auseinandersetzung

Im Freilichtmuseum Tilleda

mit der weltlichen Obrigkeit machte. Ein Vierteljahrhundert später (zwischen 1776 und 1802) weilte Goethe als Thüringer Minister mehrfach auf Schloss Allstedt, auch einige Akte der ›Iphigenie‹ schrieb er hier. Das Museum in der Kernburg zeigt Ausstellungen zu Müntzer und Goethe. Viel besucht und bewundert sind die Schlosskapelle (1721), vor allem aber die einzigartig gut erhaltene Burgküche aus dem 15. Jahrhundert, die gelegentlich noch in Betrieb genommen wird. Ein spezielles Angebot für Kinder und Familien ist die Kinderkemenate. Sehenswert sind im Ort auch die **Alte Wassermühle** (1716) und das **Rathaus** (um 1510).

■ Wallhausen und Tilleda

Wallhausen (2500 Einwohner) rückte mit den Jubiläen um das sächsische Königsgeschlecht der Ottonen (Liudolfinger) in den vergangenen Jahren erst so recht ins öffentliche Blickfeld. 912 wurde hier Otto I. – später als Otto der Große erster Kaiser des Heiligen Römischen Reiches Deutscher Nation – geboren. Seine Eltern, Heinrich I. und Mathilde, hatten 909 in der Pfalz Wallhausen geheiratet.

▶ Karte S. 131

Eine Ausstellung im **Schloss Wallhausen**, heute Hotel und Ort moderner Kunstausstellungen, nimmt darauf Bezug.

Wenige Kilometer entfernt, zu Füßen des Kyffhäusergebirges mit dem ebenso vielbesuchten wie martialischen Denkmal zu Ehren des deutschen Kaisers Wilhelm I., liegt **Tilleda** (890 Einwohner). Über dem Ort liegt die einzige in Deutschland vollständig ausgegrabene **Königspfalz**, 972 erstmals erwähnt und Station der ›Straße der Romanik‹. Das sehenswerte **Freilichtmuseum** vermittelt einen Eindruck vom Leben an einem Königshof vor 1000 Jahren.

Kelbra

Kelbra (3570 Einwohner) war und ist ein Anziehungspunkt für alle **Motorradfreunde**. Hier beginnt die B 85 ihren berühmt-berüchtigten Weg durch das **Kyffhäusergebirge** mit 36 Kurven auf der einen und 24 auf der anderen Kammseite bis hinab ins thüringische Bad Frankenhausen. Besonders an den Wochenenden ist dies für manchen Ansässigen kein akustisches Vergnügen, von den durchaus nicht seltenen Unfällen derer, die ihr fahrerisches Können überschätzen, ganz zu schweigen.

Können ganz anderer Art braucht man auf dem **Stausee Kelbra**: Die Lage in der Goldenen Aue zwischen Kyffhäusergebirge und Harz bietet attraktive Windverhältnisse für Surfer. Seit 1966 wurde hier das Flüsschen Helme, vor allem zum Hochwasserschutz, gestaut. Entstanden ist ein sechs Quadratkilometer großes Paradies für alle Wassersportler und Campingfreunde. Zugleich ist der Stausee bedeutsam für die Vogelwelt und den Zug großer Kranich-, Lerchen- und Finkenschwärme im Frühjahr und Herbst. Schöne Ausflugsziele von Kelbra aus sind die **Barbarossahöhle** und die **Ruine Rothenburg** im Kyffhäusergebirge aber auch – über das Städtchen Berga in Richtung Harz – die **Heimkehle** in Uftrungen. Diese Gipskarsthöhle – mit 2000 Metern Gesamtlänge eine der größten in Deutschland – ist seit 1920 touristisch erschlossen und kann in 45minütigen Führungen rund 750 Meter begangen werden, Lasershow inklusive.

i Sangerhausen und Umgebung

Tourist-Information Sangerhausen, Markt 18, 06526 Sangerhausen, Tel. 03464/ 19433, www.sangerhausen-tourist.de; Mai–Sept. Mo–Fr 9–18 Uhr, Sa u. feiertags und Juni und Juli auch So 10–14 Uhr.

Rosenhotel, Juri-Gagarin-Str. 30, 06526 Sangerhausen, Tel. 03464/544644, www.rosenhotel.net; 40 ZI., DZ ab 63,80. Schnörkellos, dabei komfortabel, ideal auch für Gruppen.

Hotel & Restaurant Schloss Wallhausen, Schloss 1, 06528 Wallhausen, Tel. 034656/ 20239, www.schlosswallhausen.de; 20 Zi., DZ ab 90 Euro. Individuell, romantisches Ambiente, Kunst im Park und der Ausstellung genießen.

Harzer Erlebnishof, Hühnerberg 1, 06526 Sangerhausen, OT Grillenberg, Tel. 03464/ 5800, www.harzererlebnishof.de; 31 Zi., DZ ab 78 Euro. In Waldluft schlafen, Tee in russischer Teestube und Feiern in der Kupferschmiede am ›größten Holztisch der Welt‹.

A.L. Hotel Fünf Linden, Schulplatz 5, 06536 Südharz, OT Wickerode, Tel. 034651/ 350, www.hotel-fuenf-linden.de; 30 Zi., DZ ab 83 Euro. Kleines Haus abseits des Trubels, geschmackvoll eingerichtet, gute Küche.

Hotel Kaiserhof, Frankenhäuser Str. 1/3 06537 Kelbra, Tel. 034651/456850, www.komforthotel-kaiserhof.com; 40 Zi., DZ ab 75 Euro. Solides Haus mit guter Küche, Wellnessbereich mit Hallenbad.

Seecamping Kelbra, Lange Str. 150, 06537 Kelbra, Tel. 034651/45290, www.seecampingkelbra.de; 300 Stellplätze, ideal für Wassersportler, frei zugängliche Vogelbeobachtungsstation.

Gasthaus Zur Queste, Questenberger Dorfstr. 9, 06536 Südharz, OT Questenberg, Tel. 034651/2792, www.keltenschmaus-questenberg.de; Hausmannskost und Keltenküche (z.B. Keltenspieß mit Apfelspecksoße) ziemlich perfekt.

Konditorei-Kaffeehaus Kolditz, Bahnhofstr. 44, 05626 Sangerhausen. Tel 03464/572397, www.kaffee-kolditz.de; Mo–Fr 9–18 Uhr. Wiener Kaffeehaus-Stil, wirklich guter Kuchen in der nun 5. Generation.

Spengler-Museum Sangerhausen, Bahnhofstr. 33, 06526, Tel. 03464/573048, www.spenglermuseum.de; Di–So 13–17 Uhr.

Schaubergwerk & Bergbaumuseum Röhrigschacht Wettelrode, Lehde, 06526 Sangerhausen, OT Wettelrode, Tel. 03464/587816, www.roehrig-schacht.de; Juni–Aug. Di–So 9.30–17 Uhr, Sept.–Mai Mi–So 9.30–17 Uhr.

Europa-Rosarium, Am Rosengarten 2a, 06526 Sangerhausen, Tel. 03464/58980, www.europa-rosarium.de; 2. WE im Apr.–31.Okt. tgl. geöffnet, ganzjährig zugänglich.

Königspfalz Tilleda, Schulstr. 2, 06537 Kelbra, OT Tilleda, Tel. 034651/2923, www.pfalz-tilleda.de; Apr.–Okt. 10–18 Uhr, März u. Nov. 10–16 Uhr, Dez.–Feb. Winterpause.

Burg und Schloss Allstedt, Schloss 8, 06542 Allstedt, Tel. 034652/519, www.schloss-allstedt.de; Apr.–Okt. Di–So 10–17 Uhr, Nov.–März Di-Fr. 10–16.30 Uhr, Sa/So 13–17 Uhr.

Karsthöhle Heimkehle, 06548 Uftrungen, Tel. 034653/305, www.hoehle-heimkehle.de; Apr.–Sept Di–So 10–17 Uhr, Okt.–März Di–So 11–16 Uhr.

Berg- und Rosenfest in Sangerhausen, immer im Juni.

Nacht der Tausend Lichter im Europa-Rosarium, immer am 2. August-Wochenende.

Kobermännchenfest Sangerhausen, immer im September.

16 thematische Touren (3,5–17 km) rund um Sangerhausen und durch das Biosphärenreservat **Karstlandschaft Südharz**, Info: www.sangerhausen-tourist.de.

Strandbad am Stausee Kelbra, auch FKK, Wasserrutsche und Erlebnisspielplatz, Lagerfeuer- und Grillplatz.

Obst- und Weingut Goldschmidt Beyernaumburg, Obst, Saft, Wein etc. im Hofladen im Obstgut, Riestedter Str. 1, 06542 Allstedt, OT Beyernaumburg, Tel. 03464/277744, Mo–Fr 9–17.30 Uhr, Sa 9–13 Uhr, während der Kirschsaison auch sonntags, www.obst-wein-goldschmidt.de.

Stolberg (Harz)

▶ Karte S. 131

Wenn von malerischen Harzstädtchen die Rede ist, dann steht Stolberg (1280 Einwohner) idealtypisch dafür. Das einzigartige Bild der über 800 Jahre alten Historischen Europastadt wird durch ihre Lage bestimmt: Im Wesentlichen vier Straßen ziehen sich durch die engen Täler, über den Renaissance-Fachwerkhäusern aus fünf Jahrhunderten thront das imposante Schloss der Grafen zu Stolberg. Das Ensemble der Stadt steht unter Flächendenkmalschutz. Von der Durchfahrt in Tempo 30 abgesehen,

Die Schlossterrassen am Stolberger Schloss

haben Autos in der Stadt keinen Platz, geparkt wird an den Ortseingängen.
Die Geschichte von den Schildbürgern kommt einem angesichts des schönen **Rathauses** in den Sinn: Das Fachwerkgebäude (1452) hat keine Innentreppen, seine drei Etagen sind nur über eine Außentreppe zu erreichen. Ursprünglich hatte das Haus 12 Türen, 52 Fenster und 365 Fensterscheiben, nach Umbauten stimmt das nicht mehr ganz.
Das wohl schönste der **400 Fachwerkhäuser** ist die **Alte Münze** (1535), heute Museum mit Münzwerkstatt, Münzausstellung und einem Gedenkraum für Thomas Müntzer. Der nach der Bauernkriegsschlacht bei Bad Frankenhausen als Führer der Bauern 1525 hingerichtete Prediger wurde in Stolberg um 1489 geboren. Vor der ›Alten Münze‹ steht seit 1989 ein vom Leipziger Künstler Friedrich Messerschmidt geschaffenes Denkmal. Dessen vier Ecksäulen mit Heiligenfiguren sind Abgüsse der Säulen, die den Brand in Müntzers Geburtshaus 1851 überstanden haben. Nicht minder sehenswert ist das **Kleine Bürgerhaus** in der Rittergasse 14 (um 1470), in dem Wohnkultur aus dem 17. bis 19. Jahrhundert zu sehen ist.
Das **Schloss,** in dem die Stolberger Grafen seit 1210 residierten, erhielt seine heutige Gestalt durch Umbauten zwischen 1670 und 1720. Die Deutsche Stiftung Denkmalschutz besorgte die Restaurierung von Räumen im Fürstenflügel und der Schlosskapelle, vor allem aber der **Schlossterrassen** (›Gartenträume‹) mit ihrem traumhaften Blick über Stolberg. Durch den neuen Eigner ist eine Nutzung als Hotel angedacht. Am Zugang zur Südterrasse steht ein Denkmal für Fürstin Juliana zu Stolberg und Wernigerode. Über ihre beiden ältesten Söhne mit Wilhelm von Nassau-Dillenburg (Wilhelm I. und Johann VI.) wurden sie zu Stammeltern des Hauses Oranien, des Herrschergeschlechts der Niederlan-

Schloss Stolberg

de – 533 Kinder, Enkel und Urenkel der beiden sind in ganz Europa bekannt. Stolberg ist deshalb auch Ort der Oranierroute, einer touristischen Route von 2400 Kilometern durch die Niederlande und das nördliche Deutschland.

Unweit von Stolberg steht auf dem markanten Vulkankegel des **Auersbergs** (579 m NHN) das **Josephskreuz**. Graf Joseph zu Stolberg-Stolberg hatte Karl Friedrich Schinkel für den Turmbau verpflichtet, der dafür 365 Eichen in den umliegenden Wäldern schlagen ließ. Im Jahr 1880 brannte das 1834 eingeweihte Holzkreuz nach einem Blitzschlag ab. Seit 1896 steht an dessen Stelle – nicht zufällig an den Pariser Eiffelturm erinnernd – das 38 Meter hohe, größte eiserne Doppelkreuz der Welt, 123 Tonnen schwer und von 100 000 Nieten zusammen gehalten. Vom Parkplatz des Naturresorts Schindelbruch kann man es – an anregenden Wanderliedertafeln vorbei – leicht erreichen.

Stolberg (Harz)

Tourist-Information Stolberg, Markt 2, 06536 Südharz, OT Stolberg, Tel. 034653/454 u. 19433, www.tourismus-suedharz.de; Mo–Fr 9–12.30 u. 13–17 Uhr, Sa/So/feiertags 10–12 u. 13–15 Uhr.

Naturresort Schindelbruch, Schindelbruch 1, 06536 Südharz, OT Stolberg, Tel. 034654/8080, www.schindelbruch.de; 99 Zi., DZ ab 162 Euro. Haus für bewusste Genießer: mitten im Wald, klimaneutral, Top-Wellness (Saunadorf, getrennte Schwimmbäder für U 14 und Ü14), perfekte Küche in drei Restaurants.

Hotel Beutel Chalet Waldfrieden, Rittergasse 77, 06536 Südharz, OT Stolberg, Tel. 034654/8090, www.hotel-beutel.de; 15 Zi., DZ ab 66 Euro. Direkt am Orts- und Waldrand unterhalb des Schlosses, Restaurant und Café urgemütlich.

Gusto Café-Bar-Restaurant, Niedergasse 72/74, 06536 Südharz, OT Stolberg, Tel. 034654/855840, www.gusto-stolberg.de. Sehr gute mediterrane und vegetarische Küche ohne Fertigprodukte und Basis-Soßen, perfektes Ambiente.

Café Friwi, Niedergasse 21, 06536 Südharz, OT Stolberg, Tel. 034654/502, www.friwi.de; Mo u. So 11–18 Uhr, Di–Sa 9–18 Uhr. Beste Kuchen und das ganze Keks-Angebot der Traditionskonditorei Friwi.

Museum Alte Münze, Niedergasse 19, 06536 Südharz, OT Stolberg, Tel. 034654/85955; April –Okt. tgl. 10–17 Uhr, Nov.–März tgl. 10–16 Uhr.

Museum Kleines Bürgerhaus, Rittergasse 14, 06536 Südharz, OT Stolberg, Tel. 034654/85955; tgl. 10–12 u. 14–17 Uhr.

Schloss Stolberg, Schlossberg 1, 06536 Südharz, OT Stolberg, Tel. 034654/858880; Di–Fr 11–16 Uhr, Sa/So/feiertags 11–17 Uhr.

Josephskreuz Auersberg, 06536 Südharz, OT Stolberg, Tel. 034654/85963; Mai–Okt. Mo–Fr /feiertags 10–17 Uhr, Sa/So 10–18 Uhr, Nov.–Feb. Mi–So 11–16 Uhr, März/April Di–So/feiertags 10–17 Uhr, Sa/So 10–18 Uhr.

AndersWeltTheater, Am Markt 2, 06536 Südharz, OT Stolberg, Tel. 034654/10550 u. 0171/3816897, www.anderswelttheater.de. Märchencafé, Kleinkunstbühne und Kulinarisches kombiniert.

Freizeitbad Thyragrotte, Thyratal 5a, 06536 Südharz, OT Stolberg, Tel. 034654/92110. Erlebnisbad mit Schwimm-, Innen- und Außenbecken, Saunalandschaft, Solarium.

Zwischen Unterem Saaletal und Thüringen, Mansfelder Land und Leipziger Tieflandsbucht, liegt eine uralte Kulturregion und – gerade auch deshalb – eine Region für Genießer. Max Klinger, der berühmte Maler und Grafiker, hat sie die ›Toskana des Nordens‹ genannt. In Halle, der größten Stadt des Landes, vibriert das Leben, über den malerischen Flussläufen von Saale, Unstrut und Weißer Elster ›stehen Burgen stolz und kühn‹, wachsen seit über 1000 Jahren die Reben in Deutschlands nördlichstem Weinbaugebiet.

Schloss Neuenburg in Freyburg (Unstrut)

DER SÜDEN – HALLE UND DIE SAALE-UNSTRUT-REGION

Lebendiges Geschichtsbuch

Sachsen-Anhalts sanfter Süden ist ein Geschichtsbuch, in dem man mit besonderem Gewinn und Vergnügen lesen kann. Gleichsam sedimentartig liegt hier Menschheitsgeschichte übereinander: Etwa 7000 Jahre alt ist das Sonnenobservatorium von Goseck – in Anlehnung an das englische Stonehenge als ›Woodhenge‹ apostrophiert. Auf dem Mittelberg bei Wangen, zu dessen Füßen heute das Besucherzentrum ›Arche Nebra‹ liegt, wurde die berühmte ›Himmelsscheibe von Nebra‹ gefunden, deren Original heute im Landesmuseum für Vorgeschichte in Halle zu sehen ist. In der Kaiserpfalz Memleben starben Otto der Große, der erste deutsche Kaiser, und sein Vater Heinrich I. Die berühmte Stifterfigur der Uta ziert den Naumburger Dom, der die meist besuchte Sehenswürdigkeit an der ›Straße der Romanik‹ ist.

Durch die romantische Triaslandschaft gleiten Kanus über Saale, Unstrut aber auch Weiße Elster nahe der Domstadt Zeitz, vorbei an Burgen, Schlössern und Weingütern, in denen Prädikatsweine ausgebaut werden. Die Barockmusik hat in Weißenfels mit Heinrich Schütz ihren Vater und mit Georg Friedrich Händel in Halle einen ihrer Großmeister hervor gebracht. Und wer kennt nicht den Rotkäppchen-Sekt, den man in den tiefen Kellern in Freyburg (Unstrut) an seinem Ursprungsort genießen kann?

Halle und die Saale-Unstrut-Region

Halle (Saale)

Halle an der Saale, gut 232 000 Einwohner, nennt sich mit Recht Kulturhauptstadt Sachsen-Anhalts. Ob Zeugnisse der frühen Menschheitsgeschichte, von Mittelalter, Renaissance, Reformation, Aufklärung, Gründerzeit oder klassischer Moderne – zwischen Stadtkern und der grünen Peripherie hat sich eine Kulturlandschaft entwickelt, die der einst als ›Diva in Grau‹ apostrophierten Stadt anziehendes Flair und einen Charme verleihen, der den zweiten oder auch dritten Blick unbedingt wert ist.

Geschichte

Halle profitierte schon immer von seinen natürlichen Vorzügen, den Solequellen, der wunderschönen Lage im Saaletal und an wichtigen Verkehrsadern mitten in Europa. Vor allem aber waren und sind es Persönlichkeiten mit Strahlkraft und der Fleiß der Einwohner, die die Stadt so anziehend Naumbuemachen. Auf Heinrich Heine soll der auch heute noch mit Augenzwinkern zitierte Spruch zurückgehen, man könne die Bevölkerung hier in ›Hallenser, Halloren und Halunken‹ (manchmal auch Hallunken geschrieben) einteilen. Von den Letzteren mal abgesehen – mit denen wohl ursprünglich nur die Bewohner der armen Vorstadt Glaucha gemeint waren – begegnen einem die anderen an allen Ecken und Enden der Stadt. Die Bruderschaft der Salzwirker (Halloren) siedet im Technischen Halloren- und Saline-Museum das ›Weiße Gold‹ auch heute noch im Manufakturbetrieb und ohne künstliche Zusätze, bis zu 100 Tonnen im Jahr.

Kardinal Albrecht von Brandenburg (1490–1545), einer der mächtigsten Staatsmänner Europas und Gegenspieler Luthers machte Halle zu einem Zentrum der europäischen Renaissance und

Die Marktkirche mit ihren vier Türmen

hinterließ wichtige Spuren in Architektur und Kunst. August Hermann Francke (1663–1727) schuf in Halle nicht nur die berühmte, noch heute als längstes Fachwerkensemble Europas erhaltene Schulstadt, sondern strahlte mit seinen Reform- und Bildungsideen nach dem Vorbild Martin Luthers in alle Welt aus – genauso wie sein Zeitgenosse Georg Friedrich Händel (1685–1759). Dessen Museum ist ein Pilgerort für Händelianer aus aller Welt, ebenso wie die seit 1922 (nach Unterbrechung ab 1952 wieder) jedes Jahr im Juni stattfindenden Festspiele zu Händels Ehren. Den faszinierenden halleschen Marktplatz kennen viele von den Gemälden und Zeichnungen Lyonel Feiningers.

Heinrich Seeling erbaute 1881 bis 1886 das technisch modernste Stadttheater

Deutschlands, die heutige Oper. Wenige Jahre später fuhr die erste elektrische Straßenbahn Deutschlands in Halle und noch heute ist die Überlandstrecke nach Bad Dürrenberg mit ca. 35 Kilometern eine der längsten Straßenbahnlinien in Deutschland.

Die Martin-Luther-Universität Halle-Wittenberg ist eine der ältesten Universitäten Deutschlands, an ihr wurde 1755 die Ärztin Dorothea Christiane Erxleben als erste Frau an einer deutschen Universität promoviert. Heute sind mehr als 20 000 Studierende an der Alma Mater eingeschrieben, die für Leben in den Hörsälen, aber auch in den Kneipen, Bars und Klubs zum Beispiel in der Kleinen Ulrichstraße und auf der ›Kulturinsel‹ sorgen, die wiederum der Schauspieler und Regisseur Peter Sodann – den meisten sicher als Tatort-Kommissar Ehrlicher bekannt – initiiert und mitgeschaffen hat. An der einen oder anderen Stelle trifft man auch auf einen Sohn der Stadt, den die Hallenser ob seines Einsatzes für die deutsche Einheit aber auch für die Stadt selbst, besonders verehren: Hans-Dietrich Genscher. In Halle-Reideburg steht sein Geburtshaus – heute ›Bildungs- und Begegnungsstätte Deutsche Einheit‹ – und im Dorint-Hotel ›Charlottenhof‹ kann man in der ›Genscher-Suite‹ nächtigen und am Stammtisch des großen Politikers speisen.

Halle feierte 2006 das 1200-jährige Jubiläum seiner ersten urkundlichen Erwähnung und bewarb sich damals um den Titel einer ›Europäischen Kulturhauptstadt 2010‹. Dass es dazu letzten Endes nicht kam, hat der Stadt nicht geschadet. Bürgersinn und -engagement zehntausender Hallenser brachten im Bewerbungsprozess kluge Ideen ›en masse‹ hervor, die Halle dabei helfen, sich immer wieder neu zu erfinden – wie stets in den vergangenen Jahrhunderten.

▶ Karte S. 199

Die Innenstadt

Halles Innenstadt lässt sich ganz gut definieren mit allem, was innerhalb des Ringes liegt, der sich als Waisenhaus-, Hanse-, Halloren-, Universitäts-, Moritz- oder Robert-Franz-Ring um die City zieht. Der Ring entspricht in weiten Teilen dem Verlauf der ehemaligen Stadtbefestigung, von der sich einzelne Teile bis heute erhalten haben. Da Halle, wie nur wenige deutsche Großstädte, im Zweiten Weltkrieg von Flächenbombardements und Kämpfen verschont blieb, ist das Zentrum ein regelrechtes Architekturmuseum im Freien, im Übrigen das größte Flächenarchitekturdenkmal Deutschlands.

■ Markt

Unbestrittenes Zentrum ist der Markt, in den zwölf Straßen münden und der als einer der schönsten Plätze Deutschlands gilt. Am ganz frühen Morgen zu Füßen des einzigen **Händel-Denkmals** in Deutschland stehen und über die Silhouette der Fünf Türme schauen – so mag ein ganz besonderer Halle-Tag beginnen. Das Denkmal wurde vom Bildhauer Hermann Heidel geschaffen und 1859, 100 Jahre nach dem Tod des Komponisten eingeweiht. Auf dem Notenpult, auf das sich Händel stützt, liegt aufgeschlagen die Partitur des ›Messias‹, des genialen Oratoriums, das Händels Weltruhm begründete.

Über die gegenüber liegende **Marktkirche** ließen sich ganze Romane schreiben. Sie ist nicht nur Händels Taufkirche, auf ihrer Orgel (1663/1664) versuchte er sich schon in ganz jungen Jahren. Was er wahrscheinlich wusste: Fast anderthalb Jahrhunderte zuvor (1545/46) predigte Martin Luther in dieser Kirche, in der heute auch seine Totenmaske aufbewahrt wird. Ihre heutige Gestalt mit den vier Türmen (Blaue Türme und Hausmannstürme) geht auf die nicht zuletzt von

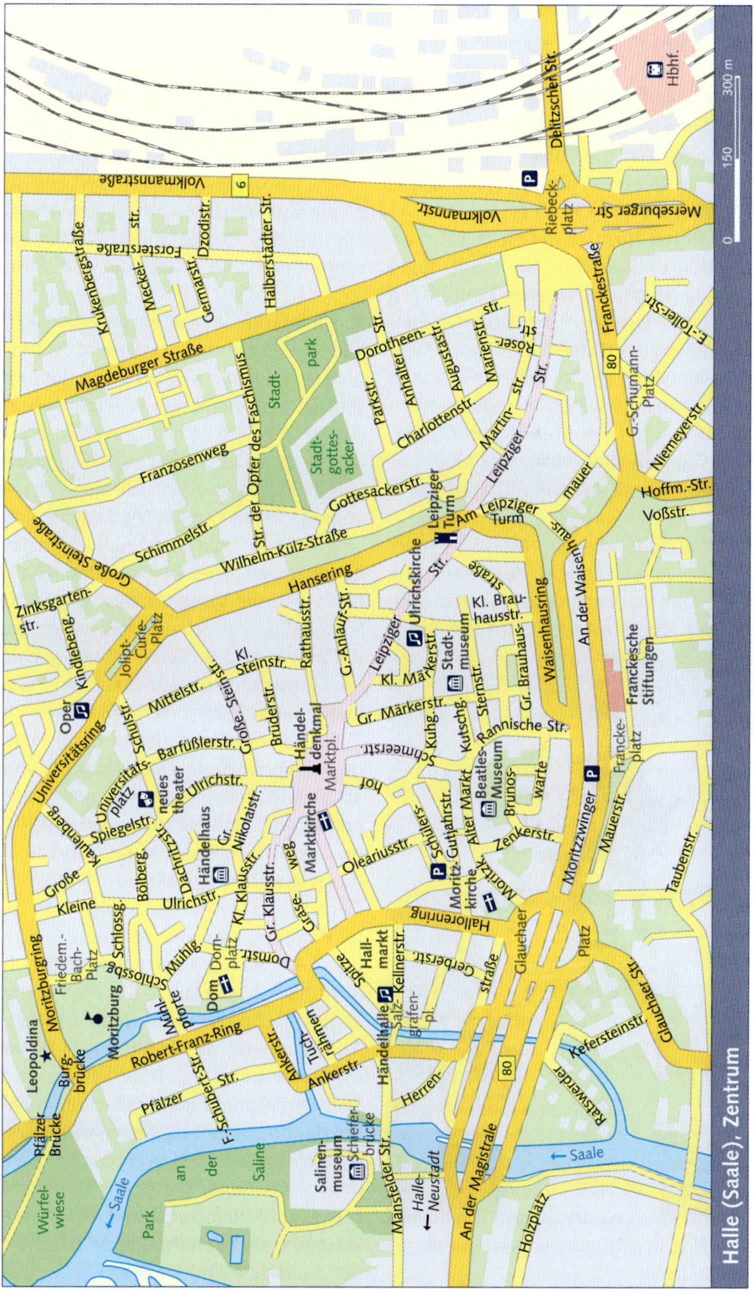

Der Süden – Halle und die Saale-Unstrut-Region

Prunksucht geprägte Bautätigkeit des Luther-Gegenspielers Kardinal Albrecht zurück. Die ursprünglich am Markt stehenden romanischen Basiliken St. Gertraud und St. Marien wurden abgerissen und zwischen ihren ursprünglichen Türmen die damit viertürmige spätgotische Marktkirche (1529–1554) erbaut. Mit dem **Roten Turm**, dem bereits 1506 geweihten Wahrzeichen der Stadt, fügte sich die Kirche so zu dem heute noch zu bewundernden Panorama der Fünf Türme. An der Ostseite des Turms steht der vier Meter große **Hallesche Roland** (1854), der als Symbol der Stadtfreiheit auf das 13. Jahrhundert zurückgeht. Das **Glockenspiel** erklingt zu jeder vollen Stunde, mit seinen 76 Glocken ist es das größte in Europa.

Die Gebäude, die den Markt säumen, sind in vieler Hinsicht der Beachtung wert. Das **Marktschlösschen** (um 1600) an der Nordwestecke zieht die Blicke nicht nur der Farbe, sondern vor allem der Architektur wegen an. In Händels Rücken steht der wuchtige **Ratshof** (1928/1930) mit fünf bronzenen Allegorien auf alles, was Halles Reichtum ausmacht. Im **Blauen Hirsch** findet sich die älteste Apotheke Halles, das **Goldene Haus** erinnert ebenso an die Gründerjahre und des Jugendstils wie das aus Neogotik und Neorenaissance ›gemischte‹ **Stadthaus** von 1894.

Das Händeldenkmal gegenüber der Marktkirche

Hallmarkt

Wer die berühmte ›Hallesche Marktplatzverwerfung‹ – einen Bruch der Erdscholle, in dessen Folge es letztlich zum Austritt der Sole im heutigen Halleschen Stadtzentrum kam – gleichsam Schritt für Schritt nachvollziehen will, der muss – vom Markt links an der Marktkirche entlang – die Treppenstufen zum Hallmarkt hinabsteigen. Hier beginnt das ›Thal‹, hier stand die Wiege Halles. Über 100 Siedekothe, einfache Hütten, in denen die Sole zu Salz versiedet wurde, gab es im Mittalalter auf dem heutigen Hallmarkt. An die ›Salzwirkerbrüderschaft im Thale zu Halle‹, die älteste berufsständische Vereinigung Deutschlands, und an andere Persönlichkeiten der Stadt, erinnert der **Hallmarktbrunnen** (1998), nach seinem Schöpfer Bernd Göbel auch ›Göbelbrunnen‹ genannt.

Dem Reichtum der Salzwirker und ihrer Pfännerschaft und dem einst mächtigen Augustiner-Kloster verdankt sich in hohem Maße auch die Pracht der spätgotischen **Moritzkirche** (1388–1511) unweit des Hallmarkts. Unter den Skulpturen des Baumeisters und Künstlers Conrad von Einbeck im Inneren der Kirche fällt die Stein gewordene Figur einer halleschen Sage, des Schellenmoritz, ins Auge. Diese, die Trauernde Maria, der Schmerzensmann und andere Plastiken sind herausragende Beispiele der deutschen Frührenaissance.

▲ Karte S. 199

Hallmarkt und ›Göbelbrunnen‹

Vom Hallmarkt fällt westlich der Blick auf die sogenannte ›Spitze‹. Auf dem großen Areal zwischen Hallorenring und Salzgrafenplatz steht das moderne **Hörfunkzentrum des Mitteldeutschen Rundfunks** (mdr) und die **Händel-HALLE**. Mit einer Kapazität von 2000 Plätzen ist sie ein moderner und repräsentativer Ort für die Händel-Festspiele und viele andere Events.

Alter Markt, Große und Kleine Märkerstraße

Der Alte Markt und das Viertel um die Märkerstraßen und den Jerusalemer Platz erzählen viel über Architektur- und Geistesgeschichte der Stadt. Der **Eselsbrunnen** auf dem Alten Markt gehört zu den Wahrzeichen der Stadt und geht auf einen Müllerburschen zurück. Dieser ging mit seinem Esel durch das Rannische Tor über die Rosenblätter, mit denen die Hallenser die Straßen eigentlich für den Empfang des Kaisers Otto (der wegen Hochwassers ein anderes Tor benutzte) bestreut hatten. In den Renaissance- und Fachwerkhäusern dort (in einem befindet sich das **Beatles-Museum** mit der nach eigenen Angaben größten Beatles-Sammlung der Welt). In der Rannischen Straße wohnten die reichen Salzhändler und Kaufleute. Auf dem **Jerusalemer Platz** ist die Gedenkstätte für die ermordeten jüdischen Bürger Halles. Am **Riesenhaus** (1697) stützen Atlas und Herkules den Balkon, von dem aus schon Napoleon oder Goethe und Schiller das Treiben zu ihren Füßen betrachteten. Philipp Meckel hatte hier ab 1799 die anatomischen Sammlungen seines Vaters untergebracht, die heute, stetig erweitert, im Besitz der Medizinischen Fakultät der Universität sind. Nördlich davon beginnt die Große Märkerstraße, wegen der vielen Universitätsgelehrten, die hier wohnten und mit Gedenktafeln geehrt werden, auch ›Professorenstraße‹ genannt. In einem Renaissance-Bürgerhaus am Kleinen Berlin ist das **Stadtmuseum**. Die **Ulrichskirche** (1370–1466) am Fußgängerboulevard Leipziger Straße ist heute eine Konzerthalle.

Händel-Haus

Für viele ist das Geburtshaus des großen Barockkomponisten in der Großen Nikolaistraße das wichtigste und erste Ziel in Halle. Schon seit 1948 vermittelt das Haus als Musikmuseum Informationen über Händels Leben und Werk. Mehrfach umgebaut und erweitert, zeigt es sich seit den Feierlichkeiten anlässlich des 250.

Schlossartig erhebt sich am Francke-Platz das Historische Waisenhaus

Todestages des Komponisten (2009) als wirklich attraktive Stätte von Information, Bildung und Unterhaltung. Die Dauerausstellung ›HÄNDEL – der Europäer‹ widmet sich in 14 Räumen Händel in allen seinen Facetten. In einem Miniatur-Barocktheater wird man zum Opernbesucher, wenn ein animierter Händel am Cembalo über seine Opern erzählt. Die ›Schatzkammer‹ zeigt wechselnd wertvolle Originaldokumente, die zum Teil noch nie zu sehen waren. In der Musikinstrumentenausstellung kann man historische Klänge nachvollziehen. Konzerte beleben das Haus in schöner Weise. Das ist es im Übrigen auch, was den einzigartigen Ruf der **Hallenser Händel-Festspiele** ausmacht: Nirgendwo sonst kann man die Musik des Meister an authentischen Orten hören und sehen: im Händel-Haus, in seiner Taufkirche am Markt und – vor den Toren der Stadt – im Historischen Goethe-Theater in Bad Lauchstädt.

Am und um den Ring

▲ Karte S. 199

Als in den 1960er Jahren mit dem Bau großer Wohngebiete westlich der Saale begonnen wurde, zunächst ›Chemiearbeiterstadt Halle-West‹ genannt, ab 1967 als **Halle-Neustadt** mit über 100 000 Einwohnern sogar eigenständig, schlugen die sozialistischen Städte- und Verkehrsplaner mit brachialer Gewalt eine Schneise entlang der südlichen Innenstadt, auf der eine vierspurige Trasse gebaut wurde. Ziel war im Kern, den Zehntausenden Beschäftigten der großen Betriebe in Halle und der Chemiekombinate in Merseburg, Leuna und Schkopau, die in Halle Neustadt wohnten, einen schnellen Zugang zu den Arbeitsstätten zu schaffen. Noch heute ist vielen die **Hochstraße**, die zum zentralen Verkehrsknoten am Riebeckplatz und zum Hauptbahnhof führt, eine klaffende Wunde, die sie am liebsten durch Rückbau oder die Verlegung in einen Tunnel schließen möchten. Andere halten die damalige Entscheidung mit dem Blick auf den heutigen Verkehr für überaus weitsichtig. Tatsache ist jedenfalls, dass eine ganz wichtige hallesche Institution von der Innenstadt zumindest optisch abgeschnitten wurde: die Franckeschen Stiftungen.

■ Die Franckeschen Stiftungen zu Halle

Vor über 300 Jahren gründete der Theologe August Hermann Francke (1663–1727) vor den Toren Halles eine Armen- und Waisenanstalt, die als Schulstadt weltweite Berühmtheit erlangte. Francke setzte, getragen von pietistischer Frömmigkeit, den Problemen seiner Zeit praktische Nächstenliebe entgegen. Über die Jahrhunderte trugen die halleschen Pietisten und ihre Anhänger Franckes Ideen in alle Welt. In der DDR verloren die Stiftungen ihre Eigenständigkeit und verfielen baulich. Seit 1990 wurden sie in großen Teilen beispielhaft saniert. Heute zählen die Stiftungen zu den ›Kulturellen Leuchttürmen von nationaler Bedeutung‹. Vom Altan des **Historischen Waisenhauses** eröffnet sich der beste Blick auf das weltweit einmalige Ensemble mit Schulbauten aus drei Jahrhunderten. Gegenüber dem größten Fachwerkhaus Europas liegt die **Historische Bibliothek** (1728). Die marmorierten Regale, in denen ihr Bücherschatz lagert – u.a. die erste in Amerika gedruckte deutsche Bibel –, sind wie Theaterkulissen angeordnet, überspannt von barocken Korbbögen. Die **Kunst- und Naturalienkammer** ist die einzige vollständig erhaltene Kuriositätenkammer in Europa, in deren prachtvollen Sammlungsschränken über 3000 Exponate aus allen Wissensgebieten ausgestellt sind. Um das von Rauch und Schinkel geschaffene **Denkmal Franckes** herum, lernen, arbeiten und leben heute wieder über 4000 Menschen. 2016 entscheidet die UNESCO über die Verleihung des Welterbetitels an das Ensemble mit seinen einmaligen Sammlungen.

Hallorenring und Camposanto

Entgegen dem Uhrzeigersinn spazierend, kommt man von den Franckeschen Stiftungen über den Waisenhausring zum 44 Meter hohen **Leipziger Turm** (Mitte 14. Jahrhundert). Dieser Wartturm war Teil der Stadtbefestigung, heute steht er an der Ringkreuzung mit der **Leipziger Straße**, die die hallesche Einkaufsstraße schlechthin ist. Bergab führt der Boulevard – von Läden und Kaufhäusern gesäumt – Richtung Markt, leicht bergauf, vorbei am historischen Hotel ›Rotes Ross‹, zum Riebeckplatz, den man per Unterführung zum Hauptbahnhof quert. Während die beiden **Monumentalbauten aus der Gründerzeit** – das Landgericht (1905) und die Post (1896) – am Hallorenring links und rechts liegen bleiben können, ebenso wie das ›Fahnenmonument‹, das in der DDR zum 50. Jahrestag der russischen Oktoberrevolution errichtet wurde (1967), lohnt ein Aufstieg zu Halles **Camposanto** unbedingt. Dieser Stadtgottesacker gilt als der bedeutendste nördlich der Alpen und wurde nach 1557 errichtet, damals außerhalb der Stadtmauern. Hinter den hohen Mauern wurden die bedeutendsten Bürger Halles beigesetzt, unter ihnen August Hermann Francke und der Mitbegründer der Universität, Christian Thomasius. Halles damaliger Stadtbaumeister Nickel Hofmann schuf die Mehrzahl der 94 Grabbögen, die die Grüfte überspannen – ebenso im Stil der Renaissance wie die schmiedeeisernen Gitter.

Im Gebäude des Landgerichts

Oper, Universität und Kulturinsel

Links und rechts des Universitätsrings schlägt Halles geistig-kulturelles Herz besonders kräftige Takte. Die heutige **Oper** wurde – als Nachfolgerin von Herzog Augusts Hofoper – 1896 eingeweiht und war damals das technisch modernste Theater Deutschlands. Das führende Orchester des Landes, die **Staatskapelle Halle** hat hier ihr Domizil und dass Händels Opern, nicht nur während der Festspiele, hier eine besondere Heimat haben, versteht sich. Wenige Schritte von der Oper entfernt liegt die **Kulturinsel**, die Heimat des ›neuen theaters‹, des Thalia- und des Puppentheaters. Das ›nt‹, wie es hier alle nennen, hat mit seinen Aufsehen erregenden Produktionen schon in der DDR und auch danach Theatergeschichte geschrieben. Ausstellungsräume, Café und Szenekneipe sind Anziehungspunkte für Fans aus ganz Deutschland und nicht zuletzt für die halleschen Studenten – was hier besonders hervorgehoben wird, denn zwischen Kulturinsel und Oper liegt mit dem **Universitätsplatz** einer der belebtesten und schönsten Plätze der Stadt.

Die **Alma Mater Halensis**, 1694 als eine der ersten Universitäten Deutschland gegründet und 1817 mit der Wittenberger Leucorea vereinigt, hat hier ihr Hauptgebäude, das wegen der gusseisernen Löwen neben dem Portal auch ›Löwengebäude‹ genannt wird und u.a. die Handschrift von Karl Friedrich Schinkel trägt. Das gesamte Ensemble des historischen Campus, ergänzt durch das neu erbaute Juridicum und das ebenso neue Audimax, erhielt 2003 den Deutschen Architekturpreis.

Das Opernhaus von Halle

Karte S. 199

Moritzburg

Die Moritzburg wurde 1484 bis 1517 in der Nordwestecke der Altstadt als Erzbischöfliches Schloss erbaut, diente zugleich aber auch als Zwingburg gegen die selbstbewussten halleschen Bürger. Über Jahrhunderte in Kriegen zerstört und immer wieder aufgebaut, beherbergt die Burg heute das **Kunstmuseum des Landes Sachsen-Anhalt**. Wesentlich prägend für das heutige äußere aber auch innere Erscheinungsbild des Hauses und seiner hochkarätigen Sammlungen war der Erweiterungsbau. Die spanischen Architekten Nieto und Sobejano schlossen von 2005 bis 2008 den ruinösen Westflügel und den Nordflügel der Burganlage mit einem plastisch geformten Aluminiumdach zusammen. Damit hat das Museum eine Ausstellungsetage gewonnen. Ein Highlight ist die schwebend wirkende, begehbare Ausstellungsbox.

Der entstehende Dialog von Alt und Neu entspricht kongenial vor allem den Gemäldesammlungen des Hauses. In deren Mittelpunkt stehen exzellente Werke der **Brücke-Künstler** (Dauerleihgabe der Sammlung Hermann Gerlinger) und Gemälde von **Gustav Klimt**, **Franz Marc** oder **Max Beckmann**. **Lyonel Feininger** hat auf einer Galerie im Westflügel einen besonderen Platz. Ein ›Fenster zur Stadt‹ bietet einen faszinierenden Blick auf die Motive des Künstlers, der zwischen 1929 und 1931 im Torturm der Moritzburg viele seiner berühmten Stadtansichten

Halles schuf. Drei der elf Halle-Bilder finden sich, nach zum Teil jahrelanger Irrfahrt, wieder im Museum. In anderen Teilen des Hauses sind u.a. **Impressionisten der Berliner Sezession** zu sehen, an gleichsam authentischem Ort finden sich in den gotischen Gewölben der Burg **mittelalterliche Schnitzplastiken**.

■ Logenhaus ›Zu den drei Degen‹

Jenseits des Moritzburgrings steht das ursprünglich im Stil der italienischen Renaissance errichtete Logenhaus ›Zu den Drei Degen‹(1820). Über 100 Jahre diente das Gebäude der gleichnamigen Freimaurerloge als Domizil. Bis 2001 war die Universität über 50 Jahre Nutzer des Hauses, das in dieser Zeit nach dem russischen Publizisten ›Tschernyschewski-Haus‹ hieß. Heute ist der repräsentative spätklassizistische Bau **Sitz der Leopoldina**. Als ›Deutsche Akademie der Naturforscher‹ 1652 gegründet, seit 1878 in Halle sesshaft, nimmt die Leopoldina seit 2008 die Aufgaben einer Nationalen Akademie der Wissenschaften Deutschlands wahr. Von ihren Sitz sind es nur wenige Schritte zum **Botanischen Garten**, einem der sachsen-anhaltischen ›Gartenträume‹. (→ Karte S. 207)

■ Dom und Neue Residenz

Am Robert-Franz-Ring, über den Mühlgraben hinweg, finden sich mit dem Dom und der Neuen Residenz zwei weitere repräsentative Gebäude Halles. Der **Dom**, eine ehemalige schlichte Klosterkirche der Dominikaner, ist das älteste Kirchenbauwerk der Altstadt (14. Jh.) und war seit 1523 die Stiftskirche des Magdeburger Erzbistums. Mit den anderen Kirchen der Altstadt (mit Ausnahme der Marktkirche) eint ihn eine Besonderheit: Er trägt keinen Turm. Dafür finden sich hinter der weißen Renaissance-Fassade umso prächtigere Schätze, inspiriert vom

Die Moritzburg – heute ein Kunstmuseum

sehr auf Repräsentation bedachten Kardinal Albrecht von Brandenburg. Die 17 überlebensgroßen Pfeilerfiguren schuf der Mainzer Bildhauer Peter Scho ab 1520 in dessen Auftrag. Albrecht ließ neben dem Dom auch den bemerkenswerten Frührenaissancekomplex (1531) errichten, in dem als **Neue Residenz** ab 1545 die Erzbischöfe und später auch weltliche Administratoren residierten. Wieder in Richtung Zentrum spazierend, durch die Große Klausstraße am **Wilhelm-Friedemann-Bach-Haus** vorbei, erreicht man das **Graseweghaus**, den bedeutendsten Fachwerkbau Halles, perfekt restauriert und seit 2014 wieder in altem Glanz.

■ Saline

Saaleaufwärts liegt am linken Ufer das **Technische Halloren- und Salinemuseum**. Es ist in den noch erhaltenen Gebäuden der Preußisch-Königlichen Saline untergebracht und legt mit all seinen Geschichten um das Weiße Gold gleichsam einen Teil der ›DNA‹ der Stadt Halle offen. Besondere Attraktionen sind das regelmäßige Schausieden und die Präsentation des reichen Silberschatzes der Halloren.

An der Saale und um den Giebichenstein

Landesmuseum für Vorgeschichte

Etwas abseits der Ringstraßen in der nördlichen Innenstadt liegt ein außen und vor allem innen ganz besonders spannendes Haus: das Landesmuseum für Vorgeschichte. 1911–1913 wurde das Haus als erstes Museumsgebäude für Vorgeschichte in Deutschland erbaut (Einweihung 1918) und sein Architekt Wilhelm Kreis zitierte bei der Vorderansicht ganz bewusst die Porta Nigra in Trier. Heute gehört das Haus, selbst unter Denkmalschutz stehend, zu den wichtigsten archäologischen Museen in Mitteleuropa. Das resultiert aus dem Sammlungsbestand von über zehn Millionen Funden, vor allem aber aus der Bedeutung der wichtigsten dieser Stücke und ihrer wissenschaftlich anspruchsvollen, nicht minder aber auch attraktiven Inszenierung. Herzstück der Dauerausstellung ist die **Himmelsscheibe von Nebra** (1600 v.u.Z.), die älteste konkrete Himmelsdarstellung der Menschheit (→ S. 213). Das Museum ist Ausgangspunkt der archäologischen Route ›Himmelswege‹. Sonderausstellungen des Hauses werden regelmäßig mit großem Erfolg international präsentiert, so in den vergangenen Jahren u.a. in Kopenhagen, Wien, Basel und Madrid.

Im Landesmuseum für Vorgeschichte

▲ Karte S. 207

Gedenkstätte Roter Ochse

Nördlich vom Moritzburgring erinnert diese Gedenkstätte an die hier während der nationalsozialistischen Diktatur in den Jahren 1933 bis 1945 inhaftierten und hingerichteten Opfer der NS-Justiz. Sie erinnert zugleich an die während der kommunistischen Diktatur in den Jahren 1945 bis 1952 von sowjetischen Geheimdiensten und Militärtribunalen willkürlich Internierten und Verurteilten und die von 1950 bis 1989 vom Ministerium für Staatssicherheit und den Strafvollzugsorganen der DDR inhaftierten Opfer politischer Verfolgung.

Saaleufer

Auf 27 Kilometer Länge fließt die Saale, zum Teil parallel in vier Armen, durch Halle. Die dadurch entstandenen Inseln sind teils Naturschutzgebiete (Forstwerder und Rabeninsel, Nordspitze der Peißnitzinsel), teils sind sie bebaut oder es finden sich – wie auf der Peißnitzinsel – Einrichtungen für Freizeit, Erholung und Sport. Von den Fahrgastschiffen, die den Fluss vom Anleger unterhalb der Burg Giebichenstein nördlich bis nach Wettin befahren, aber auch von beiden Saaleufern aus bieten sich an Aussichtspunkten schöne Blicke auf den Fluss und die Stadt: am linken Flussufer zum Beispiel oberhalb des Amselgrunds, am rechten Ufer vom Heinrich-Heine-Felsen oder von den Klausbergen, auf denen die berühmte ›Eichendorff-Bank‹ steht. Und natürlich von einem ganz besonderen halleschen Wahrzeichen, der Burg Giebichenstein.

Halle, Saale und Giebichenstein

An der Saale in Halle

■ Burg Giebichenstein

Franz Kugler setzte den Burgen ›An der Saale hellem Strande...‹ ganz allgemein ein noch heute besungenes Denkmal. Die Burg Giebichenstein jedoch hat ihr eigenes Gedicht. »Da steht eine Burg überm Tale...« schrieb Joseph von Eichendorff in den ›Bei Halle‹ betitelten Versen. Für das 10. Jahrhundert finden sich erste Erwähnungen der Burg, man geht jedoch davon aus, dass sich schon vorher Befestigungsanlagen in Giebichenstein befanden. Nach dem Dreißigjährigen Krieg zur Ruine geworden, wurde die Burg 1907 erstmals rekonstruiert. Sie ist mit **Oberburg, Torturm, Ringmauern** und tiefen **Gewölben** ein viel besuchter Ort der ›Straße der Romanik‹. Die Unterburg dient als Lehr- und Arbeitsstätte der berühmten **Burg Giebichenstein Kunsthochschule Halle**, der ›Burg‹, wie Hallenser, Ex- und aktuelle Studiosi einfach sagen.

■ Amtsgarten, Reichardts Garten, Zoo

Unweit der Burg finden sich zwei Parks, die zu den ›Gartenträumen‹ den 43 bedeutendsten Parks und Gärten Sachsen-Anhalts, gehören: der Amtsgarten und Reichardts Garten. Die Entstehung des Amtsgartens – vermutlich auf dem Gelände der Giebichenstein-Vorburg – reicht bis in die Barockzeit zurück. Thematisch gestaltete **Terrassengärten** prägen das Bild, vom Römerberg hat man einen schönen Blick ins Saaletal. Reichardts Garten war zunächst der Garten des Komponisten Johann Friedrich Reichardt und im Stil englischer Landschaftsgärten angelegt. Durch Gäste wie Eichendorff, Goethe, Novalis oder Clemens von Brentano wurde der Garten als ›Herberge der Romantik‹ bekannt. Zahlreiche Denkmäler, darunter ›Goethens Bank‹, säumen heute das Netz von Treppen und Wegen. Über diese findet man, die Wittekindstraße überquerend, auch zum Zoo, der seinem Namen **Bergzoo** durch die Lage um den Reilsberg alle Ehre macht. Auf dem neun Hektar großen Gelände, dessen Schönheit nicht zuletzt in seinem Charakter als Landschaftspark liegt, leben rund 1700 Tiere in über 250 Arten aus allen Kontinenten. Besonders attraktiv ist ein Bummel durch den Zoo, wenn die Hunderten von Fliederbüschen auf dem Berg in voller Blüte stehen.

▲ Karte S. 207

Halle (Saale)

Vorwahl: 0345
Postleitzahl: 06108
Tourist-Information, Marktplatz 13, Marktschlösschen,Tel. 1229984, www.halle-tourismus.de; Mai–Okt. Mo–Fr 9–19 Uhr, Sa/So 10–16 Uhr, Nov.–April Mo–Fr 9–18 Uhr, Sa 10–15 Uhr.

Die **Welcome Card Halle** bietet freie Fahrt in allen öffentlichen Verkehrsmitteln im Liniennetz der Halleschen Verkehrs AG, Ermäßigungen bei zahlreichen touristischen Leistungen wie Stadtführungen, Schiffstouren, Museums- und Theaterbesuchen und Rabattaktionen der Gastronomie. Die Karte wird als Ein- und Mehrtageskarte für Einzelpersonen und Gruppen angeboten. .

Dorint-Hotel Charlottenhof, Dorotheenstr. 12, Tel. 29230, www.dorint.com/halle; 166 Zi., DZ. ab 80 Euro. Für seine Servicequalität mehrfach preisgekröntes Haus. Für Fans: Wohnen in der Hans-Dietrich-Genscher-Suite (65 Quadratmeter, 248 Euro inkl. Frühstück f 2 Pers.).

Dormero Hotel Rotes Ross, Leipziger Str.76, Tel. 23343300, www.dormero-hotel-rotes-ross.de; 89 Zi., DZ ab 88 Euro. Mit langer Historie, stilvoll eingerichtet, direkt am Einkaufs-Boulevard.

Ankerhof Hotel, Ankerstr. 2a, Tel. 2323200, www.ankerhofhotel.de; 50 Zi., DZ ab 80 Euro. Ruhige Lage an Saalearm, Natursteinwände und Holzbalken in den Zimmern eines ehemaligen Speichers.

Apart-Hotel Halle, Kohlschütterstr. 5–6, Tel. 52590, www.apart-halle.de; 50 Zi., DZ ab 89 Euro. Im Villenviertel der Stadt, direkt neben dem Landesmuseum für Vorgeschichte gelegen. Thematisch gestaltete Zimmer assoziieren Musik und Theater.

Pension Am Alten Markt, Schmeerstraße 3, Tel. 5211411, pension-am-alten-markt@web.de; 6 Zi., DZ ab 58 Euro. 100 Meter bis zum Markt, in einer der ältesten Straßen Halles. Nebenan logierte 1545 Martin Luther in der damaligen Herberge ›Zum güldenen Schlößchen‹.

Hostel N05, Robert-Franz-Ring 5, Tel. 0163/7939858, www.hostel-no5.de; 15 Mehrbett-Zimmer, belegbar auch als EZ, DZ, ab 40 Euro. Freundlich, einfach, top für kleine Gruppen.

Gasthaus Zum Schad, Kleine Klausstr. 3, Tel. 5230366, www.zum-schad.de. Gemütlich eingerichtet, gepflegte Hausmannskost und Wild, dazu Dunkles Hausbier oder Hallische Bierschale grün (mit Waldmeister). Am Haus eine Hallesche Attraktion, das 400 Quadratmeter große Wandbild mit Marx, Händel, Mickey Mouse und Donald Duck von Hans-Joachim Triebsch, Absolvent und Lehrer an der ›Burg‹.

Restaurant Mönchshof, Talamtstr. 6, Tel.2021726, www.moenchshof-halle.de. Direkt zu Füßen der Markkirche am Hallmarkt, die Professionalität der langjährigen Betreiber spürt und schmeckt man: Biersuppe ›Mönchshof‹, Anhaltiner Wurstplatte oder für Vegetarier ›Auberginen-Piccata‹.

Hallesches Brauhaus, Große Nikolaistr. 2, Tel. 212570, www.halleschesbrauhaus.de. Urige Atmosphäre, hausgebraute naturtrübe Biere, dazu Spezialitäten auf der Karte: Hallesche Bierbratwursttaler und für Veggie-Fans Wilde Wirsing Pfanne.

Café nt, Große Ulrichstr. 51, Tel. 5110712. Kultur-Insel-Atmosphäre, lesen, plaudern, selbstgebackenen Kuchen mit Kaffee oder Snacks mit Rotwein – perfekt.

Halloren-Café im Marktschlösschen, Marktplatz 13, Tel. 2997679. Original Halloren-Torte und von Hand gefertigte Halleluja-Praline. Statt Kaffee auch hauseigene Trinkschokolade.

Avecio, Restaurant, Boutique, Café, Ranische Str.23, Tel. 2036338, www.avecio-cafe-shop.de. Eine spezielle Location auch für Veranstaltungen.

Sonnendeck, Café, Bar, Bistro, Pfälzer Ufer, Franz-Schubert-Straße 7a, Tel. 0163/2049161, www.sonnendeckhalle.

wordpress.com. Netter Treff direkt an der Saale, am besten per pedes oder Rad an der Saale entlang anzusteuern.

Kleine und Große Ulrichstraße sind gute Adressen für Bar-Hocker und Nachtschwärmer; einige Anlaufpunkte: Kaffeeschuppen, Potemkin, Irish Fiddler Pub, Palette, Flower Power.

Turm in der Moritzburg, www.turm-halle.de. Alles für Nachtschwärmer von Poetry Slam bis Darkness Party.

Schorre Halle, Willy-Brandt-Str. 78, 06110 Halle, Tel. 212240, www.schorrehalle.de. Disko mit großer Geschichte, dazu Lounge, Wintergarten, Genschman, Gay Schorre.

Objekt 5, Seebener Str. 5, Tel. 47823360, www.objekt5.com. An der Saale, nördlich der Burg Giebichenstein; das ursprünglich besetzte Haus, heute Club, Disco und Kneipe mit schönem Freisitz über mehrere Etagen und Bar im Grünen.

Kunstmuseum Moritzburg Halle, Friedemann-Bach-Platz 5, Tel. 212590, www.kunstmuseum-moritzburg.de; Di–Do 10–19 Uhr, Mi–So u. Feiertage 10–18 Uhr.

Stiftung Händel-Haus, Große Nikolaistr. 5, Tel. 50090221, www.haendelhaus.de; April –Okt. Di–So 10–18 Uhr, Nov.–März 10–17 Uhr. Bibliothek besondere Öffnungszeiten.

Franckesche Stiftungen zu Halle, Franckeplatz 1, Tel. 2127450 www.francke-halle.de; Historisches Waisenhaus, Historische Bibliothek und Francke-Wohnhaus Di–So und feiertags 10–17 Uhr.

Landesmuseum für Vorgeschichte Halle, Richard-Wagner-Str. 9, Tel. 524730, www.himmelsscheibe.de; Di–Fr 9–17 Uhr, Sa, So und feiertags 10–18 Uhr, Mo nach Voranmeldung.

Technisches Halloren- und Salinemuseum, Mansfelder Str. 52, Tel. 20932316, www.salinemuseum.de; Di–So 10–17 Uhr

Wilhelm-Friedemann-Bach-Haus, Große Klausstr. 12, Tel. 50090103, www.wfbachhaus.de; April –Okt. Fr u. Sa 10–18 Uhr. Nov.–März Fr und Sa 10–17 Uhr.

Gedenkstätte Roter Ochse, Am Kirchtor 20b, Tel. 2201337, www.stgs.sachsen-anhalt.de; Di–Fr 10–16 Uhr, jedes erste Wochenende im Monat 10–17 Uhr.

Halloren Erlebniswelt, Delitzscher Str. 70, 06112 Halle (Saale), Tel. 5642192, www.halloren.de; Mo–Fr 9–18 Uhr, Sa 9–16 Uhr, So und feiertags 11–17 Uhr.

Beatles-Museum, Alter Markt 12, Tel. 2903900, www.Beatles-Museum.net; Di–So u. feiertags 10–20 Uhr.

Meckelsche Sammlungen der MLU Halle-Wittenberg, Große Steinstr. 52, Tel. 5571701 o. 5571703, www.meckelsche sammlungen.uni-halle.de; Führungen n. Vereinb.

Zoo Halle, Reilstr. 57, Tel. 5203300, www.zoo-halle.de, Jan., Feb., Nov. u. Dez. 9–16 Uhr, März Mo–Fr 9–16 Uhr, Sa, So feiertags 9–17 Uhr, April –Okt. Mo–Fr. 9–17 Uhr, Sa, So feiertags 9–18.30 Uhr.

Bühnen der Stadt Halle:

Staatskapelle/Händel-Festspielorchester und **Oper Halle**, Universitätsring 24, Halle (Saale), Konzerte, Oper, Operette, Musical, Ballett

neues theater, Große Ulrichstr. 51, Schauspiel, Lesungen, Studio-Club

Puppentheater, Universitätsplatz 2, Produktionen für Kinder und Erwachsene

Thalia-Theater, Kinder- und Jugendtheater Informationen und Karten für alle Häuser unter: Konzert- und Theaterkasse, Große Ulrichstr. 51, Tel. 5110150, www.buehnen-halle.de.

Kabarett Die Kiebitzensteiner, Palais S, Ankerstr. 3 c, Karten unter Tel. 68886888 oder 2029771, www.kiebitzensteiner.de.

Steintor-Varieté, Am Steintor 10, Tel. 2093410, www.steintor-variete.de; traditionsreiche Varieté-Bühne, alles von Show bis Kleinkunst.

▶ Karte S. 198, 207

Georg-Friedrich-Händel-Halle, Salzgrafenstr. 1, Tel. 472247, www.haendel-halle.de. Konzerte aller Art, Großveranstaltungen.

Festivals:

Händel-Festspiele, über drei Wochenenden Ende Mai/Anfang Juni, www.haendelfestspiele-halle.de. Über 50 Konzerte, Opernaufführungen, Vorträge, Konferenzen und Open Airs an authentischen Orten in und um Halle. Seit 1996 gibt es jeweils Ende Mai ›Händels Open‹, ein ›Warm up‹ vor den Händel-Festspielen mit Kultur in der ganzen Stadt. Immer um Händels Geburtstag am 23. Februar ›Happy Birthday Händel‹ mit einer großen ›Messiah‹-Aufführung, zu der sich Chöre anmelden können (www.happy-birthday-handel.de).

Women in Jazz, immer in der ersten Jahreshälfte, stellt als einziges Jazz-Fest für Frauen die ›Magie des Weiblichen‹ in den Fokus. 2016 zum 11. Mal, indessen ein internationaler Top-Event (www.womeninjazz.de).

Filmmusiktage Sachsen-Anhalt, im Oktober, seit sieben Jahren einziges Festival für Filmmusik in Deutschland. Konzerte, Kongress, Sonderprogramm, Tel. 4780808, www.filmmusiktage.de.

Impronale, Halles Improvisationstheater-Festival, 1. Advents-Wochenende, Tel. 2022134, www.impronale.de; Shows, Workshops, Improvisationskunst, Off-Szene.

Hallesches Laternenfest, letztes August-Wochenende, www.laternenfest.halle.de.Bootskorso, Fischerstechen, Höhenfeuerwerk, Hundertausende Lichter auf der Saale und den Inseln.

Hallescher Weihnachtsmarkt, November/Dezember, Altstadt, Kreationen des Künstlernetzwerks hALLE-leuchten.

Reederei Riedel, Giebichensteinbrücke Riveufer, Tel. 2832070, Di–So 9–17 Uhr, www.reederei-riedel-halle.de; tgl. außer Mo Saalerundfahrten, Ausflugsfahrten ins Untere Saaletal, auch indiv. Sonderfahrten.

Reederei Arona, Fährstr. 1,Tel. 034602/52204, www.arona-maritim.de; Ausflugs-, Rund und Sonderfahrten saaleauf- und -abwärts.

Bootsverleih Halle, An der Ziegelwiese (Peissnitz-Insel), Tel. 20369087, www.bootsverleih-halle.de; Mo–Fr 11 Uhr bis Sonnenuntergang, Sa, So 10 Uhr bis Sonnenuntergang, Kanu, Kajak, Motorboote führerscheinfrei, Grilltouren, Jugendtouren mit Übernachtung.

Maya Mare, Mexikanisches Bade- und Saunaparadies, Am Wasserwerk 1, 06132 Halle (Saale), Tel. 7742100 www.mayamare.de. Tgl. 10-22 Uhr, Sauna z.T. bis 1 Uhr. In- und Outdoor: 440 Meter Wasserrutschen, Wildwasserkanal, Flusslandschaft, Wellenbad, Kinder-Erlebniswelt.

Mode und Design: Viele Absolventen und Studierende der Kunsthochschule bieten ihre Ideen zum Kauf an – 23 Modegeschäfte führt allein der Modedesign-Guide, www.geschmackverstaerker.com. In Halle gibt es zudem überdurchschnittliche viele inhabergeführte kleine Boutiquen und Shops. Die App ›schöneläden.de‹ führt durch spannende Angebote: Einfach den roten Herzen in der Innenstadt folgen oder die App ›schöneläden‹ herunterladen.

Halle liegt an mehreren touristischen Radwanderrouten, so dem **Saale-Radweg** (www.saale-radwanderweg.de), dem **Himmelsscheibenradweg** (www.himmelswege.de) und dem **Elster-Radweg** (www.elsterradweg.de). Auskunft über interessante Touren in der und um die Stadt gibt es unter www.halle-tourismus.de.im Bereich Halle erleben/Halle per Rad, wo man auch die entsprechende Broschüre downloaden kann. Über 25 km erkundet z.B. eine **Tour de Quiz** historische und aktuelle Sehenswürdigkeiten der Stadt – wer sie bewältigt, kann in der ›Tourist-Info‹ ein Präsent in Empfang nehmen.

EXTRA

Botschaft aus der Bronzezeit

Die Schweizer haben sie nicht er- und schon gar nicht gefunden, doch sie gehörten zu den ersten außerhalb Deutschlands, die sie 2006 im Basler Historischen Museum in Natura sehen durften: die berühmte Himmelsscheibe von Nebra. Eine schöne Referenz an unsere südlichen Nachbarn und die hatte ihren guten Grund. Es war, so weiß man heute, am 4. Juli 1999, als Raubgräber in einem Waldstück auf dem Mittelberg unweit des kleinen Örtchens Wangen im Süden Sachsen-Anhalts ein Fundstück aus der Erde holten, das sie zunächst für einen alten Mülleimerdeckel hielten und später für 50 Mark verkauften. Dies war der Anfang einer wahren Odyssee, die die Scheibe durch die halbe Welt und dann 2002 in ein Basler Restaurant führte, in dem die letzten unrechtmäßigen Besitzer das gute Stück an einen ›Interessenten‹ verkaufen wollten. Dieser war – natürlich inkognito – kein anderer als der Direktor des sachsen-anhaltischen Landesmuseums für Vorgeschichte, Harald Meller. Die Falle schnappte zu, dank der präzisen Vorarbeit von Schweizer Staatsanwaltschaft und Polizei.

Doch die Himmelscheibe verschwand wieder. Nun allerdings in den Laboren, in denen sich ganze Heerscharen von Wissenschaftlern zahlloser Disziplinen daran machten, ihre Geheimnisse zu entschlüsseln. Was nach außen drang, ließ die Spannung unaufhörlich ansteigen: ›So bedeutsam wie Ötzi‹, ›So aufschlussreich wie das Grab des Pharao Tut-Ench-Amun‹, ›Mona Lisa der Gegenwart‹ – heute ist

Die Himmelsscheibe von Nebra, nachempfundene Fundsituation im Landesmuseum für Vorgeschichte

die Himmelsscheibe von Nebra als ein Schlüsselfund für Archäologie, Astronomie und Religionsgeschichte in das Memory-of-the-World-Register aufgenommen, sie gehört also zu den großen Stücken des Gedächtnisses der Menschheit, eine Botschaft aus der Bronzezeit.

In ihrer frühesten Form zeigte die Bronzescheibe mit einem Durchmesser von ca. 30 Zentimetern die konkrete Darstellung kosmischer Phänomene, Sonne, Vollmond, Sichelmond und das Siebengestirn und damit astronomisches Wissen, mit dem Termine über Jahre hinaus bestimmt werden konnten. In ihrer ca. 200-jährigen Nutzungszeit mehrfach ergänzt und verändert, wurde sie vor etwa 3600 Jahren mit wertvollen Beigaben begraben und den Göttern geweiht.

Heute ist die Scheibe in einem eigens für sie konzipierten Raum in phantastischer Atmosphäre im Landesmuseum für Vorgeschichte in Halle (Saale) zu sehen – einer der vier Stationen der touristischen Route ›Himmelswege‹, die durch Sachsen-Anhalt führt (→ S. 206.) Denn das war eine der Wirkungen, für die die Himmelscheibe in ihrem, nennen wir es, zweiten Leben, gesorgt hat: Die zu Beginn des dritten Jahrtausends verstärkt zu Tage tretende Sehnsucht der Menschen nach dem Verstehen des Universums, nach Wissen um das Leben unserer Vorfahren haben Archäologen, Denkmalpfleger, Touristiker und viele andere antizipiert und – von der Politik kräftig unterstützt – in Sachsen-Anhalt in kongenialer Weise in Sehenswertes an authentischen Orten umgesetzt.

Auf dem Mittelberg verbindet das ›Himmelsauge‹ Himmel und Erde exakt an der Stelle, an der die Scheibe 3600 Jahre lang verborgen war. Ein 30 Meter hoher Aussichtsturm macht Ausblicke wie zur Bronzezeit möglich, zum Beispiel zum Brocken im Harz, hinter dem immer exakt am längsten Tag des Jahres die Sonne untergeht.

Drei Kilometer entfernt steht – wie eine über dem Unstruttal gelandete goldene Himmelsbarke – das Besucherzentrum ›Arche Nebra‹ (→ S. 246), in dem die wechselvolle Geschichte der Himmelsscheibe auf moderne und spannende Weise erzählt wird. Durch die Vitrinen geistern virtuelle Figuren, Comics und Filme laufen und eine 20-minütige Schau im Planetarium zeigt die astronomische Deutung der Scheibe.

Die Reise durch die Jahrtausende fortsetzen kann man im Sonnenobservatorium von Goseck (→ S. 243). Die monumentale Kreisgrabenanlage ist der früheste archäologische Beleg für systematische Himmelsbeobachtungen und wurde original wieder aufgebaut. Bleibend ist der Eindruck der phänomenalen Akustik im Inneren der Anlage und zur Sommer- und Wintersonnenwende kann man sehen, was unsere Vorfahren vor 7000 Jahren auch erblickten: Die auf- und untergehende Sonne leuchtet genau durch die Öffnungen im Palisadenzaun.

Vierte – und vorläufig noch letzte Station der Himmelswege – ist das Grab der Dolmengöttin von Langeneichstädt auf halbem Weg zwischen Goseck und Halle (→ S. 224). 5500 Jahre alt ist dieses jungsteinzeitliche Großsteingrab und in der Grabkammer fand sich ein 1,76 Meter langer Menhir mit der Darstellung einer Dolmengöttin, dessen Original heute im Hallenser Museum zu sehen ist.

Hunderttausende Menschen haben sich seit der ersten Ausstellung der Himmelscheibe und der Eröffnung der Arche Nebra im Jahr 2007 auf die ›Himmelswege‹ gemacht.

Informationen: www.himmelswege.de, www.himmelsscheibe-erleben.de.

Rund um Halle

Rund um Halle, zum Teil noch im Weichbild der Stadt, gibt es eine Fülle landschaftlicher und anderer Schönheiten, die man alle per Rad, bei Wanderungen, manche sogar mit der Straßenbahn von Halle aus oder binnen 20 Autominuten erreichen kann. Im Nordwesten ist es der Naturpark Unteres Saaletal, östlich der Autobahn 14 sind es Orte wie Löbejün, Petersberg, Landsberg, im Süden die historisch bedeutsamen Merseburg, Bad Lauchstädt und Querfurt, dazwischen die Seenlandschaft im Geiseltal, und im Westen der Stadt locken die Weinberge um Seeburg, Höhnstedt und Zappendorf.

Naturpark Unteres Saaletal

Der 408 Quadratkilometer große Naturpark umfasst das Untere Saaletal und seine nähere Umgebung und zieht sich bis nach Bernburg. Besonders interessant ist die **Porphyrkuppenlandschaft** im Norden Halles. Diese in Deutschland sehr seltene Landschaftsform wird geprägt durch Felshänge, tief eingeschnittene Bachtäler, mehr als 200 Einzelkuppen und eine höchst seltene Flora in dem regenarmen Gebiet. Anziehungspunkte sind der **Saaledurchbruch bei Rothenburg**, die **Weiße Wand** von Dobis - auf den ersten Blick nicht sonderlich spektakulär aber erdgeschichtlich äußerst interessant - und die **Brachwitzer Alpen**. Vom Ort Brachwitz aus kann man auf einem Wanderweg, der hier dem Saale-Radweg folgt, die namensgebenden bizarren Felsformationen hoch über dem Fluss bewundern. Ausgangspunkt für diese Wanderung ist die Saalefähre, die dritte neben Wettin und Rothenburg, die in dem gelegentlich recht schmalen Flusstal für Fahrrad- aber auch für motorisierte Touristen eine schöne Tour auf beiden Ufern ermöglichen.

Wettin und Löbejün

Rechts der Saale liegt hoch über dem Fluss und dem Ort (2000 Ew.) auf einem Porphyfelsen das **Stammschloss der Wettiner**, der nachmaligen Markgrafen, Kurfürsten, Herzöge und sächsischen Könige. 961 wurde die Burg erstmals urkundlich erwähnt und mit der Regentschaft Konrads des Großen (1124–1156) - seitdem spricht man von den Wettinern - begann der Aufstieg der Familie bis ins 20. Jahrhundert. Die Burg beherbergt heute ein Gymnasium mit erweitertem Kunstunterricht, ist also innen nicht zu besichtigen.

Die Brachwitzer Alpen

Karte S. 196

Von der Terrasse aus hat man jedoch einen schönen Blick ins Saaletal. Jüngste Attraktion Wettins ist die Nachbildung des berühmten Dresdner ›Fürstenzuges‹, der bis auf den letzten alle Herrscher des Hauses Wettin in einem Reiterzug zeigt. Ein Urenkel des schon erwähnten Wettiners Konrad, Dietrich II., Ritter des Templerordens, erbaute im 13. Jahrhundert im nahe Wettin gelegenen **Gut Mücheln** eine **Kapelle**. Mit dem Untergang der Templer errichtete der St. Marcus-Märtyrerorden zu Krakau hier ein Priorat, das mit der Reformation unterging. Jahrhunderte später wurde das sehenswerte Kleinod ab 1989 wiederbelebt und restauriert. Ein Besuch der ebenso schlichten wie schönen Templerkapelle lohnt sich unbedingt, im Sommer finden hier Konzerte statt.

In Löbejün wurde 1796 der Komponist Carl Loewe geboren. Die internationale **Carl-Loewe-Gesellschaft**, die ihren Sitz in Löbejün hat, hegt und pflegt dessen umfangreiches Werk, zum Beispiel mit den zweijährlichen Festtagen, die nächsten im April 2016. Im Museum befindet sich mit der **Lilburn-Collection** die komplette Sammlung des schottischen Sammlers mit Carl-Loewe-Liedern auf Schellack-Platten.

Weinstraße Mansfelder Seen

Ein ganz besonderer Teil des Naturparks Unteres Saaletal ist die Weinstraße Mansfelder Seen. ›Weingeografisch‹ gehört sie mit ihren Lagen zum Saale-Unstrut-Weingebiet. Das Mikroklima an den Hängen oberhalb des Salzatals und von Süßem, Binder- und Kernersee lässt hier auf 90 Hektar Steil- und Terrassenlagen vor allem **Weißweine** wie Silvaner, Weißburgunder, Riesling, Müller-Thurgau, Kerner und Gutedel reifen. Eine Besonderheit ist das einzige geschlossene **Aprikosenanbaugebiet** um Höhnstedt – die Früchte sind, so sagen die Obstbauern selbst,

Die Templerkapelle im Gut Mücheln

den Importen in Ausfärbung und Geschmack weit voraus.

Will man in das kleine aber feine Gebiet richtig ›einsteigen‹, so geht das am besten per Rad oder Wanderstiefel. In **Zappendorf**, wo sich Weinstraße, Lutherweg, Europaradweg E 11 und Radfernweg Harz-Saale kreuzen, sollte man an der **spätgotischen Betsäule** (1518) starten. Von dort geht es durch das **Salzatal**, am Händelweinberg (den der Großvater des berühmten Komponisten in der ersten Hälfte des 17. Jhs. erworben hatte) vorbei Richtung Langenbogen. Unweit liegt das **Weindorf Höhnstedt**. Straußwirtschaften und das Touristikcenter Vinoinfo laden zum Verkosten ein.

Von dort ist es nicht weit nach **Seeburg am Süßen See**, wo man auf die ›Straße der Romanik‹ stößt. **Schloss Seeburg** (1036) ist eine der größten und ältesten mitteldeutschen Burgen. Interessant an diesem romanischen Bauwerk ist, dass Chorquadrat und Apsis in den Umfassungsmauern erhalten sind. Im restaurierten Witwenturm kann man heute heiraten, feiern und übernachten, von der Terrasse der ›Orangerie‹ schweift der Blick über die bunten Segel auf dem

See hinüber zu den südlich gelegenen Apfelplantagen.
Pilger werden dann in jedem Falle weiter über **Lüttchendorf** nach **Unterrissdorf** wandern, aber auch jene, denen Authentizität wichtig ist, sollten sie nicht versäumen: die berühmte **Kalte Stelle**, an der Martin Luther am 28. Januar 1546 im Eishauch so fror, dass es ihm, wie er in einem der letzten Briefe an seine Frau schrieb, ›das Hirn zu Eis machen wollte‹. Seit 1996 kann man die Geschichte auf einer Tafel nachlesen, an der jährlich an diesem Wintertag die Unterrissdorfer des Vorfalls gedenken.
Nördlich und südlich des Weingebiets gibt es in **Schochwitz** (sehenswert im Schlosshof die hohe hölzerne Marien-Statue), und **Teutschenthal** zwei Schlösser, in denen man übernachten kann. Im Talkessel vor den Toren Teutschenthals liegt die berühmte **Moto-Cross-Strecke**, auf der WM-oder andere Läufe stattfinden.

Die Mariensäule in Schloss Schochwitz

Dieskau, Landsberg, Petersberg

Südöstlich der Stadtgrenze, 20 Autominuten vom Zentrum Halles entfernt, liegen **Park und Schloss Dieskau**, ein weiterer sachsen-anhaltischer ›Gartentraum‹. Die fast 70 Hektar große Anlage entstand 1778 bis 1784 als Landschaftspark. Teiche, Skulpturen und Kleinarchitekturen schmücken den Park, zu dessen Ensemble auch das **Renaissance-Schloss** und die **Barockkirche St. Anna** gehören.
Die **Doppelkapelle St. Crucis in Landsberg** gehört unter den 80 Bauwerken der ›Straße der Romanik‹ zu den besonders sehenswerten. Von einer ehemaligen Höhenburg auf der Porphyrkuppe sind nur noch Mauerreste erhalten, umso stolzer reckt sich die Doppelkapelle (1184) aus der flachen Landschaft empor, wunderschön auch von der Autobahn A 9 München-Berlin zu sehen. Doppelkapellen wurden nur im engen Umfeld des staufischen Kaiserhauses gebaut, so ist die gelungene Synthese von architektonischer Harmonie und Raumkomposition mit Sicherheit auch dem hohen künstlerischen Anspruch geschuldet, der hier galt. Neben dem Kapitellschmuck und dem Schnitzaltar von Stephan Hermsdorf (1525) stellt die ›Blutsäule‹, eine Säule aus rotem Marmor, eine Besonderheit dar. Sie soll, so geht die Legende, am Karfreitag Blut und Wasser schwitzen.
Ein zunehmend beachtetes Kleinod ist die **Dorfkirche St. Anna und St. Katharina** im Landsberger Ortsteil **Gütz**. Markus Lüpertz hat hier im ›Gützer Fensterzyklus‹ zwei Motive geschaffen, kraftvoll in Buntglas: den ›Wegschauer‹ und den ›Wiederaufbauer‹. Ergänzt wird das durch zeitgenössisch ergänzte Movie wie ein Luther- und eine Melanchthon-Fenster. Die Sanierung der Tonnendecke und der Deckenbemalung ist ebenso prächtig gelungen.
Einige Kilometer nordwestlich ragt eine unübersehbare Erhebung aus der Ebene, der **Petersberg**. Entgegen der gern erzählten Mär ist er mit 250,4 Meter über dem Meer nicht die höchste Erhebung

▸ Karte S. 196

auf diesem Breitengrad zwischen Atlantik und Ural, dafür trägt er seit dem 12. Jahrhundert (1184) die namensgebende **St. Petrus-Kirche** (Innenausstattung 19. Jahrhundert)und das Kloster, ein ehemaliges Augustiner-Chorherrenstift. Die dreischiffige Basilika hat wegen ihrer Lage auf dem Berg eine ganz besondere Form (der Volksmund nennt sie ›knuffig‹): das Langhaus ist nur wenig länger als der Querturm, die Seitenschiffe sind entgegen der ›reinen Lehre‹ zu breit. Seit 1999 wohnen im Kloster wieder Brüder der evangelischen Christusbruderschaft Selbitz, die gerne zur Teilnahme an Gebet und Meditation einladen.

Rund um Halle

Wettin-Information, Burgstr. 4, 06193 Wettin-Löbejün, OT Wettin, Tel. 034607/20320 o. 21864, www.wettin.de; Mo, Di 12–17 Uhr, Do 12–18 Uhr, Fr 11–15 Uhr, zusätzlich Apr.–Okt. Sa, So 13–17 Uhr.

Vinoinfo Wein & Touristikinformation, Hauptstr. 38, 06198 Salzatal, OT Höhnstedt, Tel. 034601/20242, www.vino-info.com; Mo, Mi, Do, Fr 13–17 Uhr, Sa, So 13–16 Uhr.

Hotel Schloss Teutschenthal, Carl-Wentzel-Str. 30, 06179 Teutschenthal, Tel. 034601/380111, www.schloss-teutschenthal.de; 19 Zi., DZ ab 85 Euro. Gefragtes Haus mit gepflegtem Park, sehr schön auch für Hochzeiten. Unbedingt auf der Terrasse frühstücken.

Schloss Schochwitz Healing Castle, Schlossplatz 1, 06198 Salzatal, OT Schochwitz, Tel. 034609/23438, www.healingcastle.com; 50 Betten von Pilger bis Luxus, DZ ab 69 Euro. Tea Time im Schlosscafé mit Besitzer Lord James Walsh, der viel über das Castle zu erzählen weiß.

Gaststätte & Pension Zur Weintraube, Hauptstr. 38, 06198 Salzatal, OT Höhnstedt, Tel. 034601/30786, www.weintraube-hoehnstedt.de; 4 Zi., DZ 60 Euro. Rahmsuppe von Kohlrabi mit gebackenen Strudelsäckchen und natürlich Höhnstedter Wein.

Picknick am Wegesrand, Gartencafé und Galerie, Gimritzer Weg 4, 06193 Wettin-Löbejün, OT Mücheln 034607/329041, www.picknick-am-wegesrand.de; Apr.–Okt. Sa, So 10–20 Uhr, wenige Schritte von der Templerkapelle entfernt.

Weingut Born, Wanslebener Str. 3, 06198 Salzatal, OT Höhnstedt, Tel. 034601/22930, Kellerführungen und Verkostung

Weingut Hoffmann, Alte Schrotmühle Hauptstr. 35 A, 06198 Salzatal, OT Höhnstedt, Tel. 034601/31070; u.a. im Juni Weinblütenfest im Händel-Weinberg und auf der Festwiese in Zappendorf

Campingplatz Seeburg Nordstrand, 06317 Seegebiet Mansfelder Land, OT Seeburg, Tel 034774/28281, www.campingplatz-seeburg.de. 250 Gesamtstellplätze, sehr schöne Lage direkt am See inmitten von Weinbergen und Obstplantagen.

Templerkapelle Mücheln, Lettewitzer Str., 06193 Wettin-Löbejün, OT Mücheln; Apr.–Okt. 10–19 Uhr, Nov.–März 11–16 Uhr, Kapellenführungen über Wettin-Information 034607/20230, Tempelritterführungen ganzjährig unter 03443/3395736, ab 1. Sonntag n. Pfingsten So 15.30 Konzerte im Templersommer.

Fischerhof am Kernersee, Am Kernersee 3, 06137 Seegebiet Mansfelder Land, OT Seeburg, Mi–Fr 10–17 Uhr, Sa 10–14 Uhr, im Sommer eine Stunde länger. Frischen und geräucherten Fisch kosten und kaufen, Angeln mit Startgebühr, ohne Fangbegrenzung.

Merseburg und Umgebung

Merseburg (33 500 Einwohner) war für Sachsen-Anhalt schon immer von besonderer Bedeutung. Um 880 erstmals erwähnt, wurde durch Otto den Großen 968 das Bistum Merseburg gegründet, eines der bedeutendsten des Mittelalters. Jahrhunderte später, nach dem Wiener Kongress 1815, kam die Stadt zu Preußen und wurde – bis 1933 – zur Hauptstadt der preußischen Provinz Sachsen – einer der beiden Landesteile des heutigen Bundeslandes. Heute ist die Kreisstadt des Saalekreises die einzige Stadt neben Magdeburg und Halle, in der sich die wichtigsten touristischen Routen des Landes kreuzen: die ›Straße der Romanik‹, das Netzwerk ›Gartenträume‹ und das aktiv- und wassertouristische ›Blaue Band‹.

Dom St. Johannes und Laurentius

Thietmar von Merseburg (975–1018), der vielleicht berühmteste der hiesigen Bischöfe, legte 1015 den Grundstein für den Bau einer Kathedrale, von deren romanischem Baukörper heute nur noch wenige Teile erhalten sind, insbesondere die Hallenkrypta. 1517 wurde der Dom dann – umgebaut unter dem nicht minder bekannten Bischof Thilo von Trotha – in der spätgotischen Form geweiht, in der er sich im Wesentlichen auch heute präsentiert.

Das bedeutendste Kunstwerk im Dom ist die **Grabplatte Rudolfs von Schwaben** im Ostchor. Sie gilt, einst vergoldet und mit Edelsteinen ausgelegt, als ältestes Bildnisgrabmal des deutschen

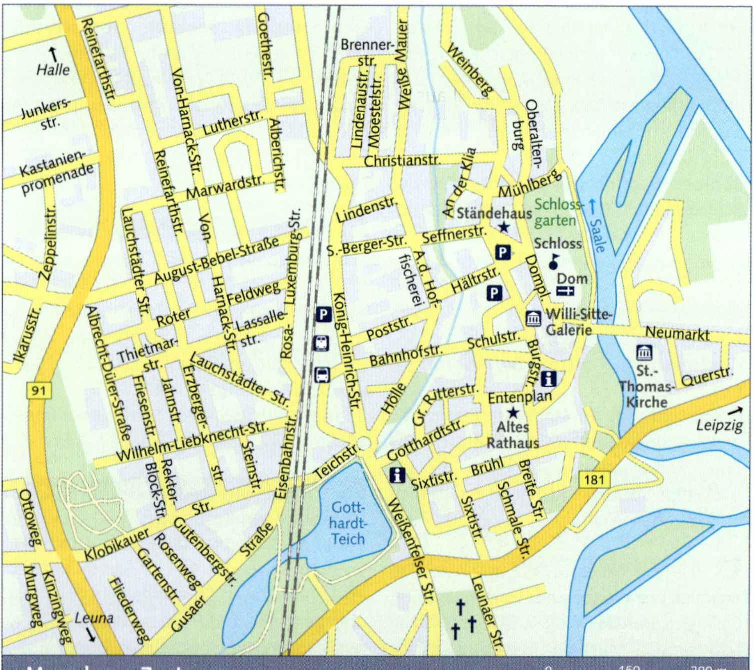

Merseburg, Zentrum

Die Ladegast-Orgel im Merseburger Dom

Mittelalters und beeindruckt durch die technische Perfektion des Bronzegusses. Die mumifizierte Hand Rudolfs, der als Gegenkönig zu Heinrich IV. 1080 in der Schlacht bei Hohenmölsen fiel, ist eines der am meisten bestaunten Stücke des **Domschatzes**, der viele nicht minder bedeutende Pretiosen enthält: kostbare Handschriften, wie die prachtvoll ausgemalte Merseburger Bibel, einen romanischen Tragaltar, Elfenbeinkästchen aus der Mitte des 13. Jahrhunderts und Altarretabel. Die einzigartigen Stücke präsentieren sich in der 2008 zu diesem Zweck perfekt umgebauten Südklausur. Unter der Schatzkammer, im **Zauberspruchgewölbe**, kann man ein Faksimile der berühmten Merseburger Zaubersprüche bewundern. Die **Fürstengruft** mit den restaurierten prunkvollen Schmucksärgen der sachsen-merseburgischen Herzogsfamilie gilt als monumentales Zeugnis barocker Bestattungskultur.

Viel weiter oben im Dom findet sich hinter einem barocken Prospekt (1700) eine der **größten romantischen Orgeln Deutschlands**, vom berühmten Friedrich Ladegast zwischen 1855 und 1866 erbaut. Den Klang der 5687 Pfeifen kann man das ganze Jahr über genießen, insbesondere jedoch zu den **Merseburger Orgeltagen** mit berühmten Organisten am Pult.

Bis 2021 wird der Dom Jahr für Jahr im Mittelpunkt herausragender Veranstaltungen stehen. In dichter Folge jähren sich bis dahin wichtige Dom- und Bischofsjubiläen, für die ein attraktives kulturhistorisches Programm geplant ist.

Schloss und Schlossgarten

Die berühmtesten Bewohner des beeindruckenden Schlosses, in seiner heutigen Gestalt geprägt von der deutschen Spätrenaissance, sind nicht der Landrat des Saalekreises und seine Mitarbeiter, sondern zwei schwarzgefiederte Gesellen. Die berühmte **Merseburger Rabensage** erzählt davon, dass dem schon erwähnten Thilo von Trotha (1443–1514) ein goldener Ring abhanden kam, wofür er den vermeintlich diebischen Diener hinrichten ließ. Als sich der Ring später in einem Rabennest fand, ließ der Bischof im Schlosshof einen Käfig errichten, in dem seither ein immer neuer Rabe – heute sind es nach Tierschützer-Intervention zwei – für das Vergehen büßt und zugleich gemahnt, ein Urteil niemals im Jähzorn zu fällen.

Der **Schlossgarten** wurde um das Jahr 1660 angelegt, damals nach französisch-holländischem Geschmack mit vielen Taxus-Hecken, zu denen sich später Baumalleen gesellten. Seit 1737 steht am Nordende der Schlossgartensalon, als ›point de vue‹ vom Schloss aus platziert. Ein 1825 von Peter Joseph Lenné erarbeiteter Entwurf hob die vorhandenen Alleen hervor, durch die man auch heute noch flanieren kann. Spätere Umgestaltungen bezogen das neogotische Ständehaus und das Zechsche Palais in die Sichtachsen des Gartens ein, der zu den sachsen-anhaltischen Gartenträumen gehört.

Der Maler Willi Sitte – streitbar und widerständig

Was war er tatsächlich, der Mann, der 2013 in Halle starb, 92-jährig, mit sich, aber nicht mit der Welt im Reinen? ›Ein begnadeter Zeichner‹, ›Zielscheibe im Kreuzfeuer der politischen und ästhetischen Angriffe‹, ein ›machtverliebter Staatskünstler‹, mehr Objekt denn Subjekt im ›deutsch-deutschen Bilderstreit‹.? Man kann heute nach Budapest fahren oder Peking, um ›Sittes‹ zu sehen, man kann im Ludwig Forum Aachen, im Deutschen Historischen Museum Berlin, im Frankfurter Städel oder in der Dresdner Galerie Neue Meister auf ihn stoßen, am besten aber fährt man nach Merseburg, um sich an ihm und seinem Werk im besten Sinne zu reiben. Sein Handwerk lernte Sitte, der durch seine zeichnerische Begabung aufgefallene Schüler ab 1940 in der ›Hermann-Göring-Meisterschule für Malerei‹ in Kronenberg in der Eifel. Hier sollte er Entwürfe für die großen Gobelins der Reichskanzlei entwerfen. Doch wurde er wegen kritischer Äußerungen zur Wehrmacht kurzerhand einberufen. Sitte desertierte 1944 zu den italienischen Partisanen. Und auch sein Weg im Sozialismus führte nicht geradeaus. Er erhielt seiner Aufmüpfigkeit wegen an der Kunstschule Burg Giebichenstein, wo er 1959 zum Professor berufen wurde, ein zeitweises Lehrverbot.

Sauer war der Mann auf seinen Wohnort Halle, in dem er sich trotz sechs dort gelebter Jahrzehnte nie wirklich geliebt fühlte. Und nur zu gern kam er deshalb mit jenen weitsichtigen Kunstliebhabern zusammen, die den Sitz der 2003 gegründeten Willi-Sitte-Stiftung in einem der wunderschönen Kuriengebäude am Dom zu Merseburg sahen. 2006 war es schließlich so weit: In der sanierten und durch einen kongenialen Anbau der Merseburger Architektin Claudia Janich erweiterten barocken ›Curia Nova‹, die gleichsam den Zugang zum historischen Dom- und Schlossbereich bildet, wurde die Willi-Sitte-Galerie eröffnet. Ex-Kanzler Gerhard Schröder und der damalige Ministerpräsident Sachsen-Anhalts, Prof. Dr. Wolfgang Böhmer, waren anwesend und so unterschiedlich die beiden in ihren politischen Auffassungen sind, so einig waren sie sich darin, mit Sitte einem der ganz Großen ihre Referenz zu erweisen.

Die Dauerausstellung in der Galerie ist eine spannende Begegnung mit einem Maler, der – immer ein Bewunderer der großen Renaissancemaler aber auch eines Solitärs wie Picasso – anfangs die Seelenqualen des gerade selbst erlebten Krieges aus sich herausmalte, der Lust und Last der Liebe wie kein anderer der großen DDR-Maler in Bilder setzte und der immer eingreifen wollte in das Leben um ihn herum. Ästhetisch scheiternd, wie mancher meint, an der ›historischen Mission der Arbeiterklasse‹, der er entstammte, andererseits aber nicht nachlassend dabei, mit seinen Werken Einsichten, gar Handeln befördern zu wollen.

Der Erfolg, den Gerhard Schröder der Sitte-Werkschau 2006 prophezeite, ist natürlich eingetreten. Weil sie große Kunst zeigt, aber auch weil sie, wie der Ex-Kanzler hervorhob, »die Möglichkeit gibt, sich mit einem Teil der deutsch-deutschen Geschichte auseinander zu setzen und nicht nur oberflächlich darüber zu urteilen. Mit Freude an den wunderbaren Bildern«, fügte er hinzu.

Schloss Merseburg von der Saale aus gesehen

Ständehaus

Nachdem der Landtag der preußischen Provinz Sachsen seit 1825 über Jahrzehnte im Schlossgartensalon und im Zechschen Palais tagte, und die Gefahr bestand, dessen Sitz nach Halle oder ›gar‹ Magdeburg zu verlieren, entschloss man sich 1892 zum Bau des Ständehauses. Bis 1933 tagten die Abgeordneten in dem monumentalen Gebäude, das seitdem eine wechselvolle Geschichte als ›Haus der Kultur‹ und Ort repräsentativer Veranstaltungen erlebt hat. Sehenswert ist der **Erhard-Hübener Saal**, benannt nach dem Ministerpräsidenten des von 1946 bis 1952 existierenden ersten Landes Sachsen-Anhalt. Architektur, Deckengemälde und die monumentalen Historienbilder von Hugo Vogel (1855–1934) reflektieren den preußisch-kaiserlichen Anspruch, dem der Sitz des Landtages Rechnung zu tragen hatte.

Fritz-Cremer-Skulptur im Plastik-Park der Gartenstadt Leuna

Vom Domberg in die Stadt

Bis ins 20. Jahrhundert diente das **Kapitelhaus** dem Domkapitel als Verwaltungssitz und zu repräsentativen Zwecken. 2006 perfekt saniert wiedereröffnet, gehört sein Wappensaal zu den schönsten spätgotischen Räumen Deutschlands. Zu bewundern sind liturgische Gewänder aus mehreren Jahrhunderten, vom Terrassengarten geht der Blick über die Altstadt bis weit in die Saaleauen.

Wenige Schritte weiter in Richtung Stadt findet sich die **Kunststiftung ben zi bena**. Das Haus ist ein Forum für Ausstellungen und Begegnungen, übrigens auch im schönen Café. Nach der deutschen Wiedervereinigung entstanden, will die Stiftung Altes überwinden, Neues schaffen und Zerbrochenes wieder zusammenfügen. Ihr Name nimmt Bezug auf die Merseburger Zaubersprüche, in denen die Heilung eine Götterpferds mit gebrochenem Lauf mit dem Ruf ›ben zi bena‹ (Bein zu Bein) beschworen wird.

Um Kunst geht es auch in der Domstraße 15, dem Domizil der **Willi-Sitte-Stiftung für realistische Kunst**. Nachdem die langjährige Wohn- und Wirkungsstadt Halle sich – ob Sittes Engagements in der DDR – schwer tat damit, ein Domizil für die Kunst des durchaus nicht unumstrittenen großen Malers und Grafikers zu finden, war Merseburg zur Stelle. Neben der Sitte-Dauerausstellung wird ständig Neues aus der Kunstszene präsentiert.

Beim Gang durch die Altstadt empfehlen sich verschiedene Zwischenstopps. Am **Alten Rathaus** (1478 erbaut) lohnt ein Blick auf die Bischofswappen an der Fassade und den schönen Renaissance-Erker. Praktisch um die Ecke ist das **Kunsthaus Tiefer Keller**. Neben der Galerie mit Kunst zum Sehen und Kaufen befindet sich hier auch der Einstieg zu einem über 700 Jahre altem historischen **Gewölbelabyrinth**. Zum großen Teil saniert, beleuchtet und mit Kunstobjekten ausgestattet, kann ein Teil der Keller besichtigt werden.

Jenseits der Saale mit der **Anlegestelle der Ausflugsschiffe** zu Füßen des Dom- und Schlossbergs, liegt der **Neu-**

▶ Karte S. 218

markt. Die romanische Neumarktkirche **St. Thomas** wurde erstmals in einer Urkunde Kaiser Friedrich Barbarossas erwähnt. Heute beherbergt sie sakrale Gegenwartskunst. Die Pilger, die hier am ökumenischen Pilgerweg übernachten können, werden die außergewöhnliche Knotensäule am spätromanischen Hauptportal gewiss nicht übersehen.

Gartenstadt Leuna

Wenn von Leuna (14 500 Einwohner) die Rede ist, werden viele nur Chemie assoziieren. Was ja nicht falsch ist, wenn man an Geschichte, aber auch Gegenwart der Stadt denkt. Anfang des 20. Jahrhunderts entwickelte sich die chemische Industrie hier in rasantem Tempo. Zehntausende von Menschen arbeiteten – das nahe Schkopau (Buna) und Bitterfeld einbezogen – im sogenannten mitteldeutschen Chemiedreieck. In der DDR waren die Chemiekombinate die größten Unternehmen des Landes und auch heute sind hier ›alte‹ (Erdölverarbeitung) und neue Chemie, aber auch Biotechnologie-Cluster und Forschungszentren präsent. Ein touristisches Kleinod aber, ein so lebendiges wie begehbares Freilichtmuseum, ist die Gartenstadt Leuna, in den Jahren 1917 bis 1927 aus der Siedlung ›Neu Rössen‹ entstanden. Sie gilt als eine der größten Gartenstadtsiedlungen Europas und ist das größte Flächendenkmal des Saalekreises. Entstanden sind die Gartenstädte im Zuge der dynamischen Industrialisierung mit dem Ziel, der arbeitenden Bevölkerung ein kulturvolles und naturnahes Leben zu ermöglichen. In Leuna kann man das sehr schön nachvollziehen: Zwischen Bahn und Sachsenplatz, Merseburger Straße und Saale finden sich die (inzwischen perfekt sanierten) Einzel-, Doppel- und Reihenhäuser mit ihren Gärten, dazu attraktive Villen und der **Plastik-Park**, eine Besonderheit der Stadt. 1962 wählten die Stadt und die Staatliche Galerie Moritzburg in Halle (heute Kunstmuseum des Landes) repräsentative Plastiken aus dem Museumsbestand aus, um so für jedermann einen dauerhaften Einblick in die Bildhauerkunst der DDR zu vermitteln. Werke von Waldemar Grzimek und Fritz Cremer sind hier ebenso zu sehen wie Skulpturen von René Graetz oder Ludwig Engelhardt.

Bad Dürrenberg

In Bad Dürrenberg (11 800 Einwohner), das man von Halle (über Leuna) mit der **längsten deutschen Straßenbahnlinie** (35 Kilometer) erreichen kann, drehte und dreht sich fast alles um das Salz, genauer gesagt die Sole. Jahrzehntelange Bohrungen des kurfürstlich-sächsischen Bergrats Johann Gottfried Borlach waren 1763 erfolgreich, seitdem gibt es einen ständigen Solefluss mit gut 10 Prozent Salzgehalt. Über dem ersten Solebrunnen entstand 1765 ein wuchtiger Soleförderturm, der heute **Borlachturm** heißt und auch das Wappen der Stadt prägt. Das **Museum im Turm** würdigt Borlach, dokumentiert die ›salzige Geschichte‹ und die Entwicklung Dürrenbergs zum

Der Borlachturm in Bad Dürrenberg

Badeort. Das erste wurde 1845 errichtet, das Prädikat ›Bad‹ durfte Dürrenberg aber erst seit 1935 tragen. Die Siedesalz-Produktion wurde 1963 aus Rentabilitätsgründen eingestellt, ein Jahr später folgte auch der Badebetrieb.
Mit dem 2000 in Betrieb genommenen neuen Solebrunnen erlebte Bad Dürrenberg einen neuen Aufschwung: Die **Trinkhalle** im Kurpark wurde saniert und wieder für Soleanwendungen geöffnet, der sehenswerte, zehn Hektar große **Kurpark** mit Palmenhaus, Vogelvolièren, Wildgehege, Teich und einem verzweigten Wegenetz auf Vordermann gebracht, seit 2008 darf die Stadt das Prädikat ›Staatlich anerkannter Erholungsort‹ tragen.
Kern ist natürlich das **Gradierwerk**, von dessen ursprünglich fünf noch drei Anlagen erhalten sind. Zwölf Meter hoch und 636 Meter lang, ist es das größte zusammenhängende Gradierwerk Deutschlands, das man bei Führungen auch besteigen kann. 800 Meter Wandelstege und zahlreiche Sitzgelegenheiten gibt es direkt zu Füßen der Dornwände mit den Reißigbündeln, über die die Sole tropft – sinnvoll ist es, sich einen Solemantel umzulegen, die am Palmenhaus gegen eine Gebühr ausleihbar sind.

Der Geiseltalsee und Mücheln

300 Jahre wurde im Geiseltal Braunkohle gefördert und als 1993 der letzte Zug aus dem Tagebau rollte, schien das, was heute vorzufinden ist, unerreichbare Vision: der mit 18,4 Quadratkilometern größte künstliche See Deutschlands, an dessen Ufern in Marinas Jachten ankern, wo Segel blinken und zu Füßen begrünter Abraumhalden Weinreben wachsen. 2003 begann die Flutung mit vorgereinigtem Saalewasser, 2011 hatte der See die geplante Fläche erreicht. Den schönsten Überblick hat man über die nach wie vor im Wandel befindliche Region von den drei 14 Meter hohen **Aussichtstürmen**, an denen man auch die Wanderung, Rad- oder Inlineskate-Tour rund um den ganzen See (28 Kilometer) erholsam und informativ unterbrechen kann. In **Stöbnitz** laden Campingplatz und Badestrand ein, darüber hinaus gibt es von Boots- über Kremser- und Ballonfahrten bis zum Angeln kaum etwas an Freizeitaktivitäten, was auf, am, entlang, über und unter Wasser hier nicht möglich ist. Zentraler Ort ist **Mücheln** (9000 Einwohner). Am denkmalgeschützen Marktplatz der Stadt findet sich das **Renaissance-Rathaus** (1571), neben dem das ›Alte Postamt‹ zu einem **Informationszentrum** ausgebaut wurde, das auch über die zahllosen fossilen Funde im Geiseltal informiert, darunter das berühmte ›Geiseltal-Urpferdchen‹.

Langeneichstädt

Zu einem regelrechten Pilgerziel ist dieser Müchelner Ortsteil in den vergangenen Jahren geworden. Außerhalb des Ortes, auf dem Hügel zu Füßen des trutzigen Warteturms, wurde schon 1987 bei Feldarbeiten eine außergewöhnliche **steinzeitliche Grabanlage** gefunden. Als man die Sandstein- und Muschelkalkplatten entfernte, kam eine weithin einmalige

Marina am Geiseltalsee

▶ Karte S. 196

1,76 Meter große **Menhirstatue** zum Vorschein, die im Landesmuseum für Vorgeschichte zu bewundern ist. Auf dem Oberteil dieser Stele befinden sich zahlreiche Ritzungen, welche in stark vereinfachter Form die Dolmengöttin (weibliche Gottheit) und ein Axtmotiv als Statussymbol des Mannes darstellen. Von der Berührung des Menhirs erhoffte man sich Fruchtbarkeit für Mensch, Tier und Feldfrüchte. Mit der Einbindung des Fundorts – auf dem eine Replik der Dolmengöttin steht – in die touristische Route ›Himmelswege‹ zwischen Hallenser Museum, dem Sonnenobservatorium von Goseck und der ›Arche Nebra‹ bei Wangen rückte Langeneichstädt richtig in das Blickfeld Archäologieinteressierter.

Merseburg, Mücheln, Bad Dürrenberg

Tourist-Information Merseburg, Burgstr. 5, 06217 Merseburg, Tel. 03461/214170, www.merseburg.de; Mo–Fr 9–18 Uhr, Sa Nov.–März 9–13 Uhr, Apr.–Okt. 10–15.30 Uhr.

Stadtinformation Mücheln, Markt 20, 06249 Mücheln (Geiseltal), Tel. 034632/40111, www.muecheln.de; tgl. 10–16 Uhr.

Tourist-Information Bad Dürrenberg, Witzlebenweg 7a, 06231 Bad Dürrenberg, Tel. 03462/83990, www.badduerrenberg.eu.

Geiseltalsee: www.geiseltalsee.de; alle Informationen über Marina, Wassersportanbieter, Übernachtung, Gastronomie, Camping, Fahrradverleih, Ballonfahrten, Weinbau usw. am und um den See.

Radisson Blu Hotel, Oberaltenburg 4, 06217 Merseburg, Tel. 03461/45200, www.merseburg-radissonblu.com; 133 Zi., DZ ab 97 Euro. Erstes Haus am Platz, beste Lage neben Dom und Schloss.

Ringhotel Schloss Schkopau, Am Schloss 1–5, 06258 Schkopau, Tel. 03461/7490, www.schlosshotel-schkopau.de; 54 Zi., DZ ab 179 Euro. Anspruchsvoll logieren und dinieren (Restaurant ›Le Chateau‹), häufig interessante Arrangements.

Pension der besonderen ART am Krummen Tor, Domstr. 10, 06217 Merseburg, Tel. 03461/248611, www.pension-der-besonderen-art.de; 4 Zi., DZ 55 Euro. In historischem Gebäude zu Füßen des Dombergs schlafen, Kunst vom Mobiliar bis zu den Wänden.

Hotel & Restaurant Altes Badehaus, Fährstr. 6, 06231 Bad Dürrenberg, Tel. 03462/99800, www.hotel-altes-badehaus.de; 15 Zi., DZ ab 68 Euro. Schönes Ambiente direkt an der Saale unterhalb von Kurpark und Gradierwerk. Im Restaurant ›Typisches aus Ostdeutschland‹ bestellen: z.B. Strammer Max oder Bauernfrühstück.

Ritters Weinstuben, Große Ritterstr. 22, 06217 Merseburg, Tel. 03461/33660, www.ritters.weinstuben.de; Mo–Do 11.30-22 Uhr, Fr/Sa 11.30–23 Uhr, So 11.30–20 Uhr. Die Realität hält dem hohen Anspruch der Karte stand: Pralinen von der Rinderbacke, Erbsencremesuppe mit Minze, Keule und Rücken vom Eifel-Kaninchen. Korrespondierende Weine von Gütern der Saale-Unstrut-Region.

Neptunklause im Golfhaus, Am Persebach 8, 06231 Bad Dürrenberg, Tel/Fax 03462/80590, www.neptunklause.de; direkt am Saale-Radweg.

Café am Stadtpark, Windmühlenstr. 1a, 06237 Leuna, Tel. 03461/845850, www.cafeamstadtpark.de. Leckerer Kuchen und Eis auf der Terrasse oberhalb der Saale, neben historischer Gartenstadt und Park mit Skulpturen bedeutender Bildhauer, auch fünf Pensionszimmer.

Dom St. Johannis und St. Laurentius, Domplatz 7, 06217 Merseburg, Tel. 03461/210045, www.merseburger-dom.de; Nov.–Feb. Mo–Sa 10–16 Uhr, So 12–16 Uhr, März–Okt. Mo–Sa 9–18 Uhr, So 12–18 Uhr.

Kapitelhaus, Domplatz 7, 06217 Merseburg, Tel. 03461/210045, www.vereinigtedomstifter.de; Mo–Sa März–Okt. 9–18 Uhr, Nov.–Feb. 10–16 Uhr, So und kirchl. Feiertage 12–18 bzw. 12–16 Uhr.
Kunststiftung ben zi bena, Domplatz 6,06217 Merseburg, Tel. 03461/824946, www.benzibena.de; Mo-So 10-20 Uhr.
Willi-Sitte-Galerie, Domstr. 15, 06217 Merseburg, Tel. 03461/212231, www.willi-sitte-galerie-merseburg.de; März–Okt. Di–So 10–17 Uhr, Nov.–Feb. Di–So 10–16 Uhr.
Deutsches Chemiemuseum, Geusaer Str. 88, 06217 Merseburg, Tel. 03461/463070, www.deutsches-chemie-museum.de; Apr.–Okt. Di–Fr 10–17 Uhr, Sa/So 10–17 Uhr.
Luftfahrt- und Technik-Museumspark, Kastanienpromenade 60, 06217 Merseburg, Tel. 03461/525776, www.luftfahrt-technik-museum.de; 15. April –14.Okt. Di–Do 9–14 Uhr, Fr 9–14 Uhr, Sa/So 10–18 Uhr, 15. Okt.–14. April Di–Do 9–16 Uhr, Fr 9–14 Uhr, Sa/So 10–17 Uhr.

Merseburger Orgeltage, immer im September, Dom und weitere Veranstaltungsorte, Tel. 03461/3099183, www.merseburger-orgeltage.de.

Merseburger Personenschifffahrt, Am Bahnhof 5, 06561 Roßleben, Tel. 0172/3453322, www.captain-fu.de; Saalefahrten aller Art, Anlegestelle unterhalb des Schlossbergs in Merseburg.

Goethestadt Bad Lauchstädt

Es ist müßig, darüber zu streiten, was für Bad Lauchstädt (9000 Ew.) wohl wichtiger gewesen sei: die vom Hallenser ›Arzneygelahrten und Geheimen Rath‹ Friedrich Hoffmann zu Beginn des 17. Jahrhunderts als heilkräftig erkannte Quelle im Örtchen oder das segensreiche Wirken eines anderen Geheimrats ein rundes Jahrhundert später. Beides hinterließ erfreuliche Wirkungen und macht die Stadt heute zu einem echten Anziehungspunkt. 1710 jedenfalls wurde mit der Gründung des Bades alles in Gang gesetzt, was wir noch heute – in häufig veränderter Form, versteht sich – bewundern können: die Historischen Kuranlagen und das Historische Theater. Die sachsen-merseburgischen Herzöge und später die Dresdner Kurfürsten machten Lauchstädt für ein Jahrhundert zu ihrer liebsten Bade- und Sommerresidenz. Wohl schon damals muss es so etwas wie Marketing gegeben haben, denn irgendwann entstand der Begriff vom ›sächsischen Pyrmont‹, der auch heute noch gerne zitiert wird, obwohl der eigentliche Badebetrieb schon im 19. Jahrhundert eingestellt wurde.

▲ Karte S. 196

Die historischen Kuranlagen

Die heutigen Anlagen gehen in ihren Grundzügen auf den Merseburger Stiftsbaumeister Johann Wilhelm Chryselius zurück und reflektieren die spätbarocken Traditionen Dresdens. Der Park ist teils französisch, teils englischer Landschaftspark und gehört zu den 43 sachsen-anhaltischen ›Gartenträumen‹.
Das Zentrum der gesamten Kuranlagen bildet die Stelle, an der das Lauchstädter Heilwasser seit mehr als 300 Jahren an die Oberfläche tritt. Innerhalb einer von acht Putti ›bekrönten‹ Sandsteinbalustrade (1776), führt eine doppelläufige Treppe hinab. Als Symbol der **Heilquelle** sprudelt seit 1996 Wasser in eine Brunnenschale aus Juramarmor. Das originale Heilwasser wird seit 1905 in Flaschen abgefüllt und verkauft.
Mit seiner originalgetreuen Ausstattung als Spielsalon des Rokoko vermittelt der

Herzogspavillon (1735) heute einen Eindruck von der Eleganz des damaligen Bades. Östlich der Brunnenbalustrade steht der **Quellpavillon** von 1776 mit dem ehemaligen Schöpfraum im Souterrain. Der westlich der Quelle gelegene Pavillon, auch als **Dusch- oder Badepavillon** bezeichnet, enthielt ursprünglich die Bäder für die Kurgäste. Heute sind dort die Lauchstädter Badegeschichte und die Entwicklung der Anlagen dokumentiert. Das repräsentative Gebäude des **Kursaals** (1780) bildet den südlichen Abschluss der Kuranlagen. Der über zwei Geschosse reichende, lichtdurchflutete Raum wurde 1823/24 nach Entwürfen von Karl Friedrich Schinkel ausgemalt. Diese illusionistische Architekturmalerei ist ein seltenes Beispiel für die Raumgestaltung des deutschen Klassizismus. Erhalten sind auch die vier Kronleuchter aus dieser Zeit. Ursprünglich als Tanz- und Speisesaal für die Kurgäste genutzt (die Rede geht davon, dass Goethes Frau Christiane Vulpius hier ihre Schuhe zertanzte), finden in dem Saal noch heute Konzerte statt. Gleichzeitig mit dem Kurhaus wurde 1780 auch das daneben liegende **Küchengebäude** eröffnet, in dem sich nun die ›Lauchstedter Gaststuben‹ mit ihren Spätbarock- und Biedermeier-Räumen befinden. Die **Kolonnaden**, ein hölzerner Wandelgang mit ebenfalls illusionistischen Architekturmalereien, gaben den damaligen Kurgästen Schutz bei Regen und Wind. In den darin befindlichen ›Krambuden‹ bieten auch heute Händler ihre Waren feil.

Das Gebäude des Kursaals in Bad Lauchstädt

Das Goethe-Theater

Stolz trägt Bad Lauchstädt seit 2008 den offiziellen Zusatz Goethestadt, was dem Weimarer sicher gefallen hätte. Jedenfalls war er derjenige, der dafür sorgte, dass es überhaupt zum Bau des Theaters kam, das als einziges noch in ursprünglicher äußerer und innerer Gestalt erhaltenes Theater in Europa gilt.

Theater wurde in Bad Lauchstädt schon seit Mitte des 18. Jahrhunderts gespielt, seit 1791 auch vom Weimarer Hoftheater. In einem zunehmend verkommenen Gebäude allerdings, das Goethe ›großes Mißbehagen‹ machte. Fünf Jahre (!) währte dann der Briefwechsel mit dem Kursächsischen Hof in Dresden, von Goethe vorangetrieben, bis die Weimarer auf fremdem Hoheitsgebiet ein neues Haus bauen konnten. Das geschah dann auch in erstaunlich kurzer Zeit – die eigentliche Bauzeit betrug nur zwölf Wochen – unter tatkräftiger planerischer aber auch finanzieller Mitwirkung Goethes, der die Entwürfe des Weimarer Hofbaumeisters J.F.R. Steiner und des Berliner Professors Gentz immer wieder verbesserte.

Am 26. Juni 1802 fand mit Mozarts Oper ›Titus‹ und einem von Goethe verfassten Vorspiel ›Was wir bringen‹ mit 672 Besuchern die Eröffnung statt, bis 1814 spielte das Weimarer Ensemble während der Sommermonate ständig in Bad Lauchstädt. Goethe und Friedrich Schiller waren häufig hier, immer wieder begeistert empfangen auch von den Hallenser Studenten um Joseph von

Eichendorff, die hier den Heroen ihre Referenz erwiesen – was Goethe begeisterte, Schiller aber eher lästig war.

Der noch heute erhaltene, mit Lehmsteinen ausgemauerte Fachwerkbau ruht auf einem Bruchsteinsockel. Hinter der schlichten Vorhalle öffnet sich ein wunderschöner Zuschauersaal mit hufeisenförmigem Wandelgang, über dem sich die Logenempore befindet. Im nur 12,5 x 20,5 Meter großen Saal stehen Bankreihen, die heute wieder mit original roten Polstern belegt sind, die perfekt mit dem Granitgrau des Raumes harmonieren.

Beeindruckend ist die **historische Bühnentechnik**, die nach wie vor im vollen Einsatz ist und bei Besichtigungen in Funktion bewundert werden kann: In Holzschlitzen des Bühnenbodens gleiten die Kulissenflügel, Versenkungsplattformen werden per Seil über hölzerne Haspeln auf und nieder gehoben, die Latten der Kulissenleuchten können mit einer Zugvorrichtung komplett gedreht werden. Neben Lauchstädter Eigenproduktionen wird das Theater von der Oper Halle bespielt und ist vor allem zu den **Händel-Festspielen** Stätte faszinierender Theatererlebnisse. Vor oder nach dem Theater unbedingt besuchen: das **Neue Schillerhaus** in einem städtischen Barockgebäude mit Schillerzimmer und einer sehenswerten Ausstellung über Leben und Werk des Dichters.

Mittelalterfest auf der Burg Querfurt

▲ Karte S. 196

Im Goethe-Theater Lauchstädt

Querfurt

Von wo auch immer man sich der Stadt (11 000 Ew.) nähert: Der Dicke Heinrich grüßt jeden Gast. Dieser wuchtige Turm dominiert die **Burg Querfurt** (Straße der Romanik) und mithin auch die Silhouette der über 1100-jährigen Stadt. Die Burg war seit dem 10. Jahrhundert Sitz der Edlen Herren von Querfurt, deren berühmtester der heilige Brun (974–1009) war. Sie zählt zu den am besten erhaltenen Burganlagen Europas – doppelte Ringmauern, Kanonenbastionen, die Toranlagen mit über zehn Meter starken Mauern machten sie über Jahrhunderte uneinnehmbar. Zugleich ist sie mit 3,5 Hektar Fläche eine der größten Burganlagen Deutschland, die weitaus berühmtere Wartburg würde in ihr sieben Mal Platz finden.

Neben dem romanischen **Dicken Heinrich**, einem Rundturm aus dem 12. Jahrhundert mit 27,50 Metern Höhe, steht auf dem Gelände der **Marterturm** in

Form eines quadratischen Wohnturms (13. Jh.) und der **Pariser Turm** (14.Jh.), mit dem Turmverlies. Seine Barockhaube erhielt er 1659. Die Spitze ist 57 Meter hoch. Der Turm ist über das **Museum im ehemaligen Kornhaus** zugänglich und bietet einen wunderschönen Blick auf Burg, Stadt und Quernetal.

Inmitten vieler anderer noch erhaltenen Gebäude auch aus Zeiten des Barock liegt die **Burgkirche**, ein romanisches Bauwerk par excellence. Von besonders kunsthistorischem Wert ist in einer gotischen Seitenkapelle die Grabtumba des Edlen Herrn Gebhardt XIV., die ein herausragendes Beispiel der böhmisch geprägten Skulptur des späten 14. Jahrhunderts ist. Dass die Burg so gut erhalten ist, hat für die Stadt – aber auch für manchen Fan aus der Ferne – eine besonders segensreiche Wirkung: Sehr oft schon war sie Drehort für große Mittelalterfilme. So ritten Til Schweiger und Rick Kavanian in ›1 1/2 Ritter‹ über das historische Pflaster, ›Die Päpstin‹ wurde hier zum Teil gedreht und Tom Payne und Ben Kingsley standen für den ›Medicus‹ in Querfurt vor der Kamera.

Auf dem Weg hinunter in die Stadt lohnt sich ein Besuch der **Alten Burgschäferei** mit dem interessanten **Bauernmuseum**.

In der Stadt findet sich vieles, was einen Spaziergang lohnt: das **Rathaus mit Sonnenuhr** und Gaffköpfen am Ostgiebel, Markt, Entenplan und ›Dreieck‹ mit schönen Bürgerhäusern oder die zu großen Teilen erhaltene **Stadtmauer**.

In Querfurt parkt man kostenlos!

Bad Lauchstädt und Querfurt

Besucherzentrum, Historische Kuranlagen und Goethe-Theater Bad Lauchstädt, Parkstr. 18, 06246 Goethestadt Bad Lauchstädt, Tel. 034635/78213 o. 78216, www.goethe-theater.com, www.goethestadt-bad-lauchstaedt.de; Nov.–März Di–Fr 10–18 Uhr, April –Okt. Di–So 10–18 Uhr (auch Karten für alle Veranstaltungen im Theater).

Stadtinformation Querfurt, Markt 9, 06268 Querfurt, Tel. 034771/60140, www.querfurt.de.

Kurpark Hotel, Parkstr. 15, 06246 Goethestadt Bad Lauchstädt, Tel. 034635/20353,www.kurpark-hotel-bad-lauchstaedt.de; 35 Zimmer, DZ ab 98 Euro. Historisches Ambiente direkt am Kurpark, wenige Schritte zum Theater.

Hotel Querfurter Hof, Merseburger Str. 5, 06268 Querfurt, Tel. 034771/5240, www.querfurterhof.de; 25 Zi., DZ ab 79 Euro. Im Restaurant ›Kulinarium‹ empfehlenswert: Rinderragout mit zweierlei Rübchen im Brotlaib oder Geiseltaler Forellenfilet.

Schloss Lodersleben, Straße des Friedens 36, 06268 Lodersleben, Tel. 034771/24580, www.schloss-lodersleben.de; Schlossaufenthalt im Pensions-Stil in fürstlichen Zimmern, Zimmer (insgesamt 32 Betten) in vier Kategorien ab 45 Euro plus Frühstück, unbedingt anmelden.

Fürstenhaus Burg Querfurt, Burgring 1, 06268 Querfurt, Tel. 034771/40042, www.fuerstenhaus-burg-querfurt.de. Im rustikalen Ambiente gibt es im Fürstenkeller Brottopf ›Fürstenhaus‹ oder BURGunderbraten mit Klößen.

Neues Schillerhaus, Parkstr. 5, 06246 Goethestadt Bad Lauchstädt, Tel. 034635/7820, www.goethe-theater.com. Sehr schöne Ausstellung in restauriertem barockem Bürgerhaus mit Original-Schillerzimmer aus ›Altem‹ Schillerhaus.

Burg Querfurt, 06268 Querfurt, Tel. 034771/52190, www.burg-querfurt.de; Nov.–März Di–So 10–16 Uhr (Alte Burgschäferei geschlossen), April –Okt. Di–So 10–18 Uhr.

Das Burgenland und die Weinregion Saale-Unstrut

Man kommt ja nicht vorbei an dem viel zitierten Max-Klinger-Wort von der ›Toskana des Nordens‹, wenn vom Burgenland im Süden Sachsen-Anhalts die Rede ist. Der berühmte Maler, Grafiker und Bildhauer hat es einst geprägt, wohl sitzend auf seinem Weinberg über der Saale, den Blick auf den Naumburger Dom zur Linken und zur Rechten die Silhouette von Rudelsburg und Saaleck. Es ist die Atmosphäre über dieser Landschaft, die ihm Recht gibt. Allein aus der Zeit zwischen 11. und 13. Jahrhundert ist hier eine solch einmalige Fülle an Burgen und Schlössern, Profan- und Sakralbauten auf engstem Raum und in einer einmaligen Kulturlandschaft erhalten, dass Deutschland bei der UNESCO die Aufnahme des ›Naumburger Doms und der hochmittelalterlichen Herrschaftslandschaft an Saale und Unstrut‹ in die Liste des Weltkulturerbes beantragt hat. Die Entscheidung wurde 2015 erst einmal vertagt –wie auch immer sie ausfällt: Das, was man hier vorfindet, ist Weltkultur.

Geplantes Welterbegebiet um Naumburg

Naumburg

Naumburg (32 500 Einwohner) verfügt – einzigartig in Deutschland – über einen fast unversehrt erhaltenen Stadtgrundriss mit Domfreiheit und einer innerhalb der alten Stadtbefestigung liegenden Bürgerstadt, die von indessen vielfach wunderschön sanierten historischen Gebäuden geprägt ist.

Der Naumburger Dom

Der Dom St. Peter und Paul

Der Dom, der mit dem Kreuzgang und den umliegenden Kuriengebäuden eines der herausragenden deutschen Architekturensembles ist, ist mit rund 80 000 jährlichen Besuchern zugleich das meist besuchte Objekt an der ›Straße der Romanik‹. Seine Baugeschichte begann im Jahr 1028, der Bau der dreischiffigen, zweichörigen Basilika mit vier Türmen und einem Kreuzgang folgte im 13. und 14. Jahrhundert. Die beiden Osttürme bestehen aus achteckigen Obergeschossen und besitzen Barockhauben. Erst im Jahre 1884 wurde der Südwestturm vollendet. Die beiden Westtürme neben dem Westchor zitieren in ihrer Gestaltung Türme der Kathedrale von Laon (Frankreich) und des Bamberger Doms. Unter dem Ostchor befindet sich mit einer dreiteiligen Krypta der älteste Teil des Doms, in der östlichen Krypteneweiterung ist ein romanisches Kruzifix (12. Jh.) zu bewundern.

Weltbekannt ist die Kathedrale vor allem wegen der Arbeiten des **Naumburger Meisters**, eines unbekannten Architekten und Steinbildhauers, dessen Spuren von Frankreich über Mainz nach Naumburg führen. Mitte des 13. Jahrhunderts war er für Planung, Ausstattung und Ausführung des Westchores verantwortlich und schuf eine in ihrer Art einzigartige Verbindung von Architektur, Plastik und Glasmalerei. Besonders die **Reliefs zur Passionsgeschichte** am Westlettner und die **zwölf lebensgroßen Stifterfiguren**, allen voran die wunderschöne **Uta von Ballenstedt** (fälschlich häufig als Uta von Naumburg bezeichnet), faszinieren die Besucher. Auf Umberto Eco, den italienischen Romancier, geht das Wort von der ›schönsten Frau des Mittelalters‹ zurück – individuelle Ausdruckskraft und selten gesehene Wirklichkeitsnähe aller Stifterfiguren ziehen jeden Besucher in ihren Bann.

Was für viele mindestens genauso auf die Statue der Elisabeth von Thüringen in der **Elisabethkapelle** im Erdgeschoss des Nordwestturms zutrifft. Kongenial hat der Leipziger Maler Neo Rauch drei Fenster in der Kapelle mit Szenen aus dem Leben der Heiligen gestaltet.

Im westlichen Kreuzgangsflügel findet sich in einem der mit 285 Quadratmeter größten **romanischen Gewölbe** Mitteldeutschlands der **Domschatz** mit Kostbarkeiten aus Mittelalter und Renaissance. Im Mittelpunkt: Maria Magdalena von Lucas Cranach d.Ä. (um 1517), die Naumburger Pietà (um 1330/40) mit ihrer weitgehend original erhaltenen Farbfassung und das aus dem ersten Drittel

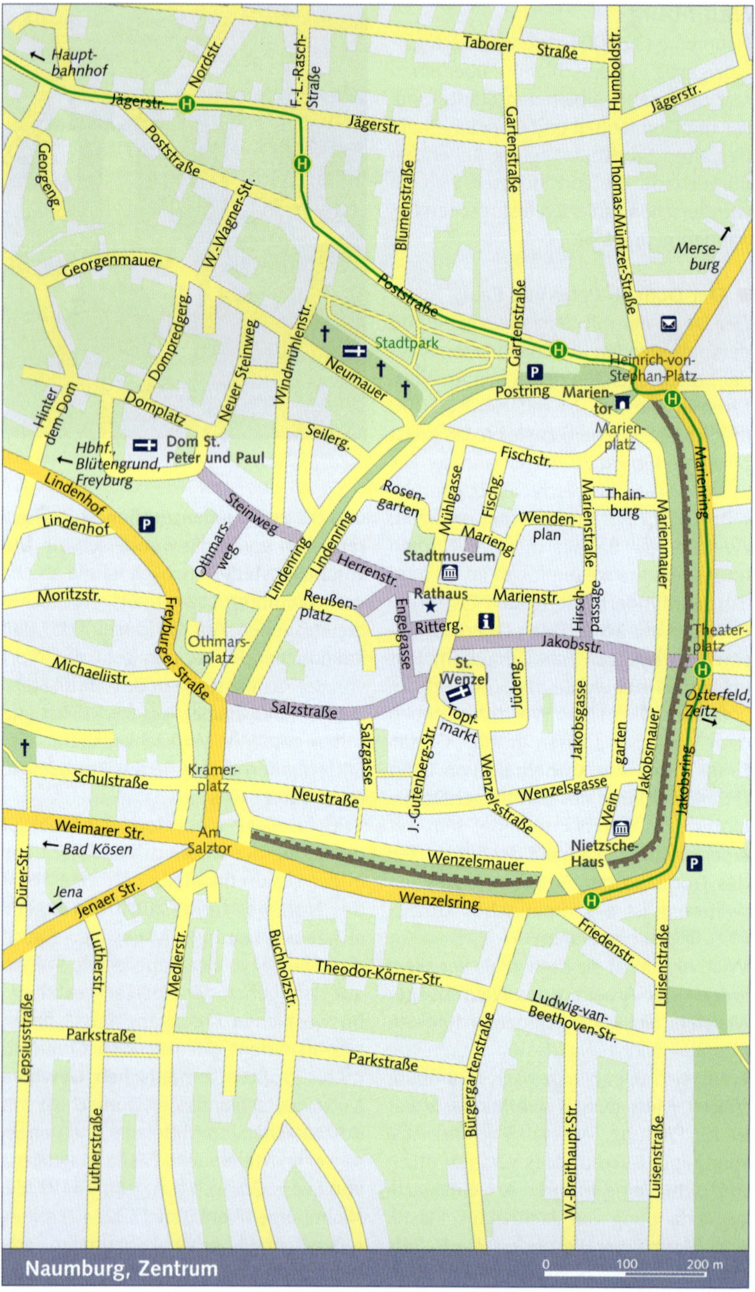

Naumburg, Zentrum

Reliefs zur Passionsgeschichte am Westlettner des Naumburger Doms

des 13. Jahrhunderts stammende Haupt Johannes des Täufers als eines der ältesten erhaltenen europäischen Beispiele für die im Mittelalter weit verbreiteten Johannesschalen. Dazu: Altäre, Plastiken, Urkunden, Handschriften und Tafelbilder. An der westlichen Seite des Kreuzgangs befindet sich ein Klausurgebäude, an der östlichen Seite die spätgotische Dreikönigskapelle von 1416. Südlich des Kreuzgangs und damit an der Südseite des Doms befindet sich die Pfarrkirche St. Marien, unweit westlich des Komplexes die Ägidienkurie.

Seit Juni 2011 ist ein weiteres Kleinod zugänglich, der **Domgarten**, der sich, knapp einen Hektar groß, im Südwesten an den Dom anschließt und zu den sachsen-anhaltischen ›Gartenträumen‹ gehört. Das Besondere ist der **Garten des Naumburger Meisters**, denn die dort zu findende heimische Pflanzenwelt diente dem Meister im 13. Jahrhundert als Vorlage für die Kapitelle, Friese und Schlusssteine des Westlettners und des Westchors. Über 150 originale Kapitelle, die botanisch exakt bestimmbare filigrane Blattwerke schmücken, findet der Besucher am Lettner und im Westchor des Doms wieder.

Die Bürgerstadt

Vom Dom schnurstracks an hübschen Cafés vorbei und über den Lindenring hinweg, betritt man die Naumburger Bürgerstadt.

An der Südseite des Marktplatzes ragt die **Stadtkirche St. Wenzel** empor, ein spätgotischer Bau aus dem 16. Jahrhundert. Beginnt man hier seinen Stadtrundgang, dann lohnt der Aufstieg über 202 Stufen auf den 73 Meter hohen Wenzelsturm. Neben dem Blick auf die Stadt und das Saaletal kann man das mechanische Turmuhrwerk und das Dreiergeläut bewundern – die Glocken wurden 1518 in Freiberg/Sa. gegossen. In der Kirche finden sich Gemälde aus der Werkstatt Lucas Cranachs d.Ä, die wirkliche Attraktion aber ist die **Barock-Orgel von Zacharias Hildebrandt**. Sie gilt als Verkörperung des Bachschen Orgelideals – eine Toccata und Fuge hier zu hören, zieht Orgelfreunde aus aller Welt an. Möglich ist das bei den kurzen mittäglichen Konzerten, während des Orgelsommers und jedes Jahr zum ›Hildebrandt‹-Tag am 27. September, dem Tag, an dem Johann Sebastian Bach 1746 die Orgel abgenommen hatte.

Das **Haus Hohe Lilie**, eigentlich ein Komplex aus vier Häusern, beherbergt das **Stadtmuseum** und ist eines der schönsten Häuser der Altstadt. Sein ältester Teil ist ein romanisches Steinwerk (um 1250 errichtet), das in den historischen Quellen gewöhnlich als Kemenate bezeichnet wird. Zwei prächtige Figurenkonsolen zieren die Fenster der sogenannten Prunkstube im Obergeschoss. Eine Gebäudeerweiterung aus der Barockzeit und ein moderner Erschließungstrakt vervollständigen den preisgekrönten Museumsbau.
Durch die Altstadt schlendernd kommt man vom Markt in wenigen Minuten zum **Marientor**, das seinen Namen von der nahen Maria-Magdalenen-Kirche hat. Es ist das letzte noch erhaltene von einstmals fünf Toren der Bürgerstadt, die anderen hießen Salztor, Jacobstor, Othmarstor, Vieh- oder Wenzelstor und Herrentor. Turm und Torhaus gehen auf das späte 14. Jahrhundert zurück, während die Barbakane (oft auch als Fanghof bezeichnet) Mitte des 15. Jahrhunderts hinzugefügt wurde. Das Marientor, dessen Räumlichkeiten über die Jahrhunderte abwechselnd als Gefängniszellen und als Armenwohnungen dienten, gehört seit 2001 zum Stadtmuseum.
Den kurzen Weg zum **Nietzsche-Haus** könnte man nun in einer weiteren Naumburger Attraktion zurücklegen, der ›Wilden Zicke‹. So heißt im Volksmund die nostalgische **Straßenbahn** die – seit 1892 unterwegs und schon mehrfach eingestellt – seit 2007 wieder alle 30 Minuten auf der 2,5 Kilometer langen Strecke zwischen Hauptbahnhof und Vogelwiese verkehrt. Auch Friedrich Nietzsche (1844–1900), der den größten Teil von Kindheit und Jugend und auch spätere Jahre im Haus Weingarten 18 verbracht hat, mag gelegentlich mit der Bahn gefahren sein. Leben und Werk des Philosophen werden in der Dauerausstellung im Haus ausführlich dokumentiert. Zwischen 2008 und 2010 wurde auf einem an das Nietzsche-Haus angrenzenden Grundstück das **Nietzsche-Dokumentationszentrum Naumburg** erbaut, das eine Sammlung zur internationalen Nietzsche-Rezeption beherbergt. Grundstock dafür war die Bibliothek des US-Germanisten Richard Frank Krummel, die als größte private Nietzsche-Sammlung gilt.

Am Naumburger Marktplatz

▲ Karte S. 232

Warum die Uta von Naumburg nicht die Uta von Naumburg ist

Reglindis alias Uta

Es heißt, dass so mancher ältere Herr, wenn seine angetraute Eheliebste in eine andere Richtung schaut, der Domführerin sein Lebensgeheimnis verrät: Diese da, dabei zeigt er auf die als Uta bekannte Figur unter den Naumburger Domstiftern, sei seine eigentliche Liebe. Und dessen muss man sich auch nicht schämen, erzählte doch sogar Umberto Eco »Wenn Sie mich fragen, mit welcher Frau in der Geschichte der Kunst ich essen gehen möchte, wäre da zuerst Uta von Naumburg.« Wenn er sich mal nicht geirrt hat, der große Herr Eco: Denn die er meinte, die nachdenkliche, wundersam Schöne, sie ist es nicht. Die Krone der jungen Frau war es, die berechtigte Zweifel an der Identität weckte: Eine Krone, nicht ein Diadem, trägt sie auf dem Kopf. Eine Krone aber stand nach mittelalterlichem Gusto nur einer Frau königlichen Geblüts zu, nicht einer Vorharzer Grafentochter aus Ballenstedt. Vermutlich wurden die Namen beider Stifterpaare bereits von Anfang an vertauscht.

Eine königliche Abstammung ist nur einer der Stifterdamen zuzuordnen, Reglindis, der um 989 geborenen Tochter des polnischen Königs Boleslaw Chrobry. Sie ist demnach diejenige, mit der Eco essen gehen möchte. 1002 heirateten Reglindis und Hermann, der Markgraf von Meißen, dessen Ländereien an die polnischen seines Schwiegervaters stießen. Die Ehe zwischen den polnischen Piasten und den deutschen Ekkehardinern sollte natürlich eine friedenstiftende sein. 1018 konnte Hermann endlich den Frieden von Bautzen vermitteln. Reglindis starb im selben Jahr. Ihre Ehe blieb kinderlos. Der Naumburger Meister hat ihr ein Denkmal für die Ewigkeit geschaffen.

Uta von Naumburg, eigentlich Uta von Ballenstedt, hingegen ist das bisher als Reglindis geführte fröhliche Thüringer Bauerngesicht. Uta war die Schwester des anhaltischen Grafen Esico aus Ballenstedt im Vorharz. Dort liegt der größte Fürst begraben, den die Anhaltiner hervorgebracht haben: Albrecht der Bär, Markgraf der Mark Brandenburg und Gegenspieler Heinrichs des Löwen. Uta hatte den anderen Ekkehardiner geheiratet, Eckehard II. Allerding blieb auch ihre Ehe kinderlos, die anhaltische Grafentochter Uta starb früh.

Zu bewundern sind Uta und Reglindis samt ihren Ehemännern unter den Stifterfiguren im Westlettner des Naumburger Doms. In punkto Natürlichkeit hat sich der Naumburger Meister, dessen Namen man nach wie vor nicht kennt, bei den Stifterfiguren selbst übertroffen. Der Stein strahlt eine geradezu unglaubliche Lebendigkeit aus. Als Im Jahr 2011 die glanzvolle Ausstellung über den Naumburger Meister vorbereitet wurde, kamen die Restauratoren auf ihren Gerüsten auch Uta ganz nahe. Ihr einhelliges Urteil: Mit jedem Meter, dem man sich ihnen nähert, werden sie beide schöner und schöner – Uta und Reglindis.

Vor den Toren Naumburgs

Unweit nördlich der Stadt mündet im malerischen **Blütengrund** die Unstrut in die Saale. Hier starten kleine **Fahrgastschiffe** ihre Touren, eine Fähre für Fußgänger und ›Drahtesel‹ führt auf den Weg Richtung Großjena. Dort, am Fuße der Großjenaer Weinberge, befindet sich das **Steinerne Album**. Vor über 200 Jahren wurde dieses 150 Meter lange, überlebensgroße Relief mit biblischen Szenen zum Weinbau in den Sandstein gemeißelt.

Wenige Schritte weiter findet sich, inmitten des Weinberges, das **Max-Klinger-Haus**. Der Leipziger Künstler (1857–1920) hatte den Weinberg mit zwei Häuschen 1903 erworben und das obere später zu einem komfortablen Wohnhaus ausbauen lassen. Während der Sommersaison ist dort eine umfangreiche Schau zu Leben und Werk des Künstlers zu sehen. Zum Museum - bitte die beiden von Klinger selbst entworfenen Kachelöfen beachten - gehören auch das Radierhäuschen (beherbergt eine Druckwerkstatt) und die Grabanlage Max Klingers.

Östlich von Naumburg liegt über der Saale die **Schönburg**, der Sage nach von Ludwig dem Springer gegründet und einstmals Sommersitz der Bischöfe von Naumburg und Zeitz. 1860 gründete der junge Friedrich Nietzsche hier mit Freunden die künstlerisch-literarische Vereinigung ›Germania‹, die allerdings nur wenige Jahre bestand. Heute sind Kunst und Kulinarik auf der Burg eine schöne Symbiose eingegangen.

Wethautal

Zwischen Naumburg und dem historischen Städtchen Osterfeld (das die meisten nur von der gleichnamigen Autobahn-Raststätte an der A 9 kennen), liegt ein praktisch unentdecktes Kleinod: das Wethautal. Von Schönburg, wo die Wethau in die Saale mündet, reiht sich talaufwärts und in den lieblichen Nebentälern Mühle an Mühle (z.B. in Wetterscheidt), laden Radfahrerkirchen (z.B. in Wettaburg) zur stillen Rast und Landgasthöfe zur Einkehr im dörflichen Ambiente. Ferienwohnungen beziehen kann man beispielsweise im perfekt sanierten Rittergut Großgestewitz.

▲ Karte S. 196

Max Klinger und seine spätere Frau im Weinberg

Naumburg und Umgebung

Vorwahl: 03445
Postleitzahl: 06618
Tourist-Information Naumburg, Markt 6, Tel. 273125, www.naumburg.de.

Hotel Zur Alten Schmiede, Lindenring 36, Tel. 24360, www.hotel-zur-alten-schmiede.de; 42 Zi., DZ ab 90 Euro. Neues Haus in historischem Gewand, wenige Schritte zum Dom.
Hotel Stadt Aachen, Markt 11, Tel. 261060, www.hotel-stadt-aachen.de; 41 Zi., DZ ab 79 Euro. Stilvolle Ausstattung in historischem Gebäude inmitten der Altstadt. Spezialitäten kann im Restaurant ›Carolus Magnus‹ mit Blick auf die St. Wenzelskirche genießen

Gasthaus & Fahrradhotel Zur Henne, Henne 1, Tel. 32360, www.gasthaus-zur-henne.de; 29 Zi., DZ ab 75 Euro. Historisches Haus mit ausgeprägtem Service, perfekt für anspruchsvolle Radwanderer am Saale-Radweg, Wein- und Sektproben in der Naumburger Sektmanufaktur gegenüber.
Atrium Hotel Amadeus, Pretzscher Str. 20, 067221 Osterfeld, Tel. 034422/30100, www. atrium-hotel-osterfeld.de; 145 Zi., DZ ab 89 Euro. Perfekt für Stop-Over, drei Minuten zur A 9, zehn Minuten zur A 4.
Hotel garni Zum Rebstock, Dr. J.-F.-Röhr-Str. 8, 06618 Roßbach, Tel. 03445/2615110, Fax. 03445/2615111, www.hotel-zum-rebstock.de; 11 Zi., DZ ab 68 Euro. Mitten im Weindorf, familiäre Atmosphäre.
Rittergut Großgestewitz, Dorfstraße, 06618 Löbitz-Großgestewitz, Tel. 030/2815177, www.rittergut-großgestewitz.de; 7 Ferienwohnungen im historischen Ambiente, ab 64 Euro/Nacht. Stilvoll restauriertes und eingerichtetes historisches Gebäude, eingebettet im Landschafts- und Naturpark.

Campingplatz Blütengrund, Blütengrund 6, Tel. 261144, Fax. 200571, www.campingplatz-naumburg.de. Sehr schöne Lage an Saale- und Unstrut-Radwanderweg, 170 naturbelassene Stellplätze, Bungalows und Wohnwagen zur Vermietung, Rundum-Service.

Ratskeller, Markt 1, Tel. 2616397, www.ratskeller-brauhaus.de. Traditionshaus im Herzen der Stadt, im Weingebiet gegen den Strich: Seit Ende 2014 wieder selbstgebrautes Bier, dazu rustikale und gekonnte mitteldeutsche Küche (Brätl, Biergulasch, Schnitzel in Treberpanade).
Landgasthof Gieckau, Gasse 6, 06618 Wethau/OT Gieckau, Tel. 034445/21338, www.landgasthof-gieckau.de. Restaurierter Bauernhof von 1726, idyllisch im Hof sitzen, gute bodenständige Küche. Kinder spielen bis zum Essen im Streichelzoo oder auf dem Abenteuerspielplatz.

Café Orangerie Großjena, Gutshaus mit Renaissancegarten, Max-Klinger-Str 24, 06618 Großjena, Tel. 03345/200274, www.gutshaus-grossjena.de.

Nördlich und östlich von Naumburg laden zwischen Blütengrund, Roßbach und Bad Kösen (→ S. 238) mehr als 30 Weingüter und Straußwirtschaften ein.
Weingut Hey, Weinberge 1a, Tel. 0176/24059325, www.weinguthey.de; Weinverkauf und Straußwirtschaft.
Naumburger Wein- und Sektmanufaktur, Blütengrund 35, Tel. 202042, www.wein-obst.de; Mo–Fr. 8–18 Uhr, Sa, So 10–18 Uhr u.n.Vereinb.
Weinbau Der Steinmeister, Weinberge 7, Tel. 703002, www.der-steinmeister.de; Straußwirtschaft Sa/So. ab 11 Uhr, Weinshop, Weinproben.
Weingut Herzer, Am Leihdenberg 7, Naumburg/Roßbach, Tel. 202198, www.weingut-herzer.de; Verkauf Mo–Fr 8–17 Uhr, Sa 10–14 Uhr. Geführte Weinproben auch im Weinberg.
Weingut Frölich-Hake, Am Leihdenberg 11, Naumburg/Roßbach, Tel. 266800, www.weingut-froelich-hake.de; Von Ostern bis Weihnachten Gutsausschank im idyllischen Weindorf Roßbach, Mo–Fr. 11-20 Uhr, Sa, So 10-20 Uhr.

Naumburger Dom, Domplatz 16–17, Tel. 2301120, www.naumburger-dom.de; März.-Okt. Mo–Sa 9–18 Uhr, So und kirchl. Feiertag 11–18 Uhr, Nov.–Feb.. Mo–Sa 10–16 Uhr, So und kirchl. Feiertage 12–16 Uh, Sonderöffnungszeiten bei Veranstaltungen.
Nietzsche-Haus, Weingarten 18, Naumburg, Tel. 201638, www.mv-naumburg.de; Di–Fr 14–17 Uhr, Sa, So, Feiertage 10–17 Uhr.

Stadtmuseum Hohe Lilie, Markt 18, Tel. 200648, www.mv-naumburg.de; tgl. 10–17 Uhr.

Max-Klinger-Haus, Blütengrund 3, 06618 Großjena, Tel. 03445/230823, 703503,www.mv-naumburg.de; 23. März -03.Nov. Di–So 10–17 Uhr.

Naumburger Orgelsommer, Juli/August, Konzerte immer freitags 19.30 Uhr, Orgel punkt Zwölf 1. Mai–31. Okt. Mi, Sa, So und feiertags 12 Uhr, Konzerte auf der Hildebrandt-Orgel, jeweils Stadtkirche St. Wenzel, www.naumburg.de.

Hussiten-Kirschfest, immer im Juni, www.hussiten-kirschfest.de.

Saale-Unstrut Schifffahrtsgesellschaft, Anlegestelle Blütengrund 17, 2610880, www.froehliche-doerte.de.

Saale Unstrut Tours Kanu- und Fahrradstation, Blütengrund 6, Tel. 202052, www.saale-unstrut.de.

Sport- und Freizeitbad bulabana, Flemminger Weg 156, Tel. 77990, www.bulabana.de; Innen- und Außenbecken, 25-m-Sportbecken, Wellness- und Saunalandschaft.

Kletterwald Koala, Am Tennisplatz, Tel. 6749549, www.kletterwald-koala.de; Saison von März/Apr.-Okt./Nov.

Kloster Pforta, Bad Kösen, Bad Bibra

Auf dem Weg nach Bad Kösen liegt Schulpforte. Das hiesige **Kloster Pforta**, einst von Zisterziensern gegründet (1137), beherbergt seit über 450 Jahren die Landesschule Pforta. Deutsche Geistesgrößen wie Nietzsche, Klopstock, Fichte und Ranke, aber auch berühmte Wissenschaftler gingen aus ihr hervor. Heute werden Schule und Internat von über 300 besonders begabten Schülern aus ganz Deutschland bevölkert, die das Abitur erwerben und dabei zwischen drei Spezialisierungsrichtungen wählen können.

Für eine Besichtigung des Areals sollte man sich Zeit nehmen, Station der Straße der Romanik ist das Kloster nämlich ob seiner kulturhistorischen Bedeutung: In der **Klosterkirche St. Marien** befindet sich eines der wenigen erhaltenen Triumphkreuze aus dem 13. Jahrhundert, der zweischiffige Kreuzgang ist deutschlandweit einzigartig. Und ein Highlight im wahrsten Wortsinne gibt es seit 2013: Nach aufwändiger Restaurierung wurde das Himmelslicht, die einzige noch vollständig erhaltene **mittelalterliche Fensterrose** in Grisaille-Technik, wieder in den Chor der Klosterkirche eingesetzt.

▲ Karte S. 196

Bad Kösen

Die Bad Kösener selbst hadern noch immer damit, dass sie seit einiger Zeit ›nur noch‹ Ortsteil des größeren Naumburg sind. Grund dafür haben sie eigentlich nicht, denn der Kurort (5000 Einwohner), ist idyllisch genug, um stolz auf ihn sein zu können. Gegründet als ein Vorwerk des Klosters Pforte, nahm mit dem Bau einer Steinbrücke über die Saale die Via Regia ihren Weg über Kösen. Für die wirtschaftliche, vor allem aber spätere touristische Entwicklung der Stadt war die Entdeckung der Salzvorkommen im 17. Jahrhundert von besonderem Gewicht. Mildes Klima und die natürlichen Heilquellen ließen Kösen zum Kurort werden. Mit dem **Gradierwerk**, den noch betriebenen, fast 180 Jahre alten **Soleförderanlagen** und deren funktionstüchtigem Kunstgestänge, das Sole aus dem 180 Meter tiefen Borlachschacht auf das Gradierwerk pumpt, besitzt Bad

Kösen eines der bedeutendsten technischen Denkmäler Europas.

Das älteste erhaltene romanische Profanbauwerk ist das **Romanische Haus**, zwischen 1150 und 1175 aus Muschelkalksteinen errichtet, einst Wirtschaftsgebäude des Klosters Pforte und heute Museum. Die meisten heutigen Besucher kommen, um die große **Sammlung von Käthe-Kruse-Puppen** (rund 230 mit einigen Unikaten) zu sehen. Die bekannte Puppengestalterin wirkte zwischen 1912 und 1950 in Bad Kösen und hatte hier ihre ersten Puppenwerkstätten.

So tief, wie sich die Saale an der Kösener Pforte ihr Bett in den Muschelkalk gegraben hat, so hoch erheben sich über dem Fluss die **Rudelsburg** und **Burg Saaleck**. Von den Romantikern des 19. Jahrhunderts als ›schönste aller Saaleburgen‹ bezeichnet – 1826 dichtete Franz Kugler auf der Rudelsburg das berühmte ›An der Saale hellem Strande...‹, – kann man in ihr nach einer äußerst wechselvollen Geschichte heute speisen, übernachten und auch heiraten. Ein wunderbarer Blick bietet sich von hier auf die Burgruine Saaleck mit ihren beiden runden Bergfrieden. Für **Wasserwanderer** interessant: Zu Füßen der Burgen gibt es eine Anlegestelle, von der ein schöner Wanderweg auf die Burgen führt.

Das ehemalige Zisterzienserkloster Pforta

Von Bad Kösen führt links der Saale ein schöner **Wanderweg** zu Füßen der Weinlage ›Saalhäuser‹ bis ins **Weindorf Roßbach**. Jedes Jahr zu Pfingsten begeben sich Tausende hier auf die gut fünf Kilometer lange **Weinmeile**, vorbei an Weinbergen, -gütern und Straußwirtschaften. Eine der ersten Stationen ist stets das **Landesweingut Kloster Pforta**, schon 1154 von Mönchen gegründet. Mit 48 Hektar Rebfläche ist es das größte Weingut im Saale-Unstrut-Gebiet.

Eckartsberga

Die trutzige **Eckartsburg**, die dem kleinen Städtchen (2400 Einwohner) seinen Namen gab, ließ Markgraf Ekkehard von Meißen schon 988 erbauen, jener Ekkehard, der als einer der Stifter neben seiner Frau Uta im Naumburger Dom zu bewundern ist. Damals sollte die Burg die ›Via Regia‹ schützen, Jahrhunderte später lag sie inmitten der Schlachtfelder, auf denen die preußische Armee 1806 eine vernichtende Niederlage gegen die Truppen Napoleons erlitt. Vom 36 Meter hohen Bergfried der Burg, aber auch von der bestens erhaltenen **Holländer-Windmühle** auf dem Sachsenberg am Stadtrand, hat man einen schönen Rundblick auf die Landschaft, in der sich die **Schlacht von Jena und Auerstedt** genannten Kampfhandlungen vollzogen. Dabei fand die größere der beiden Doppelschlachten eigentlich in der Nähe des Ortes **Hassenhausen** statt. Dort gibt es ein kleines, aber feines **Museum** zur Schlacht, unweit auch die Gedenkstätte für den in der Schlacht gefallenen preußischen Oberbefehlshaber Herzog Carl Wilhelm Ferdinand von Braunschweig und weitere 14 Gedenksteine, die wichtige Punkte der Schlacht markieren.

Bad Bibra

Der staatlich anerkannte Erholungsort (2800 Einwohner) trägt den Zusatz Bad seit 1925 und ist der kleinste Ort des sogenannten Bäderdreiecks mit Bad Kösen und dem thüringischen Bad Sulza. Die Badehistorie geht auf verschiedene Heilquellen im Stadtgebiet zurück. Heute sind ein **Kneipp-Informationszentrum**, Kneippsche Wasseranlagen und die Bohrungen nach Heilwasser die Basis für das Streben der Stadt, offizieller Kneipp-Kurort zu werden. Schöne **Wanderwege** führen durch das **Saubachtal** zu historischen Mühlen, das attraktive **Erlebnis-Freibad** verfügt über die mit fast 100 Metern längste Wasserrutsche Sachsen-Anhalts.

Zwischen Eckartsberga und Bad Bibra finden Kulturinteressierte mit etwas Pfadfindergespür zwei interessante architektonische Anlaufpunkte: In Burgheßler findet sich mit dem **Gotischen Haus** ein sehenswerter mittelalterlicher Profanbau und im nahen Klosterhäseler lohnt es, Einlass in die **Krypta** (1304) zu begehren.

Bad Kösen, Eckartsberga, Bad Bibra

Tourist-Information Bad Kösen, Naumburger Str. 13b, 06628 Bad Kösen, Tel. 034463/28289, www.badkoesen-heilbad.de.

Tourist-Information Bad Bibra, Haus des Gastes, Bürgergarten, 06647 Bad Bibra, Tel. 034465/701912, www.tourismus-finne.de.

Flair Hotel Wilhelmsburg, Eckartsbergaer Str.20, 06628 Bad Kösen, Tel. 034463/3670, www.berghotel-wilhelmsburg.de; 35 Zi., DZ ab 70 Euro. Über den Dächern der Stadt, Blick ins Saaletal.

Hotel Rittergut Kreipitzsch, Zum Rittergut 11, 06628 Kreipitzsch, Tel. 034466/6000, www.rudelsburg.com, 20 Zi., DZ ab 72 Euro. Gepflegte, historische Anlage unweit von Rudelsburg und Saaleck, auf der Terrasse Sonnenuntergänge genießen.

Hotel Gutshof Sonnekalb, Kleinheringen 4, 06628 Kleinheringen, Tel. 036461/20359, www.hotel-sonnekalb.de; 12 Zi., DZ ab 78 Euro. Alter Bauernhof perfekt umgebaut, mehrfach ausgezeichnet für Atmosphäre und Service, Übernachtung auch im Stroh.

Hotel Bibermühle, Lauchaer Str. 36, 06647 Bad Bibra, Tel. 034465/9495030; 29 Zi., DZ ab 80 Euro. Historisches Mühlengebäude, bodenständige Speisen im Restaurant.

Campingplatz An der Rudelsburg, Zum Campingplatz 1, 06628 Bad Kösen, Tel. 034463/28705, www.campingbadkoesen.de; 5-Sterne-Platz, mit 150 Stellplätzen, ideal für Wasserwanderer.

Camping & Freizeitzentrum Schaepmann, Am Schwimmbad 4, 06647 Bad Bibra, Tel. 034465/20211, www.campingplatz-bad-bibra.de; 100 Stellplätze, schöne Waldrandlage am Erlebnis-Freibad.

Gaststätte Fischhaus, Am Fischhaus 2, 06628 Bad Kösen /OT Schulpforte, Tel. 034463/60442, www.fischhaus-schulpforte.de; tgl. außer Di 11–22 Uhr. Historisches Haus direkt an der Saale, Fisch dominiert, dennoch unbedingt probieren: Sauerbraten mit Thüringer Klößen.

Burgrestaurant Rudelsburg, Am Burgberg 33, 06628 Naumburg/OT Saaleck, Tel. 034463/27325, www.rudelsburg.com, Für Radfahrer, die den Berg erklommen haben: Thüringer Rostbrätl mit Salat.

Café Schoppe, Naumburger Str. 1, 06628 Bad Kösen, Tel. 034463/28585, www.cafe-schoppe.de; Weithin unerreicht sind Auswahl und Qualität von Kuchen und Torten.

Landesweingut Kloster Pforta, Saalhäuser, 06628 Bad Kösen, Tel. 034463/3000, www.kloster-pforta.de. Weine in der Vinothek und in den Saalhäuser Weinstuben genießen, attraktive Events um den Wein.

Weingut U. Lützkendorf, Saalberge 31, 06628 Bad Kösen, Tel. 034463/61000,

Karte S. 196

www.weingut-luetzkendorf.de; Gutsausschank tgl. geöffnet, typische Winzervesper. Saaleweinmeile, immer Pfingsten.

Romanisches Haus Bad Kösen, Am Kunstgestänge, 06628 Bad Kösen, Tel. 034463/27668, www.mv-naumburg.de; April - Okt. Di–So 10–17 Uhr, Nov.–März Di–So 10–16 Uhr

Gedenkstätte Hassenhausen, Untergasse 5, 06628 Naumburg/OT Hassenhausen, Tel. 034463/28511, www.museum-hassenhausen.de; Di–Fr 10–16 Uhr, Sa/So 14–17 Uhr.

Kloster Pforta, Schulstr. 12, 06628 Naumburg, Tel. 034463/35110, www.landes schule-pforta.de; April -Okt. tgl. 10–18 Uhr, Nov.–März tgl. 10–16 Uhr, Führungen Apr.–Okt. Sa 10–14 Uhr.

Erlebniswelt Kösener Spielzeugmanufaktur, Rudolf-Breitscheid-Str. 2, Tel. 034463/33100, www.koesener.de, Mo-Fr 10-18, Sa 10-16, So 11-16. Führungen, Selbstherstellen eines Plüschtieres, Verkauf, Café, Restaurant.

Saaleschifffahrt Bad Kösen, Parkstr. 07, 06628 Bad Kösen, Tel. 034463/28985, www.saaleschifffahrt.com, Anlegestelle am Kurpark

Berrotours, An der Brücke 1, 06628 Bad Kösen, Tel. 03441/272328, www.schlauchboottouren.de; Olympia- und WM-Teilnehmer im Wildwasser-Kanu-Slalom Manfred Berro hat beste Tipps für Schlauchbootfahrten und Touren mit anderen Wasserfahrzeugen auf Saale, Unstrut und Weißer Elster.

Freizeitspaß Eckartsberga, Burgstraße, 06648 Eckartsberga, Tel. 034467/90745, 20019, www.freizeitspass-eckartsberga.de; Sommerrodelbahn, Bungee-Trampolin, Minigolf, DinoWelt-Wäldchen und mehr.

Bibertaler Käsescheune, Thalwinkeler Str. 1, 06647 Bad Bibra, Tel. 034465/85169, www.molkerei-bad-bibra.de; Spezialitäten aus der Burgenlandkäserei, u.a. Burgenländer-Räucherkäse.

Freyburg (Unstrut)

Freyburg (4800 Einwohner) sollte man sich von oben nähern. Auf den Mauern der Neuenburg stehend, den Herzoglichen Weinberg zur Linken, den Schlifter-Weinberg zur Rechten, schaut man über die Stadt im Unstruttal. Die grün bekrönten Türme der St. Marienkirche fangen den Blick, jenseits des Ortes rahmen die Schweigenberge das Tal, links davon die Silhouette der Klosterkirche von Zscheiplitz.

Die Neuenburg

Freyburg ist die Weinhauptstadt des Saale-Unstrut-Weinbaugebiets. Seit über 1000 Jahren wird hier Wein angebaut und fast so lange steht auf dem Schlossberg die Neuenburg. Um 1090 wurde sie vom Thüringer Landgrafen Ludwig dem Springer erbaut, rund 150 Jahre später war sie etwa dreieinhalb Mal so groß wie ihre Schwester, die Wartburg bei Eisenach. Später im Besitz der sächsischen Kurfürsten, wurde sie zu einem Jagdschloss umgebaut. 1989 waren es Freyburger Bürger, die, nach jahrzehntelangem Verfall, die Burg ›besetzten‹ und mit der Rettung der Anlage begannen, die heute – in einem TV-Ranking ermittelt – die schönste Burg Sachsen-Anhalts ist. Mit der Geschichte der Burg sind große Namen verbunden. Die später heilig gesprochene Elisabeth, Gemahlin des Landgrafen von Thüringen, lebte zeitweise hier, Kaiser Friedrich Barbarossa war zu Gast, der Dichter Heinrich von Veldeke vollendete hier um 1185 seinen Eneasroman. Von allem erzählt das **Museum auf der Burg**, vor allem aber ›spricht‹ die

Gewölbe der romanischen Doppelkapelle in der Neuenburg

Architektur in Kern- und Vorburg. Alles überragt der über 20 Meter hohe **Bergfried**, der ›Dicke Wilhelm‹. (12. Jh.). Romanische Ringmauern, Torhaus, Wohnturm, Fürstenhaus – alle Epochen habe die Burg geprägt. Ihr architektonisches Kleinod ist die berühmte **Doppelkapelle** (12. Jh.). Eine Aussparung im Fußboden des Obergeschosses mit seinen wunderschönen Zackenbögen, einst Andachtsraum des Landgrafenpaares, ermöglicht den liturgisch nötigen akustischen Kontakt zur Kapelle im Untergeschoss.

Leben in die Burg bringen heute nicht nur **Burgschänke**, **Weinkeller** und **Edelbrennerei**, sondern vor allem die Jüngsten, die in der **Kinderkemenate** in das Mittelalter eintauchen. Immer im Juni wird es besonders romantisch, wenn auch die Burg Schauplatz für **Konzerte von montalbâne**, einem der bedeutendsten Festivals mittelalterlicher Musik in Deutschland ist.

■ Altstadt, Sekt und Wein

▲ Karte S. 196

Auf dem Weg durch die Freyburger Altstadt, hin zu den ›Pilgerstätten‹ der Wein- und Sektfreunde, sollte man mindestens zwei Fixpunkte nicht vergessen: die **Stadtkirche St. Marien** und das **Friedrich-Ludwig-Jahn-Museum**. Die ›kleine Schwester des Naumburger Doms‹ genannte spätromanische dreischiffige Basilika (um 1225) geht auf Landgraf Ludwig IV. und die Heilige Elisabeth zurück. Über dem schlichten romanischen Stufenportal thront die Schutzpatronin, in der Kirche fasziniert ein Marienaltar aus der Zeit um 1500.

Über 300 Jahre später lebte der ›Turnvater‹ genannte Friedrich Ludwig Jahn (1778–1852) fast zwei Jahrzehnte in Freyburg, im Museum kann man sich im Freigelände an Jahnschen Übungen zur Körperertüchtigung versuchen. Lohnenswert ist auch ein Blick auf die **historische Jahn-Turnhalle**, die die deutsche Turnerschaft der Stadt 1894 schenkte.

Genau in diesem Jahr wurde auch **Rotkäppchen** geboren – nicht die Märchenfigur, sondern der Sekt mit der roten Kappe, heute Marktführer in Deutschland bei dem prickelnden Getränk. Dass die Geschichte des Freyburger Sekts allerdings schon viel früher begann, erfährt man beim Besuch in den **historischen Kellern** mit dem größten hölzernen Cuvée-Fass Deutschlands, im Lichthof der Sektkellerei und natürlich beim Probieren. Dabei haben schon viele der über 100 000 jährlichen Besucher festgestellt,

Blick von den Weinbergen auf Freyburg

Das Sonnenobservatorium Goseck

dass der Riesling-Sekt – teilweise auch nach dem traditionellen Champenoise-Verfahren hergestellt – manchem Champagner in nichts nachsteht.

Was natürlich auch auf die Weine der **Winzervereinigung Freyburg** zutrifft. Auch hier kann (und sollte!) man in den Keller steigen, in einen der größten und schönsten Holzfasskeller Deutschlands. 17 verschiedene Rebsorten bauen die fast 500 Weinbauern der Vereinigung an, über drei Millionen Flaschen Qualitätswein im Jahr verlassen die Genossenschaft.

Wer wissen will, was geschieht, bevor der Wein in den Keller kommt, der kann dazu vieles auf dem bekanntesten der Freyburger, dem **Herzoglichen Weinberg** erfahren. Der Berg wurde 1774 angelegt, dabei entstand auch das wunderschöne **Weinbergshaus**, dessen Rokoko-Innenausstattung man bei Führungen bewundern kann.

Goseck

Unweit von Freyburg liegt Goseck, ein Ort, der erst in jüngerer Zeit seinen verdienten Platz auf der Landkarte der touristischen Sehenswürdigkeiten fand. Ursprünglich Burg, später Klosteranlage, heute Sitz eines sich entwickelnden **Europäischen Musik- und Kulturzentrums** (Schwerpunkt Alte Musik, viele Konzerte), ist vor allem die restaurierte **Klosterkirche** (Einsäulenkrypta von 1046) von Schloss Goseck beeindruckend, die Experten in eine Reihe mit den Domen in Bremen und Speyer stellen. In der **Schlossanlage** gibt es einen Informationspunkt zu dem, was den Ort seit 2006 so richtig bekannt gemacht hat, zum **Sonnenobservatorium von Goseck**. Luftbildarchäologen entdeckten beim Überfliegen des Geländes die Grabenanlage, die ab 2002 ausgegraben, vermessen und mit den zahlreichen Funden dokumentiert wurde. Nach den Befunden der Wissenschaftler wurde das älteste Sonnenobservatorium Europas originalgetreu rekonstruiert und wieder aufgebaut: Zwei Reihen aus drei Meter hohen Holzpfählen umschließen einen Kreis von 75 Metern Durchmesser mit zwei Toren – am kürzesten Tag des Jahres sieht man die Sonne durch das Südwesttor untergehen, am folgenden Morgen kann man durch das Südosttor ihren Aufgang beobachten. Die wissenschaftliche Rekonstruktion eines solchen 7000 Jahre alten Kultplatzes am Ort der Auffindung macht einen Blick in die Geschichte menschlicher Monumentalbauten möglich. Ein Aha-Erlebnis der besonderen Art sollte man sich nicht entgehen lassen: die unglaubliche Akustik, wenn man mitten in der Anlage steht.

Freyburg (Unstrut)

Freyburger Fremdenverkehrsverein, Markt 2, 06632 Freyburg (Unstrut), Tel. 034464/27260, www.freyburg-tourismus.de.

Berghotel Zum Edelacker, Schloss 25, 066732 Freyburg (Unstrut), Tel. 034464/350, www.edelacker.de; 83 Zi., DZ ab 98 Euro. Unschlagbarer Blick von der Terrasse auf Stadt und Unstrut-Tal.

Hotel Altdeutsche Weinstuben Zum Künstlerkeller, Breite Str. 14, 06632 Freyburg (Unstrut), Tel. 034464/70750, www.kuenstlerkeller.de; 32 Zi., DZ ab 88 Euro. Schöne Symbiose von Kunst und Hotel – Lesungen, Ausstellungen, Live-Konzerte.

Fahrradhotel Alter Speicher, Schützenstr. 9, 96632 Freyburg (Unstrut), Tel./Fax 034464/3690190, www.fahrradhotel-alter-speicher.de; 26 Zi., DZ ab 80 Euro. Auf Radwanderer eingestellt, auch Ausleihe und Picknickkörbe.

Schloss Neuenburg, Am Schloss 1, 06632 Freyburg (Unstrut), Tel. 034464/26262, www.schloss-neuenburg.de; Zwei Ferienwohnungen im Jägerhaus, je ab 50 Euro, exklusiv: Übernachten auf der Burg.

Café Merle, Markt 12, 06632 Freyburg (Unstrut), Tel. 034464, www.eiscafé-merle.de; hausgebackener Kuchen in kühlem Gewölbe oder sonnigem Innenhof.

Winzervereinigung Freyburg, Querfurter Str. 10, 06632 Freyburg (Unstrut), Tel. 034464/30666, www.winzervereinigung-freyburg.de; Kellerführungen, Degustationen, Shop.

Rotkäppchen Mumm Sektkellerei, Sektkellereistr. 5, 06632 Freyburg (Unstrut) Tel. 03364/340, www.rotkaeppchen.de. Historische Kellerei, Sektproben, Shop.

Edelbrennerei Schloss Neuenburg, Schloss 5, 06632 Freyburg (Unstrut), Tel. 034464/665799, in den Wintermonaten: 0170/5447007, www.schlossbrennerei.eu; Fr–So 12–18 Uhr, perfekte Edelbrände aus regionalem Obst, dazu Liköre und Weine. Auf der ›Destillata‹ Salzburg 2014 als ›Newcomer des Jahres‹ geehrt.

Gasthaus Pretzsch, Am Anger 6, 06632 Zscheiplitz, Tel. 034464/27311. www.gasthaus-pretzsch.de Eine der besten Küchen weit und breit. Auf der Terrasse traumhafter Blick zur Neuenburg, dazu im Sommer immer donnerstags Lachsfilet vom Holzfeuer mit selbstgebackenem Brot (hmmm!)

Schloss Neuenburg, Am Schloss 1, 96632 Freyburg (Unstrut), Tel. 034464/35530, www.schloss-neuenburg.de; Apr.–Okt. Mo–So 10–18 Uhr, Nov.–März Di–So 10–17 Uhr.

Friedrich-Ludwig-Jahn-Museum, Schlossstr. 11, 06632 Freyburg (Unstrut), Tel. 034464/27426, www.jahn-museum.de; April –Okt. Di–So 10–17 Uhr, Nov., Dez. u. März Di–So 10–16 Uhr.

Schloss Goseck, 06667 Goseck, Tel. 03443/3482580, www.schlossgoseck.org; Apr.–Sept, Di–So 10–18 Uhr, Nov.–März Di–So 11–16 Uhr (Schlossbesichtigungen und Infopunkt Sonnenobservatorium). Das Sonnenobservatorium ist frei zugänglich.

Internationale Tage der mittelalterlichen Musik montalbâne, Freyburg (Unstrut), immer im Juni, www.montalbane.de.

Rotkäppchen Sektival, ganzjährige Veranstaltungsreihe in Kellertheater und Lichthof, Tel. 034464/340, www.rotkaeppchen.de.

▶ Karte S. 196

Die Unstrut aufwärts von Freyburg bis Memleben

Von Freyburg die Unstrut aufwärts reihen sich Sehenswürdigkeiten wie Perlen an einer Schnur. Der **Schweigenberg** mit seinem Ensemble aus Trockenmauern, Treppen, Terrassen und Weinbergshäusern steht als beeindruckendes Zeugnis der Rebkultur in Deutschland seit 2010 in der Liste ›Höhepunkte der Weinkultur‹ des Deutschen Weininstituts. Unweit davon liegt hoch über der Unstrut **Zscheiplitz**. Auf dem Gelände des ehemaligen Klosters – heute attraktive Wirtschaft des Weinguts Pawis – hat man sowohl vom Nonnenturm als auch von den Zinnen der alten Klostermauern einen überwältigenden Blick auf einen großen Teil der für den UNESCO-Welterbestatus angemeldeten **mittelalterlichen Herrschaftslandschaft**. Das Informationszentrum zum Antragsgebiet liegt neben der **Kirche des ehemaligen Bendiktinerinnenklosters**, die zu den Kleinodien gehört, die den Welterbetitel künftig tragen sollen. Die Kanone auf der Bastion neben der Kirche steht nicht von ungefähr da, hat man doch von hier die tief im Unstruttal liegende **Mühle Zeddenbach** bestens im Visier. Unmittelbar neben der noch heute arbeitenden historischen Wassermühle führte Napoleon im Oktober 1813 nach der Niederlage in der Völkerschlacht bei Leipzig seine Truppen persönlich über die Unstrut, immer unter dem Feuer der nachrückenden verbündeten Verbände.

Laucha

Obwohl in dem Städtchen (3000 Einwohner) schon lange keine Glocken mehr gegossen werden, sind die Lauchaer stolz auf diese Tradition. 1732 wurde die erste **Glockengießerei** gegründet, in den zweihundert Jahren danach verließen 5000 Bronzeglocken die Werkstatt, die man heute besichtigen kann. Eine andere Tradition ist weniger erdverbunden – die **Fliegerei**. Seit vor über 80 Jahren die für den Segelflug besonders günstigen Luftbedingungen am Lauchaer Hang entdeckt wurden, steigen auf dem Flugplatz Motor- und Segelflugzeuge auf, auch Gäste sind hier willkommen und können den Flugschein erwerben. Eine sehr schöne Sicht hat man aus dem Cockpit auf die gut erhaltene **Stadtmauer**, die detailversessene Lauchaer mit genau 1112 Meter vermessen haben.

Hinter Kirchscheidungen – mit Kanustation und Tipidorf – grüßt hoch über der Unstrut das **Schloss Burgscheidungen**. Erstmals im 9. Jahrhundert erwähnt, begann ab 1722 der Umbau zum Barockschloss. Berühmteste Bewohnerin des vierflügeligen Baus war die spätere Gräfin Cosel – damals als Anna Constantia, geborene von Brockdoff, verheiratet mit dem Schlossherrn Adolph Magnus von Hoym. Zum Schloss, das nach Anmeldung teilweise besichtigt werden kann, gehört mit dem italienisch anmutenden **Terrassengarten** ein sachsen-anhaltischer ›Gartentraum‹.

In der Gockengießerei Laucha

Das Besucherzentrum Arche Nebra

Nebra und die ›Arche‹

Die Kleinstadt (3400 Einwohner) kann auf eine über 1150 Jahre alte Geschichte verweisen, ist aber erst in den letzten Jahren ins Licht der Öffentlichkeit gerückt. Das hat mit der berühmten Himmelsscheibe zu tun, die auf dem eigentlich in der Gemarkung Wangen liegenden, über sieben Kilometer entfernt 252 Meter hohen Mittelberg von Raubgräbern 1999 ausgegraben wurde. Diese ist seit 2013 als **Himmelsscheibe von Nebra** sogar im ›Memory oft he World-Register‹ der UNESCO, dem Menschheitsgedächtnis also, eingetragen. Sie ist heute im Landesmuseum für Vorgeschichte in Halle zu bewundern (→ S. 206).

Am Ortsrand von Wangen, hoch über der Unstrut, steht seit 2007 das multimediale **Besucherzentrum Arche Nebra**. Mit ihrer äußeren Form nahmen die Schweizer Architekten kongenial die goldene Himmelsbarke auf, die sich auf der Scheibe findet. Die außergewöhnlich gestaltete Präsentation im Zentrum enthüllt die Dimensionen des rätselhaften Funds, das Planetarium lädt zu einer gut zwanzigminütigen Reise in weit zurückliegende Zeiten und ferne Welten. Drei schöne Wanderkilometer entfernt, inmitten des Naturparks Saale-Unstrut-Triasland, steht am **Fundort der Scheibe** ein dreißig Meter hoher **Aussichtsturm**, von dem man wahlweise nach unten – auf das ›Himmelsauge‹ – oder in die Ferne, zum Beispiel zum Brocken im Harz, blicken kann. Auch Fans ganz anderer Art zieht es nach Nebra, an einen der sachsen-anhaltischen ›Frauenorte‹: Im Heimathaus gibt es das **Hedwig Courths-Mahler-Archiv**. Die ›Königin der Liebesromane‹ – 208 davon soll sie geschrieben haben, in 25 Sprachen übersetzt, 80 Millionen mal verkauft – wurde 1876 in Nebra geboren. Am **Geburtshaus**, das besichtigt werden kann, verweist eine Gedenktafel darauf. Direkt vor dem Heimathaus befindet sich ein modernes Gedenkpult, das die unermüdliche Schreiblust von ›HCM‹ assoziiert. Unweit von Nebra kann man im **Schloss Zingst** übernachten, das weitaus ältere **Schloss Vitzenburg**, das auf eine Burg aus karolingischer Zeit zurück geht, muss aus seinem Dornröschenschlaf erst wieder erweckt werden.

Memleben

Der kleine Ort (690 Einwohner) atmet fast 1200 Jahre deutsche und europäische Geschichte und markiert zugleich prägende Ereignisse des Kaisertums der Ottonen um die erste Jahrtausendwende.

▲ Karte S. 196

Als der aus dem Geschlecht der Liudolfinger stammende Sachsenkönig Heinrich I. – den die Legende ›den Vogler‹ nennt und dem die deutschen Fürsten die Königskrone just am ›Vogelherd‹ angetragen haben sollen, einen Vorgang, den die Städte Nebra, Goslar und Quedlinburg für sich beanspruchen – 936 in der Pfalz Memleben verstarb, begann hier die Herrschaft seines Sohnes Otto I., den man später den Großen nennt. Auch er weilte häufig in Memleben, wo er 37 Jahre nach seinem Vater verstarb. Otto II. und seine Frau Theophanu, eine byzantinische Prinzessin, stifteten in Memleben ein Benediktinerkloster, das über Jahrhunderte eine bedeutende Reichsabtei war.

Betritt man das Gelände von **Kloster und Kaiserpfalz** heute, fasziniert zuerst der **mittelalterliche Klostergarten** mit Pflanzen des 10. Jahrhunderts. Von der Aussichtsplattform an der Klostermauer, ist der Grundriss der **Kirche aus dem 10. Jahrhundert** gut zu erkennen, eines gewaltigen Baus, so groß wie der ottonische Dom zu Magdeburg. Ein besonderes Erlebnis wartet unter den Ruinen der zweiten, der **frühgotischen Kirche** aus dem 13. Jahrhundert: die original erhaltene spätromanische Krypta. Niemand vermag sich der Atmosphäre zu entziehen, den dieser mystische Ort ausstrahlt. Was im Übrigen auch zutrifft, wenn man in den Klosterzellen übernachtet und zuvor unter der riesigen Kastanie im Klosterhof einen Schoppen Silvaner oder Müller-Thurgau aus dem klostereigenen Weinberg genossen hat.

Unweit von Memleben liegt auf einem steil aufragenden Felsen die teilweise bewohnte **Burgruine Wendelstein** (14. Jh.), einst an der Grenze zwischen Sachsen und Franken, heute an der Landesgrenze zu Thüringen. Von der Burg schweift der Blick über das Unstruttal in das thüringische **Wiehe**, wo sich die nach eigener Aussage **größte Modell-Eisenbahnanlage Europas** befindet. Für Modellbahnfreunde und beim Besuch mit Kindern ein Muss – ebenso wie der gegenüber von Kloster und Kaiserpfalz liegende **Erlebnistierpark Memleben**.

Unstruttal zwischen Freyburg und Memleben

Freyburger Fremdenverkehrsverein, Markt 2, 06632 Freyburg (Unstrut), Tel. 034464/27260, www.freyburg-tourismus.de.

Tourist Information Nebra, Promenade 13, 06642 Nebra, Tel. 034461/22216, www.tourismus-nebra.de.

Naturpark Saale-Unstrut-Triasland, Unter der Altenburg 1, 06642 Nebra, Tel. 034461/22986, www.naturpark-saale-unstrut.de.

Hotel Schloss Nebra, Schlosshof 4, 06642 Nebra, Tel. 034461/25218, Fax. 034461/25428, www.travdo-hotels.de; 20 Zi., DZ ab 90 Euro. Ruhe hinter dicken Schlossmauern genießen. Ideal für Bücherwürmer: aus den 1000 Bänden der Bibliothek wählen und im Wintergarten lesen.

Hotel Zur Kaiserpfalz, Allerstedter Str. 10, 06642 Wohlmirstedt, Tel. 034672/880, www.kaiserpfalz.de; DZ ab 84 Euro. Schöner Ausgangspunkt für Erkundungen des Unstrut-Tals aber auch der Kyffhäuer-Region. Thüringer Küche im Restaurant.

Stiftung Kloster und Klosterpfalz Memleben, Thomas-Müntzer-Str. 48, 06642 Kaiserpfalz/OT Memleben, Tel. 034672/60274, www.kloster-memleben.de; 5 Zi., DZ 78 Euro. In Mönchszellen übernachten, regionales Klosterfrühstück nach Benediktiner Art.

Café-Restaurant Gräfin Cosel, Schlossbergstr. 56, 06636 Burgscheidungen, Tel. 01805/372836, www-schloss-burgscheidungen.de. Gute Karte, nobles Ambiente, Terrasse mit sehr schönem Blick.

Moness Kaffeerösterei, Lauchaer Str. 33, 06632 Balgstädt, Tel. 034464/35845, www.moness.de; schier unübersehbar die Auswahl von Kuchen, Torten und Kaffeespezialitäten aus eigener Röstung, regelmäßige ›Weiberabende‹ mit Präsentationen.

Weingut Pawis, Auf dem Gut 2, 06632 Zscheiplitz, Tel. 034464/28315, www.weingut-pawis.de. Weinstraße, Große Terroirweine in wunderschön restauriertem Gutshof.

Weingut Klaus Böhme, Lindenstr. 42, 06636 Kirchscheidungen, Tel. 034462/20395, www.weingut-klaus-boehme.de. Gerade in jüngerer Zeit mehrere preisgekrönte Weine; probieren sollte man (wenn nicht ausgetrunken): Traminer und Gutedel.

Boys Gutsausschank, Dorndorf, Glockenseck. Tel. 03445/71230, www.gutsausschank-boy.de; Apr–Okt Mi–So. Edle Weine traumhaft zu Füßen des Weinbergs genießen. Direkt am Unstrut-Radweg, für Wasserwanderer Anlegestelle.

Weinlehrpfad Saale-Unstrut, 13 Kilometer zieht sich der Weinlehrpfad mit 26 Schautafeln zu 1000 Jahren Geschichte und Gegenwart des Weinbaus zwischen Laucha und Freyburg. www.weinregion-saale-unstrut.de.

Arche Nebra, An der Steinklöbe 16, 06642 Nebra, Tel. 034661/25520, www.himmelsscheibe-erleben.de; April–Okt. tgl. 10–18 Uhr, Nov.–März Di–Fr 10–16 Uhr, Sa, So, Feiertage 10–17 Uhr. Aussichtsturm tgl. Buslinie zwischen Besucherparkplatz, Arche Nebra und Mittelberg.

Museum Kloster und Kaiserpfalz Memleben, Thomas-Müntzer-Str. 48, 06642 Kaiserpfalz/OT Memleben, Tel. 034672/60274, www.kloster-memleben.de; 15. März–31. Okt. tgl. 10–18 Uhr, Nov.–14. März nur Außenanlagen, tgl. 10–16 Uhr.

Glockenmuseum Laucha, Glockenmuseumstr. 2, 06636 Laucha (Unstrut), Tel. 034462/70018, Apr.–Okt. Mi–So/Feiertage 10–12 u. 14–16 Uhr.

Heimathaus/Hedwig Courths-Mahler-Archiv Nebra, Breite Str. 18, 06642 Nebra, Tel. 034461/22970, www.stadt-nebra.de, www.frauenorte.net.

OUTTOUR Aktivreisen, 06636 Kirchscheidungen, Tel. 034462/601951, www.outtour.de; Kanu- und Fahrradtouren perfekt organisiert. Abends Lagerfeuer, im Tipi übernachten.

Knapp 200 Kilometer lang ist der **Unstrut-Radweg**, ca. 43 davon in Sachsen-Anhalt, www.unstrutradweg.de.

Weißenfels

▶ Karte S. 249

Weißenfels (39 800 Einwohner) ist die größte Stadt des Burgenlandkreises, eine barocke Schönheit, die Ihre Reize erst in jüngerer Zeit wieder vorzuzeigen beginnt. Wie so oft im Deutschland der Duodezfürstentümer, war es ein Testament, das der Stadt an der Saale zu größerer Bedeutung verhalf. Der sächsische Kurfürst Georg I. sorgte mit seinem Vermächtnis dafür, dass 1656 das Herzogtum Sachsen-Weißenfels als kursächsische Nebenlinie begründet wurde.

Schloss Neu-Augustusburg

Das wuchtig über der Stadt thronende Schloss Neu-Augustusburg entstand (1660–1694) und mit ihm eine blühende Residenz, die Kunst und Künstler anzog und viele Spuren hinterlassen hat. Die frühbarocke Schlossanlage, mit der es lohnt, den Weißenfels-Besuch zu beginnen, hat zwei besondere Anziehungspunkte ganz unterschiedlicher Art: die prächtige Schlosskirche St. Trinitatis und im Museumsbereich eine der bedeutendsten **Schuhsammlungen** Deutschlands. Letzteres hat damit zu tun, dass die Stadt ein Zentrum der deutschen Schuhherstellung war. 1895 gab es hier 45 Schuh- und Schaftfabriken. In der DDR standen im Weißenfelser Schuhkombinat ›Banner des Friedens‹ 6000 Menschen in Lohn und Brot, 75 Prozent aller im Land gefertigten Schuhe kamen von hier. Schuhe aus aller Welt – von ägyptischen Totensandalen bis zu Manolo Blahniks – und die ›Treter‹ prominenter Persönlichkeiten sind zu bestaunen. Die **Schlosskirche** (1682 geweiht) gilt als eine der schönsten frühbarocken Schlosskirchen Deutschlands und beeindruckt durch aufwändige italienische Stuckarbeiten, die Grisaille-Arbeiten von Johann Oswald Harms und den Altar eines der berühmtesten sächsischen Bildhauer seiner Zeit, Johann Heinrich Böhme. Die **Fürstengruft** unter dem Altarraum enthält 38 zum Teil prunkvolle Zinnsarkophage der Weißenfelser Herzogsfamilie. Durchaus bedeutsam ist die Schlosskapelle auch für die **deutsche Musikgeschichte**. 1672 bat Herzog Johann Adolf I. von Sachsen-Weißenfels seinen Leibarzt Georg Händel, dessen siebenjährigen Sohn in der Schlosskirche Orgel spielen zu lassen. Der Fürst war so beeindruckt, dass er Vater Händel davon überzeugte, **Georg Friedrich Händel** eine musikalische Ausbildung angedeihen zu lassen. Händels Zeitgenosse **Johann Sebastian Bach** war in Weißenfels Hofkapellmeister und komponierte nicht nur die berühmte Jagdkantate (1713) sondern für die Orgel der Schlosskirche

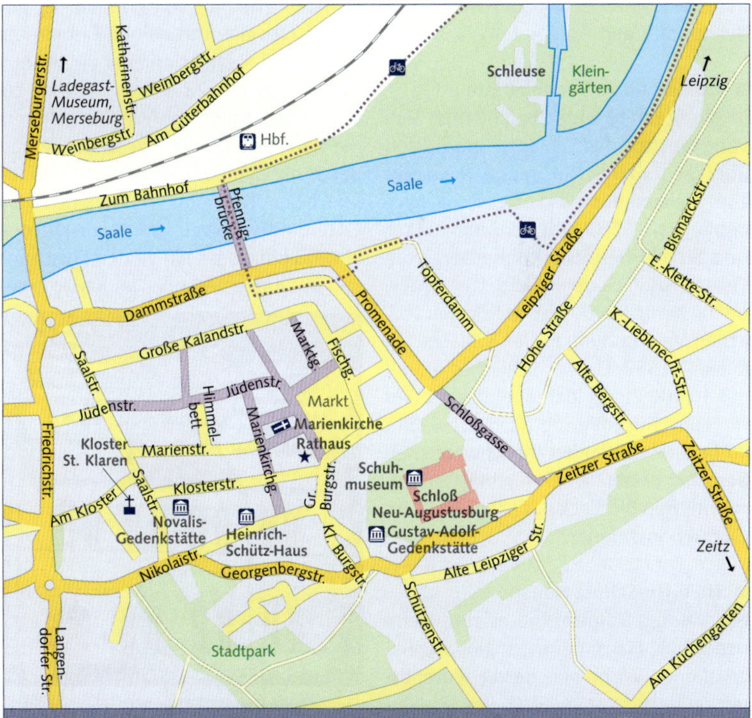

Weißenfels, Zentrum

Barocke Pracht in der Schlosskirche

(ein Werk von Christian Förner, das Experten für ein Schlüsselinstrument des mitteldeutschen Orgelbaus halten) auch die Toccata und Fuge in F BWV 5.

Gustav-Adolf-Gedenkstätte

In die Stadt hinunter begibt man sich vom Westtor des Schlosses am besten über die romantische Treppe, die direkt zum **Geleitshaus** führt. Der Renaissancebau von 1532 mit schönem Erker und Sitznischenportal beherbergt die Gustav-Adolf-Gedenkstätte. Der schwedische König wurde hier nach seiner tödlichen Verwundung in der Schlacht bei Lützen (1632/Großes Schlachtdiorama mit 10 000 Zinnsoldaten) obduziert und für seine Rückführung nach Schweden vorbereitet. Besonders die schwedischen Besucher bestaunen ehrfürchtig den vermeintlichen Blutfleck des Monarchen im Obduktionszimmer.

Heinrich-Schütz-Haus

Nur wenige Schritte sind es zum Heinrich-Schütz-Haus, dem einzigen original erhaltenen Wohnhaus des bedeutendsten deutschen Komponisten des 17. Jahrhunderts. Schütz (1585–1672) erwarb es 1651 als seinen Alterssitz und lebte hier bis kurz vor seinem Tod. Höhepunkt der Ausstellung ist die wiederhergestellte **Komponierstube**, in der Schütz sein Alterswerk schuf. Besonders wertvoll sind zwei im Haus aufgefundene Notenfragmente von der Hand des Komponisten. Zahlreiche Klangbeispiele, Medienstationen und Filme vermitteln den Besuchern einen Eindruck von der Kompositionsweise Heinrich Schütz'. Besonders anregend: In fiktiven Hörspielen erinnert sich Heinrich Schütz selbst an wichtige Stationen seines Lebens und ein Notenpult lädt zum Mitsingen ein.

Novalis-Gedenkstätte

Im Haus Klosterstraße 24 lebte der bedeutendste deutsche Dichter der Frühromantik Friedrich von Hardenberg, genannt Novalis, mit seiner Familie ab seinem 13. Lebensjahr bis zu seinem frühen Tod mit 28 Jahren (1801). Zu seinen bedeutendsten Werken gehören die ›Hymnen an die Nacht‹ sowie das durch die Symbolfigur der ›Blauen Blume‹ bekannte Fragment ›Heinrich von Ofterdingen‹. Weit über den Dichter Novalis hinaus bis hin zu den Forschungen des jungen Mannes im Bereich von

Das ehemalige Wohnhaus des Komponisten Heinrich Schütz

▲ Karte S. 249

Geologie und Bergbau geht die Ausstellung. Erhalten sind außer dem barocken Wohnhaus auch der sogenannte ›Novalis-Pavillon‹, der sich im angrenzenden Garten befindet. Im Stadtpark hat der Dichter die letzte Ruhestätte gefunden, die idyllische ›Dichterecke‹ mit Gedenkstein und Novalisbüste hätte dem Romantiker sicher gefallen.

Altstadt

Vom Stadtpark führt der Weg am **ehemaligen Kloster St. Klaren** vorbei, in die von Läden und Cafés gesäumte **Jüdenstraße**. Hier steht der vom deutschen Bildhauer Bonifatius Stirnberg (geb. 1933) geschaffene **Stadtbrunnen** mit Figuren der Weißenfelser Geschichte: das Herzogspaar, Heinrich Schütz und der Weißenfelser Schusterjunge schauen dem Geplätscher auf dem Brunnenrand zu. Zahlreich ist in den Straßen und Gassen der Altstadt sehenswerte Architektur: die **Kavaliershäuser** in der Marien- (2, 4, 6, 8) und in der Leipziger Straße (Nr. 9 das berühmte barocke Fürstenhaus), das **Jägerhaus** (Nikolaistr. 51) und natürlich vor allem das barocke **Rathaus** am Markt neben der **Marienkirche**. Die Orgel (2772 Pfeifen) dieser spätgotischen Hallenkirche baute 1862 der Weißenfelser Orgelbaumeister Friedrich Ladegast. Dem bedeutendsten deutschen Orgelbauer des 19. Jahrhunderts ist eine ständige Ausstellung in der St. Laurentiuskirche gewidmet.

Lützen, Röcken, Hohenmölsen

Spricht man von Lützen (8800 Einwohner), dann geht es gewöhnlich um den Lärm großer Schlachten. Doch vorher, nähert man sich der Stadt von Weißenfels her, lädt noch ein Ort philosophischer Ruhe ein: die **Friedrich-Nietzsche-Gedenkstätte in Röcken**. Das Museum im Geburtsort des bedeutenden Denkers

Stadtbrunnen in der Jüdenstraße

und Klassikers der Moderne gibt Einblicke in Leben und Werk des Pfarrersohns Nietzsche (1844–1900), der im Familiengrab an der Südseite der Röckener Kirche beigesetzt ist. An der Nordseite der Kirche steht seit dem 100. Todestag die Skulpturengruppe ›Röckener Bacchanal‹ des Hallensers Klaus F. Messerschmidt. Der Künstler assoziiert hier kongenial einen Nietzsche-Traum aus einem der ›Wahnsinns-Briefe‹, in dem sich Nietzsche zweimal ›gering bekleidet‹ bei seinem eigenen Begräbnis sieht. Ein Kunstwerk, das bei seiner Einweihung heftig umstritten war.

In **Lützen** dann dreht sich alles um die beiden großen Schlachten, die auf den Feldern um die Stadt Stadt 1632 und 1813 tobten. Im Dreißigjährigen Krieg (1618–1648) fiel hier der Schwedenkönig **Gustav II. Adolf**, dem die **Gedenkstätte** am Ortsrand gewidmet ist. Über einem großen Findling (›Schwedenstein‹) steht seit 1837 ein von Schinkel entworfener gusseiserner Baldachin. Im Jahr 1907 kam die vom schwedischen Konsul Oskar Ekman und seiner Frau Maria gestiftete Gustav-Adolf-Kapelle hinzu. Später folgten noch zwei typisch schwe-

Gedenkstätte für Gustav Adolf II.

dische Holzhäuser. Noch immer wird gelegentlich erzählt, dass das Gelände der Gedenkstätte schwedisches Territorium sei: Das ist und bleibt eine Legende.

Manche Legende rankt sich auch um die Schlacht fast 200 Jahre später. Südlich von Lützen, bei Groß- und Kleingörschen, Kaja und Rahna fand am 2. Mai 1813 die erste **Schlacht der Befreiungskriege** zwischen Napoleon und den verbündeten preußischen und russischen Truppen statt. Noch heute kann man sich – wie weiland der russische Zar Alexander und der Preußenkönig Friedrich Wilhelm III. – vom **Monarchenhügel bei Großgörschen** einen Überblick über das Schlachtfeld verschaffen. Wer gut zu Fuß ist – das Fahrrad empfiehlt sich eher – kann wesentliche Punkte des Geschehens und des Gedenkens erwandern: das **Scharnhorst-Denkmal**, das **Denkmal für den Prinzen von Hessen-Homburg** und das **Schinkel-Tabernakel** in Großgörschen, dessen Original ursprünglich auf dem Monarchenhügel stand, das **Marschall-Ney-Haus in Kaja**, das **Berger-Grab in Rahna** – alle mit instruktiven Informationstafeln versehen.

▲ Karte S. 196

Besonders tief in das Geschehen taucht man im **Schloss Lützen** angesichts vieler Funde der Schlachtfeldarchäologie und großer Schlachtdioramen ein. Für speziell an historischer Reiseliteratur Interessierte, hat das Museum im Schloss noch einen besonderen Leckerbissen – es verfügt über die größte Handschriften-Sammlung des wandernden Schriftstellers **Johann Gottfried Seume** (1763–1810, u.a. ›Spaziergang nach Syrakus‹) der in Poserna nahe Lützen geboren wurde.

In der **Schlacht bei Hohenmölsen** (1080) fiel der damalige Gegenkönig zu Heinrich IV., Rudolph von Schwaben, dessen mumifizierte Hand bestaunter Teil des Merseburger Domschatzes ist. Die meisten Sachsen-Anhalter, aber auch mancher aus dem nahen Leipzig kennen den Ort allerdings vor allem wegen des **Mondsees**, einem 36 Hektar großen See auf dem Gelände des ehemaligen Braunkohletagebaus Pirkau. Zwischen 1989 und 1991 entstand der See, heute ein schöner Erholungsort mit 800 Meter Sandstrand und allem, was das Camperherz begehrt.

Weißenfels und Umgebung

Vorwahl: 03443
Postleitzahl: 06667
Touristinformation Weißenfels, Markt 1, Tel. 303070, www.weissenfelstourist.de.

Parkhotel Güldene Berge, Langendorfer Str. 94, Tel. 39200, www.gueldene-berge.de; 26 Zi., DZ ab 90 Euro. Schön restaurierte Villa, im Restaurant gute einheimische Küche und Auswahl an Elsässer Flammkuchen.
Historisches Hotel & Restaurant Jägerhof, Nikolaistr. 51, Tel. 3340, www.jaegerhof-weissenfels.de; 35 Zi., DZ ab 79,90 Euro. Ehemaliger Herzoglicher ›Jagd- und Forsthof‹ mit illustrer Gästeliste. Extra-Bewirtung für Zwei im ›Herzblatt-Stübchen‹.
Pilgerherberge Pettstädt, August-Bebel-Str. Weißenfeld/OT Pettstädt, Tel. 337970. Westlich von Weißenfels an Jakobus- und Ökumenischem Pilgerweg, schön ausgebaute Scheune mit acht Schlafplätzen in zwei getrennten Bereichen, sanitäre Anlagen, Kochmöglichkeiten.

Hofmanns Hofcafé, Friedensstr. 37, 06688 Weißenfels/OT Kriechau, Tel. 034446/20943, www.hofmanns-hofcafe.de. Wohlschmeckender Kuchen im ehemaligen Pferdestall oder im Hof, für Radler direkt am Saaleradweg, für andere lohnt der Umweg.
Schlosscafé Wallensteins Stube, Schloss Lützen, Schlossstr. 4, 06686 Lützen, Tel. 034444/90693, www.stadt-luetzen.de; Vor oder nach dem Museumsbesuch Kaffee und Kuchen in Schlosshof oder historischem Gemäuer.

Museum Schloss Neu-Augustusburg, Zeitzer Str. 4, Tel. 302552, www.museum-weissenfels.de; Mo–Fr. 9–18 Uhr, Sa 9–12 Uhr.
Heinrich-Schütz-Haus, Nikolaistr. 13, Tel. 302835, www.schuetzhaus-weissenfels.de; Di–So 10–17 Uhr.
Novalis-Gedenkstätte, Klosterstr.24, Tel. 234531, www.novalis-weissenfels.de; Di–Fr 10–17 Uhr, Sa/So 10–12 u. 13–17 Uhr.
Geleitshaus Gustav-Adolf-Gedenkstätte, Große Burgstr. 22, Tel. 333521, www.geleitshaus.com, Di–Fr 15–21 Uhr, Sa/So 10–18 Uhr.
Ladegast-Museum, St. Laurentiuskirche, Merseburger Str,. 19, Tel. 47470, www.ladegastverein.de; Besichtigung n. Anmeldung.
Friedrich-Nietzsche-Gedenkstätte, Teichstr. 8, 06686 Röcken, Tel. 034444/20546, www.nietzsche-gedenkstaette.de; Do–So 12.30–16.30 Uhr.
Museum im Schloss Lützen, Schlossstr. 4, 06686 Lützen, Tel. 034444/20228, www.stadt-luetzen.de; Apr.–Okt. Di–So 10–17 Uhr, Nov. u. März Di–So 10–16 Uhr, sonst nach Anmeldung.

Heinrich-Schütz-Musikfest, immer im Oktober kann man in Dresden (Sachsen), Bad Köstritz (Thüringen) und Weißenfels (Sachsen-Anhalt) renommierte Künstler und Nachwuchsinterpreten unter einem bestimmten Thema hören, www.schuetz-musikfest.de.

Strandbad und Camping Mondsee, Zweckverband Freizeitpark Pirkau, 06679 Hohenmölsen, Tel. 034441/20338, www.mondsee-hhm.de.

In einer Ost- (109 km) und einer Westroute (77 km) verbindet die **Saale-Unstrut-Elster-Rad-Acht** die verschiedenen flussbegleitenden Radwege in der Region. Wählen kann man zwischen einer sportlichen und einer entspannten Streckenführung.
Saale-Unstrut-Radlerpass: Auf einem Streckennetz von 530 Kilometern kann man in der Region an 42 Stellen Stempel sammeln und sich dann zu Radler-Gräfin/Graf oder zur Radler-Königin/König krönen lassen, www.saale-unstrut.com

Zeitz

Es sind zwei große Namen, mit denen die Geschichte der Stadt Zeitz (29 500 Einwohner) verbunden ist und die Zeitzer berufen sich gerne auf sie. Vor allem dann, wenn sie glauben, dass der Ort im südöstlichsten Zipfel Sachsen-Anhalts wegen seiner Randlage aus dem Blickfeld landeshauptstädtischer, ja selbst kreisstädtischer Entscheidungen gerät. Otto der Große war es, der 967 gemeinsam mit Papst Johannes XIII. die Gründung des Bistums Zeitz beschloss, um die Christianisierung der slawischen Bevölkerung voranzutreiben. Fast 600 Jahre später, im Januar 1542 führte Martin Luther den eng mit ihm verbundenen Nikolaus von Amsdorf als ersten evangelischen Bischof in Zeitz ein – die erste von vielen Spuren, die Luther in der Stadt hinterließ.

Das Schlossensemble

Zum Schlossensemble, wie es sich heute zwischen Unterstadt an der Weißen Elster und Oberstadt präsentiert, gehören der Dom St. Peter und Paul, das Residenzschloss Moritzburg und der Schlosspark, einer der ›Gartenträume‹.

Im über **1000-jährigen Dom** haben sich mit der Südwand der Kirche, dem südlichen Querschiff, der Vierung, dem Chor und der Krypta romanische Bauteile bis heute erhalten. Sechs der acht Säulen in einer der ältesten Hallenkrypten Deutschlands stammen aus ottonischer Zeit, ihre schmucklosen Trapezkapitelle unterscheiden sich deutlich von denen der westlichen beiden Säulen. Ältestes Teil im Kirchenraum, der architektonisch von der Spätgotik geprägt ist, ist der Taufstein (1250). Die Apostelfiguren an den Ostseiten der Langhauspfeiler stam-

Alte Giebel in der Altstadt von Zeitz

Karte S. 196

men aus dem 15. Jahrhundert, ebenso wie die Kleinplastik des Bauern Käselieb – die sich auf eine lokale Sage bezieht – in einer Pilasterhohlkehle im Südwesten der Empore. Auf den Gewölbekappen finden sich Reste gotischer Malerei, die drei Bronzeplatten der mittelalterlichen Grabmale im Chor werden der Werkstatt von Peter Vischer d. Ä. zugeschrieben. Vor dem barocken Hochaltar steht ein schlichter Altar, den die katholische Pfarrgemeinde seit der Wiederweihe des Doms 1998 als Hauptaltar nutzt.

Organisch eingebettet ist der Dom in den Bau des **Schlosses Moritzburg**, dessen Errichtung, ähnlich wie in Weißenfels, auf die Teilung des sächsischen Gebiets zurückgeht. 1657 wurde Zeitz so zum Herzogssitz und Moritz von Sachsen-Zeitz errichtete auf dem Burgberg seine barocke Residenz. Über die Zeit der Herzöge informiert das **Museum** in einer Dauerausstellung, verbunden mit der Präsentation von Möbeln, Gemälden und anderen Kostbarkeiten aus mehreren Jahrhunderten. Am meisten besucht jedoch ist im Schloss das **Deutsche Kinderwagenmuseum**, das daran erinnert, das in Zeitz seit 1846 Kinderwagen gebaut werden. Mehr als 600 Kinder- und Puppenwagen sind im Bestand des Museums. Die schönsten Stücke sind in der Ausstellung zu sehen, dazu Spielzeug, Kinderbekleidung und -möbel.

Einzigartig ist die Stiftsbibliothek Zeitz mit ihren Schätzen insbesondere aus dem 14. bis 16. Jahrhundert, besonders wertvoll ist die Privatbibliothek des letzten Naumburger Bischofs Julius Pflug (1499–1563), eines der wichtigsten Gegenspieler Martin Luthers

Der 12 Hektar große **Park** rund um das Schloss wurde zur ersten sachsen-anhaltischen Landesgartenschau 2004 wieder in seine ursprüngliche Gestalt gebracht. Zahlreiche Themen- und kleinere Lustgärten, der historische Rossnerpark und architektonische Kleinodien wie das klassizistische Badehaus, die Orangerie oder das ›Albrechtsche Palais‹ prägen das Gelände, dessen Besuch kostenpflichtig ist.

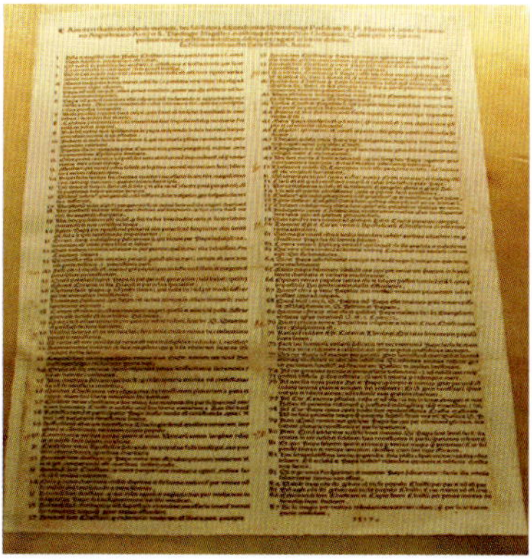

Originaldruck der Lutherschen Thesen

Auf Luthers Spuren

Martin Luther weilte und predigte mehrfach in Zeitz, vor allem aber lebten und leben besonders viele seiner Nachfahren in der Region. Deshalb ist Zeitz seit 2001 Stammsitz der **Lutheriden-Vereinigung**, in der sich seit 1925 die Luther-Nachkommen zusammengeschlossen haben. Im **Torhaus der Moritzburg** zeigt die Lutheriden-Bibliothek Schriften und Dokumente Luthers und seiner Nachfahren. Die berühmteste dieser Schriften allerdings findet sich in der **Michaeliskirche**, einer ursprünglich romanischen Basilika. Um die 1880er Jahre entdeckte man in der Kirchenbibliothek einen **Originaldruck der Lutherschen Thesen** aus dem Jahr 1517. Sorgfältig im Gemeindezentrum aufbewahrt, kann man dieses Dokument der Weltgeschichte nach Anmeldung dort besichtigen. In der Michaeliskirche wurde im Übrigen die Zeitzer Lutherlinie begründet, als 1610 Luthers

Enkel Johann Ernst Martha Blumenstengel heiratete.
Auch in der frühgotischen **Franziskaner-Klosterkirche** – heute Ort von Konzerten – kann man dem Geist des Reformators nachspüren. In dem völlig überfüllten Gotteshaus predigte Luther am 22. Januar 1542 über ›Die große Macht und Kraft des Wort Gottes‹. Auf dem **Friedhof der Stephanskirche** schließlich findet man die Gräber der Brüder Hermann und Rudolph Rossner, Nachkommen Luthers in der 11. Generation. Auch ›weltliche‹ Spuren haben viele von Luthers Nachfahren in der Stadt hinterlassen: Urenkel Dr. Friedrich Martin Luther beispielsweise residierte von 1726 bis 1742 als ›erster Bürgermeister‹ im Rathaus der Stadt.

Das Unterirdische Zeitz

Das **Rathaus**, ein schönes spätgotisches Gebäude (1509) steht am Altmarkt und dort, in der Nummer 21 neben dem Gewandhaus, führt eine unscheinbare Haustür in die Zeitzer Unterwelt. Zwischen 14. und 16. Jahrhundert gruben die Zeitzer Keller bis zu 12 Metern in die Tiefe, um dort ihr Bier zu lagern. Immer weiter vorangetrieben und mit Gängen verbunden, entstand ein Labyrinth, von dem mittlerweile 700 Meter in 45-minütigen Führungen begangen werden können. Teile der Gänge und Keller sind gemauert, andere in den Fels getrieben, Stalagmiten und Stalaktiten sind zu bewundern.

Hermannschacht

Zeitz war und ist – partiell – noch bis heute eine Industriestadt. Von den Kinderwagen war schon die Rede, fast jedes Kind in der DDR saß irgendwann in einem Gefährt der Marke Zekiwa. Und keine Zuckertüte kam ohne die Knusperflocken von Zetti aus Zeitz aus – beides kann man auch heute noch erwerben. Bedeutsamer aber war der Braunkohlenbergbau, in dessen Geschichte man im Hermannschacht am Stadtrand eintauchen kann. Einst die älteste Brikettfabrik der ersten Generation (1883), ist sie heute ein Objekt der **Europäischen Rou-**

Das unterirdische Zeitz

▲ Karte S. 196

te der Industriekultur. Beginnend in einem kleinen Braunkohlenwäldchen über die Brikettfabrik bis zum Ofenmuseum kann man auf dem Gelände den Weg der Braunkohle nachvollziehen. Nebenan produziert heute die Südzucker AG Bioethanol in der größten Anlage dieser Art in Europa.

Rund um Zeitz

Am **Weinhof Kloster Posa** beginnt die 17 Kilometer lange **Weinroute an der Weißen Elster**, die über Salsitz, Schkauditz, Wetterzeube bis nach Trebnitz an der thüringischen Grenze führt. Obwohl Weinbau hier schon 1121 urkundlich belegt ist, wurden Lagen wie der Historische Weinberg am Kloster Posa, am Englischen Garten in Salsitz oder die Wetterzeuber Bischofsleite erst seit 1997 wieder verstärkt aufgerebt – 17 Hektar sind es indessen, auf denen Weißburgunder und Riesling aber auch einige Rote wachsen.

Würchwitz

Das 630-Seelen-Dorf Würchwitz ist bei Kennern indessen weltbekannt und das hat nicht mit dem Weingut und der besuchswerten Vinothek zu tun, sondern mit einer kulinarischen Spezialität, dem **Milbenkäse**, der hier hergestellt wird. Kenner nennen ihn den ›Trüffel‹ unter den Käsesorten und produziert wird er – vereinfacht gesagt – dadurch, dass mit Roggenmehl gefütterte Milben in Holzkisten gelagerten Magerquark über Monate hinweg fermentieren. Schon seit über 300 Jahren wird in der Region Milbenkäse hergestellt und gegessen. Heute wird er von Hersteller und Museumsleiter Helmut Pöschel in aller Herren Länder verschickt – vor der überdimensionalen Milbenskulptur in der Dorfmitte fotografieren sich Besucher aus New York, Paris oder Tokio.

Milbendenkmal in Würchwitz

Auf dem Weg nach Würchwitz lohnt sich ein kurzer Abstecher zur **Windmühle in Bockwitz**.

Droyßig

Nach dem Besuch des **Ziegenhofs in Schleckweda** und der **Alten Mühle in Wetterzeube** (1500) fährt man entspannt durch den Droyßiger Wald nach Droyßig (2000 Einwohner). Die mittelalterliche **Burg** wurde um 1200 von Kreuzrittern erbaut, die beiden Braunbären im Gehege im Schlossgraben sind natürlich deutlich jünger. Die 1622 noch im Stil des Manierismus über Teile des Schlossgrabens erbaute **Schlosskirche** ist ein dreigeschossiger Bau und gilt als ein Meisterwerk der Spätrenaissance. An Droyßig vorbei führt die Saale-Unstrut-Elster-Rad-Acht (→ S. 253).

Die Michaeliskirche in Zeitz

Zeitz und Umgebung

Vorwahl: 03441
Postleitzahl: 06712
Tourist-Information Zeitz, Altmarkt 16, Tel. 83291, www.zeitz.de.

Hotel und Restaurant Maximilian, Braustr. 5a, Tel. 688800,www.hotel-maximilian-zeitz.de; 25 Zi., DZ ab 76 Euro. In der Altstadt, geschmackvoll eingerichtet, Karte im Restaurant italienisch geprägt.
Gästehaus Villas Kühn, Leipziger Str.32, Tel. 80480, www.villa-kuehn.de; 6 Zi., DZ ab 62 Euro persönliche Atmosphäre in restaurierter Jahrhundertwende-Villa.

Restaurant Schloss Moritzburg, Schlossstr. 6, Tel. 6889927, www.moritzburg-zeitz.de. Speisen in schönen Gewölbekellern und auf der Terrasse im Schlosshof.
Fischspezialitätenrestaurant Nautilus, Neumarkt 38, Tel. 220420, www.nautilus-zeitz.de. Selten genug im Binnenland: gut gemachter Fisch, z.B. Tiefseehecht mit Wildreis 9,25 Euro.

Café Capra auf dem Ziegenhof Schleckweda, Elsterstr. 45, 06722 Wetterzeube/OT Schleckweda, Tel. 036693/22747, www.ziegenhof-schleckweda.de; Café-Saison ab März, So ab 11 Uhr, Häppchen, Kunst, Kultur.
Café Quippini, Luckaer Str. 17, 06729 Elsteraue/OT Langendorf, Tel. 0375/7883390, www.quippini.de; Café, Laden und Galerie in altem Bauernhof, Angebote im skandinavischem Landhausstil, Café: Fr/Sa 10–18 Uhr, So 11–18 Uhr (Mai–Sept), 14–18 Uhr (Okt–Apr).

Weinhof Kloster Posa, An der Stadtmauer 3, Tel. 212104, www.weinhof-kloster-posa.de; Startpunkt der Weinroute Weiße Elster, Rote und Weiße in der Weinklause und im Berg probieren.
Wein- und Sektgut Hubertus Triebe, Mittelweg 18, Zeitz/OT Würchwitz, Tel. 034426/21420, www.weingut-triebe.de; schöner Hof und Vinothek (Di 10–18 Uhr, Fr/Sa 14–18 Uhr u.n.V.), Kerner mit Rieslingeigenschaften, für Fischfans: Ortega.

SEHSONG-Musikkneipe, Stockhausener Weg 1, Zeitz/OT Bockwitz, Tel. 034426/50186, www.kneipe-bockwitz.de; Do–Sa und zum Bockfield-Festival Highlife.

Museum Schloss Moritzburg, Deutsches Kinderwagenmuseum, Schlossstr. 6, Tel. 212546, www.deutsches-kinderwagenmuseum.de; Mo–So 10–17 Uhr.
Unterirdisches Zeitz, Altmarkt 21, Tel. 212722, www.unterirdisches-zeitz.de; April –Okt. Di, Sa, So 10–17 Uhr, Mi–Fr 10–15 Uhr, Nov.–März Di 14–17 Uhr, Mi–Fr 10–15 Uhr, Sa, So 10–16 Uhr.
Michaeliskirche und Luthers-Originalthesendruck, Gemeindebüro St. Michael, Michaeliskirchhof 9, Tel. 213681,www.zeitz.de; Mo–Fr. 10–16 Uhr, Besichtigung des Thesendrucks n. Voranmeldung.
Stiftsbibliothek Zeitz, Schlosstr. 6, Tel. 0177/7449574, www.stiftsbibliothek-zeitz.de; Besuch n. Voranmeldung.
Brikettfabrik Hermannschacht, Naumburger Str. 99, Tel. 228655, www.mut-zeitz.de; Mo–Fr 8–17 Uhr, fünf Tage Voranmeldung
Milbenkäsemuseum Würchwitz, Sporaer Str. 8, Zeitz/OT Würchwitz, Tel. 034426/21346, www.milbenkaesemuseum.de; Besuch n. Voranmeldung.

Recarbo – Radweg auf den Spuren der Kohle. Über ca. 19 Kilometer führt der Weg für Bergbau- Interessierte von der Brikettfabrik Hermannschacht in Zeitz über die Schwelerei Groitzschen, die Schachtanlage Paul II bei Theißen, das Bergbaumuseum in Deuben bis hin zum Mondsee bei Hohenmölsen. Schautafeln geben detailliert Auskunft über die Bergbaurelikte.

Der Osten – das sind Elbauen und Heidelandschaften und die großartigen anhaltischen Residenzen. Zwischen Dessau-Roßlau und Lutherstadt Wittenberg gibt es weltweit Einmaliges: vier UNESCO-Welterbestätten gleichsam in Sichtweite. Dazu die Gegend, die wie Phönix aus der Asche stieg: Bitterfeld und Umgebung mit der Goitzsche und Ferropolis, der Stadt aus Eisen.

Das Melt-Festival in Ferropolis bei Gräfenhainichen

DER OSTEN – ANHALT UND WITTENBERG

Die anhaltischen Residenzen

Wie ein Riegel schiebt sich Anhalt auf Sachsen-Anhalts Landkarte zwischen den preußischen Norden und den weithin sächsischen Süden. Von West nach Ost zieht sich die Kette ehemaliger anhaltischer Residenzen, die alle typisch für die sehenswerten Erbschaften der deutschen Duodezfürstentümer sind und den Besucher immer wieder in Staunen versetzen. Die Grablege Albrechts des Bären kann man in der Kirche des Ballenstedter Schlosses (→ S. 177) besichtigen. Im Gartenträume-Park um das Schloss sieht man die ordnende Hand Johann Peter Lennés. ›Die Krone Anhalts‹ steht über der Saale: das Bernburger Schloss. Die Welthauptstadt der Homöopathie ist Köthen. Hier lebte und arbeitete der ›Vater der Homöopathie‹, Dr. Samuel Hahnemann. Hier war auch ein gewisser Herr Bach Hofkapellmeister in der glücklichsten Zeit seines Lebens. Der Alte Dessauer wurde zur preußischen Legende und zum Erbauer der stärksten preußischen Festung Magdeburg. Sein Enkel Leopold III. Friedrich Franz hatte für den militärischen Eifer seines Großvaters wenig übrig. Unter seinem Regiment wurde Anhalt-Dessau zum ›Musterländle‹ der politischen Vernunft und letztlich zum ›Gartenreich Dessau-Wörlitz‹, heute UNESCO-Welterbe. Das zweite Welterbe stammt aus dem 20. Jahrhundert: Das Bauhaus hatte in Dessau seine Blütezeit. Aus Zerbst stammt die anhaltische Prinzessin, die sich auf dem russischen Thron als Katharina II., die Matuschka Zariza, wiederfand. Ihre Regierungszeit gilt den Russen bis heute als das ›Goldene Zeitalter‹.

Dessau

▲ Karte S. 263

Sachsen-Anhalts drittgrößte Stadt (83 300 Einwohner) ist seit 2007 durch Bürgerentscheid mit dem rechtselbischen Roßlau verbunden; nicht zu jedermanns Freude, hätte mancher sich doch die Stadt als ›Kapitale‹ eines Großkreises Anhalt vorstellen können. Auch der durchaus legitime Wunsch nicht nur der Marketingexperten, weltweit viel mehr als bislang mit dem Begriff ›Bauhaustadt Dessau‹ zu werben, hinkt durch den Bindestrich-Nachsatz –Roßlau erheblich. Jedenfalls liegt die Stadt zwischen Elbe und Mulde in einer der ursprünglichsten und schönsten Auenlandschaften in Deutschland – jeder Radfahrer auf Deutschlands beliebtestem Radfernweg, dem Elberadweg, wird das bestätigen können. Große Teile dieser Auenlandschaft gehören zum UNESCO-Biosphärenreservat Mittelelbe. Zudem gibt es, neben Weimar, nur noch eine Stadt in Deutschland, die UNESCO-Welterbestätten aus zwei ganz unterschiedlichen kulturhistorischen Epochen aufweisen kann: Dessau. Das Gartenreich Dessau-Wörlitz (siehe dazu ausführlich das Kapitel ›Gartenträume‹ ab → Seite 360) und das Wirken der Bauhaus-Meister formen das Antlitz dieser Stadt.

■ Dessau und seine Bauhaus-Bauten

Von 1925 bis 1932 wirkte das Bauhaus – bis 1928 unter der Leitung von Walter Gropius, schließlich unter Hannes Meyer und Ludwig Mies van der Rohe von Dessau aus. Paul Klee, Wassily Kandinsky, Lyonel Feininger, Oskar Schlemmer, Lászlo Moholy-Nagy, Marcel Breuer, Johannes Itten gehörten zu den Meistern. Ihre Intention, Kunst und Technik als eine Einheit zu sehen, führte zu einer modernen Industriekultur und zeitgemäßer, im höchsten Maße funktionaler Architektur. In Dessau gibt es mehr als anderswo Objekte, die auf das Wirken des Bauhauses zurückgehen, zuerst natürlich das **Bauhaus-Gebäude** in der Gropius-Allee selbst.

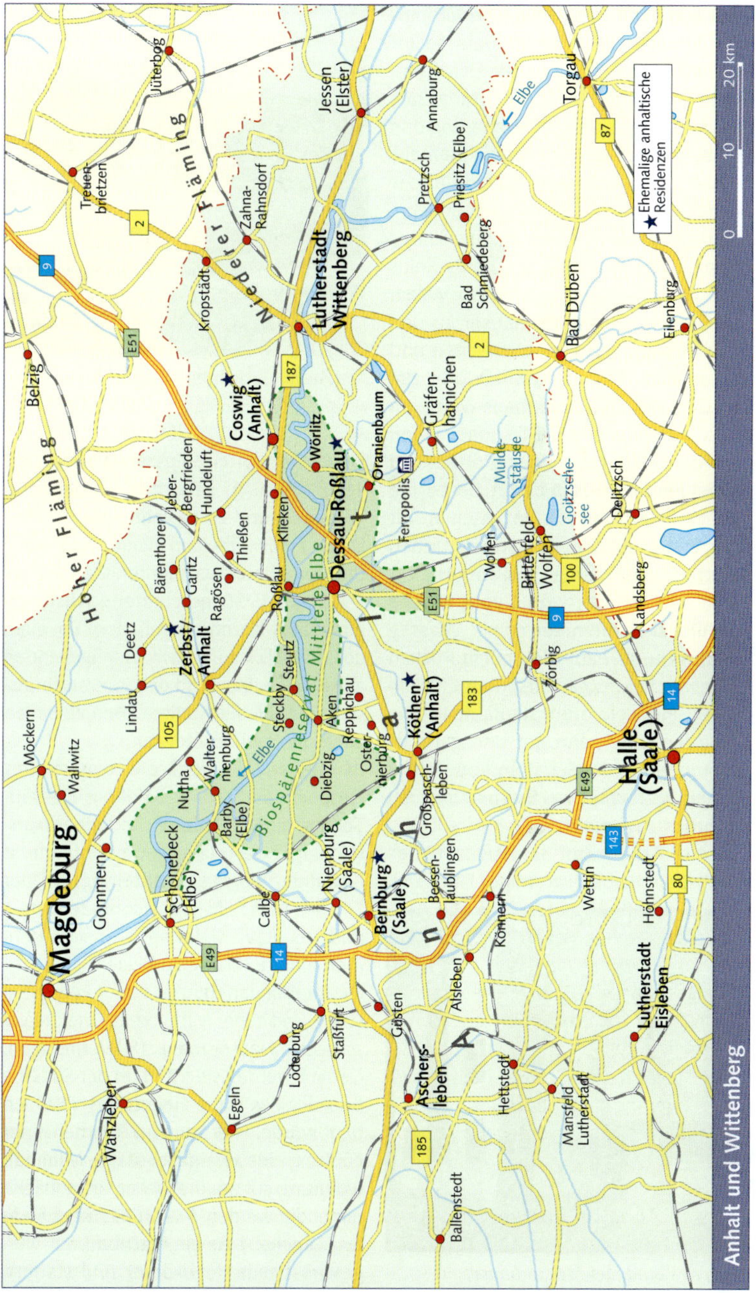
Anhalt und Wittenberg
Magdeburg
Schönebeck (Elbe)
Gommern
Möckern
Wallwitz
Belzig
Treuen-
brietzen
Jüterbog
Hoher Fläming
Niederer Fläming
Kropstädt
Zahna-
Rahnsdorf
Jessen (Elster)
Lutherstadt Wittenberg
Coswig (Anhalt)
Wörlitz
Dessau-Roßlau
Oranienbaum
Ferropolis
Gräfen-
hainichen
Pretzsch
Priesitz (Elbe)
Annaburg
Torgau
Elbe
Bad Schmiedeberg
Bad Düben
Eilenburg
Mulde-
stausee
Goitzsche-
see
Delitzsch
Bitterfeld-
Wolfen
Wolfen
Landsberg
Zörbig
Halle (Saale)
Köthen (Anhalt)
Aken
Reppichau
Oster-
nienburg
Großpasch-
leben
Diebzig
Steckby
Steutz
Zerbst/Anhalt
Deetz
Lindau
Bärenthoren
Garitz
Ragösen
Thießen
Jeber-
Bergfrieden
Hundeluft
Roßlau
Klieken
Walter-
nienburg
Nutha
Barby (Elbe)
Calbe
Nienburg (Saale)
Bernburg (Saale)
Beesen-
laublingen
Könnern
Wettin
Höhnstedt
Lutherstadt Eisleben
Alsleben
Güsten
Staßfurt
Löderburg
Egeln
Wanzleben
Aschersleben
Hettstedt
Mansfeld
Lutherstadt
Ballenstedt
Anhalt
Biosphärenreservat Mittlere Elbe
9
2
E51
187
100
14
E49
143
80
183
105
185
87
Ehemalige anhaltische Residenzen
0
10
20 km

Ab 1925 nach Entwürfen von Gropius erbaut, wurde es schon ein Jahr später als Hochschule für Gestaltung eröffnet. Heute lebt es als Sitz der Stiftung Bauhaus Dessau, als Ort der Erinnerung und Ausstellung an das ehemalige Bauhaus Dessau und auch wieder als ein Ort der Gestaltung, der Forschung und der Lehre – und natürlich ist es ein offenes Haus.

Einen kurzen Spaziergang vom Bauhaus entfernt, entstanden nach dem Willen von Gropius die **Meisterhäuser** als drei Doppelhäuser mit Wohnbereichen und Atelier und einem Einzelhaus für den Direktor. Das Direktorenhaus wurde im Krieg zerstört, und 2014, nach alten Plänen aufgebaut, wieder eröffnet. Im **Lyonel-Feininger-Haus** sitzt heute die Kurt-Weill-Stiftung, die inzwischen mit einer hervorragenden wissenschaftlichen Bibliothek zum Thema Weill ausgestattet ist. In den Häusern von **Georg Muche** und **Oskar Schlemmer** sowie **Wassily Kandinski** und **Paul Klee** beeindrucken die wieder hergestellte ursprüngliche Farbigkeit und viele originale Bauteile. Die kleine Siedlung kann gut und gern als ein Höhepunkt im Schaffen von Walter Gropius betrachtet werden und ist auch öffentlich zugänglich.

Das **Alte Arbeitsamt** am August-Bebel-Platz ist ein halbkreisförmiger Flachbau.

Eines der Bauhaus-Meisterhäuser

▲ Karte S. 265

Die Ausflugsgaststätte Kornhaus an der Elbe

Er wurde von Gropius entworfen und 1928/29 auch gebaut. Das Gebäude ist saniert und zu besichtigen.

Direkt an der Elbe, am Elberadweg, steht die vom Bauhaus-Schüler Carl Fieger 1929 bis 1930 geschaffene **Ausflugsgaststätte Kornhaus** mit dem ihr eigenen, den Blick auf den Fluss freigebenden gläsernen Balkon und der Sommerterrasse an der Elballee. Hier saßen zuweilen auch die Bauhausmeister.

In Dessau-Süd liegt die von Walter Gropius geschaffene Siedlung **Dessau-Törten**, eine halb ländliche Reihenhaussiedlung. Zwei originalgetreu restaurierte Gebäude, das Haus Mittelring 38, der Sitz des **Moses-Mendelssohn-Zentrums** und das Haus Kleinring 5 sind im Rahmen einer Führung zu besichtigen.

Die **Laubenganghäuser** in der Peterholzstraße und in der Mittelbreite sind dreigeschossige Häuser mit je 18 Wohnungen. Gebaut wurden sie 1930. In der Südstraße steht das **Haus Fieger**, das 1927 erbaut wurde. Hier kann im Rahmen einer Führung eine **zweigeschossige Minimalwohnung** auf quadratischer Grundfläche besichtigt werden. Das **Konsumgebäude** Am Dreieck 1 ist ein Flachbau mit viergeschossigem Hochkörper und stammt

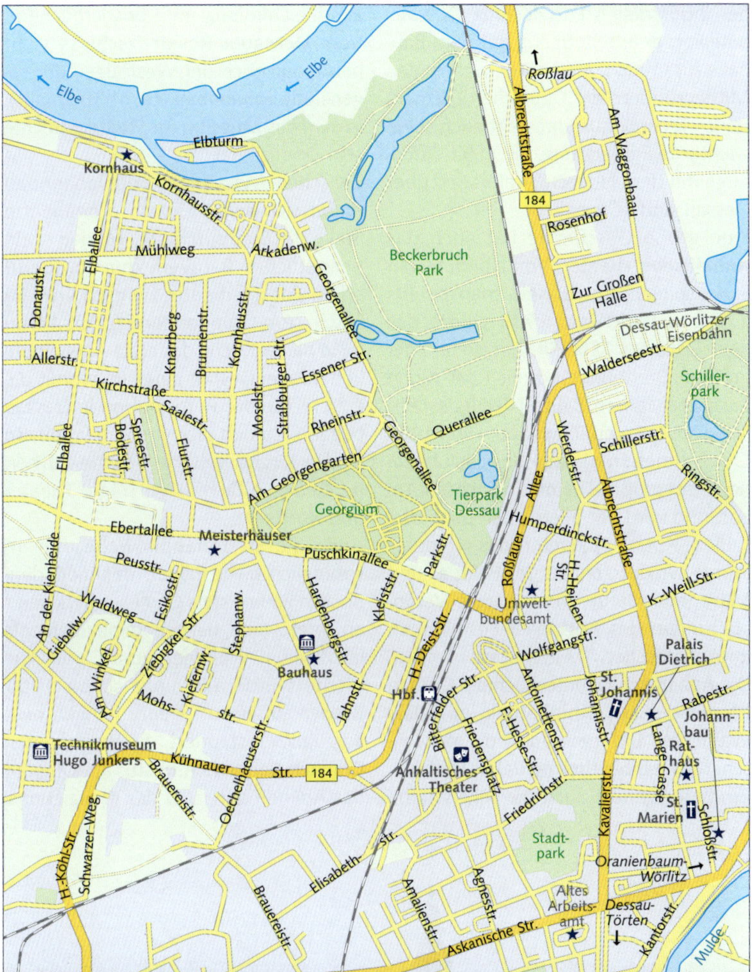

Dessau, Zentrum

von 1928. Das **Stahlhaus** in der Südstraße, an dessen Entstehen auch die Firma von Hugo Junkers einen Anteil hat, wurde 1926 bis 1927 als Siedlungshaus aus vorgefertigten Bauteilen errichtet.

■ Auf dem Dessauer Kulturpfad

Sowohl die Bauhaus-Bauten als auch viele andere Dessauer Sehenwürdigkeiten kann man auf dem so genannten Dessauer Kulturpfad erreichen. Das **Technikmuseum Hugo Junkers** in der Kühnauser Straße 161a beschäftigt sich mit dem Wirken von Hugo Junkers, den man zu den großen Erfindern und Unternehmern des vorigen Jahrhunderts rechnen muss. Bis zu seiner Enteignung durch die Nationalsozialisten war er maßgeblich an der industriellen Entwicklung Dessaus beteiligt, er arbeitete eng mit dem Bauhaus zusammen, er gehörte auch zu den Mitbegründern der Deutschen Lufthansa. Im Technikmuseum steht auch seine wichtigste Entwicklung, die Ju 52. Rundflüge mit dem Flugzeug-Veteranen über Dessau sind sehr beliebt.

Eine große Geschichte hat auch das **Anhaltische Theater**. Von einem festen Schauspielensemble weiß man bereits 1794 zu berichten. 1938 wurde das neue Haus mit 1250 Sitzplätzen und der größten Drehbühne nördlich der Alpen nach drei Jahren Bauzeit fertiggestellt. Mit einer Gesamtbühnenfläche von 1450 Quadratmetern ist das Haus auch heute noch das größte Theater in Sachsen-Anhalt und wird vor allem auch qualitativ seinem Ruf als ›Bayreuth des Nordens‹ immer wieder gerecht. Im Februar und März jedes Jahres finden viele Veranstaltungen des Kurt-Weill-Festes auch im Anhaltischen Theater statt.

Die **Anhaltische Landesbücherei Dessau** ist mit der Hauptbibliothek im **Palais Waldersee** untergebracht, die Wissenschaftliche Bibliothek im **Palais Dietrich**. Zu dieser gehört auch die sehr schöne Landessammlung mit Künstlerbüchern. Vom **Dessauer Residenzschloss** steht heute nur noch der Westflügel, der sogenannte **Johannbau** (ca. 1530 erbaut), in dem das **Museum für Stadtgeschichte** sein Domizil hat.

Zwischen Marktplatz und Johannbau findet sich seit 1554 an prominenter Stelle die **Stadtkirche St. Marien** – ein beachtliches Bauwerk der norddeutschen Backsteingotik ziemlich weit im Süden. Am Gründonnerstag 1534 wurde in dieser Kirche das erste Abendmahl in beiderlei Gestalt gereicht, womit die Geschichte der Reformation in Dessau begann. Zu den prominenten Predigern in der Kirche gehörte Martin Luther, heute ist sie Ort für Vorträge, Theater und Konzerte.

Auch die **St. Johanniskirche**, die ursprünglich nach Plänen des niederländischen Baumeisters Cornelius Ryckwaert errichtet wurde, fiel den Bombardements im Zweiten Weltkrieg zum Opfer. Die Kirche wurde allerdings schon 1955 wieder aufgebaut. Heute hängen hier, vorzüglich restauriert, die prominenten **Cranach-Gemälde** ›Christus am Ölberg‹, das Abendmahls- und das Kreuzigungs-

Der Johannbau beherbergt das Museum für Stadtgeschichte

Karte S. 265

Das spektakuläre Gebäude des Umweltbundesamtes

gemälde, die bis zur Zerstörung zum Inventar der Marienkirche gehörten.
Eine architektonische Sehenswürdigkeit ganz anderer Art findet sich unweit des Hauptbahnhofs – das **Gebäude des Umweltbundesamts** (UBA). Im Zuge der verschiedensten ›Ausgleichsmaßnahmen‹ zwischen Bonn und Berlin und zwischen Ost und West nach der deutschen Einheit hatte man den Beschluss gefasst, den Hauptsitz des Amtes nach Dessau zu verlegen und 2005 war es dann so weit: Das durchaus futuristische Gebäude des Büros sauerbruch & hutton architekten wurde eingeweiht. Die meisten der ökologisch-nachhaltigen Essentials des Gebäudes kann man natürlich nicht sehen, deswegen seien einige davon hier erwähnt: größter Erdwärmetauscher der Welt, Photovoltaikanlage, solarunterstützte Kälteversorgung... Genaueres kann man sich bei angemeldeten Rundgängen erläutern lassen.
In Sichtweite vom UBA startet im Saisonbetrieb die **Dessau-Wörlitzer Eisenbahn** zu ihrer recht gemütlichen Fahrt – eine sehr empfehlenswerte Weise, sich durch das Gartenreich in das kleine Städtchen zu begeben.

Der Stadtteil Roßlau

2015 feierten die Roßlauer den 800. Geburtstag ihrer Stadt mit einer besonders großen Ausgabe ihres jährlichen Schifferfestes. Denn Roßlau war und ist eine Schifferstadt. Heute befindet sich auf dem Gelände der Roßlauer Schiffswerft das **Schiffbau- und Schifffahrtsmuseum Roßlau**. Hier werden Modelle, Zeichnungen, Fotos, Anschauungsmaterial aus der Praxis gezeigt.
Der große spätklassizistische Baumeister Köthens, Christian Gottfried Heinrich Bandhauer (1790–1837) stammt aus Roßlau und starb hier auch im Jahr 1837. Auf seinen Spuren kann man in Roßlau eine Reihe von Gebäuden sehen. Das 1826 errichtete **Brauhaus** gehört dabei zu den interessantesten seiner Bauten, die **Pylonen auf dem Alten Friedhof**, die er 1822 bis 1823 errichten ließ, sind seit 2002 seine nunmehrige Ruhestätte. Die **Wasserburg Roßlau** am Schlossgarten lässt sich in ihren ältesten Teilen bis ins 12. Jahrhundert zurückführen. Der repräsentative Wohnturm und die aufgefundene mittelalterliche Steinkammer-Luftheizung lassen auf einen gewissen Luxus schließen. Einer der

Im ›Gartenträume‹-Park Luisium

ältesten Eheringe, der Roßlauer Treuering, ist ebenfalls auf der Burg gefunden worden. Und natürlich ist die Burg auch Zentrum vieler Roßlauer Feste.

Im Ortsteil **Meinsdorf** entstand zwischen 1993 und 1996 nach Plänen deutscher, niederländischer, österreichischer, ungarischer, finnischer und französischer Architekten ein so genanntes **Europadorf**, das einen interessanten Einblick in zeitgemäßes Bauen in den verschiedenen Ländern gibt.

Wörlitz und Oranienbaum

Wörlitz (1500 Einwohner) wird fast immer im Zusammenhang mit Dessau genannt. Natürlich hat das mit dem Gartenreich zu tun, das den Namen des 1004 erstmals urkundlich erwähnten Städtchens in aller Welt bekannt machte. Ursprünglich war Wörlitz ein Ackerbürgerstädtchen und die Auenlandschaft vor allem als Jagdgebiet für die Dessauer Fürsten von Belang. Schon im 17. Jahrhundert entstand dafür am Seeufer ein Jagdschloss. Mit der Entwicklung des Gartenreichs wurde die Stadt eng mit der Parkanlage und durch viele Zugänge mit ihr verbunden, maßgeblich durch Friedrich Wilhelm von Erdmannsdorff geprägt. So kann man während eines Rundgangs unter anderem die heutige Kirche St. Petri, das historische Rathaus mit angrenzendem Markt, die Brauerei, das ehemalige Mustergut, das Zeremonienhaus des Jüdischen Friedhofs, die Synagoge, den endlich wieder restaurierten historischen Gasthof ›Zum Eichenkranz‹ und die historischen Gebäude des christlichen Friedhofs mit dem Grab des Dichters Friedrich von Matthisson sehen.

Oranienbaum (2900 Einwohner) bildet heute mit Wörlitz eine gemeinsame Kommune. Ursprünglich trug der Ort den Namen Nischwitz. Im Jahre 1660 ging Nischwitz in den Besitz von Prinzessin Henriette Catharina von Oranien-Nassau, der Frau des Fürsten Johann Georg II. von Anhalt-Dessau, über. Sie ließ 1669 eine Glashütte errichten. Im Jahre 1673 erhielt der Ort dann in Erinnerung an die Herkunft der Fürstin den Namen Oranienbaum. Der Architekt Cornelis Ryckwaert begann 1683 mit der Gestaltung Oranienbaums zu einem barocken Ensemble aus Stadt, Schloss und Park. Unweit von Oranienbaum befinden sich mit dem Auenhaus und der Biberfreianlage wichtige Informationszentren und im ›Kapenschlösschen‹ der Sitz der Verwaltung des UNESCO-Biosphärenreservats Mittelelbe.

Ausführlich wird das **Gartenreich Dessau-Wörlitz** im Kapitel ›Gartenträume‹ ab → Seite 361 beschrieben.

Schloss Oranienbaum

▶ Karte S. 263

›Vater Franz‹, der Schöpfer des Gartenreichs Dessau-Wörlitz

Am 18. Juni 1757, unmittelbar nach der für Friedrich II. von Preußen verlorenen Schlacht bei Kolin, nahm der Enkel des Kriegshelden Fürst Leopold von Anhalt-Dessau, des Alten Dessauers, als noch nicht ganz Achtzehnjähriger seinen Abschied. Das Kriegswesen, das wusste er nun, war seine Sache nicht. Im Zorn belegte der Preußenherrscher das kleine Fürstentum Anhalt-Dessau mit einer Kontributionszahlung von 180 000 Talern. Der junge Fürst belastete damit nicht seine Untertanen, sondern zahlte aus eigener Tasche. Selbst die Jagdhunde musste er verkaufen, um aus der Sache zu kommen. Ein mildtätiger, weltferner Fürst also? Mitnichten. Er rechnete sich aus, dass er, falls er seine Untertanen damit belaste, deren Einkommen aus der Landwirtschaft aufgrund des anhaltischen Sandbodens schmal waren, sie durch Abwanderung verliere. Er sicherte sich also mit der klugen Tat die finanzielle Zukunft seines Ländchens.

Luther sagte einmal: »Ein kluger Fürst ist ein seltener Vogel«. Der reformierte Fürst war ein solcher. Wobei es auch eine Zeit gab, in der Leopold III. Friedrich Franz, Fürst und Herzog von Anhalt-Dessau (1740–1817), das Amt an den Nagel hängen wollte, um sich mit seiner bürgerlichen Liebe eine bürgerliche Existenz im fortschrittlichen England aufzubauen. Das verhinderte Friedrich II., Franz musste eine Hohenzollernprinzessin heiraten, seine Cousine, Luise Prinzessin von Brandenburg-Schwedt, die Mutter seines Sohnes Friedrich, der 1814 verstarb. Studienreisen nach Italien, Frankreich, in die Schweiz, in die Niederlande und nach England, gemeinsam mit seinem Freund, dem Architekten Friedrich Wilhelm von Erdmannsdorff (1736–1800), ließen den Plan zur Landesverschönerung Anhalt-Dessaus reifen. So entstand das Dessau-Wörlitzer Gartenreich.

Der aufgeklärte Fürst schuf mit dem Wörlitzer Park nicht nur eine der ersten landschaftlichen Parkanlagen im englischen Stil auf dem Kontinent, er machte ihn auch öffentlich zugänglich und sah ihn als einen ästhetischen und philosophischen Bildungspark. Mit tiefgreifenden Reformen in Bildung, Gesundheitswesen, Sozialwesen, Land- und Forstwirtschaft, Gewerbe und Straßenbau schuf er eines der modernsten Länder Deutschlands. Das Wörlitzer Schloss, im Stil eines englischen Landhauses erbaut, ist der erste klassizistische Bau in Deutschland. Das Motto des Fürsten war, das Schöne mit dem Nützlichen zu verbinden.

Heute erinnern das UNESCO-Welterbe ›Dessau-Wörlitzer Gartenreich‹ mit seinen sieben Parks, mit den Schlössern zu Wörlitz, Oranienbaum, dem Georgium, dem Luisium oder Schloss Mosigkau an die Tätigkeit des Fürsten. Das Gotische Haus im Wörlitzer Park war seine Wohnung mit seiner Frau zur Linken Hand, Luise Schoch, der Tochter des Gartenbaumeisters Schoch, mit der er drei Kinder hatte. Insgesamt hatte der volkstümliche Fürst, den seine Untertanen bald ›Vater Franz‹ nannten, zehn außereheliche Kinder, für die er jeweils sorgte. Sein Denkmal steht in Dessau am Neumarkt vor der Johanniskirche. Er verstarb 1817 an den Folgen eines Reitunfalls. Seine letzten Worte: »Man muss für Arbeit sorgen. Darauf kommt es an.«

Dessau-Roßlau, Wörlitz und Oranienbaum

Vorwahl: 0340
Postleitzahl: 06844
Tourist-Information Dessau-Roßlau, Zerbster Str. 2c, Tel. 2041442, 19433, www.dessau-rosslau-tourismus.de. Apr.–Okt. Mo–Fr 10–18 Uhr, Sa 9.30–13 Uhr, Nov.–März Mo–Fr 10–17 Uhr, Sa 10–13 Uhr. In Dessau-Roßlau gibt es die DCard, die für einen Erwachsenen und ein Kind bis zu 12 Jahren gilt und freie Fahrt mit Bussen und Straßenbahnen in der Stadt sowie weitere Vergünstigungen bietet.
Wörlitz-Information, Förstergasse 26, 06785 Oranienbaum-Wörlitz, OT Wörlitz, Tel. 31009, 19433, www.woerlitz-information.de; Apr.-Okt. tgl. 10–18 Uhr, Nov.–März Mo–Fr 10–16 Uhr.
Informationen über alle Einrichtungen und Anlagen des **Gartenreichs Dessau-Wörlitz** → S. 361.

Hotel Radisson Blu Fürst Leopold, Friedensplatz, Tel. 25150, www.hotel-dessau-city.de; 204 Zimmer, DZ ab 107 Euro. Erstes Haus am Platz, angenehme Atmosphäre, zentral für alle Spaziergänge.
Bauhaus-Ateliergebäude, Gropiusallee 38, 06846 Dessau-Roßlau, Tel. 6508318, unterkunft@bauhaus.de, www.bauhaus-dessau.de; 28 Atelierräume, DZ ab 55 Euro. Was es sonst nirgendwo gibt: Schlafen wie die Bauhäusler in den 20er Jahren – in original Mobiliar, spartanisch, Gemeinschaftsdusche und Etagen-WC.
Ringhotel Zum Stein, Erdmannsdorffstr. 228, 06785 Oranienbaum-Wörlitz, OT Wörlitz. 034905/500, www.hotel-zum-stein.de; 87 Zi., DZ ab 138 Euro. Vielgefragtes Haus in bester Gartenreich-Lage. Erstklassiger Wellnessbereich.
Landhaus Wörlitzer Hof, Wörlitzer Markt 96, 06785 Oranienbaum-Wörlitz, OT Wörlitz, Tel. 034905/4110, www.woerlitzer-hof.de; 50 Zi., DZ ab 99 Euro. Schönes Haus, gute Küche, der kürzeste Weg zur Gondelstation.

Die Kulturstiftung Dessau-Wörlitz bietet im Gartenreich sehr schöne **Ferienwohnungen** in verschiedenen historischen Gebäuden an (u.a. Schlangenhaus, Eyserbeckhaus) – schlafen wie die Prinzen. Infos: www.gartenreich.com.

Kornhaus Dessau, Kornhausstr. 146, 06840 Dessau-Roßlau, Tel. 65019963, www.kornhaus-dessau.de. Ein Muss in Dessau, speisen im Bauhaus-Denkmal an der Elbe, mediterran angehauchte Küche, vegetarische Speisen.

Café-Bistro im Bauhaus, Gropiusallee 38, Tel. 6508444, www.klubimbauhaus.de; Mo–Sa 8–24 Uhr, So 8–18 Uhr. Mehr Authentizität geht nicht: Selbstbedienung, frisches Bauhausfrühstück und danach im Bauhaus entworfene Frühstücksaccessoires kaufen.

Bauhaus und Meisterhäuser, Besucherzentrum Bauhaus, Gropiusallee 38, 06846 Dessau-Rosslau, Tel. 6508250, www.bauhaus-dessau.de; tgl. 10–17 Uhr, Öffnungszeiten der Meisterhäuser Apr.–Sept. Di–So 10–17 Uhr, Ok.–März Di–So 11–17 Uhr.
Museum für Stadtgeschichte Johannbau, Am Schlossplatz 3a, Tel. 2209612, www.dessau-rosslau.de; Di–Do, Sa/So/Feiertage 10–17 Uhr.
Technikmuseum Hugo Junkers, Kühnauer Str. 161a, 06846 Dessau-Rosslau, Tel. 6611982, www.technikmuseum-dessau.de; tgl. 10–17 Uhr.
Schiffbau- und Schifffahrtsmuseum Roßlau, Clara-Zetkin-Str. 30c, 06862 Dessau-Roßlau, Tel. 034901/84824; Di 10–12, 14–17 Uhr.
Moses Mendelssohn Zentrum, Mittelring 38, 06849 Dessau-Rosslau, Tel. 8501199, www.mendelssohn-dessau.de; März–Okt. tgl. 10–17 Uhr, Nov.–Feb. Mo–Fr 10–16 Uhr, Sa/So 13–16 Uhr.

▶ Karte S. 263, 265

Bibelturm Wörlitz, Kirchgasse 34, 06786 Wörlitz. Tel. 034905/214975, www.bibelturm.de.

Anhaltisches Theater Dessau, Friedensplatz 1a, Tel. 2511332, www.anhaltisches-theater.de.

Kurt-Weill-Fest, Kurt-Weill-Zentrum, Ebertallee 63, 06846 Dessau-Rosslau, Tel. 619595, www.kurt-weill-fest.de. Jedes Jahr drei Wochen Ende Februar/Anfang März.

Zahlreiche Veranstaltungen finden im Gartenreich Dessau-Wörlitz statt, u.a. das **Frühlingserwachen im März** und der jährliche **Gartenreichsommer** (Mai–Sept.), www.gartenreich.com.

Ein Höhepunkt ist das **Farb-/Lichtfest des Bauhauses** (jeweils im September), www.bauhaus-dessau.de.

Dessau hat mit dem Rathaus-Center und dem Dessau-Center zwei große Einkaufszentren.

Regionalladen Das Landei, Johannisstr. 15, Tel. 5204390, www.landei-dessau.de. Alles von umliegenden Höfen, Familienbetrieben und kleinen Manufakturen, auch Suppen und Snacks.

Buchladen im Bauhaus, Gropiusallee 38, Tel. 6508430, www.bauhausbuchladen.de.

Gartenreich-Laden im Küchengebäude Schloss Wörlitz, 06786 Wörlitz, Tel. 034905/30028, www.museumswelt.eu/gartenreich. Schönes für den Garten oder die Küche und kulinarische Kostbarkeiten.

Flugplatz Hugo Junkers Dessau, Alte Landebahn 27, 06846 Dessau-Roßlau, Tel. 619751, www.flugplatz-dessau.de; Mo–Fr 8–20 Uhr, Sa/So 9–19 Uhr.Ballonfahrten, Fallschirmspringen, Rundflüge über Dessau.

Segway-Touren, Alt-Dellnau 1, 06842 Dessau-Rosslau, Tel. 53201977, www.segwaypoint-dessau-mildensee.de.

Yoga im Gartenreich/Yoga-Wanderung, Reisewerk StattReisen Dessau, Tel. 2211933, info@reisewerk.de.

In Dessau schließt der **Mulde-Radweg** an den **Elbe-Radweg** an. Ein besonderes Angebot ist die **Gartenreichtour Fürst Franz**, die auf einer Runde von 68 Kilometern alle Anlagen des Gartenreichs berührt. Rastplätze und auch Übernachtungsmöglichkeiten gibt es in großer Zahl, www.dessau-rosslau-tourismus.de.

Köthen und Umgebung

Köthen (Anhalt) ist die Kreisstadt des Landkreises Anhalt-Bitterfeld. Die erste Erwähnung der Stadt (26 800 Einwohner) findet sich in mehreren Chroniken, die 1115 vom Kampf Otto von Ballenstedts gegen plündernde Slawen berichten. Seine Existenz verdankte das kleine Herzogtum einer der vielen Erbteilungen in Anhalt, bedingt durch das Fehlen der Primogenitur. 1617 gründete Fürst Ludwig I. die Fruchtbringende Gesellschaft zur Pflege der deutschen Sprache. Hier saßen auch Mitglieder der verfeindeten Lager während des Dreißigjährigen Krieges friedlich miteinander am Tisch.

Fürst Leopold holte im Jahre 1716 **Johann Sebastian Bach** als Hofkapellmeister an den Köthener Hof, Bach sprach später von seinen glücklichsten Jahren. Man muss ihn sich in Köthen als einen jungen, farbenfroh gekleideten Mann mit Kavaliersdegen vorstellen, ein Bild, das so gar nicht zu dem gemeinhin überlieferten ernsten Bach-Bild passen will. 1821 bis 1834 arbeitete der ›Vater der Homöopathie‹, **Dr. Samuel Hahnemann**, in Köthen. Hier entstanden seine berühmtesten Schriften. Später arbeitete der Heilpraktiker **Arthur Lutze** hier, dessen Köthener Klinik weltberühmt wurde.

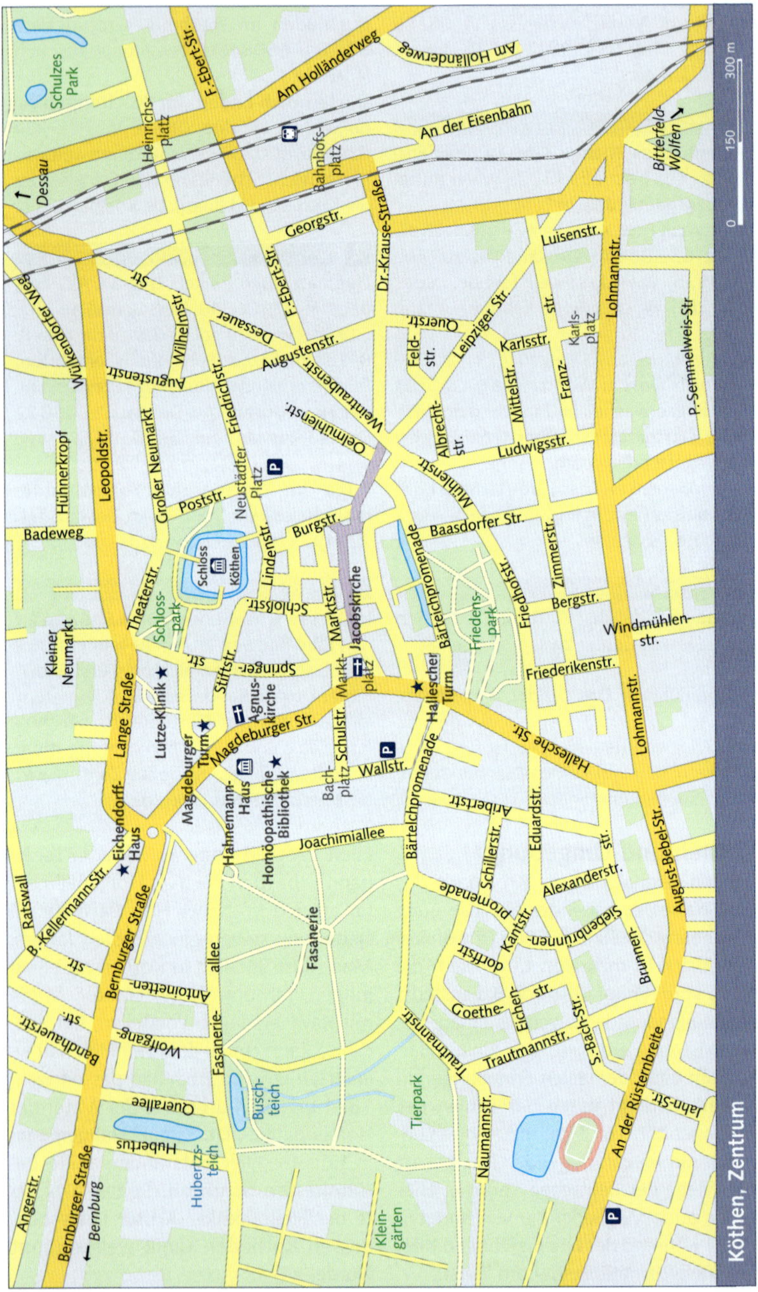

Köthen, Zentrum

2007 wurde die **Neue Fruchtbringende Gesellschaft zu Köthen** – Vereinigung zur Pflege deutscher Sprache‹ gegründet, auf deren Anregung auch die ›Straße der deutschen Sprache‹ zurückgeht, die bislang 16 Städte in Mitteldeutschland vereint. 2013 verlegte der homöopathische Weltärzteverband **Liga Medicorum Homoeopathica Internationalis** seinen Sitz von Genf nach Köthen. Nun kann sich die Stadt mit Fug und Recht ›Welthauptstadt der Homöopathie‹ nennen.

Schloss Köthen

Schloss und Schlosspark

Das Schlossensemble mitten in der Stadt diente von 1244 bis 1847 als anhaltische Fürstenresidenz. Der älteste Teil ist der Johann-Georg-Bau aus den Jahren 1597 bis 1599. Ihm folgt der Ludwigsbau von 1600 bis 1608. Im Ludwigsbau befindet sich der von Gottfried Bandhauer entworfene Thronsaal, der Spiegelsaal, der zweihundert Jahre nach dem Bau dort entstand. Bandhauer errichtete 1823 auch das Ferdinandshaus. In der Ruine der 1949 ausgebrannten Reithalle wurde 2008 ein multifunktionales Veranstaltungszentrum eröffnet, das durch seine akustische Brillanz für die Bach-Festtage ein wunderbarer Aufführungsort ist. Im Steinernen Haus befinden sich das Stadtarchiv Köthen und die Magazinräume des Museums. Im Johann-Georg-Bau hat seit 1984 die Musikschule ›Johann Sebastian Bach‹ ihren Sitz. Der Schlosspark gehört heute zu den sachsen-anhaltischen ›Gartenträumen‹.

Naumann-Museum

Johann Friedrich Naumann (1780–1857) gilt als Begründer der Vogelkunde in Mitteleuropa.

1821 verkaufte Naumann seine Vogelsammlung an den Herzog Ferdinand von Anhalt-Köthen und wurde gleichzeitig Kurator der Sammlung. Seit 1835 ist sie im Ferdinandsbau des Schlosses öffentlich zugänglich. Das Naumann-Museum im Schloss Köthen ist noch heute das einzige ornithologiegeschichtliche Museum der Welt.

Hahnemann-Haus

Christian Friedrich Samuel Hahnemann (1755–1843), der Begründer der Homöopathie arbeitete und lebte in Köthen als Herzoglicher Leibarzt, weil ihm der Herzog die Verfertigung eigener Arzneien erlaubte. In Köthen erschienen seine wichtigsten Werke. In der Köthener Wallstraße 47 befindet sich das aufwändig restaurierte Wohnhaus Hahnemanns, in welchem er 1835 auch ohne kirchlichen Segen seine zweite Ehe mit der 45 Jahre jüngeren Mélanie d´Hervilly schloss, mit der er später nach Paris ging. Heute ist das Haus Museum. Ein **Denkmal für Hahnemann** und den berühmten Heilpraktiker Arthur Lutze steht im Schlosspark gegenüber der Lutze-Klinik.

Homöopathie-Pfad

Im Zug der Internationalen Bauausstellung Stadtumbau 2010 wurde die Idee eines Homöopathie-Pfades durch Köthen umgesetzt. Auf den verschiedens-

Hahnemann-Haus und Europäische Bibliothek für Homöopathie

ten Häusergiebeln sind Zitate, Gedanken und Reflexionen aus dem ›Organon‹ des Dr. Hahnemann zu lesen. Der Rundgang beginnt am Ludwigsbau, wo im **Historischen Museum** auch die Dauerausstellung zur Homöopathie in Köthen gezeigt wird. Er führt über das **Spitalgebäude**, die **Europäische Bibliothek für Homöopathie** in Nachbarschaft zum Hahnemann-Haus über den **Magdeburger Turm** bis zur **Lutze-Klinik**.

■ Kirche Sankt Agnus

1698 wurde die von der Fürstin Gisela Agnes gestiftete Sankt-Agnus-Kirche fertiggestellt und 1697 als erste lutherische Kirche Köthens geweiht. In der Kirche befinden sich ein **Abendmahlsbild von Lucas Cranach dem Jüngeren** sowie ein spätgotischer Schnitzaltar. In St. Agnus wirkte auch Johann Sebastian Bach. Der Kelch, aus dem Bach den Abendmahlswein empfing, ist noch zu besichtigen.

■ Stadtkirche Sankt Jakob

Sie ist der spätgotische dreischiffige Nachfolgebau der romanischen Kirche aus dem 12./13. Jahrhundert. 1896 bis 1898 wurde der bereits 1599 eingestürzte Turm auf der Westseite durch das heutige Turmpaar ersetzt. Der Theaterarchitekt Bernhard Sehring (→ S. 371) errichtete die mit 75 Metern höchsten Kirchtürme Anhalts. Die **Orgel** ist von **Friedrich Ladegast** erbaut und die bedeutendste ihrer Art in Anhalt. In der **Fürstengruft** der Kirche - heute Konzertort während der Köthener Bachfesttage - sind die Fürsten von Anhalt-Köthen in zum Teil aufwändig verzierten Prunksärgen bestattet.

■ Eichendorff-Haus

In der Bernburger Straße 2 wohnte zwischen 1849 und 1855 der Dichter Joseph von Eichendorff (1788–1857) im ›Haus in den Rosen‹. Eichendorff zählt mit mehr als 5000 Vertonungen zu den meistvertonten deutschsprachigen Lyrikern. Das klassizistisch-biedermeierliche Landhaus erwarb die Tochter Eichendorffs, Luise, von dem preußischen Major Nicolaus Joseph von Holly-Ponienczecz. Eichendorff hielt sich hier zuletzt von April bis Oktober 1855 auf. Es ist das einzige noch erhaltene Wohnhaus des Dichters.

Die Sankt-Agnus-Kirche

▲ Karte S. 272

Spiegelsaal im Köthener Schloss

Gröbzig

Die Stadt (3000 Einwohner) erregte Aufsehen mit dem in Deutschland einzigartigen **Museum in der ehemaligen Synagoge**. Diese war über die Nazizeit erhalten geblieben, weil die nur noch aus elf Mitgliedern bestehende Gröbziger jüdische Gemeinde 1934 das Haus dem Heimatverein und der Stadt unter der ausdrücklichen Bedingung vermachte, dass es zu Museumszwecken genutzt würde. So kam es auch, dass Gröbziger Stadtarbeiter 1934 den Auftrag seitens der Stadt erhielten, die bereits 1923 zerstörten jüdischen Grabsteine wieder aufzustellen. Heute bildet die Gröbziger Synagoge mit dem Schulgebäude, dem jüdischen Gemeindehaus und dem jüdischen Friedhof ein sehr gut erhaltenes Denkmalensemble.

Ilberstedt und Weißandt-Gölzau

An der Hauptstraße in Ilberstedt sind an einem **Kreuzweg** sechs kreuzförmige Steine zu sehen. Die Sage berichtet von einem hier geschehenen Raubüberfall, bei dem die vier Räuber und das Opfer durch den Hund des Opfers zu Tode kamen, der wiederum aus Kummer die Nahrung verweigerte, bis er als sechster das Zeitliche segnet. Auf welche Tat die Setzung der Steine wirklich zurückgeht, ist im Dunkel der Geschichte verschollen.

Weißandt-Gölzau war nach dem Aufschluss großer Braunkohlevorkommen ab 1860 ein Bergarbeiterdorf. Später stand hier der größte Kunststoffproduzent der DDR – alle Quark-, Butter- oder Joghurtbecher in der DDR kamen von hier.

Osternienburger Land

Osternienburg gilt als das deutsche Hockeydorf. Zu DDR-Zeiten kamen fast alle Hockey-Nationalspieler aus dem gut 2100 Einwohner großen Ort. Noch heute spielen Damen und Herren in der Hallenhockey-Bundesliga.

»Wer zuerst kommt, mahlt zuerst« – Das geflügelte Wort bezieht sich auf das Geschäft des Müllers – und wer bei ihm seinen Weizen zuerst mahlen darf. Das hält der ›Sachsenspiegel‹ des Eike von Repgow fest, der in **Reppichau** geboren wurde. 1220 bis 1235 schuf er das erste deutsche Prosawerk, den sogenannten **Sachsenspiegel,** eine Sammlung von Rechtsvorschriften, die zu einem der einflussreichsten Gesetzestexte Europas wurden. Das Kunstprojekt ›Sachsenspiegel in Reppichau‹ hat aus dem 500-Seelen-Ort ein Freilichtmuseum werden lassen. Große Figuren aus den Handschriften des ›Sachsenspiegel‹ geleiten durch das Dorf. Im **Mühlenmuseum** gilt das Hauptaugenmerk natürlich auch der Rechtsprechung. In **Diebzig** steht das kleinste **Jagdschloss** Sachsen-Anhalts, das im Auftrag des Fürsten Ludwig von Anhalt-Köthen 1792 errichtet wurde. Im Ort stehen Holzskulpturen, die bei einem Skulpturen-Workshop in Diebzig entstanden. In **Großpaschleben** zieht der Ferien- und Freizeithof vor allem Familien an, 1200 Quadratmeter Wasserfläche laden zum Angeln. Das ehemalige Fahrgastschiff ›Giebichenstein‹ schwimmt heute als Eiscafé auf einem der Teiche des Forellenhofs.

Köthen und Umgebung

Vorwahl: 03496

Postleitzahl: 06366

Köthen-Information im Schloss Köthen, Tel. 70099260, www.bachstadt-koethen.de; Di–So 10–17 Uhr.

Informationsbüro Förderverein Eike von Repgow, Akener Str. 3a, 06386 Reppichau, Tel. 034909/70700, www.reppichau.de.

Hotel Anhalt, Ludwigstraße 53, Tel. 550010 Fax 55001, www.hotelanhalt.de; 67 Zi., DZ ab 80 Euro. Solides Haus mit italienischem Restaurant.

Brauhaus Köthen, Am Lachsfang 1–3, Tel. 3099490, www.brauhauskoethen.de. Mit eigener kleiner Braustube, rustikale Küche, z.B. Anhaltinische Kartoffelsuppe und Köthener Bierfleisch.

Im **Schloss Köthen**, Schlossplatz 5, www.bachstadt-koethen.de, finden sich die folgenden Museen: **Historisches Museum und Bachgedenkstätte**, Tel.212546; **Naumann-Museum für Ornithologie**, Tel. 70099277; **Prähistorische Sammlung**, Tel. 601517; **Erlebniswelt Deutsche Sprache**, Tel. 405740, www.fruchtbringende-gesellschaft.de.

Europäische Bibliothek für Homöopathie, Wallstraße 48, Tel. 7009925; Mo 14–18 Uhr, Do 11–14 Uhr.

Hahnemann-Haus, Wallstr. 47, Tel. 7009-9260, www.homoeopathie-koethen.de.

St. Jakobskirche, Hallesche Str. 15a, Tel. 214157, www.jakobskirche-koethen.de; Mai–Okt. 10–16 Uhr. In dieser Zeit Orgelmusik und Meditation jeweils 11.30 Uhr.

Museum Schloss Biendorf, Kaiser-Otto-Str. 2–4, 06406 Bernburg, OT Biendorf, Tel. 034722/730480, www.schlossbiendorf.de.

Museum Sachsenspiegel, Akener Str. 3a, 06386 Reppichau. Tel. 034909/70700 www.reppichau.de; Apr.–Okt. tgl. 10–12 u. 13–17 Uhr.

Museum Synagoge Gröbzig, Tel. 034976/22209, www.synagoge-groebzig.de.

Bach-Festtage, Köthener Bach Gesellschaft, Prinzessinnenhaus, Schlossplatz 5. Postfach 1438, 06354 Köthen, Tel. 303985, www.bach-in-koethen.de. Jedes zweite Jahr August/September (wieder 2016), dazwischen Nationaler Bach-Wettbewerb für junge Pianisten.

Köthener Badewelt, Ratswall 9, Tel. 508880, www.koethener-badewelt.de. Badelandschaft mit Sport- und Wellenbecken, 50-Meter-Rutsche. Saunalandschaft, Wellness.

Paschlewwer Freizeit- und Ferienhof, Trinumer Weg 4, 06386 Osternienburger Land, OT Großpaschleben, Tel. 510396, www.freizeit-ferienhof.de. Forellenteiche, Indianerdorf, Reiterhof, Bungalows, Ferienwohnungen, Restaurant – Freizeitangebote für die ganze Familie.

▶ Karte S. 263, 272

Bernburg und Umgebung

Die Saalestadt (35 000 Einwohner) ist Kreisstadt des Salzlandkreises und dank der Hochschule Anhalt Hochschulstadt. Das wirtschaftliche Rückgrat der Stadt bilden die modernen Industriebetriebe. Der belgische Erfinder und Industrielle Ernest Solvay beantragte und erhielt bereits 1880 eine Konzession für eine Sodafabrik in Bernburg. 1891 begann man in der Nähe Bernburgs mit dem Abbau von Steinsalz und Kali, 1921 mit der Herstellung von Zement.

Einst aber war die Stadt Residenz der Nebenlinie Anhalt-Bernburg des anhaltischen Fürstenhauses. Unter dem Fürsten Wolfgang von Anhalt-Köthen (1492–1566) wurde 1526 in Anhalt-Bernburg als drittem Land nach Kursachsen und Anhalt-Köthen die Reformation eingeführt. Im Jahr 1825 wurden die beiden Hauptorte Bernburgs, die Talstadt an der Saale und die Bergstadt mit dem Schloss, zu einer Stadt vereint. Vom 1913 erbauten **Keßlerturm** hat man aus 26 Metern Höhe einen großartigen Rundumblick über Bernburg und die Auenlandschaft an der Saale. Etwas Neues wird dem aufmerksamen Betrachter in der Stadt nicht entgehen: An immer mehr Hausfassaden prangt der **Blaue Bernburger**. ›Vinum Saaleanum fuit omni tempore sanum‹ – Weine, an der Saale gelesen, sind alle Zeit gesund gewesen‹ hieß es im vormaligen Weinanbaugebiet an der unteren Saale.

Schloss Bernburg

Das Renaissanceschloss hoch über dem Saaleufer wird auch ›Krone Anhalts‹ genannt. Wer den Anblick von der Saale her genießt, weiß auch warum. Als ältester Teil gilt der seit 1640 so benannte **Eulenspiegelturm**, der runde Bergfried der alten Burg (›Straße der Romanik‹). Eulenspiegel soll hier als Turmwächter

Mittelalterfest auf dem Schloss Bernburg

mancherlei Schabernack getrieben haben. In der Südwestecke der Schlossanlage finden sich noch die **Reste der romanischen Burgkapelle** von 1170. Im Auftrag des Lutherfreundes Fürst Wolfgang wurde die Burg 1538 mit dem **Wolfgangbau** zu einem der prächtigsten Renaissanceschlösser in Deutschland umgebaut. Auf den beiden Runderkern sind acht Bildreliefs protestantischer Fürsten und das des Kaisers Karl V. zu sehen. Die Originale dieser Bildreliefs befinden sich im **Museum im Schloss**. Das Schloss hat mit dem **Bärenzwinger** eine ausgesprochene Besucherattraktion.

Die heute barocke **Schlosskirche St. Aegidien** ist auf den Grundsteinen einer romanischen Basilika aus dem 12. Jahrhundert erbaut, die Orgel stammt von 1756. In der zweigeschossigen **Gruftkapelle** sind die Mitglieder der Herzogsfamilie von Anhalt-Bernburg beigesetzt. In den neu gestalteten Räumen des Schlosses befindet sich die **Stiftung Deutsches Kabarett**, Standort Bernburg. Dokumentiert wird die Geschichte des Kabaretts in der DDR mit Sammlungsschwerpunkten zu den staatlichen Berufs- und den mehr als sechshundert Amateurkabaretts.

St. Marien und St. Nikolai

Die **Kirche Beate Mariä Virginis**, abgekürzt Marienkirche, ist der bedeutendste sakrale Bau Bernburgs. Die gotische Kirche wurde 1228 erbaut, vermutlich stiftete Markgraf Gero an dieser Stelle 965 bereits die romanische Vorgängerkirche. Chor und Hauptportal stammen aus der Zeit zwischen 1640 und 1500. Die Kirche gilt als der schönste und reichste Bau der Spätgotik in Anhalt.
Der **Chor von St. Nikolai** wurde 1240 errichtet, das nördliche Seitenschiff und die Langhauswand stammen aus der zweiten Hälfte des 13. Jahrhunderts. Am Turm sind die Hochwassermarkierungen zu sehen, die von den Überflutungen der Saale erzählen. Der spätgotische Taufstein und die Holzskulptur Johannes des Täufers stammen aus dem 15. Jahrhundert.

Kloster Bernburg

Das Kloster der Marienknechte oder Barfüßer wurde vermutlich zwischen 1296 und 1308 an der früheren Stadtgrenze im gotischen Stil erbaut. Die Mönche gewährten Bedürftigen, Studenten und armen sowie kranken Menschen Unterstützung, außerdem diente es als Findelhaus für elternlose Kinder. Nach Einführung der protestantischen Lehre wurde das Kloster 1526 säkularisiert. Das Denkmal beherbergt heute Fachbereiche der Hochschule Anhalt. Beliebt sind das jährliche **Klosterfest der Studierenden** und die **Klosterweihnacht**.

Eines der schönsten Zeugnisse der Spätgotik des Landes: die St. Marienkirche

▲ Karte S. 279

Gedenkstätte für die Opfer der Euthanasie

Auf dem Gelände der ehemaligen Landes-Heil- und Pflegeanstalt befindet sich heute das Fachklinikum für Psychiatrie. Im Keller des **Wilhelm-Griesinger-Gebäudes** ist eine kleine Gedenkstätte für die Opfer der Euthanasie während der NS-Zeit. In den Fokus wurden die baulichen Reste der Vernichtungsanlage gestellt, ergänzt durch eine Ausstellung über die nationalsozialistische Zwangssterilisation. Im Mittelpunkt der Ausstellung stehen zudem Kontinuitätslinien in der Ausgrenzung sozialer Randgruppen von 1900 bis zur Gegenwart.

Israelitischer Friedhof

Der unter Herzog Alexius Friedrich Christian von Anhalt-Bernburg (1767–1834) 1826 geweihte jüdische Friedhof am Rößeberg steht heute unter Denkmalschutz. Der Friedhof wurde im Sommer 2004 bei einem internationalen Jugendcamp instand gesetzt. Am Volkstrauertag ist er für Besucher geöffnet.

Theater Bernburg

Das klassizistische Theatergebäude wurde auf Wunsch des Erbprinzen Alexander Carl von Anhalt-Bernburg (1805–1863), aber auch mit dem Engagement der Bernburger Bürger 1826 bis 1827 gebaut. Richard Wagner weilte vom 5. Oktober bis 21. Dezember 1834 in Bernburg und studierte hier die Mozart-Opern. In Bernburg, schrieb er, sei ihm das Theatermusikdirektoren-Metier gründlich

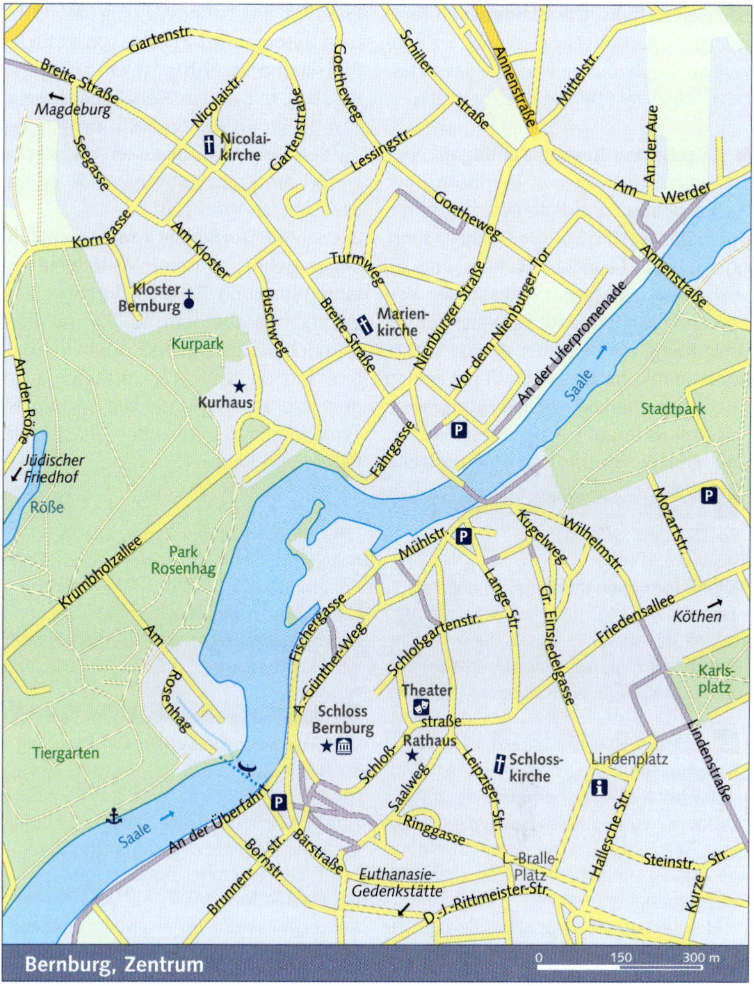

Bernburg, Zentrum

verleidet worden. Einen Höhepunkt in der Geschichte des Theaters stellte das Konzert des italienischen Violinvirtuosen Nicoló Paganini (1782–1840) 1829 dar. Albert Lortzing (1801–1851) und Carl Maria von Weber (1786–1824) wirkten ebenfalls am Bernburger Theater. Das Theater hat 344 Plätze und vereint heute moderne Theatertechnik mit einem stilvollen Ambiente.

Dorfkirche Waldau

Die Dorfkirche des Bernburger Ortsteils Waldau wurde 1180 errichtet und ist ebenfalls eine Station auf der ›Straße der Romanik‹. Bereits 964 wird hier von einer Vorgängerkirche berichtet. Zwei frühromanische Grabplatten befinden sich in den Türlaibungen des Turms. Der Ort selbst tritt urkundlich erstmals 806 auf und ist damit einer der ältesten Orte

Sachsen-Anhalts. Die **Waldauer Flutbrücke** ist ein technisches Denkmal. Sie erinnert an die ehemalige Insellage des Ortes, bevor die Wasserarme austrockneten.

Güsten und Beesenlaublingen

Der kürzeste Weg von Bernburg über Aschersleben nach Ballenstedt und damit in den westlichsten Teil Anhalts führt über Güsten (4400 Einwohner), die Eisenbahnerstadt. Dieser Beiname der kleinen anhaltischen Stadt verweist auf die Bedeutung, die sie früher als Eisenbahnknotenpunkt hatte. Die Stadt hat keinen Ortskern im herkömmlichen Sinn, weil sie aus drei Rittergütern zusammenwuchs. Der älteste Friedhof ist der **jüdische Friedhof** am Bahnübergang des Ortsteils Rathmannsdorf. Die spätgotische **Pfarrkirche St. Vitus** ist ein schlichter Putzbau mit einem Renaissanceportal von 1591 auf der Südseite der Kirche. Zu den Sehenswürdigkeiten der Kirche gehört ein Kreuzigungsgemälde im Stil der Cranach-Werkstatt.

Die schöne **Dorfkirche von Beesenlaublingen** gehört zu den in Mitteldeutschland typischen Feldsteinkirchen. Die Wehrkirche aus dem 12. Jahrhundert ist noch weitestgehend original erhalten. Das Säulenportal im Süden zeigt in einem von Wellenranken gerahmten Tympanon den thronenden Christus mit Petrus und Paulus.

Bernburg und Umgebung

Postleitzahl: 06406
Vorwahl: 03471
Stadtinformation Bernburg, Lindenplatz 9, Tel. 03471/3469311, www.bernburger-freizeit.de; Mo–Fr 9–18 Uhr, Sa 9–14 Uhr.
Naturpark Unteres Saaletal, Bahnhofstr. 1a, Tel. 6404835, www.unteres-saaletal.de.

Askania-Hotel, Breite Str. 2–3, Tel. 3540, www.hotel-askania-bernburg.de; 47 Zi., DZ ab 77 Euro. Solides Haus mit sehr gutem Restaurant, witzig: Bepas (Bernburger Tapas). Anhaltische Küche aber auch international.
Hotel-Restaurant Wippertal, Bernburger Str. 20, 06408 Ilberstedt, Tel. 36190, www.wippertal.com; 19 Zi., DZ ab 63 Euro. Für Stop-Over (A 14-Nähe), aber auch für Kurzurlaub, Sauna, gutes Restaurant mit Spezial: Blind Dinner in the Dark.

Museum Schloss Bernburg, Schlossstr. 11, Tel. 659220, www.museumschloss bernburg.de; Nov.–März Di–So 10–16 Uhr (Fr bis 13 Uhr), Apr.–Okt. 10–17 Uhr.
Märchengarten Paradies, Ilberstädter Str. 114, Tel. 6848615, www.bernburg-paradies.de; Feb sowie Mo/Di geschlossen (außer in Schulferien in Sachsen-Anhalt). Elf Grimmsche Märchen auf 2000 Quadratmetern. Auf 1,9 Kilometer Strecke verbindet die Parkeisenbahn das ›Paradies‹ u.a. auch mit dem Tiergarten und dem Keßler-Turm.

Carl-Maria-von-Weber-Theater Bernburg, Schloßstr. 20, Karten: Tel. 347940, www.theater-bernburg.de.
Am 4. Wochenende im Mai wird in Bernburg das **Rosenfest** und **Stadtfest** gefeiert. Ende November bis Dezember zieht der **Heele-Christ-Markt** mit dem Knecht-Ruprecht-Festumzug ins weihnachtliche Bernburg ein.

MS Saalefee, An der Überfahrt (Tiergartenseite), Tel. 3469311; März–Dez. Tages- und zahlreiche Sonderfahrten saaleauf- und -abwärts.

Erlebnisbad Saaleperle, Am Stadtbad 65, Tel. 311526; Mai–Sept. je nach Wetterlage 9–19 Uhr.

▶ Karte S. 279

Zerbst und Umgebung

In der Gründungsurkunde des Bistums Brandenburg wurde 948 der Gau Ciervisti benannt und damit Zerbst erstmals erwähnt. Mit Albrecht dem Bären kamen flämische Siedler ins Land, die wussten, wie man Sümpfe trockenlegt, Deiche und Mühlen baut. Im 15. und 16. Jahrhundert erlebte Zerbst seine Blütezeit, 1522 wurde es als zweite bedeutende Stadt nach Wittenberg lutherisch. Nach einer wechselvollen Geschichte hörte das ›mitteldeutsche Rothenburg‹, wie man das bezaubernde, in der Altstadt mittelalterlich wirkende Residenzstädtchen nannte, nach einer Bombennacht 1945 auf zu existieren. Schloss, Kirchen und Altstadt lagen in Trümmern. Heute erinnert die im Ganzen erhalten gebliebene Stadtmauer an das mittelalterliche Zerbst.

Stadtmauer und Stadttore

Die über 500 Jahre alte Stadtmauer zieht sich in einer Länge von 4,2 Kilometern um die ehemalige Altstadt. Ursprünglich verfügte die Mauer über fünf Stadttore, 50 Türme und Wiekhäuser. An der **Marienpforte** und am **Breite-Straßen-Tor** kann man noch Reste der 1571 angelegten **Wehrgänge** entdecken. Von den fünf Toren sind noch drei erhalten. Dass die Stadtmauer bis heute überhaupt Bestand hatte, ist Herzog Friedrich I. von Anhalt (1831–1904) zu verdanken, der 1873 vorausschauend die mittelalterliche Mauer unter Denkmalschutz stellte und für ihre Erhaltung sorgte. Im **Schlossgarten** steht der mächtige **Stadtmauerturm Kiekinpott**, erbaut Ende des 14. Jahrhunderts. Sehenswert entlang der historischen Stadtmauer sind das Heidetor, der Pulverturm, der runde Turm Priegnitz sowie das **Wiekhaus am Plan**. ›Kuchels Warte‹ ist ein Rundturm aus dem 15. Jahrhundert.

Franciseum und Museum

Der Gebäudekomplex an der Brüderstraße geht in seinen Urgründen auf das Jahr 1235 zurück, als Sophie von Barby Franziskanermönchen einen Bauplatz für ein geplantes Kloster zur Verfügung stellte. Von diesem ältesten Bau findet sich heute noch ein **Stufenportal** an der Nordseite der Klosterkirche. 1526 nahmen die inzwischen lutherischen Zerbster Bürger das Franziskanerkloster mit Gewalt ein. Sie gründeten hier 1526 eine Lateinschule, heute ist an selber Stelle ein Gymnasium. Ein besonderer Schatz des Francisceums ist die **historische Bibliothek**, die auf einen wertvollen Altbestand verweisen kann: Mehr als 44 000 Bände aus elf Jahrhunderten stehen in den in die Wände eingearbeiteten Regalen.

Das bis zur Zerstörung 1945 im Schloss befindliche **Museum** hat seine neue Stätte neben dem Francisceum und dessen Bibliothek gefunden. Die alte Klosterkirche, die Kreuzgänge und die angrenzenden Räume gehören heute zum Bestand des Museums. Ebenso die **Sammlung Katharina II**. auf der Schlossfreiheit.

Der Roland

Nach dem Bremer und dem Halberstädter ist der Zerbster Roland der drittälteste in Deutschland. Seit 1385 steht ein, ursprünglich hölzerner, Roland auf dem Markt. Die freistehende Sandsteinfigur schuf 1445/46 Meister Curt aus Zerbst. Die vier Meter hohe Plastik ähnelt dem Bremer Roland. So sind beide geharnischt. Eine Besonderheit des Zerbster Rolands ist, dass er den rechten Fuß auf einem liegenden Hund stehen hat. Mit dem Dach des barocken Schilderhauses, in dem der 1980 restaurierte Roland seit 1666 steht, hat er die respektable Höhe von neun Metern.

St. Marien, St. Nikolai und St. Trinitatis

Die heute bis auf den Chorraum als Ruine stehende **St.-Marien-Kirche** ist die älteste in Zerbst. 1213 wurde die Kirche des Jungfrauenklosters erstmals erwähnt. Der zwischen 1100 und 1150 entstandene Westgiebel ist der älteste erhaltene Teil der Kirche. Der 1945 zerstörte Chorraum konnte 1990 restauriert werden und dient heute gottesdienstlichen Zwecken. Sommers finden in der Ruine Konzerte und Serenaden statt. **St. Nikolai** war mit ihren Türmen die ehemals größte gotische Hallenkirche Mitteldeutschlands. Auch als Ruine ist sie optisch noch immer das Wahrzeichen der Stadt. Die Baugeschichte der Kirche reicht in die Romanik zurück. Die Doppelturmfassade der Kirche blieb trotz der Zerstörung des Kirchenschiffs erhalten. Im rechten Glockenturm befindet sich die größte Glocke Anhalts, die bereits 1378 gegossen wurde.

Die Pläne für die **St. Trinitatis-Kirche** stammen vom niederländischen Ingenieur und Baumeister Cornelis Ryckwaert (gest. 1693), der zuvor den Zerbster Schlossbau begonnen hatte – und der außerdem der geniale Baumeister war, der aus dem kleinen Ort Nischwitz Stadt und Schloss Oranienbaum geschaffen hatte. Den Innenausbau übernahm einer der meistbeschäftigten Stuckateure seiner Epoche, der Schweizer Giovanni Simonetti (1652–1716). Nach mehreren Renovierungen und Restaurierungen seit 1945 konnte die Kirche 2005 wieder in Dienst gestellt werden. Die verbrannten Bilder des Hochaltars wurden durch moderne Bilder des Magdeburger Malers Michael Ehmig ersetzt.

Die Ruine der St.-Marien-Kirche

▲ Karte S. 263

Hof- und Stiftskirche

St. Bartholomäi beherrscht als Gebäude die Schlossfreiheit. Zwischen 1150 und 1200 als kreuzförmige Basilika erbaut, wurde sie 1300 zur Stiftskirche erhoben. Zwischen 1985 und 1990 wurde die Kirche grundlegend saniert und umgebaut. Das von Lucas Cranach d.Ä. stammende bekannte Gemälde ›Die Taufe Christi‹, das die Reformatoren und den Fürsten Wolfgang den Bekenner um den Taufstein zeigt, gehört zu den erhaltenen Ausstattungsstücken, die die Zerstörungen von 1945 überdauerten. Der einzeln neben der Kirche stehende Glockenturm heißt im Volksmund der ›Dicke Turm‹.

Schloss und Schlossgarten

Die beiden **Kavalierhäuser** auf der Schlossfreiheit sind zwei intakte Zeugnisse des Barock in Zerbst. Hier hatten einst hohe Hofbeamte ihren Wohnsitz.

Heute dienen beide Häuser als **Rathaus** und als **Amtsgericht**, letzteres zeigt die rekonstruierte originale Fassade.

Mitten im Schlossgarten steht die **Ruine des einst prächtigen Schlosses** der Fürsten von Anhalt-Zerbst. Auf alten Postkarten kann man noch sehen, wie es vor 1945 die Silhouette des alten Zerbst mitbestimmt hatte. Die erste schriftliche Erwähnung einer Burganlage anstelle des Schlosses stammt von 1196. Heute steht nur noch die imposante Ruine des Ostflügels. Der Förderverein Schloss Zerbst e.V. will die historische Substanz der Schlossruine sichern und wieder neu beleben, regelmäßig finden schon wieder Konzerte statt. Die **ehemalige Reithalle**, ein eindrucksvolles barockes Gebäude, hat das Inferno überlebt und dient heute der Stadt und ihren Bürgern als Stadthalle.

Im Schlossgarten findet man das **Teehäuschen** und die **Marstallruine** mit dem noch erhaltenen Mitteltrakt. Der Schlossgarten soll nach und nach das historische Ansehen des englischen Gartens, den ›Vater Franz‹, der Dessauer Landesherr, hier anlegen ließ, wieder annehmen. Vor der Stadthalle steht im Zerbster Schlossgarten seit 2010 eine 4,70 Meter große Bronze-Statue der russischen Zarin, die der Moskauer Bildhauer Michail Perejaslawez auf Anregung des Internationalen Fördervereins Katharina II. geschaffen hat.

Sophie Auguste Friederike von Anhalt-Zerbst, die spätere Zarin Katharina II.

Steckby-Lödderitzer Forst

Der Steckby-Lödderitzer Forst wurde als Naturschutzgebiet bereits 1979 ausgezeichnet und gehört heute zum UNESCO-Biosphärenreservat Mittlere Elbe. Die **Nikolaikirche in Steckby**, am Elberadweg liegend und die erste Radfahrerkirche Sachsen-Anhalts, wurde um 1200 errichtet. Der Altar der Feldsteinkirche besitzt einen barocken Altaraufsatz, der mit dem Gemälde ›Christus und die Sünderin‹ ein Geschenk des Fürsten Leopold III. Friedrich Franz von Dessau-Anhalt trägt. Die Glasfenster der Kirche sind Arbeiten des Magdeburger Glasgestalters Richard Wilhelm aus dem Jahr 1996.

Im Ort **Steutz** befindet sich eine von der Gemeinde betriebene **Schauschmiedewerkstatt**. Hier werden das alte Schmiede- und das alte Schuhmacherhandwerk vorgestellt. Schauvorführungen sind nach Vorabsprachen möglich.

Walternienburg

Mittelpunkt des Ortes ist die **Restburg**. Die Anlage stammt aus dem 10. Jahrhundert, ist aber weitgehend eine gepflegte Ruine, in der vielerlei Veranstaltungen ausgetragen werden. Den 30 Meter hohen **Burgturm** darf man besteigen und als Lohn einen schönen Ausblick über die großartige Auenlandschaft des UNESCO-Biosphärenreservats genießen. Einen schönen Blick über den ehemaligen Friedhof, auf dem früher einmal die jetzt vollständig abgetragene Kirche stand, bietet das **barocke Pfarrhaus**.

Im Ortsteil **Ronney** kann man mit der umweltfreundlichen **Gierfähre** die Elbe in Richtung Elbe-Saale-Winkel überqueren.

Feldsteinkirchentour durch den Fläming

Wer einen lohnenswerten Abstecher vom vielbefahrenen Elbe-Radweg und zugleich einen Blick in dörfliche Historie und Gegenwart sucht, findet ihn in der Feldstein-Kirchentour. Die **Deetzer Pfarrkirche** stammt aus dem 12. Jahrhundert und rechnet zu den sogenannten flämischen Feldsteinkirchen, die von den Flamen errichtet wurden, die als Christen in ein heidnisches Umfeld kamen. Die romanischen Kirchen dieser Zeit wurden aus dem Material gebaut, das man reichlich auf dem Acker fand: Feldstein. Die **Polenzkoer Dorfkirche** (12. Jahrhundert) gehört zu den Themenkirchen des Evangelischen Kirchenkreises Zerbst. Das Thema heißt hier Weihnachten. Dazu gestaltete der Zerbster Holzbildhauer Horst Sommer Deutschlands größte Weihnachtskrippe. Die massiven Holzfiguren sind bis zu drei Metern groß. Der Kunstmaler Steffen Rogge aus Köthen malte dazu die Weihnachtsgeschichte auf die Felder der Emporenbrüstung.

▲ Karte S. 263

Die kleine romanische **Feldsteinkirche in Trüben** gehört zu den ältesten dieser Gegend. Sie wird 1213 erstmals erwähnt. Erbaut wurde sie um 1170. Unter Anhalts Themenkirchen ist die Trübener die Osterkirche. Die Ersterwähnung der **Garitzer Feldsteinkirche** geht in das 14. Jahrhundert zurück, nachzulesen auf der einen Glocke, die, wie der Taufstein auch, aus diesem Jahrhundert stammt. In der ›alten Stärkefabrik‹ hat die Stiftung ›Entschlosse Kirchen‹ ein **Dorfkirchenmuseum f**ür Anhalts Kirchen eingerichtet, mit zahlreichen Modellen von Dorfkirchen aus unterschiedlichen Bauzeiten, aber auch Reproduktionen von historischen Kirchenfenstern und Informationen zur Religionsgeschichte Anhalts. Der **Garitzer Dorfbackofen**, der so alt wie die Kirche ist, ist immer noch funktionstüchtig. Er wurde saniert und mehrmals im Jahr, zu Pfingsten, Himmelfahrt und Erntedank, wird hier Brot und Kuchen gebacken. Auch der funktionsfähige Steinbackofen auf dem Dorfplatz in **Kleinleitzkau** wird heute durch den Heimat- und Backofenverein genutzt.

Bärenthoren und Golmenglin

Bärenthoren ist bekannt durch die Kiefernwirtschaft, die der Forstwissenschaftler Friedrich von Kalitzsch 1884 hier begründet hatte und die heute auf einer Fläche von 193 Hektar ein **Waldkulturdenkmal** bildet. Damit gilt der Ort als die Wiege des deutschen Kieferndauerwaldes, der die bis dahin übliche Kahlschlagwirtschaft ablöste. Im Bärenthorener Wald gibt es einen **Lehrpfad** zum Thema durch das historische Dauerwaldrevier. Im **Schloss** kann man den ganzjährig nutzbaren Eiskeller besichtigen, der Schlosspark fügt sich als Landschaftspark in die Wälder ringsum ein.

Der Grimmer Ortsteil **Golmenglin**, ein wunderschöner Wohnflecken mit zwölf Einwohnern tief im Wald, ist etwa 1000 Jahre alt. Um den Ort herum führt ein **Märchenweg** mit zahlreichen geschnitzten Holzfiguren.

Am Märchenweg bei Golmenglin

Lindau (Anhalt)

Lindau liegt im Naturpark Fläming. Die **Burg** (8./9. Jahrundert), die auf einem in ein Sumpfgelände reichenden Sandsporn erbaut worden ist, kann heute als Ruine besichtigt werden. Erhalten sind der aus Ziegelstein aufgeführte Bergfried, der 1863 auf Drängen des Herzogs Leopold IV. Friedrich von Anhalt (1794–1871) wieder aufgebaut wurde, und die gleichfalls aus Ziegelmauerwerk bestehende Umfassungsmauer. Auf dem Gelände der Vorburg konnten slawische Siedlungsreste aus dem 9. und 10. Jahrhundert nachgewiesen werden. Anlässlich der 825-Jahrfeier wurde die Vorburg in der Art eines Amphitheaters für Veranstaltungen unterschiedlichster Art hergerichtet.

Zerbst und Umgebung

Vorwahl: 03923

Postleitzahl: 39261

Tourist-Information Zerbst/Anhalt, Markt 11, Tel. 2351, www.stadt-zerbst.de; Ostern–10. Okt. Mo–Fr 9–12.30 Uhr und 13–18 Uhr, Sa 10–13 Uhr. 11. Okt.–Ostern Mo–Do 9–12.30 Uhr und 13–18 Uhr, Fr 9–12.30 Uhr und 13–16 Uhr.

Pension Zum Biber, Hauptstr. 18, 39264 Zerbst/Anhalt, OT Steckby, Tel. 0392443/296, www.pension-zum-biber.de; 8 Zi. Perfekt für Radtouristen.

Domäne Badetz Ferienpark Bohnhoff, Pappelallee 9–10, 39264 Badetz, Tel. 03247/5434, www.bohnhoff-ferienpark.de; 50 Betten in Fewos und Zimmern, DZ ab 49 Euro. Familiengeführter Pensionsbetrieb mit Restaurant, ideal auch für kleinere Gruppen.

Parkrestaurant Vogelherd, Lindauer Straße 78, Tel. 780444, park-restaurant-vogelherd@web.de. Man muss etwas suchen, doch die Suche lohnt: Das seit Jahren zu Recht bestbewertete Restaurant in Sachsen-Anhalt, 15 Gault-Millau-Punkte. Hinzu kommt die idyllische Lage in einem kleinen Park mit Teich.

Restaurant von Rephuns Garten, Rephun-Str. 2, Tel. 61605 u. 61606, www.rephun.com. Die lange Tradition wird gut gepflegt.

Elbterrassen Brambach, An der Elbe 2, 06862 Dessau-Roßlau, OT Brambach, Tel. 034901/82675, www.elbterrassen.de. Näher kann man nicht am Fluss sitzen, gute deutsche Karte.

Schlosskonditorei Hofmann, Alte Brücke 26, Tel. 3139, www.schlosskonditorei.de.Traditions-Konditorei in sechster Generation, selbstgebackene Spezialität: Baumkuchen.

Francisceum und Museum der Stadt Zerbst/Anhalt, Weinberg 1, Tel. 4228; Feb.–Okt. tgl. 10–17 Uhr. Nov.–Feb. Mo–Fr 10–16 Uhr, Sa/So 10–17 Uhr.

Vogelschutzwarte Storchenhof Loburg e.V., Chausseestr. 18, 39279 Loburg, Tel. 039245/2516, www.storchenhof-loburg.de.

Infozentrum Umwelt und Biosphäre, Ronney Nr. 3, 39264 Walternienburg, Tel. 039247/413, www.tourismusband-elbe.de.

Internationale Fasch-Festtage, Barockmusikfestival zu Ehren von Johann Friedrich Fasch. Alle zwei Jahre im April (wieder 2017). Internationale Fasch-Gesellschaft e.V. PF 1113 39251 Zerbst/Anhalt. Informationen und Karten: Wiekhaus, Breitestein 74A, Tel./Fax: 784772, www.fasch.net

Teichwirtschaft Deetz, Nedlitzer Str. 1, 39246 Deetz, Tel. 039246/7634. Fisch ganz frisch im Hofladen probieren und einkaufen. Auch Ferienwohnungen.

▶ Karte S. 263

Die Matuschka Zariza ist eine Zerbsterin

Von 1762 bis 1796 regierte sie und bis heute gilt die Regierungszeit Katharinas als das ›Goldene Zeitalter‹ Russlands, weshalb die Zarin beinahe religiös verehrt wird. Natürlich konnte sie in dieser Zeit auch mal Dutzende französische Köche damit beauftragen, ihren Staatsgästen ›Wangen vom Hering‹ zuzubereiten, für die etwa 10 000 Heringe ihr Leben lassen mussten. Aber ihre eigene Küche war eher bescheiden: Gekochtes Rindfleisch mochte sie oder Spiegeleier mit Speck. Und morgens rieb sie sich gern mit Sauerkrautsaft ein, weil das gegen die Faltenbildung helfen sollte. Schließlich will auch Frau auf dem Thron schön aussehen. Es gibt Geschichten über Geschichten von der Matuschka Zariza...
Katharina II., die Große, wurde 1729 als Prinzessin Sophie Auguste Friederike von Anhalt-Zerbst in Stettin geboren. Über die Mutter war sie verwandt mit dem schwedischen Königshaus Holstein-Gottorf. Katharina verbrachte ihre Kindheit in Stettin, wo ihr Vater als preußischer Gouverneur amtierte. Nach der Regierungsübernahme ihres Vaters in Anhalt-Zerbst zog die Familie im Dezember 1742 ins Zerbster Schloss.

Im Januar 1744 erfolgte ihre Abreise von Zerbst nach Russland. Die Reise führte sie über Berlin, wo sie Friedrich II. besuchte, über Reval, Sankt Petersburg nach Moskau. Hier traf sie bereits im Februar 1744 ein. Die vierzehnjährige Prinzessin erlernte die russische Sprache und versuchte sich, offenbar mit Erfolg, recht schnell bei Hofe einzuleben. 1745 erfolgte die Hochzeit mit Zar Peter III. aus dem Hause Romanow-Holstein-Gottorp. Neun Jahre später kam ihr Sohn Pawel zur Welt. Er wurde als legitimes Kind anerkannt, obgleich es bei Hofe das Gerücht gab, die Großfürstin habe einen Liebhaber. Am 9. Juli 1762 erklärte sie ihren Ehemann für abgesetzt und ließ sich zur Zarin ausrufen, wenige Tage später kam der ehemalige Zar in seinem Schloss unter ungeklärten Umständen ums Leben.

Katharina II. regierte Russland 34 Jahre. Sie schuf eine Verwaltungsreform, die die Zentralmacht im gesamten Riesenreich etablieren sollte. Reformen im Bildungswesen, in der Armenfürsorge oder in der medizinischen Versorgung folgten. Um das Land stärker an Europa anzubinden, warb sie für die Ansiedlung ausländischer, insbesondere auch deutscher Bürger. Ab 1784 gründete sie erste Volksschulen und Gymnasien sowie Ingenieurfachschulen. Der Schulbesuch war freiwillig und kostenfrei.

Vom Zerbster Schloss stand nach Zerstörungen im Zweiten Weltkrieg nur noch die Ruine eines Flügels, der jedoch Stück für Stück restauriert wird. Der ehemalige Marstall ist gut erhalten und dient heute den Zerbstern als Stadthalle. Vor dem Eingang steht Katharina in Bronze, von einem russischen Künstler entworfen. Auf der Schlossfreiheit findet der Besucher das Museum zu Ehren Katharinas II., gegenüber einen Souvenirladen mit Katharina-Devotionalien. Unweit von Zerbst, im winzigen Örtchen Dornburg an der Elbe, steht das ebenso beeindruckende wie sanierungsbedürftige Schloss Dornburg, das Katharinas Mutter als Witwensitz und Aufenthaltsort für etwaige Besuche der Zarin (zu denen es aber nie kam) ab 1751 errichten ließ. Gebaut wurde nur das ›Corps de Logis‹ – schon das lässt mit seinen Anklängen an große französische Schlossanlagen ahnen, wie repräsentativ die gesamte Anlage werden sollte.

Die Sankt-Nikolai-Kirche in Coswig

Coswig (Anhalt)

»Gegenüber im Wörlitzer Winkel ist ein schöner Vogelgesang, herrliche Jagd, Fischereien und andere Nutzung, welches alles ich dergestalt an keinem andern Orte beim Rhein so nahe beisammen wüßte.« So schwärmte einst Philipp Melanchthon. Wundert es da noch, dass es der in Coswig aufgewachsene Militärmusiker und Komponist Heinrich Berger war, der die ›Nationalhymne‹ von Hawaii schuf? Der ehemalige Witwensitz der Askanier wurde von Cornelis Ryckwaert erbaut. 28 Angehörige der fürstlichen Familie haben in Coswig (heute 12 200 Einwohner) ihre letzte Ruhe gefunden.

Das älteste Bauwerk der Stadt ist die **Kirche St. Nicolai**, die Kirche mit den vielen Türen, wie die Coswiger sagen. Der Vorgängerbau der heutigen Kirche ist ein romanischer, um 1170 begonnen, in den folgenden Jahrhunderten wurde das Gotteshaus ständig umgebaut. Drei Bilder Cranachs des Jüngeren haben die Zeiten überdauert, darunter ein Abendmahlsbild. Warum aber hat die Kirche so viele Türen? Weil sowohl die Fürsten als auch die wohlhabenden Bürger der Stadt eine eigene Kirchenloge hatten, und die sich etwas darauf zugute hielten, auch mit einem eigenen Ein- und Ausgang. Der Turm hat eine Höhe von 52 Metern und bietet einen Blick auf die Stadt, das jenseits der Elbe liegende Gartenreich Dessau-Wörlitz und den Naturpark Fläming.

▲ Karte S. 263

Der **Klosterhof** beherbergt das **Heimatmuseum**, in dem man auch einiges zur Kommende des Deutschen Ritterordens im Örtchen Buro erfahren kann. Das **Simonettihaus** ist ein zweigeschossiges Haus. Es wurde 1699 in der Zerbster Vorstadt Coswigs errichtet. Der heute äußerlich eher unscheinbare ehemalige Adelssitz birgt im Inneren einen Schatz: Die einzigartigen Stuckdecken mit Motiven aus der griechischen Mythologie sind weltweit einzigartig. Sie stammen von dem Schweizer Stuckateur Giovanni Simonetti, dessen hervorragenden Arbeiten unter anderem in Magdeburg, Zerbst oder eben hier in Coswig zu bewundern sind.

Das **Rathaus**, 1490 erstmals erwähnt, bis zum Jahre 1560 als Renaissancegebäude wieder aufgebaut, erfuhr 1912 eine umfassende Erweiterung. Der **Marktplatz** wurde 1941 in ein großes Löschwasserbecken umgebaut, das 1966 Fimgeschichte geschrieben hat: In dieses Becken warf der Schauspieler Manfred Krug als Baubrigadier Balla im legendären DEFA-Film ›Spur der Steine‹ den Volkspolizisten, eine Szene, die in den DDR-Kinos für viel Begeisterung sorgte. 2000 wurde das Becken zurückgebaut. Der Platz erhielt seine ursprüngliche Funktion als Marktplatz wieder.

Das heutige **Schloss** hat äußerlich noch seine barocke Anmutung, war aber nach dem Tod der Fürstin Friederike Sophie Auguste von Anhalt-Zerbst 1827 bis in die jüngste Vergangenheit alles Mögliche: Militärlazarett, Kriegsgefangenenlager, Strafanstalt und Bundesarchiv.

Die **Niedermühle**, erbaut 1280 als Klostermühle, wurde 1619 von der Müllerfamilie Koch erworben und mittlerweile in

der 13. Generation bewirtschaftet. Die ehemals oberschlächtige Wassermühle, heute mit Elektromotoren angetrieben, wurde nach dem verheerenden Elbehochwasser 2002 saniert. Die überwiegend aus dem Jahr 1911 stammende Einrichtung mit Schrotgang, Mahlgang, Walzenstuhl, Quetschstuhl, Mischbehälter, Reinigungszylinder, Elevatoren und Transmissionen ist weitestgehend erhalten.
Seit 1586 ist eine **Kahnfähre** an der Elbe nachweisbar. Heute stellt die Gierfähre – außer bei Hochwasser und in den ›Urlaubsmonaten‹ Januar und Februar – die kürzeste Verbindung nach Wörlitz her.
Eine interessante Sache kann man beim **Coswiger Treidelfest** beobachten, das Schautreideln mit einem Kaffenkahn durch Bomätscher, wie die Treidler in Sachsen genannt werden. Beidseits der Elbe führten früher von Hamburg bis Böhmen die Treidlerpfade. Den Coswiger Abschnitt kann man heute zum Wandern oder Spazieren nutzen.

Rund um Coswig

In **Hundeluft**, einem Ortsteil Coswigs im Südwesten des Fläming, steht die barocke Kirche **St. Bonifatius**, 1742 bis 1744 als achtseitige Rotunde mit Mansarddach erbaut. Mauerreste erinnern an den ehemaligen Sitz eines Raubrittergeschlechtes.
Der **Kupferhammer in Thießen** steht als außergewöhnliches technisches Denkmal seit 1958 unter Denkmalschutz. In der Vierseitenhofanlage wurden mindestens seit Beginn des 17. Jahrhunderts bis 1960 Geräte wie Waschkessel oder Destilliergeräte hergestellt. Seit 1983 wurde der Kupferhammer umfassend restauriert. Zum Gelände des Kupferhammers gehört ein Park, durch den die Rossel fließt, die oberhalb des Kupferhammers zu einem Teich angestaut wird. Auf dem Forellenhof im Ort schwimmen nicht nur Forellen, sondern auch Karpfen, Aale, Zander und Welse in den Teichen, an denen auch Nachts geangelt werden kann.
In **Jeber-Bergfrieden** befindet sich der Sitz des jüngsten Naturparks Sachsen-Anhalts, des Naturparks Fläming und des dazu gehörenden Naturparkinfozentrums.
Klieken unweit der Autobahn 9 wurde berühmt durch den Diebstahl der **Cranach-Flügel des Kliekener spätgotischen Altars** aus der barocken Fachwerkkirche. Die Altarteile wurden 1980 gestohlen, eher zufällig 2007 in Bamberg entdeckt und sind seit 2012 wieder an Ort und Stelle, ordnungsgemäß restauriert. Der Altar war ein Geschenk des Deutschen Ritterordens an die Kliekener Kirche, die eine Station auf der ›Straße spätgotischer Flügelaltäre‹ ist.
Die **Komturei Buro**, ebenfalls über den A9-Anschluss Coswig zu erreichen, war eine Besitzung des Deutschen Ritterordens, der hier seine Kommende St. Elisabeth schuf. Die heutige Kirche wurde 1250 errichtet. Um 1258 wurde ein gotisches Ordensgebäude und sehr viel später ein Landschaftspark hinzugefügt. Die Komturei ist heute wieder zu besichtigen.
In **Ragösen** findet sich eine der typischen kleinen romanischen Feldsteinkirchen, die

Das Rathaus von Coswig

Der Cranach-Flügel in der Klieckener Dorfkirche

um 1200 von den Siedlern erbaut wurde. Der hölzerne Fuß der Kanzel ist als Knabe geschnitzt und wird der ›Ragöser Jüngling‹ genannt. Er soll eine heidnische Figur aus dem Fruchtbarkeitsritus darstellen. Früher war es Sitte, dass, wer die Kirche erstmals betrat, der Figur einen Kuss geben musste.
Die Kirche von **Serno** im Hohen Fläming verfügt über ein europaweit einzigartiges Geläut: ein Stabgeläut, das die Gemeinde statt einer kostspieligen Glocke zum Gebet ruft. Der Coswiger Bauingenieur Hennig konstruierte das technische Wunderwerk. Drei in einem Winkel von 50 Grad gebogene Doppelstäbe aus Stahl werden, einer Spieluhr ähnlich, von drei Hämmern aus Buchenholz angeschlagen, was Interessierten gern vorgeführt wird.

Der Naturpark Fläming/ Sachsen-Anhalt

Der Fläming ist eine in der Saalekaltzeit (vor 300 000 bis 130 000 Jahren) geformte Landschaft, die sich als 30 bis 50 Kilometer breiter Höhenrücken von Magdeburg über mehr als 100 Kilometer bis zur Dahme erstreckt. Ihren Namen erhielt die Gegend von den Flamen, die auf Einladung Albrechts des Bären im neugewonnenen Land der Slawen siedeln durften. Es siedelten aber auch Holländer, Friesen und Westfalen hier. Albrechts Politik lief darauf hinaus, mit den Zwischensiedlungen der christlichen Neusiedler den heidnischen Slawen die Möglichkeit zu einheitlichem Handeln zu nehmen, eine Lehre aus dem großen Slawenaufstand. Der dünnbesiedelte Landstrich gibt heute mit seiner überwiegend forst- und landwirtschaftlichen Struktur ein ideales Urlaubsgebiet für Ruhesuchende, für sportlich Aktive und für Kulturtouristen ab. Der Naturpark Hoher Fläming und seit 2005 auch der Naturpark Fläming/Sachsen-Anhalt bieten eine ganze Anzahl an Wander- und Nordic-Walk-Möglichkeiten, Reit- und Radwegen. Felder, Wälder, Wiesen und naturnahe Bachläufe wechseln einander ab, Flora und Fauna sind von durchaus besonderer Art. Und für junge Leute stellt der Fläming-Skate, einer der längsten Rundkurse seiner Art, eine Herausforderung dar.

Coswig und Umgebung

Touristinformation und Bürgerbüro, Am Markt 1, 06869 Coswig (Anhalt). Tel. 034903/6100, www.coswigonline.de; Mo–Fr 9–18 Uhr, Sa 9–12 Uhr.
Naturpark Fläming, Infozentrum Jeber-Bergfrieden, Rotdornstraße 12, 06868 Coswig, OT Jeber-Bergfrieden, Tel. 034907/30745, www.naturpark-flaeming.de; Mo–Fr 9–15 Uhr, Sa 9.30–12 Uhr.

Feriendorf & Paddelabenteuer Am Flämingbad, Ziekoer Landstr. 4, 06869 Coswig Anhalt), Tel. 034903/59260, www.feriendorf-elbe.de; 55 Betten in 13 Bungalows. Badesee direkt am Feriendorf.
Campingplatz und Marina Coswig, Elbstr. 19, 06869 Coswig (Anhalt), Tel. 034903/496224, www.marina-coswig.de. Beliebtes Ziel für Wasserwanderer, 40 Caravan-Stellplätze und Zeltplatz mit wunderbarer Aussicht auf Elbe und Schloss.

Stadtmuseum im Klosterhof, Schlossstraße 57, 06869 Coswig (Anhalt), Tel. 034903/610152, www.museum-coswig.de; Mo–Fr 10–18 Uhr, Sa/So Feiertage 13–16 Uhr.
Kreuzrittergut Buro, Buroer Aueweg 8, 06869 Coswig (Anhalt), Tel. 0176/68259600, www.kreuzritter-gut.de. Nach Anmeldung ganzjährig thematische Führungen.
Kupferhammer Thießen, Kupferhammer 43, 06868 Coswig, OT Thießen, Tel. 034907/20440, www.kupferhammer-thiessen.de.

Lutherstadt Wittenberg

Lutherstadt Wittenberg (46700 Einwohner) ist die Hauptstadt der Reformation schlechthin. Hier hat Martin Luther den größten Teil seines Lebens verbracht. Hier hat er gelehrt und mit Freunden, darunter Philipp Melanchthon und Lucas Cranach d. Ä., unter den Augen seines Kurfürsten Friedrich des Weisen über die Kritik an seiner Kirche diskutiert, hat gestritten und die Reformation auf den Weg gebracht. Seit 1938 trägt die Stadt an der Elbe, inmitten der Naturparks Fläming und Dübener Heide, Luther auch offiziell im Namen.

An der Wiege der Reformation

1996 erhielten die Lutherstätten in der Stadt – wie auch jene in Lutherstadt Eisleben – den Status des UNESCO-Weltkulturerbes, die weltgeschichtliche Wirkung Luthers und die Authentizität der Orte, an denen er und seine Mitstreiter wirkten, dokumentierend.

13 Minuten veranschlagen Routenplaner für den Fußweg durch Schloss- und Collegienstraße, doch die Wahrheit ist: Wer wirklich sehen will, der braucht für diese gut tausend Metern entlang der historischen ›Schlagader‹ der Lutherstadt zwischen Schlosskirche und Lutherhaus Stunden, und – wer richtig eintauchen will in die sehens- und hörenswerte Historie – sogar Tage.

Schlosskirche

Es ist eine gute Wahl, den Gang im Westen an der Schlosskirche zu beginnen. Deren Bau wurde1506 vollendet und an ihre Tür soll Luther 1517 seine berühmten 95 Thesen angeschlagen haben. Natürlich steht jeder andächtig vor der sogenannten **Thesentür**, die der preußische König Friedrich Wilhelm IV. 1858 der Stadt Wittenberg schenkte, nachdem die alte Holztür abgebrannt war. Sie enthält den Text der 95 Thesen

Wittenberg, Zentrum

Luthers. Im Kircheninneren befinden sich sowohl das **Grab Martin Luthers** als auch das **Philipp Melanchthons**.

1883 bis 1892 wurde die Schlosskirche, die zwischenzeitlich als Kaserne diente, im Stil des Historismus umgestaltet, was an der ›wilhelminischen‹ Turmhaube mit der berühmten Aufschrift ›Ein' feste Burg ist unser Gott‹ unschwer zu erkennen ist. In und an der Kirche ist man seit Jahren mit dem Blick auf das Jubiläum 2017 kräftig am Bauen: **Schaustelle Reformation** ist der Marketingtitel für alle ›Reformations-Bauvorhaben‹ in der Stadt. Das gesamte Ensemble soll bis dahin grundlegend umgestaltet werden. Dabei wird das **Schloss** saniert und dessen 1760 zerstörter Südflügel neu erbaut.

Wenige Schritte hinter dem Schloss befindet sich der **Luthergarten**, ein Park von mehreren Hundert Bäumen, viele von jungen Leuten angepflanzt, mit einem Platz in Form der Lutherrose in der Mitte.

Cranach-Höfe und Marktplatz

Die Cranach-Höfe, ein Stück Richtung Markt, sind der Ort, an dem viele der Gemälde Cranachs geschaffen wurden, die den Gedanken der Reformation verbreiten halfen. Seine Wohn- und Wirkungsstätte waren die Renaissancehöfe Schlossstraße 1 und Markt 4. Auch heute kann man hier noch Künstlern über die Schulter schauen, das Denkmal des zeichnenden Meisters bewundern oder das Ambiente der ›Hofwirtschaft‹ auf sich wirken lassen.

Auf dem Marktplatz vor dem **Alten Rathaus**, einem schönen Renaissancegebäude, stehen die **Denkmäler Luthers** (nach einem Entwurf von Schadow) und **Melanchthons** (nach einem Entwurf von Drake), zu deren Füßen sich zu den viel besuchten Festen Tausende Besucher tummeln. Im Alten Rathaus sind in der Ausstellung ›Stiftung Christliche Kunst Wittenberg‹ Grafiken international bekannter Künstler zu sehen, was dem Engagement des Sammler-Ehepaars Scheufelen zu verdanken ist.

Die berühmte Schlosskirche in Wittenberg

Leucorea

Die ›Alma Mater Leucorea‹ – heute ein Standort der Martin-Luther-Universität Halle-Wittenberg – ist eine der ältesten deutschen Universitäten. Auf Betreiben Kurfürst Friedrichs des Weisen 1502 gegründet, übertraf sie mit ihrem Ruf bald alle Universitäten Deutschlands, was nicht zuletzt dem Wirken Luthers, Melanchthons und solcher Humanisten wie Nikolaus von Amsdorf zu verdanken war. Das **Leucorea-Gebäude** mit seinem schönen, weiträumigen Hof, ist heute Sitz verschiedener Institute.

Lutherdenkmal in Wittenberg

Das **Melanchthonhaus** nebenan, ist eines der schönsten Renaissancehäuser der Stadt. Das 1536 für Philipp Melanchthon und seine Familie erbaute Haus strahlt heute wieder in vollem Glanz. Der Ausstellungsteil ist dem Leben und Wirken Melanchthons gewidmet.

Augusteum

Am östlichen Ende der Collegienstraße steht man dann vor dem dem Komplex des Augusteums. 1504 als Erweiterungsbau der Leucorea errichtet, beherbergt es heute das Predigerseminar und dessen Bibliothek. Im Innenhof steht das **Lutherhaus**, in dem Luther ab 1508 wohnte. Es ist heute das **weltgrößte reformationsgeschichtliche Museum**, das in jüngster Vergangenheit gekonnt erweitert und gestaltet wurde – ein Pilgerort für alle Lutheraner. Die Lutherstube ist original erhalten, ebenso das Universitätskatheder und der Hörsaal, in dem auch heute gelegentlich disputiert wird. Im Garten begegnet dem Besucher **Katharina von Bora in Bronze** als die resolute Lutherin, wie sie beschrieben wird.

Unweit vom Lutherhaus, am südlichen Ende der Lutherstraße, steht die **Luthereiche** dort, wo der Reformator 1520 die Bannbulle des Papstes verbrannte und damit seine Trennung von der römisch-katholischen Kirche vollzog.

Stadt- und Pfarrkirche St. Marien

Die Stadt- und Pfarrkirche St. Marien war Predigtkirche Martin Luthers und Johannes Bugenhagens und gilt als die ›Mutterkirche der Reformation‹. Ihre jetzige äußere Gestalt mit den markanten Turmhauben – zwischen denen sich eine Türmerwohnung befand – erhielt sie im 16. Jahrhundert. Die Kanzel, von der Luther einst predigte, ist auch heute noch erhalten, sie steht allerdings als Leihgabe im Lutherhaus. Zu den herausragenden Kunstschätzen in der Kirche gehören der von Lucas Cranach d.Ä. gemalte und 1547 geweihte Altar sowie weitere Gemälde von Cranach Vater und Sohn, das Taufbecken von Hermann Vischer d.Ä., die prunkvolle Orgel und die Sakristei mit zeitgenössischer Kunst.

Das **Bugenhagenhaus** neben der Stadtkirche ist das älteste evangelische Pfarrhaus der Welt und gehört darum zu den bedeutsamsten Gedenkstätten der Reformation. Johannes Bugenhagen lebte hier bis zu seinem Tod 1588. Das **Zeughaus** am Arsenalplatz geht in seiner Baugeschichte gar auf das 13. Jahrhundert zurück. Es enthält Reste der Klosterkirche der Franziskaner. Im Haus ist das Museum für Stadtgeschichte, Natur- und Völkerheilkunde.

Röhrwasser

Einem besonderen Kapitel der Wittenberger Historie begegnet man in der Innenstadt ganz anschaulich, dem so-

▲ Karte S. 292

genannten Röhrwasser. Nachdem im 16. Jahrhundert die vorhandenen Brunnen und Bäche angesichts des Bevölkerungswachstums nicht mehr genügten, sie zudem mit Unrat verschmutzt wurden, baute man mit dem Röhrwassser eine **erste Wasserleitung**. Damit stand den Bürgern stets frisches Quellwasser zur Verfügung. Erst 1883 verlor dieses System durch die zentrale Wasserversorgung an Bedeutung. Heute ist das Wittenberger Röhrwasser mit seinen noch etwa 20 vorhandenen Brunnen das einzige noch funktionierende Röhrwasserleitungssystem aus dem Mittelalter nördlich der Alpen und somit ein **technisches Baudenkmal**, das die Stadt auch attrraktiver macht, da Teile der die Stadt durchfließenden Bäche seit 2002 geöffnet sind.

Hundertwasserschule und Werkssiedlung Piesteritz

Im Norden der Stadt, in der Schillerstraße 22a, befindet sich mitten in einem typischen Wohngebiet der DDR-Zeit das **Luther-Melanchthon-Gymnasium**. Als dessen Schüler Anfang der 1990er Jahre überlegten, wie sie ihre Plattenbauschule ansehnlicher machen könnten, entstand die Idee, Friedensreich Hundertwasser per Brief um Unterstützung zu bitten. Der Österreicher nahm sich der Sache gemeinsam mit den Schülern tatsächlich an und 1999 wurde der Umbau vollendet. Die Schule ist das wohl einzige Beispiel von durch Hundertwasser umgestalteter vorhandener Architektur. Eine städtebauliche und architektonische Perle findet sich mit der **Werkssiedlung** im Wittenberger Ortsteil Piesteritz. Zwischen 1916 und 1919 war die Gartenstadt nach Plänen von Paul Schmitthenner und Otto Rudolf Salvisberg für etwa 2000 Beschäftigte des angrenzenden Stickstoffwerkes gebaut worden. Seit 1986 steht sie unter Denkmalschutz und wurde als Korrespondenzobjekt der Weltausstellung EXPO 2000 vollständig saniert. Dabei blieb der ursprüngliche Charakter der 363 Häuser mit Kirche, Rathaus, Kauf- und Vereinshaus, Schule und dem für unverheiratete Sekretärinnen gebauten Damenheim erhalten. Die Siedlung gilt heute als die größte autofreie Wohnsiedlung in Deutschland.

Die Hundertwasserschule

Die Reformation vom Rand der zivilisierten Welt

Für Luther war Wittenberg eine Zumutung, eine Stadt am Rande der Zivilisation, in der man noch die Schweine durch die Gassen trieb. Hier traf sich, zumindest was die Studenten anging, aber bald die halbe europäische Welt. Sie wollten dort studieren, von wo, auch wenn man das noch nicht wusste, die erste deutsche Geistesbewegung ausging, die sich zunächst in Europa, dann weltweit verbreitete.

1517 soll das Ereignis stattgefunden haben: Ein Anschlag auf den Papst sozusagen, nämlich der Anschlag der berühmten 95 Thesen, die, ursprünglich als Papier für die öffentliche Disputation gedacht, bald wie ein Lauffeuer durch die Lande gereicht wurden und, was Luther nicht beabsichtigte, über die Reformation der Kirchen hinaus zu ihrer Spaltung führte. Was der Sohn eines mansfeldischen Bergbau-Unternehmers herausfand, war die ihn befreiende Botschaft, dass die Liebe Gottes dem Menschen allein aus Gnade zusteht, nicht durch Verdienst oder Ablass.

Diese Urbotschaft des reformatorischen Glaubens löste eine Lawine aus: Die Pfarrer mussten gebildet werden, um die Bibel tatsächlich verstehen zu lernen. Die Gemeinden mussten gebildet werden, um die Predigt auch beurteilen zu können. Schulen gab es nicht mehr nur für die Elite, sondern für alle. Die Voraussetzung war die Übersetzung der Bibel ins Deutsche, gleichfalls von Martin Luther vorgenommen, der damit zugleich zum Begründer einer einheitlichen hochdeutschen Sprache, er gebrauchte durchgängig das Kanzleisächsisch, wurde. Mit seinen Schriften, beispielsweise ›Von der Freiheit eines Christenmenschen‹, schuf er dem aufstrebenden Bürgertum die ihm gemäße Ideologie.

Drei Leute waren in der Hauptsache für die Ausbreitung der Reformation verantwortlich, und dabei wird deutlich, dass es eine frühe deutsch-deutsche Zusammenarbeit gab: Ideengeber war der Mitteldeutsche Luther, in die Form gegossen und für die ideologische Ausformung und praktische Anwendung verantwortlich war der Kraichgauer Philipp Melanchthon. Für die schnelle Verbreitung durch Flugblätter, Kunstdrucke etc. sorgte der in Wittenberg mittlerweile ansässige Franke Lucas Cranach d. Ä., Maler und Unternehmer.

2017 jährt sich die Reformation zum fünfhundertsten Mal. Bis dahin wird das Wittenberger Lutherhaus in neuem Glanz erstrahlen, ebenso die Schlosskirche. Das Melanchthonhaus ist bereits restauriert, desgleichen die Cranach-Höfe. Die Lutherstätten hier, in der Lutherstadt Eisleben und in Mansfeld Lutherstadt sind UNESCO-Welterbe. In Eisleben sind Geburts- und Sterbehaus sowie die Taufkirche Luthers zu besichtigen, in Mansfeld das Wohnhaus der Familie. Cranachs Gemälde sind u.a. in der Wittenberger Stadtkirche, in Klieken oder in der Anhaltischen Gemäldegalerie in Dessau zu finden.

Eindrücklich für Pilger aller Art ist natürlich der Lutherweg (→ S. 384), eine 410 km lange Pilgerroute von Wittenberg über Eisleben nach Mansfeld. Die gesamte Strecke ist mit einem ›L‹ gekennzeichnet und besteht aus zwei Routen mit 34 Stationen. 1400 Kilometer lang ist der Lutherweg in ganz Mitteldeutschland, mit Blick auf das Reformationsjubiläum 2017 haben auch Bayern, Hessen und Rheinland-Pfalz mit der Ausschilderung des Lutherweges begonnen (www.lutherweg.de).

Lutherstadt Wittenberg

Vorwahl: 03491
Postleitzahl: 06886
Tourist-Information Lutherstadt Wittenberg, Schlossplatz 2, Tel. 498610, kostenlose Info- und Buchungshotline: 0800/2020114, www.lutherstadt-wittenberg.de. Jan.–März Mo–Fr 10–16 Uhr, Sa/So 10–14 Uhr, Apr.–Okt. Mo–Fr 9–18 Uhr, Sa/So 10–16 Uhr, Nov.–Dez. Mo–Fr 10–16 Uhr, Sa/So 10–14 Uhr.

Best Western Stadtpalais Wittenberg, Collegienstr. 56/57, Tel. 498610, www.bestwestern.de; 78 Zi., DZ ab 84 Euro. Unmittelbar am Lutherhaus, angenehme Atmosphäre, gutes Restaurant.
Luther-Hotel, Neustr. 7–10, Tel. 498610,, www.luther-hotel-wittenberg.de; 159 Zi., DZ ab 98 Euro. Spezialpreise für Kirche/Diakonie, Radreisebüros. Zentrale Lage, guter Service.
Hotel Grüne Tanne, Am Teich 1, Tel. 6290, www.gruenetanne.de; 40 Zi., DZ ab 56 Euro. Im Grünen am Stadtrand gelegen, eigener Park, gute deutsche Küche. Für Mehrtagesgäste attraktive Arranements.

MCE Marina Camp und Brückenkopf-Hotel, Brückenkopf 1, Tel. 4540, Fax 454199, www.marina-camp-elbe.de, www.brueckenkopf-hotel.de. Sehr schönes, 20 Hektar großes Freizeitgelände am linkselbischen Ufer, das die alten napoleonischen Festungsanlagen perfekt einbezieht. Stellplätze für Camping und Caravaning, Radlerhütten, Hotel und Hafen (Frischwasser, Stromanschluss, Treibstoff).

Hofwirtschaft, Schlossstraße 1, Tel. 459682, www.hofwirtschaft.de. Gemütliche Wirtschaft auf dem Cranachhof, kleine, aber perfekte Karte, wöchentlich wechselnd. Spezialadresse für Whiskeys
Brauhaus zu Wittenberg, Markt 6. Tel. 433130, www.brauhaus-wittenberg.de. Sehr schön im ›Beyerhof‹ gelegen, perfekte, rustikale deutsche Küche, z.B. ›Wittenberger Pfannenschlag‹ (Grützwurst mit Sauerkraut) und Wittenberger Bier.
Alte Canzley, Schlossplatz 3. Tel. 429110, www.alte-canzley.com. Historisches Haus gegenüber der Schlosskirche, erstes zertifiziertes Bio-Restaurant in Sachsen-Anhalt.

Marc de Café, Pfaffengasse 5, Tel. 6958085. Mitten im Handwerkerhof unweit der Schlosskirche, klein und schön, Kaffee, wie er sein soll.
Café Klatschmohn, Kirchplatz 9, Tel. 596650. Direkt neben dem Bugenhagenhaus. Selbstgebackener Kuchen, freundliche Bedienung, lesen und genießen mitten im Zentrum.

Lutherhaus, Collegienstr. 54, Tel. 42030, www.martinluther.de; Apr.–Okt. Tgl. 9–18 Uhr, Nov.–März Di–So 10–17 Uhr.
Melanchthon-Haus, Collegienstr. 60, Tel. 4203110, www.martinluther.de; Öffnungszeiten Apr.–Okt. tgl. 10–18 Uhr, Nov.–März Di–So 10–17 Uhr.
Cranach-Höfe, Markt 4 und Schlossstr. 1, Tel. 4201911, www.cranach-stiftung.de; Ausstellungen: Apr.–Okt. Mo–Sa 10–17 Uhr. So und Feiertage 13–17 Uhr, Nov.–März Di–Sa 10–17 Uhr, So und Feiertage 13–17 Uhr.
Schlosskirche, Schlossplatz, Tel. 402585.
Stadtkirche St. Marien, Kirchplatz 20, Tel. 404415.
Zeughaus am Arsenalplatz/Städtische Sammlungen, Juristenstraße,
Tel. 4334920.
Christliche Kunst im 20. Jahrhundert, Altes Rathaus, Markt, Tel. 421720.
Hundertwasserschule, Schillerstr. 22a, Tel. 881131.
Werkssiedlung Piesteritz, Karl-Liebknecht-Platz 20, Tel. 614715.

CLACK Theater&Lounge-Restaurant, Markt 1, Tel. 459245, www.clack-theater.de. Kabarett, Travestie, Comedy, Schauspiel und mehr.

Renaissance-Musikfestival, Pfaffengasse 6, Tel. 459620, www.wittenberger-renaissancemusik.de. Konzerte und Workshops immer in der Woche vor dem Reformationsfest (31.10.)

Luthers Hochzeit (immer um Luthers Hochzeitstag am 13. Juni, www.luther-hochzeit.de) und das **Reformationsfest** am 31.10. ziehen jedes Jahr Zehntausende Gäste an. Dazu kommen das **Maiblumenfest**, der **Töpfermarkt** und der **Weihnachtsmarkt**.

Wittenberger Passagierschifffahrt, Informations- und Chartercenter, Schlosstr. 6, Tel. 7690433, www.ms-wittenberg.de. Flusskreuzfahrten (Dresden, Halle), Tagesreisen, Panorama- und Kaffeeklatschfahrten.

Rund um Wittenberg: Sachsen-Anhalts Ostzipfel

Der Ostzipfel Sachsen-Anhalts ist eingerahmt von Sachsen und Brandenburg und auch historisch stark von dieser Nachbarschaft geprägt. Zwischen den Naturparks Dübener Heide und Fläming fließt die Elbe, beim Ort Elster einen scharfen Bogen nach Westen schlagend. Annaburg gab der Heidelandschaft ganz im Osten ihren Namen.

Gräfenhainichen

Gräfenhainichen (14 000 Einwohner) ist die Geburtstadt eines Literaten, der sich mit einem schmalen Werk von 138 Gedichten, die später zum größten Teil vertont wurden, weltweit unsterblich gemacht hat: Paul Gerhardt, der große protestantische Dichter. Günter Grass (›Treffen in Telgte‹) und Robert Gernhardt haben ihm in jüngerer Zeit literarische Hommagen geschrieben. Einen Besuch lohnt natürlich die 1830 bis 1844 erbaute **Paul-Gerhardt-Kapelle**, heute Ausstellungs- und Veranstaltungsraum. Sehenswert sind auch der 1928 eingeweihte, 38 Meter hohe **Wasser- und Aussichtsturm** im Art-déco-Stil, der Obere und Untere **Stadtturm**, das **Buchdruckmuseum** und die **Bockwindmühle**.

▲ Karte S. 263

In Tornau im **Naturpark Dübener Heide** gibt es den Köhlereiweg mit Holzstelen und Skulpturen des Künstlers Wolfgang Köppe und am Eisenhammer die letzte produzierende **Köhlerei** der Heide.

In der Nähe des Dörfchens **Schköna** befinden sich in einem Waldgebiet zwei mit Schälchen versehene Findlinge, die einst vermutlich Opferhandlungen dienten. Sie heißen der ›Luther‹- und der ›Teufelsstein‹.

In **Zschornewitz** entstand als Korrespondenzort der EXPO 2000 das Industriedenkmal **Kraftwerk Zschornewitz**, mit der umfangreich restaurierten **Gartenstadt-Werkssiedlung** ›Kolonie‹ –ähnlich der Werkssiedlung Piesteritz in Wittenberg. Das Kraftwerk war nach seinem Bau 1915/16 das größte Braunkohlekraftwerk der Welt und versorgte ganz Berlin und Teile Sachsens mit Strom. Erst 1998 wurde die letzte Turbine vom Netz genommen.

■ Ferropolis

Viele, vor allem junge Menschen, zieht eine gleich neben Gräfenhainichen liegende ›Stadt‹ an: Ferropolis, errichtet am ehemaligen Braunkohlentagebau Golpa-

Nord und heute einer der deutschen Ankerpunkte der Europäischen Route der Industriekultur. 1995 wurde die ›Stadt aus Eisen‹ gegründet, indem man auf der in den entstehenden großen See ragenden Halbinsel fünf Tagebau-Großgeräte zusammenführte und zwischen ihnen eine große Arena baute. Ferropolis ist Museum, Ort der Bildung, vor allem aber ein Ort großer Musikevents (→ S. 306).

Bad Schmiedeberg

Bad Schmiedeberg (8000 Einwohner) ist als staatlich anerkanntes Moor-, Mineral- und Kneippheilbad eines der fünf Heilbäder Sachsen-Anhalts. Die **Kuranlagen** um das sehenswerte Jugendstil-Kurhaus von 1908 atmen eine beschauliche Atmosphäre. Die ursprünglich gotische **Stadtkirche St. Nikolai**, später barock ausgestattet, stellt sich nun neoklassizistisch dar. Im Stadtzentrum gibt es außer dem **Rathaus** einige sehenswerte **Bürgerhaus-Portale**, vom 30 Meter hohen **Kaiser-Wilhelm-Turm** im Stadtwald hat man eine schöne Aussicht.

Wenige Kilometer entfernt liegt zwischen den Orten **Kossa** und **Söllichau** eine ehemalige Bunkeranlage, die die Nationale Volksarmee der DDR für den Kriegsfall unter der Dübener Heide gebaut hatte. Seit 2002 ist die Anlage ein **Militär-Museum**.

Schloss und Park Reinharz gehören zum touristischen Netzwerk ›Gartenträume‹. Barockkirche und Barockschloss wurden auf Betreiben Heinrich von Lösers (1665–1705) errichet. Der 68 Meter hoher Schlossturm wurde im 18. Jahrhundert als Sternwarte genutzt. Im Park steht Europas größte ›Strauchkastanie‹. Heute befinden sich im reprivatisierten Schloss bzw. dessen Nebengebäuden Ausstellungssäle, Künstlerateliers, eine Fachbibliothek zur bildenden Kunst, ein Skulpturenpark.

Pretzsch

Wichtigste Sehenswürdigkeit im Elbeort Pretzsch (1400 Einwohner) ist das aus dem 16. Jahrhundert stammende **Renaissance-Schloss**, heute als Kinderheim und Schule genutzt. Das Café Eberhardine und das kleine **Schlossmuseum** sind aber, ebenso wie der Park, der Öffentlichkeit zugänglich. Berühmtester Gast des Schlosses war Christiane Eberhardine von Brandenburg-Bayreuth, die Gemahlin

Ferropolis aus der Luft

Der Osten – Anhalt und Wittenberg

Jugendstilkurhaus in Bad Schmiedeberg

Augusts des Starken, die seiner Untreue wegen den Aufenthalt fern vom Dresdner Hof wählte. Die Um- und Neubauten der Kavaliershäuser nahm der sächsische Landesbaumeister Daniel Pöppelmann vor. In Pretzsch steht auch das Elternhaus des Clara-Schumann-Vaters **Friedrich Wieck**, erbaut 1725. **Erwin Strittmatter**, der später berühmte gewordene Schriftsteller, arbeitete in Pretzsch als Bäckergeselle. Der Pretzscher **Bahnhof** war einer der wichtigen Drehorte für den Hollywoodstreifen ›Ein russischer Sommer‹ mit Oscar-Preisträgerin Helen Mirren.

An der metallenen Hochwassersäule vor der **romanischen Elbschifferkirche** im Ortsteil Priestiz kann man die Pegelstände der immer wieder kehrenden Fluten ablesen.Wie an verschiedenen Stellern elbwärts in Sachsen-Anhalt, stellt auch in Pretzsch eine traditionelle **Gierseilfähre** die Verbindung zwischen den Flussufern her.

Jessen

Um die Stadt Jessen (14 000 Einwohner) an der Schwarzen Elster gibt es **Weinberge**, die zu den nördlichsten kommerziell bewirtschafteten Weinbauflächen in Deutschland und nicht zur Saale-Unstrut-Weinregion, sondern zum Anbaugebiet Sachsen gehören. Neben dem Marktplatz ist das **Jessener Schloss** sehenswert, das während der Befreiungskriege 1813 Quartier der Feldherren Blücher, Yorck und Tauentzien war. In **Schweinitz** und **Seyda** zeugen die beiden Amtshäuser von der Fachwerkbaukunst in der Region. Das **Wasserschloss Hemsendorf** mit Parkanlage ist ein ehemaliges Rittergut aus dem 16. Jahrhundert.

Annaburg

Wo heute die Stadt Annaburg (7600 Einwohner)l iegt, befand sich seit dem 14. Jahrhundert lediglich ein **Jagdschloss**, das der sächsische Kurfürst Friedrich der Weise etwa ab 1500 zu einer der ersten Villen nördlich der Alpen ausbauen ließ. Kennzeichen war ein großer, mit einem Wall umschlossener Garten mit mehreren aufwändig gestalteten Lusthäusern. In diesem Refugium verstarb der große Gönner Luthers auch 1525. Später wurde die Anlage von Kurfürst August I. von

▲ Karte S. 263

Sachsen und seiner Gemahlin Prinzessin Anna von Dänemark und Norwegen ausgebaut und zu Ehren der Prinzessin 1573 in Annaburg umbenannt.

Schloss und Park sind heute noch sehenswert, ebenso das **Amtshaus** mit dem stadtgeschichtlichen Museum und die **Kirche am Markt** mit einer schönen Kassettendecke aus dem späten 17. Jahrhundert. Bekannt wurde Annaburg seit dem Ende des 19. Jahrhunderts auch durch die **Porzellanproduktion**, feuerfeste Erzeugnisse mit dem Namen ›Cordoflam‹ sind überall in Gastronomie und Hotellerie zu finden.

Die **Annaburger Heide** wird heute zum großen Teil von der Bundeswehr genutzt.

Zahna

Die Stadt (3800 Einwohner) ist einer der ältesten Orte Sachsen-Anhalts, einst von Sorben bewohnt und im heutigen Stadtbild von den flämischen Kolonisten geprägt. Das **Stift zum Heiligen Geist** hat eine über 700-jährige Geschichte und bietet sich heute wieder prächtig dar. Die jetzige Stiftskapelle ist von 1878, das Anstaltsgebäude vom Anfang des 20. Jahrhunderts. Überaus beeindruckend ist die aus Feldsteinen errichtete romanische Kreuzkirche mit ihrem wuchtigen Turm. Sie entstand ab dem späten 12. Jahrhundert in sorgfältigem Quadermauerwerk, das mit dem der Klosterkirche Zinna vergleichbar ist. Spätere Ergänzungen erfolgten in Backstein.

Im typischen **Wohnhaus eines Flämingbauern** aus dem Jahr 1730 befindet sich heute ein Museum.

Kemberg

Die Kleinstadt (10 000 Einwohner) am Nordrand des Naturparks Dübener Heide ist aufgrund des geschlossenen Bildes der ehemaligen Ackerbürgerstadt von städtebaulicher Bedeutung.

Die spätgotische **Stadtkirche St. Marien** wurde von 1290 bis 1340 erbaut, 500 Jahre später kam der monumentale Westturm hinzu. Martin Luther war vierzehnmal in Kemberg und hat mehrfach in der Kirche gepredigt. Der spätgotische Schnitzaltar stammt aus dem 15. Jahrhundert. Sehenswert ist auch das **spätgotische Rathaus** mit Renaissanceanbauten. Die **Stadtmauer** aus dem 14. Jahrhundert ist zum Teil noch gut erhalten.

Die Stadtkirche St. Marien in Kemberg

Rund um Wittenberg

Tourist-Information Gräfenhainichen, August-Bebel-Str. 24, 06773 Gräfenhainichen, Tel. 034953/257620, www.graefenhainichen.de.

Kur- und Verkehrsverein Bad Schmiedeberg, Neustraße 33, 06905 Bad Schmiedeberg, Tel. 034925/ 70614, www.kuv-verein.de, www.bad-schmiedeberg.de.

Naturpark Dübener Heide, über: Verein Dübener Heide e. V. Krinaer Straße 2, 06772 Gräfenhainichen, OT Tornau, Tel. 034243/50881, www.naturpark-duebener-heide.com.

Hotel Sackwitzer Mühle, Sackwitzer Mühle 1, 06905 Bad Schmiedeberg, OT Sackwitz, Tel. 034925/74000, www.hotel-sackwitzer-muehle.de; 34 Appartements, ab 89 Euro. Mitten im Wald, weit weg von jeglichem Verkehrslärm. Spezialität der Küche: Wild.

Parkhotel Pretzsch, Goetheallee 3, 06905 Bad Schmiedeberg, OT Pretzsch. Tel.034926/5680, www.parkhotel-pretzsch.de; 46 Zi., DZ ab 86 Euro. Familiengeführt, freundlicher Service, gute Küche.

Hotel Schloss Kropstädt, Am Schlosspark 4, 06889 Wittenberg, OT Kropstädt, Tel. 034920/70730, www.schlosskropstaedt.de; 13 Zi., DZ ab 75 Euro. Perfektes Schlossambiente, ideal zum Feiern.

Hotel Bad Schmiedeberger Hof, Leipziger Str. 30a, 06905 Bad Schmiedeberg, Tel. 034925/74662, www.bad-schmiedeberger-hof.de; 26 Zi., DZ ab 60 Euro. Solides Haus in Innenstadtlage, nah am Kurgebiet.

Pension Am Storchennest, Priesitz 34, 06905 Bad Schmiedeberg, OT Priesitz, Tel. 034926/57693, www.pension-am-storchennest-priesitz.de.5 Zi., DZ ab 48 Euro. Direkt am Elbe-Radweg, Service für Radler. Sehr freundliche Gastgeber, wunderbar für Naturliebhaber.

Restaurant Hollywood – Schacht Barbara, Bahnhofstr. 1A, 06773 Gräfenhainichen, Tel. 034953/22276, www.schacht-barbara.de. Urige In- und Outdoor-Erlebnisgastronomie der besonderen Art, alles auf die Bergbauhistorie orientiert: Bergmanns-Lunch, Knappschaftsspiess – nichts für Vegetarier. Wohlverdient gute Gästebewertungen.

Weingut Hanke, Alte Schweinitzer Str. 80, 06917 Jessen (Elster), Tel. 03537/ 212770, www.weingut-hanke.de. Auf 14 Hektar Fläche werden hier im nördlichsten Qualitätsweingut Deutschlands Weiße und Rote aus 12 Rebsorten angebaut und auf die Flasche gebracht. Was man ganz selten irgendwo bekommt: Acolon, 2012er im Barrique ausgebaut, 12,50 Euro die Flasche.

Weinhaus Zwicker, Am Gorrenberg 30, 06917 Jessen (Elster), Tel. 03537/214459. www.weinhaus-zwicker.de. Anbau und eigener Ausschank, etwas Spezielles: ›JesSecco‹, ein Perlwein aus verschiedenen Trauben.

Paul-Gerhardt-Kapelle, Rudolf-Breitscheid-Str. 1, 06773 Gräfenhainichen, Tel. 034953/257618, www.graefenhainichen.de. Di–So 13–17 Uhr.

Ferropolis, Ferropolisstr. 01, 06773 Gräfenhainichen, www.ferropolis.de; Apr.–Okt. Mo–Fr 10–18 Uhr, Sa/So Feiertage 10–19 Uhr, Nov.–März tgl. 10–17 Uhr.

Denkmal-Bunker Militärmuseum Kossa, Dahlenberger Str. 1, 04849 Kossa, Tel. 034243/22120, www.bunker.kossa.de; Apr.–Dez. Mi–So 10–15.30 Uhr.

Porzellanmuseum Annaburg, Torgauer Str. 60, 06925 Annaburg, Tel. 035385/32128, www.annaburg-porzellan.de; Mo 10–17 Uhr, Di–Fr 10–18 Uhr, Sa 10–13 Uhr.

Natürlich ist die gesamte Dübener Heide ein Wander-Eldorado. Eine schöne Wanderung, die über 18 Kilometer von Pretzsch über Reinharz nach Schköna führt, ist der

▶ Karte S. 263

Hans-Löser-Weg. Löser, dessen Vater das Pretzscher Schloss erbaute, war ein kursächsischer Astronom, der verschiedene astronomische Geräte erfand, und den Turm des Schlosses Reinharz für seine Beobachtungen nutzte.
Durch die Weinberge und die Obstplantagen des Jessener Landes gibt es den **Obst- und Weinweg**. Im Obsthof Zwicker in Schweinitz, wo man ebenso starten kann wie in Jessen, gibt es eine **Obstbau-Ausstellung** (Tel. 03537/216555).

Vom **Elberadweg** bei Jessen an stellt der **Schwarze-Elster-Radweg** (126 km) über Herzberg, Bad Liebenwerda und Elsterwerda eine schöne Verbindung zum **Lausitzer Seenland** in Brandenburg her, www.regionalverein-jessen. de, www.elbe-elster-land.de.

Bitterfeld-Wolfen

41 000 Einwohner zählt Bitterfeld-Wolfen, die Stadt, die die nördliche Spitze des sogenannten Chemiedreiecks (mit Halle und Merseburg/Leuna) bildet. In den Jahrzehnten vor 1990 waren Bitterfeld viele abfällige Redewendungen gewidmet. »Ich gehe nicht nach Bitterfeld, wo das Leben bitter fällt«, war nur eine davon – eine Anspielung auf den Industriedreck und die Braunkohlentagebaulandschaft. Heute ist Bitterfeld Hafenstadt, verfügt über eine moderne Marina und liegt dank der gefluteten Tagebaue in einer richtigen Urlaubslandschaft. Wesentliches dazu beigetragen hat die Weltausstellung EXPO 2000 in Hannover, bei der die Landschaft zwischen Dessau, Wittenberg und Bitterfeld eine Korrespondenzregion war.
Es gibt eine Reihe architektonischer Zeugnisse, die in ganz unterschiedlicher Weise Ausdruck der Stadtentwicklung sind. Eines der ältesten Häuser ist die 1579 erbaute **Fürstenherberge**, ein verputzter Fachwerkbau mit einem Renaissanceportal. Ebenso wie das 1863 bis 1865 errichtete **ehemalige Rathaus** ist die in Nord-Süd-Richtung erbaute **Stadtkirche St. Antonius** (1910) ein neogotischer Backsteinbau.
Das Rathaus der heutigen Doppelstadt ist das zwischen 1936 und 1939 erbau-

Auf dem Bitterfelder Berg, einer ehemaligen Hochkippe, steht mit dem begehbaren Bitterfelder Bogen das neue Wahrzeichen der Stadt.

te **Gebäude Nr. 041 der AGFA-Werke**, den meisten sicher als einer der größten europäischen Hersteller von Fotofilmen und Laborausrüstungen bekannt. Der denkmalgeschützte halbrunde Bau mit zwei zentralen Ecktürmen und seinen 99 Fenstern aus Pfälzer Sandstein macht immer noch Eindruck. Übrigens war es der nachmalige deutsche Außenminister Walther Rathenau (1867–1922), der im Auftrag der AEG mit der Ansiedlung der Elektrochemischen Werke die chemische Industrie nach Bitterfeld brachte.

Vom im Stil des Neoklassizismus 1954 erbauten **Bitterfelder Kulturpalast**, ging DDR-Kulturgeschichte aus. Auf einer SED-Kulturkonferenz wurde hier 1959 der ›Bitterfelder Weg‹ verkündet, der ›Kunst, Künstler und Arbeiterklasse unverbrüchlich vereinen‹ sollte. 2004 wurde der Palast, auch er ein Denkmal, renoviert.

Rund um Bitterfeld-Wolfen

Die Bitterfelder Umgebung kann und will ihre Geschichte als eine von Menschen durch und durch veränderte Landschaft nicht verbergen. Aber: Aus den ausgekohlten Tagebauen entstehen Seen, auf Tausenden Hektar Fläche wächst sogar wieder richtige Wildnis. Der Deutschen Bundesstiftung Umwelt wurden Flächen übertragen, seltene Wildtiere wurden schneller wieder heimisch, als selbst Fachleute glaubten. Östlich von Holzweißig erstreckt sich ein Seen- und Waldgebiet mit dem **Holzweißiger Ost-See**, dem **Auensee** und dem **Ludwigsee** mit Badestelle. Zwei Dükertürme aus dem Jahr 1909 blieben als Zeugen des Bergbaus erhalten. Nahe des **Paupitzscher Sees** steht die Plastik ›Die Wächter der Goitzsche‹ des Künstlers Anatol Herzfeld: Zehn zwei Meter große Eisenkerle mit rotem Brustschild und roten Fahnen, die um Findlinge aus dem Tagebau gruppiert sind.

Am Muldestausee

Die Gemeinde um den gleichnamigen See (6,3 Quadratkilometer und ein prächtiges Wassersportrevier) hat heute 11 900 Einwohner in 13 Ortsteilen. In **Muldenstein** sind die Dorfkirche, das ehemalige **Franziskanerkloster** und das Herrenhaus erwähnenswert. Das Kloster, heute Museum mit Kräutergarten, entstand im 15. Jahrhundert. Ende des 19. Jahrhunderts wurden Teile des Klosters abgerissen und auf den alten Kellern das neue Herrenhaus im Stil des Historismus errichtet.

Auf einer Halbinsel zwischen Muldestausee und Großem Goitzschesee liegt

Am Strand des Goitzsche-Sees, im Hintergrund das Hotel ›Villa am Bernsteinsee‹

▲ Karte S. 263

das Dorf **Pouch**, dessen Name jedem ehemaligen DDR-Bürger vertraut ist, weil hier die begehrten Faltboote hergestellt wurden – und in der gläsernen Manufaktur auch heute noch werden. Außer der **Gläsernen Fabrik** der Poucher Boote GmbH sind in Pouch das Schloss, der ›Rote Turm‹ und die im 13. Jahrhundert aus Feldstein erbaute Kirche mit ihrem spätgotischen vierflügligen geschnitzten Hochaltar zu sehen, dessen Altargemälde aus der Werkstatt Lucas Cranachs stammt. Der **Bergfried der Burg** kann auch besichtigt werden.

Die Gemeinde **Mühlbeck-Friedersdorf**, steht als das erste Buchdorf Deutschlandsan der Spitze einer besonderen Bewegung. In 15 Antiquariaten – Kneipen, Cafés, Bauernhäuser, Läden – warten Tausende von Büchern auf ihre Fans. Im alten Pfarrhaus hielten 1813 Generalfeldmarschall von Blücher und Graf Bernadotte vor der Leipziger Völkerschlacht Kriegsrat. Die Kirchen beider Ortsteile sind Stationen an der ›Straße spätgotischer Flügelaltäre‹, in Friedersdorf mit einem spätgotischen Flügelaltar aus dem 16. Jahrhundert.

Bitterfeld-Wolfen und Umgebung

Stadtinformation Bitterfeld-Wolfen, Markt 7, 06749 Bitterfeld-Wolfen, OT Bitterfeld, Tel. 03494/6660316, www.bitterfeld-wolfen.de.

Tourist-Information Goitzsche, Wasserzentrum, Berliner Straße 6, 06749 Bitterfeld-Wolfen, OT Stadt Bitterfeld, Tel. 03493/9223140, www.steg-bitterfeld-wolfen.de, www.goitzsche.eu.

Villa am Bernsteinsee, OT Bitterfeld, Mühlenboulevard 4, 06749 Bitterfeld-Wolfen, Tel. 03493/929398, www.villa-am-bernsteinsee.com; 7 Apartments, ab 115 Euro. Stilvoll und Exklusiv in der ehemaligen Fabrikantenvilla, vorzügliches Restaurant.

Hotel Ambassador, Zörbiger Strasse 47, 06749, OT Bitterfeld-Wolfen, Tel. 03493/5129, www.ambassador-bitterfeld.com; DZ ab 68 Euro.

Kreismuseum Bitterfeld, OT Bitterfeld, Kirchplatz 3, 06749 Bitterfeld-Wolfen, Tel. 03493/401113, www.kreismuseum-bitterfeld.de; Di–Fr u. So 10–16 Uhr.

Industrie- und Filmmuseum Wolfen, Chemiepark Bitterfeld-Wolfen Areal A, Bunsenstr. 4, 06766 Wolfen, Tel. 03494/636446, www.ifm-wolfen.de; Di–So 10–16 Uhr.

Erlebnisbad Woliday, Reudener Str. 87, 06766 Bitterfeld-Wolfen, OT Wolfen, Tel. 03494/368690, www.woliday.de. Spaßbad mit In- und Outdoorbecken, 75-Meter-Rutsche, Sauna.

Heidecamp Schlaitz, Am Muldestausee, 06774 Muldestausee, OT Schlaitz, Tel. 034955/20571, www.heide-camp-schlaitz.de. 5-Sterne-Platz am See, 130 Touristikplätze, Caravaning, Bungalows, komplett ausgestattet.

2Water Wassersportzentrum Goitzschesee, Seepromenade 3, 06749 Bitterfeld, Tel. 03943/9784824, www.2water.de. Bootsführerscheine, Segelschule, Windsurfen, Strand.

Fahrgastschiff MS Vineta, Anlegestelle Marina, Tel. 01805/888488, www.ms-vineta.de.Fahren und Feiern auf der Goitzsche.

Zur industriegeschichtlichen **Erlebnisroute KOHLE I DAMPF I LICHT I SEEN** gibt es im mitteldeutschen Industrierevier zwischen Lutherstadt Wittenberg und Markkleeberg in Sachsen auch einen Radweg von 120 km Länge, www.kohle-dampf-licht.de.

Goitzsche und Ferropolis – Metamorphose einer Landschaft

Wann eigentlich nahm das alles seinen Anfang? Vor 50 Millionen Jahren, als im Tertiär ein fossiler Brennstoff entstand, den wir heute Braunkohle nennen? Im Jahr 1908, als die Bagger begannen, sich in die damalige Auenlandschaft Goitzsche zu fressen? Am 14. Juni 1990, als man im noblen ›Bureau International des Expositions‹ in Paris der Stadt Hannover den Zuschlag für die Weltausstellung, die EXPO 2000 erteilte? Oder in den vier, fünf Jahren danach, als kluge Köpfe und kühne Denker in Hannover, Magdeburg und Dessau entschieden, die EXPO-Chance zu nutzen, um auch an Korrespondenzorten zu zeigen, wie eine neue Welt entstehen kann?

Rund 1,28 Milliarden Kubikmeter Abraum wurden bis 1993 allein in der Goitzsche bewegt, um knapp 500 Millionen Tonnen Rohbraunkohle zu fördern – ›Verfügungsmasse‹ für Kraftwerke, für die chemische und andere Industrien des 20. Jahrhunderts. Was zurückblieb vor den Toren von Bitterfeld-Wolfen und Gräfenhainichen war verwüstete Natur, eine schrundige Landschaft, für die viele keine Perspektive sahen.

Das genau änderte sich mit der Einbeziehung der Industrielandschaft als Korrespondenzregion in die EXPO. 36 Einzelprojekte zwischen Dessau, Bitterfeld, Wolfen und Wittenberg wurden auserkoren, die Möglichkeiten eines Strukturwandels zu zeigen, der Mensch, Natur und Technik tatsächlich zusammen denkt. Das anspruchsvollste dieser Projekte war die Gestaltung des Landschaftsparks Goitzsche (spricht der Kenner übrigens: Gottsche) als weltweit größtes Landschaftskunstprojekt. Künstler aus aller Herren Länder setzten ihre Assoziationen in 14 in die Landschaft eingebettete Kunstwerke um, Symbolträchtiges wie der 28 Meter hohe begehbare Bitterfelder Bogen, die 60 Meter lange Blaue Bank und der Pegelturm – 26 Meter hoch und über eine 200 Meter lange Seebrücke zu erreichen – entstand. 1999 begann die Flutung des Tagebaurestlochs, die Bitterfelder Wasserfront entstand. Auf der Halbinsel Pouch liegt die Agora, ein Veranstaltungsort mit faszinierender Akustik.

Rund 60 Quadratkilometer groß ist das gesamte Areal, in dessen Zentrum sich heute eine zauberhafte Seenlandschaft befindet, größer als der Berliner Wannsee oder das Steinhuder Meer. Auf ihr und auf dem 108 Kilometer langen Wegenetz sind heute Dinge alltäglich, die vor einem Vierteljahrhundert in das Reich der Phantasie verwiesen worden wären: Segeln, Surfen, Angeln, Joggen, Wandern Radeln und/oder einen ›Sundowner‹ auf der Terrasse der ›Villa am Bernsteinsee‹ nehmen. A propos Bernsteinsee: 400 Tonnen Bernstein – ›Tränen der Götter‹ genannt – wurden seit den 1970er Jahren im Tagebau gefördert, was dem heutigen Top-Hotel seinen Namen gab. Geliefert wurde die gelbe Kostbarkeit übrigens nach Ribnitz-Damgarten und dort zu echtem Ostsee(!)-Schmuck verarbeitet. Eine Metamorphose der besonderen Art…

Wie man sie heute auch erleben kann, wenn – wenige Kilometer nordöstlich der Goitzsche – zwischen ›Mad Max‹, ›Mosquito‹ und ›Big Wheel‹ die Bässe wummern und die Lichtblitze der Stage-Scheinwerfer in den Nachthimmel zucken. ›Ferropolis‹ – die Stadt aus Eisen, auch sie ein Kind mitteldeutscher Industriegeschichte und klugen Umgangs mit ihr.

Als der 1958 aufgeschlossene Tagebau Golpa-Nord 1991 ausgekohlt war, begann man auch hier mit der Sanierung. Dazu entstand in der Werkstatt ›Industrielles Gartenreich‹ am Bauhaus Dessau die Idee, Tagebau-Großgeräte als Zeugen der Vergangenheit an einem Ort zusammenzuführen. Mit der EXPO 2000 bekam diese Idee Rückenwind von Sturmstärke: 1995 wurde Ferropolis Projekt der Weltausstellung, am 14. Dezember des Jahres die Gründung der ›Stadt aus Eisen‹ vollzogen. Auf einer Halbinsel im mit der Tagebauflutung entstehenden Gremminer See wurden fünf riesige Bagger und Absetzer platziert, die Ferropolis-Arena für 25 000 Besucher wurde gebaut, dazu die notwendige Infrastruktur. 2009 wurde Ferropolis Ankerpunkt auf der Europäischen Route der Industriekultur, eine mehrfach mit Live Entertainment Awards geehrte Eventarena entwickelt zunehmend internationale Anziehungskraft.

Jahr für Jahr zieht es Zehntausende zu den stählernen Giganten mit den fantasieanregenden Namen (neben den oben genannten noch ›Medusa‹ und ›Gemini‹ – den man bis in fast 30 Meter Höhe auch besteigen kann), in das Museum, vor allem aber zu den Konzerten und Festivals. Seit Mikis Theodorakis mit einem unvergessenen Konzert im Jahr 2000 die Arena eröffnete, gaben sich Metallica und The Streets, Grönemeyer und Maffay, Die Ärzte und Die Toten Hosen und viele andere die Mikros in die Hand, genossen mit ihren Fans perfekte Akustik und einmalige Atmosphäre. ›Melt‹ und ›Splash‹ machen Ferropolis tagelang zum ›Woodstock der Gegenwart‹ – Giganten um die und auf der Bühne…

Informationen: www.goitzsche.eu, www.ferropolis.de.

Kunst im Landschaftspark Goitzsche

EXTRA

Romanische Dorfkirchen, Backsteingotik in historischen Hansestädten wie Gardelegen, Stendal oder Tangermünde, Baumkuchen aus Salzwedel und frische Maränen aus dem Arendsee, Storchendörfer und Radwege, die die Flussläufe nachzeichnen – das ist die Altmark. Im Städtedreieck zwischen Hamburg, Hannover und Berlin bildet diese Landschaft – so groß wie das ganze Saarland – den schönen Norden Sachsen-Anhalts.

DER NORDEN – DIE ALTMARK

Blick über den Hafen auf die Stadtmauer und das Schloss von Tangermünde

Wiege Preußens und Bismarcks Land

Sowohl in die Historie als auch in unberührte Natur eintauchen, kaum irgendwo ist dies besser möglich als in der ›Wiege Preußens‹, die im Übrigen auch die Heimat Otto von Bismarcks war. Lange vor ihm schon erwählte Kaiser Karl IV. Tangermünde, die Stadt hoch über dem Elbufer, neben Prag zu seiner Residenz. Und wer Tangermünde sagt, der denkt sofort an Fontane und an seine Novelle um die sagenumwobene Grete Minde, die aus Rache den Brand gelegt haben soll, dem vor Jahrhunderten fast die ganze Stadt zum Opfer fiel.

Ganz im Osten, wo zu Füßen des Havelberger Doms, einem der gewaltigsten Bauwerke der berühmten ›Straße der Romanik‹, die Havel in die Elbe mündet, glänzte 2015 ein besonderes Ereignis: die Bundesgartenschau. ›Von Dom zu Dom – Das blaue Band der Havel‹ war das Motto der ersten länderübergreifenden BUGA, die die brandenburgische Prignitz mit der ›Alten Mark‹ verband.

Die westliche Altmark

Der Altmarkkreis Salzwedel ist der – nach der Prignitz – am dünnsten besiedelte Landkreis Deutschlands. Das prägt einerseits den zurückhaltenden, aber gastfreundlichen Menschenschlag und bietet andererseits Raum für eine zum Teil einmalige Flora und Fauna. Allein der Drömling, die große Moorlandschaft im Süden der Westaltmark, ist Rückzugsgebiet für über 400 Arten der in der Roten Liste enthaltenen bedrohten Pflanzen und Tiere.

Der Drömling

320 Quadratkilometer groß ist das Niederungsgebiet zwischen Calvörde im Osten und Wolfsburg im Westen, entstanden aus einem nacheiszeitlichen riesigen Schmelzwassersee. Auf Friedrich des Großen ›allerhöchste Ordre‹ begann man vor gut 200 Jahren, den von Ohre und Aller durchzogenen Sumpf in eine Kulturlandschaft zu verwandeln. Was entstand und von durchaus genialem Wasserbau zeugt, war das ›Land der Tausend Gräben‹, das in seinem sachsen-anhaltischen Teil 1990 zum Naturpark erklärt wurde. Über 1700 Kilometer lang sind die Wasserläufe und wer an ihnen entlang radelt, wandert oder reitet, der findet eine deutschlandweit einzigartige Landschaft vor.

▲ Karte S. 311

Zentrale Informationsstelle ist das **Naturpark-Informationshaus in Kämkerhorst**. Um das 1791 als Grabenmeisterei erbaute Haus herum ist der Drömling im Kleinen nachgestaltet. Hier schlägt das Herz eines ganz besonderen Projekts für Kinder und Jugendliche. Für die Fünf- bis Siebenjährigen gibt es die Gruppe der ›Moorwichtel‹, wer älter ist, kann den Status eines ›Junior-Rangers‹ erwerben.

Im Niederungsgebiet des Drömling

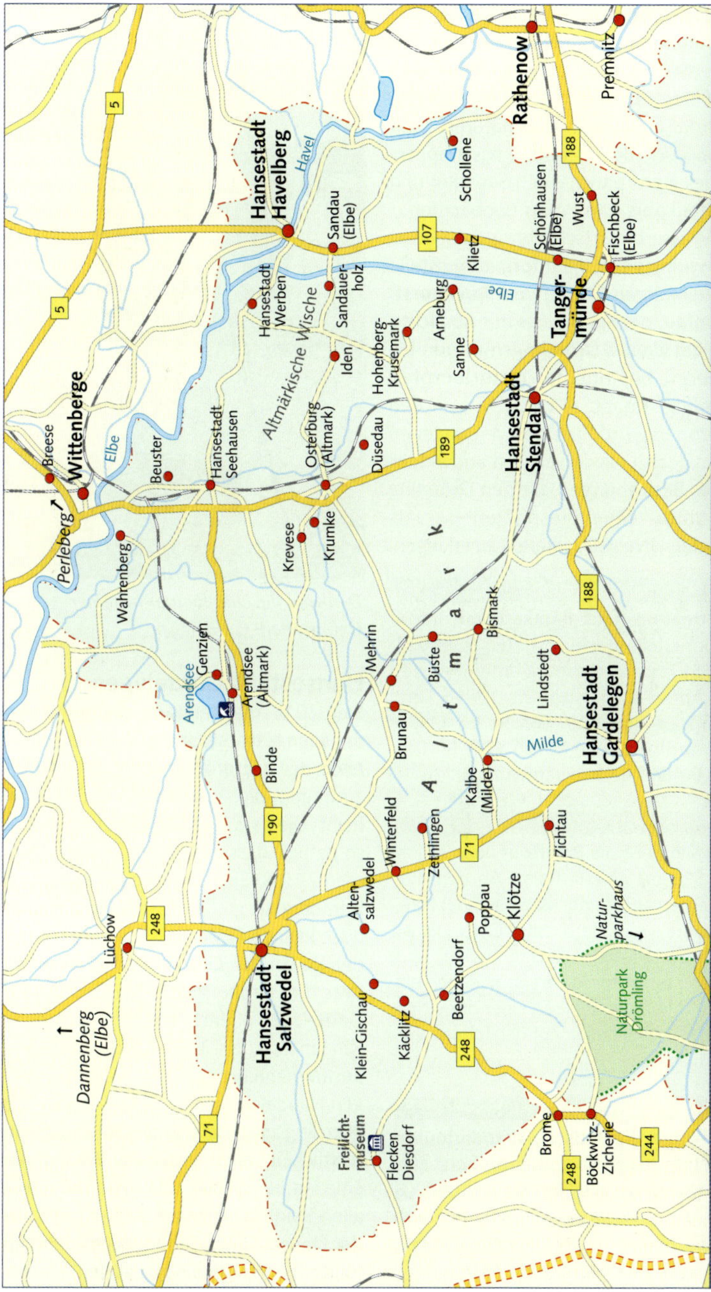
Hansestadt Havelberg
Havel
Rathenow
Premnitz
Schollene
Sandau (Elbe)
107
Klietz
Schönhausen (Elbe)
Wust
Fischbeck (Elbe)
188
Hansestadt Werben
Sandauerholz
Arneburg
Elbe
Tangermünde
Altmärkische Wische
Iden
Hohenberg-Krusemark
Sanne
Hansestadt Stendal
Wittenberge
Breese
5
Beuster
Hansestadt Seehausen
Osterburg (Altmark)
Düsedau
189
Perleberg
Wahrenberg
Krevese
Krumke
A l t m a r k
Genzien
Arendsee
Arendsee (Altmark)
Mehrin
Büste
Bismark
Lindstedt
Hansestadt Gardelegen
Milde
Brunau
Binde
190
Kalbe (Milde)
Winterfeld
Zethlingen
71
Zichtau
Lüchow
248
Alten-salzwedel
Poppau
Klötze
Naturparkhaus
Hansestadt Salzwedel
Dannenberg (Elbe)
Klein-Gischau
Käcklitz
Beetzendorf
Naturpark Drömling
Freilicht-museum
Flecken Diesdorf
Brome
Böckwitz-Zicherie
244
0 10 20 km

In Kämkerhorst startet auch der sieben Kilometer lange **Naturlehrpfad** mit Sehenswertem in Fülle: Schleiereulen- und Fledermausquartiere, Biberburgen, Moordammkulturen und natürlich, mit etwas Glück, der Fischotter, das Wappentier des Naturparks. Auch Seeadler und Wachtelkönig kann man beobachten.

Der Wasserbewirtschaftung des Drömlings widmet sich die **Informationsstelle im ehemaligen Schöpfwerk Buchhorst**. In **Kunrau**, dessen Schloss mit Aussichtsturm ein kleines **Drömlingsmuseum** beherbergt, beginnt der **Naturlehrpfad Drömling**. Knapp 4000 Hektar in den Kernzonen wurden in den vergangenen Jahren gezielt wiedervernässt und aktuell gibt es Bestrebungen, für den Drömling den Status eines Biosphärenreservats nach den UNESCO-Kriterien zu erlangen.

Naturpark Drömling

Informationshaus Kämkerhorst, Informationsstelle Buchhorst, Tel. 039002/85011, www.naturpark-droemling.de; 15. Apr.–14. Okt. Mo–Fr 10–16 Uhr, Sa, So, Feiertage 10–18 Uhr, 15. Okt.–14. April Mo–Do 10–16 Uhr, Fr 10–14 Uhr und nach Vereinbarung

Sehr schön ist die **Bibertour** über 30 km mit Startort Miesterhorst. An den drei Schleusen am Friedrichskanal findet Himmelfahrt ein großer Freiluft-Gottesdienst statt. Gaststätten in Köckte, Peckfitz und Mieste, empfehlenswert ist dennoch ein Picknickkorb zur Rast an einer der vielen zauberhaften Stellen auf der Tour, www.fvv-mieste.de.

Vielfältige **thematische Wandertouren** vom Informationshaus Kämkerhorst aus, u.a. ›Rund um die Flachwasserzone‹ (8 km), die ›Wiesentour‹ (11 km) und ›Von der Eiszeit bis Heute‹ (15 km), alles einfach und für Familien geeignet.

▶ Karte S. 311

Denkmal für Otto Reutter in seiner Geburtsstadt Gardelegen

Hansestadt Gardelegen

Seit 2011 machen sich die Bewohner der alten Hansestadt den Spaß, Besucher nach der drittgrößten deutschen Stadt zu fragen, die – natürlich – Gardelegen heißt. Die damalige Gebietsreform hat es so gefügt, dass die 49 Ortsteile (zusammen 24 000 Einwohner) nach Berlin und Hamburg die größte Fläche belegen. Und noch in anderer Weise ist Gardelegen mit den genannten Großstädten verbunden. Was für Hamburg jeder weiß, muss für Gardelegen erklärt werden: Gardelegen ist Hansestadt, 1359 erstmals in diesem Zusammenhang erwähnt, weil an wichtigen Handelswegen liegend. Schon 1488 allerdings musste sich die Stadt auf kurfürstlichen Befehl wegen der Weigerung, eine auferlegte Biersteuer zu zahlen, aus allen Städtebündnissen und so auch aus der Hanse zurückziehen. 1995 dann erfolgte der Wiedereintritt in den ›Hansebund der Neuzeit‹ und drei Jahre später in den neu entstandenen ›Altmärkischen Hansebund‹, dem auch Stendal, Salzwedel, Osterburg, Seehausen, Tangermünde, Havelberg und Werben angehören. Die Beziehung zur deutschen Hauptstadt wiederum geht über einen Mann, den die meisten für einen waschechten Berliner halten. Als Otto Pfützenreuter erblickte er 1870 in Gardelegen das Licht der Welt, als Otto Reutter begeisterte er mit seinen Couplets ganz Deutschland, der ›Wintergarten‹ und das ›Apollo‹ in Berlin wurden seine zweite Heimat.

Man macht keinen Fehler, wenn man einen Rundgang durch Gardelegen an **Reutters Bronze-Standbild** beginnt, von Heinrich Apel geschaffen, und nach wenigen Schritten an zwei wirklich gut erhaltenen **Bürgerhäusern** vorbei zum **Rathaus** gelangt. Dieses steht an einem der wenigen dreieckigen Stadtplätze Europas und wird von einem prächtigen Roland bewacht, dessen erster Vorgänger 1564 errichtet wurde.

In nordwestlicher Richtung findet man den **Holzmarkt**, einen der ältesten Winkel der Stadt mit den historischen Bauten der Oberpfarre, der alten Lateinschule und des Pfarrhauses von St. Nikolai. Es lohnt, die daneben liegende **monumentale Kirche**, 1945 durch Bomben zerstört, zu besichtigen (Voranmeldung in der Tourist-Info nötig), u.a. wegen der im Chor restaurierten Heiligendarstellungen aus dem 15. Jahrhundert.

Vom Holzmarkt geht es, vorbei an **Ziesemeisterhaus**, **Toreinnehmerhäuschen** und **Tormühle** zum monumentalen **Salzwedeler Tor** – einem Ensemble von Backsteinarchitektur, wie man sie sich schöner kaum vorstellen kann. An der Giebelseite des Tores steht der 2003 aus einer umgestürzten Eiche gefertigte Torwächter. Hat man sein Auto am Holzmarkt geparkt, kann man am Salzwedeler Tor auch den **Rundgang über die Wallanlagen** beginnen, auf die die Gardelegener besonders stolz sind. Rund 2,5 Kilometer zieht sich dieser grüne Ring, der zu den sachsen-anhaltischen Gartenträumen gehört, um die historische Altstadt, vorbei an Stadtgraben und Pulverturm, Stauden-, Rosen- und immergrünem Garten, Tiergarten und den Resten von Magdeburger und Stendaler Tor.

Wenige Kilometer außerhalb der Stadt erinnert die **Mahn- und Gedenkstätte Gardelegen** an ein besonders dunkles Kapitel deutscher Geschichte. Am 13. April 1945 wurden über 1000 Häftlinge, die auf Todesmärschen aus verschiedenen Konzentrationslagern bis nach Gardelegen gelangten, in eine Feldscheune des Gutes Isenschnibbe getrieben und von SS-Schergen bei lebendigem Leibe verbrannt oder erschossen. Den ersten Friedhof errichteten die schon

Der Roland vor dem Rathaus

Die Mahn- und Gedenkstätte Gardelegen

einen Tag später einrückenden Truppen der 102. Amerikanischen Infanteriedivision, 1950 wurde mit dem Bau eines Ehrenmals begonnen.
Im Ortsteil **Kloster Neuendorf** haben die Backsteinkirche mit Kreuzgang und einige kleine Klausurgebäude des ehemaligen Zisterzienser-Nonnenklosters (1232), die Zeit seit der Aufhebung des Klosters (1579) überdauert. Besonders sehenswert in der Kirche sind die Buntglasfenster aus dem 14./15. Jahrhundert.

Gardelegen

Vorwahl: 03907
Postleitzahl: 39638
Tourist-Information Hansestadt Gardelegen, Salzwedeler-Tor-Str. 34, Tel. 19433 o. 42266, www.gardelegen.de; Mo, Mi, Do 10–16 Uhr, Di 10–18 Uhr, Fr 9–13 Uhr, Mai-Sept. Sa 10–12 Uhr,

Hotel Reutterhaus, Sandstr. 80–82, Tel. 80760,www.reutterhaus.de; 23 Zi., DZ ab 101 Euro, angenehmes Haus, sehr schöner Biergarten, urige Sauna. Im Restaurant ›Otto Reutters Haustopf‹ in der Eisenpfanne für den großen Hunger.
Ferienpark Zichtau, Zum Tempelberg 5, Gardelegen, OT Zichtau, Tel. 039085/304, www.ferienpark-zichtau.de; Angebot vom Zimmer über Holz-Ferienhäuser bis zum Zelt, DZ ab 58 Euro, Holzhäuser für 6 Pers. ab 2. Übernachtung 68 Euro pro Nacht. In der Nähe liegt ein sehr schönes Freibad Freibad und das Gut Zichtau, das als Zentrum für Kultur und Bildung ausgebaut wird, ein Hotel ist geplant

Fischerhof Gahrns, Am Rottweg 2, Tel. 777658, www.fischerhof-gahrns.de; Fischerhütte im Blockhausstil, sehr schön in der Milde-Niederung gelegen, Fisch satt, z.B. Gefüllte Regenbogenforelle aus eigener Zucht, Angelpark, Hofladen tgl. 7–16.30 Uhr.

Der **Heideweg** (16 km) führt vom Salzwedeler Tor über die Gardelegener Wallanlagen zum Naturschutzgebiet Lindenthal, dann nach Kloster Neuendorf (Zisterzienser Klosteranlage). Von dort durch die Heidelandschaft Kellerberge an der Mahn- und Gedenkstätte Isenschnibbe vorbei zum Stadtfriedhof (mit Otto-Reutter-Grabmal) und zum Ausgangspunkt.

▶ Karte S. 311

Klötze

An Wiepke und Engersen mit ihren wunderschönen romanischen Feldsteinkirchen vorbei, führt der Weg nach Klötze durch die **Altmärkische Schweiz**. Diesen Namen tragen die Zichtauer oder auch Hellberge ob ihrer in der Eiszeit entstandenen Endmoränenlandschaft mit tief eingekerbten Tälern, die das Schmelzwasser der Gletscher hinterließ – eine Bilderbuchlandschaft für Wanderer und Reiter. Was hier nicht umsonst steht, denn die Kleinstadt Klötze ist nicht nur staatlich anerkannter Erholungsort und eines der ›Altmärkischen Wandernester‹, sondern trägt auch den Titel ›Pferdefreundliche Gemeinde‹.

Für Reiter aufgelegt, aber nicht nur für sie spannend ist das **Projekt Alte Sagen auf neuen Pfaden**. An 18 touristisch interessanten Stellen erzählen Informationstafeln aus der Sagenwelt der Altmark – immer mit wirklich Sehenswertem verbunden, zum Beispiel in **Poppau** ›De Mitt von de Welt‹. Unter einem riesigen Findling soll, so geht die Sage, eine gewaltige Eisenkette vergraben sein, mit der man vor Zeiten die Welt vermessen habe. Unweit davon, in **Nesenitz**, steht eine der sieben ›verkehrten‹ Kirchen. Sage und schreibe 521 Gotteshäuser haben Hobby-Historiker in der Altmark gezählt und bei sieben von ihnen ist der Turm nicht, wie üblich, westlich sondern im Osten des Langhauses angebaut. 250 der Kirchen sind romanischen Baustils und seit Kurzem macht sich eine Initiative dafür stark, diese zum Weltkulturerbe erklären zu lassen.

Auf Erbe aus jüngerer Zeit kann man in **Böckwitz** schauen, das durch die ehemalige innerdeutsche Grenze von seinem niedersächsischen Zwillingsort Zicherie getrennt war. Der **Grenzlehrpfad** und das Landwirtschafts- und Grenzmuseum geben einen Einblick in jene Zeit.

Kalbe (Milde)

Den schönsten Blick auf Kalbe hat man vom Hausmannsturm (16. Jh.): umringt von zwei Armen der Milde die pittoreske **Ruine der Wasserburg** mit ihrem fein restaurierten Torhaus (Museum), der **Altstadtring**, den die Einheimischen liebevoll ›Pottkuchen‹ nennen, die **Kuranlagen** mit dem Goßlerschen Haus und dessen Buchsbaumpark. ›Stadt der 100 Brücken‹ heißt es oft von Kalbe, in Wahrheit sind es viel mehr, die in der Kurstadt über die kleinen und kleinsten Fließe der Milde gebaut werden mussten. Es mag wohl sein, dass diese Idylle viele Künstler angezogen hat, die ihre Ateliers indessen hier eingerichtet haben, sicher sind es auch die leer stehenden Häuser und Wohnungen, die die Stadt – inspiriert durch die umtriebige **Kulturinitiative Künstlerstadt Kalbe** – Malern, Fotografen und Autoren als temporäre Bleibe angeboten hat. Jedenfalls profitieren beide Seiten von diesem Deal: Die Stadt wird immer schöner und die Kreativen finden Ruhe fernab vom aufgeregten Szenetreiben der großen Metropolen.

Museum im Torhaus der Wasserburg Kalbe

Die Martinskirche in Brunau mit ihren originellen Türmen

Natur im Überfluss und faszinierende Historie sind es wohl auch, die zunehmend Gäste in die Dörfer im und um das **Naturschutzgebiet Kalbescher Werder** ziehen. In **Brunau** steht man staunend vor der St. Martinskirche. Im 12. Jahrhundert im romanischen Stil errichtet, hat sie zwei unterschiedliche Türme im gotischen Stil: der eine rund, der andere achteckig. Eine hübsche Legende schreibt dies dem unterschiedlichen Geschmack zweier Bischofstöchter (!) aus dem Geschlecht derer von Alvensleben zu, die über die Turmform entscheiden sollten. In **Zethlingen** gibt es die Langobardenwerkstatt, in der man im Sommer das Leben des langbärtigen Germanenstamms nachvollziehen kann. **Mehrin** bietet mit seinem Landhotel ein Eldorado für Pferdefreunde.

Kalbe (Milde), Klötze

Tourist-Information, Schulstr. 11, 39624 Kalbe (Milde), Tel. 039080/97122, www.stadt-kalbe-milde.de; Mo, Mi, Do 9–12 und 12.30–15.30 Uhr, Di 9–12 und 12.30–18 Uhr, Fr 9–12.30 Uhr.

Künstlerstadt Kalbe: www.kuenstlerstadt-kalbe.de.

Landhotel Mehrin, Mehriner Dorfstr. 25, 39624 Kalbe (Milde), OT Mehrin, Tel. 039030/9530, www.landhotel-mehrin.de; 70 Betten in Zimmern und Appartements, DZ. ab 78 Euro; **Reiterhof** mit 40 Pferdeboxen. Der Titel ›Leuchtturm der Tourismuswirtschaft‹ wurde dem Landhotel verliehen und es macht ihm alle Ehre.

Landhotel Zum Pottkuchen, Marktstr. 9, 39624 Kalbe (Milde), Tel. 039080/95390, Fax 039080/953999, www.pottkuchen.de; 8 Zi., DZ 89 Euro. Kleines, aber feines Haus am ›Pottkuchen‹ genannten Innenstadtring, hauseigene Galerie mit Altmark-Bildern, nach der Besichtigung hausgemachten Pottkuchen probieren.

Villa Kassuhn (Kassuhn 2, 39619 Arendsee, OT Kassuhn) und **Gut Büssen** (Büssen 1, 29410 Salzwedel, OT Büssen) über Tel. 039034/338, www.urlaub-in-kassuhn.de, Ferienwohnungen für 2 bis 7 Personen in schön renovierter Villa und auf dem Gut. Zi. ab 50 Euro, Fewo ab 60 Euro. Top für Familien und Paare, wiederholt als ›Beliebtester Ferienhof Sachsen-Anhalts‹ ausgezeichnet.

Café Friedenseck, Stendaler Str. 28, 39624 Kalbe (Milde), 039080/38840, www.friedenseck.de.

Eiscafé Piccolo, Stendaler Str. 30, 39624 Kalbe (Milde), 039080/72931. Zwei sehr schöne Cafés, direkt gegenüber liegend links und rechts der Milde mit Terrasse, im ›Friedenseck‹ freitragend über dem Fluss. Selbstgebackener Kuchen in beiden selbstverständlich. Im ›Piccolo‹ italienisches Eis aus eigener Herstellung, im ›Friedenseck‹ freitags immer Schaubacken.

Burg- und Heimatmuseum Altes Wachhaus, Burg 1, 39624 Kalbe (Milde), Tel.

▶ Karte S. 311

039080/97122, www.stadt-kalbe-milde.de; So–Do 14–16 Uhr u.n. Vereinb., Kleine Ausstellung, Turmbesteigung möglich.

Langobardenwerkstatt Zethlingen, Mühlenberg, 39624 Kalbe (Milde), OT Zethlingen, Kontakt über J.-F.-Danneil-Museum Salzwedel, Tel. 03901/423380, www.langobarden-zethlingen.de; geöffnet 1. Mai–30. Sept. Den Alltag der germanischen Vergangenheit anschaulich nacherleben und selbst mit gestalten.

Landwirtschaftsausstellung/Grenzmuseum Böckwitz, Im Rundling 2, 38486 Klötze, Tel. 039008/80045, www.museum-boeckwitz.de; Apr.–Nov. So 13–18 Uhr, Mo–Sa, Feiertags n. Vereinbarung.

Favoritenweg Zwischen Himmel und Hölle. Sehr schöner, 20 Kilometer langer Rundweg vom Wanderstützpunkt Kalbe aus durch die Jemmeritzer und die Zichtauer Heide (Berge und Schluchten wie Himmel und Hölle), an der Kirche in Engersen (Straße der Romanik) vorbei und zurück, www.stadt-kalbe-milde.de.

Auf fünf Etappen mit insgesamt 80 Kilometer angelegt ist die **Milde-Biese-Tour**. Sie startet in Letzlingen, unweit der Mildequelle, folgt zunächst dem Lauf des Flüsschens (das später Biese heißt und als Aland in der nördlichsten Gemeinde Sachsen-Anhalts in die Elbe mündet) und endet dann in Arendsee. Die zwei Etappen von Gardelegen bis Kalbe und von dort bis Brunau sind 37 Kilometer lang. **Rufbuslinien** sorgen, wenn nötig, für den Rücktransport, www.altmarktourismus.de.

Hansestadt Salzwedel

Wiewohl ziemlich am Rande gelegen, ist Salzwedel (24 000 Einwohner) doch unstrittig die Metropole der westlichen Altmark. Gelegen ist sie am Flüsschen Jeetze, das die Stadt in vielen Kanälen durchzieht, über deren zahllose Brücken man gemütlich flanieren kann. Zu Beginn des 12. Jahrhunderts wird Salzwedel erstmals urkundlich erwähnt – später die Alte Stadt genannt, der 1247 die Gründung der Neuen Stadt Salzwedel folgte. Bis 1518 spielte die Doppel-Stadt eine wichtige Rolle im Hansebund. Die bis schiffbare Jeetze setzte Handel und Wandel bis Hamburg in Gang und machte manchen Kaufmann reich.

Zwei Architekturstile prägen das Bild der 1713 schließlich vereinigten Alten und Neuen Stadt Salzwedel: die **norddeutsche Backsteingotik** und die **Fachwerkbauten.**

Die schönsten Zeugnisse der Backsteinarchitektur sind im Süden des Stadtzentrums das **ehemalige Rathaus** (1509), vormals Kaufhaus der Gewandschneider, der **Hungerturm** als Teil der ehemaligen Stadtbefestigung, die **Marienkirche** und die **Mönchskirche** (beide um 1259, letztere ist heute Konzert- und Ausstellungshalle). Die Marienkirche hat nicht nur einen über 80 Meter hohen schiefen Turm – der die Stadtsilhouette schon von weitem prägt – sondern vor allem den größten und schönsten Altar der Altmark (Holschnitzarbeit eines unbekannten Meisters um 1510).

In der Breiten Straße

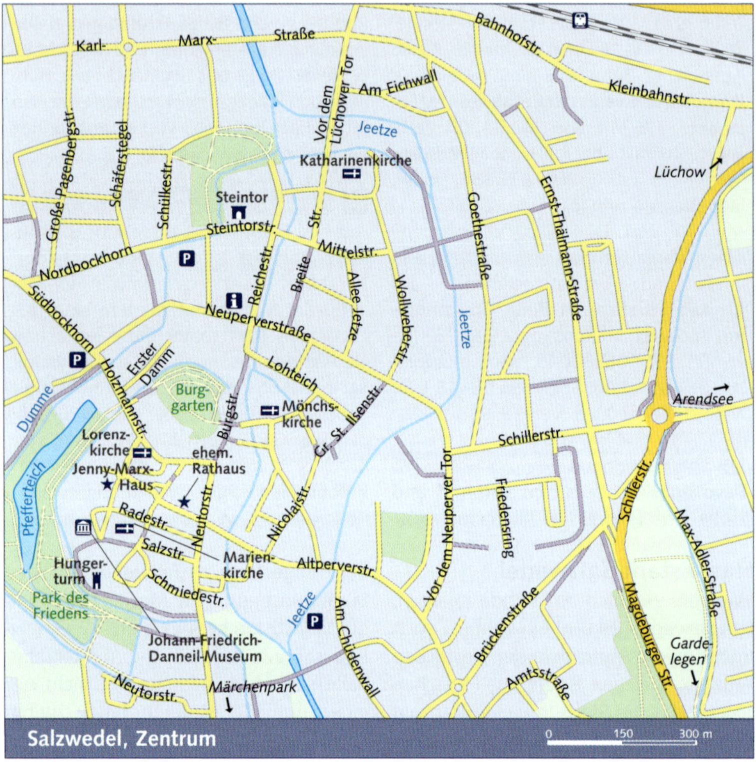

Im nördlichen Zentrum finden sich aus dieser Epoche das **Steintor** (1530) eines der letzten beiden von ursprünglich zehn Stadttoren und die imposante dreischiffige **Katharinenkirche**. In ihr sind die drei Farbglasfenster im Chorpolygon (um 1420) mit Malereien zur Genesis und zum Leben Christi ein besonderer Blickfang.

Die vielfältig gestalteten Fachwerkbauten zeugen zunächst von Handwerkskunst, darüber hinaus aber auch vom Wohlstand ihrer Bauherren. Das vermutlich älteste Haus der Stadt ist das **Hochständerhaus** (Mitte 15. Jh., Schmiedestraße), ebenso sehenswert ist das **Fachwerk-Ensemble** mit der Alten Lateinschule und dem Treppenturm.

Die **Probstei** von 1474 beherbergt das nach dem Salzwedeler Schulrektor und Altertumsforscher **Johann Friedrich Danneil** benannte **Museum**. Ist das Haus im historischen Areal um die Marienkirche schon von außen eine Augenweide, so fasziniert den Betrachter im Inneren ganz besonders der **Weinbergaltar von Lucas Cranach dem Jüngeren**. Der Altar und die **Salzwedeler Madonna**, - ein Zeugnis des Übergangsstils von der Romanik zur Gotik - sitzend und damit einzigartig, lohnen allein schon den Besuch.

Im Museum begegnet man auch einer der schönsten Töchter der Stadt: Jenny von Westphalen. Als Tochter eines preußischen Beamten wurde die spätere Frau des Philosophen Karl Marx 1814

in Salzwedel geboren und die Stadt bekennt sich indessen auch unverkrampft zu ihr. In der nach ihr benannten Straße steht **Jenny Marx' Geburtshaus** mit der eleganten Bronzeplastik im Rosengarten und einer Ausstellung in zwei Räumen. Dass hier heute die Kreismusikschule ihren Sitz hat und junge Leute nach Wohlklang streben, würde ihr gefallen haben: Immerhin war sie nicht nur die ›couragierte Frau zwischen Salzwedel und London‹, sondern galt auch als ›Ballkönigin‹, von der Marx als ›schönstes Mädchen von Trier‹ schwärmte.
Schwärmen muss man auch von einer ganz besonderen Delikatesse, deren Hochburg Salzwedel unstrittig ist: dem **Baumkuchen**. In fünf großen und kleinen Bäckereien wird er über offenem Feuer gebacken: Schaubacken, Verkostung, Verkauf, weltweiter Versand – alles selbstverständlich. Die Entscheidung über den besten, den ersten, den einzigen wahren usw. Baumkuchen überlassen die Salzwedeler Touristiker geschickt dem Besucher: Bei einer halbtägigen Führung nur zum Thema Baumkuchen (garniert natürlich mit Geschichtslektionen in kleinen Happen) kann man sie alle kosten.

Die Alte Münze

Auf dem Weg von oder nach Diesdorf sollten vor allem Familien unbedingt einen längeren Stopp im **Märchenpark** mit Duftgarten und Spielscheune einlegen. Unmittelbar vor den Toren Salzwedels gelegen, findet sich hier auf einem fast fünf Hektar großen Areal ein Wunderland für Groß und Klein.

Diesdorf

Mehr als **20 historische Wohn- und Wirtschaftsgebäude**, Bauerngärten und Geräte aller Art geben im ältesten Freilichtmuseum Sachsen-Anhalts in Diesdorf auf ca. sechs Hektar Fläche ein eindrucksvolles Bild ländlichen Brauchtums vom 17. Jahrhundert bis in die Gegenwart. Die niederdeutschen Streuhöfe und der mitteldeutsche Vierseithof vermitteln zusammen mit Bockwindmühle, Taubenturm, Backhaus und Dorfschule das Bild eines typisch altmärkischen Dorfes. Und man kann nicht nur schauen, sondern sich auch selbst betätigen: Spinnen und Weben, Dreschen und Korn mahlen, Backen und Schmieden stehen zu den großen Museumsfesten auf dem Programm.
Sehr viel weiter zurück reicht die Historie eines anderen Diesdorfer Kleinods: Um 1182 wurde mit dem Bau der **Klosterkirche St. Maria und Crucis** des Augustinernonnenkloster begonnen, heute eine der am besten erhaltenen romanischen Kirchen der Altmark und der ›Straße der Romanik‹. Beeindruckend sind das reich verzierte, übergiebelte Gewändeportal an der Stirnwand des südlichen Querschiffs, im Inneren der Kirche das Heilige Grab sowie die in den Fensterlaibungen der Ostteile vorhandene ursprüngliche Ausmalung aus Schachbrett- und Dreiecksornamenten. Wer nach Museum und Kirche weite-

In der Klosterkirche St. Maria und Crucis in Diesdorf

re, auch geistige Stärkung anderer Art braucht, mag sich im Hofladen (oder nach Anmeldung auch in der Destillerie) der **Mosterei** der Familie Schulze umschauen, deren Diesdorfer Johannisbeerbrand auf einer österreichischen Fachmesse 2013 zum ›Edelbrand des Jahres‹ gekürt wurde.

Hansestadt Salzwedel und Umgebung

Vorwahl: 03901

Postleitzahl: 29410

Touristinformation Salzwedel, Neuperver Str. 29, Tel. 422438, www.kultour-saw.de; Mo, Di, Do, Fr 10–17 Uhr, Mi 10–15 Uhr, Sa 10–14 Uhr.

Hotel Union, Goethestr. 11, Salzwedel, Tel. 422097, 422136, www.hotel-union-salzwedel.de; 33 Zi., DZ ab 85 Euro. Traditionsreiches Haus, Restaurant im Tiroler Landhausstil, schöner Biergarten zur Jeetze.

Hotel & Restaurant zur Post, Breite Str. 39, Tel. 422034, Fax 305754, www.post-saw.de; 10 Zi., DZ ab 85 Euro. Sehr schöne Fachwerk-Häuser (Post und Hansehof). Schon früher, so heißt es, waren Betten und Essen so gut, dass die Kutscher ihren Aufenthalt nicht selten verlängerten.

Johann-Friedrich-Danneil-Museum, An der Marienkirche 3, Tel. 423380, www.museen-altmarkkreis.de; 1. Feb.–30. Dezember Di–Fr 13–16.30 Uhr, Sa, So, Feiertage 13–17 Uhr, Gruppen n. Vereinb. auch zu anderen Zeiten.

Jenny-Marx-Haus, Jenny-Marx-Straße 20, Anfragen über Tel. 423380, www.museen-altmarkkreis.de; www.jennymarx2014.com, Dauerausstellung 1. Feb.–30. Dez. Di–Fr 13–16.30 Uhr, Sa, So, Feiertage 13–17 Uhr, nach Absprache auch außerhalb der Öffnungszeiten ganzjährig zugängig.

Freilichtmuseum Diesdorf, Molmker Str. 23, 29431 Flecken Diesdorf, Tel. 03902/450, www.freilichtmuseum-diesdorf.de; 1. Apr.– 31. Okt. Di–So und Feiertage 10–17 Uhr.

Märchenpark Salzwedel, An der Warthe 5, 29410 Salzwedel, Tel. 03901/3075480, www.maerchenpark-duftgarten.de; 1. Nov.–31. März und 1. Sept.–31. Okt. 10–19 Uhr, 1. Apr.–31. Mai 9–19 Uhr, 1. Juni–31. Aug. 9–20 Uhr, Spielscheune, Wichtelcafé und Elfencafé teilw. andere Zeiten

Café Kruse, Holzmarkstr. 4–6, Tel. 422107, www.kruse-baumkuchen.de; Mo–Sa 8.30–18.30 Uhr, So u. Feiertage 10–18.30 Uhr. Das Stammhaus des Original Salzwedeler Baumkuchens, So und jeden 1. Mi im Monat 14 Uhr Schaubacken, So ab 14.30 Uhr Tanztee mit Barbetrieb.

Jeetze-Café, Breite Straße, Tel. 34242, www.baumkuchen-saw.de. Auch hier natürlich Baumkuchen in allen Varianten, sehr schöne Terrassenplätze am Jeetze-Ufer fernab vom Straßenlärm, winters sitzt man am offenen Kamin.

Diesdorfer Weinkelterei & Edeldestille, Bergstr. 1, 29413 Flecken Diesdorf, Tel. 03902/317, www.diesdorfer.de; Hofladen Mo–Fr 8–12 und 13–17 Uhr, Sa. 8–12 Uhr. Vorzügliche Säfte aus vorwiegend regionalem Obst werden hier seit 80 Jahren gepresst, seit 2008 ist die Edeldestillerie hinzugekommen, deren Brennerei man natürlich auch besichtigen kann. Die Sessel im Verkostungsraum haben bequeme Lehnen, bei 20 Bränden im Sortiment sicher nicht verkehrt.

Ein Angebot, das aus dem Rahmen fällt, ist die **Reise mit Pferd und Wohnwagen**. Mit 3–4 Personen je gut ausgestattetem Wagen, gezogen von gutmütigen Kaltblütern, geht es auf ausgesuchten Routen durch die Altmark – eine Woche oder länger, je nach Lust und Laune, www.pferdewohnwagen.de.

Arendsee

Der Arendsee und mit ihm der gleichnamige Ort an seinem Südufer gilt durchaus zu Recht als die ›Perle der Altmark‹. Zum einen liegt das Gewässer wie perlenrund geschliffen inmitten von Kiefern- und Laubwäldern. Zum anderen werden sogar Online-Abstinenzler vielleicht irgendwo erfahren haben, dass der See von einer großen deutschen Internetplattform 2012 zum Lieblingssee Deutschlands gewählt und auch 2013 von über 100 000 Usern wieder auf Platz 3 gesetzt wurde. Rund fünf Quadratkilometer groß ist der See – entstanden durch mehrere Erdeinbrüche nach Salzauslaugungen, zuletzt 1685 – und mit 51 Metern einer der tiefsten Norddeutschlands. Entdecken kann man seine Schönheit ganz bequem vom Deck der ›Queen Arendsee‹ aus, einem Schiff im Stil der Mississippi-Steamboats, dessen Rad sich nur aus optischen Gründen am Heck dreht. Vielfältiger ist die Entdeckungsreise allerdings mit dem Rad oder per pedes. Knapp zehn Kilometer lang ist der Weg und wer alles im weitesten Sinne Genießenswerte wahrnehmen will, sollte ruhig mehr als einen halben Tag einplanen.

Start ist für Pkw-Besitzer am großen Parkplatz gegenüber dem Strandbad, von wo aus man entgegen dem Uhrzeigersinn schon nach wenigen Minuten dem sommerlichen Badetrubel entronnen und in das Landschaftsschutz- und Flora-Fauna-Habitat (FFH)-Gebiet eingetaucht ist. An der **Försterwiese** vorbei – ökologisch durch ihre Vielfalt seltener Pflanzen besonders interessant – kommt man zum **Fischwerder**. Dort steht ein Turm für die Vogel-Beobachtung. Bis zu 140 Vogelarten sind am Arendsee zu sehen, 60 von ihnen brüten in den Schilfgürteln des Ufers. Wiederkehrend in den Herbst- und Wintermonaten ist

▲ Karte S. 311

Der Tempelgarten von Gustav Nagel

das Spektakel des Vogelzuges, wenn große Scharen nordischer Gänse und Kraniche auf ihrem Zug hier rasten, manche bleiben auch den ganzen Winter.

Eine erste längere Rast mag man ein Stück weiter beim weithin bekannten **Fischer Kagel** im Ortsteil Zießau einlegen. Frisch geräucherten Fisch aller Art, vor allem natürlich die berühmte Maräne – einen forellenartigen Fisch, dem der Arendsee besonders günstige Lebensbedingungen bietet – kann man an rustikalen Tischen unterm Blätterdach genießen. Weiter führt der Rundweg am **Regattahafen** vorbei, mit immer neuen Ausblicken auf den See.

Nach dem Kurgebiet des Luftkurortes stößt man unweigerlich auf das Areal des **ehemaligen Benediktiner-Nonnenklosters** (1183), in dessen ehemaligem Hospital sich das Museum befindet. Die Klosterkirche St. Marien sollte man unbedingt durch den Haupteingang auf der Stadtseite betreten: Sieben Rundbögen bilden ein in der Backsteinarchitektur sehr seltenes Stufenportal, die Himmelspforte assoziierend, durch die der Mensch das Paradies betritt.

Paradiesische Zustände wollte auch Gustav Nagel schaffen, ein von manchem Mysterium umwölkter Wanderprediger aus der ersten Hälfte des vorigen Jahrhunderts. Zu der von ihm am Arendsee gekauften Wiese, auf der er 1910 seinen Garten Eden einrichtete, führt der Weg um den See im weiteren Verlauf. 10 000 Besucher sollen zu Nagels Lebzeiten seinen **Tempelgarten** besucht haben, einiges davon kann man auch heute besichtigen. Den Rundweg abschließend kommt man am **Tauchwrack**, vor einigen Jahren im See versenkt, um Tauchern einen ›Abenteuerspielplatz‹ tief im See zu schaffen und natürlich nicht zu sehen, und an der Fundstelle des **Mühlsteins** vorbei, um den sich hier letzten Endes alles dreht: Eines fernen Tages,so geht die Sage vom Müller Arend, soll dessen Mühle bei einem fürchterlichen Unwetter im See versunken sein. Wie und warum das geschah und was für Auswirkungen das hatte, das ist eine schöne Geschichte für den Abend nach der Wanderung.

Arendsee

Vorwahl: 039384

Postleitzahl: 39619

Tourist-Info Arendsee, Töbelmannstr. 1, Tel. 27164, www.arendsee.de; Mo–Fr 9–12.30 Uhr und 13–16 Uhr, Sa (Sommerferien in Sachsen-Anhalt) 10–14 Uhr.

Flair Hotel Deutsches Haus, Friedensstr. 89–91, Tel. 2500 o. 9730, www.dh-arendsee.de, 26 Zi, DZ ab 86 Euro. Familiengeführtes Haus, eigener Badestrand mit Sauna am See. Im Restaurant perfekte regionale Gerichte u.a. Maräne aus dem Arendsee.

Haus am See, Lindenstr. 28, Tel. 9890, www.wellnesshotel-arendsee.de; 15 Zi., DZ ab 99 Euro. Spezialität: Fitness- und Sportangebote. Professionelle Behandlung und Begleitung in Wellnessfarm und Gesundheitszentrum.

Zur Wolfsschlucht, Klädener Dorfstr. 10, Arendsee, OT Kläden, Tel. 9820, www.wolfshotel.de. 25 Zi., DZ ab 65 Euro. Die Inhaber sorgen für eine persönliche Atmosphäre, vielfältige und attraktive Arrangements.

Campingplatz Arendsee, Harper Weg 1, Tel. 2587, camping@luftkurort-arendsee.de. Sehr schöne Lage im Kiefernwald gegenüber von Strandbad und See. 1. Apr.–31. Okt. 90 000 qm, 215 Touristcamper, 35 Wohnmobilstellplätze.

Pension & Restaurant Zur Wildgans, Zießau Nr. 8, Arendsee, OT Zießau, Tel. 973895, www.zur-wildgans.de; tgl. ab 11 Uhr sehr gutes Essen, Zutaten frisch aus der Region und aus dem Arendsee.

Fischerei Maränenhof Kagel, Arendsee, OT Zießau, Tel. 2550; Di–So 9–18 Uhr. Frischer und geräucherter Fisch vom Aal bis zum Zander selbst auswählen, an der Theke holen und unterm Blätterdach speisen. Gegen Vorlage eines Fischereischeins auch Angelkarten.

Kloster Arendsee, Am See 3, Tel./Fax 2479, www.klosterarendsee.com, Mo 11–15 Uhr, Die-So 10–18 Uhr.

Strandbad Arendsee, Lindenstr. 3, Tel. 2251. Sandstrand, 72 Meter lange Riesenrutsche in den See mit ausgezeichneter Wasserqualität, ausgedehnter FKK-Bereich.

Seerundfahrten mit der ›Queen Arendsee‹, Tel. 27164 o. 0171/6077621, Anlegestelle neben dem Strandbad, Mai–Sept. fünf Fahrten zwischen 10 und 17 Uhr u. n. Vereinb.

An Deutschlands preußischer Wiege

Historiker sagen ihm nach, dass er bei allen kühnen politischen Entscheidungen immer den Blick auf das politisch Machbare behalten hätte. Diesen Blick ins Weite, hat er ihn aus seiner Heimat mitgebracht? Aus der Altmark? Den Blick für das Wesentliche? Den Sinn für die Feinheiten der Sprache, die man ihm nachsagt? Einmal, so wird erzählt, habe Otto von Bismarck neben der Frau des ungarischen Gesandten gesessen, die sich bei ihm über die vielen Wörter beschwerte, die im Deutschen von ähnlicher oder gleicher Bedeutung seien. Als Beispiel nannte sie ›schlagen‹ und ›hauen‹. Oh, da hatte sie aber einen begeisterten Erklärer gefunden: »Sehen Sie, diese prachtvolle Standuhr schlägt die Stunden, aber sie haut sie nicht!« So der ›Eiserne Kanzler‹. Die Dame führt ein weiteres Beispiel an: ›Gesandt und geschickt!‹ Bismarck kontert, auch hier könne er nicht zustimmen, denn ihr Mann sei ja Gesandter, freilich kein geschickter.

Seit vielen Generationen sitzt die weitverzweigte Familie Bismarck in der Altmark, der Wiege Preußens. Mit Blick auf seine Herkunft bezeichnete sich Otto von Bismarck gern als ›Urpreuße‹. Die Schlösser und Gutshäuser der Familie sind auch heute, wie seit jeher, Treffpunkte gesellschaftlichen Lebens.

Wer preußische und deutsche Geschichte hautnah am Original-Standort erleben will, begibt sich am besten auf die ›Bismarck-Route‹. 1270 beginnt die altmärkische Geschichte der Familie in der Hansestadt Stendal. Herebord von Bismarck, Vorsteher der Gewandschneider-Gilde und wohl auch Bürgermeister der Stadt, gilt als der Ersterwähnte seines Geschlechts. Der Dom St. Nicolai, die Marienkirche, die zwei großartigen Stadttore erinnern hier noch an Macht und Einfluss der Familie. Die Bismarck-Route führt quer durch die Altmark und lässt immer wieder staunen, wie eine Familie auf so imposante Weise einen Landstrich prägen kann. Da sind die Schlösser und Herrenhäuser zu bestaunen, das Bismarck-Museum im sanierten verbliebenen Schlossflügel in Otto von Bismarcks Geburtsort Schönhausen, der Park und das Herrenhaus von Briest, das Döbbeliner Bismarck-Schloss, das Bismarcksche Gutshaus in Welle, das Gutshaus Krevese. Der spätere Reichskanzler selbst begleitete von 1846 bis 1851 das Amt des Deichgrafen in Schönhausen.

Ein Sitz der Familie von Bismarck: das Herrenhaus in Briest

Die östliche Altmark

Von Bismark im Westen bis zur Elbe im Osten reicht die östliche Altmark. Der Landkreis Stendal geht sogar noch über den Fluss und schließt einen Streifen der brandenburgischen Prignitz ein. Städte und Städtchen, prallvoll von norddeutscher Backsteingotik, und weites flaches Land, über dem Storchenpaare kreisen und nachts so viele Sterne wie sonst kaum irgendwo am Firmament zu sehen sind, prägen den nördlichsten Landesteil.

Hansestadt Stendal

Die Kreisstadt (40 000 Einwohner) der östlichen Altmark verdankt Albrecht dem Bären das frühe Stadtrecht. Johann Joachim Winckelmann stammt aus einer Schuhmacherfamilie der Stadt, Marie-Henri Bayle, der französische Schriftsteller, nannte sich aus Verehrung für das Werk Winckelmanns nach dieser Stadt in der Altmark ›Stendhal‹, der Afrikaforscher Gustav Nachtigall war ein Sohn dieser Stadt und natürlich begegnet man auch hier den Bismarcks. Herebord von Bismarck, Gildemeister der Gewandschneider und Bürgermeister, wurde als erster 1270 erwähnt und die Sippe hinterließ Spuren. So ist das **Gertraudenstift** eine Stiftung Claus von Bismarcks um 1370. Das überaus prächtige 28 Meter hohe **Uenglinger Tor** von 1450/1460, neben dem Tangermünder eines der beiden noch erhaltenen Tore, gilt als eines der schönsten Stadttore im norddeutschen Raum. Man sieht ihm an, dass es nicht nur der Verteidigung, sondern auch der Präsentation der reichen Stadt dienen sollte. 1989 restauriert, ist es im Sommer begehbar. Übrigens ist die Fassade wohl im Mittelteil der Lohnhalle einer Zeche in Mengede nachgebaut worden. Stadttor wie andere Bauten der norddeutschen Backsteingotik erinnern noch heute an die Zeit der prächtigen, der Hanse zugehörigen Stadt.

Der imposante Roland in Stendal

Heute ist Stendal nicht nur Hochschul- sondern auch Theaterstadt. Der einstige Buchhalter des heutigen Theaters der Altmark begann hier seine Schauspielerkarriere: Horst Tappert alias Inspektor Derrick. Im Ortsteil Borstel liegt ein kleiner Flugplatz, der von privaten Sport- und Geschäftsfliegern, aber auch von Bundespolizei und Bundeswehr genutzt wird.

■ Marktplatz

Der Marktplatz mit dem historischen Rathaus, dem Roland und der dahinter aufragenden Marienkirche ist ein ansehnliches Beispiel für ein harmonisches Städtebauensemble.

Ältester Teil des **Rathauses** ist die Gerichtslaube aus dem 15. Jahrhundert. Der eingewölbte Keller ist heute ein sehr ansprechendes, modernes Café. Die älteste profane Schnitzwand Deutschlands mit reichem Figurenschmuck findet sich im kleinen Ratssaal des Rathauses. Sie

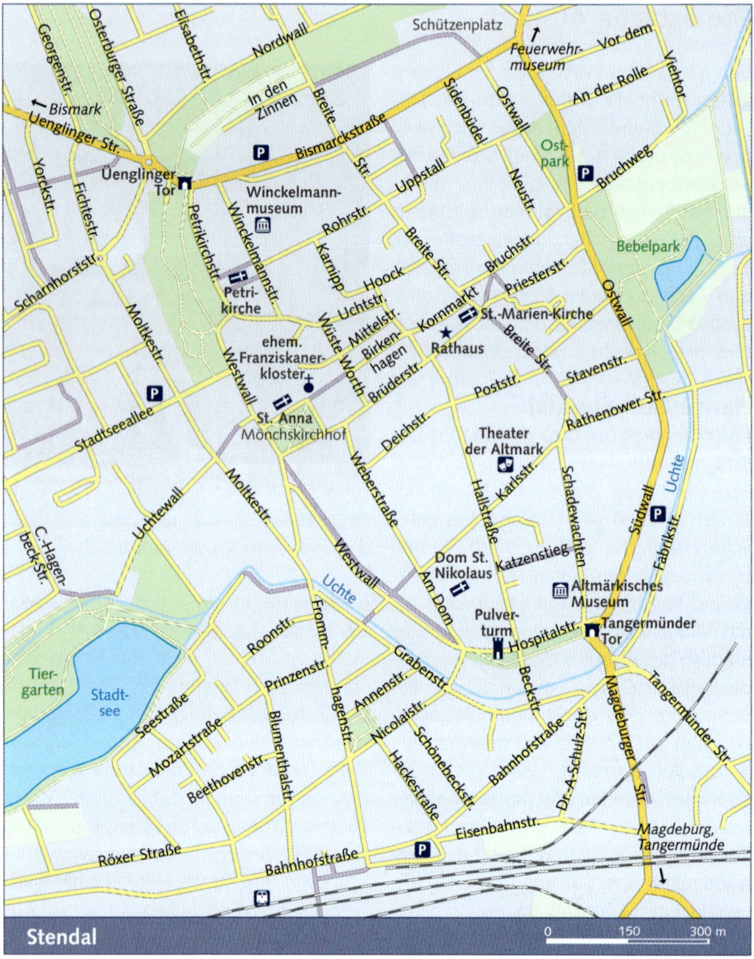

stammt aus der Zeit um 1462. Der **Stendaler steinerne Roland**, mit 7,30 m Höhe drittgrößte Rolandfigur in Deutschland, steht vor der Gerichtslaube und stammt aus dem Jahr 1525. Der heutige Roland stellt eine originalgetreue Kopie von 1974 dar.

1447 wurde die Ratskirche, die **Marienkirche**, geweiht. Die Türme ragen 82 Meter über die Stadt und bieten ein prächtiges Bild über die Dächer der Altstadt und in die Weite der Mark. Der kostbare, doppelflüglige Schnitzaltar, ein Marienaltar, wurde 1471 gefertigt. Das Triumphkreuz und die dazugehörigen Figuren stammen aus der Zeit um 1380/90 und sind – wie der Lettner – von ausgezeichneter Qualität. Eine Rarität stellt die astronomische Uhr unter der Orgelempore dar. Sie stammt aus dem 16. Jahrhundert und ist eine der wenigen funktionierenden Uhren dieser Art.

Dom St. Nikolaus

Die spätgotische Backsteinkirche am Rand der Altstadt ging aus dem Kollegiatsstift St. Nikolaus hervor, dem einst wichtigsten geistlichen Zentrum der Altmark. 1188 war das Domstift direkt dem Papst unterstellt. Aus dieser Zeit stammt die dreischiffige Basilika, in der Bauweise ähnlich der Klosterkirche von Jerichow. Von diesem ursprünglichen Bau ist noch die Westfassade mit ihren beiden Türmen erhalten. Mit dem Bau der Nachfolgekirche, die wir heute vor uns haben, wurde 1423 begonnen. Von der Ausstattung sind die 22 **mittelalterlichen Glasmalereifenster** aus der Zeit zwischen 1425 und 1480 erhalten, kürzlich restauriert.

Rundgang durch die Stadt

Auf dem angrenzenden **Winckelmannplatz** findet man das Denkmal des Begründers der modernen Archäologie, das der Berliner Bildhauer Ludwig Wichmann 1859 schuf. Die **Jacobikirche** wurde 1285 erstmals erwähnt, 1311 neu erbaut. Sie ist eine hochgotische Backsteinkirche, ursprünglich wahrscheinlich die Dorfkirche des kleinen Örtchens Steinedal, aus dem Stendal hervorging. Die Buntglasfenster sind Originale aus dem 14. und 15. Jahrhundert von einer immer noch bestechenden intensiven Farbigkeit. Die **Winckelmannstraße** führt vom Uenglinger Tor in die Innenstadt. Das **Winckelmann-Museum** in einem schönen Fachwerkhaus gibt einen Überblick über Leben und Werk des Forschers, der aus einem Schusterhaushalt kam und durch seinen ungewöhnlichen Bildungsdrang beseelt, bis nach Rom kam und als ›Präsident aller Altertümer‹ sein bereits damals hochgelobtes und bis heute anerkanntes Lebenswerk schuf. Im oberen Stockwerk ist das Spiel- und Erlebnismuseum Pompeji und auf dem Hof steht das größte begehbare Trojanische Pferd der Welt.

Die Stadtbibliothek Stendals ist im ehemaligen **Refektorium des Franziskanerklosters** untergebracht. Die am Mönchskirchhof stehende kleine **Kapelle St. Anna** wurde im 15. Jahrhundert errichtet. Die Kirche wird von der katholischen Gemeinde genutzt.

Im südlichen Bereich der noch erkennbaren Wallanlage steht der **Pulverturm**. Der Wehrturm wurde Mitte des 15. Jahrhunderts errichtet. Das **Tangermünder Tor** zeigt noch den Baukörper des 13. Jahrhunderts, während die gotischen Aufbauten zweifelsohne der Repräsentation des bürgerlichen Stolzes des 15. Jahrhunderts dienen. Um die Räume des Torturmes gut zu erreichen, wurde in den achtziger Jahren des vorigen Jahrhunderts eine Wendeltreppe angebaut.

Das **Kloster der Augustiner-Chorfrauen** aus der zweiten Hälfte des 15. Jahrhunderts beherbergt das **Altmärkische Museum**. Der Kreuzgang ist noch erhalten.

Rund um Stendal

Nur wenige Kilometer von Stendal entfernt, im Ortsteil Döbbelin, befindet sich das **Bismarck-Schloss Döbbelin** mit angrenzendem kleinem Park. Das Anwesen ist zu besichtigen. Der Besitzer hat im Keller ein Café und einen ganzjährlg

Das Uenglinger Tor kann bestiegen werden

geöffneten Weihnachtsladen installiert. Die romanische **Dorfkirche von Döbbelin**, erbaut um 1240, enthält einen aus einer Bohle geschnitzten Taufengel.

Hohenwulsch geht auf eine wendische Gründung um 800 zurück. Die Hohenwulscher Dorfkirche stammt aus der Mitte des 13. Jahrhunderts. Vom Infozentrum aus kann man den 13 Kilometer langen **Naturlehrweg** erwandern.

Die Mitte des 13. Jahrhunderts erbaute **Findlingskirche Schäplitz** verfügt über reizvolle Buntglasfenster. Sie wurde 1866 umgebaut. Am Dorfgemeinschaftshaus wurde auf 800 Quadratmetern ein **Bauerngarten im altmärkischen Stil** angelegt. Im Kommunikations- und Kreativzentrum ›Alter Schafstall‹ auf dem Gelände des Gutshofes Kläden sind Kreativkurse, Buchlesungen, Kaffeekränzchen und Workshops zu erleben.

Im **Findlingspark Darnewitz** lässt sich mit den aufgestellten Schautafeln und anhand der 60 aufgereihten Findlinge ein Eindruck in die landschaftsgestaltenden Vorgänge der Eiszeit gewinnen. Der Park ist ganzjährig geöffnet. In Dobberkau lädt ein modernes **Waldschwimmbad** zum Erholen ein.

Bismark

Sicher verwundert es nicht, wenn Bismarks (8500 Einwohner) einziger Ehrenbürger Otto von Bismarck heißt. Schließlich soll von hier das Geschlecht gekommen sein. Verwunderlicher ist es schon, dass eine ›Goldene Laus‹ das Wahrzeichen der Stadt sein soll. Die so benannte **romanische Turmruine** aus Feldstein ist der Rest einer Wallfahrtskirche. Der Sage nach ist sie dort errichtet worden, wo eines Nachts ein leuchtendes Kreuz vom Himmel gefallen sei. Im Turm habe man eine riesige Laus, gefesselt an einer goldenen Kette, gefangen gehalten, die täglich 1 Pfund Fleisch fraß und reichlich Wein soff. Doch erhielt der indessen sanierte Turm wahrscheinlich seinen Namen, weil einst an der Ruine in goldenen Buchstaben ›Laus Deo‹ (Ruhm sei Gott) stand. Im Inneren findet man die Sage bildhauerisch hintersinnig dargestellt.

Stendal, Bismark und Umgebung

Vorwahl: 03931
Postleitzahl: 39576
Tourist-Information Stendal, Markt 1, Tel. 651190, www.stendal.de; Mo–Fr 9–18 Uhr, Sa 10–14 Uhr.

Altstadt-Hotel, Breite Str. 60, Tel. 69890, www.altstadthotelstendal.de; 28 Zi., DZ ab 80 Euro. Privat geführt, angenehmer Service, jeden 1. Samstag im Monat Tanzabend.

Hotel Gasthof Gose, Am Eichengrund 1, 39579 Ziegenhagen, Tel. 039328/5210, www.hotel-freizeit-gose.de; 16 Zi., DZ ab 66 Euro. Gute Lage für alle Ausflüge in die gesamte Altmark, großer Freizeitbereich.

Pension Beeses Storchennest, Dorfstr. 47, 39579 Kläden, Tel. 039324/85436, www.pension-kläden.de; DZ ab 50 Euro.

Naherholung Wischer, Am Campingplatz 1, 39596 Hassel, Tel. 0172/4736495, www.camping-wischer.de; 4000 Quadratmeter an fünf Hektar großem Baggersee inmitten einer Waldlandschaft. Baden und Angeln, guter Standort für Altmark-Touren.

Restaurant Atrium, Breite Straße 17, Tel. 715402, www.atrium-stendal.de; 13 Gault-Millau-Punkte und Vielfachlob der Gäste täuschen nicht: Gute Küche, rustikale Empfehlung: Sauerfleisch von der Landschlachterei.

Kaffeekult, Markt 1, Tel. 410056, www.kaffeekult.de; Kaffee genießen und, bei Lust und Laune, in Seminaren in die Röstgeheimnisse eintauchen.

▶ Karte S. 311

Winckelmann-Museum, Winckelmannstr. 36–38, Tel. 215226, www.winckelmann-gesellschaft.com, Nov.–März Di–So 10–17 Uhr, Apr.–Okt. Di–So 10–18 Uhr.
Altmärkisches Museum, Schadewachten 48, Tel. 651700, www.museum.stendal.de; Di–Fr 10–12 und 13–16 Uhr, So/feiertags 13–18 Uhr u.n.Vereinb.
Landesfeuerwehrmuseum Sachsen-Anhalt, Arneburger Str. 146a, Tel. 212575, www.feuerwehrmuseum-stendal.de; März-Dez. Di, Do, Sa 9–17 Uhr u. n. Vereinb.
Schloss Döbbelin, Döbbeliner Dorfstr. 18, OT Döbbelin. Tel. 039329/284, tgl. 13–18 Uhr.

Theater der Altmark, Karlstr. 6, Tel. 635777, www.tda-stendal.de.

Kunsthof Dahrenstedt, Dahrenstedter Dorfstr. 6, OT Dahrenstedt, Tel. 419760, www.kunsthof-dahrenstedt.de; Attraktives Ensemble: Galerie, Konzerte, Pension, auch Teil der Gartenlandschaft Altmark.

Altmark Oase Sport & Freizeitbad, Schillerstr. 2, Tel. 41880, www.altoa.de; Badelandschaft, Kinderland, Saunawelt.

Ein spezielles Angebot ist der **Schäferweg rund um Kläden**. 17 km, Start und Ziel am ›Alten Schafstall‹ im Ort. Feldsteinkirchen, Hünengräber, sechs kleine Dörfer, Infos und Kaffee und Kuchen auch im ›Altmarkhof‹ Schäplitz.

Altmärkische Wische

Zwischen Elbe im Osten und dem Drei-Namen-Flüsschen Milde-Biese-Aland liegt die altmärkische Wische. Die von vielen Gräben durchzogene Landschaft lebt seit Jahrtausenden auch mit dem Hochwasser der Elbe. Hier finden sich Marschhufendörfer wie im Nordsee-Hinterland und kleine Städte mit viel eigenem Reiz.

Hansestadt Seehausen

Die nördlichste Stadt Sachsen-Anhalts (5100 Einwohner) wurde zur Zeit Albrechts des Bären mit flämischen Kolonisten besiedelt. Die **Kirche St. Petri** hat eines der schönsten Backsteinportale im norddeutschen Raum. Das **Beuster Tor**, in dem sich eine Ausstellung zur Geschichte der Wische und der Hansestadt befindet, gehört zu den eindrucksvollen Zeugnissen mittelalterlicher Stadtbefestigungen. Das **Turmuhrenmuseum** in der Halle einer ehemaligen Brauerei präsentiert eine Sammlung von 85 Turmuhren. Grundlage war die Sammlung des Seehäuser Uhrmachermeisters Günther Haut. Mit Schusterstube und Landwirtschaftsausstellung wirbt der **Museumshof** in der Mühlenstraße 48.

Aland

Die zu Seehausen gehörende Gemeinde aus mehreren Dörfern bildet den Nordzipfel Sachsen-Anhalts. Sie trägt ihren Namen vom gleichnamigen Flüsschen, das hier in die Elbe mündet. Sehenswert ist die **Wüstung Stresow**. Das 1310 erstmals erwähnte Dorf fiel, weil direkt an der Grenze zum bundesdeutschen Wendland gelegen, zu DDR-Zeiten der so genannten ›Aktion Ungeziefer‹ zum Opfer: Die Bewohner wurden zwangsausgesiedelt. 1974 wurde es geschleift. Heute erinnert die **Gedenk- und Begegnungsstätte Stresow** als Teil des Grenzlandmuseums Schnackenburg an das Dorf und seine Geschichte.
Die Höfe des **Storchendorfes Wahrenberg** wurden zum Schutz vor dem immer wiederkehrenden Elbhochwasser auf Warften, also auf künstlichen Hügeln, gebaut. Bekannt ist die Gegend durch

ihren Storchenreichtum. 2015 zählte man in Wahrenberg mehr als 20 Horste. In Scharpenhufe befindet sich das **Rittergut der Familie von Jagow**, die das Gut nach der Wiedervereinigung zurückgekauft und wiedereingerichtet hat. Die historische Hofanlage ist von einem Landschaftspark umgeben. Auf dem Rittergut kann man übernachten und Reitkurse belegen.

Beuster

Anziehungspunkt von Beuster – an einem Altarm der Elbe gelegen – ist die **Kirche St. Nikolaus**, eine Stiftskirche der Augustiner-Chorherren, die zwischen 1172 und 1337 erbaut wurde und bis heute ihren romanischen Charakter erhalten hat. Sie ist auch Station auf der ›Straße der Romanik‹. Ungewöhnlich für die Bauzeit: Der gesamte Bau einschließlich der Fundamente besteht ausschließlich aus Backsteinen, womit die Stiftskirche zu den ältesten Backsteinbauten nördlich der Alpen gehört. Außerdem gibt es in Beuster das **Blaulichtmuseum** mit vielen historischen Fahrzeugen der Feuerwehr, der Polizei und Rettungsfahrzeuge zu besichtigen. Hier kann man auch in einem DDR-Konsum einkaufen gehen.

Hansestadt Werben

Von Friedrich Schorlemmer, der hier aufwuchs und auch seinen Zweitwohnsitz in der Stadt hat, gibt es den Satz: »Wo ich zu Hause bin, treffen sich große Sandsteingotik mit großer Backsteingotik. Das ist die Altmark.« Das Biedermeierstädtchen (800 Einwohner) an der Elbe ist die kleinste Stadt Sachsen-Anhalts. Bereits in der Chronik Thietmars von Merseburg wird der Ort erwähnt. König Heinrich II. habe sich hier mehrfach mit Slawenfürsten getroffen. Der Wanderprediger Gustav Nagel (1874–1952) wurde in Werben geboren. In der Stadt trifft man auf die älteste Gründung des Johanniterordens auf norddeutschem Boden. Nach einer Pilgerreise nach Jerusalem übertrug Albrecht der Bär 1158/59 dem Orden die Kirche St. Johannis mit etlichem Land, dessen Ertrag die Johanniter dem Spital zu Jerusalem alljährlich schicken sollten. Das älteste Zeugnis der Bautätigkeit der

Johanniskirche und Elbturm in Werben

▲ Karte S. 311

Johanniter in Werben ist die profanierte **Lamberti-Kapelle der Johanniter-Komturei**, zugleich der älteste erhaltene Bau des Ordens in Deutschland. Die Stadt Werben hat sich das ehrgeizige Ziel gesetzt, die Komturei zu restaurieren.
Von der **mittelalterlichen Stadtmauer** mit einst fünf Toren kann man sich noch am restaurierten **Elbtor** ein Bild machen. Die Aussichtsplattform bietet einen wunderbaren Blick über Stadt und Wische. Die **Pfarrkirche St. Johannis**, eine um 1150 entstandene spätromanische Basilika, ist ›die Glucke der Stadt‹. Mit ihrem prächtigen, weit ins Land leuchtenden roten Satteldach überragt sie die Dächer der Stadt. Auch Werben ist mit etwa 20 Paaren in jedem Jahr Storchenstadt, doch stolz sind die Werbener vor allem auf ihren Ruf als Biedermeierstadt: Alljährlich finden hier der **Biedermeier-Sommer** und der **Biedermeier-Christmarkt** statt. Dann stehen die Verkäufer und Verkäuferinnen in der Kleidung des Biedermeier an ihren Ständen und das Ganze wirkt passend auch vom Stadtbild her ist. Eine der schönsten Werbener Straßen ist die **Seehäuser Straße**, die ganz dem biedermeierlichen Eindruck entspricht. Beim Örtchen Räbel gibt es eine kombinierte **Motor-Gierfähre** über die Elbe nach Havelberg.

Hansestadt Osterburg

Die alte Hanse- und Spargelstadt Osterburg (10 000 Einwohner) liegt am Zusammenfluss von Biese und Uchte. Ihre erste urkundliche Erwähnung stammt von 1157. Die **Stadtkirche St. Nikolai** wurde 1188 als kreuzförmige romanische Feldsteinkirche errichtet und während der Blütezeit der Hanse zur gotischen Kirche umgebaut. An der Nordseite des mächtigen Backsteinbaus befindet sich der Neptunbrunnen. Er war ursprünglich für das Ensemble des Rönnebecker Schlosses aus Italien hergeschafft, aber nach Abbruch des Schlosses an diesen Ort gesetzt worden. Es ist übrigens nicht verwunderlich, dass in der Altmark ziemlich viele Kirchen Nikolaikirchen heißen. Nikolaus gilt als der Heilige der Kaufleute, der Flussschiffer, der Seeleute sowieso und so bat man in Elbnähe vielerorts um seinen Segen.
Osterburg ist eine Fachwerkstadt. Zwei der schönsten Gebäude am Markt dienen als **Heimatmuseum** und als **Bibliothek**. Auf dem Hof der Bibliothek war 1993 eine zweite Burg ausgegraben worden, die sich auf das Jahr 960 datieren ließ.

Krumke, Calberwisch, Krevese

Zu spannenden Entdeckungen ganz unterschiedlicher Art lädt die Umgebung von Osterburg ein. Im Ortsteil Krumke ist mit dem **›Gartenträume‹-Park Krumke** ein Park zu finden, der zu den schönsten der Altmark gehört. Im barocken Teil findet sich eine 400 Jahre alte Buchsbaumhecke, die wohl die älteste Europas sein dürfte. Jahrhunderte später entstand der Landschaftspark im englischen Stil, dessen Wiederherstellung abgeschlossen und perfekt gelungen ist.
In **Düsedau-Calberwisch** begegnet man dem Bauhaus-Großmeister Walter Gropius in völlig unerwarteter Weise: Gemeinsam mit Heino Schmieden erbaute er 1875 das Schloss im Stil der Neorenaissance, das heute unter Denkmalschutz steht. Das Schloss ist im Privatbesitz, steht aber für Hochzeitsfeiern offen.
Wunderschöne Feldsteinkirchen, zum Teil mit der Backsteinbauweise kombiniert, die die Flamen mit nach hier gebracht hatten, finden sich in **Erxleben**, **Königsmark** und **Krevese**. In die dortige Kirche ließ Christoph Georg von Bismarck 1721 eine **Gansen-Orgel** einbauen. Diese gehört zu den bedeutendsten Dorforgeln Europas, ist noch im Originalzustand erhalten und ist der Mittelpunkt des jährlichen **Kreveser Orgel-**

Park und Schloss Krumke

sommers. Überhaupt ist auch Krevese eng mit dem Namen Bismarck verbunden. 1562 erhielten die Brüder Heinrich und Friedrich von Bismarck das **Kloster Krevese** mit der Maßgabe, dass sie die noch lebenden Nonnen mit Naturalien und Wohnraum zu versorgen hätten. In Krevese ist auch Friedrich von Bismarck begraben, der Stammvater der Familie, von dem auch der spätere Reichskanzler Otto von Bismarck abstammte.

Eine Kirche ganz anderen Stils – Rokoko mit schlankem Turm und zwiebelförmiger Haube, 1747 durch den Architekten Friedrich Diterichs errichtet – steht in **Orpensdorf**. Die zierliche Kirche soll als Hochzeitskirche populär werden.

■ Arneburg-Goldbeck

Unweit von Arneburg, das auf einer Hochfläche am Westufer der Elbe liegt, begann die DDR ab 1982 ein Kernkraftwerk zu errichten, dessen ohnehin stark umstrittener Bau weit vor der Inbetriebnahme 1991 endgültig eingestellt wurde. Schon immer und heute erst recht, ist die Gegend um Arneburg und Goldbeck ein **Zentrum des Reittourismus**. So wurde beispielsweise die Gemeinde Hohenberg-Krusemark von der Deutschen Reiterlichen Vereinigung als ›Pferdefreundliche Gemeinde‹ geehrt. Ältestes Gebäude von Arneburg ist die romanische **Stadtkirche St. Georg** (12. Jahrhundert). Auffällig ist der Westturm, der breiter als das Langhaus ist. An die vormals bedeutende Elbfischerei erinnert der Fischerbrunnen. Die Anfänge des Dörfchens Iden reichen zurück in das 8. Jahrhundert. Im **Idener Gutspark** befindet sich das Buchsbaumkompetenzzentrum mit angeschlossenem Buxarium, in dem mehr als 160 Sorten freilandtauglicher Buchsbaumarten präsentiert werden. Im Ortsteil Büttnershof lädt das unter Denkmalschutz stehende **Gutshaus Büttnershof** ein, ein Fachwerkbau aus dem 18. Jahrhundert, umgeben von einer 3,5 ha großen Parkanlage, in der sich ein Dorf aus Mini-Fachwerkhäuschen, Volièren, Streichelzoo und die originalgetreue Nachbildung des Gutshauses im Maßstab 1:20 befinden, samt Spielhaus für Kinder.

Zu Hohenberg-Krusemark gehört der kleine Ort **Altenzaun**, eines der ältesten Haufendörfer in der Altmark. Nördlich davon fand 1806 das Gefecht von Altenzaun zwischen den Truppen des Oberst Yorck von Wartenburg und denen Napoleons statt, das erste nach der Niederlage bei Jena und Auerstädt, das für die Preußen siegreich ausging. Bei Kirch-Polkritz findet man den **historischen Wegweiser** mit den Kilometerangaben nach Moskau und Paris, ein Spott, der den Franzosen den Heimweg zeigen sollte.

i Altmärkische Wische

Stadt-Information Hansestadt Osterburg, Großer Markt 10, 39606 Hansestadt Osterburg, Tel. 03937/895012, www.osterburg.de. Empfehlung: Die Tourist-Information Osterburg hat eine instruktive Flyerfamilie zu einer ›Wir leben Land-‹ und einer ›Dorfkirchentour‹ rund um Osterburg sowie zu einem Historischen Stadtspaziergang aufgelegt.

Tourist-Information Hansestadt Werben, Markt 1, 39615 Werben, Tel. 039393/92755, www.werben-elbe.de.

Stadt-Information Seehausen, Schulstr. 6, 39615 Hansestadt Seehausen, Tel. 039386/54783, www.stadt-seehausen.de.

Hotel & Restaurant Alanda, Große Brüderstr. 7/8, 39615 Hansestadt Seehausen, Tel. 039386/79770, www.hotel-alanda.de.9 Zi., DZ ab 75 Euro. Gut eingerichtet, Spezialität im Restaurant: Steaks und Burger

Villa Wahrenberg, Mietenberg 98, 39615 Wahrenberg, Tel. und Fax 039397/

41123, reiner.gork@web.de; 10 Zi, 1 Fewo. DZ ab 44 Euro. Günstig für Radwanderer an der Elbe, Bringedienst, Reparaturservice.

Pension Gutshaus Krusemark, Ellinger Str. 16, 39596 Hohenberg-Krusemark, Tel. 039394/91680, www.gutshaus-Krusemark.de; 8 Zi, 3 Fewo, DZ ab 66 Euro. Idyllisch im Grünen auch für ein paar Tage mehr.

Restaurant & Hotel Büttnershof, Dorfstr. 38, 39606 Sandauerholz, Tel. 039390/81046 oder 81840, www.gutshaus-buettnershof.de; Alters Adelssitz, eine Institution für Ausflügler aller Art, Restaurants außen und innen. Lamm aus der Elbtalaue.

Bockwindmühle Wanzer, Dorfstr. 24, 39615 Wanzer, Tel. 039396/81280, www.wanzer.de.

Die seit 1999 alljährlich stattfindenden **Osterburger Literaturtage** mit Lesungen, Workshops und Konzerten haben die kleine Altmarkstadt zum Mittelpunkt für Schreibende und Literaturinteressierte gemacht. Außerdem gilt die Stadt als Hochburg des **Karnevals** in der Altmark.

Alljährlich am zweiten Wochenende im Mai zu Ehren des Osterburger ›Spargelprofessors‹ August Huchel **Spargelfest** mit der Krönung der Spargelkönigin.

Biesebad Osterburg, Nordpromenade 1, 39606 Hansestadt Osterburg, Tel.03937/2299813, www.osterburg.de. Juni–Aug. 13–19 Uhr. Eines der wenigen Flussbäder Deutschlands inmitten einer geschützten Flusslandschaft.

Reiterhof und Pension Uwe Trumpf, Friedensstr. 07, 39596 Hohenberg-Krusemark, Tel. 039394/81454, www.reiterhof-trumpf.de. Reitausbildung, Pferdepension sowie Trail- und Wanderritte.

Hansestadt Tangermünde

Die Stadt (10 500 Einwohner), erstmals von Thietmar von Merseburg als ›civitas Tangeremuthi‹ 1009 erwähnt, hätte deutsche Hauptstadt werden können. Der Hohenzollern-Kurfürst Johann Cicero (1455–1499) hatte seinen Sitz auf der Burg über dem Zusammenfluss von Tanger und Elbe und verließ sie im Zorn über die sturen Altmärker, die ihm den Bierzins nicht zahlen wollten. Da erst, 1488, verlegte er seine Residenz in das unbedeutende Cölln, das mit dem unbedeutenden Berlin zusammenwuchs. Im 14. Jahrhundert war Tangermünde neben Prag der Zweitsitz Kaiser Karls IV. Aus der alten Burg wurde eine Kaiserpfalz.

Eine Blütezeit erlebte die Stadt, wie andere in der Altmark auch, während der Hansezeit im 15. Jahrhundert. Damals entstanden die heute noch die Stadt prägenden Bauten, das Rathaus in norddeutscher Backsteingotik, die Stadttore. Die Stadtmauer ist rings um die Altstadt vollständig erhalten, samt zweier Putinnen, wie die Stadtmauertürme genannt werden. Auch die Stadtkirche St. Stephanus erhielt in dieser Zeit ihre gotische Ausformung.

1617 brannte Tangermünde fast vollständig ab. Eine Schuldige musste her. Man sieht sie am Rathaus in Ketten, **Grete Minde**, eine Skulptur des Uchtspringer Bildhauers und Grafikers Lutz Gaede. Sie endete 1619, wohl unschuldig, auf dem Scheiterhaufen. Gleich zwei große deutsche Dichter nahmen sich des Stoffes an, Theodor Fontane und Peter Huchel.

Die Altstadt zeigt die vielen prächtigen Fachwerkhäuser, die nach dem Brand entstanden. Auch in der Zeit der DDR wurden die wichtigsten Denkmale der Stadt gesichert, so dass diese nach 1990 restauriert werden konnten.

▶ Karte S. 311

Ein Stadtrundgang

Das **Neustädter Tor** ist das prächtigste der drei noch erhaltenen Stadttore. Der rechteckige Turm wurde um 1300 errichtet, Rundturm und Mittelbau 1450. Gleich das nächste Gebäude ist die um 1200 errichtete **Kirche St. Nikolai**, heute die ›Zecherei St. Nikolai‹, in der man mittelalterlich speisen kann, wenn gewünscht, auch im Badzuber.

Das historische spätgotische **Rathaus**, erbaut ab 1430 von Heinrich Brunsberg, der vor allem in Brandenburg und Pommern wirkte, gehört zu den schönsten Bauwerken der norddeutschen Backsteingotik. Insbesondere die 24 Meter hohe spätgotische Schauwand gilt als ein Paradestück dieser Epoche. In Erdgeschoss und Keller des Rathauses befindet sich das **Heimatmuseum**, das sich auch mit Grete Mindes Geschichte befasst.

Durch den Zollensteig stößt man auf die **Elisabethkapelle**, die zum gleichnamigen Hospital gehörte, das allerdings dem Stadtbrand zum Opfer fiel. Die Kapelle diente in der Folge bis ins 19. Jahrhundert als Salzlager und firmiert darum heute unter dem Namen ›Salzkirche‹ als Ausstellungs- und Konzerthalle. Auf der **Lindenstraße** sticht ein Fachwerkhaus aus dem 17. Jahrhundert durch seine Form besonders hervor, das wie der Buhnenkopf einer Uferbefestigung in die Straße hineinragt und eben deshalb auch so heißt.

Unmittelbar unter der gotischen **Stadtkirche St. Stephanus** steht die **alte Schule**, heute ein Gasthaus, in dem die Karte so exotische Dinge wie Kuhschwanzbier, Kreidestaub, Ambrosia und Pferdeäpfel aufführt – und die leckeren Schweinsohren mit Erbsbrei oder anderen Zutaten, wie sie als Gericht in Tangermünde zu Kaiser Karls IV. Zeiten erfunden worden sein sollen. Die Kirche weist den höchsten der zwölf Türme der Stadt auf. Geplant war diese älteste der altmärkischen Missionskirchen als Dom für ein Bistum. Der Bau der dreischiffigen Hallenkirche wurde 1316 begonnen und um 1500 vollendet. Eindrucksvoll ist der Innenraum ob seiner Großzügigkeit. Die Innenausstattung der Kirche stammt aus der Zeit nach dem Stadtbrand. Bemerkenswert ist die Orgel des Hamburger Orgelbaumeisters Hans Scherer d.J. von 1624. Zur Elbe hinunter kommt man durch die **Rossfurth**, einen 100 Meter langen Hohlweg, und durch das **Elbtor**, das im 15. Jahrhundert errichtet worden ist. Der **Schrotturm** ist ein ehemaliger Wehrturm der Stadtbefestigung, der erst 1825 auf die stattliche Höhe von 47 Metern gebaut wurde, weil man hier bis Mitte des 19. Jahrhunderts Schrotkugeln herstellte. Der **Eulenturm** gehört ebenfalls zur historischen Stadtbefestigung. Er ist ein Relikt der ehemaligen Doppeltoranlage

Die Stadtkirche St. Stephanus

Hünerdorfer Tor, in dessen Unterbau sich ein Verlies befand. Am Eulenturm gibt es das **Museum Zeitzeug**, das den Alltag der Menschen in der Altmark in den letzen 200 Jahren zum Thema hat. In einer über 300 Jahre alten, funktionstüchtigen **Kupferschmiede**, zugleich Museum, in der Kirchstraße finden Schauvorführungen statt. Und nicht erschrecken: Manchmal fliegt ein Storch knapp über die Köpfe der Touristen die engen Straßen entlang. Auch Tangermünde ist eine Stadt des Weißstorchs.

Die Tangermünder Burg

Aus der Burganlage ragt der **Gefängnisturm** hervor, der als Bergfried im 14. Jahrhundert errichtet wurde. Er erhebt sich über sechs Stockwerke auf 50 Meter Höhe und kann als Aussichtsturm genutzt werden. Das unter Kaiser Karl IV. erbaute Schloss wurde 1640 zerstört. Das heute vorhandene – jetzt ein komfortables Schlosshotel – ließ 1700 der preußische König Friedrich I. errichten. Das älteste Gebäude auf dem Schlossgelände ist die **Kanzlei**, das Tanzhaus der Burg aus dem 14. Jahrhundert. Auf der Burganlage steht die überlebensgroße **Bronze-Skulptur Karls IV**. des Berliner Bildhauers Ludwig Cauer. Unweit davon steht die überlebensgroße Bronzeplastik des nachmaligen ersten **Preußischen Königs Friedrich I.**, die der Berliner Bildhauer Ludwig Manzel schuf. Auf der Schlossfreiheit befindet sich das **Burgmuseum** im ältesten Wohnhaus der Stadt, dem ehemaligen Wohnhaus des Schlosshauptmanns, dessen Untergeschoss noch aus dem Jahre 1543 stammt.

Wer Stadt und Landschaft vom Wasser aus betrachten möchte, kann das auf einem der drei **Fahrgastschiffe** der Tangermünder Reederei Kaiser tun. Da kann man die Elbe hinauf und hinunter schippern, zum Beispiel bis nach **Storkau**. Das dortige Schloss lädt nach wechselvoller Geschichte heute als 4-Sterne-Hotel ein.

Tangerhütte

Vaethen hieß die Stadt an der Tanger (11 000 Einwohner) seit ihrer Ersterwähnung 1375. Ihren heutigen Namen

Das Rathaus von Tangermünde

Karte S. 311

erhielt sie, nachdem in der Umgebung Raseneisenstein gefunden, ab 1844 verhüttet wurde und die **Eisenwerke Tangerhütte** entstanden. 1928 erfolgte die Namensänderung und erst 1935 erhielt der Ort Stadtrecht. Der Hüttenbesitzer Franz Wagenführ ließ sich 1872 einen **Schlosspark** mit Wasserfall im Stil eines englischen Landschaftsparks auf einer Fläche von 22 Hektar anlegen und 1873/74 ein **Schloss**, heute das ›Alte‹, errichten. Hinzu kam 1883 im Park ein heute unter Denkmalschutz stehendes **Mausoleum**. 1889 übernahm Ferdinand Rudolf Curt von Arnim die Leitung der Tangerhütte, nachdem er Wagenführs Witwe Marie geheiratet hatte und führte die Firma bald zu Weltruf. 1900 beschäftigte das Werk bereits 1535 Arbeiter. Zur Weltausstellung 1900 in Paris hatte Arnim einen gusseisernen Pavillon anfertigen lassen, der dort viel Aufsehen und eine Goldmedaille erhielt. Der **Kunstgusspavillon**, heute im Park zu besichtigen, gehört zu den wichtigsten Werken der Kunstgussarchitektur.

1909 bis 1911 erfolgte der Bau des **Neuen Schlosses** nach italienischem Vorbild. Die prächtig geschnitzte Holzverkleidung des Kamins im Kaminzimmer, die über vier Meter hoch bis zur Decke reicht, ist ein Werk des Tangerhütter Bildhauers Otto Funke, der seine Karriere als Schreinerlehrling der Tangerhütte begann. Auch die beiden Sphinxen am Eingang wurden nach Entwürfen Funkes aus Beton gegossen. Heute wird das Neue Schloss innerhalb des Gartenträume-Ensembles als Galerie und Konzertort genutzt.

Das einzige **Buddelschiffmuseum** Ostdeutschlands befindet sich in der Breiten Straße. Der frühere Seemann Hans Euler hat im alten Pferdestall eine Auswahl seiner mehr als 16 000 gefertigten Buddelschiffe präsentiert, darunter eine Seeschlacht in einem Weinballon. Da

Im Schlosspark Tangerhütte

gibt es Hansekoggen in Parfümflaschen und anderes. Jedenfalls ist Euler mit seiner Lebensleistung im Guiness-Buch der Rekorde gelandet.

Rund um Tangerhütte

Über den Ortsteil **Birkholz**, ehemals Bismarckscher Besitz, kommt man zum Elbdorf Grieben und zur **Fähre** über die Elbe, die den Weg von oder nach Genthin, Potsdam und Berlin verkürzt. Sehenswert ist die alte **Bockwindmühle**. In der **Kirche von Lüderitz** beindrucken die 1989 gefertigten Buntglasfenster des lehrenden Christus, eine Arbeit der Quedlinburger Firma Ferdinand Müller.

Die **Feldsteinkirche in Groß Schwarzlosen** ist eine Hallenkirche im romanischen Stil mit der ältesten Bronzeglocke der Altmark.

Park und Herrenhaus Briest sind Teil der sachsen-anhaltischen ›Gartenträume‹. Zum Ensemble gehören das Gutshaus, das Brauhaus, der Wirtschaftshof, die kleine vierhundertjährige Kapelle und der Gutspark. Briest, heute wieder in deren Besitz, ist der älteste Stammsitz der Familie von Bismarck und beherbergt 600 Jahre Familiengeschichte. Das Herrenhaus ist ein Eichenfachwerkhaus im Stil der Spätrenaissance. 1849 schuf der Gartenbaudirektor Schaumburg, der auch Teile der Herrenhäuser Gärten in Hannover entwarf, den malerischen Gutspark. Hier sind Elemente des englischen und des französischen Landschaftsparks miteinander verbunden. Die Restaurierung wurde 2008 mit dem Denkmalpreis des Landes Sachsen-Anhalt gewürdigt.

Unweit des **Jercheler Sees** wurden im 16. Jahrhundert ein weißer und ein roter Wartturm gebaut. Die Türme sind zwar verschwunden, der Ort **Weißewarte** aber entwickelte sich mit seinem **Wildpark** zu einem beliebten Ausflugsziel der Gegend. Auf 15 Hektar leben hier 400 Tiere in 50 Arten in großzügig und weiträumig angelegten Naturgehegen mit urwüchsigem Baumbestand.

Tangermünde und Tangerhütte

Vorwahl: 039322
Postleitzahl: 39590
Tangermünder Tourismusbüro, Markt 2, Tel. 22393, www.tourismus-tangermuende.de; Apr.–Okt. Mo–Fr 9–18 Uhr, Sa/So 10–18 Uhr, Nov.–März Mo–Fr 10–17 Uhr, Sa 10–16 Uhr, So 13–16 Uhr.
Bürgerinformation Stadt Tangerhütte, Bismarckstr. 5, 39517 Tangerhütte, Tel. 03935/93170, www.tangerhuette.de.

Hotel Schloss Tangermünde, Auf der Burg, Amt 1, Tel. 7373, www.schloss-tangermuende.de; 34 Zi., DZ ab 110 Euro. Komfortabel, in Süd- und Ostzimmern traumhafte Aussicht über Tangermündung, Hafen und Elbe.
Schloss Storkau, Im Park, 39590 Storkau, Tel. 039321/521156, www.schloss-storkau.de; 107 Zi. in Schloss, Villa und Kavaliershaus, DZ ab 105 Euro. Perfekte Lage an der Elbe, traumhaft: Frühstück auf der Terrasse, eigene Anlagestelle.
Heuherberge und Elbezentrum Buch, Bucher Querstr. 22, 39590 Tangermünde, OT Buch, Tel. 039362/81673 o. 90009, www.elbetourist.de; 2 DZ, 3 MBZ/Heukammern. Schlafen im Heu, Bootstouren und Naturerlebnisse am Fluss.

Gasthaus Zecherei St. Nikolai, Lange Str. 1, Tel. 45719, www.zecherei.de. Erlebnisgastronomie im 800 Jahre alten Kirchengemäuer. Essen auch im Badezuber in geselliger Runde (im leinenen Leibchen!)
Gaststuben Exempel, Kirchstr. 40, Tel. 44899, www.exempel.de. Kuhschwanzbier, Ambrosia und Pferdeäpfel in einer alten Schule, bei schönem Wetter zu Füßen des höchsten Kirchturms der Altmark.
Restaurantschiff Störtebeker, Am Hafen, Tel. 2398, www.tangermuende-online.de/stoertebeker

Tangermünder Kaffeerösterei, Lange Str. 33, Tel. 732106, www.tangermuender-kaffeeroesterei.de. Kaffees aus aller Welt vom Kaffeesommelier zubereitet und serviert.

Wildpark Weißewarte, Lindenstr. 8, 39517 Weißewarte, Tel. 03935/214007, www.wildpark-weissewarte.de.

Als Insider-Tipp gilt das **Haushaltswarengeschäft von Franz Ahl** in der Kirchstraße 47, in welchem man noch ›wie früher‹ einkaufen kann, Tel. 2406.

Reederei Kaiser, Goethestr. 21, Tel. 3654, www.reederei-kaiser.de. Anlegestelle am Tangermünder Hafen, Fahrten auf Elbe und Havel.

Rund um Tangermünde hat das Tourismusbüro verschiedene interessante **Rundtouren** zwischen 18 und 50 Kilometer entwickelt, Tel. 22393, www.tangermuende-tourismus.de.

▸ Karte S. 311

Elbe-Havel-Winkel

So müßig die Debatte ist, wird sie doch immer wieder geführt: Ist der ostelbische Teil des Nordens nun Altmark oder nicht? Im Kern ist es egal, beides ist – historisch betrachtet – Preußen. Wiewohl die Havelberger schon zu DDR-Zeiten gerne zum Bezirk Potsdam und heute zu Brandenburg abgedriftet wären: Prignitzer zu sein, darauf sind sie allemal stolz, auch weil das Land an Elbe und unterer Havel ein wunderschönes Fleckchen Erde ist.

Hansestadt Havelberg

Die Dom- und Inselstadt (6700 Einwohner) am Zusammenfluss von Havel und Elbe bezaubert die Besucher immer aufs Neue, erst recht, da sie einbezogen wurde in die **havelländische BUGA 2015**. Die Hansestadt war von 1358 bis 1559 Mitglied der Hanse, wurde mit dem Wendenkreuzzug Albrechts des Bären 1447 Bischofssitz und verfügt mit der Stadtinsel, auf der die Altstadt liegt und dem Dom über zwei wirkliche touristische Glanzlichter.

■ Dom und Umgebung

Der Dom St. Marien, wichtige Station an der ›Straße der Romanik‹ und der ›Route der Backsteingotik‹, wurde 1150 bis 1170 von Prämonstratensern erbaut und bis 1330 gotisch umgebaut. Kunstgeschichtlich besonders interessant sind die wertvollen **Grisaille-Ornamentfenster** von 1330. Im Kornspeicher, Bischofssaal und Schlafsaal des **ehemaligen Prämonstratenserklosters** südlich des Doms befindet sich das **Prignitzmuseum**. Der Komplex gilt als eine der wenigen vollständig erhaltenen Klosteranlagen des

Der Dom St. Marien in Havelberg

Mittelalters in Norddeutschland. Gegenüber dem Dom befindet sich die klassizistische **Havelberger Domschule**, 1804 bis 1805 erbaut. Im Dombezirk wird die BUGA mit Kletter- und Pfingstrosenanpflanzungen, dem Klostergarten, der Ausstellung Grabgestaltung und Denkmal und Musterkleingärten durchaus länger wirkende Spuren hinterlassen.

■ Altstadt

Der Domkomplex oberhalb der Havel war von einer Mauer umgeben, für die Altstadt war das aufgrund der Insellage nicht nötig. Vor dem **Steintor** entstand im 15. Jahrhundert die kleine **Gertrudenkapelle**, die der Heiligen Gertrud von Nevilles gewidmet ist. Der achteckige Zentralbau symbolisiert die ewige Seligkeit. Vielleicht darum fungiert die Kapelle heute als Standesamt. Am Salzmarkt steht das **Beguinenhaus**, die Informationsstelle des UNESCO-Biosphärenreservats Mittelelbe befindet sich seit 2015 im neuen ›Haus der Flüsse‹. Die 1390 erbaute **ehemalige Heiliggeistkapelle** ist neben der Stadtkirche das einzige noch erhaltene mittelalterliche Gebäude auf der Stadtinsel. Die **Stadtkirche St. Laurentius** wurde um 1300 als dreischiffiger gotischer Backsteinbau errichtet. Sie ist das älteste Gebäude auf der Insel und war während der BUGA 2015 Standort wechselnder Blumenschauen. Die achteckige **Hospitalkapelle St. Anna** gehört wahrscheinlich ins 15. Jahrhundert. Seit ihrer Instandsetzung 1995 dient sie als Traukapelle.

In der **Langen Straße** wohnten im Mittelalter die wohlhabendsten Bürger der Stadt, Fernhändler und Gewandschneider. Das Fachwerkhaus in der Nummer 12 ist das älteste Wohnhaus der Stadtinsel, es wurde 1666 erbaut. Ein erstes **Rathaus** gab es um 1310, das heutige Gebäude stammt von 1854. Von einem besonderen Kapitel der Geschichte Havelbergs erzählen die **Fassaden der Scabell-Straße**, benannt nach dem geheimen Regierungsrat und Branddirektor Scabell.

▲ Karte S. 311

Die Altstadtinsel von Havelberg aus der Luft

Das Haus der Flüsse in Havelberg

Auf einer Straßenseite altes Fachwerk, auf der anderen Straßenseite klassizistische Fassaden. Das geht zurück auf den großen Stadtbrand von 1870, der genau hier zum Halten gebracht wurde.

■ Wassersportzentrum und Pferdemarkt

Außerhalb der Stadtinsel hat praktisch alles in Havelberg mit Natur, vor allem mit Wasser zu tun. Im **Haus der Flüsse**, dem NATURA 2000 Informationszentrum, gibt es eine Ausstellung zum Lebensraum der Unteren Havel. Zwischen Spülinsel mit Kanuzentrum und Campingplatz liegt der **Yachthafen**, auch Startort für Kanu-, Hausboot- oder Fahrradtouren. Als regelrechtes Wassertouristikzentrum ist Havelberg für Wasserwanderer auch eine der wichtigsten Anlaufstellen zwischen Hamburg und Berlin oder elbaufwärts Richtung Magdeburg, Dresden und Prag.

Südlich der Havel steigt immer im September mit feuchtfröhlichem Bieranstich eines der größten Volksfeste weit und breit: der **Havelberger Pferde- und früher auch Heiratsmarkt**. Hier kann jeder sein Glück finden, ob den Partner fürs Leben oder das Pferd für die eigene Koppel, Geschäfte werden per Handschlag besiegelt. So geht das seit 1730, mit jährlich bis zu 200 000 Gästen, unterbrochen nur in Jahren, in denen Hochwasser die Wiesen überschwemmt wie zuletzt 2013.

■ Rund um Havelberg

Mitten im Naturschutzgebiet zwischen Havel, Dosse und dem Flüsschen Jäglitz lädt die **Kümmernitzer Schweiz** zum Wandern ein. Der fünf Meter hohe Wasserfall Königsfließ ist dabei ein schönes Ziel – und nur 100 Meter weiter lockt ein Café in dieser Idylle, in der Biber, Kormoran, Reiher, Eisvogel, Seeadler und Kronenkranich beheimatet sind.

Um den Havelberger Ortsteil Jederitz liegt das **Jederitzer Holz**, eine alte Auenlandschaft mit erhaltenswerten Kopfweiden.

Wasserwanderer erreichen das Dorf über den zur Havel führenden Trübengraben.
Im Ortsteil **Garz**, einem slawischen Runddorf, grenzt der an die 1688 erbaute achteckige Fachwerkkirche mit der welschen Haube liegende Friedhof an den idyllischen **Dorfhafen**. Einst wichtig für Fischer und Schiffer, dient er heute als moderner Sportboothafen mit je 30 Meter Steglänge. Das Ortsbild wird geprägt durch die in Klinkerbauweise errichteten historischen **Vier-Seiten-Höfe**. Garz ist ein fröhliches Dorf mit Frühlings-, Sommer- und Kartoffelfest, Fischessen am Feuer, Weihnachtsmarkt mit Kulturprogramm in der Kirche.
Im Ortsteil Warnau lockt die **Fischerstube Warnau**, ein Fischrestaurant mit angeschlossener eigener Fischerei der Familie Schulze, die in der fünften Generation ihre Netze auswirft.

Das Land Schollene

Südlich von Havelberg liegt zwischen Klietz und dem namensgebenden Ort das Land Schollene.
Unweit des Ortes, am Havelknie, wird vom Grund des 70 Hektar großen **Schollener Sees** Pelose, also ein Heilschlamm, gefördert, der bei rheumatischen Erkrankungen eingesetzt wird.
In **Nierow** kann man im alten Gutshaus übernachten. In **Schollene** wie im benachbarten Klietz sind **alte Bockwindmühlen** restauriert.
Sandau ist mit 950 Einwohnern die zweitkleinste Stadt Sachsen-Anhalts. Um 1200 begann der Bau der spätromanischen **Kirche St. Laurentius und St. Nikolaus** als dreischiffige Pfeilerbasilika in Backsteinbauweise, auch eine Station der ›Straße der Romanik‹. Im April 1945 wurde die Kirche zerstört, wie 80 Prozent des ganzen Ortes, als hier heftige Kämpfe um den naheliegenden Elbübergang tobten. Seit 2012 ist die Außenhülle des Kirchturms wieder hergestellt. Über die **Sandauer Fähre** führt die kürzeste Verbindung zur Kreisstadt Stendal, zu der man durch die linkselbische Altmärkische Wische gelangt.

▲ Karte S. 311

■ Schönhausen

Der Ort (2100 Einwohner) wurde Anfang des 13. Jahrhunderts gegründet, niederländische Kolonisten deichten damals im Auftrag des Bischofs von Havelberg die Elbe ein. Das älteste Gebäude ist die 1212 geweihte **romanische Backsteinkirche**. Besonders interessant ist das Triumphkreuz in der Kirche. Das lebensgroße hölzerne Kruzifix (um 1212) gehört zu den berühmtesten Werken spätromanischer Plastik. Das Taufbecken stammt aus dem 13. Jahrhundert.
Zu Beginn des 18. Jahrhunderts baute die Familie von Bismarck hier zwei Schlösser. Im 1700 erbauten **Schloss I** wurde 1815 der spätere erste deutsche Reichskanzler Otto von Bismarck geboren. 1729 wurde das **Schloss II** errichtet. Nach der Sprengung von Schloss I 1958 blieb lediglich das Torhaus des barocken Schlosses erhalten, in dem das 1998 eingerichtete **Bismarck-Museum** untergebracht ist. Schloss II wird heute als Sekundarschule genutzt. Der Barockpark um das Schloss I findet langsam zu altem Glanz zurück.

■ Wust-Fischbeck

Auch Fischbeck, direkt auf der östlichen Seite des Elbübergangs von Tangermünde gelegen, war eine Siedlung holländischer Kolonisten. 1562 kam der Ort in den Besitz der Familie von Bismarck.
Die **romanische Kirche** wurde um 1220 bis 1250 unter Anleitung aus dem Kloster Jerichow erbaut. Die Gründung der ersten Rinderstammzucht-Genossenschaft Deutschlands 1876 in Fischbeck gab den Anlass für das **Museum der Altmärkischen Schwarzbunte-Zucht Fisch-**

beck, das einzige Museum über das schwarzbunte Rind in Deutschland.
Der Wust-Fischbecker Ortsteil **Melkow** ist Station an der ›Straße der Romanik‹. Die **romanische Dorfkirche** wurde um 1200 errichtet und gehörte ursprünglich zum Kloster Jerichow. 1726 gab König Friedrich Wilhelm I. das Patronatsrecht an Hans Heinrich von Katte. 1953 wurde der Kirche eine romanische Sandsteintaufe, die um 1200 gearbeitet worden war, übergeben, deren Original Plünderungen während des Dreißigjährigen Krieges zum Opfer gefallen war.
Briest, erstmals 946 urkundlich erwähnt, hat eine **frühgotische Dorfkirche**, deren Besonderheit es ist, Heimstatt der Marionettenbühne ›Märchenvogel‹ zu sein, die 1981 als Projekt der Konfirmanden des Kirchsprengels gegründet worden war. Inzwischen ist hier eine stationäre Bühne eingebaut und es finden Vorstellungen statt.
Wust (860 Einwohner) liegt im sogenannten **Kattewinkel** zwischen Elbe, dem Land Schollene und dem Jerichower Land. Die um 1200 errichtete einschiffige **spätromanische Dorfkirche** ist eine Station an der ›Straße der Romanik‹. Mitte des 15. Jahrhunderts erhielt die Familie von Katte Wust als Lehen. Im Gruftanbau der Kirche befindet sich die **Grabanlage des Hans Hermann von Katte**. Der Freund des Kronprinzen Friedrich wurde 1730 als Mitwisser der Fluchtpläne des späteren Friedrich des Großen 1730 hingerichtet. In den ›Wanderungen durch die Mark Brandenburg‹ erzählt Theodor Fontane von seinem Besuch der Katte-Gruft.
Das **ehemalige Herrenhaus** wurde gegen Ende des 16. Jahrhunderts erbaut und 1726/1727 unter der Leitung von Hans Heinrich Katte zu einem schlichten Barockbau mit zwei Seitenflügeln umgebaut. Das Herrenhaus beherbergt heute die Grundschule der Gemeinde Wust und im Sommer die Sommerschule Wust für englische Sprache, Literatur, Theater und Musik. Dazu kommen junge Leute aus ganz Europa zu Workshops und Konzerten.

Alte Kanonen vor dem Bismarck-Museum in Schönhausen

Auf humoristische und zugleich informatorische Weise setzt sich das **Wuster Muuuhseum** als erstes deutsches **Kuhmuseum** mit dem Einfluss der Kuh auf Kunst, Kultur und Alltagsleben auseinander.

In **Wust-Damm**, einem Ortsteil, der nur aus wenigen Häusern besteht, gibt es ein **Bisongehege**, in dem auf 30 Hektar Weideland eine Bisonherde gehalten wird.

Hansestadt Havelberg und Umgebung

Vorwahl: 039387

Postleitzahl: 39539

Tourist-Information Hansestadt Havelberg, Uferstr. 1, Tel. 79091, www.havelberg.de; Apr.–Sept. Mo–Fr 9–18 Uhr, Sa/So 13–17 Uhr. Okt.–März Mo–Fr 9–17 Uhr, Sa 13–17 Uhr, Ostern und Pfingsten geöffnet.

Infostelle Schollene, August-Bebel-Str. 10, 14715 Schollene, Tel. 039389/232, www.schollene-land.de.

ArtHotel Kiebitzberg, Schönberger Weg 6, Tel. 595151, www.arthotel-kiebitzberg.de; 31 Zi., DZ ab 95 Euro. Das vielleicht beste Haus weit und breit, individuelle Zimmer, Wellness. Im Restaurant Waguy-Rind vom Feinsten.

Land-gut-Hotel Seblick, Genthiner Str. 9, 39524 Klietz, Tel. 039327/93500, www.seeblick-klietz.de; 36 Zi., DZ ab 65 Euro, schönes Haus, angenehmer Serrvice, barrierefrei, verkehrsgünstig für Ausflüge.

Appartement-Pension Zum Biber, Vor dem Steintor 22, Tel. 20655, www.campinginsel-havelberg.de; 3 DZ (ab 55 Euro) und 4 Fewo. Schöne Lage an der Havelpromenade, eigener Yachthafen.

Campinginsel Havelberg, Spülinsel 6, Tel. 20655, www.campinginsel-havelberg.de. Camping, Caravaning, Zimmer, Fewos in idyllischer Lage. Yachthafen, Wassertreter, Hausboote. Ideales Stoppover für Wasserwanderer auf Elbe und Havel.

Restaurant Güldene Pfanne, Lehmkuhle 2, Tel. 79951, www.gueldene-pfanne.de. Saisonale und regionale Spezialitäten von Fisch, Lamm, Pferd und Wild.

Restaurant Fischerstube Warnau, Havelweg 7, 39539 Havelberg/Warnau, Tel. 039382/7377, www.fischerstube-warnau.de. Über 20 Gerichte von heimischen Fischen (Aal, Hecht, Zander, Wels, Flussbarsch), die täglich frisch gefangen werden.

Prignitz-Museum, Klosteranlage am Dom,Domplatz 3, Tel. 21422, www.prignitz-museum.de; bis Okt. 2015 tgl. 10–18 Uhr, ab Okt. Mi–So 10–12, 13–17 Uhr.

Bismarck-Museum Schönhausen, Kirchberg 4–5, 39524 Schönhausen, Tel. 039323/38874, www.bismarck-stiftung.de, www.schoenhausen-elbe.com; Apr.–Okt. Di–So 10–18 Uhr, Nov.–März Di–So 10–17 Uhr.

Muuuhseum der Altmark Wust, Am Park 2a, 39524 Wust-Fischbeck. Tel. 039323/61014 oder 75656. Deutschlands erstes Kuhmuseum.

Vor und hinter Havelberg bietet der **Elberadweg** drei Varianten. Zugleich laufen hier zahlreiche weitere Radwege zusammen: der **Havelradweg,** die **Tour Brandenburg**, der **Altmarkradrundkurs**, die **Bischofstour** und die **Naturerlebnisroute**. Ein besonderes Angebot im Elbe-Havel-Winkel sind die **Storchenrouten**. Neun, mit dem Storch gekennzeichnete Strecken zwischen 15,5 und 40 Kilometer erschließen Landschaft und Geschichte.

▶ Karte S. 311

Hans Hermann von Katte – ein preußisches Schicksal

Wust, ein winziges, ostelbisches Altmark-Dörfchen, ist auf ganz besondere Weise mit preußischer Geschichte verbunden. In der an die Kirche gebauten Gruft derer von Katte kann man ein ganz persönliches Schicksal vom Ende her denken. Es ist das Jahr 1730: Friedrich II., später auch ›der Große‹ genannt, damals freilich noch Kronprinz, will der väterlichen Erziehungswillkür entfliehen. Er weiht seinen vertrauten Freund Hans Hermann Katte, Premierleutnant der Kürassiere Gend d´arms, in die Fluchtpläne ein. Katte erzählt seinem Cousin davon, der wiederum seinem militärischen Vorgesetzten einen Brief zukommen lässt, in dem er andeutet, was ihm sein Cousin Hans Hermann anvertraute. Der Empfänger schickt den Brief an den Oheim des Cousins weiter, an den Generalleutnant Hans Heinrich von Katte, den Vater Hans Hermanns. In seinem Pflichtgefühl leitet der Vater den Brief an den Soldatenkönig weiter. Freilich in der Annahme, dass der König angesichts der Verdienste von Großvater und Vater um Preußen hier Gnade vor Recht ergehen lässt.

Friedrich Wilhelm I. freilich, der Soldatenkönig, denkt ganz anders. Gnadenlos will er den missratenen Thronfolger hinrichten lassen. Ein Exempel, das man ihm dringlichst ausredet. Von Katte, vom Militärgericht ursprünglich ›nur‹ zu lebenslanger Haft verurteilt, wird stattdessen das Opfer – der König fordert seine Hinrichtung. Und, so viel ›pädagogische Wirkung‹ muss dann doch sein: Der Kronprinz soll dabei zusehen. Am 6. November 1730 wird Katte unter dem Fenster der kronprinzlichen Zelle enthauptet. Vermutlich hat der spätere Friedrich II. das Elend nicht ansehen müssen, weil er zuvor in Ohnmacht fiel. Nach der Legende habe er von Katte durch das Zellenfenster auf den Hof eine Kusshand zugeworfen und ›Mon chèr Katte‹ um Vergebung gebeten, für den zuvor alle Gnadengesuche abgelehnt worden waren. Der König gestattete Kattes Vater lediglich, den bereits in einem Armengrab in Küstrin beigesetzten Sohn nach Wust zu überführen, dass er dort in der Gruft der Familie beigesetzt werden dürfe. Der alte Katte erholte sich von diesem Schlag nicht mehr und auch Friedrich II. verwandt das Geschehen wohl zeitlebens nicht. Nie hat er das Grab des Jugendfreundes besucht.

Ein tragisches Schicksal auch deswegen, weil die Perspektiven des jungen Offiziers glänzend gewesen sind. Er galt als gebildet und unterhaltsam. So hatte er unter anderem 1717 bis 1721 das Pädagogium in den Franckeschen Stiftungen in Halle besucht. Von Katte sprach gern Fremdsprachen, interessierte sich für Musik, Reiten, Fechten und hatte seinerzeit sogar am Köthener Hof dem dortigen Kapellmeister, Herrn Johann Sebastian Bach, vorgespielt. Bereits mit 26 Jahren war er nach schneller Karriere Premierleutnant und Adjutant des Regiments. Ein begabter Mann, der zwischen den Mahlsteinen der Politik endete.

Hans Hermann von Katte

Sachsen-Anhalts Historie hat dem Land Kulturschätze in Fülle mitgegeben, die sorgsam gepflegt und engagiert präsentiert werden: Die ›Straße der Romanik‹ lässt tief in europäische Geschichte blicken, die ›Gartenträume‹ verbinden Kunst und Natur auf beglückende Weise, wer Musik in allen ihren Facetten liebt, kann an diesem Land nicht vorbei.

Im Theater Bernburg

DAS KULTURLAND

Die Straße der Romanik

An 65 Orten Sachsen-Anhalts erleben Sie auf der Straße der Romanik über 80 Originalschauplätze deutscher und europäischer Mittelaltergeschichte. Sie ist inzwischen eine der bedeutendsten Tourismus-Routen in Deutschland geworden, von jährlich weit über einer Million Touristen erkundet.

Vor beinahe 1100 Jahren beginnt hier, zwischen Elbe, Saale und dem Harz, die deutsche Geschichte, als dem Liudolfinger Heinrich I., später nannte man das Geschlecht nach Otto dem Großen die Ottonen, die ostfränkische Königskrone angetragen wurde. Heinrich I. gilt als der erste deutsche König, sein Sohn Otto wurde später der erste deutsche Kaiser. An 80 Originalschauplätzen können Sie sich dieser Geschichte auf dem Gebiet Sachsen-Anhalts nähern. In Form einer Acht zieht sich die Straße der Romanik durch das Land, Anfang und Ende stellt das **Kloster Unser Lieben Frauen in Magdeburg** (→ S. 77) dar. Auf dem 1000 km langen Weg – es gibt eine Nord- und eine Südroute – begegnen Sie großartigen Domen, im Sinn des Wortes sagenhaften Burgen, großen Namen der frühen Geschichte. Heute können Sie wieder Ritterspiele, Mittelaltermärkte, Stadtfeste, Schauessen mit Gauklern und Spielleuten und mittelalterliche Musikfestivals erleben. Jede der mehr als 80 Stationen ist von besonderer Bedeutung, manche haben eine Strahlkraft die eine eigene Reise verdient. So nimmt es nicht Wunder, dass die Straße der Romanik Teil der ›Transromanica‹ ist, einer Kulturroute des Europarates, die romanische Kostbarkeiten in acht europäischen Ländern vereint. Auf der Straße der Romanik unterwegs zu sein, heißt nicht, ›Steine zu sehen‹. Es heißt tief eintauchen in Geschichte, Kultur und, so man mag, auch Glauben.

▲ Karte S. 349

Kernland deutscher Geschichte

Im Jahr 919 wurde dem Sachsenherzog Heinrich, der Sage nach war er beim Vogelfang an einer Stelle im heutigen Quedlinburg, eher einer Jagdmethode des einfachen Volkes, durch den Frankenherzog Eberhard die ostfränkische Königskrone angetragen. Heinrich ging als Städtebauer in die Geschichte ein. Er ließ die Orte befestigen, schuf ein schlagkräftiges Heer, schlug die Ungarn, führte gegen die Slawen Krieg und versuchte sie zu missionieren, und schuf sich Ansehen. Für seinen Sohn und Nachfolger Otto suchte er, erstmals in der Geschichte der sächsischen Adligen, eine ›Auswärtige‹ als Frau und nahm Verbindung zum angelsächsischen Königshaus auf. Auf Heinrich folgte Otto mit seiner Frau Editha, bei den Ottonen regierten die Frauen gleichberechtigt. Otto ließ sich 936 in Aachen, dem Lieblingsort Karls des Großen, auf dessen Thron nach einer Choreographie krönen, die deutlich machte, dass ihm nichts Geringeres vorschwebte als die Nachfolge Karls. Das Heilige Römische Reich Deutscher Nation war sein Ziel. Nun gut, damals hieß es noch nicht so. **Quedlinburg** (→ S. 158) als die Lieblingspfalz Heinrichs sah etliche Reichstage, später auch unter Otto und noch später unter Theophanu, der byzantinischen Schwiegertochter Ottos, die nach dem frühen Tod ihres Mannes die Zügel des Reiches in der Hand hielt für den Nachfolger, ihren Sohn, den künftigen Kaiser Otto III. In der Stiftskirche befindet sich die Grablege des ersten Herrscherpaares der Ottonen.

Gestorben sind sowohl Heinrich als auch Otto in der **Pfalz Memleben** (→ S. 246) im Unstruttal. Heute befindet sich hier noch das Kloster Memleben und hält die Geschichte der Ottonen fest.

Straße der Romanik, ausgewählte Standorte

Für Otto war natürlich **Magdeburg** (→ S. 72) die wichtige Stadt, nicht zuletzt die Morgengabe für seine Frau. Sie soll sich durch die Flusslandschaft an ihre englische Heimat und die Themse erinnert gefühlt haben. Der kleine Grenzort, Handelsort an einer Furt über die Elbe, nahm bald eine stürmische Entwicklung. Otto gelang es schließlich gegen den Widerstand wichtiger Geistlicher seines Reiches, sein Magdeburg zu einem Erzbistum zu erheben. Die Folge war, dass aus dem Mauritiuskloster der Magdeburger Dom, zunächst der ottonische erwuchs. Der brannte beim großen Stadtbrand 1207 mit ab und wurde

Start- und Endpunkt der Straße der Romanik: Kloster Unser Lieben Frauen in Magdeburg

durch den ersten gotischen Sakralbau auf deutschem Boden ersetzt.
Und Tilleda sollte man nicht vergessen, unterhalb des Kyffhäusers gelegen. Hier finden Sie die einzige vollständig ausgegrabene Königspfalz in Deutschland.

Quellgrund deutscher Kultur

Im **Merseburger Domschatz** (→ S. 218) findet man das erste schriftlich festgehaltene Zeugnis der Gedankenwelt unserer Vorfahren: die Merseburger Zaubersprüche. Ein kultureller Ort par excellence ist die **Neuenburg** (→ S. 241) bei Freyburg an der Unstrut. Hier, auf der größten Burg der Thüringer Landgrafen, hat das sagenumwobene Sängerfestival der Minnesänger stattgefunden. Zumindest ist sicher, dass die großen Barden der Zeit, Walter von der Vogelweide, Wolfram von Eschenbach am Hofe des Landgrafen waren. Die Thüringer Landgrafen, verschwägert mit den Großen des Reiches, repräsentierten ihre Macht auch mit der Förderung von Kunst.
Die erste Frau, die in deutscher Sprache ihr Werk ›Das fließende Licht der Gottheit‹ verfasste, war die Begine und Mystikerin Mechthild von Magdeburg, die das letzte Drittel ihres Lebens im **Kloster Helfta** (→ S. 182) verbrachte. Hier schrieben auch Mechthild von Hackeborn und Gertrud von Helfta ihre Visionen auf. Ihretwegen und der vorbildlichen wissenschaftlichen Ausbildung im Kloster wegen galt Helfta als die ›Krone der mittelalterlichen Frauenklöster‹. Der Erfolg des Klosters setzt sich seit der Neugründung in den neunziger Jahren des vorigen Jahrhunderts fort. Mit seiner

▲ Karte S. 349

ersten Priorin, Mutter Assumpta Schenkl OCist, hatte es gleichzeitig wieder eine mystische Dichterin, deren Werke in Deutschland und Spaniern erschienen.
Auch das erste Prosawerk in deutscher Sprache erschien auf dem Gebiet Sachsen-Anhalts: Die Rechtssammlung ›**Der Sachsenspiegel**‹ des Reppichauer Ritters Eike von Repgow (→ S. 178). Er übertrug seine lateinische Sammlung auf Bitten seines Mäzens, Graf Hoyer von Falkenstein, wahrscheinlich auch auf dessen Burg Falkenstein allgemein verständlich ins Deutsche. Sachsenspiegel und **Magdeburger Recht** gewannen bald europäische Geltung. Sie gaben mehr Rechtssicherheit und erleichterten den europäischen Handel.
Nicht vergessen dürfen wir **Till Eulenspiegel**, der seinen Schabernack in Magdeburg, Aschersleben, Bernburg, Halle und anderswo im Lande trieb und wovon natürlich im Buch über den Schalksnarren ausführlich die Rede ist. Der romanische Bergfried des **Bernburger Schlosses** (→ S. 277), ist nach Eulenspiegel benannt - und, wenn Sie da hinauf steigen, sehen Sie ihn heute noch dort ›wächtern‹.

Vom Aufbruch des Glaubens

Auch die Spuren der Gottsucher lassen sich auf der Straße der Romanik finden. Der große Reformversuch der Kirche durch Franz von Assisi, wieder am Armutsideal anzuknüpfen und dem Glauben durch tätige Nächstenliebe eine Gestalt zu geben, fand nördlich der Alpen vor allem unter den Frauen begeisterte Nachahmerinnen:
Die Landgräfin **Elisabeth von Thüringen** wurde von der modernen, neuen Theologie erfasst und widmete ihr Leben und ihren Reichtum der Pflege der Bedürftigen in den Gesellschaft. Wir begegnen ihren Spuren auf der **Neuenburg** (→ S. 241), wo sie etliche Zeit lebte. Die **Elisabethkapelle im Naumburger Dom** (→ S. 231) mit den in jüngster Zeit von Neo Rauch gestalteten Kirchenfenstern ist ein früher Ort der Verehrung der bald heilig gesprochenen Landgräfin. Im Magdeburger Kunstmuseum im Kloster Unser Lieben Frauen findet sich ebenfalls eine frühe Statue der Elisabeth.
Jutta von Sangerhausen, eine Sangerhäuser Rittersfrau zur Zeit der Elisabeth und der Mechthild von Magdeburg, hörte ebenfalls den Ruf. Sie machte sich auf nach Ostpreußen, das die Ritter des Deutschen Ordens unter Befehl ihres Verwandten Anno erobert hatten, um dort mit tätiger Nächstenliebe die andere Seite des Glaubens, die hilfreiche, die ihrem Verständnis nach richtige zu leben. So wurde sie eine Selige beider Völker, der Deutschen wie der Polen. In Sangerhausen (→ S. 185) erinnert eine Skulptur von Heinrich Apel in der Taufkirche der Jutta, in der St. Ulrichskirche, an die Selige. In **Dalchau bei Möckern**

Kapitell in der romanischen Kirche von Hamersleben in der südlichen Börde

Das Kulturland

(→ S. 115) gibt es im spätgotischen Flügelaltar eine Darstellung der Jutta.
Im **Kloster Unser Lieben Frauen**, der am besten erhaltenen Klosteranlage der Romanik in Sachsen-Anhalt (→ S. 77), haben wir das Zuhause des Gründers der Prämonstratenser, **Norbertus von Xanten**, vor uns. Der Magdeburger Erzbischof war nicht unbedingt beliebt bei den Magdeburgern, nicht zuletzt seiner kategorischen Strenge wegen. Norbertus, der sich wiederum stark um die Mission der Slawen östlich der Elbe gekümmert hat, ist später heilig gesprochen worden.
Einer der schönsten Nachfolgebauten des Magdeburger Klosters ist das **Jerichower Kloster** (→ S. 111), heute ein beliebter Touristenort und bekannt durch den Jerichower Musiksommer. Nicht vergessen sollten wir den heiligen **Brun von Querfurt**, der bei seinen Missionsbestrebungen in Polen ums Leben kam.
Aus dem schon erwähnten **Kloster Helfta** (→ S. 182) gingen mit den drei Mystikerinnen Mechthild von Hackeborn, Mechthild von Magdeburg und **Gertrud von Helfta** gleich drei Heilige hervor. Gertrud von Helfta gilt als Patronin von Peru und Lateinamerika. Immer wieder pilgern Menschen aus diesen Ländern bis heutigen Tags in das Kloster am Rande der Lutherstadt Eisleben (→ S. 180). Auch die Mystik gehört mit ihrer glaubensmäßigen Verankerung und ihrem sozialen Blickwinkel zu den Reformströmungen in der Kirche. Man kann also mit Fug und Recht sagen, dass es auf dem Gebiet des heutigen Sachsen-Anhalt eine Tradition im Aufnehmen von Reformbestrebungen innerhalb der Kirche gab.

Die Domschätze

Vier Domschätze, darunter zwei der drei wichtigsten Kirchenschätze Deutschlands, finden Sie im Umkreis einer Autostunde: den **Halberstädter Domschatz** (→ S. 133), den **Quedlinburger Stiftsschatz** (→ S. 162) und die beiden Domschätze von **Naumburg** (→ S. 231) und **Merseburg** (→ S. 219). Der Halberstädter Schatz im Dom St. Stephanus und St. Sixtus enthält die größte Sammlung mit-

Der Naumburger Dom enthält das größte romanische Gewölbe Mitteldeutschlands

▲ Karte S. 349

Die Dorfkirche von Engersen

telalterlicher Kunst, die in Deutschland bei einer Kirche erhalten geblieben ist. In der Stiftskirche St. Servatius in Quedlinburg stehen Sie an den Anfängen des deutschen Königtums: Ein Großteil des Stiftsschatzes stammt aus den Mitgaben der Theophanu aus Byzanz. Im Naumburger Dom St. Peter und Paul wird der dortige Domschatz im größten romanischen Gewölbe Mitteldeutschlands, dem heutigen Domschatzgewölbe, präsentiert, Und zum Schatz des Merseburger Doms St. Johannes und St. Michael können Sie im neurestaurierten Kapitelhaus beispielsweise den legendenumwobenen Mantel Ottos I. sehen. Näher an die frühe deutsche Geschichte kommen Sie nirgends.

Feldsteinkirchen, Burgen, Klöster

So, wie eine wertvolle Kette neben den großen Steinen erst mit den vielen kleinen zum wahren Schmuckstück wird, so machen Dutzende anderer romanischer Bauwerke die Anziehungskraft der kulturtouristischen Route aus. In der Altmark sind es vor allem die **romanischen Feldsteinkirchen** wie in Melkow, Wiepke, Engersen, Rohrberg und Beuster. Im Süden und Westen sind es vor allem die **Burgen** über Flusstälern und Berggipfeln, die von der Zeit vor einem Jahrtausend künden, neben den oben schon erwähnten Rudelsburg und Saaleck bei Bad Kösen, die Seeburg, die Eckartsburg in Eckartsberga, die Burgen in Allstedt und Querfurt, Schloss Goseck, die Westerburg bei Dedeleben, dazu ehemalige und lebende **Klöster** wie die Huysburg und auf dem Petersberg bei Halle. In Bad Kösen findet sich mit dem Romanischen Haus der älteste Profanbau Mitteldeutschlands und im Harz verbindet die Straße der Romanik die drei Klöster Ilsenburg, Drübeck und Michaelstein.

i Straße der Romanik

Nach ihrer kunsthistorischen und touristischen Bedeutung wurden die 80 Objekte mit einem Sternesystem klassifiziert: Drei Sterne stehen für ›Eine eigene Reise wert‹ (hier finden sich allein 15 Objekte), zwei Sterne für ›einen Umweg wert‹ (21 Bauwerke), ein Stern für ›Sehr sehenswert‹ und 25 Objekte an der Route sind ›Beachtenswert‹. Manche Einrichtungen bieten **spezielle Programme für Kinder und Familien**, so die Neuenburg, die Burgen Allstedt und Falkenstein und das Kloster Memleben. Die Route ist durchgehend mit einem eigenen Logo gekennzeichnet, an den Objekten finden sich Tafeln mit umfangreichen Informationen auch zu Parkplätzen, Toiletten, nahen Unterkünften und Gaststätten, Geldautomaten usw.

Info-Zentrum Straße der Romanik, Haus der Romanik, Domplatz 1b, 39104 Magdeburg, Tel. 0391 8380222, www.magdeburg-tourist.de.

Allgemeine Informationen: www.strassederromanik.de.

Informationen über die Straße der Romanik und **weitere romanische Routen** in acht europäischen Ländern unter www.transromanica.com.

Musikland Sachsen-Anhalt

Sachsen-Anhalt war Heimat der Minnesänger des Mittelalters und der die Reformation begleitenden geistlichen Musik, es brachte die größten deutschen Barockmusiker hervor, ließ eine imposante Orgellandschaft wachsen, prägte nicht unwesentlich die klassische Moderne und erfüllt mit heimischen Klangkörpern und bei Festen und Festivals von Weltrang den Slogan ›Das ganze Jahr ein Festival‹ mit Leben. Überall im Land steht man an Originalschauplätzen einer großartigen Musiktradition und kann diese in ihrer ganzen Klangfülle auch genießen.

Minnesänger, Knabenchor und Orgelkunst

Über 1000 Jahre erstreckt sich die sachsen-anhaltische Musiktradition sowohl in ihrer geistlichen als auch in der säkularen Ausprägung. **Walter von der Vogelweide** war sowohl auf der Neuenburg als auch in Magdeburg. Der Dichter und Minnesänger **Heinrich von Veldeke** beendete auf der Neuenburg sein Versepos ›Eneis‹.
Der **Hallenser Stadtsingechor** gilt als Deutschlands ältester Knabenchor. Er ging aus dem Chor des 1116 gegründeten Klosters Neuwerk bei Halle hervor. Ein einmaliges Zeugnis früher norddeutscher Orgelkunst ist die Mitte des 15. Jahrhunderts in Stendal vom dortigen Stadtkantor **Adam Ihleborg** geschriebene Orgeltabulatur.
Viel später ließen großartige **Orgelbauer** im heutigen Sachsen-Anhalt eine regelrechte Orgellandschaft entstehen. Drei der noch bekannten acht Orgeln von **Zacharias Hildebrandt** – ein Schüler Silbermanns und eng mit Bach bekannt – finden sich in Sangerhausen und in den nahen Dorfkirchen von Sotterhausen und Pölsfeld, wo sie im Sommer alle 14 Tage erklingen. **Friedrich Ladegast** produzierte seit 1846 in seiner Werkstatt in Weißenfels zahlreiche Orgeln. Eine der schönsten davon erklingt noch heute mit fast 5700 Pfeifen im Merseburger Dom. Experten halten sie für die authentischste Großorgel der deutschen Romantik und sehen in ihr ein Instrument von überragender musik- und orgelbaulicher Geschichte.

Reformation und Kirchenlied

Mit der Reformation wurde das protestantische Kirchenlied ein mächtiger Multiplikator reformatorischen Gedankenguts. Es entstanden Lieder von beeindruckender Volkstümlichkeit und Schlichtheit, beispielsweise **Martin Luthers** ›Vom Himmel hoch‹ oder ›Ein feste Burg ist unser Gott‹. Luther fungierte dabei als Dichter, manchmal aber auch als Komponist. Ansonsten setzte der kongeniale **Johann Walter** die Reformationslieder in ihrer wunderbaren volkstümlichen Sprache um. Die Spuren lassen sich in den UNESCO-Welterbestätten in den Lutherstädten Wittenberg und Eisleben verfolgen.
Zu nennen ist auch die ›Magdeburger Schule‹ mit den Kantoren und Komponisten der 1524 gegründeten ›Altstädter Schule‹ **Martin Agricola**, **Gallus Dressler** und ihren Nachfolgern. Einen ähnlichen Schub erhielt das protestantische Lied noch einmal in der Zeit des Dreißigjährigen Krieges in Gestalt der Lieder des **Paul Gerhardt** aus dem anhaltischen Gräfenhainichen (›Geh aus mein Herz und suche Freud‹ oder ›O Haupt voll Blut und Wunden‹).

Die großen ›S‹ deutscher Musikgeschichte

In das 17. Jahrhundert gehören vor allem die drei großen ›S‹ der deutschen Musikgeschichte, **Samuel Scheidt**, **Johann Hermann Schein** und **Heinrich**

Barockorgel von Zacharias Hildebrandt in der Naumburger St. Wenzelskirche

Schütz. Scheidt wurde in Halle geboren und arbeitete hier als Kapellmeister und Director musici. Johann Hermann Schein, Schüler der Fürstenschule Schulpforta bei Naumburg, wurde 1616 Thomaskantor in Leipzig. Heinrich Schütz, der ›Vater der deutschen Musik‹, frühbarocker Komponist, verlebte seine Kindheit und frühen Jugendjahre und sein Alter in Weißenfels. Das Heinrich-Schütz-Haus, Schützens Alterssitz, dient heute als Museum und Forschungsstätte (→ S. 250). **Michael Praetorius**, über lange Jahre Hofkapellmeister des Fürsten Heinrich Julius von Braunschweig-Wolfenbüttel und Komponist großartiger Messen, Motetten, Hymnen und Kirchenliedern, darunter ›In dulci jubilo‹, war 1618 mit Heinrich Schütz und Samuel Scheidt am Neuaufbau der Musik im Magdeburger Dom beteiligt.

Barocker Glanz: Bach, Händel, Telemann

Johann Sebastian Bach verbrachte die – nach eigener Aussage – schönste Zeit seines Lebens als Hofkapellmeister in Köthen (→ S. 271). Der Weimarer Herzog zeigte sich wenig begeistert über die Abwerbung und ließ den widerspenstigen Komponisten vier Wochen in den Kerker stecken, aus dem Bach erst auf Zureden seines künftigen Arbeitgebers entlassen wurde. In Köthen entstanden beispielsweise die ›Brandenburgischen Konzerte‹ und der erste Band des ›Wohltemperierten Klaviers‹. Hier verlor er aber auch seine erste Frau, Maria Barbara Bach, die die Stadt seit 2004 durch einen Gedenkstein ehrt. Für seine zweite Frau, die er 1721 in Köthen ehelichte, schrieb er das ›Notenbüchlein für Anna Magdalena Bach‹. In Halle (Saale) (→ S. 197) bekleidete der **Bach-Sohn Wilhelm Friedemann** achtzehn Jahre die Stelle des Organisten an der Marktkirche, um die sich der Vater vergeblich bewarb. In Sangerhausen (→ S. 185), wo sich einst der junge Johann Sebastian vergebens um eine Organistenstelle bemühte, nahm diese schließlich ein anderer Bach-Sohn, **Johann Gottfried Bernhard Bach**, ein.

Halle (Saale) ist auch Geburtsort **Georg Friedrich Händels**. Nun, Händel verließ mit 18 Jahren seine Vaterstadt und ging über Hamburg, Hannover, Italien (›il caro Sassone‹) schließlich nach London. Heute lebt eine der großen Interpretinnen Händelscher Klavierwerke in Halle, die Pianistin **Ragna Schirmer**. Sie spielt ihre Werke im Freylinghausen-Saal der Franckeschen Stiftungen in Halle ein. Das Händel-Haus in Halle ist Museum, Forschungs- und Veranstaltungsstätte (→ S. 210).

Der ›Punkt‹ im ›Dreigestirn des Barock‹ aber war **Georg Philipp Telemann**, über den die Magdeburger in dessen jungen Jahren sagten, er sei ein ›Gaukler, ein Seiltänzer, ein Spielmann, ein Murmeltierführer‹ und manches mehr. Der Grund für solches Benehmen sei die Musik, die man ihm entziehen müsse. Telemann nahm Einflüsse polnischer Straßenmusik in sein Werk auf, suchte und sammelte in halb Europa und wurde der produktivste Komponist seiner Zeit. Im Magdeburger ›Gesellschaftshaus‹ hat das Telemann-Zentrum seinen Sitz (→ S. 84).

Johann Philipp Krieger machte sich am Weißenfelser Hof (→ S. 248), um 1700 als Hofkapellmeister angestellt, um die deutschsprachige Oper verdient. Hier begann auch **Johann Friedrich Fasch** seine musikalische Karriere, bevor er 1722 nach Zerbst (→ S. 281) berufen wurde. Fasch war ein von Bach hochgeschätzter Komponist und Musiker. Sein Sohn, Carl Friedrich Fasch, gründete später die Berliner Singakademie und begründete damit das Wiederaufleben des Chorgesangs.

Von der Klassik zur Moderne

Zu Halle gehört auch der Komponist **Johann Friedrich Reichardt**, der zwischen Klassik und Romantik steht. Noch heute ist ›Reichardts Garten‹ in Halle (→ S. 208) als ›Gartenträume‹-Park zu besichtigen. Hier trafen sich die Großen der Geistesgeschichte: Goethe, dessen Gedichte er auch vertonte, war hier zu Gast, Eichendorff, Novalis, Jean Paul und andere. Reichardts Tochter **Louise** lebte als Komponistin, Dirigentin und Chorleiterin in Hamburg.

Ein Schüler Reichardts war der Liederkomponist **Carl Loewe**, der 1796 in Löbejün bei Halle als Sohn des hiesigen Kantors geboren wurde. Loewe war in Stettin als Organist angestellt, feierte aber mit seinen Balladen (›Die Uhr‹), die er, sich selber am Klavier begleitend, vortrug, rauschende Erfolge. Das Geburtshaus in Löbejün ist heute Museum (→ S. 214) und wird von der Internationalen Carl-Loewe-Gesellschaft betreut.

In Dessau (→ S. 262) war natürlich der Hof des Fürsten Franz ein Musenhof. Unter **Friedrich Wilhelm Rust** wurde 1766 die Hofkapelle gegründet, aber vor allem auch der Musikunterricht in den Schulen eingeführt. Vom Wörlitzer Dichter

Das Bach-Denkmal in Köthen

Friedrich von Matthisson stammen die Vorlagen für Schubert- und Beethovenlieder, darunter die ›Adelaide‹, ein Beethovenlied, das seinen Siegeszug durch die Salons der Zeit antrat. Und nicht zu vergessen ist **Wilhelm Müller**, der die textliche Vorlage für zwei Liederzyklen lieferte, auf die man in den Konzertsälen der Welt nicht verzichten möchte, die ›Winterreise‹ und ›Die schöne Müllerin‹. Da wäre noch **Kurt Weill** zu nennen, der jüdische Kantorensohn aus Dessau und kongeniale Komponist Brechtscher Werke, beispielsweise der ›Dreigroschenoper‹. Weill, von den Nazis aus Deutschland gezwungen, setzte seine Karriere am Broadway fort. Unvergessliche Melodien sind da entstanden. Joachim Kühn, der große Jazz-Pianist, sagte einmal nach einem Konzert in Dessau: ›Da kann man mich nachts wecken und sagen, spiel das oder jenes von Weill. Ich habe ihn schon als ganz junger Pianist in- und auswendig gekannt.‹ An Kurt Weill erinnern das Brecht-Weill-Denkmal am Lidice-Platz und eine Tafel an der ehemaligen jüdischen Kantorei.

Der Dessauer Komponist **Siegfried Bethmann** komponierte in den fünfziger und sechziger Jahren des vorigen Jahrhunderts etwa 200 Film- und Schauspielmusiken und ist wohl jedem Blasmusiker in Deutschland ein Begriff.

Tafel für Carl Loewe in Löbejün

Orchester und Musiktheater

Sachsen-Anhalts Musiklandschaft wird natürlich nicht nur von Traditionen und großen Festivals, sondern vor allem von den – gemessen an der Größe des Landes und seiner Einwohnerzahl – überdurchschnittlich vielen Klangkörpern geprägt, die durchweg hohen und höchsten Ansprüchen genügen. Neben den Konzerten sorgt das auch für ein umfangreiches Musiktheaterangebot. In Halle fühlt sich die **Staatskapelle** (→ S. 210) natürlich vor allem Georg Friedrich Händel verbunden, nicht zuletzt mit hochkarätigen Konzerten und Opernaufführungen während der Händel-Festspiele. Die **Anhaltische Philharmonie** (→ S. 266) pflegt den Ruf Dessaus als ›Bayreuth des Nordens‹ mit anspruchsvollen Wagner-Aufführungen – zuletzt 2015 mit dem kompletten ›Ring der Nibelungen‹. Die **Magdeburgische Philharmonie** (→ S. 96) ist natürlich das Stammorchester der Telemann-Festtage, glänzt aber auch während der jährlichen Musical-Sommer-Open-Airs auf dem Domplatz. Die **Mitteldeutsche Kammerphilharmonie** spielt in Schönebeck, Bernburg, Köthen, Staßfurt und anderswo. Das **Philharmonische Kammerorchester Wernigerode** (→ S. 155) prägt mit über 100 jährlichen Auftritten das Musikleben im Harz.

Musikfestivals und Veranstaltungen

Das ganze Jahr ein Festival – das ist der Slogan, mit dem Sachsen-Anhalt auf sein reiches Musikleben aufmerksam macht. Das Folgende stellt eine Auswahl von Veranstaltungen dar, weitere Informationen finden sich in diesem Führer bei den jeweiligen Orten und unter anderem unter www.musikfeste-sachsen-anhalt.de.

Februar bis Dezember: Michaelsteiner Klosterkonzerte
Das Zisterzienserkloster Michaelstein ist Ort für die Pflege traditioneller Musik. In Konzerten, Sommerakademien, Workshops erklingt barocke Musik. Musikakademie Sachsen-Anhalt für Bildung und Aufführungspraxis, Michaelstein 3, 38889 Blankenburg, Tel. 03944/90300, www.kloster-michaelstein.de.

Februar/März: Kurt-Weill-Fest
Alljährlich um den Geburtstag des Komponisten am 2. März in Verbindung mit dem Bauhaus und dem Anhaltischen Theater, Tel. 0340/619595, Karten: 0341/14990900, www.kurt-weill-fest.de.

März: Telemann-Festtage Magdeburg
Alle zwei Jahre (wieder 2016) finden die Magdeburger Telemann-Festtage statt, in den Jahren dazwischen jeweils der Internationale Telemann-Wettbewerb für junge Künstler. Zentrum für Telemann-Pflege und -Forschung, Schönebecker Str. 129, 39104 Magdeburg, Tel. 0391/5406755, www.telemann-festtage.de.

April: Women in Jazz Halle (Saale)
Women in Jazz stellt als einziges Jazz-Fest für Frauen die ›Magie des Weiblichen‹ in den Fokus, mittlerweile ist es ein internationaler Top-Event, www.womeninjazz.de.

April: Internationale Fasch-Festtage Zerbst
Alle zwei Jahre (wieder 2017) stehen Johann Friedrich Fasch und sein Sohn Carl Friedrich Fasch im Zentrum, die barocke Stadthalle gibt den festlichen Rahmen. Internationale Fasch-Gesellschaft e.V., PF 1113, 39261 Zerbst/Anhalt, Tel. 03923/784772, www.fasch.net

Cyrille Aimee, Women in Jazz 2015

April: Carl-Loewe-Festtage Löbejün
Alle zwei Jahre (wieder 2016) von der Internationalen Carl-Loewe-Gesellschaft veranstaltet. Internationale Carl-Loewe-Gesellschaft e.V., Am Kirchhof 2, 06193 Wettin-Löbejün, Tel. 034603/71188, www.carl-loewe-gesellschaft.de.

Mai/Juni: Internationale Händel-Festspiele Halle (Saale)
2009 war Königin Elisabeth II. die Schirmherrin der Händel-Festspiele, 2010 gewann Cecilia Bartoli den Händel-Preis: Die Händelfestspiele genießen hohes internationales Ansehen. Große Nikolaistraße 5, 06108 Halle/Saale, Tel. 0345/34550090222, www.haendelhaus.de.

Mitte Juni: Festival mittelalterlicher Musik montalbâne Freyburg (Unstrut)
Das Festival auf der Neuenburg und in Freyburg ist weltweit beachteter Schauplatz für die Aufführungspraxis verschiedenartiger mittelalterlicher und traditioneller Musik.
montalbâne e.V., 06667 Schloss Goseck, Tel. 03443/3480480, www.montalbane.de.

Juli: MELT! und Splash Festivals in Ferropolis

Ferropolis (→ S. 298), die Stadt aus Eisen, ist die ungewöhnliche Kulisse für Tage und Nächte voller Euphorie mit Indie, Elektro, Mainstream und Subkultur, längst international eine feste Größe, www.ferropolis.de.

Juli/August: Musiksommer des Mitteldeutschen Rundfunks

Jährlich an zahlreichen Orten in Mitteldeutschland, auch spezielle Reihen, u.a. Konzerte an der Straße der Romanik, www.mdr/musiksommer.de.

Ende Juli/ August: Wernigeröder Schlossfestspiele

Architektur, Natur und Kultur verbinden sich bei den vom Philharmonischen Kammerorchester Wernigerode ausgerichteten Festspielen. Konzerte, Jazz und Oper auf dem Wernigeröder Schloss. Philharmonisches Kammerorchester Wernigerode GmbH, Heltaer Platz 1. 39955 Wernigerode, Tel. 03943/94950, www.pkow.de.

Ende August/September: Bachfesttage Köthen (Anhalt)

Einzigartige Musik des Komponisten am authentischen Ort macht den inzwischen auch international anerkannten Reiz dieser Festtage aus, die immer in geraden Jahren stattfinden. In den Jahren zwischen den Festtagen wird der Nationale Bach-Wettbewerb für junge Pianisten ausgetragen. Köthener BachGesellschaft mbH, Schlossplatz 5, Prinzessinnenhaus, 06366 Köthen, Tel. 03496/303985, www.bach-in-koethen.de.

September: Merseburger Orgeltage

Für die Ladegast-Orgel im Merseburger Dom hat Franz Liszt einst seine bedeutendsten Orgelwerke geschrieben. International renommierte Organisten, berühmte Orchester, großartige Chöre. Freundeskreis Musik und Denkmalpflege in Kirchen des Merseburger Landes e. V., Dompropstei 2, 06217 Merseburg, Tel. 03461/099183, www.merseburger-orgeltage.de.

Oktober: Heinrich-Schütz-Musikfest

Neben Weißenfels sind Dresden und Bad Köstritz Orte des jährlichen Festivals. International renommierte Künstler und junge Nachwuchsinterpreten präsentieren ein anspruchsvolles und vielfältiges Programm. Heinrich Schütz Musikfest, c/o Mitteldeutsche Barockmusik e.V., Michaelstein 15, 38889 Blankenburg, Tel. 03944/980438, www.schuetz-musikfest.de.

Oktober/November: IMPULS Festival für Neue Musik

Seit 2008 wird In 12 Städten Sachsen-Anhalts Neue Musik einem breiten Publikum von prominenten Musikern und Sprechern präsentiert. IMPULS Festival für Neue Musik in Sachsen-Anhalt, Sponholzstraße 26, 12159 Berlin, www.impulsfestival.de.

Im Sommer werden die Parks und Gärten zur Bühne

Gartenträume - Historische Parks in Sachsen-Anhalt

Sachsen-Anhalt gehört zu den an Parks und Gärten reichsten deutschen Bundesländern. 43 der schönsten dieser grünen Juwelen in allen Regionen des Landes sind seit 2003 in dem touristischen und denkmalpflegerischen Netzwerk ›Gartenträume - Historische Parks in Sachsen-Anhalt‹ zusammengeschlossen. Ausgewählt wurden sie unter denkmalpflegerischen und gärtnerischen Gesichtspunkten, um sie in besonderer Weise zu erhalten und zu fördern.

Garten- und Parklandschaften in Sachsen-Anhalt 0 25 50 km

Wer die Garten- und Parklandschaften Sachsen-Anhalts in Augenschein nimmt, wird Schönes in Fülle finden: Barocke Parks wie der von Schloss Hundisburg, die Gärten der Stiftsdamen im Kloster Drübeck, Landschaftsgärten im englischen Stil wie in Wörlitz oder Reichardts Garten in Halle, dem Treff der Romantiker um Novalis, Brentano, von Arnim oder Eichendorff. Die weltweit größte Rosensammlung hält das Rosarium in Sangerhausen vor. Gärten der klassischen Moderne wie der von Wendgräben finden sich ebenso wie heutige, sei es der Magdeburger Elbauenpark oder der Landschaftspark Goitzsche.

Die ›Gartenträume‹-Parks erzählen deutsche Geschichte wie die des aufgeklärten Fürsten Leopold II. Friedrich Franz von Anhalt, der in Wörlitz einen für den Kontinent völlig neuen Parktypus schuf und zugleich den ersten klassizistischen Bau in Deutschland errichten ließ, das Wörlitzer Schloss. Man bedenke: In einer Zeit, in der in Deutschland die Fürsten repräsentierten, ließ ›Vater Franz‹ ein Schloss im Stil eines englischen Landhauses errichten. Ein Affront, der ihm aber auch viel enthusiastische Zustimmung einbrachte, nicht zuletzt von Johann Wolfgang von Goethe, der mehrfach in Wörlitz weilte.

1	Schloss und Schlosspark Krumke, Osterburg
2	Wallanlagen Gardelegen
3, 4	Tangerhütte: Herrenhaus und Gutspark Briest, Stadtpark
5	Gutshaus und Gutspark Seggerde
6	Schloss und Schlosspark Harbke
7	Schloss und Barockgarten Hundisburg, Landschaftspark Althaldensleben
8–10	Magdeburg: Herrenkrugpark und Elbauenpark, Stadtpark Rotehorn, Klosterbergegarten und Gruson-Gewächshäuser
11	Schloss Wendgräben mit Park, Möckern
12	Kloster und Klostergärten Drübeck
13	Schloss und Schlossgärten Wernigerode
14	Landschaftspark Spiegelsberge, Halberstadt
15	Schloss und Schlossgärten Blankenburg (Harz)
16	Stiftsgärten, Quedlinburg
17	Roseburg, Rieder
18	Schloss und Schlosspark Ballenstedt
19	Gärten und Parks in Aschersleben
20	Landschaftspark Degenershausen
21	Schloss und Schlossgärten Stolberg
22	Europa-Rosarium Sangerhausen
23	Schloss und Schlosspark Köthen
24–27	Dessau-Roßlau: Schloss und Schlossgarten Mosigkau, Kühnauer Landschaftspark, Schloss und Schlossgarten Großkühnau, Schloss Georgium, Georgengarten und Beckerbruch an der Elbe, Schloss und Park Luisium
28	Sieglitzer Berg an der Elbe, Vockerode
29	Wörlitzer Anlagen
30	Schloss und Schlossgarten Oranienbaum
31	Schloss und Schlosspark Reinharz
32	Irrgarten im Gutspark Altjeßnitz
33	Landschaftspark Goitzsche, Pouch
34	Schloss und Schlosspark Ostrau
35–37	Halle (Saale): Reichardts Garten, Amtsgarten an der Saale, Botanischer Garten
38	Schloss und Park Dieskau
39	Historische Kuranlagen und Goethe- Theater Bad Lauchstädt
40	Dom, Schloss und Schlossgarten Merseburg an der Saale
41	Schloss und Schlosspark Burgscheidungen an der Unstrut
42	Dom und Domgarten Naumburg
43	Schloss und Schlosspark Moritzburg, Zeitz

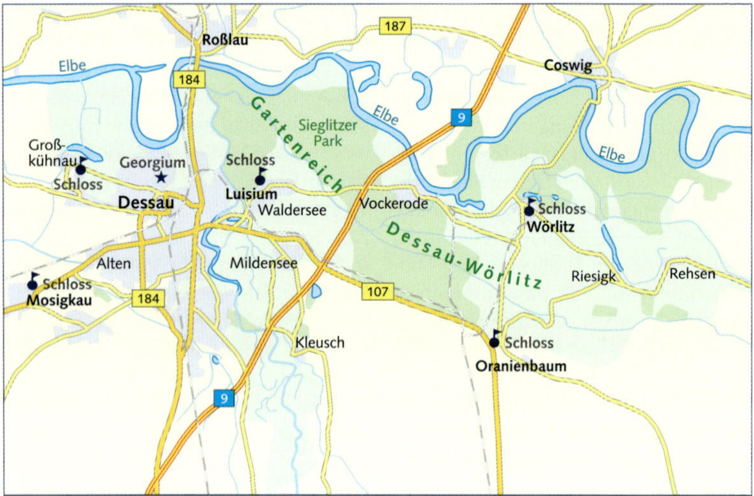

Übersicht über die Anlagen des Gartenreiches Dessau-Wörlitz

Das Gartenreich Dessau-Wörlitz

700 Quadratkilometer groß war das Fürstentum Anhalt-Dessau um die Mitte des 18. Jahrhunderts. Was damals, mit der Idee eines aufgeklärten Fürsten, das Schöne mit dem Nützlichen zu verbinden, seinen Anfang nahm, begegnet uns heute als einmalig schöne Landschaft mitten in Deutschland. Im Jahr 2000 adelte die UNESCO das Gartenreich in Gänze mit dem Weltkulturerbe-Titel als, wie es in der Begründung hieß, »...herausragendes Beispiel für die Umsetzung philosophischer Prinzipien der Aufklärung in einer Landschaftsgestaltung, die Kunst, Erziehung und Wirtschaft harmonisch miteinander verbindet.«

Die Wörlitzer Anlagen

Nach der Hochzeit Ottos des Großen mit der angelsächsischen Prinzessin Edgith im Jahre 930 pflegte man die deutsch-englischen Beziehungen. Jahrhunderte später beeindruckten die fortschrittlichen englischen Verhältnisse den jungen anhaltischen Fürsten Leopold III. Friedrich Franz auf seiner Grand Tour nachhaltig. Er wollte gar mit seiner bürgerlichen Liebe, einer Dessauer Pastorentochter, nach England fliehen und sich dort eine bürgerliche Existenz aufbauen, was Preußens Friedrich II. verhinderte.

Was der Preußenkönig freilich nicht verhindern konnte, war schließlich der Plan des Fürsten Franz, gemeinsam mit dem lebenslangen Freund, Architekten und Gartenplaner Friedrich Wilhelm von Erdmannnsdorff die ›Landesverschönerung‹ anzugehen und unter dem Eindruck der englischen Reise mit den Wörlitzer Anlagen eine auf dem europäischen Kontinent völlig neue, von barocken geometrischen Zwängen befreite, natürlich wirkende Parklandschaft anzulegen. Carl August von Sachsen-Weimar-Eisenach und Johann Wolfgang von Goethe waren derart begeistert, dass der Weimarer Ilm-Park in Anlehnung an das in Wörlitz Gesehene entstand. »Hier ists iezt unendlich schön«, schreibt Goethe Charlotte von Stein, »mich hats gestern

Abend, wie wir durch Seen, Canäle und Wäldgen schlichen, sehr gerührt, wie die Götter dem Fürsten erlaubt haben, einen Traum um sich herum zu schaffen.« Wörlitz ist die bildgewordene Landschaft der Aufklärung geworden. Die **Rousseau-Insel** am Eingang erinnert an den großen französischen Aufklärer. Der erste Umwelt-Altar findet sich hier im Wörlitzer Park, der den Besucher daran erinnert, schonend mit der ihn umgebenden Umwelt umzugehen: »Wanderer, achte Natur und Kunst und schone ihre Werke.« Offensichtlich war der Hinweis in einem öffentlich zugänglichen Park schon damals nötig. Der Toleranzblick gibt zu gleichen Teilen den Blick auf die Kirche und auf die Synagoge frei.

Konsequenterweise war der fürstliche Park von Anfang an öffentlich zugänglich und Teil des Bildungsprogramms des aufgeklärten Fürsten für sein Volk. Ausgehend vom vierarmigen Wörlitzer See, einem ehemaligen Altarm der Elbe, wurde über Kanäle ein Wasserreich geschaffen, das die bei Deichbrüchen entstandenen beiden Walllöcher in die Parklandschaft mit einbezieht. Die erforderlichen **Brücken** gehören in ihrer Vielgestaltigkeit zum Bildungsprogramm, erzählen sie doch auf eindrückliche Weise die Geschichte des Brückenbaus, vom einfachen Baumstamm über den Kanal bis zum Nachbau der damals modernsten englischen Brücke, welche die erste aus Gusseisen hergestellte Brücke auf dem europäischen Kontinent darstellt. Der Park gestattete also einen Einblick in das Know-how der Zeit. Das setzt sich fort in der öffentlich zugänglichen **Bibliothek auf dem Eisenhart**, in welcher die modernste landwirtschaftliche Literatur der Zeit versammelt war, um der anhaltischen Bevölkerung, die sich ja von kargen Böden ernähren musste, die neuesten Anbaumethoden zugänglich zu machen. Der Bau der **Wallwachhäuser**, die dem Hochwasserschutz dienten, die **Tierweiden** und die **Obstbaumpflanzungen**, innerhalb derer die fünf Gärten des Parks liegen – all das verbindet erkennbar ›das Schöne mit dem Nützlichen‹.

Den schönsten Einstieg in die wunderbare Parklandschaft gewinnt man zu Wasser, mit einer **Gondelfahrt**. Die fünf Einzelgärten sind untereinander sowohl durch Wege, Brücken, Fähren und Sichten miteinander verbunden. Im Süden des Wörlitzer Sees befinden sich der Schlossgarten und Neumarks Garten, nördlich Schochs Garten, der Weidenheger und die Neuen Anlagen.

Das Herz der Wörlitzer Anlagen ist ohne Zweifel der **Schlossgarten**. Er enthält den alten Kirchhof, die Gartenflächen um das Landhaus, den Garten der Fürstin und das Gartenstück um den Schwanenteich. Hier steht man sozusagen am Beginn der Umgestaltung des Parks, denn hier befand sich der alte, der barocke Schlossgarten.

Floratempel westlich des Schochschen Gartens

Das zwischen 1769 bis 1773 nach Plänen von Erdmannsdorff erbaute **Wörlitzer Schloss**, eigentlich ein Landhaus, ist das erste klassizistische Schlossbauwerk auf dem europäischen Festland. Im Haus findet man noch die aus dem 18. Jahrhundert stammende originale Einrichtung vor. Das mit dem Landhaus unterirdisch verbundene Küchengebäude mit dem Sommersaal stammt von 1770/1771. Hier sind ein Buchladen und ein Restaurant untergebracht.

Die ehemals romanische **Kirche** wurde im 19. Jahrhundert neogotisch umgebaut. 1790 entstand, ebenfalls nach Plänen von Erdmannsdorff, am östlichen Rand des Schlossgartens, als bauliche Vollendung der zum Park führenden Amtsgasse, die **Synagoge** nach dem Vorbild des Vestatempels in Rom. Die Innenausstattung fiel in der Pogromnacht 1938 der Verwüstung anheim. Dass das Gebäude gerettet wurde, ist dem mutigen Einsatz des damaligen Gärtners zu verdanken, des Großvaters des Kabarettisten und Schauspielers Dieter Hallervorden.

In **Schochs Garten** steht das **Gotische Haus**, ehemals die Wohnung des Gärtners Schoch, und auch die gemeinsame Wohnung des Fürsten mit seiner Frau zur Linken Hand, der Gärtnerstochter Luise Schoch und ihrer beider drei Kinder. Das 1773 nach Plänen von Erdmannsdorff und von Baudirektor Georg Christoph Hesekiel erbaute und bis 1813 mehrfach erweiterte Haus geht auf ein englisches Vorbild zurück, auf den Herrensitz Strawberry Hill. Es zählt heute zu den frühesten und besterhaltenen neugotischen Architekturen auf dem europäischen Kontinent. Die bemerkenswerte Sammlung Schweizer Glasgemälde des 15. bis 17. Jahrhunderts sowie altdeutsche Gemälde sind öffentlich zugänglich. Das Haus zeigt zur Seeseite eine Front, die der venezianischen Kirche Madonna del Oro nachgebildet ist, während die dem Park zugewandte Seite in reiner Tudorgotik aufgezogen ist. Beide Fassaden sind Blickpunkte von Sichtachsen im Park. Westlich des Schochschen Gartens befinden sich der **Garten am Floratempel**, die **Hofgärtnerei** und die **Romantische Partie**.

Perlen im Wörlitzer Park: die Brücken

▲ Karte S. 362

Die **Neuen Anlagen** entstanden in den 90er Jahren des 18. Jahrhunderts. Hier ist die Handschrift des jungen Schoch, des Sohnes des alten Gärtnermeisters, spürbar. Schwerpunkte sind das Große Wallloch und die 1788 bis 1794 errichtete Insel Stein. Das **Pantheon am Großen Wallloch** beherbergt einen Teil der Antikensammlung des Fürsten. Die **Insel Stein** ist der südöstliche Schwerpunkt der Wörlitzer Anlagen. Der (allerdings nur an besonderen Tagen) feuerspeiende Berg, der einzige künstliche Vulkan Europas, entzückt mit seinem Theaterdonner noch heute. Die wundervoll restaurierte **Villa Hamilton** am Fuße des Vulkans entstand als Freundschaftsmonument für den britischen Diplomaten, Antikensammler und Vulkanologen Sir William Hamilton. Die Villa und ihre drei frühklassizistischen Räume sind eines der etlichen Meisterwerke Erdmannsdorffs. Ein schönes Lehrstück antiker Kultur ist auch das **Amphitheater** auf der Insel.

Wörlitzer Anlagen

Kulturstiftung Dessau-Wörlitz, Tel. 0340/646150, www.gartenreich.com. Die Gärten sind ganzjährig frei zugänglich. Aktuelle Öffnungszeiten für **Schloss Wörlitz**, **Floratempel**, **Gotisches Haus** und **Insel Stein mit Villa Hamilton** unter den angegebenen Kontaktdaten.
Parkführungen: Tel. 034905/31009.
Gondeln: Tel. 034905/20205, 1.-30. Apr. tägl 11-16 Uhr, Mai-Sept. tägl 10-18 Uhr, Okt. tägl 11-16 Uhr.
Restaurant im Küchengebäude, www.gartenreich-gastronomie.com.

Schloss und Schlossgarten Mosigkau

Sie war überaus klug und die Lieblingstochter des Alten Dessauers. Sie war leider nicht hübsch und noch dazu ein Bastard: Tochter aus des Alten Dessauers, Fürst Leopold I., nicht standesgemäßer Ehe mit der Apothekerstochter Anna Luise Föhse. Mit anderen Worten: Prinzessin Anna Wilhelmine von Anhalt-Dessau war auf dem Heiratsmarkt nicht vermittelbar. Sie wurde von ihrem Vater zur Unterhaltssicherung mit zwei Gütern und einer beachtlichen Apanage ausgestattet, die sie in die Lage versetzte, die reizvolle Schloss- und Gartenanlage Mosigkau in den Jahren 1752 bis 1757 als Sommersitz zu erbauen, heute eines der wenigen noch erhaltenen Rokoko-Ensembles in Deutschland. Im Jahre 1784 noch einmal umgestaltet, lassen die Grundstruktur des Parks, die Orangerie, das chinesische Teehäuschen und der Irrgarten die ursprüngliche Gestaltung noch erkennen.

Schloss Mosigkau

Erste Entwürfe des **Schlosses** stammen möglicherweise von Georg Wenzeslaus von Knobelsdorff, dem Architekten von Sanssouci. Ausgeführt hat den Bau der Dessauer Hofbaumeister Christian Friedrich Damm. Im Innern des Schlosses sind 17 Räume mit der originalen Ausstattung vorhanden. In barocker Hängung begegnet man im **Galeriesaal** bedeutenden Gemälden niederländischer Maler wie Antonis van Dyck oder Peter Paul Rubens, die aus der ›Oranischen Erbschaft‹ stammen.
Nach dem Tod der Schlossherrin wurde 1780 ein Stift für adlige, unverheiratete Frauen eingerichtet, das bis 1945 bestand. Eine Allee alter Pyramidenpappeln führt in nördlicher Richtung bis zum **Friedhof der Stiftsdamen**, Meditationsort und besondere Idylle in der Mosigkauer Anlage.

Schloss und Schlossgarten Mosigkau

Knobelsdorffallee 2/3, 06847 Dessau-Roßlau, OT Mosigkau, Tel. 0340/521139. Park ganzjährig frei zugänglich. Einstündige Führungen im Schloss:. Öffnungs- und Führungszeiten unter 0340/646150, www.gartenreich.com.
Café Schloss Mosigkau, Tel. 0340/5025071, www.gartenreich-gastrono mie.de.

Kühnauer Landschaftsgarten, Schloss und Schlossgarten Großkühnau

Willkommen in ›Busch-Poltes‹ landschaftlichem Kleinod. Mit der Umgestaltung begann Vater Franz, vollendet wurde die Anlage zur Regierungszeit des Enkels von Franz, Herzog Leopold Friedrich von Anhalt-Dessau (1794–1871), dessen Naturliebe sprichwörtlich war und der darum beim Volke ›Busch-Polte‹ hieß.

Das **Schloss** freilich wurde bereits 1780 für den Prinzen Albert von Anhalt-Dessau fertiggestellt, der das einfach eingerichtete Gebäude schlicht ›Haus‹ nannte. Der Park am Südufer des Kühnauer Sees, der den westlichen Abschluss des Gartenreichs bildet, wurde im Wesentlichen vom Erbprinzen selbst gestaltet, wobei er auf ältere landschaftliche Strukturen zurückgriff.

Landschaftliches Kleinod ist der Weinberg an der Elbe. Als klassizistisches Bauwerk steht das von dem Italiener Carlo Ignazio Pozzi, dem Nachfolger Friedrich Wilhelm von Erdmannsdorffs, erbaute **Weinberg-Schlösschen** auf einem Hügel. In das architektonische Bild des Parks ist auch die **neoromanisch-byzantinische Kirche**, die erste ihrer Art in Deutschland, eingebunden. Das Schloss kann nicht besichtigt werden. Hier hat die Verwaltung des Gartenreiches ihren Sitz.

Die ›Sieben Säulen‹ im Georgengarten

▲ Karte S. 362

i Kühnau

Kühnauer Landschaftsgarten, Schloss Großkühnau, Burgkühnauer Allee, 06833 Dessau-Roßlau.

Der Park ist ganzjährlich frei zugänglich, Führungen gibt es auf Anfrage. Weitere Informationen: Kulturstiftung Dessau-Wörlitz, Tel. 0340/646150, www.gartenreich.com.

Schloss Georgium, Georgengarten und Beckerbruch

Das Ensemble – es besteht aus dem Schloss, dem Georgengarten, worunter man die Gärten rund um das Schloss versteht, und aus dem Beckerbruch an der Elbe, einem Wald- und Sumpfgebiet sowie den Auenwiesen an der Elbe – ist der zweitgrößte Landschaftspark im Gartenreich. Der weitläufige **Landschaftsgarten** ist neben den Wörlitzer Anlagen der kunsthistorisch bedeutendste Landschaftspark Sachsen-Anhalts. Er wurde vom jüngeren Bruder des Fürsten Franz, Prinz Johann Georg (1748–1811), nach dem er auch benannt ist, und dem Fürsten geschaffen. Angelegt wurde er durch die Gärtner Johann Georg Schoch und Johann Friedrich Eyserbeck.

Friedrich Wilhelm von Erdmannsdorff baute das **frühklassizistische Herrenhaus**, das sogenannte Schloss Georgium, sowie das Blumengartenhaus, die Orangerie-Gebäude und das Fremdenhaus. Der **Beckerbruch** wurde natürlich belassen, jedoch mit Kleinarchitekturen und Denkmalen verschönt, beispielsweise durch die **künstliche Ruine Wallwitzberg**. Die **Anhaltische Gemäldegalerie** im Schloss verfügt über eine reiche Sammlung altdeutscher und niederländischer Malerei sowie eine umfangreiche graphische Sammlung.

Georgium

Schloss Georgium, Anhaltische Gemäldegalerie, Puschkinallee 100, 06846 Dessau, Tel. 0340/613874 und 0340/66126000, www. georgium.de und www.gartenreich.com. Der Park ist ganzjährlich frei begehbar. Das Schloss wird seit 2011 restauriert, der Termin der Wiedereröffnung steht noch nicht fest.

Schloss und Park Luisium

Die Anlage bezieht ihre Idylle und Eleganz aus der Tatsache, dass sie ein persönliches Geschenk des Fürsten an seine Frau Luise ist. 1780 schenkte der Fürst die Hälfte der Anlage seiner Frau zum Geburtstag, die andere Hälfte blieb bei ihm. Eine lange **Sichtachse** zieht sich durch den Park, auf den Kirchturm der Jonitzer Kirche ausgerichtet, die Grablege der Fürstin. Unterbrochen wird sie vom **Pegasusbrunnen**, der Pegasus und die drei Grazien zeigt. Unweit befindet sich die **Grotte mit Belvedere**. Die Plattform bietet eine schöne Sicht auf den Teich des Luisiums. Das **Schlangenhaus** im neogotischen Stil diente als Teehaus, heute ist es eines der ganz besonderen Ferienhäuser im Gartenreich. Die **Orangerie** erinnert an ihr Vorbild, die Orangerie von Key Gardens von William Chambers.

Schloss Luisium im Winter

Nicht zuletzt die **dendrologischen Besonderheiten** des idyllischen Parks machen ihn so eindrucksvoll. Der Garten war zweigeteilt in jenen der Fürstin und den des Fürsten. Letzterer betrieb, getreu seinem Wahlspruch, hier vor allem Obst- und Gemüseanbau.

Das in seiner schönen, stillen Schlichtheit kaum zu übertreffende **Landhaus**, ein klassizistischer Kubus, ist eines der Meisterwerke Erdmannsdorffscher Baukunst. Schon die äußere Form gibt dem Haus eine intime Atmosphäre. Man kann heute wohl kaum noch nachempfinden, welche Provokation die Schlichtheit des Baus dargestellt haben muss, da doch fürstliche Bauten der Repräsentation dienten. Wer in das Luisium eintritt, so das Thema des Eingangsbereiches, tritt in einen Tempel der Tugend. Einen besonderen Hinweis verlangt auch das **Grafikkabinett**, in welchem sogar Decke und Türblätter in die Präsentation der Sammlung einbezogen sind.

Luisium

Schloss Luisium, 06844 Dessau-Roßlau, OT Waldersee, Tel. 0340/2183711, www.gartenreich.com; 3. Apr.–Nov Sa/So, Feiertage 11–17 Uhr nur im Rahmen einer einstündigen Führung, Gruppenführungen ab 15 Personen auch außerhalb der Öffnungszeiten.

Restaurant und Café Luisium in der Orangerie, Tel. 0340/2164158, www.gartenreich-gastronomie.de.

Übernachtungen inmitten des idyllischen Anlage sind möglich im **Eyserbeck-Haus Franz**, Am Luisium 17, 06844 Dessau-Roßlau, OT Waldersee, oder im **Schlangenhaus**, Tel. 0340/646150 rohr@ksdw.de, www.gartenreich.com.

Der nördliche Wirtschaftsflügel in Oranienbaum

Der Sieglitzer Berg

Radfahrer oder Wanderer kann man hier staunen sehen, wenn sie mitten im Wald plötzlich auf Parkarchitekturen treffen. »Es ist die reizendste Wildnis, die ich kenne«, schrieb der Fürst de Ligne bereits 1799. Dieser Landschaftsgarten ist durch seine Naturbelassenheit tatsächlich eine singuläre Anlage im Gartenreich. Das zentrale Bauwerk ist die **Solitude**, heute wieder restauriert und öffentlich zugänglich. Errichtet ist das kleine klassizistische Haus in der Form eines römischen Tempels. Der Park liegt auf einer hochwasserfreien Anhöhe und umfasst etwa 25 Hektar. Er verkörpert das Bild einer ›geordneten Wildnis‹. Die Toranlagen, wie das Burgtor, markieren die Eingänge zum Waldpark, der ganzjährlich frei zugänglich ist.

Schloss und Schlossgarten Oranienbaum

▶ Karte S. 362

Im Jahre 2004 besuchte die niederländische Königin Beatrix das Schloss ihrer königlichen Verwandten, Henriette Catharina von Oranien-Nassau (1637–1738). Diese hatte den kleinen Ort Nischwitz anlässlich ihrer Hochzeit mit Fürst Johann Georg II. von Anhalt-Dessau als Sommerresidenz erhalten und ihn 1773 in Oranienbaum umbenannt. Zugleich beauftragte sie den holländischen Baumeister Cornelis Ryckwaert damit, ein Ensemble zu schaffen, das aus Stadt, Schloss und Garten auf einem geometrischen Grundriss bestehe, ein barockes Ensemble eben. Ryckwaert schuf, was ihm befohlen, in einer Bauzeit von 15 Jahren, 1683 bis 1698.

Das **Schloss**, flankiert von Nebengebäuden, öffnet sich zur Stadt, zum Marktplatz hin, auf dem ein schmiedeeiserner Orangenbaum steht, das Symbol der Oranier. Die Stadt wiederum, so will es scheinen, öffnet sich zum Schloss hin. Eine beinahe demokratische, auf jeden Fall aber niederländische Anmutung. Ab 1693 wurde das Ensemble als Witwensitz ausgebaut. Hoch spannend für den heutigen, am besten mehrmaligen Besucher ist der Stück für Stück neu erstrahlende Glanz des Schlosses, den die Denkmalpfleger und Restauratoren als ›Work-in-Progress‹-Prozess verstehen und auch zeigen. Staunen macht im Souterrain der als Sommerspeisesaal genutzte Fliesensaal und im Parterre der Tapetensaal mit seinen restaurierten, einmalig schönen Ledertapeten.

Natürlich schaltete sich Fürst Franz mit seinen Landesverschönerungsplänen auch in den Oranienbaumer Park ein, indem er den Inselgarten neben dem Schlossparterre in einen **englisch-chinesischen Garten** nach Entwürfen des Architekten William Chambers umgestalten ließ. Entstanden ist eine idyllische Insellandschaft mit dem chinesischen Teehaus und der fünfgeschossigen Pagode auf der Spitze eines steinigen Hügels. Dieser englisch-chinesische Garten ist heute der einzige noch erhaltene dieser Art in Deutschland. Eindrucksvoll ist auch die 1818 vollendete **Orangerie**, die mit einer schieren Länge von 176 Metern die längste Europas ist. Sie braucht es, um die Zitruspflanzen im Winter einzulagern. Im Schloss befindet sich die **Dauerausstellung Die Geschichte der Jagd in Anhalt-Dessau** sowie im mittlerweile restaurierten **Kavalierspavillon** die **Ausstellung Das Haus des Sammlers – TabakCollegium**. Der Tabakanbau hatte in Anhalt eine lange Tradition. Seit 1693 besaß in Oranienbaum ein erster Landwirt das Privileg zum Tabakanbau. Damit begann die Oranienbaumer Erfolgsgeschichte des Tabakanbaus, von der die Ausstellung erzählt.

i Schloss und Park Oranienbaum
06785 Oranienbaum-Wörlitz, OT Oranienbaum, Tel. 034904/20259, schloss-oranienbaum@ksdw.de; www.gartenreich.com; Mai–Sept. Di–So, Feiertage 10–17 Uhr, Gruppenführungen ab 15 Personen auch außerhalb der Öffnungszeiten.

Gärten des Barock in Sachsen-Anhalt

Das Barock als Epoche der europäischen Geistesgeschichte hat in der Region vielerlei Spuren hinterlassen. Parks und Gärten von barocker Pracht zeigen zugleich auch immer eine ganz eigene Skulpturenwelt.

■ Schloss und Barockgarten Hundisburg

Beispielhaft dafür stehen Schloss und Barockgarten Hundisburg (→ S. 100), geprägt von der braunschweigischen gartenkünstlerischen Tradition. Was den Park in Deutschland einmalig macht, ist die Anwendung der *perspective ralentie*, der verzögerten Perspektive, wie sie André le Notre, der oberste Gartenbauarchitekt König Ludwigs XIV., entwickelte, der im Auftrag des Sonnenkönigs den Park von Versailles schuf. Bei diesem kunstvollen Umgang mit den Gesetzen der Perspektive spielt der Gartenkünstler mit den Entfernungen und Größen: Während man beim Abschreiten des Gartens an drei Paar Parterrefeldern vorbeikommt, wovon die mittleren Felder verkürzt sind, sieht der Betrachter vom Schloss aus lediglich zwei Paar. Der Hundisburger Barockgarten wurde bis 1719 vom Landesbaumeister des Herzogs Anton Ullrich von Braunschweig-Wolfenbüttel, Hermann Korb, führend begleitet.

Im 19. Jahrhundert gehörte das Ensemble dem Unternehmer Johann Gottlob Nathusius, dem Clemens von Brentano in seinem Märchen vom ›Commanditchen‹ ein literarisches Denkmal setzte. Nathusius war es auch, der den 100 Hektar großen **Landschaftspark** zwischen Hundisburg und dem Kloster Althaldensleben, ebenfalls seine Besitzung, anlegen ließ. Mit Nathusius' Frau Marie, einer erfolgreichen Modeschriftstellerin des 19. Jahrhunderts, war Heinrich Hoffmann von

Fallersleben eng befreundet, weshalb er sich des Öfteren auf Hundisburg und in Althaldensleben aufhielt, wobei etliche seiner Kinderlieder entstanden.

Das **Schloss** wurde 1945 von sowjetischen Soldaten, die dort biwakierten, angesteckt und brannte zum Teil nieder. Der **Barockgarten** wurde nach dem Zweiten Weltkrieg als Fußballplatz genutzt. Erst nach dem politischen Umbruch 1989 konnte ein Verein Haldensleber Bürger mit unendlich viel Engagement und Wissen sowohl den barocken Garten nach den alten Plänen wieder anlegen, als auch das Schloss wieder aufbauen. Heute stellen Schloss wie Schlossgarten, nicht zu vergessen der sich anschließende gestaltete Landschaftspark als ein ›Gartenträume‹-Ensemble sowohl ein gartenkünstlerisches Kleinod als auch einen kulturellen Leuchtturm in der Region dar. Park und Schloss laden zu vielerlei künstlerischen Aktionen, beispielsweise der jährlichen Musiksommerakademie, ein. Im Schloss ist das Lebenswerk des großartigen Magdeburger **Bildhauers Heinrich Apel** zu besichtigen, der u. a. den Magdeburger Teufelsbrunnen und viele Arbeiten im Naumburger Dom entworfen und ausgeführt hat.

i Schloss Hundisburg

Schloss- und Gartenverwaltung Hundisburg, Schloss, 39343 Hundisburg, Tel. 03904/44265, www.schloss-hundisburg.de.

Café und Restaurant im Schloss, Tel. 03904/462804; Di–So 11–18 Uhr oder für besondere Anlässe auf Anfrage.

Schloss und Schlossgärten, Blankenburg (Harz)

Hier sei nur verwiesen auf den 1718 angelegten Terrassengarten am sogenannten ›Kleinen Schloss‹, ursprünglich lediglich das fürstliche Gartenhaus. Die barocken Grundstrukturen mit Brunnen,

Gartenidylle im Kloster Drübeck

Sandsteinfiguren, Vasen und geschnittenen Hecken sind bis heute erhalten. Dem kleinen Garten, an den der Berggarten anschließt, kann man durchaus einen guten Nachmittag widmen (→ S. 141).

Die Gärten des Klosters Drübeck

Die einzige Klosteranlage im Projekt ›Gartenträume‹ ist über 1000 Jahre alt. Die zweitürmige Klosterkirche St. Vitus zählt zu den bedeutendsten romanischen Baudenkmälern im Harz. Im 13. Jahrhundert lebten in dem Benediktinerinnenkloster etwa 100 Nonnen. Anhand der Gärten der Klosteranlage lässt sich sehr schön die Philosophie der ›Gartenträume‹ demonstrieren. Man widerstand der Versuchung, einen mittelalterlichen Klostergarten wieder herzurichten, weil es dazu keinerlei originale Unterlagen mehr gab. Die Grafen von Stolberg-Wernigerode errichteten im 18. Jahrhundert einen evangelischen Damenstift. Aus dieser Zeit stammen die Unterlagen für die Anlage der **fünf Gärten der Stiftsdamen**, der Hof- und Gartenanlagen. Nach diesen Plänen wurden die Gärten der Stiftsdamen im barocken Stil wieder hergerichtet, ebenso der regelmäßig angelegte Garten der Äbtissin. Ein ein-

▲ Karte S. 360

drucksvolles Naturdenkmal stellt die aus sieben Linden 1730 angepflanzte, nun zu einem Baum zusammengewachsene Klosterhoflinde dar. Die Anlage ist von einer intakten Klostermauer umgeben und liegt, in Streuobstwiesen eingebettet, mitten im Ort (→ S. 156).

i Drübeck

Evangelisches Zentrum Kloster Drübeck, Klostergarten 6, 39971 Ilsenburg (Harz), OT Drübeck, Tel. 039452/94307, www.kloster-druebeck.de; Klostergärten sind ganzjährlich frei zugänglich, Klosterkirche täglich 6.30–19 Uhr, Führungen Apr.–Okt. Di–Sa 14 Uhr, So und Feiertage 11 und 14 Uhr und auf Anmeldung, Nov.–März auf Anmeldung

Café im Gärtnerhaus mit Klosterladen und Weinstube, Tel. 039452/94304; März–Nov. Di–So 11–17.30 Uhr, Dez.–Feb. Di–So 14–17.30 Uhr.

Weinstube im Klostercafé: Mo–Sa 19.30–23.30 Uhr

In der **Klosterküche im Eva-Heßler-Haus** kann man nach telefonischer Voranmeldung auch Mittag essen, Tel. 039452/9433. In der **Tagungsstätte des Evangelischen Zentrums** Kloster Drübeck gibt es 76 Gästezimmer. Weitere touristische Informationen: Tel. 039452/94330

Landschaftsparks in Sachsen-Anhalt

Außerhalb des UNESCO-Welterbes ›Gartenreich Dessau-Wörlitz‹ gibt es noch eine Reihe weiterer im englischen Stil geprägter Landschaftsgärten im Gartenträume-Netzwerk. Dazu zählen u.a. von Norden nach Süden der **Schlosspark Krumke** (→ S. 331), einem Ortsteil der Hansestadt Osterburg in der Altmark mit der ältesten Buchsbaumhecke Europas, der **Stadtpark Tangerhütte** (→ S. 337) und der Briester Park, Gutshaus und Gutspark Seggerde, bekannt durch die Konzerte im (ehemaligen) Kuhstall, der **Schlosspark Harbke** (→ S. 106), in welchem seinerzeit die Baumsaat für die vielen Bäume exotischer Herkunft in den Landschaftsparks gezüchtet wurde, der **Landschaftspark Althaldensleben** (→ S. 101), der **Herrenkrug** und der **Stadtpark** sowie der **Klosterbergegarten** an der Elbe zu Magdeburg (→ S. 72), der **Lustgarten Wernigerode** (→ S. 152), der **Berggarten und Schlosspark Blankenburg** (→ S. 370), der **Landschaftspark Spiegelsberge** bei Halberstadt (→ S. 137), der **Schlosspark Ballenstedt** (→ S. 177), der **Landschaftspark Degenershausen** (→ S. 177), **Reichardts Garten** in Halle (→ S. 208) und der **Park Dieskau** (→ S. 216). Eine kurze Beschreibung findet sich bei den angegebenen Orten.

Parks der Moderne

Viele der Anlagen, die hierunter einzuordnen wären, gehen ursprünglich auf eine viel ältere Historie zurück, wurden jedoch, zumeist im 20. Jahrhundert um- oder auch komplett neu gestaltet. Kunsthistorisch von durchaus unterschiedlichem Wert, repräsentiert jeder für sich dennoch sehenswerte Garten- und Landschaftsgestaltung.

■ Roseburg, Rieder

Eine 1 600 Meter lange Steinmauer mit Zinnen schließt das private ›Märchenschloss‹ des Berliner Architekten Bernhard Sehring (1855–1941) von der Außenwelt ab. Hier baute der Architekt, der u.a. das Theater des Westens in Berlin oder das Stadttheater von Halberstadt entworfen hatte, ab 1907 seinen Sommersitz, der zugleich auch Ausstellungsort der von ihm gesammelten Kunst werden sollte. 1908 war der **Wohnturm** bezugsfertig, 1909 entstanden **Georgsturm** und **Söller**. In seiner Parkanlage, die Sehring bis 1925 vervollständigte, wollte er Elemente der italienischen Renaissance, des Barock und der englischen Landschaftsgärten zusammenführen. Glanzstück des Parks ist die 100 Meter lange terrassierte **Wasserachse**. Die überall im Park aufgestellten **Skulpturen**, die zahlreichen Putten sind zumeist aus Beton gegossen. Sehring verwendete also den modernen Baustoff für seine theaterähnliche Kulissenlandschaft. Aber immerhin, auch heute ist der Park in seiner Versponnenheit noch zauberhaft. Ganz besonders natürlich zur Rosenblüte. (→ S. 177)

Roseburg

06485 Ballenstedt, OT Rieder, Tel. 0152/59718974, www.roseburg-harz.de; April–Okt. tgl. 9–18 Uhr, Nov.–März tgl. 10–16 Uhr, Führungen nach Absprache. Burgcafé Roseburg, Tel. 0176/56715342.

Schloss und Schlossgärten Stolberg (Harz)

Schloss und Schlossgärten, hoch über der anheimelnden Harzstadt gelegen, schauen auf eine lange Geschichte zurück, die bis ins 10. Jahrhundert reicht. Vom 12. Jahrhundert bis 1945 diente das Schloss als Sitz des Stolberger Fürstengeschlechtes. Aus der mittelalterlichen Anlage wurde ein Renaissanceschloss, aus diesem schließlich eine barocke Residenz. Im Jahr 2002 übernahm die Deutsche Stiftung Denkmalschutz das Schloss und rettete es vor dem Verfall. Der **Terrassengarten** war einst ein Barockgarten mit Pavillon und Wasserbecken. Aus dieser Zeit gibt es jedoch keine Unterlagen mehr. 1937 legte der Gartenarchitekt Heinrich Wiepking-Jürgensmann die Südterrasse neu an. Für die Restaurierung des Terrassengartens legte man denkmalpflegerisch diese Gestaltung als verbindlich fest, so dass er heute ein Garten der Moderne ist, mit dem **barocken Pavillon** als Gartenarchitektur und einem Wasserbecken, das nach dem Plan von 1937 als Löschwasserbecken (damals auch als Schwimmbecken genutzt) angelegt ist. Der barocke Pavillon, erbaut auf den mittelalterlichen Kellergewölben, wurde in der historischen Fassung wiederhergestellt. Er zeigt eine kleine Ausstellung zu den Wasserwegen rund um Stolberg. Zum Terrassengarten gehören natürlich auch anspruchsvolle Pflanzungen. Der kleine **Steingarten am rohen Fels** ist eine Augenweide. (→ S. 190)

Juliana zu Stolberg, Stammmutter des Hauses Oranien am Stolberger Schloss

Schloss Stolberg

Schlossberg 1, 06536 Südharz, OT Stolberg (Harz), Tel. 034654/858880, www.tourismus-suedharz.de; Haus des Gastes Di–Fr 11–16 Uhr, Sa/So Feiertage 11–17 Uhr, Terrassengarten witterungsabhängig geöffnet.

▲ Karte S. 360

Schloss Wendgräben mit Park

Man muss es suchen, um es zu finden: Eingebettet in eine stille Wald- und Wiesenlandschaft, verborgen am Westrand des Fläming, steht das erst zu Beginn des 20. Jahrhunderts erbaute Landhaus ›Schloss Wendgräben‹ in dem dazugehörigen Park, Adelssitz der Familie von Wulffen im Stil eines englischen Landhauses, entworfen und gebaut von Hermann Muthesius. Die Parkanlage entstand mit Ideen des Hausherrn, Hans Waldemar von Wulffen, unter der Leitung des Düsseldorfer Stadtgartendirektors Walther von Engelhardt, wie Muthesius Vertreter einer modernen Architektur- und Gartenkunstbewegung. Von der auf der Südseite des Hauses stehenden, durch zwei vorspringende Anbauten flankierten, erhöhten Terrasse schweift der Blick über ein Wasserbassin mit Springbrunnen in eine offene Wiesenlandschaft, an deren Ende der Wendgräber Teich ist. Das Schloss ist umgeben von einem weitläufigen (Wald)Park. Beeindruckend ist und einen formidablen Blick in die Landschaft gewährt der siebengeschossige **Rundturm**, eine Kopie des Bergfrieds der nahen Loburger Burg. (→ S. 115)

Fasanengarten Blankenburg

197 Hektar umfasst das Ensemble der Blankenburger Schlossgärten. Vom barocken Terrassengarten und den ebenfalls sehenswerten Landschaftsgärten war schon die Rede (→ S. 370). 2002/2003 jedoch wurde der nicht mehr vorhandene Fasanengarten - um 1700 erstmals erwähnt und Mitte des 19. Jahrhunderts mehrfach umgestaltet - auf historischem Grund wieder sichtbar gemacht. Der fehlenden Unterlagen wegen entschied man sich für eine moderne Gestaltung. Die Berliner Bildhauergruppe ODIOUS gestaltete den modernen Garten nach der griechischen Sage, nach welcher Held Jason und seine Argonauten den Fasan auf der Suche nach dem Goldenen Vlies am Schwarzen Meer entdeckten und in die Heimat mitnahmen. Die überdimensionalen farbigen **Fasanenfedern aus Metall** geben dem Garten sein heutiges Gepräge. Mit Fasanenvolière und Brunnen erinnert der moderne Park gleichfalls an seine Tradition. (→ S. 141)

i Schloss und Schlossgarten Blankenburg

Schnappelberg 6, Tel. 0344 2898, www.blankenburg.de; Führungen von Mai–Okt. 14 Uhr ab Terrassengarten, Teehäuschen (während der Saison). Schlosspark und Tiergarten ganzjährig frei zugänglich, Terrassengarten, Berggarten und Fasanengarten Apr.–Sept. 9–21 Uhr, Okt.–März 10–17 Uhr.

Historisches Gasthaus Obere Mühle, Schloßberg 2, 38889 Blankenburg (Harz), Tel. 03944/3673528, www.oberemuehle-blankenburg.de.

Stiftsgärten Quedlinburg

936 wurde das Reichsstift Quedlinburg gegründet. Der Abteigarten wurde nach Auflösung des Klosters verkauft und gewerblich genutzt, u.a. von der Quedlinburger Saatzucht bewirtschaftet. Der anschließende Brühl ist eine Gartenpartie im landschaftlichen Stil. Nach 2005 erfolgte die Neugestaltung der Anlage. Die barocke Sichtachse zum Brühl wurde wieder hergestellt. Da es kaum Unterlagen zur früheren Gestaltung gab und auch nur wenige Bodenfunde gemacht werden konnten, entschloss man sich, einen modernen Garten zu gestalten. Die Wegführung sollte dabei an die barocke Tradition erinnern. Die rechtwinkligen, mit **Wild- und Sommerblumen** gestalteten Beete sind eine Hommage an die Quedlinburger Saatzucht. Oberhalb des entfernten historischen Wasserbeckens entstand ein neues **Wasserbecken**, das

Blick vom Stiftsgarten in Quedlinburg zum Schlossberg

zugleich der angrenzenden Bio-Gärtnerei als Wasserreservoir dient. Einen besonders schönen Blick auf die Anlage hat man vom Schlossberg aus. (→ S. 163)

›Garten des Naumburger Meisters‹ im Domgarten Naumburg

Knapp ein Hektar ist der sich im Südwesten an den Dom anschließende Domgarten groß. 2011, mit der Ausstellung zum Werk des ›Naumburger Meisters‹, wurde der Domgarten mit den alten Teichanlagen, den Bastionen der mittelalterlichen Immunitätsmauer sowie den Gärten der ehemaligen Domherrenhäuser neu geschaffen. Im Anschluss an den Westchor des Doms entstand der ›Garten des Naumburger Meisters‹. Hier begegnet man den **Pflanzen in natura**, die dem Meister und seinen Helfern als Vorlage für die **Kapitelle**, die Friese und die Schlusssteine des Westlettners dienten. Über 150 originale Kapitelle können die Besucher am Lettner und im Westchor des Doms besichtigen, deren filigrane Blattwerke botanisch exakt bestimmbar sind. (→ S. 233)

▲ Karte S. 360

Besondere Parks in Sachsen-Anhalt

Natürlich ist jede der 43 Gartenträume-Anlagen ein Kunstwerk für sich. Manche unter ihnen aber sind wirkliche Unikate. Aus ganz unterschiedlichen Gründen stehen sie für Gartenkunst, die ihre Existenz besonderen Anlässen verdankt oder die man sonst nirgendwo in dieser Form zu sehen und zu erleben vermag.

Historische Kuranlagen Bad Lauchstädt

Schiller fühlte sich hier wohl und war ja auch doppelt verliebt. Goethe war manchmal grantig, weil Schillers Stücke einfach mehr Erfolg hatten. Christiane Vulpius amüsierte sich königlich im angesagten Kurbad. 1700 hatte man die Heilquelle entdeckt, und rasch stieg Bad Lauchstädt zum Modebad des sächsischen Adels, aber auch des aufstrebenden Bürgertums auf. Mittelpunkt der bald entstandenen barocken Kuranlage war die von einer steinernen Quelle umfasste **Balustrade**. Hinter dem Brunnen wurde der **Kursaal** 1780 eröffnet. Zwar verblasste der Badeort bald als solcher, aber das neu gebaute, vom Weimarer Geheimrat geführte **Goethe-Theater** verschaffte der Stadt einen kulturellen Aufschwung. In den sechziger Jahren des vorigen Jahrhunderts wurden die Kuranlagen rekonstruiert, teilweise auch neu gestaltet. Der westliche Teil der Anlagen, entlang der Laucha, mit den großen Wiesenflächen und einem zweihundertjährigen Baumbestand wurde im englischen Landschaftspark-Stil gestaltet. In seinem vorderen Teil, dem östlichen, entspricht er dem französischen Stil. Bad Lauchstädt ist heute das einzige in Deutschland vollständig erhaltene Beispiel dafür, wie man im 18. Jahrhundert die Gestaltung eines Badeensembles löste. (→ S. 226)

Bad Lauchstädt

Historische Kuranlagen & Goethe-Theater Bad Lauchstädt, Parkstraße 18, 06246 Goethestadt Bad Lauchstädt, Tel. 034635/820, info@goethe-theater.com, www.goethe-theater.com, Die Kuranlagen sind ganzjährig frei zugänglich.
Lauchstädter Gaststuben, Parkstraße 16, 06246 Goethestadt Bad Lauchstädt, Tel. 034635/20353, www.lauchstaedter-gaststuben.de.

Wallanlagen Gardelegen

Die Gardelegener Wallanlagen führen auf 2,5 Kilometer Länge rund um die Altstadt und sind die besterhaltenen Anlagen ihrer Art in Sachsen-Anhalt. Die durch Bier-Export reich gewordene Stadt begann im 16. Jahrhundert, die Stadtmauer zu errichten. Die repräsentativen **Vortore** wie das heute noch erhaltene Salzwedeler Tor kündeten vom Reichtum der Stadt. Mit dem Schleusensystem zur Regulierung des Wallgrabens konnte man im Fall der Gefahr eine Überflutungsfläche von bis zu 300 Meter Breite rings um die Stadt schaffen. Ende des 19. Jahrhunderts wurden die Wallanlagen

Auf den Gardelegener Wallanlagen

im Zuge städtebaulicher Maßnahmen zur Promenade umgestaltet. Von der **Wall-Promenade** aus gewinnt man reizvolle Blicke auf die Altstadt. (→ S. 312)

Irrgarten im Gutspark Altjeßnitz

200 Möglichkeiten gibt es, um auf dem 1230 Meter langen Weg das Zentrum des Irrgartens von Altjeßnitz zu erreichen. Kundige Besucher brauchen nur wenige Minuten, um die **Aussichtsplattform** zu finden. Der Blick schweift dann über die zwei Meter hohen, perfekt gestutzten Hainbuchenhecken, die den Irrgarten auf 2600 Quadratmetern formen. 1730 bis 1754 entstand dieser heute älteste und größte noch erhaltene Irrgarten in Deutschland. Umgeben ist er von einer Parkanlage im Stil des späten Barock. Vom **Schloss** sind nur noch der Glockenturm und das Gutsgebäude erhalten. Sehenswert ist im Park die Vielzahl **besonderer Gehölze** und eine wunderschöne kleine **Feldsteinkirche** aus dem 12. Jahrhundert. Altjeßnitz liegt wenige Kilometer nordöstlich von Bitterfeld-Wolfen an der Mulde.

Herrenkrugpark und Elbauenpark Magdeburg

Der historische Herrenkrugpark gehört zu den Landschaftsparks. Er geht über in eine moderne Parklandschaft, den Cracauer Anger, die seit Mitte des 19. Jahrhunderts bis zum Abzug der vormals sowjetischen Streitkräfte 1992 eine militärische Nutzung erfahren hatte, natürlich mit allen zu erwartenden Hinterlassenschaften. Nach dem Zweiten Weltkrieg wurden zudem die Trümmer der beim alliierten Bombenangriff vom 16. Januar 1945 zerstörten Altstadt auf den Anger gefahren und fünf Meter hoch entlang des Elbufers aufgeschüttet. 1991 entstand der Gedanke, auf diesem Gelände eine Bundesgartenschau zu veranstalten. Die BUGA sollte mithelfen, aus dem geschundenen Gelände eine grüne Elbauenlandschaft als Erlebnispark zu schaffen. Der Erfolg der 25. Bundesgartenschau 1999 gab der Idee Recht. Aus 100 Hektar Ödland wurde eine urbane **Erholungslandschaft** mit etlichen, heute noch bestehenden Attraktionen, wie beispielsweise dem **Jahrtausendturm** mit seinen Ausstellungen zur Kultur- und Wissenschaftsgeschichte, mit dem tropischen **Schmetterlingshaus**, der **Sommerrodelbahn**, **Skaterparcour**, **Kletterfelsen** und **Irrgarten**. Der Park besticht durch die Vielseitigkeit an Gartenarchitektur und ist heute für die Magdeburger und ihre Gäste ein beliebter Veranstaltungsort. Beliebt sind die Veranstaltungen auf der **Seebühne**. 2012 konnte bereits der viermillionste Besucher gezählt werden. (→ S. 89)

Europa-Rosarium Sangerhausen

Auf 13 Hektar Gelände 8500 Rosenarten und -sorten, das ist die weltgrößte Rosensammlung. Insgesamt sind 80 000 Rosenstöcke gepflanzt. Hier werden die Besucher seit 1903 mit einem lebendigen Museum konfrontiert, in dem die Geschichte der Rose und ihre Entwicklung nachzuvollziehen sind. Das Europa-Rosarium ist ein magischer Ort für Rosenzüchter und für jene, die das Rosarium unweiger-

Begeisterte Besucher im Europa-Rosarium Sangerhausen

▲ Karte S. 360

lich zu Rosenfreunden macht. Der Zauber und der Duft von Millionen Rosenblüten lässt niemandes Herz unberührt. Dabei dient das Gelände auch wissenschaftlichen Zwecken. So werden hier Rosensorten erhalten, die sonst bereits ausgestorben wären, weil sie aus der Mode fielen. **Historische Rosensorten** bleiben erhalten. Sogar die Rosensorten eines inzwischen untergegangenen Staates werden hier gepflegt, die der DDR. Das Europa-Rosarium ist eine der weltweit wichtigsten Rosen-Gen-Banken. Die **Wildrosensammlung** ist die größte der Welt. Die Weltrosenvereinigung hat das Europa-Rosarium mit dem Award of Garden Excellence ausgezeichnet. Zum Rosarium gehört auch eine Präsenzbibliothek, die **Neue deutsche Rosenbibliothek**. (→ S. 185)

i Europa-Rosarium Sangerhausen

Am Rosengarten 2, 06526 Sangerhausen, Fachführungen durchs Rosarium: Tel. 03464/572522 oder Tourist-Information Sangerhausen Tel. 03464/19433, www.europa-rosarium.de. Apr. (2. Sonntag) u. Okt. tgl. 10–18 Uhr, Mai u. Sept. tgl. 9–19 Uhr, Juni–Aug. tgl. 9–20 Uhr, außerhalb der Saison frei zugänglich

Restaurant Zur Schwarzen Rose, Am Rosengarten 2, 06526 Sangerhausen, Tel. 03464/589829, gastronomie@sangerhausen-tourist.de.

Parkgastronomie: Apr./Okt. tgl. 10–18 Uhr, Mai/Sept. 10–19 Uhr, Juni–Aug. 10–20 Uhr.

Gärten und Parks in Aschersleben

Das Motto der Landesgartenschau 2010 in Aschersleben hieß ›Natur findet Stadt!‹. Das Besondere der Gartenschau: Alle Parks und Gärten sind mitten in der Stadt zu finden, angefangen bei der **Herrenbreite** gegenüber dem Bahnhof. Die gründerzeitlichen Villen um die Herrenbreite erstrahlen heute wieder im urbanen Glanz. Der moderne **Bestehornpark** auf

Der Aschersleber Riesenglobus

dem Gelände der ehemaligen Papierfabrik Bestehorn besticht durch seine beeindruckende Parkarchitektur, die ›Flüsteroleari en‹ beispielsweise, die jedem, der sich auf sie setzt, Stadtgeschichte erzählen. Benannt sind sie nach dem Aschersleber Universalgelehrten Adam Olearius, dem Vater der Reisebeschreibungen. Das bedeutsamste Werk im **Stadtpark** ist der **Aschersleber Riesenglobus**, eine drei Tonnen schwere Bronze-Skulptur, eine genau vermessene Erddarstellung, vom Volksmund gern als ›Aschersleber Kartoffel‹ verulkt. Sehenswert ist auch die **Pflanzen-Phytothek** im Stadtpark. Die Nähe von urbanem Treiben, fröhlichem Kinderspiel und meditativer Stille sind, was die Gärten und Parks Ascherslebens so einmalig macht. (→ S. 173)

i Ascherslebener Parks

Tourist-Information-Aschersleben, Hecknerstraße 6, 06449 Aschersleben, Tel. 03473/8409440, www.aschersleben-tourismus.de; Der Promenadenring ist ganzjährig frei zugänglich. Herrenbreite, Bestehornpark, Stadtpark mit Rosarium und Eine-Terrassen: Apr.–Okt. 6–22 Uhr, Nov.–Mrz. 6.30–18 Uhr.

Tiefe Wälder, Flusstäler wie aus dem Bilderbuch, Heidelandschaften, über denen sich ein endloser Himmel wölbt – wer sich aufmachen will mit Wanderstiefel, im Fahrrad- oder Pferdesattel, mit dem Kanu oder unter weißen Segeln, wird Reviere finden nach jedem Geschmack. Ob allein auf dem Bike, mit Freunden im Boot oder der Familie im Planwagen. Wer in Deutschland ›schon alles gesehen‹ hat, der wird überrascht sein.

Wanderer auf dem Selketal-Stieg in der Nähe von Mägdesprung

AKTIV IN SACHSEN-ANHALT

Mit dem Rad durch Sachsen-Anhalt

Insgesamt 18 überregionale Radwanderwege, dazu knapp 50 regionale Routen und ein gut ausgeschildertes Streckennetz von mehreren tausend Kilometern in meist sehr gutem Zustand warten auf die Radler. Über 55 Millionen Euro hat das Land seit 2005 in den Ausbau und den Erhalt der Strecken investiert. Perfekt kombinieren kann man Rad, Bahn und Bus, was für Streckentouren besonders interessant ist. Die Fahrradmitnahme ist nämlich in den Nahverkehrszügen und den Landesbussen - zu erkennen am Zeichen <O> Mein Takt - kostenlos (www.naturfreude-erleben.de; www.insa.de).

Überregionale Radwege

Die überregionalen Radwege binden Sachsen-Anhalt an das D-Netz der 11700 Kilometer langen deutschlandweiten Premium-Radrouten an oder sind streckenweise mit ihnen identisch. So führt der Europaradweg R1 als D 3 quer durch den Harz und der Elberadweg ist als D 10 über weite Strecken identisch mit der Mitteleuropa-Route Nordkap–Malta.

■ Elbe-Radweg

Der bekannteste der überregionalen Wege ist der Elbe-Radweg, der in den vergangenen zehn Jahren stets zum beliebtesten deutschen Fernradweg gewählt wurde. Die gesamte sachsen-anhaltische Strecke von 337 Kilometern führt durch das **UNESCO-Biosphärenreservat Mittelelbe** (→ S. 25). Danach berührt der Weg touristische Ziele, die jedes für sich einen Besuch lohnen: die **Lutherstadt Wittenberg** (→ S. 292), das **Gartenreich Dessau-Wörlitz** (→S. 361) und die Bauhausstadt **Dessau-Roßlau** (→ S. 262), **Magdeburg** (→ S. 72), **Tangermünde** (→ S. 334) und **Havelberg** (→ S. 339), bevor er unweit der Storchendörfer Rühstädt und Wahrenberg (→ S. 329) das Land verlässt. Der Radweg verläuft fast immer in Flussnähe und ist vom Profil her leicht zu befahren; an der einen oder anderen Stelle lohnt es sich, auch die Alternativroute zu wählen. Dazu bietet es sich z.B. bei Coswig (→ S. 287), Breitenhagen, Barby (→ S. 120) oder auch in Derben an, mit der Fähre den Fluss zu queren. Dies ist zugleich ein Erlebnis der besonderen Art, denn manche der Fähren sind traditionelle Gierfähren, die allein die Kraft der Strömung für ihre Fahrt von Ufer zu Ufer nutzen (www.elberadweg.de).

■ Saale-Radweg

Von der Saalequelle in Bayern über Thüringen begleitet dieser Weg den Fluss auf 427 durchaus anspruchsvollen Kilometern. In Sachsen-Anhalt bilden **Burgen und Weinberge** (→ S. 69), vorbei an **Bad Kösen** (→ S. 238) und **Naumburg**, (→ S. 231) eine ebenso wunderschöne Kulisse wie die Stadt **Halle** (→ S. 214) und der **Naturpark Unteres Saaletal** (→ S. 214), bevor der Weg an der Saale-Mündung bei **Barby** (→ S. 120) auf den Elbe-Radweg trifft (www.saale-radwanderweg.de).

Wegweiser am Elberadweg

Eher für sportliche Radler geeignet: der Harz

Europaradweg R 1

Die rund 275 sachsen-anhaltischen der 940 deutschen Kilometer dieses Trails, der von der französischen Kanalküste bis nach St. Petersburg führt, gehören mit 741 Höhenmetern zu den anspruchsvollsten, aber auch zu den schönsten. Sie führen quer durch den Harz und berühren dabei u.a. **Wernigerode** (→ S. 150) und **Quedlinburg** (→ S. 158). Danach wird der Weg zu einer Tour durch von der UNESCO geschütztes Welterbe: das **Biosphärenreservat Mittelelbe** (→ S. 25), die Bauhausstadt **Dessau-Roßlau** (→ S. 262), das **Gartenreich Dessau-Wörlitz** (→S. 361) und die **Lutherstadt Wittenberg** (→ S. 292), bevor er das Land nach Norden in Richtung Potsdam und Berlin verlässt (www.euroroute-r1.de).

Thematische Radwege

Für jene, die ihre Touren mit konkretem Bildungszuwachs verbinden wollen, gibt es in Sachsen-Anhalt zahlreiche thematische Routen, die auch ganz spezielle Wünsche erfüllen wie z.B. die **Holunder-Radwege** durch die Magdeburger Börde oder die **Sole-Kohle-Geschichte-Tour** südlich von Halle (Saale).

Gartenreichtour Fürst Franz

Eine wunderschöne Runde von ca. 70 Kilometern zieht sich auf den Spuren von Fürst Leopold II. Friedrich Franz von Anhalt - einem Enkel des ›Alten Dessauers‹ - durch das **Gartenreich Dessau-Wörlitz** (→ S. 361). Wo auch immer man startet - man ist inmitten zauberhafter Natur. Zwischenstopps empfehlen sich in Hülle und Fülle: an den Schlössern Georgium, Luisium, Oranienbaum und Mosigkau, in den Wörlitzer Anlagen selbst, im **Informationszentrum Auenhaus** des UNESCO-Biosphärenreservats Mittelelbe (→ S. 25) mit der benachbarten Biberfreianlage.

Wer die Tour, sinnvollerweise, auf zwei Tage ausdehnen will, dem sei die Übernachtung in ganz besonderem Ambiente empfohlen - in den **Feriendomizilen der Kulturstiftung Dessau-Wörlitz** wie Schlangenhaus, Eyserbeck-Haus, Rotem Wallwachhaus oder Jagdhaus und Jagdhütte an der Rosenwiesche (www.gartenreich.com).

Himmelsscheiben-Radweg

Wer die 73 Kilometer vom **Besucherzentrum Arche Nebra** (→ S. 246) und dem nahen Fundort der berühmten Bronzescheibe auf dem Mittelberg bei Wangen

Fähre an der Saale

aus in Angriff nimmt, folgt einerseits der Geschichte der einzigartigen Darstellung des Kosmos um Fund, Verschwinden und Wiederauftauchen der Scheibe und hat andererseits – immer gemächlich bergab – das leichtere Profil bis zum Ziel am **Landesmuseum für Vorgeschichte** in Halle (Saale). Dort ist das Original der Himmelsscheibe in einer spannenden Dauerausstellung zu sehen (→ S. 206). Abstecher führen zum **Sonnenobservatorium von Goseck** (→ S. 243) und zur **Dolmengöttin von Langeneichstädt** (→ S. 224), den weiteren Stationen der Himmelswege (www.himmelswege.de).

Regionale Radwanderwege

Wie ein Spinnennetz überziehen Dutzende weiterer Radwege das Land, vor allem – und ganz spezifisch für Sachsen-Anhalt – entlang der vielen Flüsse und damit im Allgemeinen von sehr angenehmem Profil: An Unstrut und Ilm, Mulde, Elster, Havel und Aller bis hin zu den kleinen Wasserläufen wie Biese und Aland in der Altmark, überall gibt es gleichnamige Radwanderwege. Überhaupt bietet der Norden mit dem **Altmark-Rundkurs** ein überaus lohnendes Angebot. Über mehr als 500 Kilometer, auf denen nur 547 Höhenmeter zu überwinden sind, umrundet der Kurs die ›Wiege Preussens‹. Proviantmitnahme empfiehlt sich in der dünn besiedelten Landschaft, auch ›Katzenköpfe‹ – authentisches historisches Pflaster‹ – und manche Feldwegstrecke verlangen Bereifung und Federung einiges ab. Dafür gibt es endlos Schönheit und Erlebnisse in oft gesuchter Einsamkeit: Feldsteindorfkirchen wie Perlen an einer Schnur, Norddeutsche Backsteingotik, Romanische Klöster und Dome, der Naturpark Drömling, die Colbitz-Letzlinger Heide, die Altmärkische Schweiz, Störche, Graureiher und Rotmilan am Himmel über den weiten Auen von Elbe und Havel (www.altmark-rundkurs.de).

Wandern

Es kommt nicht von ungefähr, dass in den vergangenen 15 Jahren drei Deutsche Wandertage in Wandergebieten stattfanden, die zum großen Teil auch in Sachsen-Anhalt liegen – in der Dübener Heide, im Fläming und im Harz. Für jeden Anspruch und von vielen noch unentdeckt, finden sich Wanderreviere in einem Land, das zu einem Drittel von Wald bedeckt ist und Nationale Naturlandschaften – Nationalparks, Biosphärenreservate, Naturparks, Geoparks – en gros aufweist.

Harz

Den Harz (→ S. 128), das nördlichste deutsche Mittelgebirge, durchziehen Wanderwege von 10 000 Kilometer Länge, auf denen sich die Wanderer an rund 50 000 Wegeschildern bestens orientieren können. Die Faszination dieses kompakten Gebirges resultiert aus der ganz besonderen Mischung von urwüchsiger Natur, reicher Sagen- und Mythenwelt und einer Geschichte, die sich hier Schicht für Schicht entdecken lässt. Dies alles gab auch den großen Wegen ihre Namen, die man eben am besten per pedes erkunden kann.

Auf den 1141 Meter hohen **Brocken**, den Blocksberg, dem Goethe im ›Faust‹ ein unvergängliches Denkmal gesetzt hat, führen viele Wege: die kürzesten mit ca. sieben Kilometern von Schierke aus, der **Goethe-Weg** vom niedersächsischen Torfhaus aus (8 km), der anspruchsvolle **Heinrich-Heine-Weg** (12 km) von Ilsen-

So kommt man natürlich auch auf den Berg: Seilbahn in Thale

burg oder der 13 Kilometer lange **Teufelsstieg** - der als der schwerste Aufstieg gilt - von Bad Harzburg aus.

Zu den bekanntesten Weitwanderwegen Deutschlands gehört der **Harzer Hexenstieg**. Mit Brockenaufstieg, den man auch umgehen kann, zieht er sich über 94 Kilometer von Osterode im Westen bis nach Thale im Osten. Die mehr als 1000 zu überwindenden Höhenmeter verteilen sich auf weitere Entfernungen, der Weg ist deshalb auch durchaus familienfreundlich. Wandern kann man ihn in beliebigen Etappen, zahlreiche Anbieter sorgen bei Bedarf auch für Gepäcktransport, Übernachtungen gibt es für den Puristen ebenso wie für den Genusswanderer (www.harzer-hexen-stieg.de).

Der **Selketal-Stieg**, Gesamtlänge 72 Kilometer, führt im oberen Teil entlang der ältesten und romantischsten Strecke der Harzer Schmalspurbahnen (→ S. 148). Das mag wohl auch eine Ursache dafür sein, dass man im Hüttenort Mägdesprung nicht selten ganzen Busladungen von Engländern begegnet. Diese, als ausgesprochene Fans historischer Eisenbahnen bekannt, lieben die große Kurve, in der die Dampfrösser äußerst fotogen in den kleinen Bahnhof schnaufen. Talwärts führt der Stieg unterhalb der Burg Falkenstein (→ S. 177) an den Schlössern Meisdorf - hier liegt der schönste Golfplatz Sachsen-Anhalts - und Ballenstedt (→ S. 177) vorbei nach Gernrode mit der ›Mutter aller romanischen Kirchen‹, der Stiftskirche St. Cyriakus (→ S. 163), dem Kurort Bad Suderode (→ S. 164) und endet in Quedlinburg (→ S. 158).

Weitere Fernwanderwege im Harz sind u.a. der **Grenzweg** - ein nunmehr Grünes Band entlang der ehemaligen innerdeutschen Grenze - der **Karstwanderweg Südharz** und die weit verzweigten **Wege Deutscher Kaiser und Könige** (www.harzinfo.de).

An insgesamt 222 Stempelstellen - verstreut an den schönsten und attraktivsten Flecken im Gebirge - findet man Stempel für die **Harzer Wandernadel**. Schon mit acht Stempeln im Wanderpass kann man sich die bronzene Nadel an die Trekkingjacke heften, mit allen 222 Stempeln wird man zum Harzer Wanderkaiser gekrönt. Wanderprinzessin oder Wanderprinz können die Jüngsten werden, wenn sie elf Stempel erwandert haben (www.harzer-wandernadel.de).

Altmark

Eine ganz besondere Idee haben die Altmärker Gastgeber umgesetzt: An den 700 Kilometer Wanderwegen durch die ›Alte Mark‹ - so groß wie das gesamte Saarland - erwarten **17 Wandernester** die Gäste. Dort ist, von der Unterkunft über Kartenmaterial bis hin zum kundigen Wanderführer, alles für Spaziergang, Tageswanderung oder Kurzurlaub vorbereitet. Kenner wählen für ihren Aufenthalt in der Altmark den späten Frühling mit Obst- und Rapsblüte oder den Herbst, wenn Millionen von Zugvögeln - majestätisch vor allem die Kraniche und Wildgänse - auf ihrem Weg in den

Klettern an den Schnarcherklippen im Harz

Süden am Arendsee, in den Elbauen oder im Naturpark Drömling Rast machen (www.altmarktourismus.de).

Saale-Unstrut-Weingebiet

Über die beste Jahreszeit für Wanderungen im Süden darf man sich streiten – zu den Jungweinwochen im April, zur Saale-Weinmeile während der Pfingstfeiertage oder im Herbst zu Winzerfest und Weinlese – nicht aber über Weg und Ziele: Sie führen immer durch die Weinberge und Flusstäler von Saale, Unstrut und Elster und sie enden (fast) immer beim Winzer oder in einer Straußwirtschaft.

Der **Saale-Weinwanderweg** dreht eine 25-Kilometer Runde um Naumburg (→ S. 231) und berührt dabei auch den Kurort Bad Kösen (→ S. 238).

Die elf Kilometer lange **Weinroute an der Weißen Elster**, Start am Weinhof Kloster Posa, ist nach wie vor ein Geheimtipp, was man vom **Weinlehrpfad Saale-Unstrut** gewiss nicht mehr sagen kann. Zwischen Laucha und Freyburg, der Hauptstadt des Saale-Unstrut-Weingebiets (→ S. 241), erfährt man auf 26 Schautafeln alles Wissenswerte über das nördlichste deutsche Weinanbaugebiet. Der Aufstieg zur majestätischen Neuenburg ist etwas anstrengend, der Blick über die Burgmauern in das Unstrut-Tal jedoch entschädigt für alles. Am Ziel kann man sich nach einem Rundgang in der Rotkäppchen-Sektkellerei dem prickelnden Genuss hingeben (www.saale-unstrut-tourismus.de; www.rotkaeppchen.de).

Fläming und Heide

Auch in den anderen Landesteilen macht authentische Natur das Wandern zum puren Vergnügen. Den **Naturpark Dübener Heide** (www.naturpark-duebener-heide.com) erkundet man am besten vom Kurort Bad Schmiedeberg aus, die **Colbitz-Letzlinger Heide** liegt vor den Toren Magdeburgs.

Das Hauptquartier für **Touren in den Naturpark Fläming** (www.naturpark-flaeming.de), der nach Nordosten die Brücke ins Brandenburgische schlägt, wählt man am besten nach Interessenlage aus: In Lutherstadt Wittenberg dreht sich – vor oder nach dem Wandern – alles um den großen Reformator, die Bauhaustadt Dessau-Roßlau ist das Muss für die Freunde der Klassischen Moderne, in Zerbst nimmt – vor allem in Frühling und Frühsommer – Quartier, wer den köstlichen Spargel liebt.

Pilgerwege

Zunehmend wird auch Sachsen-Anhalt, in dem das Pilgern infolge der jahrhundertelangen protestantischen Prägung keine besondere Tradition hatte, zu Ziel oder Durchgangsregion von Menschen, die nicht nur schlechthin wandern, sondern sich ›auf den Weg begeben‹. Am häufigsten begangen wird der **St.-Jakobus-Pilgerweg**, der über 370 Kilometer eine in Sachsen-Anhalt lange existente Lücke für Pilger aus Polen oder Skandinavien auf dem Weg nach Santiago de Compostela schließt. 32 Stationen laden Pilger zu Stille, Besinnung und Gebet ein: Dome wie in Magdeburg, Halberstadt oder Naumburg, Klöster wie die Huysburg aber auch winzige Kirchen wie die St. Johannis-Kapelle in Quedlinburg säumen den Weg. Stellenweise ist der Jakobusweg identisch mit dem **Ökumenischen Pilgerweg Via Regia**, der ab Naumburg dann nach Osten abzweigt (www.jakobusweg-sachsen-anhalt.de).

Neben den großen, weithin berühmten Pilgerwegen, sind in den vergangenen Jahren immer neue Wege entstanden, die das reiche geistliche und kulturhistorische Erbe Mitteldeutschlands erlebbar machen. Dazu gehört z.B.

der **Harzer Klosterwanderweg** (www.harzer-klosterwanderweg.de), die Wanderroute im Havelland **Von Altar zu Altar** (www.altmarktourismus.de) aber auch ein ganz spezielles Angebot wie die **Straße der spätgotischen Flügelaltäre** (→ S. 118), die sich durch das nördliche Anhalt und das historische Jerichower Land zieht (www.leadernetzwerk-sachsen-anhalt.de).

Lutherweg

Einen kräftigen Aufschwung erlebt der Lutherweg in Sachsen-Anhalt seit Beginn der Lutherdekade im Jahr 2008, mit der sich die Protestanten in aller Welt auf den 500. Jahrestag der Reformation im Jahr 2017 vorbereiten. Auf insgesamt 410 Kilometern berührt der Weg - in Bad Düben an den sächsischen und in Stolberg (Harz) an den thüringischen Lutherweg anschließend - 43 Orte, in denen Luther wirkte oder die mit der Reformation in engem Zusammenhang stehen. Überall gibt es einfache Pilgerquartiere ebenso wie anspruchsvollere Hotels, in denen, wer dies braucht, auch bei Wellness-Behandlungen den Strapazen des Tages gedanklich nachhängen kann. Es ist natürlich naheliegend, die Wanderung auf diesem Weg in Lutherstadt Wittenberg zu starten, doch auch ein Anfang in des Reformators Elternhaus in Mansfeld und von dort über den Geburts- und Sterbeort Eisleben, vorbei an den Weinbergen und Aprikosenplantagen am Süßen See nach Halle, der Wirkungsstätte des lutherschen Antipoden Kardinal Albrecht, ist denkbar (www.lutherweg.de).

Thesentür an der Schlosskirche in Lutherstadt Wittenberg

Der Lutherweg in Sachsen-Anhalt

Reiten, Wanderreiten

Für Reiter, die gerne eigene Wege suchen, ist das Land ein Paradies: Im Gegensatz zu allen anderen Bundesländern ist es in Sachsen-Anhalt nämlich überall erlaubt zu reiten, mit Ausnahme ausdrücklich gesperrten Terrains. Anderswo ist es genau umgekehrt, dort muss man sich mit den festgelegten Wegen begnügen. Abgesehen vom Süden sind alle Landesteile mit einem Netz von Reiterhöfen überzogen, die Ross und Reiter Quartier und Service in jeder Weise bieten. Allein im **Fläming** gibt es 20 Reiterhöfe, westlich von Magdeburg trägt das **Schloss Altenhausen** sogar den Beinamen ›Ponyschloss‹. In der Altmark ist **Hohenberg-Krusemark** mit dem Sternreiterverein gleichsam die Hauptstadt der Reiterei (www.sternreiten-altmark.de). Zahlreich sind die Touren, die perfekt vorbeitet angeboten werden.

Der **Elb-Havel-Trail** (3 Tage) führt durch die Flusslandschaften, mehrere Tage braucht es für den **Grenzland-Trail** an der ehemaligen innerdeutschen Grenze entlang, fünf Tage sogar für einen **Ritt durch die ganze Altmark**.

Besondere Erlebnisse bieten die **Hexenreiter** zu Füßen der Burg Falkenstein im Harz, **Reiterferien für Kinder** (mit oder ohne Eltern) kann man überall buchen. **Routenempfehlungen** mit detaillierten Informationen zu Länge, Streckenführung, Schwierigkeitsgrad usw. gibt es unter www.naturfreude-erleben.de/Touren.

Aktiv auf dem Wasser

Im Grunde kann man – vom Hochseespezifischen einmal abgesehen – alle Freizeitaktivitäten, die mit Wasser zu tun haben, in Sachsen-Anhalt betreiben. Das hat auch damit zu tun, dass das Land und viele Akteure alles damit Zusammenhängende sehr engagiert gefördert und seit dem Jahr 2004 in einer touristischen Markensäule ›Blaues Band in Sachsen-Anhalt‹ vereint haben. Das entsprechende Logo mit informativen Piktogrammen findet sich auf einem wasser- und auf einem landseitigen Informationssystem mit 170 Tafeln überall an Flüssen und Kanälen. Sachsen-Anhalt ist damit das erste Bundesland mit einem flächendeckenden System nach dem dafür gültigen europäischen Standard (www.blauesband.de).

Flüsse und Kanäle

Der **Mittellandkana**l und der **Elbe-Havel-Kanal** sowie die großen Flüsse **Elbe**, **Saale** und **Mulde** sind natürlich sowohl mit Motorbooten als auch mit größeren Segeljachten befahrbar. Bestens ausgerüstete Marinas aber auch einfachere Liegeplätze stehen für die Skipper teils für Kurzaufenthalte (z.B. 72 Stunden) aber auch für längere Liegezeiten zur Verfügung. Auf den Kanälen betrifft dies u.a. Calvörde, Haldensleben, Magdeburg/Wasserstraßenkreuz und Genthin. An

der Elbe flussabwärts kann man u.a. am Brückenkopf in Lutherstadt Wittenberg, in Dessau-Roßlau, Schönebeck-Frohse, im Magdeburger Yachthafen aber auch in Havelberg vertäuen. An der unteren Saale finden sich vor allem Gaststege, so in Bernburg, Alsleben und in Calbe.
Eine echte Empfehlung sind Sachsen-Anhalts Reviere für ›muskelbetriebene‹ Fahrzeuge aller Art. Das hat mit der sehr guten Befahrbarkeit, mit – im Vergleich zu Rhein, Main und Donau – wenig ›Motorbetrieb‹, vor allem aber mit den zauberhaften Landschaften zu tun, durch die die Flüsse ziehen.
Der gesamte **Elbelauf** in Sachsen-Anhalt ist UNESCO-Biosphärenreservat (→ S. 25) mit faszinierender Flora und Fauna. **Saale und Unstrut** fließen durch das gleichnamige Weingebiet. Beide Flüsse sind auch ungeübten Wasserwanderern zu empfehlen, sie mäandern gemächlich zu Füßen mächtiger Burgen durch die mittelalterliche Herrschaftslandschaft, die zwar 2015 von der UNESCO noch nicht zum Welterbe erklärt wurde, sich aber 2016 erneut bewerben darf.
Spannend kann das Paddeln auf der **Bode** sein, die gelegentlich Wasser im Überfluss aus dem Harz mitbringt. Deutlich ruhiger geht es auf der **Unteren Havel** zu, bevor diese nahe Havelberg in die Elbe mündet.
Überall gibt es Anbieter, die vom einfachen Kanu-, Schlauchboot oder Floßverleih bis zur kompletten Tourvorbereitung und -durchführung einschließlich Übernachtung in Tipi, Bungalow, Zelt oder Hausboot alles offerieren, einschließlich des Verleihs von Motorbooten, für die der Freizeitkapitän keinen Führerschein braucht. Sage und schreibe 134 Serviceanbieter listet die aktuelle Broschüre des Vereins Blaues Band an sachsen-anhaltischen Gewässern auf.

Seen

Die Seenfläche im Land ist in den letzten Jahren drastisch gewachsen, vor allem durch die Rekultivierung der riesigen ehemaligen Braunkohlentagebaue im Süden und Osten. Der **Geiseltalsee** bei der Stadt Mücheln (→ S. 224) südlich von Halle (Saale) ist mit einer Fläche von über 18 Quadratkilometern der größte künstliche See Deutschlands und seit 2012 für Badegäste und den Wassersport freigegeben. Die Westwinde von den Höhen des Harzes machen ihn für Segler und Surfer ebenso interessant wie die Goitzsche unweit von Bitterfeld-Wolfen (→ S. 304). 12 Quadratkilometer Wasserfläche, dazu die Marina Bernsteinsee, das Erlebniszentrum Wasserwelt haben in dieser ehedem vom Braunkohlenabbau vernarbten Landschaft eine völlig neue Welt entstehen lassen. Richtig laut wird es dort immer im August, wenn im Rahmen des Goitzsche-Festes die WM- und die EM-Läufe der Speed-

Paddler auf der Elbe

boote und weiterer Motorbootklassen ausgetragen werden.
Idyllische Stille herrscht dagegen ganzjährig weit im Norden auf dem **Arendsee** (→ S. 322). Die Maräne, ein Lachsfisch, der nur in besonders sauberen und kühlen Gewässern lebt, mag den See wohl besonders, sie ist eine Spezialität in den Restaurants des Luftkurorts Arendsee.
Ein Tipp für viele – vor allem auch Elbe-Radwegwanderer – sind die mehr als ein Dutzend **Steinbruchseen in der Gommernschen Heide** südöstlich von Magdeburg. Hier wurde früher Quarzit abgebaut, die Seen sind tief, in heißen Sommern angenehm kühl und extrem sauber.

Baden, Angeln, Ausflugsschifffahrt

Neben den vielen natürlichen Badestellen an Seen und Flüssen – seit einigen Jahren gibt es dank zunehmender Sauberkeit des Stroms immer im Juni auch wieder einen Elbe-Badetag – laden zahlreiche, über das ganze Land verstreute **Frei- und Spaßbäder** vor allem auch Familien ins Nass. Fast alle haben eine Großwasserrutsche.
Angelreviere gibt es in Sachsen-Anhalt in großer Zahl, sowohl an den Flussläufen von Elbe, Saale, Unstrut und Bode als auch an Seen wie dem Bergwitzsee und der Goitzsche im Osten, dem Stausee Kelbra ganz im Südwesten oder am Süßen See zwischen Lutherstadt Eisleben und Halle (Saale). Allerdings gibt es keine ›Touristen-Angelscheine‹, wie teilweise in anderen Ländern. In der Diskussion ist ein ›Friedfisch-Angelschein‹, für den man beim örtlichen Anglerverein seine Grundkenntnisse in einem kurzen Gespräch nachweisen muss.
Problemlos besteigen kann man dagegen die **Fahrgastschiffe**, die vielerorts ablegen: an der Elbe beispielsweise in Lutherstadt Wittenberg, Magdeburg und Tangermünde, an Saale und Unstrut in Bad Kösen, Naumburg, Weißenfels, Merseburg, Halle und Bernburg oder auf den großen Seen.

Unterwegs mit Kindern

Sachsen-Anhalt ist ein außerordentlich kinderfreundliches Land. Nicht nur, dass es in Deutschland Spitze bei der Versorgung mit Plätzen in Kindertagesstätten ist. Kinder und Jugendliche, ob in Familie oder als Schulklassen und Gruppen, sind überall sehr gerne gesehen und finden nicht nur schöne Unterkünfte – auch für den schmaleren Geldbeutel – sondern ein unübersehbares Angebot an Möglichkeiten zur Urlaubs- und Feriengestaltung. Vielfach gibt es für Kinder freien Eintritt und kostengünstige Familientickets (auch mit Oma und Opa) bzw. Bonus-Cards. Ein Beispiel dafür ist die **HarzCard für Kinder** (www.harzcard.info). Viele Städte haben **Entdeckerrouten für Kinder** angelegt, auf denen man auf spielerische Weise Spannendes erkunden kann. Beispiele dafür sind die ›Schatzkarte‹ für den Stadtrundgang in Quedlinburg (www.quedlinburg.de) oder der elektronische Guide, mit dem man in der Quedlinburger Stiftskirche den ›Domschatz‹ erkunden kann (www.diedonschaetze.de).

Übernachten

Selbstverständlich sind – vor allem in den Urlaubsregionen Harz, Altmark, Anhalt-Wittenberg und Saale-Unstrut – fast alle Hotels auf Reisende mit Kindern eingestellt. Umfangreiche Angebote gibt es in den **Family Clubs** (z.B. Family Club

Der Löwenzahn-Pfad in Drei Annen Hohne

Quedlinburg, www.familyclub.de), in den Katalogen der touristischen Regionen weist ein Icon auf Kinderermäßigungen bzw. -einrichtungen hin.

Auch für einen längeren Aufenthalt perfekt geeignet sind verschiedene **größere Ferienanlagen**. Dazu gehören vor allem der Hasseröder Ferienpark (www.hasseroeder-ferienpark.de) mit schönen Familienhäusern und -wohnungen und der großen Freizeitwelt und Pullman City Harz, in der die Jüngsten auch zu Cowboys und Indianern werden können (www.westernstadt-im-harz.de). Einen Rundum-Einstieg in die Natur bietet das NABU-Zentrum für Ökologie, Natur und Umweltschutz mit seinem Heuhotel in Buch an der Elbe (www.elbetourist.de).

Ein zunehmend wahrgenommenes Angebot für Familien machen die **Jugendherbergen**. 17 Häuser in allen Regionen des Landes – darunter auch in den großen Städten wie Magdeburg, Halle, Lutherstadt Wittenberg, Naumburg und Wernigerode – stehen für Urlauber aber auch für Kurzübernachtungen offen (www.djh-sachsen-anhalt.de).

Eine durchaus interessante Alternative zu Hotels und Jugendherbergen für Gruppen aber auch für Familien sind die **Kinder- und Jugenderholungszentren** (Kieze). Drei davon in besonders schöner Lage gibt es im Land, das Kiez Harz in Güntersberge (www.kiez-harz.de), das im altmärkischen Arendsee (www.kiez-arendsee.com) und jenes am Friedrichsee in der Dübener Heide (www.kiez-friedrichsee.de), günstig gelegen für Ausflüge nach Dessau, Lutherstadt Wittenberg oder auch Leipzig.

Abenteuer Vergangenheit

Viele Schlösser, Burgen und Museen des Landes haben sich längst darauf eingestellt, Kinder auf spannende Weise in die Vergangenheit zu ›entführen‹. Im **Winckelmann-Museum** in Stendal (→ S. 327), das in die Welt der Archäologie eintaucht, steht das größte Trojanische Pferd aus Holz, in das man natürlich klettern kann, und im **Eisenbahn- und Spielzeugmuseum in Quedlinburg** (→ S. 158) sind Bahnen nicht nur zum Schauen, sondern auch zum Spielen da (www.eisenbahn-spielzeug-museum.de).

Spielerisch geht es vielerorts auch ins Mittelalter: in den **Kinderkemenaten des Schlosses Allstedt** und der **Neuenburg**

bei Freyburg (Unstrut) (→ S. 241) und in der ›Megedeborch‹ des **Kulturhistorischen Museums in Magdeburg** (hier allerdings nur für länger angemeldete Gruppen, → S. 85). Im **Kloster Memleben** (→ S. 246) kann man, in Mönchs- und Nonnengewänder gehüllt, das Klosterleben - einschließlich Mittagessen - einen ganzen Tag nachempfinden.

In der **KinderDomBauhütte des Naumburger Doms** (→ S. 321) ist es möglich, nach individuellen, auch thematisch variablen Führungen oder einer individuellen Erkundung per Audioguide, eine kurze Lehrzeit in der Steinmetz- oder Glaswerkstatt zu absolvieren (www.naumburger-dom.de). Im **Museum Schloss Moritzburg** in Zeitz (→ S. 254) geht es nach dem Basteln einer Katzenmaske auf Mäuschenjagd ins Schloss, bei der Familien der Geschichte, aber auch alter und neuer Kunst auf kindgerechte Weise begegnen. Nach der Führung können die Kinder die Anlage auf einem Spielteppich nachbauen und kleine Holzhäuschen sägen, schleifen und bemalen (www.zeitz.de).

Spielend auf Entdeckertour

Bäuerlichem Leben aber vor allem altem Handwerk kann man vielerorts im Land nachspüren (www.landsichten-sachsen-anhalt.de; Stichwort Familie und Kinder), Beispiel dafür sind das **Freilichtmuseum in Diesdorf** (→ S. 319) oder die **Langobardenwerkstatt in Zethlingen** (→ S. 316).

Besonders spannend aber sind die **Entdeckungsreisen unter die Erde**. Im **Röhrig-Schacht in Wettelrode** (→ S. 186) geht es im Förderkorb 300 Meter in die Tiefe und dann mit der Grubenbahn weiter. Unter Tage können die Kinder (ab 5 Jahre) mit Schlegel und Eisen selbst Gestein brechen, zum Kinderbergmannstag im Juni/Juli wird im Team eine Bergmannsrallye absolviert. Auch die **Schaubergwerke Grube Glasebach bei Straßberg** (ab 5 Jahre, → S. 168) und **Büchenberg** bei Rübeland bzw. Elbingerode (→ S. 171) warten auf junge Entdecker. Hier lohnt sich im Übrigen für Familien eine Kombikarte, die gleichzeitig den Besuch einer der Rübeländer Tropfsteinhöhlen einschließt.

In der **Glasmanufaktur Harzkristall** (→ S. 143) in Derenburg kann man sich eine eigene Glückskugel blasen und diese in der Dekorwerkstatt auch selbst bemalen. Neben der Manufaktur lädt mit dem ›Glaszauberland‹ einer der schönsten Spielplätze im Harz ein, auf dem man Stunden verbringen kann (www.harzkristall.de).

Der größte Spielplatz des Landes liegt mit dem **Abenteuerland in Königsaue** im Harzer Seeland (www.abenteuerland-harzerseeland.de). Auf 80000 Quadratmetern gibt es über 40 Spielanlagen, dazu Kettcar-Verleih, einen großen Sand-

Station an der Thale-Erlebniswelt

Sommerrodelbahn in Schierke im Harz

see und an den Wochenenden Kinderschminken und Reitmöglichkeiten. Für den Ganztagsbesuch lohnt sich das große Picknickpaket: An vier Grillplätzen kann selbst gegrillt werden.

Zwei große **Indoor-Spielplätze** finden sich im Harz. Im **Bau-Spiele-Haus** in Thale (www.spielhaus-thale.de) gibt es auf 2400 Quadratmetern (fast) alles, was das Herz begehrt, E-Kart-Fahren und Kinderdisco inklusive. In Halberstadt bietet das **Spiele-Magazin** (www.hawoge-spiele-magazin.de) in mehreren Etagen eines ausgebauten ehemaligen Fabrikgebäudes Trampolin-Area (auch für Kinder im Rollstuhl), Tanzhöhle, Teenie-Game-Zone und vieles, was leuchtende Augen macht.

Natur erkunden

Zahllos sind die Angebote, die Natur zu erkunden. Unweit des Bahnhofs Drei Annen Hohne (→ S. 153) der Brockenbahn beginnt der **Löwenzahn-Entdeckerpfad** – vom Nationalpark Harz gemeinsam mit dem ZDF gebaut – der sich an vielen Stationen vorbei bis zum NaturErlebniszentrum Hohnehof schlängelt, in dem spannende Spiel- und Erlebniseinrichtungen warten. Dort kann man sich auch einen Stempel für die Harzer Wandernadel holen: Mädchen oder Jungen, die elf der 222 Stempelstellen erwandert haben, dürfen den Titel Wanderprinz oder Wanderprinzessin tragen. Neben dem Pin gibt's dazu eine Urkunde, wer mag kann sich das passende T-Shirt in Bordeauxrot oder Wandernadelgrün bestellen. Ein anderes Angebot gibt es – für online-affine junge Natureroberer – u.a. in Blankenburg (→ S. 141): Mit dem GPS-Gerät, das die Tourist-Information verleiht, geht es auf **Geocaching-Tour** rund um die alte Residenz- und Kurstadt.

Überhaupt haben alle Naturlandschaften Pakete für Kinder und Familien geschnürt. Im **Naturpark Drömling** (→ S. 310) beispielsweise können Familien mit einem Entdeckerheft die mystische Moorlandschaft eigenständig erkunden. Hat man die Qualifizierungsrätsel gelöst kann man den Entdeckercode knacken. Dann wird man ›Junior-Ranger auf Entdeckertour‹, ausgewiesen durch den Seeadler- oder Fledermaus-Aufbügler (www.naturpark-droemling.de). Hat man mehr Zeit, kann man sich vom ›Moorwichtel‹ (5–7 Jahre) zum ›echten‹ Junior-Ranger im Naturpark ›hochdienen‹...

Sachsen-Anhalt ist ein **Reiterland** und das spiegelt sich natürlich auch in den Angeboten für Familien und Kinder wider. Diese reichen vom Schnupper-Kurz-Urlaub für Eltern und Kinder mit Hotelunterkunft (z.B, www.landhotel-mehrin.de; www.schloss-altenhausen.de) bis zu betreuten **Kinder- und Jugendreitferien**, auch ohne Eltern! (www.naturfreude-erleben.de). Allein in der Altmark, gerade als ›Pferdefreundliche Region‹ ausgezeichnet, gibt es 18 Hotels, Reiterhöfe, Pensionen und Güter, die sich dafür anbieten. Ähnlich ist es im Harz und in der Region Anhalt-Wittenberg mit den Naturparks Dübener Heide und Fläming.

Erholung im und am Wasser

Gemessen an der Landesgröße gibt es in Sachsen-Anhalt ausgesprochen viele **Spaß- und Erlebnisbäder** – im Freien ohnehin, vor allem aber auch unterm Dach. Diese finden sich u.a. in Magdeburg, Halle, Schönebeck, Wernigerode, Thale, Stolberg, Naumburg, Stendal, Köthen, Halberstadt und Bitterfeld-Wolfen. Familienkarten empfehlen sich hier immer, in einigen Bädern gibt es mit Gastcards auch nennenswerte Ermäßigungen. Viele Anbieter gibt es für die aktive Betätigung auf dem Wasser. Besonders die kleineren Flüsse wie Saale, Unstrut und Bode und die Seen sind für **Touren mit Kindern im Kanu** oder **Schlauchboot** geeignet (Anbieter u.a, www.outtour.de; www.saale-unstrut.de; www.bodetramp.de; www.kanuverleih-nebra.de).

Die hier nicht gesondert aufgeführten Adressen bzw. Websites von Einrichtungen finden Sie in den Informationskästen der jeweiligen Orte.

Bad Kösen ist die Heimat der Käthe-Kruse-Puppen, in der dortigen Erlebniswelt kann man viele von ihnen bestaunen.

Reisetipps von A bis Z

Anreise mit dem Auto

Durch seine zentrale Lage ist das Land aus allen Richtungen gut erreichbar, im Land selbst macht ein sehr gut ausgebautes Straßennetz zügiges Reisen möglich. Von Berlin und aus dem Rhein/Ruhr-Gebiet benutzt man die A 2. Landschaftlich sehr reizvolle und deutlich geringer befahrene Alternativen für West-Ost-Reisende sind die Süd- (A 38) und die Nordharzautobahn (B 6n). In Süd-Nord-Richtung tangiert die A 9 wesentliche touristische Ziele wie das Saale-Unstrut-Weingebiet, Dessau-Roßlau mit dem Gartenreich oder die Lutherstadt Wittenberg. Die A 14 – wenn auch nördlich von Magdeburg noch nicht komplett ausgebaut – stellt die schnelle Verbindung von Tschechien und Sachsen einerseits und von der Ostseeküste andererseits nach Halle (Saale), Magdeburg und in die Altmark her.

Anreise mit der Bahn

Das Schienennetz ist im Land dicht und sehr gut ausgebaut, zum größten Teil von IC- und Regionalzügen der Deutschen Bahn, aber auch anderer Anbieter befahren. So gibt es an den Wochenenden mit dem **Harz-Elbe-Express** (HEX) eine direkte Verbindung von Berlin über Halberstadt, Quedlinburg nach Thale oder über Wernigerode ins niedersächsische Vienenburg. Mit ICE-Verbindungen erreicht man Halle (Saale), die Lutherstadt Wittenberg und Stendal, das damit von der – zu DDR-Zeiten so genannten – ›Transitstrecke‹ zwischen Berlin, Hannover und dem Rhein/Ruhr-Gebiet profitiert. Mit der schrittweisen Inbetriebnahme der Hochgeschwindigkeitsstrecke München–Berlin ab 2015 wird man das Land zum Beispiel von München in gut drei Stunden erreichen können. Auskunft: Tel. 0800/1507090, www.bahn.de, www.insa.de.

Der Harz-Berlin-Express in Thale

Seit der Inbetriebnahme des Leipziger City-Tunnels sind zahlreiche Orte im Süden Sachsen-Anhalts, so Halle (Saale) und Bitterfeld-Wolfen, mit den **Mitteldeutschen S-Bahn-Linien** aus Sachsen schnell und in kurzen Takten angebunden. Auskunft: Tel. 01803 223399, www.mdv.de.

Von Bedeutung für die Anreise und das Reisen im Land sind auch die, zum großen Teil noch mit Dampfloks betriebenen Strecken der **Harzer Schmalspurbahnen** (HSB) (→ S. 148). Mit der Harzquerbahn erreicht man den gesamten Ostharz vom thüringischen Nordhausen aus, darunter über die Selketalstrecke Quedlinburg und – via Drei Annen Hohne (dort Umstieg auch in die Brockenbahn) Wernigerode. Auskunft: Tel. 03943/5580, www.hsb-wr.de.

Anreise mit dem Flugzeug

Der internationale Flughafen Halle/Leipzig ist gut an das deutsche und europäische Flugnetz angebunden. Vom Flughafen-Bahnhof Schkeuditz ist Halle (Saale) mit den Linien S3 und S5 in elf Minuten erreicht.

Anreise auf dem Wasser

Es gibt zwar keine Landesgrenzen überschreitenden Schifffahrtslinien, doch Sachsen-Anhalt ist für Skipper per Motorjacht bestens zu erreichen und verfügt an den Wasserstraßen auch über gut ausgebaute Marinas. So verbindet der **Mittellandkanal**, häufig auch als ›Blaue Autobahn‹ apostrophiert, das Rhein-Ruhr-Gebiet via Wolfsburg mit dem Land. Am **Wasserstraßenkreuz Magdeburg** geht dieser in den **Elbe-Havel-Kanal** über. Über diesen erreicht man Potsdam und Berlin und von dort entweder die Oder und über diese die Ostseeküste oder das ausgedehnte mecklenburgische Wassersportrevier. Die Elbe tangiert, aus Tschechien und Sachsen kommend, so attraktive Städteziele wie die Lutherstadt Wittenberg, Dessau-Roßlau, Magdeburg, Tangermünde, Havelberg – via Hamburg geht es dann auch in die Nordsee.

Mühle in Wolmirstedt

Auskunft

Das Netz der touristischen Informationsstellen ist dicht. Praktisch alle werden mit Kontaktdaten und Öffnungszeiten in den Informationskästen dieses Reiseführers genannt. Auf Anfrage werden Prospekte kostenlos versandt, gelegentlich mit der Bitte um einen Unkostenbeitrag per beigelegtem Überweisungsträger.

Die zentralen Informationsstellen sind:
Investitions- und Marketinggesellschaft Sachsen-Anhalt mbH
Am Alten Theater 6
39104 Magdeburg
Info-Tel. 0391/56283820 (für Individualreisende) und
0391/56283814 (für Gruppenreisende),
Fax 0391/562883811
tourismus@img-sachsen-anhalt.de.
www.sachsen-anhalt-tourismus.de.
Tourismusverband Altmark e.V.
Marktstraße 13
39590 Tangermünde
Tel. 039322/3460
Fax 039322/43233
tv@altmarktourismus.de.
www.altmarktourismus.de.
Tourismusregion Anhalt-Dessau-Wittenberg e.V.
Neustraße 13
06886 Lutherstadt Wittenberg
Tel. 03491/402610
Fax 03491/405857
info@anhalt-dessau-wittenberg.de.
www.anhalt-dessau-wittenberg.de.

Harzer Tourismusverband e.V.
Marktstraße 45
38640 Goslar
Tel. 05321/3404-0
Fax 05321/3404-66
info@harzinfo.de.
www.harzinfo.de.
Saale-Unstrut-Tourismus e.V.
Lindenring 34
06618 Naumburg
Tel. 03445/233790
Fax 03445/233798
info@saale-unstrut-tourismus.de.
www.saale-unstrut-tourismus.de.
Magdeburger Tourismusverband Elbe-Börde-Heide
Domplatz 1b
39104 Magdeburg
Tel. 0391/738790
Fax 0391/738799
info@elbe-boerde-heide.de.
www.elbe-boerde-heide.de.
Verband der Camping- und Freizeitwirtschaft Sachsen-Anhalt e.V.
c/o Peter Ahrens
Alemannstr. 12
39106 Magdeburg
Tel. 0391/56390100
Fax 0391/56390101
info@camping-verband.de.
www.camping-verband.de.

Heilbäder- und Kurorteverband Sachsen-Anhalt e.V.
Geschäftsstelle
Rathausplatz 2
06507 Bad Suderode
Tel. 039485/949-0
Fax 039485/949-99
Kurorteverband-SA@t-online.de.
www.kuren-sachsen-anhalt.de.

Deutsches Jugendherbergswerk Landesverband Sachsen-Anhalt e.V.
Leiterstr. 10
39104 Magdeburg
Tel. 0391/5321036
Fax 0391/5321049
lvb@djh-sachsen-anhalt.de.
www.djh-sachsen-anhalt.de.

Baden

In vielen Orten gibt es klassische Freibäder, darüber hinaus zahlreiche attraktive Spaßbäder mit einem umfangreichen Angebot vor allem auch für Familien mit Kindern, so u.a. in Magdeburg, Halle (Saale), Schönebeck-Bad Salzelmen, Thale, Wernigerode und Bad Schmiedeberg. Eines der schönsten Badeziele ist der kristallklare Arendsee in der Altmark (→ S. 322). Verschiedene Talsperren im Harz dienen der Trinkwasserversorgung und sind somit keine Badeseen. Neue Wassersportmöglichkeiten sind im Zuge der Renaturierung der ehemaligen Braunkohletagebaue bereits entstanden, z.B. die Goitzsche (→ S. 304) bei Bitterfeld oder der Geiseltalsee bei Mücheln südlich von Halle (Saale), die größte künstliche Wasserfläche Deutschlands (→ S. 224).

Roland in Questenberg

Barrierefreiheit

Unter dem Stichwort ›Tourismus für alle‹ unternehmen viele Orte und touristische Anbieter zunehmend Anstrengungen, um Menschen mit Mobilitätseinschränkungen das Reisen deutlich zu erleichtern. ›Harz barrierefrei‹, ›Weltkulturerbe barrierefrei‹, ›Weinregion barrierefrei‹ sind nur einige der Stichworte, unter denen man zahlreiche entsprechende Angebote und Hinweise finden kann, Tel. 0391/56283814, www.sachsen-anhalt-tourismus.de/reiseservice/tourismus-fuer-alle/.

Bonuscards

In zahlreichen Orten bieten Bonuscards der unterschiedlichsten Art Ermäßigungen im öffentlichen Nahverkehr und beim Besuch kultureller und touristischer Einrichtungen. **Die HarzCard** beispielsweise gibt es für 48 Stunden (29 Euro) und vier Tage (59 Euro) und in einer erheblich preiswerteren Bambino-Variante für Kinder. In 120 Einrichtungen im gesamten Harz (also auch in Niedersachsen und Thüringen) ist damit der Eintritt frei, anderenorts gilt erheblich ermäßigter Eintritt. Auskunft und Bestellung 05321/34040, www.buch-den-harz.de.Ähnliches gibt es auch in anderen Orten, z.B. die **DCard in Dessau-Roßlau**, die **Welcome Card in Halle (Saale)** oder das **Bodetal-Ticket** in der Region um Thale.
HATIX heißt das Harzer Urlaubsticket, das freie Fahrt auf allen öffentlichen Bus- und Straßenbahnlinien im Landkreis Harz und im Raum Stolberg ermöglicht. Als Fahrausweis für sich und weitere aufgeführte Personen gilt die ausgefüllte Gästekarte bzw. der Meldeschein, den jeder Übernachtungsgast nach Zahlung des Gästebeitrags erhält, www.hatix.de.

Kurmittelhaus in Bad Kösen

Feiertage
Neujahr, Heilige Drei Könige (6. Januar), Karfreitag, Ostermontag, 1. Mai, Himmelfahrt, Pfingstmontag, 3. Oktober, 31. Oktober (Reformationstag), 1. und 2. Weihnachtsfeiertag.

Kuren
Schönebeck-Bad Salzelmen ist mit über 200 Jahren das älteste deutsche Soleheilbad, auch in Bad Kösen, Bad Schmiedeberg, Blankenburg und Bad Suderode werden unterschiedlichste Leiden seit Jahrhunderten gelindert. Über die weiteren Kurorte Allrode, Arendsee, Flechtingen, Ilsenburg und Stolberg hinaus zählt Sachsen-Anhalt mehrere Dutzend staatlich anerkannte Erholungsorte. Auskunft Tel. 039485/9490, www.kuren-sachsen-anhalt.de.

Kurtaxe
Eine Kurtaxe oder ähnliche Abgaben werden in vielen Ferien- aber auch zunehmend in anderen Orten erhoben. Im Allgemeinen gibt es dafür im Ort und in der Region zahlreiche Ermäßigungen.

Landurlaub
Direkten Kontakt nicht nur zur Natur, sondern auch zu den gastfreundlichen Menschen im Land bietet der Landurlaub. Reiterhöfe und Landgüter, Kräuterpensionen oder Öko-Camps sind vor allem für Familien mit Kindern zu empfehlen. Auskunft: Tel. 034921/20391, www.landsichten-sachsen-anhalt.de.

Medizinische Versorgung
Diese ist, wie überall in Deutschland, flächendeckend sehr gut. Auskünfte gibt es in den Tourist- und Stadtinformationen sowie auf den Serviceseiten der örtlichen Tageszeitungen. Die allgemeine Notfall-Rufnummer ist die 112, seit April 2014 gilt europaweit auch für Touristen die 116117, über die die nächste Rettungsleitstelle informiert wird.

Mietfahrzeuge
Die großen Autovermietungen (Avis, Sixt, Budget, Europca etc.) sind auch in Sachsen-Anhalt vertreten.
Zudem gibt es in allen größeren Städten örtliche Fahrzeugvermieter, zu denen die Tourist-Infos Auskunft geben.

Pannenhilfe
Jeweils rund um die Uhr: ADAC: 01802/222222, mobil: ohne Vorwahl 222222 (kostenpflichtig), ACE: 0711/530343536 (kostenpflichtig), AvD: 0800/99099099 (kostenfrei). Über örtliche Pannendienste informieren die Tourist-Informationen.

Parken

Die größeren Städte verfügen über ausreichend Parkhäuser zu moderaten Preisen. In Magdeburg und Halle (Saale) lohnt es durchaus, die am Stadtrand und in naheliegenden Orten gelegenen Park-and-Ride-Plätze (P+R) zu nutzen und mit den S-Bahnen oder anderen öffentlichen Verkehrsmitteln in die Zentren zu fahren, zumal hier über die Verkehrsverbünde Fahrkarten angeboten werden, die - einmal gelöst - für Bahn, Tram und Bus gelten. Auskunft Tel. 0391/5096350, www.marego-verbund.de. In mehreren Städten können Parkgebühren am Automaten auch über Handy gebucht werden.

Restaurants und Cafés

Sachsen-Anhalt wird vor allem von seiner bodenständischen Küche geprägt, die vielfältig ist und einheimische Zutaten bevorzugt (→ S. 63). Diese serviert man ebenso in rustikalen Wander- und Dorfgaststätten wie in Restaurants der gehobenen Klasse. In einigen Gebieten - vor allem in der dünn besiedelten Altmark - empfiehlt es sich, gut versorgt auf längere Touren zu gehen, da die relativ wenigen Gaststätten vor allem am Abend geöffnet sind. Reicher ist die gastronomische Landschaft in den großen Städten. Für Partygänger lohnt sich ein Streifzug durch die Bars und Szenekneipen allemal, zum Beispiel in der Gegend um den Magdeburger Hasselbachplatz und durch die Kleine Ulrichstraße in Halle (Saale). Empfehlungen gibt dieser Reiseführer in den Informationskästen zu den Orten - übrigens auch zu guten Cafés, die man zum Beispiel in Wernigerode, Quedlinburg, Stendal, Tangermünde und anderenorts findet.

Rundfunk und Fernsehen

Der Mitteldeutsche Rundfunk (MDR) produziert Programme für Sachsen-Anhalt, Sachsen und Thüringen, die Hörfunkzentrale hat ihren Sitz in Halle (Saale). Speziell für Sachsen-Anhalt gibt es das Hörfunkprogramm MDR 1 Radio Sachsen-Anhalt auf UKW, über Satellit oder via Internet. Täglich um 19 Uhr informiert die Sendung ›Sachsen-Anhalt Heute‹ im TV-Programm über Ereignisse aus dem Land. Besuchen kann man das Landesfunkhaus in Magdeburg, das häufig Bildende Kunst präsentiert, aber auch zu verschiedenen öffentlichen Sendungen einlädt, www.mdr.de/sachsen-anhalt/

Café am Marktplatz in Naumburg

Breit ist auch das Angebot an kommerziellen und nichtkommerziellen landesweiten aber auch lokalen und regionalen Rundfunk- und TV-Sendern, www.msa-online.de.

Souvenirs

Das Angebot ist beachtlich, wie immer hängt die Auswahl vom individuellen Zweck ab: Kulinarische Spezialitäten sind die Weine aus dem Saale-Unstrut-Gebiet, die Halloren-Kugeln aus Halle (Saale) oder die ›Magdeburger Halbkugeln‹, die an den berühmten Versuch Otto von Guerickes zum Nachweis des Luftdrucks erinnern. Baumkuchen aus Salzwedel ist für manchen ebenso ein Muss wie Schinken und Wurst vom Harzer Höhenvieh oder Säckchen mit Siedesalz aus Bad Salzelmen oder Halle (Saale). Die berühmte ›Himmelsscheibe von Nebra‹ kann man vom kleinen Schmuckstück über die Replik im Maßstab 1:1 (Bronze oder braun patiniert mit Goldauflagen 940 Euro) bis hin zum streng limitierten goldenen Chronographen mit Himmelsscheiben-Zifferblatt (11 990 Euro) mit nach Hause nehmen. Etwas weniger kostenintensiv ist Kristallschmuck aus der Glasmanufaktur Harzkristall in Derenburg. Klassikfreunden bietet sich eine reiche Auswahl von CDs mit alter und Barock-, aber auch geistlicher Musik, eingespielt an historischen Orten wie dem Kloster Michaelstein oder Domen, Kirchen und Klöstern entlang der Straße der Romanik.

Tageszeitungen

Das Angebot an regionalen Tageszeitungen ist überschaubar, hier wirken die ehemaligen Bezirksgrenzen der DDR ebenso nach wie die strategischen Überlegungen der großen westdeutschen Verlage, in deren Eigentum sich die sachsen-anhaltischen Zeitungen befinden. Im Süden erscheint die ›Mitteldeutsche Zeitung‹ (2. Quartal 2015: 184 000 verkaufte Exemplare, inkl. Naumburger Tageblatt), im Norden die ›Magdeburger Volksstimme‹ (175 000), in der Altmark die ›Altmark-Zeitung‹ (15 000). Touristische Informationen finden sich auf den Serviceseiten der jeweiligen Lokalausgabe.

Salzwedel ist die heimliche Hauptstadt des Baumkuchens

Theater

Wo auch immer im Land man sich befindet, ein Theaterbesuch ist stets auf kurzem Wege möglich. In **Halle (Saale)** bietet die Oper große Kunst. Höhepunkt sind die jährlichen Händel-Festspiele mit Opernpremieren des genialen Barockmusikers. Neben Eigenproduktionen ist das historische **Goethe-Theater in Bad Lauchstädt** gerade zu den Festspielen Spielstätte für hallesche Produktionen. Das Theater der Landeshauptstadt in **Magdeburg** bietet hohe Qualität in allen Sparten. Das **Anhaltische Theater Dessau**, häufig auch als ›Bayreuth des Nordens‹ apostrophiert, war 2015 mit der Aufführung des kompletten ›Rings der Nibelungen‹ nicht nur Richard Wagner, sondern auch dem Sohn der Stadt, Kurt Weill, besonders verpflichtet. In Stendal konzentriert sich das **Theater der Altmark** auf das Schauspiel, das **Nordharzer Städtebundtheater** bespielt mit drei Sparten neben Halberstadt und Quedlinburg auch das pittoreske Bergtheater in Thale und die Waldbühne in Altenbrak. Theater gibt es auch in den **Lutherstädten Eisleben** und **Wittenberg** sowie in **Bernburg**, Spielstätten in vielen weiteren Orten, dazu zahlreiche spannende private Theaterprojekte.

Puppentheater von internationalem Rang wird in Magdeburg gespielt, die Landeshauptstadt beherbergt traditionell auch anspruchsvolles **politisches Kabarett** (›Zwickmühle‹, ›Kugelblitze‹, ›Nach Hengstmanns‹).

Übernachten

Hotels/Pensionen: Vom Heuhotel bis zur Luxusherberge reicht das Angebot. Sachsen-Anhalt verfügt zwar über kein 5-Sterne-Haus, doch viele durchaus auch international bekannte Hotels in Magdeburg, Halle (Saale) oder Wernigerode, Quedlinburg und Ilsenburg im Harz stehen dem in nichts nach. Viele Häuser sind neu, praktisch alle anderen nach der deutschen Wiedervereinigung komplett renoviert. Da in Sachsen-Anhalt keine großen Messen stattfinden, sind die Preise fast durchweg sehr akzeptabel. Bei Großveranstaltungen in Hannover oder Leipzig strahlt dies jedoch auch nach Magdeburg oder Halle (Saale) bzw. bis in den Harz aus. In der Weinregion Saale-Unstrut sollte man für den Spätsommer oder Herbst besonders frühzeitig buchen. Fast alle Hotels bieten Pakete an, die sich durch Inklusivleistungen lohnen.

Jugendherbergen: Die 18 Jugendherbergen in allen Regionen des Landes stehen jedem Gast offen, ein gültiger Ausweis des Deutschen Jugendherbergswerkes (DJH) verbilligt die Kosten jedoch. Für Gruppenfahrten aller Art aber auch für Familien lohnt sich die Nachfrage. Auskunft: Tel, Tel. 0391/5321036 www.djh-sachsen-anhalt.de.

Camping: Ob im Harz, an den Flüssen des Landes, in den Heidelandschaften oder im Umfeld der großen Städte – die 32 Campingplätze des Landes sind für alle Ansprüche gerüstet. Zugleich können Tourist- oder Dauercamper, Wohnmobilisten oder Caravan-Fahrer zahlreiche zusätzliche Angebote für ihr Urlaubserlebnis buchen. Auskunft: Tel. 0391/56390100, www.camping-verband.de.

Privatunterkünfte: Diese werden in allen Orten angeboten, fast überall sind sie modernisiert. Es lohnt sich, auf die Klassifizierung des Deutschen Tourismusverbandes zu achten. Informationen geben die Tourist- und Stadtinformationen.

Wintersport

Der Harz bietet in der weißen Jahreszeit – vorausgesetzt die Temperaturen spielen mit –abwechslungsreichen Winterspaß für Groß und Klein. Im sachsen-anhaltischen Teil sind es vor allem Langlaufloipen und Rodelbahnen, die rund um den Brocken Wintersportler anziehen. Alpinskigebiete für Anfänger und Fortgeschrittene, Funparks für Snowboarder und vieles mehr gibt es im Westharz um Braunlage, Torfhaus und St. Andreasberg (www.harzinfo.de).

Winterliche Schlittenfahrt

Sachsen-Anhalt im Internet

Alle Adressen auch als Link unter www.trescher-verlag.de

Das Land
www.sachsen-anhalt.de

Touristische Angebote
www.sachsen-anhalt-tourismus.de

Alles über den Aktivurlaub
www.naturfreude-erleben.de

Das Wetter
www.wetteronline/wetter/sachsen-anhalt.de

Touristische Informationen über Ferienregionen
www.altmarktourismus.de
www.tourismusregion-wittenberg.de
www.harzinfo.de
www.saale-unstrut-tourismus.de
www.elbe-boerde-heide
www.tourismusverband-sachsen-anhalt.de

Touristische Netzwerke und Routen
www.strassederromanik.de
www.gartentraeume-sachsen-anhalt.de
www.blaues-band.de
www.himmelswege.de
www.stadtsprung.de

National- und Naturparke, Biosphärenreservate
www.nationalpark-Harz.de
www.harzregion.de
www.naturpark-flaeming.de
www.naturpark-droemling.de
www.naturpark-duebener-heide.de
www.naturpark-saale-unstrut.de
www.unteres-saaletal.de
www.mittelelbe.com
www.bioreskarstsuedharz.de

Übernachten für junge Leute und Familien
www.djh-sachsen-anhalt.de
www.kieze.de

Camping
www.camping-verband.de

Kuren in Sachsen-Anhalt
www.kuren-sachsen-anhalt.de

Urlaub auf dem Land
www.landsichten-sachsen-anhalt.de

Überregional Wandern und Pilgern
www.hexenstieg.de
www.jacobusweg-sachsen-anhalt.de

Auf Martin Luthers Spuren
www.luther2017.de
www.lutherweg.de

Museen
www.mv-sachsen-anhalt.de

Schlösser und Dome
www.dome-schloesser.de

Musik in Sachsen-Anhalt
www.musikfeste-sachsen-anhalt.de

Industrietourismus in Sachsen-Anhalt
www.industrietourismus.de

Bergbau in Mitteldeutschland
www.glueck-auf-tour.de

Fast alles über Wein in Sachsen-Anhalt
www.weinbauverband-saale-unstrut.de
www.winzervereinigung-freyburg.de
www.kloster-pforta.de

Kirche in Sachsen-Anhalt
www.ekmd.de
www.landeskirche-anhalts.de
www.bistum-magdeburg.de
www.kirchenlandkarte.de

Bibliotheken in Sachsen-Anhalt
www.bibliotheksverband.de/landesverbaende/sachsen-anhalt.html

Literatur

Für die intensivere Beschäftigung mit Sachsen-Anhalt steht ein breites Spektrum an Literatur zur Verfügung. Die folgende Auswahl beschränkt sich auf im Handel oder über die Verlage erhältliche Titel.

Romane, Erzählungen, Biografien

Eichberg, Ralf: Friedrich Nietzsche in Mitteldeutschland, Mitteldeutscher Verlag 1994. Über Heimat und späte Rückkehr des großen Philosophen.

Fontane, Theodor: Grete Minde, dtv 2012. Ohne die Novelle des großen Erzählers ist ein Besuch in Tangermünde und der Altmark nur unvollkommen.

Gladen, Jutta: Auf den Spuren Ottos des Großen, Mitteldeutscher Verlag 2001. Historische Entdeckungsreise entlang der Straße der Romanik.

Heine, Heinrich: Die Harzreise, Holzinger 2015. Der Klassiker für Wanderer auf dem heutigen Heinrich-Heine-Weg.

Neutsch, Erik: Spur der Steine, dtv. 2004. Eines der meistgelesenen Bücher der DDR spielt im Süden des heutigen Sachsen-Anhalt. Die Verfilmung von Frank Beyer mit Manfred Krug und die Theater-Adaption von Heiner Müller (›Der Bau‹) wurden in der DDR nach wenigen Aufführungen auf den Index gesetzt.

Vongrieß, Caroline: Editha – Die starke Frau an Ottos Seite, QuadratARTVerlag 2010. Geschichten um die englische Königstochter, die erste Frau des großen deutschen Kaisers.

Sachliteratur

Sachsen-Anhalt, gauweiler verlags gmbh, Heidelberg o.J. Das Bundesland in einer umfassenden Bild-Text-Dokumentation in Einzelbeiträgen.

Architektouren durch Sachsen-Anhalt. Bauten des 20. Jahrhunderts. Michael Imhof Verlag 2006. Vom bunten Magdeburg bis zur Postmoderne – sehenswerte Architektur in Magdeburg, Dessau und Halle.

Kultur-, Natur- und Kulinarische Reisen in Sachsen-Anhalt. Wer tiefer in einzelne Facetten von Geschichte und Gegenwart Sachsen-Anhalts eindringen will, ist mit dieser Reihe des Verlags Janos Stekovics gut bedient.

Dannowski, Hans-Werner: Vergessene Klöster. Reise in die Klosterlandschaft am Nordrand des Harzes, Hannover 2007

Eisold, Norbert: Das Dessau-Wörlitzer Gartenreich. Der Traum von der Vernunft, Hinstorff Rostock 2004

Fößel, Amalie (Hrsg.): Die Kaiserinnen des Mittelalters, Regensburg 2011

Juraneck, Christian (Hrsg.): Gärtnerische Wäldchen. Museen und Gartenkunst des 18. Jahrhunderts in Sachsen-Anhalt, Halle 2006

Krusche, Friedemann: Theater in Magdeburg, 2 Bd. Mitteldeutscher Verlag 1994/95. Theatergeschichte von der Reformation bis in die Neuzeit, spannend und kurzweilig.

Lagatz, Uwe: Hercynia Curiosa oder Curiöser Hartz-Wald, Jüttners Verlagsbuchhandlung Wernigerode 2011. Inhaltlich und optisch erbauliche Tour d'horizon auf den Spuren früher Harz-Reisender.

Puhle, Matthias: Magdeburg im Mittelalter, Mitteldeutscher Verlag Halle 2005

Schumann, Ludwig: Große Zeit starker Frauen, Verlag für die Frau, Leipzig 2012

Schumann, Ludwig: Besondere Parks und Gärten in Sachsen-Anhalt, Leipzig 2006

Schumann, Ludwig: Genießen wie Gott in Anhalt, Magdeburg 2012

Schumann, Ludwig; Meussling, Anna Maria: Spätgotische Flügelaltäre zwischen Elbe und Fläming, Magdeburg 2014

Schmidt, Hanns H.F.; Ziethen, Anett: Sachsen-Anhalt – Straße der Romanik: Weinregion von Saale/Unstrut bis Altmark und Harz, Köln 2012

Schmidt, Hanns H.F.: Sagen und Bilder aus Sachsen-Anhalt, Halle 1999

Weiss, Thomas (Hrsg.): Das Gartenreich Dessau-Wörlitz, Hamburg 2009

Weiss, Thomas, Krawulsky, Roland: Welterbe Gartenreich Dessau-Wörlitz, Hinstorff Verlag Rostock 2010

Die Autoren

Heinzgeorg Oette, 1946 unweit von Mühlhausen (Thür.) geboren und in Weimar aufgewachsen, studierte Journalistik und promovierte anschließend an der Universität Leipzig zum Dr. rer. pol. Er arbeitete als Journalist und war ab 1989 Chefredakteur mehrerer großer Regionalzeitungen. Von 2000 bis 2011 war er als Geschäftsführer der Landesmarketing Sachsen-Anhalt GmbH und der Tourismus-Marketing Sachsen-Anhalt GmbH verantwortlich für die touristische Vermarktung des Bundeslandes. Danach Leiter einer großen Magdeburger Werbeagentur, ist er heute als Autor tätig und berät mehrere Unternehmen in Marketing- und Kommunikationsangelegenheiten. Oette lebt im Jerichower Land, nahe Magdeburg.

Ludwig Schumann, der 1951 in Erfurt geborene Autor hat im Interhotel ›Erfurter Hof‹ Koch gelernt, Theologie studiert, als Landpfarrer in der Börde gearbeitet, am Institut für Literatur den Aufbaukurs besucht, eine in den neunziger Jahren in Sachsen-Anhalt führende Werbeagentur mitbegründet und seit 2004 eine Reihe Bücher zu touristischen Themen oder belletristischer Art publiziert. Er ist Gründer des ›Amadeuskomplotts‹, das in den ›Gartenträumen‹ für zeitgemäße Unterhaltung stand, Mitbegründer des Magdeburger ›forum gestaltung‹ und hat mit ›Große Zeit starker Frauen‹ und ›Gartenträume zwischen Elbe, Harz und Saale‹ zwei erfolgreiche thematische ›Reiseverführer‹ vorgelegt. Schumann lebt in Zeppernick bei Möckern, am Rande des Fläming.

Dr. Heinzgeorg Oette

Ludwig Schumann

Danksagung

Unser Dank gilt den Kolleginnen und Kollegen in den touristischen Informationseinrichtungen im ganzen Land, die uns engagiert unterstützt haben. Beispielhaft dafür stehen die Mitarbeiterinnen der Investitions- und Marketinggesellschaft Sachsen-Anhalt mbH. Zugleich danken wir all jenen, die bereitwillig Fotos zur Verfügung stellten und uns auch auf manches attraktive Motiv hinwiesen.

Sach- und Personenregister

A
Adelheid von Burgund 45
Agricola, Martin 354
Albrecht der Bär 37, 45, 183
Albrecht von Brandenburg 197
Albrecht von Hohenzollern 38
Albrecht von Käfernburg 55
Amsdorf, Nikolaus von 38
Angeln 389
Anhalt 37, 40
Anreise auf dem Wasser 394
Anreise mit dem Auto 394
Anreise mit dem Flugzeug 394
Anreise mit der Bahn 394
Apel, Heinrich 49
Arche Nebra 246
Askanier 37
Auskunft 395

B
Bach, Johann Gottfried Bernhard 355
Bach, Johann Sebastian 53, 271, 274, 355
Bach, Wilhelm Friedemann 355
Baden 396
Bandhauer, Christian Gottfried Heinrich 267
Barrierefreiheit 396
Barton, Rüdiger 53
Bauer, Konrad und Johannes 53
Bauhaus Dessau 41, 56
Bayle, Marie-Henri (Stendhal) 325
Befreiungskriege 252
Bergbau 28
Bethmann, Siegfried 357
Bevölkerung 26
Biedermann, Paul 33
Biosphärenreservat Mittelelbe 25
Bismarck, Claus von 325
Bismarck, Herebord von 324
Bismarck, Otto von 40, 324
Bohley, Bärbel 43
Böhmer, Wolfgang 44
Bonuscards 396
Bora, Katharina von 294
Breuer, Marcel 262
Brun von Querfurt 352
Bugenhagen, Johannes 38, 294
Bürger, Gottfried August 175

C
Cage, John 136
Carl August von Sachsen-Weimar-Eisenach 362
Carl Wilhelm Ferdinand von Braunschweig 239
Chemie 30
Chryselius, Johann Wilhelm 226
Cierpinski, Waldemar 33
Courths-Mahler, Hedwig 246
Cranach, Lucas (d.Ä.) 45, 231, 266, 282, 289, 292
Cranach, Lucas (d.J.) 38, 57, 123, 274, 288
Cremer, Fritz 223

D
Deffke, Wilhelm 56
Deutsche Akademie der Naturforscher Leopoldina 28
Domschätze 352
Dreilich, Herbert und Claudius 53
Dreißigjähriger Krieg 38, 251
Dressler, Gallus 354

E
Ebert, Albert 57
Echtermeier, Carl 86
Editha (Edgith) 36, 75
Ehrler, Ludwig 56
Eichendorff, Joseph von 274
Eike von Repgow 35
Eisenbarth, Johann Andreas 80
Elisabeth von Thüringen 351
Engelhardt, Ludwig 223
Entdeckerrouten für Kinder 389
Erdmannsdorff, Friedrich Wilhelm von 55, 269
Erxleben, Dorothea Christiane 39, 198
Eschenbach, Wolfram von 350
Essen und Trinken 63
Eulenspiegel, Till 351
Europaradweg R 1 381

F
Faber, Nikolaus 136
Fahrgastschiffe 389
Fasch, Carl Friedrich 356
Fasch, Johann Friedrich 53, 356
Feiertage 397
Feininger, Lyonel 197, 262
Festivals 58
Fischer, Ernst 53
Flüsse und Kanäle 387
Forschungs- und Bildungseinrichtungen 27
Francke, August Hermann 39, 197
Franke, August Wilhelm 88
Friedrich der Weise 38
Friedrich II. 345
Friedrich von Hardenberg (Novalis) 250

Friedrich Wilhelm I. 345
Friesen, Karl Friedrich 83

G

Gartenträume – Historische Parks in Sachsen-Anhalt 360
Genscher, Hans-Dietrich 50, 198
Gerhardt, Paul 47, 354
Gertrud von Hackeborn 182
Gertrud von Helfta 350
Gewässer 23
Gleim, Johann Wilhelm Ludwig 48
Gneisenau, August Neidhardt Graf von 106
Göderitz, Johannes 41, 88
Goethe, Johann Wolfgang von 227, 362
Graetz, René 223
Grevenitz, Fritz von 80
Grimm, Jacob und Wilhelm 100
Gröninger, Gertrud 57
Gropius, Walter 41, 49, 262
Gründung der DDR 42
Gruson, Hermann 84
Grzimek, Waldemar 223
Guericke, Otto von 39, 80
Gustav II. Adolf 39, 250

H

Hahnemann, Samuel 271, 273
Hallervorden, Dieter 54
Händel, Georg Friedrich 53, 197, 355
Hase, Dagmar 33
Haseloff, Rainer 44
Hasselbach, Carl Gustav Friedrich 84
Haußmann, Leander 54
Heiliges Römisches Reich Deutscher Nation 36
Heine, Heinrich 130
Heinrich I. (der Vogler) 35, 158, 348
Heinrich IV. 252
Heinz, Wolfgang 110
Hildebrandt, Zacharias 233, 354
Himmelsscheibe von Nebra 212, 246
Hoelz, Max 41
Höppner, Reinhard 43
Hübener, Erhard 41

I

Ihleborg, Adam 354
Immermann, Karl Lebrecht 86
Itten, Johannes 262

J

Junkers, Hugo 41, 49
Jutta von Sangerhausen 351

K

Kalitzsch, Friedrich von 284
Kandinsky, Wassily 262
Karl der Große 34
Karl IV. von Luxemburg 37
Katharina II. 287
Katte, Hans Hermann von 343, 345
Kessler, Detlev 54
Kinder 389
Klee, Paul 262
Klinger, Max 236
Königreich Sachsen 39
König, Thomas 54
Krayl, Carl 56
Kretschmann, Thomas 54
Kretzschmar, Stefan 33
Krieger, Johann Philipp 356
Kruse, Max 54
Kugler, Franz 208
Kühn, Joachim 357
Kuren 397
Kurtaxe 397

L

Ladegast, Friedrich 219, 251, 354
Ladegast-Orgeln 110, 219, 251, 274
Landschaftsparks 371
Landtag 28
Land- und Ernährungsgüterwirtschaft 31
Landurlaub 397
Lenné, Peter Joseph 84, 114, 177
Leopold III. Friedrich Franz von Anhalt-Dessau 39, 269, 362
Leopoldina 205
Lessing, Gotthold Ephraim 48
Liga Medicorum Homoeopathica Internationalis 273
Liudolfinger 35
Loewe, Carl 53, 356
Löns, Hermann 150
Louisan, Annett 53
Luckner, Felix Graf 42
Ludwig von Anhalt-Köthen 276
Lüpertz, Markus 216
Luther, Martin 37, 180, 254, 292
Lutze, Arthur 271, 273

M

Magdeburger Recht 35
Marcks, Gerhard 56
Marx, Jenny (Jenny von Westphalen) 319
Marx, Karl 318
Maschinenbau 30
Matthisson, Friedrich von 357
Mechthild von Hackeborn 182, 350
Mechthild von Magdeburg 53, 182, 350
Medizinische Versorgung 397
Melanchthon, Philipp 38, 45, 292

Mendelssohn, Moses 39, 48
Merseburger Orgeltage 219
Merseburger Zaubersprüche 350
Messerschmidt, Klaus-Peter 49
Meyer, Hannes 262
Meyer, Peter 53
Mies van der Rohe, Ludwig 262
Mietfahrzeuge 397
Milbenkäse 257
Moholy-Nagy, Lászlo 262
Müller, Albin 41
Müller, Wilhelm 357
Müntzer, Thomas 38
Musikfestivals 357
Musiktheater 357
Musiktradition 354
Nagel, Gustav 323, 330
Nationalsozialismus 41

N

Naumann, Johann Friedrich 273
Naumburger Meister 231, 235
Neue Fruchtbringende Gesellschaft zu Köthen 273
Nietzsche, Friedrich Wilhelm 48, 234
Nikolaus von Amsdorf 254
Norbertus von Xanten 352
Nüsslein-Volhard, Christiane 51

O

Ochs, Paul 83
Oehmichen, Walter 54
Orchester 357
Otto I. (der Große) 35, 36, 44, 75, 188, 247
Otto II. 247
Otto III. 69
Ottonen 35

P

Pannenhilfe 397
Paris, Ronald 56
Parken 398
Pfeiffer, Uwe 56
Plotho, Elisabeth von 110
Pöppelmann, Daniel 55
Porten, Henny 54
Praetorius, Michael 355
Prinz Louis Ferdinand von Preußen 53

R

Raabe, Paul 50
Radwege 380
Rauch, Neo 174, 176, 231
Reformation 37, 266, 292, 296
Reichardt, Johann Friedrich 53, 208, 356
Reich, Jens 43
Reiten 387
Repgow, Eike von 275
Restaurants und Cafés 398
Reutter, Otto 53, 313
Rolandfiguren 122
Roßdeutscher, Wolfgang 83
Rudolph von Schwaben 252
Rühmann, Martin 54
Rühmann, Thomas 54
Rundfunk und Fernsehen 398
Rust, Friedrich Wilhelm 356

S

Sachsenspiegel 35, 275
Scheidt, Samuel 53, 354
Schein, Johann Hermann 53, 354
Schiller, Friedrich 227
Schinkel, Karl Friedrich 114, 227
Schirmer, Ragna 356
Schlacht bei Hohenmölsen 252
Schlacht von Jena und Auerstedt 239
Schleef, Einar 57
Schlemmer, Oskar 262
Schoch, Johann Gottlieb 82
Schoch, Luise 269
Schochwitz 216
Schorlemmer, Friedrich 43, 51, 330
Schütz, Heinrich 53, 250, 354
Schutzgebiete 23
Schwandt, Michael 53
Seeling, Heinrich 197
Seume, Johann Gottfried 252
Sitte, Willi 56, 69, 220
Sodann, Peter 54, 198
Sophie Auguste Friederike von Anhalt-Zerbst 287
Souvenirs 399
Sparwasser, Jürgen 51
Spaß- und Erlebnisbäder 393
Sport 32
Stolberg-Wernigerode, Otto zu 152
Stüler, Friedrich August 114

T

Tageszeitungen 399
Tappert, Horst 325
Taut, Bruno 41, 56, 88
Telemann, Georg Philipp 53, 356
Tessenow, Heinrich 90
Thate, Hilmar 54
Theater 399
Theophanu 247
Thietmar von Merseburg 36, 218
Tschiche, Hans-Jochen 43

U/V

Übernachten 400
Ulrich von Halberstadt 137

Uta von Ballenstedt 231, 235
Veldeke, Heinrich von 53, 354

W
Walter, Johann 354
Walter von der Vogelweide 350
Wandern 382
Wandernester 383
Wassersport 387
Weill, Kurt 53, 357
Weinert, Erich 56
Westphalen, Jenny von (Jenny Marx) 318
Wettiner 37
Wewerka, Stefan 56, 87
Wichmann von Seeburg 35
Widukind von Corvey 45
Wiener Kongress 39
Willms, André 33
Winckelmann, Johann Joachim 47, 325
Wintersport 400
Wintoch, Hans 53
Wirtschaft 27
Wolfgang von Anhalt-Köthen 277

Ortsregister

A
Aland 329
Allstedt 188
Altenbrak 146
Altenzaun 333
Alterode 175
Altjeßnitz 375
Altmark 20, 40
Altmärkische Wische 329
Altmark-Rundkurs 382
Annaburg 300
Arche Nebra 246
Arendsee 322, 388
Arneburg-Goldbeck 333
Arnstein 175
Aschersleben 173, 377
Auersberg 193

B
Bad Bibra 240
Bad Dürrenberg 223
Bad Kösen 238
Bad Lauchstädt 375
Bad Schmiedeberg 299
Bad Suderode 164
Ballenstedt 177
Barbarossahöhle 189
Barby 120
Bärenthoren 284
Bauhaus Dessau 262
Baumannshöhle 171
Beesenlaublingen 280
Benneckenstein 170
Bernburg 277
Beuster 330
Beyernaumburg 188
Biederitz 110
Biese-Aland 23
Biosphärenreservat Mittelelbe 25
Bismarck-Route 324
Bismark 328
Bitterfeld-Wolfen 303
Blankenburg (Harz) 141
Bode 23
Bodetal 144
Brachwitzer Alpen 214
Briest 337, 343
Brocken 20, 153
Brunau 316
Burg 108
Burg Falkenstein 177
Burg Giebichenstein 56, 208
Burg Regenstein 142
Burg Wanzleben 105

C
Calberwisch 331
Calbe (Saale) 121
Colbitz-Letzlinger Heide 99, 385
Coswig (Anhalt) 288

D
Dalchau 115
Darnewitz 328
Derenburg 143
Dessau 262–271
Altes Arbeitsamt 264
Anhaltische Landesbücherei 266
Anhaltisches Theater 266
Bauhaus-Gebäude 262
Europadorf 268
Haus Fieger 264
Johannbau 266
Konsumgebäude 264
Kornhaus 264
Laubenganghäuser 264
Meisterhäuser 264
Museum für Stadtgeschichte 266
Roßlau 267
Schiffbau- und Schifffahrtsmuseum Roßlau 267
Stadtkirche St. Marien 266
Stahlhaus 265
St. Johanniskirche 266
Technikmuseum Hugo Junkers 265
Umweltbundesamt 267
Wasserburg Roßlau 267
Dessau-Törten 264
Dessau-Wörlitzer Gartenreich 269
Detershagen 109
Diebzig 276
Diesdorf 319

Dieskau 216
Döbbelin 327
Dobberkau 328
Dornburg 117
Drei Annen Hohne 153
Drömling 310
Droyßig 257
Drübeck 156, 371

E

Eckartsberga 239
Egeln 126
Einetal 175
Elbauenpark Magdeburg 376
Elbe 20, 23
Elbe-Havel-Winkel 339
Elbe-Radweg 380
Elbe-Saale-Winkel 120
Elb-Havel-Trail 387
Elbingerode 171
Elend 171
Erxleben 331
Europa-Rosarium Sangerhausen 187, 376

F

Fallstein 138
Ferropolis 298, 306
Fiener Bruch 113
Fläming 20, 284
Flechtinger Höhenzug 102
Freyburg (Unstrut) 241
Friedensau 115

G

Gänsefurther Busch 126
Gardelegen 375
Garten des Naumburger Meisters 233, 374
Gartenreich Dessau-Wörlitz 23, 362
Gartenreichtour Fürst Franz 381
Garz 342
Gedenkstätte Deutsche Teilung Marienborn 106
Geiseltalsee 224, 388
Genthin 113
Georgium 366
Gernrode 163
Glinde 120
Goethestadt Bad Lauchstädt 226
Goethe-Weg 382
Goitzsche 306, 388
Golmenglin 284
Gommern 116
Goseck 243
Gräfenhainichen 298
Grenzdenkmal Hötensleben 106
Grenzland-Trail 387
Grenzweg 383
Grieben 337
Gröbzig 275
Gröningen 106
Großpaschleben 276
Groß Schwarzlosen 337
Großwulkau 113
Güntersberge 167
Güsten 280
Gut Mücheln 215

H

Hadmersleben 105
Halberstadt 130
Haldensleben 99
Halle (Saale) 197–211
Alter Markt 201
Amtsgarten 208
Beatles-Museum 201, 210
Botanischer Garten 205
Burg Giebichenstein 208
Camposanto 203
Dom 205
Festivals 211
Franckesche Stiftungen 202, 210
Gedenkstätte Roter Ochse 206, 210
Georg-Friedrich-Händel-Halle 210
Graseweghaus 205
Große Märkerstraße 201
Halle-Neustadt 202
Hallescher Roland 200
Hallmarkt 200
Halloren Erlebniswelt 210
Händel-HALLE 201
Händel-Haus 201, 210
Himmelsscheibe von Nebra 206
Jerusalemer Platz 201
Kabarett Die Kiebitzensteiner 210
Kulturinsel 204
Kunstmuseum Moritzburg 204, 210
Landesmuseum für Vorgeschichte 206, 210
Leipziger Turm 203
Logenhaus ›Zu den drei Degen‹ 205
Markt 198
Marktkirche 198
Marktschlösschen 200
Meckelsche Sammlungen der MLU Halle-Wittenberg 210
Moritzburg 204
Moritzkirche 200
Neue Residenz 205
neues theater 210
Oper 204
Puppentheater 210
Reichardts Garten 208
Saaleufer 206
Salinemuseum 205, 210
Staatskapelle/Händel-Festspielorchester 210
Stadtmuseum 201
Steintor-Varieté 210
Thalia-Theater 210
Ulrichskirche 201
Universität 204
Wilhelm-Friedemann-Bach-Haus 205, 210
Zoo 208, 210
Hamersleben 106
Hansestadt Gardelegen 312
Hansestadt Havelberg 339

Hansestadt Osterburg 331
Hansestadt Salzwedel 317
Hansestadt Seehausen 329
Hansestadt Stendal 325
Hansestadt Tangermünde 334
Hansestadt Werben 330
Harbke 106
Harkerode 175
Harz 130
Harzer Hexenstieg 144, 383
Harzer Klosterwanderweg 386
Harzer Schmalspurbahnen 148
Harzer Wanderwege 382
Harzgerode 167
Harz-Hochstraße 167
Hasselfelde 169
Hassenhausen 239
Hecklingen 125
Heinrich-Heine-Weg 156, 382
Herrenkrugpark Magdeburg 376
Hettstedt 184
Himmelsscheiben-Radweg 381
Himmelsscheibe von Nebra 212, 246
Historische Quadratmeile (Hünengräber) 100
Hohe Linde 185
Hohenseeden 110
Hohenwarthe 109
Hohenwulsch 328
Höhnstedt 215
Hundisburg 100
Huy 138

I/ J

Ilberstedt 275
Ilsenburg 156
Jagdschloss Letzlingen 99
Jeber-Bergfrieden 289
Jederitzer Holz 341
Jercheler See 338
Jerichow 111
Jerichower Land 108
Jessen 300

K

Kalbe (Milde) 315
Kämkerhorst 310
Kapaunberg 109
Karstlandschaft Südharz 24
Karstwanderweg Südharz 383
Kelbra 189
Kemberg 299, 301
Kirch-Polkritz 333
Kleinwusterwitz 112
Klieken 289
Kloster Althaldensleben 101
Kloster Drübeck 156, 370
Kloster Helfta 181, 182, 350
Kloster Huysburg 138
Kloster Ilsenburg 156
Kloster Jerichow 111
Kloster Marienstuhl *126*
Kloster Michaelstein 143
Kloster Pforta 238
Klötze 315
Komturei Buro 289
Königshütte 171
Königsmark 331
Konradsburg 175
Köthen 271
Krevese 331
Krumke 331
Kühnauer Landschaftsgarten 366
Kümmernitzer Schweiz 341
Kyffhäusergebirge 189

L

Landsberg 216
Landschaftspark Degenershausen 177
Landschaftspark Goitzsche 306
Land Schollene 342
Langeneichstädt 224
Langenstein 137
Laucha 245
Leipziger Tieflandsbucht 20
Leuna 223
Lindau (Anhalt) 286
Löbbecke-Stieg 142
Löbejün 215
Loburg 115
Lüderitz 337
Luisium 367
Lutherstadt Eisleben 180
Lutherstadt Wittenberg 292
Lutherweg 296, 386
Lutherweg Eisleben 180
Lüttchendorf 216
Lützen 251

M

Magdeburg 72–96
Alter Markt 78
AOK-Gebäude 87
Bastion Cleve 82
Circusmuseum 96
Domplatz 76
Dom St. Mauritius und St. Katharina 72, 95
Eisenbarth-Brunnen 80
Elbauenpark 89, 96
Elbpromenade 90
Erdachse 87
Experimentelle Fabrik 88
Faunbrunnen 86
Fernmeldeamt 87
Figurentheaterzentrum 96
Forum Gestaltung 87
Fürstenwall 82
Gartenstadtkolonie Magdeburg-Reform 94
Gesellschaftshaus 84
Grusonsche Gewächshäuser 84, 96
Halle in der Buttergasse 80
Hasselbachplatz 84

Hauptbahnhof 86
Hegelstraße 83
Herrenkrug-Park 89
Hundertwasserhaus 77, 96
Kavalier Scharnhorst 84
Kloster-Bergegarten 84
Kloster Unser Lieben Frauen 77
Konzerthalle Georg Philipp Telemann 96
Kulturhistorisches Museum 85, 95
Kunstmuseum 78, 95
Lukasklause 90
Magdalenenkapelle (Fronleichnamskapelle) 81
Magdeburger Reiter 79
Neustädter See 93
Nordpark 88
Opernhaus 87
Otto-von-Guericke-Museum 90, 95
Palais am Fürstenwall 83
Puppentheater 96
Rathaus 78
Rayonhäuser 92
Rothensee 89
Schauspielhaus 85
Stadtbibliothek 87
Stadtpark Rotehorn 91
St. Augustini (Wallonerkirche) 81
Sternbrücke 83
Steuben-Denkmal 83
St. Johannis-Kirche 80
St. Sebastianskirche 86, 95
Technikmuseum 95
Tessenow-Garagen 90
Theater 96
Universitätsbibliothek 88
Vogelgesangpark 93
Wasserstraßenkreuz 88, 96
Weiße Flotte Magdeburg 96
Wissenschaftshafen 93
Zoo 93
Magdeburger Börde 20, 97
Mahn- und Gedenkstätte für die Opfer des Konzentrationslagers Langenstein-Zwieberge 137
Mahn- und Gedenkstätte Gardelegen 313
Mansfeld 167
Mansfelder Land 180
Mansfeld-Lutherstadt 183
Mehrin 316
Memleben 246
Merseburg 218
Möckern 114
Molmerswende 175
Mondsee 252
Möser 110
Mücheln 224
Mulde 23
Muldenstein 304
Muldestausee 304

N

Nationalpark Harz 24, 130
Naturpark Drömling 24
Naturpark Dübener Heide 24, 385
Naturpark Fläming 24, 385
Naturpark Fläming/Sachsen-Anhalt 291
Naturpark Harz/Sachsen-Anhalt 24
Naturpark Hoher Fläming 291
Naturpark Saale-Unstrut-Triasland 24
Naturpark Unteres Saaletal 24, 214
Naumburg 231
Nebra 246
Neuenburg 52, 241, 350
Neugattersleben 123
Niegripp 109
Nienburg (Saale) 123
Nierow 342
Novalis-Gedenkstätte 250

O

Oberharz am Brocken 169
Oebisfelde 103
Ohre 23
Ökumenischer Pilgerweg Via Regia 385
Oranienbaum 268
Orpensdorf 333
Oschersleben 104
Osternienburger Land 275
Osterwieck 138

P

Paplitz 114
Parchau 109
Parchen 114
Parey 110
Parks der Moderne 371
Petersberg 216
Pietzpuhl 110
Plötzkau 123
Pouch 305
Pretzien 117
Pretzsch 299

Q

Quedlinburg 158
Querfurt 228
Questenberg 188

R

Ragösen 289
Rapp-Bode-Talsperre 146
Redekin 112
Reesen 110
Reppichau 275
Rieder 177, 371
Ringelsdorf 114
Röcken 251
Roseburg 371
Roßdorf 112
Roßlau 267
Rübeland 171
Ruine Rothenburg 189

S

Saale 23
Saaledurchbruch bei Rothenburg 214
Saale-Radweg 380
Saale-Unstrut-Wein 69
Saale-Unstrut-Weingebiet 385
Saale-Weinwanderweg 385
Salzatal 215
Salzland 119
Sandau 342
Sangerhausen 185
Schäplitz 328
Schartau 109
Schierke 152
Schlagenthin 112
Schloss Altenhausen 103
Schloss Bernburg 277
Schloss Burgscheidungen 245
Schloss Dieskau 216
Schloss Dretzel 114
Schloss Ilsenburg 156
Schloss Lützen 252
Schloss Neu-Augustusburg 248
Schloss Oberwiederstedt 184
Schlosspark Ballenstedt 177
Schloss Quedlinburg 163
Schloss Seeburg 215
Schloss Spiegelsberge 137
Schloss Stolberg 372
Schloss- und Gartenanlage Mosigkau 365
Schloss und Park Blankenburg (Harz) 370, 373
Schloss und Park Oranienbaum 369
Schloss Wernigerode 152
Schollene 342
Schollener See 342
Schönburg 236
Schönebeck (Elbe) 119
Schönhausen 342
Seeburg am Süßen See 215
Seehausen (Börde) 105
Seggerde 103
Selketal-Stieg 383
Serno 291
Sieglitzer Berg 368
Sonnenobservatorium von Goseck 243
Spiegelsberge 137
Stangerode 175
Staßfurt 125
Stausee Kelbra 189
Steckby-Lödderitzer Forst 23, 283
Stecklenberg 146
Stegelitz 115
Steinbruchseen in der Gommernschen Heide 389
Stiege 169
Stiftsgarten Quedlinburg 373
St.-Jakobus-Pilgerweg 385
Stolberg (Harz) 190, 372
Storkau 336
Straße der Romanik 348
Straße spätgotischer Flügelaltäre 118
Stresow 115
Ströbeck 138

T

Tangerhütte 336
Tanne 170
Teufelsstieg 383
Teutschenthal 216
Thale 144
Thießen 289
Tilleda 188, 350
Trautenstein 169
Treseburg 146
Tryppehna 115
Tucheim 114

U

Unstrut 245
Unterrissdorf 216

V/ W

Veltheimsburg 103
Wahrenberg 329
Walbeck 103
Wallhausen 188
Walternienburg 283
Wangen 246
Wanzleben 105
Wasserschloss Westerburg 138
Weddersleben 146
Weferlingen 103
Wege Deutscher Kaiser und Könige 383
Weinhof Kloster Posa 257
Weinlehrpfad Saale-Unstrut 69, 385
Weinroute an der Weißen Elster 385
Weinstraße Mansfelder Seen 215
Weißandt-Gölzau 275
Weißenfels 248
Weiße Wand von Dobis 214
Weißewarte 338
Wendefurth 146
Wernigerode 150
Wethautal 236
Wettin 214
Wiehe 247
Wippra 167
Wolmirstedt 97
Wörlitz 268, 362
Wörlitzer Park 362
Würchwitz 257
Wust-Fischbeck 342
Wüstung Stresow 329

Z

Zabakuck 113
Zahna 301
Zappendorf 215
Zeddenick 115
Zeitz 254
Zerben 110
Zerbst 281
Zethlingen 316
Ziegelsdorf 115
Zscheiplitz 245
Zschornewitz 298

Bildnachweis

Andre Helbig/shutterstock.com: 239
Archiv Harzer Schmalspurbahnen: 10m., 24, 149, 153
Arendt, Ulrich: 12
Arendt, Ulrich/Investitions- und Marketinggesellschaft Sachsen-Anhalt mbH: 307, 325, 367
ArTono/shutterstock.com: 8u., 108, 114, 200, 204, 327
Aschersleben Kulturanstalt: 173, 174o., 175, 176, 377
Bader, Michael: 201, 308/309, 335, 336
Biel, Torsten/Investitions- und Marketinggesellschaft Sachsen-Anhalt mbH: 246
Bildagentur Zoonar GmbH/shutterstock.com: 152, 221, 374
Blume, Jürgen/Investitions- und Marketinggesellschaft Sachsen-Anhalt mbH: 268, 388
Böhme, Hans Ludwig: 74
Böttger, Carlo: 254, 256, 258
Burg Falkenstein, Archiv Investitions- und Marketinggesellschaft Sachsen-Anhalt mbH: 178
Dittmann, Beatrice: 65
Doppelbauer, R.: 303
Dr. Preuß, Donald: 403
Eichler, Ekkehart/Investitions- und Marketinggesellschaft Sachsen-Anhalt mbH: 11o., 182
Feldt, Stefan: 76
Ferropolis GmbH: 260/261, 299, 307
Friedrich-Naumann-Stiftung: 50
gibleho/shutterstock.com: 17m
Ingo Gottlieb, Bernburg: 346/347
Hanke & Schwandt: 39
Hertel/Stadtarchiv Dessau-Roßlau: 265o., 266
Hoffmann und Partner Werbeagentur Magdeburg m. Genehmigung d. Dom- und Domschatzverwalt. Halberstadt: 17u.
Hufnagel, Tim/Investitions- und Marketinggesellschaft Sachsen-Anhalt mbH: 202, 290
Hufnagel, Tim: 243
lcrms/shutterstock.com: 343
Investitions- und Marketinggesellschaft Sachsen-Anhalt mbH: 4u., 7u., 9m., 14, 22, 25, 59, 146, 178, 181, 188, 219, 227, 228o., 242u., 245, 265u., 282, 300, 332, 337, 356, 359, 365, 381o., 386
jopelka/shutterstock.com: 5o., 68
Jule_Berlin/shutterstock.com: 267o.
Kaps, Sebastian, Stadt Dessau-Roßlau: 31
Kasuptke; Mathias: 134 o., 134u.
Kraft, Vincent: 340
Köthen Kultur und Marketing GmbH: 273, 274o., 274u., 275
Landesamt für Denkmalpflege und Archäologie Sachsen-Anhalt: Gert Pie: 34, Juraj Liptak: 206, 212
Lehmann, Ralf: 208
Leonid Mylnikov/shutterstock.com: 57
LianeM/shutterstock.com: 9u., 16o., 112, 116, 267u., 324, 364, 366, 368
Lutherstadt Wittenberg Marketing GmbH: 4m., 8m., 15u., 46, 55, 61, 293, 294, 295
Magdeburg Marketing Kongress und Tourismus GmbH: 26, 42, 43, 44, 74, 77, 78, 79o., 79u., 80, 81, 82, 83, 85, 86o., 86u., 89, 90o., 91, 92, 93
Mangiras, Andreas: 33
mbpicture/fotolia.com: 5m., 75
Meusel, Jürgen: 12, 128/129, 158, 159, 161, 162, 378/379, 400
Neßler, Hagen/Investitions- und Marketinggesellschaft Sachsen-Anhalt mbH: 301
Oette, Heinzgeorg: 5u., 6o., 10o., 10u., 29, 49, 64, 97, 99, 100o., 100u., 102, 104, 105o., 106, 110, 116, 120, 121, 122, 123, 124, 125, 126o., 126u., 137, 138, 139, 141, 145, 156, 163, 166, 167, 169o., 169u., 170o., 170u., 174u., 177, 183o., 183u., 191, 214, 215, 216, 222, 223, 224, 251, 252, 257, 285, 310, 312, 313, 314, 315, 316, 317, 319, 320, 322, 351, 353, 357, 372, 375, 380, 381u., 383, 384, 390, 391, 392, 394, 395, 396, 399

Oette, Regine: 403
Oleg Senkov/shutterstock.com: 70/71, 350
Pecold/shutterstock.com: 16u., 17o.,
Presseamt der Stadt Schönebeck: 119
Ralf Siemieniec/shutterstock.com: 197
Ratzel, Christian/Köthen Kultur und Marketing GmbH: 277, 289
Rauch Ludwig: 205
Reschke, Manfred: 339
Rosenstadt Sangerhausen GmbH: 11u., 186o., 186u., 187, 376
Schau! Maultimedia: 250u.
Rüdiger Schestag, Festival Women in Jazz: 358
Schleusner-Reinfeldt, Anke: 343
Scholz, Markus: 28
Schrader, Ulrich: 6m., 135
Schröder, Andrea: 341
Siebert, Guido:/Förderverein Welterbe an Saale und Unstrut e.V.: 194/195
Sievers, Susanne: 18/19,
Stadt Bitterfeld-Wolfen: 304
Stadt Naumburg – Kultur und Tourismus: 4o., 11m., 23, 60, 66, 231, 233, 234, 235, 236, 352, 355, 393, 397, 398
Stadt Querfurt/Investitions- und Marketinggesellschaft Sachsen-Anhalt mbH: 228u.,
Stadt Weißenfels: 250o.
Stadt Zeitz: 255
Städtischer Kurbetrieb Blankenburg: 6u., 142,
Tempel, Thomas: 242o.,
Tourismusgesellschaft Wörlitz-Oranienbaum mbH: 8o., 267, 363
Tourismus GmbH Ilsenburg: 370
Tourismus GmbH Wernigerode: 151
TourismusRegion Anhalt-Dessau-Wittenberg e.V.: 7o., 180, 278, 288
Touristinformation Halberstadt: 32, 132
Tourist-Information Stolberg (Harz): 192
Trescher Archiv: 48, 345
Wettin-Information: 37
Wöhler, Kathrin/Investitions- und Marketinggesellschaft Sachsen-Anhalt mbH: 283
Ziegler, Thomas: 7m., 53, 67, 203, 358
Zwinzscher, Günther: 62, 330

Titel: Marktplatz mit Händeldenkmal in Halle (Saale) (mauritius images/Novarc)
Klappe vorne: Rudelsburg bei Bad Kösen (aniaivanova/shutterstock.com)
Klappe hinten: Am Marktplatz in Wittenberg (Ulrich Arendt)

Kartenregister

Historische Karten

Mitteldeutschland Mitte des 16. Jahrhunderts S. 38
Preußen, Sachsen und Anhalt nach dem Wiener Kongress S. 40

Thematische Karten

Garten- und Parklandschaften in Sachsen-Anhalt S. 360
Lutherweg in Sachsen-Anhalt S. 386
Naturlandschaften in Sachsen Anhalt S. 21
Straße der Romanik, ausgewählte Standorte S. 349
Straße spätgotischer Flügelaltäre zwischen Elbe und Fläming S. 118
Streckennetz der Harzer Schmalspurbahnen S. 148
Geplantes Welterbegebiet um Naumburg S. 230

Übersichtskarten

Anhalt und Wittenberg S. 263
Gartenreich Dessau-Wörlitz, Übersicht
Halle und die Saale-Unstrut-Region S. 196
Die Landesmitte S. 98
Der Norden S. 311
Ostharz und Harzvorland S. 131

Stadtpläne

Bernburg, Zentrum S. 279
Dessau, Zentrum S. 265
Halberstadt, Zentrum S. 133
Halle (Saale), Saale und Giebichenstein S. 207
Halle (Saale), Zentrum S. 199
Hansestadt Salzwedel, Zentrum S. 318
Hansestadt Stendal S. 326
Köthen, Zentrum S. 272
Lutherstadt Wittenberg, Zentrum S. 292
Magdeburg, Übersicht: hintere Klappkarte
Magdeburg, Zentrum S. 73
Merseburg, Zentrum S. 218
Naumburg, Zentrum S. 232
Quedlinburg, Zentrum S. 160
Weißenfels, Zentrum S. 249
Wernigerode S. 150

Kartenlegende

- Bahnhof
- Burg/Festung
- Kirche
- Kloster
- Museum
- Naturschutzgebiet
- Oper
- Parken
- Theater
- Tor
- Touristeninformation
- Turm
- Sehenswürdigkeit
- Schloss
- Kirche
- Friedhof
- Berggipfel

- Autobahn
- Schnellstraße
- Hauptstraße
- sonstige Straßen
- E 65 Europastraße
- A 65 Autobahn
- 243 Bundesstraße
- Eisenbahn
- Grenzübergang
- Staatsgrenze
- Hauptstadt
- Stadt/Ortschaft

Zeichenlegende

- Allgemeine Informationen
- Hotels und Pensionen
- Campingplätze
- Restaurants
- Cafés
- Kneipen und Bars
- Weingüter, Schankwirtschaften
- Museen
- Einkaufsmöglichkeiten
- Theater und Konzert
- Ausflugsfahrten
- Reitsport, Reiterhöfe
- Bademöglichkeiten
- Bootsverleih, Bootstouren
- Radwege
- Sonstige Sportangebote
- Wanderwege